Klassiker der
Kulturanthropologie

KLASSIKER DER KULTURANTHROPOLOGIE

VON MONTAIGNE BIS MARGARET MEAD

Herausgegeben von
Wolfgang Marschall

VERLAG C. H. BECK MÜNCHEN

Mit 16 Porträts und 1 Abbildung

CIP-Titelaufnahme der Deutschen Bibliothek

Klassiker der Kulturanthropologie : von Montaigne bis Margaret Mead / hrsg. von Wolfgang Marschall. – München : Beck, 1990
ISBN 3-406-34100-4
NE: Marschall, Wolfgang [Hrsg.]

ISBN 3 406 34100 4

Satz: Appl, Wemding
Druck und Bindung: May & Co, Darmstadt
Printed in Germany

INHALT

Anhang

Wolfgang Marschall

EINLEITUNG

I.

Kulturanthropologie befaßt sich mit dem kulturalen Sein der Menschen. Das kulturale Sein der Menschen, die Kultur, umfaßt alle menschlichen Vorstellungen, Verhaltensweisen und deren Produkte, soweit sie veränderbar sind. Gehören sie im Vergleich dazu zur eher unveränderlichen «natürlichen» Grundausstattung, sind sie Gegenstand bioanthropologischer Forschung.

Damit liegen aber nicht zwei eindeutig zu trennende Forschungsfelder vor, sondern nach kulturwissenschaftlichen und naturwissenschaftlichen Vorstellungen und Methoden unterschiedliche Schwerpunkte im Erfassen dessen, was der Mensch ist. Denn keine menschliche Handlung ist nur natural oder nur kultural. Jedes noch so variable, daher kulturale Verhalten wie zum Beispiel die Nahrungsaufnahme mit den Fingern, mit Messer und Gabel, mit Stäbchen, ist gebunden an die überlebensnotwendige Befriedigung des naturalen Grundbedürfnisses, den Hunger zu stillen. Umgekehrt zeigt dieses Beispiel, daß scheinbar rein Naturales in den meisten Fällen kulturale Ausprägungen erfährt. So ist auch das Schlafen, ein naturales Bedürfnis, das befriedigt werden muß, weitgehend kulturgeprägt. Ob man auf einer Matte auf dem Boden, in einem Bett oder in einer Hängematte schläft, ob in einer möglichst zusammenhängenden, langen Schlafphase oder in kürzeren Phasen mit zahlreichen Intervallen, ob einzeln oder in Gruppen, nach Alter oder Geschlecht getrennt, immer handelt es sich um die grundsätzlich variable, kulturale Formung eines zugrundeliegenden naturalen Prozesses.

Dasselbe gilt für die Vorstellungen und die Produkte menschlichen Tuns. Fast alle unsere Vorstellungen (Bilder, Assoziationen, Werte, Normen) sind gebunden an Naturales, das «in der Welt» ist, und das Vorstellen selbst ist ein naturaler Prozeß im Gehirn. Die Vorstellungsinhalte variieren dennoch immens. Das Wort «Wal» erweckt andere Vorstellungen bei einem Leser von Melvilles «Moby Dick» als bei einem Leser der Jonas-Geschichte, andere Vorstellungen bei einem Mitglied des World Wildlife Fund als bei dem Kanonier eines japanischen Walfangschiffes oder bei einem indianischen Bewohner der amerikanischen Nordwestküste. Daß die Produkte des menschlichen Tuns einerseits die kulturale Variabilität aufweisen, andererseits an die naturale Materie gebunden sind, zeigen nicht nur die in unterschiedlichster Weise bearbeiteten Objekte wie Häuser, Masken und Trachten, sondern auch Produkte wie Sprache, auch die Körpersprache, obwohl sie die naturale Sprachfähigkeit beziehungsweise den Körper als Bedingung haben.

Dabei wird nicht übersehen, welche Gemeinsamkeiten es in den Vorstellungen, Verhaltensweisen und Produkten der verschiedenen Kulturen gibt: kulturale Universalien werden gesucht. Diese sind meist sehr allgemeiner Natur, wenn auch grundlegend wie z. B. die Verpflichtung zur Gegenseitigkeit im menschlichen Handeln. Auch die allgemeinen Aussagen der Kulturanthropologie gehen von der kulturalen Verschiedenheit aus. Dabei ist nicht nur an die Kulturen der einzelnen Gesellschaften zu denken. Vielmehr ist auszugehen von einer Fülle divergierender Vorstellungen und Verhalten bei Gruppen und Individuen in ihren je verschiedenen Lebensphasen und -krisen. In der Literatur zu Fragen der individuellen, der Gruppen- und der ethnischen Identität ist noch zu wenig beachtet worden, daß individuelles und soziales Leben zu einem wesentlichen Teil von Spannungen, Brüchen, Unsicherheiten und Konflikten bestimmt sind, zu deren Überwindung die Identifikationsprozesse geführt werden.

Identifikationsbemühung macht einen wichtigen Teil menschlicher Aktivität aus. Es findet sich in nichtwissenschaftlicher Form in jedem Individuum und in jeder Gesellschaft. Da die kulturalen Formen grundsätzlich variabel sind, müssen sich Individuen und vor allem Gruppen immer wieder bestätigen, daß ihre Lebenswelt die richtige ist. Identität dient dann Ordnungsbestätigung und -stärkung. Dies kann auf zwei Arten geschehen. In der einen, der Binnenstärkung, versucht die Gesellschaft, die Richtigkeit der gegebenen Ordnung durch Rituale zu kräftigen. Rituale dienen, so unterschiedlich ihre Formen sein mögen, vorrangig der Festigung von Ordnung. Der Zwang peinlich genauer Durchführung, die Langsamkeit und Deutlichkeit in ihrem Ablauf lassen diesen Bestätigungscharakter erkennen. Jede Gesellschaft hat ihre Feste und Feiern, ihre Einheitsmythen und Einheitssymbole, die dieser Binnenstärkung dienen. Sich in Reden auf die eigene Geschichte besinnen, Uniformen tragen, eine Flagge hissen oder einen Nationalfeiertag begehen sind Beispiele für diesen Prozeß. Die zweite Art der Bestärkung ist die durch Abgrenzung von der fremden Lebenswelt, indem man sie schlecht macht. So bezeichneten die Griechen die Nicht-Griechen als barbaroi, ‹Stammler›, und indianische Gesellschaften die Inuit (Eskimo) als eskimantsig, ‹Rohfleischesser›. Verfälschungen und Vorurteile gegenüber anderen Gesellschaften sind Bestandteil im Bestätigungsprozeß der eigenen kulturalen Ordnung. Beide Bestätigungsformen bilden den Ethnozentrismus, die Einstellung, die eigene Gesellschaft sei bei allen Mängeln doch die beste Ordnung. So verheerend der Ethnozentrismus gewirkt hat – es muß doch festgehalten werden, daß er Bindematerial einer Gesellschaft und ihrer Kultur ist.

Während einzelne Menschen und Gesellschaften der Unsicherheit, die sich aus der offensichtlich möglichen Vielfalt von Lebensweisen ergibt, dadurch zu entgehen suchen, daß sie die eigene Lebensordnung als die selbstverständliche hinstellen, hat die Kulturanthropologie versucht, über den Vergleich der verschiedenen Lebensweisen zum Verständnis der eigenen und fremden Ordnungsbilder beizutragen und dadurch Identifikationsprozesse klären zu helfen.

II.

Als Klassiker der Kulturanthropologie werden in diesem Werk vor allem solche Autoren vorgestellt, die für die gegenwärtige kulturanthropologische Forschung richtungweisend oder als Marksteine früherer Forschung versucht haben, der Vielfalt kulturaler Formen Ordnung zu geben. Die Auswahl der Autoren soll im folgenden kurz begründet werden, dabei wird auch auf einige wichtige Autoren einzugehen sein, die nicht mit einem eigenen Beitrag gewürdigt werden.

Selbst eine Einstellung, welche die Verhaltensformen, Vorstellungen und Produkte der Menschen für so unterschiedlich, vielfältig und zufällig hält, daß an ein Ordnen kaum zu denken ist, kann der Identitätsfindung dienen. Wiederholt hat Michel de Montaigne diesen Standpunkt vertreten, besonders deutlich in seinem Essay *Über die Unbeständigkeit der menschlichen Handlungen* (Montaigne 1580/1976). Grundsätzlich plädiert er für Toleranz. Jedes Verhalten und jede Vorstellung haben ihre Berechtigung, und nach den Berichten über brasilianische Indianer, auf die Montaigne in seinem berühmten Essay *Von den Barbaren* eingeht, findet er, daß «man bei der Nation nichts Wildes oder Barbarisches antrifft und weiter nichts daran ist, als daß jedermann dasjenige barbarisch nennt, was nicht Sitte in seiner eigenen Heimat ist» (Montaigne 1580/1976:86). Allenfalls könne man mit naturrechtlich-aufklärerischem Denken eine Wertung und damit Ordnung der Lebensweisen versuchen.

Vielfalt und Zufälligkeit sind – über die Jahrhunderte nach Montaigne – auch bei dem einflußreichen amerikanischen Ethnologen Franz Boas (1858–1942) die wesentlichen Elemente menschlicher Kultur. Wo immer gründliche Forschungen durchgeführt worden seien, zeige sich, daß die Formen von Verhalten und Produkten in einem stetigen Wandel begriffen seien. Da der Wandel bei verschiedenen Kulturelementen unterschiedlich schnell verlaufe, würden Elemente, die einmal kulturell zusammenhingen, auseinandergerissen. Einige würden weiterbestehen, andere vergehen, und die Kulturform kann ein kaleidoskopisches Bild verschiedenartigster Elemente werden. Allerdings können diese Elemente, einem sich ebenfalls wandelnden geistigen Hintergrund entsprechend, wieder zu einem organischen Ganzen umgeformt werden. Keinesfalls jedoch können die vielfältigen kulturalen Ausprägungen auf einer Skala angeordnet werden, auf der jede ihren festen Platz erhalte (Boas 1927/1955:5–7). Folgerichtig hat sich Boas auf die detaillierte Aufnahme von Daten konzentriert und nur wenige ordnende Entwürfe vorgelegt. In seiner Grundeinstellung geht er nicht über Montaigne hinaus. Trotz seines umfangreichen Lebenswerkes und des großen Einflusses auf die Entwicklung der amerikanischen Anthropologie ist Boas wegen seiner Konzentration auf das Partikulare nicht unter den hier vorgestellten Klassikern.

Montaigne und Boas sind Vertreter eines kulturanthropologischen Skeptizismus, der sich vor ordnenden Schlußfolgerungen hütet und die überprüfbare Information in den Vordergrund stellt. Auch wertende Aussagen sind dieser Haltung fremd, sieht man von der Prämisse ab, daß alle Kulturen als gleich-wertig anzusehen sind. Auch ist diese Haltung untheoretisch in dem Sinn, daß ihre Aussagen nicht allgemeine Aussagen über die Beziehungen von Phänomenen sind.

Der einflußreichste und auch im nichtwissenschaftlichen Bereich am weitesten verbreitete theoretische Entwurf in der Kulturanthropologie ist zweifellos das Entwicklungsdenken. Es besagt, daß kulturale Verschiedenheit von Gesellschaften diesen einen bestimmten Platz in einem Schema der Menschheitsgeschichte zuweise. Das Ergebnis solchen Denkens sind Kulturstufen. Daß die Archäologie im 19. Jh. es ermöglichte, aus der Aufeinanderfolge verschiedener Objektformen in den Grabungsschichten eine Chronologie und Entwicklungsgeschichte zu konstruieren, bestärkte das entwicklungsgeschichtliche Denken jenes Jahrhunderts. Allerdings gibt es namhafte Denker dieser Richtung schon vorher. So entwarf Friedrich Schiller (1759–1805) in seiner 1789 gehaltenen Antrittsrede *Was heisst und zu welchem Ende studiert man Universalgeschichte* ein einfaches Entwicklungsschema: «Die Entdekkungen (...) zeigen uns Völkerschaften, die auf den mannigfaltigsten Stufen der Bildung um uns herum gelagert sind, wie Kinder verschiedenen Alters um einen Erwachsenen herumstehen und durch ihr Beispiel ihm in Erinnerung bringen, was er selbst vormals gewesen und wovon er ausgegangen ist. Eine weise Hand scheint uns diese rohen Völkerstämme bis auf den Zeitpunkt aufgespart zu haben, wo wir in unserer eigenen Kultur würden weit genug fortgeschritten sein, um von dieser Entdeckung eine nützliche Anwendung auf uns selbst zu machen und den verlornen Anfang unseres Geschlechts auf diesem Spiegel wiederherzustellen» (Schiller 1789/1966:11).

Noch vor Schiller hatte Adam Ferguson (1723–1816) in seinem 1766 erschienenen *An Essay on the History of Civil Society* einen entwicklungstheoretischen Entwurf vorgelegt, der gegenüber Schillers Bild in viel stärkerem Maß eine Ordnung schafft. Ferguson zeichnet drei Stufen der Entwicklung, die geprägt sind durch die vorherrschende Produktionsform. Die erste und älteste Stufe wird von Gesellschaften gebildet, die von der Jagd und vom Sammeln leben: von Wildbeutern. Mit den Kriterien der Arbeitsteilung und der Entwicklung der Eigentumsverhältnisse weist Ferguson nach, daß die Hirtengesellschaften, die die zweite Stufe bilden, kulturgeschichtlich jünger sein müssen als die Wildbeuter, da in Hirtengesellschaften das Eigentum nicht nur persönliche Dinge umfaßt, sondern auch das Vieh: Daraus entstehen Abhängigkeitsverhältnisse, die auf der ersten Stufe der Entwicklung unbekannt waren. Die dritte Stufe, die der Zivilisation, kennt nicht nur komplexe Eigentums- und Herrschaftsverhältnisse, sondern auch deren Festigung durch Gesetze.

Wichtig ist, daß Ferguson zur Gliederung der Entwicklung durchgehend dieselben Kriterien verwendet und eine einlinige Entwicklung entwirft: Alle Gesellschaften durchlaufen die verschiedenen Stufen, und sie tun dies gesetzmäßig. Ferguson hätte als Klassiker aufgenommen werden können, hätte nicht mehr als ein Jahrhundert später Lewis Henry Morgan (s. Seite 88) mit seinem Entwicklungsschema den nachhaltigeren Einfluß ausgeübt. Auch Condorcet ist in diesem Zusammenhang zu sehen. Er schuf ein Entwicklungsschema, das im Gegensatz zu Fergusons materialistischer Sicht idealistisch-aufklärerisch ist und die Vernunft als Führerin zu einer besseren Welt rühmt.

Die Vorstellung, verschiedene Kulturformen könnten als Repräsentanten verschiedener Kulturstufen gedeutet werden, scheint so naheliegend, daß es nicht verwundert, schon in der antiken Erd- und Völkerbeschreibung Entwicklungstheorien zu finden. Besonders bei Demokrit (ca. 460–380) findet sich eine Gliederung der Kulturgeschichte in Entwicklungsphasen (Müller 1972:180). In den phönizischen und israelitischen Überlieferungen zur Geschichte des jeweils eigenen Volkes sind ebenfalls entwicklungstheoretische Überlegungen vorhanden. Aus den beiden ersten Mose-Büchern läßt sich eine Entwicklung vom Sammelstadium über das Jagen zu Viehzucht und Agrartätigkeit herauslesen. Auch die chinesische Geschichtsschreibung kennt das Entwicklungsmodell. So war man überzeugt (Paul 1984), daß die «Barbaren des Südens» auch einmal die Kulturstufe des chinesischen Zentrums erreichen würden. Um diesen «Barbaren» den mühsamen Weg zu dieser kulturellen Höhe zu ersparen, verbot man ihnen den Zugang zu den Staatsarchiven.

Daß in Europa im 18. Jahrhundert der Entwicklungsgedanke als etwas Neues angesehen wurde, hing damit zusammen, daß die kirchliche Denktradition ein statisches Bild der Schöpfung bevorzugte und gegenüber der göttlichen Zielsetzung der Geschichte eine innerweltliche Entwicklung bedeutungslos erschien. Erst mit der zunehmenden Kritik an der Allgemeingültigkeit kirchlichen Denkens konnten entwicklungstheoretische Gedanken Aufnahme finden.

Im allgemeinen wird für das Entwicklungsdenken der Begriff Evolutionismus verwendet, und so wird auch von der Kulturevolution gesprochen. Doch ist das schon im 18. Jahrhundert einsetzende kulturwissenschaftliche Evolutionsdenken vom naturwissenschaftlichen Evolutionsdenken, das in Lyells *Principles of Geology* (1830–1833) einen ersten Höhepunkt erreichte und in Darwins *Origin of species* (1859) kulminierte, in einem Punkt grundverschieden. Während durch die biologische Evolutionslehre vor allem erklärt werden sollte, warum und wie es zur Bildung neuer Spezies kommt, sahen die kulturwissenschaftlichen Evolutionsforscher die Kulturen als Stufen, die von allen Gesellschaften zu durchlaufen seien. In der biologischen Evolution gelten Umweltdruck und Bevölkerungsdruck als wesentliche Faktoren bei der Herausbildung neuer Formen; hingegen sind in der kulturevolutionistischen Forschung die Formen bekannt, und die Zuordnung einer Gesellschaft zu einer Kulturstufe ist die Aufgabe. Mit wenigen Ausnahmen wurde im kulturanthropologischen Denken des 19. Jahrhunderts die Dynamik, die in der biologischen Evolutionstheorie enthalten ist, nicht in die eigenen Entwürfe eingebaut. Eine der Ausnahmen war Edward B. Tylor (1832–1917), der Kulturen und Spezies gleichsetzte und damit die Anpassungsleistung, die jede Kultur darstellt, hervorhob. Daß Adolf Bastian (s. Seite 109) die lokalen kulturalen Ausprägungen, die «Völkergedanken», vornehmlich durch die Umwelt geformt sieht, führt ihn in die Nähe seines Freundes Tylor.

Mit dem Beginn dieses Jahrhunderts war der Kulturevolutionismus vorläufig an sein Ende gekommen. Einer der Gründe für den Niedergang liegt in einer gewissen Starrheit seines Systems, dem sich zahlreiche in ihren Kulturen gut bekannte Gesellschaften nicht einfügen ließen. So versuchten manche Ethnologen, von der Grundmaxime des Evolutionismus abzukommen, daß Einfaches alt und Komplexes jünger sein müsse, und suchten nach Wegen, in einem strengeren Sinn historisch zu arbeiten. Einen dieser Versuche bildete die deutsche kulturhistorische Völkerkunde. Stark von der Geographie beeinflußt, suchte sie, aus der räumlichen Lagerung kulturaler Elemente zu einer Bestimmung der Zeittiefe dieser Elemente zu gelangen, zumindest in der Form einer relativen Chronologie. So vermutet man zum Beispiel in einer Region, die architektonisch durch Rundhäuser gekennzeichnet ist, aber einen schmalen Streifen mit Rechteckhäusern aufweist, daß letztere in der Region jüngeren Datums sind. Ist hingegen, in einem zweiten Beispiel, die Region wiederum durch Rundhäuser charakterisiert, weist aber an mehreren Stellen kleinste Verbreitungsgebiete von Rechteckhäusern auf, so wurden diese eher als Vertreter einer älteren kulturellen Schicht angesehen. Ließe sich nun eine solche relativ zu sehende Zeitbestimmung nicht nur für zwei Haustypen, sondern für weitere Elemente aufstellen, konnte man also Kulturkomplexe in eine zeitliche Ordnung bringen, so war ein nächster Schritt die Konstruktion von Grundkulturen. Grundkulturen sind in zeitlicher Tiefe liegende idealtypische Kulturen, aus denen sich in vielfacher Mischung entwickelt hat, was wir heute vorfinden. Indem diese Grundkulturen auch noch bestimmten Regionen zugewiesen wurden, wandelten sie sich zu Kulturkreisen. Wilhelm Schmidt, der die vorsichtiger formulierten Ideen von Fritz Graebner, besonders in dessen *Methode der Ethnologie*, und Bernhard Ankermann zu einem festen System formulierte, legte damit, den Evolutionismus bekämpfend, ironischerweise selbst ein Evolutionsmodell vor. Die kulturhistorische Richtung ist im deutschsprachigen Raum besonders von Hermann Baumann weiterentwickelt worden. An ihrem Anfang steht neben dem Geographen Friedrich Ratzel vor allem Leo Frobenius (s. Seite 151). Seine frühe Untersuchung *Die Herkunft der afrikanischen Kulturen* zeigt Frobenius' vorsichtig und als Hilfsmittel gedachte Verwendung des Kulturkreis-Begriffs. Er ist der eigentliche Begründer der Kulturkreislehre, vermeidet aber früh alle Erstarrungstendenzen. In den Vordergrund seines Schaffens treten zwei Themen, die Idee von der Kultur als Organismus und die Paideuma-Idee. In ersterer spiegelt sich die enge Zusammenarbeit mit Oswald Spengler wieder, aber auch die organizistische Kulturauffassung von Herbert Spencer. Danach sind Kulturen wie Menschen durch bestimmte Phasen zeitlich aufgegliedert, erleben Kindheit, Jugend, Erwachsensein und Greisenalter. Die Paideuma-Idee ist am ehesten im Anschluß an J. G. Herders (s. Seite 51) Volksgeistvorstellung zu sehen. Nie präzise definiert, ist Paideuma etwas wie der kognitiv-emotionale Kern einer Gesellschaft.

Die genannte frühe Untersuchung zur Herkunft der afrikanischen Kulturen zeigt Frobenius auch als den bahnbrechenden Diffusionsforscher. Zwar hatten Gelehrte des 16. und 17. Jahrhunderts Überlegungen angestellt, wie denn die Bewohner der Neuen Welt an jene der Alten Welt anzuschließen seien, wollte man sie doch als missionierungsfähig erklären; sie hatten zu Erklärungen wie Migration (Wanderung) und Diffusion (Verbreitung von Kulturerscheinungen) gegriffen; E. B. Tylor hatte in einem Vergleich indischer und indianischer Brettspiele Vorschläge zur Methode des Kulturvergleichs gemacht; aber die großräumige Interpretation kultureller Ähnlichkeit durch Diffusion wurde insbesondere von Frobenius vorangetrieben.

Während sich die deutschsprachige Ethnologie einer bewußt historischen Arbeitsweise verschrieb und eine differenzierte Kulturgeschichte an die Stelle der evolutionistischen Kulturstufen setzen wollte, wandten prominente englische Anthropologen sich sowohl von Evolutionsentwürfen wie historischen Rekonstruktionen ab und forderten vor aller weiteren Theorienbildung die intensive Feldforschung. Obwohl es gute Feldforschungen vor ihm gegeben hat, setzt doch die moderne Feldforschung mit Bronislaw Malinowski (s. Seite 227) ein. Nicht so sehr als Theoretiker, sondern als Methodiker erscheint Malinowski in unserem Zusammenhang «klassisch».

Malinowski wie Reginald Radcliffe-Brown werden als Funktionalisten bezeichnet. Sie wollten nicht, wie im Evolutionismus und in der deutschsprachigen Ethnologie jener Zeit üblich, mit einzelnen Elementen oder allenfalls Kulturkomplexen arbeiten, sondern vor allem die Institutionen von Gesellschaften erfassen und den Beitrag der Institutionen für die Gesellschaft bestimmen. Während Malinowski die Leistung einer Institution vor allem in der Befriedigung naturaler Bedürfnisse sah, war für Radcliffe-Brown die Funktion einer Institution die Aufrechterhaltung des Kultur- oder Gesellschaftsganzen. Für die heutige Ethnologie sind beide Ansätze, vor allem der Radcliffe-Browns selbstverständlich geworden. Doch darf nicht vergessen werden, daß vor der Wende zum 20. Jahrhundert die Zahl der kulturanthropologischen Untersuchungen, die die Lebenswelt einer Gesellschaft zum Gegenstand hatten, klein war. Trotz einer kaum übersehbaren Menge an Reiseliteratur, Verwaltungs- und Missionsberichten war die Zahl der wissenschaftlichen Untersuchungen, die über ein Aufzählen von Daten hinausgingen, gering. Den vereinzelten Daten stellten Radcliffe-Brown und besonders Malinowski die Analyse von Institutionen entgegen. Sie wollten Kerne des Kulturganzen erfassen und in ihren Formen und ihren Aufgaben darstellen und interpretieren. Ein berühmtes Beispiel bildet Malinowskis Analyse des Zeremonialtauschs *kula* im Trobriand-Archipel, der, als Institution gesehen, die hochkomplizierte Verflechtung von Faktoren der naturalen Umwelt und von ökonomischen, sozialen, technischen und religiösen Fakten aufzeigt.

Dabei blieb Malinowski keineswegs im Institutionellen hängen, sondern betonte die Unumgänglichkeit, nicht nur in der Feldforschung, sondern auch in der kulturellen Analyse das Individuum einzubeziehen. Dabei ging es ihm nicht nur um die intellektuelle und emotionale Seite des Individuums und dessen, was an Symbolschaffen und Symbolverstehen vom Individuum geleistet werden muß, sondern «der Mensch in seiner vollen biotischen Wirklichkeit muß in unsere Analyse einbezogen werden» (Malinowski 1939). Parallel zu Sigmund Freud (s. Seite 137) betont Malinowski die unauflösbare Beziehung kulturaler Formen an naturale Dispositionen. Auch in Margaret Meads (s. Seite 295) späterem Schaffen erscheint diese Beziehung deutlich.

Unbestritten bleibt Malinowskis Beitrag zur Entwicklung der modernen Feldforschungstechnik, auch die von ihm aufgestellte Forderung, die Sprache der Gesellschaft sprechen zu können, in der man seine Forschungen durchführt. Wie wichtig diese Forderung ist, hätte an sich allen Kulturanthropologen und speziell den Ethnologen spätestens nach der Lektüre der linguistischen Schriften Wilhelm von Humboldts klar sein müssen. Aber erst die Wiederaufnahme zentraler Gedanken von Humboldt durch E. Sapir und später auch durch Benjamin Whorf (s. Seite 198) hat die fundamentale Bedeutung des sprachlichen Zugangs zur Kulturforschung ins Bewußtsein gerückt und zum Aufblühen einer Anthropologie des Kognitiven beigetragen.

Die Ablehnung des ethnologischen Evolutionsdenkens und besonders der Vorstellung, die kulturelle Evolution verlaufe geradlinig und überall durch annähernd dieselben Stufen, konnte sich auch auf die Denker der biologischen Evolution berufen. Charles Darwin und Herbert Spencer hatten sich gegen die geradlinige Entwicklung und gegen die Idee des allgemeinen Fortschritts ausgesprochen. Beide Forscher betonten die Bedeutung der Einpassung der menschlichen Kultur in die naturale Umwelt. Spencer begann auch damit, Strukturen und Funktionen sozialer Formen zu untersuchen. Malinowski und Radcliffe-Brown konnten davon profitieren. Auch die französische Soziologie nahm darauf Bezug, wenn auch mit Distanz.

Die französische Soziologie der Jahrhundertwende, angeführt von Emile Durkheim, hatte sich weit vom positivistischen Evolutionismus Auguste Comtes entfernt und ebenfalls und schon früher als die britischen Kollegen nach internen sozialen Verbindungen und Abhängigkeiten, nach Strukturen und Funktionen gesucht. Das Vokabular verdeutlicht dies. An die Stelle von Stufen, Evolution und Fortschritt treten Termini wie Kohäsion, Solidarität, Arbeitsteilung, organischer Zusammenhalt, Normstruktur, soziales Handeln und Anomie. Das gesellschaftliche Handeln und die mit ihm verbundenen Vorstellungen treten in den Vordergrund des wissenschaftlichen Interesses. Aus der Forschungsgruppe um Durkheim ist für die Kulturanthropologie vor allem Marcel Mauss (s. Seite 171) von Bedeutung. Anders als man es aus den Werken der britischen Funktionalisten gewohnt ist, geht Mauss nicht nur von entscheidenden kulturalen Phänomenen aus, sondern macht sie zum Thema vergleichender Forschung. Er, der selbst nie eine Feldforschung durchführte, hat die Grundlagen für dieses Unternehmen durch seine umfassende Ausbildung in Philosophie, Indologie, Sprachwissenschaft und der aufkommenden Soziologie und durch seine eminente Belesenheit gelegt. So entfaltet er Struktur und Sinn umfassender sozialer Tatsachen wie des Opfers, des Gebets, der Körpertechniken, der Reziprozität, der Ritualisierung des naturalen Wechsels und weiterer Themen. Er wurde damit der entscheidende Vertreter der frühen kulturanthropologischen Strukturforschung, der der jüngere Strukturalismus etwa eines Claude Lévi-Strauss so viel zu verdanken hat. Im Gegensatz zur jüngeren Entwicklung ist jedoch bei Mauss die historische Komponente deutlicher geblieben, so daß seine Forschungsausrichtung als Strukturgeschichte bezeichnet werden kann.

Wenn jedoch einem Autor der Ruhm zukommt, der Begründer der

Strukturgeschichte zu sein, so dem nordafrikanischen Gelehrten Ibn Khaldun (1332–1382). In einer Zeit, in der in Europa große kulturanthropologische Entwürfe durch die Vormacht der Kirche kaum entstehen konnten, entwarf Ibn Khaldun ein Bild vom Verhältnis der Städter zu den Nomaden, das in seiner soziologischen, psychologischen, historischen und allgemein kulturanthropologischen Sehweise zum Größten gehört, was je geschaffen wurde (Talbi 1971).

Eine Denktradition ist bisher nur am Rande zur Sprache gekommen, die Kulturökologie. Sie befaßt sich mit den Auseinandersetzungen der Gesellschaften mit der primären und dann der umgewandelten Natur. Wie das Entwicklungsdenken, so hat auch diese Tradition Anfänge in der Antike, doch scheinen die Überlegungen zur Hauptsache von der Annahme auszugehen, daß eine gegebene naturale Umwelt die Kulturen und selbst die Charaktere der Menschen prägt. So entwirft Hippokrates eine Charakterlehre aufgrund der klimatischen Gegebenheiten. Nach Montesquieu (1689–1755) wirkt die Natur der verschiedenen Gesellschaften zumindest teilweise in den eigentlich kulturalen Raum hinein. Vor allem das politische Leben wird durch das unterschiedliche naturale Milieu mitbestimmt. Doch auch bei Montesquieu bleibt der Prozeß einseitig: Die Natur gibt der Kultur gewisse Formen vor. Auch die kulturökologischen Überlegungen des 19. Jahrhunderts gehen über diesen Stand kaum hinaus. Zwar bildet bei Adolf Bastian (s. Seite 109) die Umwelt einen entscheidenden Faktor bei der Realisierung der regionalen Völkergedanken aus den universalen Elementargedanken, zwar räumt L. H. Morgan (1877:16; s. Seite 88) Kulturen, die er auf gleicher Stufe wähnt, bei grundsätzlicher Gleichheit einige auf der Verschiedenheit des Naturraums beruhende Unterschiede ein, doch zu einer eigentlichen Kulturökologie, die das Zusammenwirken der naturalen und der kulturalen Faktoren analysiert, kommt es erst in diesem Jahrhundert. Das geographische Konzept der Kulturlandschaft spielt bei dieser Entwicklung eine Rolle, wie der Titel einer Schrift von A. L. Kroeber zeigt, die eine intensive Beschäftigung mit Fragen der Kulturökologie einleitet: *Cultural and Natural Areas in Native North America* (1939). Als Kroebers Schrift publiziert wurde, arbeitete Julian Steward (s. Seite 248) an kulturökologischen Analysen einzelner Regionen, wobei besonderes Gewicht auf Größe und Organisation der betreffenden Gesellschaften und auf die Zusammensetzung ihrer kulturellen Leistungen gelegt wurde. Zum Teil unter dem Eindruck der in etwa gleichen Abfolgen im Fundmaterial archäologischer Ausgrabungen in Lateinamerika entwickelte Steward Evolutionsmodelle, die die kulturökologischen Komponenten, vor allem die sozial-kulturalen Integrationsniveaus, einschließen.

Das erneute Interesse an evolutionistischer Fragestellung kam aus der Archäologie, wo Gordon Childe Stufen der technischen Entwicklung als Entwicklungsphasen darstellte. In den Vereinigten Staaten war es neben Steward vor allem Leslie White (s. Seite 277), der den Evolutionismus vehement vertrat. Im Gegensatz zu Steward spielt die kulturökologische Komponente bei White kaum eine Rolle, so daß sein Einfluß deutlich geringer blieb.

Besteht der Einfluß der zeitgenössischen Kulturanthropologen Steward und White darin, daß sie sich in eine spezielle theoretische Richtung, dabei jedoch auf einen eher engen Pfad begeben, so faszinieren die noch zu nennenden Autoren des 18. Jahrhunderts Johann Gottfried Herder (s. Seite 51) und Georg Forster (s. Seite 69) durch die außerordentliche Weite der Ansätze. Beide haben wesentliche Positionen der Kulturanthropologie formuliert. Herder betont die Gleichwertigkeit der Kulturen und ist darin Montaigne gleich, versucht jedoch auch, diese Position mit der Kulturentwicklung zu verknüpfen. Herder beginnt auch mit dem Sammeln mündlicher Überlieferungen, legt also den Grund für einen wesentlichen Bereich ethnologischer Datenerhebung. Seine Vorstellungen des einem Volk eigenen Geistes sind nicht nur ein – wenn auch kritisch gesehener – Begriff der Völkerforschung des 19. Jahrhunderts geworden, sie wirken auch in den Begriffen Kollektivbewußtsein und Kollektivgedächtnis der Durkheim-Schule nach und in der gesamten anthropologischen Symbolforschung. Herders Zeitgenosse Forster besticht vor allem durch die Präzision des Denkens, beginnend bei den Überlegungen zur Wahrnehmung, die anläßlich der mit Cook durchgeführten Südseereise angestellt werden, über Fragen der Monogenese oder Polygenese der Menschheit und über Entwicklungsformen der Kultur bis hin zu Menschenrechtsfragen. Heute kann niemand mehr in allen diesen und weiteren Bereichen kompetent sein. Aber die zunehmende Begrenzung der Kompetenz der jüngeren Vertreter der Kulturanthropologie kann vergessen lassen, wie groß der Raum der Kultur ist, den es auszumessen gilt. In diesem Sinne ist Georg Forster in der Kulturanthropologie ein Forscher, von dem man sich leiten lassen kann.

*

Den Autorinnen und Autoren danke ich für ihre Beiträge. Dank gebührt auch Frau Daniela Weise und besonders Herrn Dr. Günther Schiwy, Verlag C. H. Beck, für seine große Geduld und Frau lic. phil. Brigitte Aepli, die den Text von P. Centlivres über Mauss übersetzt hat.

Mario Erdheim

ANTHROPOLOGISCHE MODELLE DES 16. JAHRHUNDERTS: OVIEDO (1478–1557), LAS CASAS (1475–1566), SAHAGÚN (1499–1540), MONTAIGNE (1533–1592)

Die Entdeckungen und Eroberungen des 16. Jahrhunderts rissen die Anthropologen aus ihren zumeist theologischen Spekulationen heraus und zwangen sie, sich mit den praktischen Problemen der Kolonisation zu befassen. Innerhalb neuentstandener politischer Kraftfelder mußten die alten Fragen nach dem Wesen der Kultur und ihren Organisationsformen, nach der Gleichheit der Menschen und nach dem Verhältnis zwischen Individuum und Gesellschaft neu gestellt und beantwortet werden (Atkinson 1935; Bitterli 1976). Die Empirie überlagerte die Theorie: Hatten die Anthropologen früher in der Ruhe der Klöster und Studierzimmer ihre Gedanken formuliert, so wurden sie nun zu Reisenden, die als Krieger, Beamte oder Missionare fremde Kulturen selbst kennenlernten, in politische Kämpfe verwickelt wurden und ihre theoretisch aufgearbeiteten Erfahrungen als Waffen in diesen Auseinandersetzungen benutzten.

Man hat der Ethnologie, das heißt der Anthropologie, die sich vorwiegend mit fremden Kulturen beschäftigt, oft vorgeworfen, sie sei lediglich ein Produkt des Kolonialismus und habe immer im Dienste imperialistischer Expansion gestanden. Aber bereits die Situation der Ethnologie des 16. Jahrhunderts zwingt uns zu einer differenzierteren Betrachtung: Man kann nicht von der Ethnologie sprechen, sondern man muß mindestens drei Formen, Ethnologie zu betreiben, unterscheiden. Alle drei erhoben den Anspruch für sich, wissenschaftlich zu sein, das heißt objektive Erkenntnis zu vermitteln, und negierten die Wissenschaftlichkeit der anderen. Die eine, die ich am Beispiel von Fernández de Oviedo (1478–1557) erläutern werde, ordnete ihre Daten so, daß die spanische Herrschaft über die Indianer legitimiert wurde; ihre Perspektive war also durch den Herrschaftsanspruch bestimmt. Ich nenne sie die *legitimatorische* Tendenz. Eine zweite Richtung, deren hervorragendster Vertreter Bartolomé de Las Casas (1475–1566) war, *idealisierte* die neuen Kulturen und stellte sie als Vorbild für die europäische Kultur hin. Eine dritte Tendenz entwickelte sich aus der Bereitschaft, zwischen der eigenen und der fremden Kultur eine gemeinsame Basis herzustellen, um die andere Kultur aus sich selbst heraus zu verstehen; am reinsten verkörperte Bernardino de Sahagún (1499–1590) diese *verstehende* Tendenz.[1] Und schließlich möchte ich am Beispiel Michel de Montaignes (1533–1592) die Integration der neuen ethnologischen Kenntnisse in ein auch die europäische Kultur erfassendes Modell aufzeigen.

Definiert man die Wissenschaft nur von ihrem Wahrheitsbezug her, wird man meine These der drei Modelle nicht akzeptieren können. Die legitimatorische und die idealisierende Tendenz würden dann als lediglich ideologische, wissenschaftsfremde Standpunkte erscheinen. Betrachtet man jedoch die Wissenschaft als ein historisches Phänomen, so wird man davon ausgehen müssen, was zu einer bestimmten Zeit als Wissenschaft galt. Ich will im folgenden die gesellschaftlichen Bedingungen dieser drei Formen von Wissenschaft ebenso aufzeigen wie die Gründe dafür, daß sich die legitimatorische Tendenz durchsetzte und die Arbeiten der anderen Forscher in Vergessenheit geraten ließ.

I. Das legitimatorische Modell: Fernández de Oviedo (1478–1557)

1478 in Madrid geboren, kam Fernández de Oviedo in enge Berührung mit den Ereignissen und Strömungen, die die Welt damals bewegten (Perez de Tudela Buero 1959; Gerbi 1975). Oviedo, der von sich behauptete, ein Adliger zu sein, über den aber – wie über so viele Spanier – das Gerücht umging, er wäre ein *converso,* ein zum Christentum übergetretener Jude, war dabei, als die Mauren 1492 ihre letzte Festung, Granada, aufgeben mußten. Als Kolumbus von seiner ersten Reise über Barcelona zurückkehrte, sah Oviedo ihn und die Indianer, die er mitgebracht hatte. In Mailand, Rom, Padua und Neapel eignete er sich die Lehren des Humanismus an, lernte Leonardo da Vinci ebenso wie Mantegna kennen, las und liebte die Schriften Petrarcas, Boccaccios, Eneas Silvio Piccolominis und Aretinos und pflegte noch viele Jahre später die Freundschaft mit Wissenschaftlern in Venedig, Padua und Verona (Gerbi 1975: 170f.). Er erfuhr aber wohl auch den Anpassungsdruck, der von den Herrschenden ausging; er stellte sich in die Dienste Ludovico Sforzas, der Borgias und der Könige von Neapel. War er auf der Suche nach dem «guten Herrscher»? Auf jeden Fall wechselte er oft seine Stellung, auch als er wieder nach Spanien zurückkehrte. 1506 versuchte er als Sekretär bei der Inquisition unterzukommen, gab aber nach einem Jahr diese Stelle auf. Schließlich trieb ihn im Jahre 1514 seine Unruhe in die Neue Welt.

Oviedo unternahm im Lauf seines Lebens sechs Reisen nach Amerika. Immer wieder kehrte er nach Spanien zurück, um Anklage gegen die Unrechtmäßigkeiten der Eroberer zu erheben. Er war kein Freund der Indianer, vielmehr ein treuer Diener seines Königs, und es ging ihm lediglich darum, die königlichen Rechte vor den Übergriffen der Konquistadoren zu schützen. Aus diesem Grunde kam es auch zum Zerwürfnis mit Bartolomé de las Casas, der die Rechte der Indianer verteidigte und die des Königs einschränken wollte. Auf seinen vielen

Spanische Eroberer besichtigen die Gastgeschenke der unterworfenen Indianerstämme

Beamtenreisen versuchte Oviedo, eine Bestandsaufnahme der eroberten Gebiete zu leisten. 1520 begann er mit seiner monumentalen *Historia General y Natural de las Indias,* die vor allem die Naturgegebenheiten beschrieb (vollständige Ausgaben 1535 ital., 1545 franz., 1555 engl.; vgl. Turner 1966). 1535 wurden in Sevilla die neunzehn Bücher des ersten Teils der *Historia General* gedruckt; 1557, ein Jahr nach seinem Tod, erschien auch das zwanzigste Buch des zweiten Teils. Teile des Werks wurden bald übersetzt, 1555 ins Französische, 1556 ins Italienische, als Ganzes wurde es jedoch erst 1835 publiziert.

Oviedo begriff sich als Historiker, dessen Aufgabe es ist, «das zu erzählen, was sich in Wirklichkeit zugetragen hat» (Oviedo, *Historia* II: 233). Er wollte Zeuge sein und vertraute nur auf das, was er selbst gesehen hatte: «Mit weniger Autorität lehrt der, der nur von Gehörtem spricht, als der, der von Gesehenem berichtet» (ebd. I: 29). Immer wieder verwies er auf die Mühen, die er auf sich genommen hatte, um eigene Erfahrungen zu machen, und spottete über jene, die am Ofen oder in schönen Gärten mit Muße ihre Werke verfaßten; sie hätten es leicht, «aber diese Dinge von hier (in Amerika, M. E.) – mit viel Durst, mit großem Hunger und Müdigkeit, im Krieg mit den Feinden und im Frieden, (...) mit viel Not und in Gefahr: verwundet ohne Chirurg, krank ohne Arzt und Medizin, (...) zu Fuß, obwohl man zu reiten wußte, viele und große Flüsse überquerend ohne schwimmen zu können, (mußten erfahren werden, M. E.)» (ebd. II: 182f.; wenn nicht anders vermerkt, übers. v. M. E.). War es ihm nicht möglich, die Dinge selbst zu sehen, so prüfte er genau die Aussagen seiner Informanten. Er betonte, wie wichtig es sei, die Leute selbst zu kennen, um ihre Glaubwürdigkeit richtig einzuschätzen (ebd. IV: 267). Oder er schrieb: «Und eine der Sachen, die mir am meisten Mühe machten (...), war nicht so sehr das Schreiben, sondern die Ungeschickten, die Groben, die Leidenschaftlichen und die Wahrhaftigen. Unter diesen verschiedenen Berichterstattern schätzte ich ab, suchte und war bedacht auf den wahren Diskurs, dem ich in den Sachen folgte, bei denen ich nicht dabei war und gezwungen war, anderen zu glauben oder ihnen durch meine Schätzung ihre Glaubwürdigkeit abzusprechen» (ebd. III: 401).

Oviedo identifizierte sich vollkommen mit seiner Rolle als Chronist des Königs. 1532 hatte Karl V. allen Beamten befohlen, Oviedo Nachrichten über die Gebiete, in denen sie tätig waren, zukommen zu lassen, und ebenso forderte er Oviedo auf, ihm alles, was er über Amerika geschrieben hatte, zu schicken. Oviedo sah die Neue Welt mit den Augen seines Herrn. Diese Perspektive bestimmte auch, was er von den Indianern und ihren Kulturen wahrnahm.

Das äußere Bild der Indianer beschrieb Oviedo folgendermaßen: «Auch ihre Köpfe sind nicht so wie die der anderen Menschen, sondern ihre Schädel sind derartig dickknochig, daß die Christen beim Kampf besonders achtgeben müssen, ihnen nicht auf die Köpfe zu schlagen, ansonsten die Schwerter brechen» (ebd. I: 111). Diese physischen Eigenschaften verwiesen seiner Meinung nach auch auf ihre Geistigkeit: «Und so wie sie dicke Schädel haben, so haben sie nur ein tierisches, verstimmtes Verständnis» (ebd.). Als Experte in Indianerfragen angesehen, umschrieb er 1530 ihre moralische Kultur auf folgende Weise: «Aber von den Indianern und aus den Gegenden, die ich besuchte, weiß ich, daß es einige Sodomiten (das heißt nach dem damaligen Sprachgebrauch: Homosexuelle, M. E.) und viele gibt, die Menschenfleisch essen, Götzenanbeter sind, Menschen opfern und sehr lasterhaft sind. Es sind rohe Leute und ohne jedes Mitleid, denn ich habe gesehen, daß wenn sie sterben wollen, sie kein Mitgefühl mit den Hinterbliebenen, Freunden und Nachbarn zeigen, sie sind vielmehr wie mitleidlose Bestien, und es sind nur wenige, denen fremdes Leid Schmerzen bereitet, und auch viele von diesen haben kein Mitgefühl mit sich selbst, und aus Lust töten sie einander oder lassen sich töten. Und ich weiß aus Erfahrung, daß diejenigen, die schon von Kindbeinen an und sehr gut von den Christen aufgezogen wurden, sobald sie Frauen kennenlernen und Männer werden, die guten Sitten und was ihnen die Christen lehrten, verlieren. Und für mich glaube ich, daß nur wenige sich retten werden, die über jenes Alter gelangen ...» (zit. nach Perez de Tudela Buero 1959: XC VII–VIII).

Hier tauchen in der gedrängten Form einer Expertise die wichtigsten Elemente von Oviedos Indianerbild auf. Es ging ihm um den Nachweis, sie wären auf Grund ihrer Konstitution unfähig, das Christentum zu verstehen, geschweige denn zu leben. Vor allem ihre unbezähmbare Sexualität gleiche sie den Tieren an; weshalb er sie dem Tierreich zuordnete. In der *Historia General* bediente sich Oviedo eines «wissenschaftlichen» Diskurses, das heißt, er berief sich auf klassische Autoritäten: «Der Cacique Behechio nannte dreißig Frauen sein eigen, aber nicht nur zum Gebrauch und zur Vereinigung, welcher der Gatte mit seiner Frau übt, sondern zu vielen anderen tierischen und widernatürlichen Sünden, denn der Cacique Goacaganari besaß gewisse Frauen, mit denen er sich, so wie es die Schlangen zu tun pflegen, vereinigte. Seht welche unerhörte Schlechtigkeit, die er nur von diesen Tieren gelernt haben kann! Daß die Schlangen sich so verhalten, beschreibt Albertus Magnus, ‹De proprietatibus rerum›, Isidor in seinen Ethimologias und Plinius in seiner Naturgeschichte. Doch wie viel schlechter als die Schlangen, denen die Natur keine andere Möglichkeit zum Zeugen gibt, ist der Mensch, der solches nachahmte, und seht, ob es nicht gerecht ist, was Gott ihm (durch die Spanier, M. E.) antat» (Oviedo, *Historia* I: 118).

Bereits in der Antike findet man eine solche Argumentationsweise. K. George zitiert in ihrer Arbeit *The Civilized West Looks at Primitive*

Africa: 1400–1800. A Study of Ethnocentrism eine Stelle von Diodorus Siculus: Er vergleicht dort die Äthiopier (das heißt nach dem damaligen Sprachgebrauch: die Afrikaner) ebenfalls mit Tieren – sie seien vollständig wild, würden keine zivilisierten Umgangsformen kennen, fortwährend Hunger leiden und in Furcht leben, alte und kranke Angehörige töten und sexuelle Promiskuität praktizieren (George 1968: 177 f.). Deutlich geht aus diesen Beschreibungen das Ordnungsschema «Barbarentum und Zivilisation» hervor, wobei «Zivilisation» Herrschaft über die Natur impliziert, die als chaotisch und gefährlich aufgefaßt wird. Poseidonius hat diesen Gegensatz in zwei Begriffe gefaßt: *thymos* und *logos* (Mühlmann 1968: 27 f.). *Thymos* bezeichnet das Übermaß von Emotionalität und *logos* die Zügelung des Geistes und die Bändigung der Instinkte. Dieses klassische Schema, die Grundstrukturen des legitimatorischen Modells, erkennen wir auch bei Oviedo wieder. Er schreibt: «Für sich allein genommen sind diese Indianer nur wenig wert. Schon ein Nichts (an Anstrengung, M. E.) läßt sie sterben oder in die Berge verschwinden; ihr hauptsächliches Streben war nämlich zu essen, zu trinken und zu schlemmen, ihre Wollust zu befriedigen, den Götzen zu dienen und vielen anderen Schmutzereien nachzugehen» (Oviedo, *Historia* I: 95).

Während für Oviedo die Naturgeschichte Gottes Wirken offenbarte, Naturerkenntnis also Gotteserkenntnis war, zeigte ihm die Natur des Menschen, das Triebhafte, des Teufels Wirksamkeit. Oviedo übernahm damit ein Paradigma, das in Europa immer mehr an Bedeutung gewann und die Begründung für die Hexenverfolgungen lieferte. Die Gestalt des Indianers und die der Hexe ebenso wie die gesellschaftlichen Praktiken der Unterdrückung von Frauen und von Indianern waren austauschbar. Die Haltung gegenüber einer fremden Kultur ist immer auch ein Spiegel der Haltung gegenüber den unterdrückten Bereichen der eigenen Kultur. Es war dieselbe Projektion von exzessiver Sexualität auf die Hexen, die auch das Bild des Indianers bestimmte, und in beiden Fällen wurde damit das Verfallensein an den Teufel erklärt. Die «schwarze Messe», die zum Wesen der Hexenkultur deklariert wurde, tauchte wieder auf in den Vorstellungen von Menschenopfern und von Kannibalismus, die als Kern der indianischen Kulturen aufgefaßt wurden. Diese Gleichsetzung fand auch im Bildlichen ihren Ausdruck: De Bry's Kupferstich (um 1600) des «Götzenkultes» karibischer Indianer entsprach ikonographisch genau den zeitgenössischen Darstellungen von Hexenkulten (Bucher 1977: 82).

Oviedos Objektivitätsanspruch scheiterte an seiner Identifikation mit den Herrschenden. Diese Position bestimmte gleichsam zwangsläufig seine Projektionen auf die indianischen Kulturen und ließ ihn dort Verhältnisse hervorheben, die er in der eigenen spanischen Gesellschaft gar nicht wahrzunehmen wagen durfte. Oviedo konnte nicht verborgen geblieben sein, wie es die Adligen in Spanien trieben, aber statt sie zu kritisieren, idealisierte er sie in einem völlig anachronistischen Ritterroman (Gerbi 1975: 275 ff.). Dafür beschrieb er die aztekische Gesellschaft um so kritischer. Er konnte sich zwar der Faszination der Hofhaltung Motecuhzomas nicht entziehen – sie muß ihn an die der spanischen Könige erinnert haben (Oviedo, *Historia* IV: 219ff.) –, aber letztlich fällte er ein negatives Urteil über die aztekische Gesellschaftsordnung. Man kann sich des Eindruckes nicht erwehren, daß er die Azteken um so schärfer verurteilen mußte, je weniger er sich eingestehen konnte, daß dieselben Verhältnisse auch in Spanien herrschten: «Die Indianer von Neu-Spanien ... gehören zu den ärmsten, die es unter den vielen in diesem Indien bekannten Völkern gibt. In ihren Behausungen haben sie keine Möbel, und Kleider nicht mehr als die, die sie am Leibe tragen, und die sehr ärmlich sind; zwei Steine, um Mais zu mahlen, einige Töpfe zum Kochen und Matten, um darauf zu schlafen. Ihre Nahrung besteht zur Hauptsache aus gekochten Kräutern mit Ají (einem scharfen Gewürz, M. E.) und Brot. Sie essen wenig, nicht weil sie nicht mehr äßen, kämen sie nur an mehr Nahrung, denn das Land ist sehr fruchtbar ... aber die gewöhnlichen Leute werden so schwer von ihren indianischen Herren tyrannisiert, daß man ihnen den größten Teil ihres Unterhaltes wegnimmt» (ebd.: 249). «Kein Mitleid noch Barmherzigkeit ist in diesen indianischen Herrschern, und sie tun auch nichts aus Tugend, sondern nur aus Furcht. Nicht einmal den Teufel feiern sie, weil sie ihn lieben, sondern weil sie ihn fürchten; sie sagen, daß wenn sie ihm nicht opfern oder Feste feiern, so zerstöre er ihre Brote und Erbschaften. Jene Indianer sind Faulpelze und Müßiggänger und betrinken sich. Sie schicken ihre Frauen, den Boden zu bearbeiten, zu säen und zu ernten und andere Arbeiten zu verrichten» (ebd.: 250).

Oviedo hebt an den indianischen Kulturen immer jene Momente hervor, deren Abschaffung den Spaniern das Recht geben sollte, über sie zu herrschen. Mit entsprechendem Interesse wurden seine Ansichten in Spanien aufgenommen und als Beweise gegen jene angeführt, die die Legitimität der Conquistadoren in Frage stellten. Als 1542 Kaiser Karl V. – unter dem Einfluß von Las Casas – neue Gesetze herausgab, die die Rechte der Eroberer einschränken sollten, brach in Spanien eine große Debatte aus, in deren Verlauf die verschiedenen anthropologischen Grundkonzepte, die die Geschichte der neuzeitlichen Ethnologie bis in die Gegenwart hinein bestimmt haben, mit aller Deutlichkeit in Erscheinung traten (Hanke 1949a; Friede/Keen 1971: 80f.).

II. Das idealisierende Modell: Bartolomé de Las Casas (1475–1566)

Las Casas, der als Verteidiger der Indianer in die Geschichte eingegangen ist, stammte aus einer Konquistadorenfamilie. Im 15. Jahrhundert war sie an der Eroberung der Kanarischen Inseln beteiligt, und als Kolumbus seine zweite Reise unternahm, fuhr auch Las Casas' Vater mit. Als Geschenk für Bartolomé brachte er einen jungen Indianer mit, der ihn bedienen sollte. In Salamanca, an der bedeutendsten spanischen Universität, studierte er die Rechte und fuhr anschließend, 1502, nach dem damaligen La Española. Hier teilte er ganz das Leben der Konquistadoren, bis ihn eine Predigt des Dominikaners Montesinos aufrüttelte, in welcher der Mönch 1511 die Verbrechen der Spanier aufs schärfste geißelte (Las Casas, *Historia* II: 176). Las Casas wurde Priester (Bataillon 1952) glaubte aber doch noch Christentum und Eroberung miteinander verbinden zu können. 1512 beteiligte er sich an der Eroberung Cubas und erhielt einen reichen Anteil an Ländereien und Indianern. Zwei Jahre später jedoch – er bereitete gerade eine Predigt vor – geriet er beim Nachdenken über eine Stelle aus den Apokryphen (Jesus Sirach, Kap. 34, 25–27) in eine tiefe Krise. Die Sätze «Der Arme hat nichts denn ein wenig Brot; wer ihn darum bringt, ist ein Mörder. Wer einem seine Nahrung nimmt, der tötet seinen Nächsten, wer den Arbeitern nicht seinen Lohn gibt, der ist ein Bluthund» machten ihm das Ausmaß seiner und der Spanier ethischen Schuld an den Verbrechen bewußt, die die Indianer hatten erleiden müssen. Er schenkte den für ihn arbeitenden Indianern Land und Freiheit und widmete sich von nun an dem Kampf gegen die Konquista und die Unterjochung der fremden Völker. 1515 war er bereits in Spanien, um Anklage gegen die schlechte Behandlung der Indianer zu erheben, und entwarf 1516 mit seiner *Relatión de los remedios que parecen necesarios para que el mal y el daño que han las Indias cese* (Abhandlung über die Rettungsmittel, die notwendig scheinen, damit die Übel und Schäden, welche Indien hat, aufhören) das erste kolonisatorische Modell, das auf gesellschaftlicher Planung und gelenkter Wirtschaft beruhte (F. Ortiz). Las Casas wurde zum «defensor universal de los indios» ernannt.

Las Casas' Ziel war die friedliche Evangelisation und Kolonisation. 1520 wies ihm Kaiser Karl V. Venezuela als Gebiet zu, um seine Pläne zu realisieren, aber er scheiterte am wütenden Widerstand der Spanier und der Indianer. 1522 trat er dem dominikanischen Orden bei und arbeitete in der Abgeschiedenheit des Klosters neue Missionspläne aus. 1531 versuchte er sie in La Española praktisch zu erproben und später in Nicaragua und Guatemala. Aber das entscheidende Problem, die Versklavung der Indianer, konnte er in den Kolonien nicht abschaffen.

Bartolomé de Las Casas (1475–1566)

1539 kehrte er deshalb nach Spanien zurück, um die entsprechenden gesetzlichen Veränderungen zu erkämpfen. Es gelang ihm dann tatsächlich, Karl V. dazu zu bewegen, die sogenannten «Neuen Gesetze» zu proklamieren, die die indianische Zwangsarbeit abschafften. Ein entscheidendes Mittel dazu war Las Casas' Schrift *Kurzer Bericht über die Zerstörung der Indien* (1542), in der er die schärfste Anklage gegen die spanische Kolonisation erhob. Auf dem Höhepunkt seines Ruhmes, bot Karl V. Las Casas das reiche Bistum Cuzco an, aber der lehnte es ab und erhielt das viel ärmere von Chiapas. 1544 schiffte er sich mit 40 Geistlichen ein, um nun, ausgestattet mit der ganzen legalen Macht, die ideale Kolonisation zu realisieren. Aber wieder scheiterte Las Casas. Der wütende Widerstand der Konquistadoren, die Angriffe der Indianer ebenso wie der Streit unter den Missionaren machten alle seine Hoffnungen zunichte. Hinzu kam, daß Karl V. in Spanien unter dem Druck der Konquistadorenpartei die «Neuen Gesetze» aufhob und die Zwangsarbeit der Indianer wieder einführte. 1547 machte sich Las Casas, nun 72 Jahre alt, wieder nach Spanien auf, um dort die Freiheit der Indianer zu verteidigen. Aber er konnte nichts mehr ausrichten. 1551 verzichtete er auf sein Bistum und arbeitete nur noch an seinen Schriften, die – in bewußtem Gegensatz zu Oviedo – Zeugnis von der Menschlichkeit und Würde der indianischen Kulturen ablegen sollten.

Las Casas übte scharfe Kritik an Oviedo. Er warf ihm vor, daß er «überall, wo es in seiner ‹Historia› von den Indianern handelt, nie den Mund aufmacht, ohne sie aus ganzem Herzen zu verunglimpfen und zu beleidigen» (Las Casas, *Historia* II: 520). Oviedo sei ein Eroberer gewesen, hätte Indianer in Zwangsarbeit gehabt, habe davon gelebt und könne aus diesem Grunde gar kein objektives Zeugnis über sie ablegen (ebd.: 521). Was seine Gewährspersonen betreffe, so seien es Schiffsleute oder Verwüster weiter Landstriche gewesen, die ihm nur das sagten, was er zu hören wünschte. «‹Wir töteten so und so viele Tausende, hetzten auf sie wilde Hunde, die sie in Stücke rissen, ließen das ganze Dorf über die Klinge springen, Männer und Frauen, Alte und Junge, füllten die Strohhütten mit all jenen, deren wir habhaft werden konnten ... und verbrannten sie lebendigen Leibes›, von all dem, wird man gewiß wenig in Oviedos ‹Historia› finden, aber wenn sie ihm sagten, daß sie (die Indianer, M. E.) Götzenanbeter wären und zehn Menschen opferten, um hinzuzufügen, es seien zehntausend gewesen, und sie der fürchterlichsten Laster beschuldigten ...– von all dem ist seine ‹Historia› voll» (ebd.).

Las Casas versuchte jeden Vorwurf zu entkräften – den Vorwurf der Menschenopfer, indem er darauf hinwies, wie religiös die Indianer gewesen sein müßten, daß sie der Gottheit das Kostbarste, den Menschen, opferten; daß es Homosexualität gebe, stritt er ab, usw. Aufschlußreich ist Las Casas' Argumentation gegen Oviedos Behauptung, die Indianer seien faul und wollten nichts arbeiten: «... und sie erreichten mit nur wenig Arbeit all die notwendigen Güter in großem Überfluß. Die viele Zeit, die ihnen übrig blieb, wenn ihre Bedürfnisse befriedigt waren (da sie ihre Seelen nicht dem Teufel verschrieben, um Reichtümer anzuhäufen oder Ländereien zu vergrößern), verbrachten sie mit anständigen Spielen ... und Tänzen und Gesängen, in welchen sie alle ihre Geschichten ... rezitierten» (ebd.: 525). Las Casas hatte also erkannt, daß die Indianer ein anderes Verhältnis zum Besitz hatten, und versuchte nicht, sie an den europäischen Werten zu messen und von daher zu verurteilen, wie es Oviedo tat.

Oviedos und Las Casas' Differenzen waren nicht individuell, sondern Ausdruck verschiedener politischer Strömungen in Spanien. Beide beriefen sich auf das Christentum, doch bezogen sie sich auf einander im Rahmen der Kirche widerstreitende Standpunkte (Höffner 1947; Hanke 1949a). Die Dominikaner, zu denen Las Casas gehörte, waren zwar ein Bettelorden, aber sie stellten eine intellektuelle Macht dar und beherrschten als solche die Universität von Salamanca. Ihnen ging es vor allem um die juristische Problematik der Eroberung, und sie vertraten die Meinung, daß der spanische Staat nicht das Recht habe, die Arbeit der Indianer für sich auszubeuten, auch nicht mit der Begründung, die fremden Völker zu christianisieren. Francisco de Vitoria (1492–1546) entwarf eine Theorie, nach der alle Nationen der Welt, unter Wahrung gleicher Rechte, zur menschlichen Gemeinschaft gehörten. Das Evangelium dürfe zwar gepredigt werden, aber die Spanier müßten die politische Souveränität achten.

Papst Paul III. (1534–1549) hatte sich diesen Standpunkt zu eigen gemacht und trat mit seiner Bulle «Sublimis Deus» der Behauptung entgegen, die Indianer wären keine Menschen: «In seiner Erhabenheit liebt Gott so sehr das menschliche Geschlecht, daß er den Menschen nicht nur schuf, um an all den Gütern teilzuhaben, wie die anderen Lebewesen auch, sondern er gab ihm auch das Vermögen, zum höchsten Wesen zu gelangen (...). Alle Menschen können Glaubenssätze empfangen. Der Feind des menschlichen Geschlechtes, der allen guten Taten entgegenarbeitet, damit der Mensch zerstört werde, hat ein unerhörtes Mittel gefunden, um das Predigen und Verbreiten des Gotteswortes und damit die Errettung des Menschen zu verhindern: Er gab seinen Kreaturen ein, daß sie bekannt machen sollen, daß die Indianer der westlichen und südlichen Indien und andere Völker, deren Kenntnis wir erst seit kurzem besitzen, als Tiere (bestias) zu unserem Dienste geschaffen seien, da sie unfähig seien, den katholischen Glauben zu erfassen. Wir (...) indessen sagen, daß die Indianer wahrhaftige Menschen sind und nicht nur fähig, unseren Glauben zu erfassen, sondern dies – wie Uns gesagt worden ist – auch inständig zu tun wünschen (...). So erklären wir, daß (...) die Indianer unter keinen Umständen ihrer Freiheit und ihrer Güter beraubt werden dürfen» (zit. n. Hanke 1949a: 133). Las Casas stand auf der gleichen Front wie Papst Paul III. Aber auch Juan Ginés de Sepúlveda, Las Casas' Gegenspieler, der die Ungleichheit der Rassen vertrat, berief sich auf einen Papst, nämlich auf Alexander VI. (1431–1503), der die Welt zwischen Spaniern und Portugiesen aufgeteilt und ihnen den Auftrag gegeben hatte, überall zu missionieren.

Oviedo verstand sich in erster Linie als Chronist. Die Eroberung war der Leitfaden, an dem er seine Beobachtungen über die Natur und die Menschen der Neuen Welt aufreihte. Las Casas, der sich den transzendentalen Standpunkt des Christentums zu eigen gemacht hatte, ging systematischer vor und leitete das Besondere vom Allgemeinen ab. «Es wird gezeigt», lautet die Überschrift des XV. Kapitels der *Apologética historia*, «welche Beziehungen zwischen den körperlichen Organen, insbesondere denjenigen des Kopfes, und den Neigungen und Fähigkeiten der Seele herrschen» (ebd. I: 79). Las Casas nimmt an, ein weiterer Grund dafür, «daß Völker im allgemeinen oder einzelne Personen im speziellen Fall einen guten Verstand haben, liegt im guten Wachstum ihrer Glieder und in der Funktionsfähigkeit der Organe der äußeren Sinne (...), denn da ein Körper als Instrument der Seele geschaffen ist, weiß die Natur einen Körper immer so zu bauen, daß er der entsprechenden Seele angepaßt sein wird» (ebd.). Er beruft sich auf Aristoteles, Avicenna und Albertus Magnus und fährt fort: «Daher kommt es, daß wenn unter Menschen der eine einen besser veranlagten, feineren, proportionierteren Körper, ein schöneres Gesicht hat (...), er auch eine kraftvollere und von Natur aus tugendhaftere Seele haben, und zu einer höheren Feinheit des Verstandes gelangen wird» (ebd.: 80). Diese Zitate bilden das theoretische Fundament, um die Bedeutung der Schönheit indianischer Menschen zu bestimmen. «Die Indianer aus allen diesen Gebieten sind gut gewachsen, und ihre Glieder haben gute Proportionen und sind sehr fein, auch diejenigen der plebeyischsten und bäuerlichsten Menschen» (ebd.). Sie sind so gut gewachsen, «daß man meinen könnte, alle wären wohlbehütet als Kinder von Prinzen aufgewachsen» (ebd.).

Im Grunde vertrat Oviedo einen ähnlichen physiognomischen Standpunkt wie Las Casas, das heißt: Auch er war davon überzeugt, daß äußere und innere Merkmale miteinander korrespondieren. Gerade deshalb betonte ja Oviedo so sehr die Häßlichkeit der Indianer und verglich sie fortwährend mit Tieren. Oviedo und Las Casas stimmten also in ihren methodologischen Prämissen durchaus überein; worin sie sich unterschieden, war lediglich das Ziel der Beweisführung. Während Oviedo nur die Häßlichkeit der Indianer wahrnahm, sah Las Casas nur deren Schönheit; ihm fielen nicht die «dicken Schädenknochen» auf, sondern die schönen Augen und Gesichter: «Die Gesichter (...) und Gesten haben sie besonders schön und graziös (...). Und zwar sind sie von ihrer Geburt an fröhlich, lebendig, bildsam und bonae indolis, was ein Zeichen und Indiz ist für die Güte ihrer Seelen» (ebd.: 111).

Oviedo war ein entschiedener Verfechter der menschlichen Ungleichheit. In seiner Argumentation nahm er eine Position ein, die bis ins 20. Jahrhundert immer wieder aufgetaucht ist: Die fremden Völker seien biologisch minderwertig und deshalb den Spaniern, den Weißen, unterlegen. Las Casas hingegen ging von der Gleichheit der Menschen aus; die Unterschiedlichkeit der Kulturen führte er etwa auf das Klima oder den Einfluß der Gestirne zurück (*Apologética historia* III: 72–79). Las Casas war ein Vorläufer der Anthropologie der Aufklärung, und es überrascht nicht, daß er während der Französischen Revolution gefeiert wurde (Friede/Keen 1971: 23). Die für die Aufklärung typische Idee des Fortschritts war bei Las Casas noch ganz im Christentum eingebunden; man muß jedoch nur «Christentum» durch «Vernunft« ersetzen, und die Grundlinien des späteren Denkens der Aufklärung werden sichtbar.

Im 58. Kapitel der *Apologética historia* «Wie alle Völker zu einer guten Ordnung gelangen können» zeigte Las Casas anhand von Zitaten klassischer Autoren, daß auch die Völker der Antike eine Entwicklung durchgemacht hatten, die sie von der Barbarei zur Zivilisation führte. «Das heißt, daß die Abstammung der Menschen einheitlich ist, und daß alle Menschen in bezug auf ihre Erschaffung und die natürlichen Verhältnisse ähnlich sind, und niemand (bereits, M. E.) angelernt geboren wird. Und so benötigen wir von Anfang an andere (Menschen), die geboren und belehrt wurden» (ebd. III: 16). Er beruft sich auf Cicero: «Alle (Menschen) sind verständig und haben einen freien Willen, sind sie doch nach dem Bild Gottes erschaffen. Alle Menschen haben ihre fünf äußeren und vier inneren Sinne und werden durch dieselben Sachen bewegt. Alle haben die natürlichen Voraussetzungen für das Verstehen und zum Erlernen und Kennen der Wissenschaften und der Dinge, die sie nicht wissen, und das gilt nicht nur für die (Menschen, M. E.) guter Neigung, sondern auch für die, welche wegen schlechter Gewohnheiten entartet sind» (ebd.).

Auch die idealisierende Anthropologie von Las Casas konnte die indianischen Kulturen nicht in ihrer Eigenart fassen, sondern mußte sie – als Waffe in einem politischen Kampf – mit Zügen ausstatten, die mit der Realität nichts zu tun hatten. Das Bild, das Las Casas und Oviedo entwarfen, war strukturell ähnlich – was der eine verteufelte, idealisierte der andere. Daneben gab es, zur selben Zeit und ebenfalls in Spanien, noch eine dritte Möglichkeit, Ethnologie zu betreiben.

Bernardino de Sahagún (1499–1540)

III. Die verstehende Anthropologie: Bernardino de Sahagún (1499–1540)

Sahagún, über dessen Jugendzeit man wenig weiß, studierte in Salamanca und kam 1529 als Franziskaner nach Mexiko (Esteve Barba 1964: 181). Die Franziskaner standen in einem starken ideologischen Gegensatz zu den Dominikanern: Faßten diese die Eroberung als ein juristisches Problem, so war es für die Franziskaner ein mystisches Zeichen. Anknüpfend an die Prophezeiungen Joachims von Fiore interpretierten sie die Entdeckung Amerikas als Ankündigung des Weltuntergangs: Sind alle Menschen Christen geworden, so ist die Geschichte zu Ende und das Zeitalter der Erlösung bricht an. In diesem Sinn verstand die franziskanische Mission ihre Tätigkeit als ein Vorantreiben der Geschichte auf ihr Ende zu. In dem Zusammenhang stand auch die Idee, daß das Christentum in Europa gescheitert war – die Europäer ebenso wie die Juden seien unfähig gewesen, nach den christlichen Idealen zu leben. In Amerika jedoch, bei den Indianern, wäre die Realisierung der christlichen Utopie möglich (Phelan 1972).

Von solchen Vorstellungen beeinflußt, übernahm auch Sahagún die Aufgabe, die Indianer zu evangelisieren. Als er in Mexiko ankam, befand sich die Hauptstadt in vollem Wiederaufbau nach der Zerstörung von 1521; Sahagún sah noch die riesigen Ruinen der demolierten Tempel. Wie Las Casas muß auch Sahagún die Meinung vertreten haben, daß, um die Indianer zu belehren, es zuallererst notwendig sei, deren Kultur und Weltanschauung zu kennen, um sie dann vom Christentum zu überzeugen. Das Vorwort zu seiner *Historia general de las cosas de Nueva España* (1569–75) fing er mit folgendem Vergleich an: «Der Arzt könne dem Kranken gewiß keine entsprechende Medizin geben, ohne zuerst in Erfahrung zu bringen, von welchen Säften und von welchen Ursachen die Krankheit komme. Das heißt, daß es von Vorteil sei, wenn der gute Arzt ein großes Wissen besitze über die Krankheiten und über die Heilmittel, damit er gegen jede Krankheit das entsprechende Mittel einsetzen könne. Und weil sich doch die Prediger und öffentlichen Beichtiger mit der Seele beschäftigen, so bedeute das, daß sie Erfahrung haben müssen mit den Medizinen und Krankheiten der Seele – der Prediger mit den Lastern der Gemeinschaft, damit er seine Lehre dagegen aufrichten könne; und der Beichtiger, um zu wissen, welche Fragen er zu stellen habe. (...) Und die, die Leute bekehren, sollen achtgeben, denn es gibt größere Sünden als Saufen, Stehlen und die Sünden des Fleisches, vor allem gibt es den Götzenkult und den Aberglauben, die noch keineswegs verlorengegangen sind» (Sahagún, *Historia* 1956 I: 27).

Der Missionar betrachtete sich also als Arzt und die fremde Kultur, wenigstens Teile davon, als eine Art Krankheit, die es zu heilen galt. Mit diesem Selbstverständnis wohl drang Sahagún in die Überreste der aztekischen Kultur ein. Es läßt sich heute nicht mehr rekonstruieren, was im Laufe der nächsten Jahre eigentlich passierte, man erfährt nur von seinen Reisen im südlichen Mexiko und daß er berühmt wurde für seine Kenntnisse des Náhuatl. Zwischen 1550 und 1555 lehrte er in Tlatelolco und schrieb jenen Teil, der später das XII. Buch seiner *Historia general* werden sollte, «das von der Eroberung von Mexiko handelt» (ebd. IV: 15). Beschreibungen der Konquista gab es schon viele, am bekanntesten waren die Briefe von Cortés, die schon während der Jahre 1522–25 veröffentlicht worden waren. Neu war Sahagúns Vorsatz, die Eroberung aus der Sicht der Indianer zu schildern. Es scheint, daß er sich dafür rechtfertigen mußte, denn er wendet sich so an den Leser: «Auch wenn schon viele über die Eroberung von Neu-Spanien berichtet und vom Standpunkt der Eroberer aus geschrieben haben, so möchte ich sie in der mexikanischen Sprache aufzeichnen, *und zwar nicht,* um einige Wahrheiten von den Indianern selbst zu erfahren, *sondern* um die *Sprache* der Angelegenheit des Krieges und der Waffen, die von den Einheimischen gebraucht wurde, kennenzulernen, da man daraus Wörter und Sprechweisen entnehmen kann, die der mexikanischen Sprache eigen sind» (ebd.: 21, Hervorhebungen von mir).

Aus dem Missionar, der quasi als Arzt ausgezogen war, die fremde Kultur zu studieren, war ein Linguist geworden. Esteve Barba sagt, Sahagún habe sich zuerst der Religion wegen in die Wissenschaft vertieft, dann aber sei ihm die Wissenschaft zum Selbstzweck geworden (Esteve Barba 1964: 185). Im Vorwort zum II. Buch, in dem Sahagún das heikle Thema der indianischen Religion darstellt, schreibt er: «Alle Schriftsteller geben sich Mühe, ihre Arbeiten so gut wie nur möglich mit Autoritäten abzusichern, die einen mit glaubwürdigen Zeugen, andere durch Autoren, die vor ihnen geschrieben haben, und deren Aussagen als wahr gelten, andere wiederum durch Zitate aus der Heiligen Schrift. Mir haben all diese Fundamente gefehlt um zu beglaubigen, was ich in diesen zwölf Büchern geschrieben habe, und ich finde auch kein anderes Fundament als einen Bericht über die Sorgfalt, die ich mir nahm, um die Wahrheit von all dem hier geschriebenen zu prüfen» (Sahagún, *Historia* I: 105). Was dann folgt, ist tatsächlich die Beschreibung auch heute noch geltender Methoden bei der Aufnahme ethnographischen Materials: In Tepepulco ließ er die Vornehmen zusammenrufen, erläuterte ihnen seine Absichten und bat sie, ihm erfahrene Personen zu nennen, mit denen er reden könne und die ihm Antworten auf seine Fragen wüßten. Auf diese Bitte hin erwiderten sie, sie wollten sich das überlegen und würden ihm am nächsten Tag Bescheid geben. Am nächsten Tag kamen sie, und in einer zeremoniellen Rede nannten sie ihm zehn bis zwölf vornehme alte Männer. Darunter befanden sich auch vier «Lateiner», das heißt Indianer, die sich die europäische Bildung angeeignet hatten und denen Sahagún einige Jahre früher Grammatik beigebracht hatte. Diese Leute sprachen mit ihm während zweier Jahre. Sahagún ging dabei nach einer Art Fragebogen vor. Er erwähnt, daß die Männer ihre Antworten ebenfalls festhielten, und zwar in ihrer Bilderschrift, und zusammen mit den «Lateinern» schrieben sie die «Übersetzungen» unter die Bilderschriften hin. Als Sahagún von Tepepulco wegzog, nahm er alle diese Dokumente mit und ging nach Tlatelolco, wo er wieder die Vornehmen mit der gleichen Bitte zusammenrief und dann mit den neuen Informanten die Schriften aus Tepepulco besprach. Ein Jahr, in der Schule von Tepepulco lebend, diskutierten sie über jene Materialien. In der Stadt von Mexiko schließlich redigierte Sahagún allein das gesamte Material und machte es sozusagen druckfertig. Aber schon als es darum ging, alles ins reine schreiben zu lassen, begannen die Schwierigkeiten – Sahagúns Werk wurde bis ins 19. Jahrhundert nicht veröffentlicht.

IV. Die gesellschaftlichen Voraussetzungen der drei Modelle

Die Unterschiede zwischen Oviedo, Las Casas und Sahagún kann man auf folgende Weise zusammenfassen:

– Sahagún lebt und spricht mit den Leuten selber, und zwar ausschließlich, um *deren* Meinung über bestimmte Sachverhalte in Erfahrung zu bringen. Oviedo und Las Casas dagegen verfolgten – auch dann, wenn sie sich nicht auf die Erzählungen anderer Spanier verließen, sondern es mit den Einheimischen selber zu tun hatten – immer andere Absichten: Oviedo wollte die Eroberung legitimieren und Las Casas sie in Frage stellen.

– Sahagún versucht, die Sicht der Einheimischen zum Ausdruck zu bringen, ohne europäische Maßstäbe anzulegen. Aus diesem Grunde ist das Náhuatl für ihn so wichtig – in gewisser Hinsicht könnte man sogar sagen, daß sich sein Interesse an der Sprache verselbständigte, so daß die Menschen, die sich dieser Sprache bedienten, an Wichtigkeit verloren. Ich möchte das so interpretieren, daß es Sahagún gar nicht leicht fiel, sich auf die aztekische Kultur so einzulassen, wie er es tat. Sein linguistisches Interesse hat den Charakter einer Etappe, durch die er gehen mußte, um seine Anteilnahme an den *Menschen* und deren Kultur vor sich und vor den anderen, die ihm ja immer ein gewisses Mißtrauen entgegenbrachten, zu rechtfertigen. Oviedo und Las Casas dagegen – so verschieden sie in ihren Urteilen sein mochten – blieben immer der christlich-europäischen Weltsicht verhaftet. Zwar finden wir bei Sahagún beispielsweise auch Vergleiche zwischen den antiken und den aztekischen Gottheiten – aber das hindert ihn nicht daran, vor allem seine Gewährsleute zu Wort kommen zu lassen. Die Haltung Sahagúns erinnert in gewisser Hinsicht an die von Freud, der ebenfalls mit der Sprache der anderen zu arbeiten anfing. So banal es auch klingen mag: Eine der größten Schwierigkeiten, die die Humanwissenschaften zu überwinden hatten, war, den anderen ernst zu nehmen und auf seine Worte zu achten. Im Falle der Ethnologie bot sich immer die Rationalisierung an, der Fremde sei kein vollwertiger Mensch und verstehe seine Situation selber ohnehin nicht.

– Sahagúns Arbeit impliziert schließlich schon einen spezifischen Kulturbegriff. Garibay hat zu Recht gesagt, bei der *Historia general* handle es sich eigentlich um eine «Enzyklopädie der Náhua-Kultur in Tenóchtitlan» (Garibay 1954 II: 63). Oviedos und Las Casas' Werke sind – verglichen mit Sahagúns – völlig heterogen aufgebaut und handeln von «den» Indianern schlechthin. Sahagún dagegen interessierte sich jeweils für das Spezifische, so daß wir bei ihm Beschreibungen zum Beispiel von Steinen, Vögeln, Reptilien usw. finden, aber so, wie sie *den Azteken* erschienen. Ihm gelang auf diese Weise etwas, was der Ethnologie seit jeher schwergefallen ist, nämlich die «emische» (Harris 1968: 509f.) Beschreibung einer Kultur.

– Sahagúns Modell entspricht weitgehend dem Wissenschaftsideal der Ethnologie unserer Zeit. Man hat deshalb oft gesagt, er sei ein gleichsam verlorengegangener Vorläufer, eine Ausnahme, ein Genie (Esteve Barba 1964: 181; Garibay 1954: 87); Oviedo und Las Casas aber seien viel eher «Kinder ihrer Zeit» gewesen – im Guten wie im Schlechten (Esteve Barba 1964: 60, 92). Ich dagegen möchte die These vertreten, daß *alle drei* Vertreter von ihrer Zeit entsprechenden Modellen waren; ich betrachte sie als Vertreter von drei verschiedenen Möglichkeiten, die Erfahrungen des Kolonialismus zu verarbeiten.

Oviedo konstruierte ein System und gliederte seine Daten gemäß den Anforderungen an Legitimation, die die Konquistadoren brauchten. Wichtig ist hier noch ein spezifischer Umstand: Die Konquista diente unter anderem dazu, *in Spanien* die feudalen Verhältnisse zu bewahren und das Aufkommen des Bürgertums zu verhindern. Oviedos Anschauungen spiegeln diesen Konservatismus wider.

Las Casas' kritische Einstellung zu den Spaniern und seine Idealisierung der Indianer sind schwerer in die sozialen Bewegungen seiner Zeit einzuordnen. Auf jeden Fall begann Las Casas mit der Realisierung eines Alternativmodells zum Encomienda-System, mit dem die Indianer gleichsam als Leibeigene gehalten werden. Ihm schwebte eine friedliche Kolonisation vor: Spanische Bauern, ausgerüstet mit allem, was zum Leben notwendig ist, sollten sich in Amerika niederlassen und zusammen mit den Indianern die ideale christliche Gemeinde in der Neuen Welt aufbauen. L. Hanke macht in seinem Buch *La lucha española por la justicia en la conquista de América* darauf aufmerksam, daß Las Casas' Pläne keineswegs isoliert dastanden, sondern unter vielen anderen ein Versuch waren, die neu entdeckten Gebiete mit spanischen Bauern zu besiedeln (Hanke 1949a: 102f.). Las Casas wies immer wieder darauf hin, daß es ja in Spanien viele bedürftige Leute gebe, die sehr daran interessiert wären, in Amerika unter günstigen Bedingungen ihr Heim aufzuschlagen. Tatsächlich hatte sich im Verlauf des 15. Jahrhunderts die Lage der Bauern immer mehr verschlechtert, und zwar besonders in Zusammenhang mit der Ausbreitung der Schafzucht. Die Mesta, die Vereinigung der großen Schafzüchter, bemächtigte sich mit Unterstützung des Staates der Ländereien der Bauern. Der niedrige Stand der landwirtschaftlichen Technik, Mißernten und Hungersnöte vergrößerten ihre Verschuldung, und die Anzahl von landlosen Taglöhnern stieg weiter an. Viele Bauern verließen ihre Dörfer und wurden zu Bettlern und Vagabunden. Ende des 15. Jahrhunderts brachen in Katalonien große Bauernaufstände aus, die mit Gewalt unterdrückt werden mußten (Dominguez Ortiz 1973: 152f.). Las Casas' erste Anstrengungen, Amerika mit Bauern zu besiedeln, müssen vor dem Hintergrund der bäuerlichen Verhältnisse in Europa gesehen werden. Als er mit besonderer Erlaubnis des Königs 1518 durch Kastilien zog, um die Bauern nach Amerika einzuladen, stieß er auf den Widerstand der Feudalherren (Hanke 1949a: 114). 1520 schifften sich 50 Bauernfamilien nach La Española ein, aber bald nach der Ankunft wurden alle krank, der größte Teil der mitgebrachten Samen und Pflanzen ging verloren, und dann starben noch einige Frauen und Kinder. Trotzdem unternahm Las Casas einen weiteren Versuch, und schon damals, 1519, befand sich Oviedo unter seinen Feinden, die statt Bauern Krieger nach Amerika senden wollten; aber Las Casas gewann die Regierung für sich (schließlich war sie ja durchaus daran interessiert, die Bauernfrage in Spanien zu lösen): Im November 1520 schiffte er sich mit siebzig sorgfältig ausgesuchten Bauern nach Puerto Rico ein. Aber auch dieser Versuch scheiterte – Indianer, die sich gegen die ständigen Angriffe der Spanier verteidigten, hatten mehrere Missionare umgebracht, und es herrschte Kriegsstimmung. Die «bescheidenen und arbeitsamen Bauern» wollten keineswegs ihrer friedlichen Arbeit nachgehen, sondern plünderten zusammen mit spanischen Gruppen Indianerdörfer. Die Auseinandersetzungen mit den Indianern verschärften sich von Tag zu Tag, bis die Spanier schließlich fluchtartig das Gebiet verlassen mußten (Hanke 1949a:125f.). Erst jetzt zog sich Las Casas, verzweifelt und entmutigt, in ein Kloster zurück und trat dem Orden der Dominikaner bei.

Auf Grund dieser Informationen können wir einige Züge des Modells von Las Casas besser verstehen. Während Oviedo die Feudalstruktur mit Hilfe der Kolonisation vor dem Zusammenbruch retten wollte, vertrat Las Casas den Standpunkt der Bauern. Man kann sich vorstellen, daß die koloniale Expansion in den Dienst der Lösung der Bauernfrage hätte gestellt werden können, die gerade im 16. Jahrhundert in ganz Europa akut war. Aber die Machtverhältnisse in Europa und die damals stattfindende «ursprüngliche Akkumulation» machten aus solchen Plänen «Utopien». Der Feudaladel war nicht bereit, auf «seine» Bauern zu verzichten, und der Kapitalismus brauchte «seine» Arbeiter. Der ethnologische Diskurs von Las Casas mußte also dem idealisierenden Trend verfallen, und zwar um so mehr, als ihm die Analyse der europäischen Situation nicht möglich war. Ich meine, daß gerade in diese (Leer-)Stellen des ethnologischen Diskurses der religiöse, christliche Glaube einfloß. Dazu kommt aber noch ein weiterer Faktor, der bei der Idealisierung der Indianer eine wichtige Rolle gespielt haben mag: Las Casas idealisierte die Indianer deshalb, weil nur diese «Idealindianer» die Verwirklichung seiner «utopischen» Pläne gestattet hätten. Anders gesagt: Hinter dem idealisierten Indianer versteckt sich eigentlich der spanische Bauer mit *seinen* Problemen. Weil «die» Indianer diese hätten lösen sollen, mußten sie idealisiert werden. Nur durch die Idealisierung konnte die Täuschung aufrecht erhalten werden, die Indianer würden sich gegen das Eindringen der spanischen Bauern nicht wehren.

Wenden wir uns wieder der Problematik des Sahagúnschen Modelles zu. Wie wir sahen, hatte er mit seiner Arbeit angefangen, um die Aufgaben der im Sinne von Las Casas verstandenen Mission besser bewältigen zu können. Aber dann erfolgt ein Umschwung: Die ursprüngliche Motivation tritt in den Hintergrund, und die «Cosas de la Nueva España» erfüllen ganz seine Neugierde. H. Blumenberg hat in seinem Buch *Die Legitimität der Neuzeit* (1966) auf die zu Beginn der Neuzeit sich konstituierende «theoretische Neugierde» hingewiesen, durch die die moderne Wissenschaft begründet wird: «Die Bewegung des Forschens und Suchens selbst und als solche, nicht der vermeintlich erfüllende Endzweck der gefundenen Wahrheit erweist sich als der in der Wißbegierde wirksame Antrieb» (Blumenberg 1966: 207). Er zitiert Torquato Tasso, der im «Befreiten Jerusalem», also gegen Ende des 16. Jahrhunderts, Odysseus gegen Herkules ausspielt: «Herkules wagte sich nicht auf den hohen Ozean hinaus. Er setzte ein Zeichen und schloß in allzu enger Klause den Mut des menschlichen Geistes ein. Aber Odysseus achtete die vorgegebenen Zeichen gering im Drang zu sehen und zu wissen. Er überschritt die Säulen und dehnte den kühnen Flug auf das offene Meer hinaus» (ebd.: 335). Sahagúns Ethnologie, und das heißt: das dritte Modell, möchte ich im Zusammenhang mit der damaligen Neukonstitution der Wissenschaften – auch der Humanwissenschaften – sehen und auf einige Aspekte dieser neuen Wissenschaft aufmerksam machen.

Auch Sahagún überschritt nämlich die Säulen des Herkules, und zwar durch die Aneignung des Náhuatl. Die Sprache wurde für ihn zum wichtigsten Instrument, um in die fremde Kultur einzudringen, und im eigentlichen Sinn des Wortes brachte er diese «zur Sprache». Dieser Umstand fand in der Zweisprachigkeit der ursprünglichen Texte seinen Niederschlag: Auf der rechten Seite steht die von den Indianern redigierte Náhuatl-Fassung und links Sahagúns Übersetzung ins Spanische. Garibay vertritt nun die Ansicht, daß der Náhuatl-Text als das eigentliche Werk der aztekischen Informanten selbst zu betrachten ist, und zählt ihn deshalb zu den «Monumenten» der Náhuatl-Literatur; Sahagúns Leistung sei es lediglich gewesen, die Übersetzung zu verfertigen, und natürlich die ganze Anlage des Buches, aber diese spanische Version sei kein «originales Werk, sondern die oft wenig geglückte oder mangelhafte Leseart der indianischen Dokumentation» (Garibay 1954: 77). Deshalb jedoch darf Sahagúns Leistung wahrlich nicht geringgeschätzt werden, denn auf diese Weise schuf er ein neues Paradigma der Forschung: Die «Eingeborenen» selber wurden ja unter seiner Anleitung zu den Ethnologen ihrer eigenen, von den Spaniern zerstörten Kultur. Hier möchte ich zwei wichtige Dinge hervorheben: 1. Diese Form der Ethnologie entsteht in dem Augenblick, da die alte Kultur zerstört war – sie ist also eine Rekonstruktion aus der Erinnerung, das heißt vergangenheitsorientiert; 2. sie ist das Produkt *europäischer* Fragen und *indianischer* Antworten, wobei letztere eine eigene Dynamik entwickelten und sich zum Beispiel vom Vorbild, dem Sahagún wahrscheinlich folgte: der *Historia naturalis* von Plinius (Garibay 1954: 68–69; vgl. auch: Nicolau d'Olwer/Cline 1973: 188, Anm. 4), immer mehr entfernten. Sahagúns Ethnologie versucht also die Erfahrungen des Kolonialismus zu verarbeiten, indem sie die zerstörte Kultur in ihrem Diskurs rekonstruiert, zuerst ausgehend von europäischen Kategorien, um schließlich in die Selbstdarstellung der Unterworfenen zu münden. Die treibende Kraft war der «Prozeß der theoretischen Neugierde», denn sie ermöglichte erst die Loslösung von der ursprünglichen Absicht, die Indianer zu missionieren, und das Aufkommen eines umfassenden Interesses, die Kultur in ihrer Ganzheit darzustellen.

Zum Schluß möchte ich noch kurz die institutionellen Bedingungen streifen, unter welchen Sahagúns Forschungen möglich waren, und ihre gesellschaftliche Wirksamkeit. Hier müssen wir natürlich die Kirche erwähnen, die ihm den Auftrag und die erste Legitimation für seine Arbeit gab. Je mehr sich aber Sahagún in sein Werk vertiefte, desto ambivalenter reagierte die Kirche auf ihn; so verweigerte sie dem Siebzigjährigen die Finanzierung von Hilfskräften, um das Werk ins Reine zu schreiben (Esteve Barba 1964: 183), und schließlich zeigte sie sich nicht daran interessiert, das Werk – und sei es nur für die Missionare – zu publizieren. Mit anderen Worten: Sahagún konnte seine Ziele nur auf Grund einer inneren Motivation verfolgen und mußte auf die institutionelle Absicherung weitgehend verzichten. Ihm widerfuhr also ein Schicksal, das für die «theoretische Neugierde» im Bereich der Humanwissenschaften zur Regel werden sollte.

V. Michel de Montaigne (1533–1592): Der kulturrelativistische Rückbezug der Anthropologie auf die europäische Kultur

Michel Eyquem, der sich erst ab 1568 de Montaigne nannte, stammte aus einer bürgerlichen Familie von Großkaufleuten, die im 15. Jahrhundert den Adelstitel durch Güterkauf erworben hatten. Wie seine Standesgenossen, durchlief auch er die Adelsakademie, studierte Jurisprudenz und schlug auf Wunsch des Vaters die Beamtenlaufbahn ein. Mit 24 Jahren war er bereits Richter im Parlament von Bordeaux. Katholisch-konservativ und königstreu übte er zur Zeit der Religionskriege (1562–1598) sein Amt aus und zog sich freiwillig mit 38 Jahren auf sein Schloß zurück, um sich seinen Studien zu widmen. Er mußte das Schloß aber für diplomatische Missionen immer wieder verlassen und als Vermittler und Unterhändler den schwierigen Ausgleich zwischen den kämpfenden Parteien aushandeln. 1580 erschienen die ersten zwei Bücher der *Essais.* 1581 ging er auf eine Badereise nach Italien, wo ihn die Nachricht erreichte, daß er zum Bürgermeister von Bordeaux gewählt worden war. Er nahm die Wahl an und bewies ein derartiges diplomatisches Geschick im Ausbalancieren der widerstreitenden Interessen zwischen Bordeaux und dem König, daß er wiedergewählt wurde (1582–1586). Politische Reisen führten ihn nach Paris, wo er zwischen Hugenotten und Katholiken zu vermitteln suchte. Montaigne erwarb sich die Hochachtung Heinrichs von Navarra, der 1589 als Heinrich IV. den Thron bestieg. 1588 erschien auch das dritte Buch der *Essais.* Er kehrte auf sein Schloß zurück, arbeitete weiter an den *Essais.* 1592 starb er (Villey o. J.; Zweig 1941/42).

Im Gegensatz zu Oviedo, Las Casas und Sahagún war Montaigne kein Reisender, Eroberer oder Missionar, er verbrachte sein ganzes Leben in Europa; und doch schuf er ein anthropologisches Modell, das die neuen ethnographischen Kenntnisse mit denjenigen über Europa verknüpfte und ein umfassenderes Menschenbild beinhaltete. Zwei Prozesse trafen zusammen: Einmal drangen Nachrichten von völlig unbekannten Ländern und Völkern nach Europa, zum andern zerfiel allmählich das systematische Denken der Scholastik. An deren Stelle trat das, was Friedrich «Moralistik» nennt (Friedrich 1949: 220 f.). Abgeleitet von «mores», beschäftigt sich die Moralistik mit den Lebensformen, Gebräuchen jeglicher Art, Charakteren und Zeitverhältnissen; unter Ausklammerung moralischer Standpunkte geht es um die Beobachtung,

Michel de Montaigne (1533–1592)

Analyse und Darstellung des Menschen. Man könnte die Moralistik als eine Form der Ethnologie bezeichnen, in der der Mensch als Mensch und nicht als Angehöriger einer bestimmten Kultur im Mittelpunkt steht. «Ihr Studium», schreibt Friedrich, «gilt der ganzen verwickelten Widersprüchlichkeit und konkreten Alltäglichkeit der Menschen, die überhaupt erst zum Vorschein kommt, wenn die Ethik zurücktritt und der vorurteilslosen Beobachtung des Wirklichen das Feld überläßt» (ebd.: 12).

Den Lesern der *Essais* ist schon immer die Vielfalt der Themen, das Interesse am Banalen, die Zufälligkeit der Darstellungsweise aufgefallen. Montaigne «hat wahllos und unermüdlich ein ganzes Kuriositätenkabinett aller möglichen Vernunftschlüsse seiner eigenen und der Philosophie aller Philosophen zusammengetragen, nicht um sie gegeneinander auszuspielen, sondern um die Möglichkeiten und die Reichweite des menschlichen Denkens auszukundschaften; (...). Sie widersprechen sich? – nun wohl, aber ihr Ganzes steckt die Grenzen des menschlichen Bewußtseins in all seinen vielfältigen Möglichkeiten ab» (Lüthy 1953: 12–13). Diese Vielfalt wird durch die Person Montaignes zusammengehalten; der Spiegel *seines* Bewußtseins ist es, der die Welt reflektiert. Aber was war das für ein Spiegel? «Dies ist ein aufrichtiges Buch, Leser», schreibt Montaigne in seiner Einführung, «ich will, daß man mich darin in meiner schlichten, natürlichen und gewöhnlichen Art sehe, ohne Gesuchtheit und Geziertheit: denn ich bin es, den ich darstelle. (...) Und hätte ich mich unter jenen Völkern befunden, von denen man sagt, daß sie noch unter der sanften Freiheit der ersten Naturgesetze leben, so versichere ich dir, daß ich mich darin sehr gerne ganz und gar abgebildet hätte, und splitternackt. So bin ich selber, Leser, der einzige Inhalt meines Buches; es ist nicht billig, daß du deine Muße auf einen so eitlen und geringfügigen Gegenstand verwendest» (*Essais:* 51). Montaigne reduzierte sich gleichsam auf den Stand der «Naturvölker» und gab von sich eine ethnologische Beschreibung. Seine Selbstreflexion geschah am Leitfaden des «edlen Wilden»; sich mit ihm identifizierend, betrachtete er das menschliche Verhalten.

Der «edle Wilde» erscheint erst im 18. Jahrhundert als eine dominierende Chiffre im Geistesleben der Aufklärung, aber sie taucht schon früher auf und kann bis in die Antike zurückverfolgt werden. Bitterli vermutet deshalb, daß sowohl die Idee der Barbaren wie die des edlen Wilden «eine Art von Archetypen des kollektiven Unbewußten» sind, «es gab sie, bevor es Entdeckungsreisen gab; der Gehalt beider Begriffe nährt sich nicht nur aus persönlicher Anschauung oder durch die Wissenschaft vermittelter Erfahrung, sondern aus der Art und Weise, wie die eigene Kultur intellektuell bewältigt werden kann» (Bitterli 1976: 374). Ob die Idee der Barbaren bzw. des edlen Wilden Inhalte des kollektiven Unbewußten sind, bleibe dahingestellt, sicher aber sind es leitende Ideen, mit deren Hilfe die Vielfalt der Informationen über die eigene und die fremden Kulturen in je verschieden strukturierte Zusammenhänge gebracht werden können.

Bereits Kolumbus schrieb über die edlen Wilden, und in vielen Reisebeschreibungen des 16. Jahrhunderts wurde die Nähe der Menschen fremder Kulturen zur Natur hervorgehoben (Atkinson 1935: 145 f.). Auf sie bezog sich auch Montaigne in seinem berühmten Kapitel über die Menschenfresser: «Jene sind Wilde, so wie wir die Früchte wild nennen, welche die Natur von selbst und nach ihrem gewohnten Gang hervorgebracht hat: wo wir doch in Wahrheit diejenigen, die wir durch unsere Eingriffe verfälscht und der gemeinen Ordnung abspenstig gemacht haben, wild nennen sollten. In jenen sind die wahren, tauglicheren und ursprünglicheren Kräfte und Eigenschaften lebendig und mächtig, die wir in diesen verunstaltet haben, um sie dem Vergnügen unseres verdorbenen Geschmacks anzubequemen ... Diese Völker scheinen mir also in diesem Sinne barbarisch, daß sie nur sehr wenig Zuschliff von Menschengeist erfahren haben und ihrer ursprünglichen Befangenheit noch sehr nahe sind. Sie folgen noch den natürlichen Gesetzen, noch kaum durch die unseren verdeckt» (*Essais:* 231 f.).

Die postulierte Naturnähe des Wilden wird zum Hebel der Kulturkritik, so wie die Kulturlosigkeit der Wilden in die Apologetik bestehender Zustände einmündet. Montaigne bedauerte, daß Lykurg und Platon nichts von solchen Völkern wußten und daher nicht ahnten, daß «unsere Gesellschaft mit so wenig menschlicher Zurichtung und Verkittung bestehen könne» – es brauche ja gar keinen Handel, «keine Begriffe für Würdenträger oder staatliche Obrigkeit, keinen Zustand der Dienstbarkeit, des Reichtums oder der Armut» (ebd.: 233).

Der Begriff der Kultur wird mit dem der Überflüssigkeit verknüpft. Die Kultur produziert laufend Unterschiede, während der Naturzustand auf Gleichheit beruht, und insofern erstickt die Kultur die Natur. Montaigne stellt die beunruhigende Frage, wieviel Kultur der Mensch zum glücklich Leben eigentlich brauche. Rousseau und Freud vorwegnehmend, leugnete Montaigne, daß der kulturelle Fortschritt den Menschen glücklicher mache. Es gebe bei jenen Völkern kaum Kranke und leidende alte Menschen. Sie hätten genug zu essen, der «ganze Tag wird mit Tanz zugebracht» und die Sittenlehre beschränke sich darauf, ihnen zweierlei einzuschärfen: «die Tapferkeit gegen ihre Feinde und die Liebe zu ihren Frauen» (ebd.).

Vom Standpunkt dieser Fremden erschien auch die europäische Kultur in einem seltsamen Licht. Montaigne überlieferte die Begegnung mit drei brasilianischen Indianern, die am Hofe Karls IX. herumgezeigt wurden, und bezeichnenderweise kehrte er die Situation um: Die Indianer waren nun die Ethnologen. Ein Höfling hatte sie gefragt, was ihnen am Merkwürdigsten erschienen sei; von den drei Antworten behielt

Montaigne nur zwei: daß viele große bewaffnete Männer den Befehlen «eines Kindes Folge leisteten», und daß es bei uns offenbar zwei Hälften von Menschen gebe, «üppige, mit allen Annehmlichkeiten gesättigte» die eine, und die andere «von Armut und Hunger ausgemergelte». Und Montaigne fügte hinzu, «sie fänden es verwunderlich, wie diese derart bedürftigen Hälften eine solche Ungerechtigkeit ertragen könnten und daß sie nicht die andern an der Gurgel packten oder Feuer an ihre Häuser legten» (ebd.: 242 f.). Offenbar benutzten die Indianer ihr dualistisches Organisationskonzept (Lévi-Strauss 1958: 135 f.) und orientierten sich an ihren egalitären und Reziprozitäts-Vorstellungen, um die europäischen Verhältnisse zu «verstehen». Damit hatten sie auch einen schärferen Blick für die Klassenwidersprüche als die damaligen «Gesellschaftswissenschaftler», die von der von Gott gewollten Not und Armut sprachen.

Auch der Kannibalismus, der immer als Beweis für die Unmenschlichkeit und Kulturlosigkeit der Barbaren angeführt wurde, erschien in Verbindung mit der Idee «des edlen Wilden» in einer neuen, auf die eigene Kultur gewendeten kritischen Perspektive: Die Europäer hätten gar kein Recht, sich über den Kannibalismus der Indianer zu entsetzen: «Ich denke, daß es eine schlimmere Barbarei ist, einen Menschen lebendig zu fressen als tot zu fressen, einen von Gefühlen belebten Körper mit Foltern und Qualen zu zerreissen, ihn bei langsamem Feuer zu rösten, ihn von Hunden und Schweinen zerbeißen und zerfleischen zu lassen (wie wir es nicht nur gelesen, sondern in jüngster Zeit gesehen haben, und dies nicht nur unter alten Feinden, sondern unter Nachbarn und Mitbürgern und, was noch schlimmer ist, unter dem Vorwand der Frömmigkeit und der Rechtgläubigkeit), als ihn zu braten und zu verspeisen, nachdem er verendet ist» (*Essais:* 237). Und Montaigne faßt zusammen: «Wir mögen sie also im Hinblick auf die Vorschriften der Vernunft Barbaren nennen, aber nicht in Hinblick auf uns selbst, die wir sie in jeder Art von Barbarei übertreffen» (ebd.: 238).

Die Kulturkritik, die die Gestalt des «edlen Wilden» ermöglicht, ist – wenn sie, wie bei Montaigne, mit einer skeptischen Weltsicht verbunden ist – immer auch kulturrelativistisch. Mit dem «edlen Wilden» kann man die Welt aus den Angeln heben, denn er steht ja außerhalb der Kultur und erlaubt so, die Sitten und Gebräuche der verschiedenen Kulturen miteinander zu vergleichen. Der Vergleich löst den Anspruch auf absolut gültige Normen auf. «Was für eine Sittlichkeit ist das, die ich gestern hochpreisen sah und morgen nicht mehr, und die jenseits eines Flußlaufs Verbrechen heißt? Was für eine Wahrheit, die bei diesem Bergzug endet und dahinter Lüge ist?» (Ebd.: 477) Montaigne, der sich vorstellen konnte, daß auch die Gans von sich meint sagen zu können: «Alle Dinge der Welt sind meinetwegen da» (ebd.: 452), wechselte die Standpunkte, da sie alle gleich berechtigt erschienen: «Wenn ich mit einer Katze spiele, wer weiß, ob sie sich nicht mehr noch mit mir die Zeit vertreibt, als ich mit ihr? (...) Es wäre noch zu erraten, wessen Fehler es ist, daß wir uns nicht verstehen: denn wir verstehen sie ebensowenig, wie sie uns. Aus eben diesem Grunde können sie uns für ein vernunftloses Vieh halten, wie wir sie. Groß Wunder ist das nicht; wir verstehen auch nicht die Basken und die Troglodyten» (ebd.: 433).

Dieser Relativismus erlaubte Montaigne auch die Grenzen zwischen Vernunft und Wahnsinn als fließend zu betrachten. Er mußte keine starren Grenzen aufbauen, und das, was nicht in sein Konzept paßte, als minderwertig ausschließen. «Am Verhalten des Irrsinnigen sehen wir, wie nahe sich die Tollheit mit den kraftvollsten Entfaltungen der Seele begegnet. Wer weiß nicht, wie unmerklich die Grenze ist, welche die Verrücktheit von den mächtigsten Flügen eines freien Geistes ... trennt?» (Ebd.: 443)

Montaignes relativierende Skepsis richtete sich auch auf die Wissenschaften: sie machten den Menschen nicht glücklicher, sondern entweder anmaßend oder verunsichert. «Doch wenn die Wissenschaften wirklich leisteten, was sie behaupten, wenn sie die Bitterkeit der Leiden, die uns verfolgen, dämpften und hinderten: was täten sie da, was nicht die Unwissenheit viel schlichter und viel offenkundiger tut?» (Ebd.: 442) Aber Montaignes Wissenschafts- und Vernunftbegriff setzte sich nicht durch, sondern derjenige von Descartes. Die besonders von den Naturwissenschaften genährte Illusion, die Wissenschaften als objektives System des Wissens von der beherrschbaren Natur würden das allgemeine Glück herbeiführen, erwies sich als ein mächtigerer Antrieb, die Welt zu erforschen, als Montaignes Rückbezug auf die Subjektivität des Ichs. Für ihn wurden die eigenen Gewohnheiten, Sorgen und Freuden, die körperlichen und psychischen Eigenarten zum wichtigsten Leitfaden, um mittels Reflexion in die Welt einzudringen: «Wir müssen uns ein Hinterstübchen aussparen, ganz für uns selber, ganz ungestört, in dem wir unsere wahre Freistatt und unsere hauptsächliche Zuflucht und Abgeschiedenheit errichten. Hier müssen wir unser tägliches Gespräch von uns zu uns führen, so abgesondert, daß keine andere Geselligkeit oder fremde Beziehung darin Zutritt finde; hier nachsinnen und hier lachen, ohne Frau, ohne Kinder und ohne Besitztümer, damit, wenn das Ereignis ihres Verlustes eintritt, es uns nichts Neues sei, ihrer zu entbehren» (ebd.: 260).

Die Idee des «edlen Wilden» steht immer in enger Wechselbeziehung zur Selbstreflexion: Sie ist einerseits das Produkt einer spezifischen Form der Infragestellung der eigenen Werte und Normen und andererseits ist sie der Grund, der erst diese Infragestellung ermöglicht. Das Gegenbild des Barbaren, das nur die eigene Position bestätigen soll, verhindert die Selbstreflexion über die eigene Kultur. Es ist deshalb kein Zufall, daß das herrschaftslegitimierende Modell, wie wir es bei Oviedo sahen, um die Gestalt des wilden Barbaren kreist, und daß das idealisierende und das verstehende Modell Affinitäten zum «edlen Wilden» haben. Auf dieser Ebene gibt es also zwei verschiedene Formen von Ethnologie: Die eine bezieht in ihren Diskurs die Reflexion über sich selbst mit ein – die andere klammert sie aus, und beide formen damit auf ihre Weise den Gegenstand der Untersuchung.

Ist aber der «edle Wilde» die einzige Denkfigur, die das Kunststück der Selbstreflexion ermöglicht? Und umgekehrt: Produziert die Selbstreflexion immer die idealisierende Gestalt des «edlen Wilden»? Augustinus zum Beispiel verankerte seine Selbstreflexion in Gott und betrachtete die Welt und sich von diesem absoluten Standpunkt aus. Rousseau bezog sich auf die Vernunft und erging sich - ähnlich wie Augustinus – in Selbstanklagen und Selbsterniedrigung. Freud schließlich, der die moderne Form der Selbstreflexion prägte, verzichtete als erster auf einen äußeren Bezugspunkt; indem er sich mit seinem Unbewußten befaßte, entwickelte er eine Methode, die – vergleichbar mit Montaigne – von theologischen und moralischen Stützen absehen konnte (Gedo/Wolf 1976). Im Unterschied zu Montaigne aber brauchte Freud nicht das Konzept des edlen Wilden, und das ermöglichte ihm, sich einen Schritt mehr der menschlichen Realität anzunähern (Erdheim 1982). Diese Bezugspunkte, von welchen aus sich die Selbstreflexion entfaltete, schweben nicht im leeren Raum, sondern sind gesellschaftlich bedingt: die sich entwickelnde Kirche bei Augustinus, die sozio-ökonomischen Abhängigkeiten der Intellektuellen vom Adel bei Rousseau und die bürgerliche Position des Arztes bei Freud waren die sozialen Orte, innerhalb derer die Selbstreflexion stattfand.

Montaigne beschrieb ja sehr anschaulich die Abgeschiedenheit, in der er seine Selbstgespräche führte, und die Innerlichkeit seines Hinterstübchens. «Meine Lebensführung ist der Natur gemäß: ich habe nicht die Hilfe irgendwelcher Lehre angerufen, um sie (die Lebensführung, M. E.) auszubilden» (*Essais:* 461). Das heißt, der «Naturmensch» ist somit nicht im fernen Brasilien beheimatet, sondern in Montaignes Hinterstübchen. Horkheimer gibt in seinem Aufsatz *Montaigne und die Funktion der Skepsis* (1938) eine für unsere Fragestellung wichtige Analyse der sozioökonomischen Voraussetzungen von dessen Innerlichkeit. Horkheimer weist auf die historischen Umstände hin: auf die Religions- und Bürgerkriege, auf den sich formierenden Absolutismus und Nationalstaat sowie auf die Rolle des Bürgertums im Kampf des Königs mit dem Feudaladel. Er begreift Montaignes Skepsis als Verarbeitung der historischen Erfahrung des Bürgertums, für den die Bildung des Nationalstaates das entscheidende Ereignis war. Weltanschauliche Fragen, wie zum Beispiel religiöse Probleme, stießen deshalb auf die bürgerliche Skepsis. Der Unsicherheit der Zeiten konnte nur durch den Rückzug ins Innere begegnet werden. «Das Innere», schreibt Horkheimer, «spielt im individuellen Leben die Rolle, die den Kirchen, Museen und Vergnügungsstätten, überhaupt der Freizeit im gesellschaftlichen Leben zukommt (...). (Montaigne) zieht sich in sein innwendiges Allerheiliges zurück, wie auf sein Schloß (...) und dort in seine Bibliothek, ganz so wie er sich auf Reisen begab» (Horkheimer 1938: 209-211). Horkheimer zitiert Montaignes Bemerkung: «Denen, die mich nach dem Grund meiner Reisen fragen, pflege ich zu antworten, daß ich wohl weiß, was ich fliehe, aber nicht, was ich suche», und fügt hinzu: «Die soziale Schicht in Frankreich, der er angehörte, besaß die Mittel, ihr Privatleben erfreulich zu gestalten» (ebd.: 211).

Ganz anders verhielt es sich mit der Innerlichkeit der «Massen». «Der Zusammenbruch der ständischen Lebensordnung trieb die Armen zur neuartigen und schweren Arbeit in die Manufaktur. Die Arbeitslosigkeit und die steigenden Preise der Lebensmittel zwangen dazu, sich zu verdingen, wo nur immer eine Möglichkeit bestand. Eine neue Arbeitsdisziplin wurde notwendig. (...) Es begann die Entwicklung, die den Arbeiter einerseits zu immer höherer Verantwortlichkeit und größerer Leistung und andererseits zu dauernder Entbehrung zwang. (...) Die unteren Schichten sollen nicht mehr in der Erwartung auf die oberen blicken (...), daß sich die Mächtigen der Ohnmächtigen annehmen und für sie sorgen. (...) Nicht an die Höheren hat das Individuum Forderungen zu richten, sondern an sich selbst. Es muß sich in Zucht nehmen. (...) Ziehen daher die Individuen der Masse sich in ihr Inneres zurück, so finden sie dort keine vergnügliche Ruhe wie die kultivierten Bürger des Übergangs, sondern das eigene strenge Gewissen, das sie der Sündenschuld anklagt, nach ihren Fehlern und Lässigkeiten im Alltag durchforscht und zu weiterer Arbeit treibt» (ebd.: 211f.).

In der Gestalt des Barbaren tauchen all jene Züge auf, mit denen der fortschreitende Zivilisationsprozeß aufräumte. Wir lasen bei Oviedo, daß die Indianer, unfähig zur Arbeit, nur essen, trinken und ihre Wollust befriedigen wollten (vgl. S. 23). Daß sie also ihren Bedürfnissen nachgaben, stempelte sie zu Barbaren. Ihr Bild erschien um so negativer und Abscheu erregender, je mühsamer und grausamer der Entziehungsprozeß in Europa verlief. In einem zweiten Schritt entsprachen die Vorstellungen, die man sich über die sogenannten Naturvölker machte, immer mehr dem tatsächlichen Zustand der unteren sozialen Klassen in Europa. Clastres (1974) hat zu Recht darauf hingewiesen, daß der Begriff der Subsistenzwirtschaft, durch den man die primitive Ökonomie charakterisieren wollte, eher den ökonomischen Bedingungen des Proletariats bei uns entsprach als der sozialen Wirklichkeit «primitiver» Völker. Dieser projektive Charakter des Barbarenbegriffes ist es, der die Reflexion verhindert; fände sie nämlich statt, so würde die Projektion bewußt und damit unbrauchbar werden.

Während der Barbar also all das verkörpert, was es abzuschaffen und abzuwehren gilt, verkörpert der edle Wilde all das, was verloren ging, aber weiterhin ersehnt wird. Die von der gesellschaftlichen Wirklichkeit bedrohte, aber ökonomisch noch wohl abgesicherte Innerlichkeit ist der Schutzwall dieser Sehnsucht, und diese Verknüpfung zwischen der Innerlichkeit und der Idee des edlen Wilden verstellt den Ausblick auf gesellschaftliche Veränderungen, die immer nur von ihrer negativen Seite, aber da besonders scharf, erkannt werden können. «Nichts bedroht einen Staat ärger als Neuerungen: schon die Änderung allein gebiert Ungerechtigkeit und Tyrannei. (...) Aber eine so gewaltige Masse umschmelzen und einen so großen Bau in den Grundfesten umwälzen wollen, das ist ein Unterfangen für Leute, die auslöschen, was sie reinigen wollen, die einige einzelne Fehler ausbessern wollen und das Unterste zuoberst kehren, und die Krankheiten austreiben durch den Tod ‹begierig nicht so sehr nach Änderung als nach Umsturz›. Die Welt ist nicht imstande, sich zu heilen; sie lehnt sich so ungeduldig gegen das auf, was sie drückt, daß sie nur darauf sinnt, es abzuschütteln, ohne die Folgen zu bedenken.» Und er zitiert noch Livius: «So gingen die Capuaner auseinander und sagten sich, daß das älteste Übel immer noch erträglicher ist als ein neues und unerprobtes» (*Essais:* 754 f.). Diese Einstellung zum Wandel schloß bei Montaigne auch einen konstruktiven Begriff der Geschichte aus. Wie Friedrich ausführt, wird für Montaigne Geschichte zur fortwährenden Wiederholung des Immer-Gleichen; sie hat keine Stuktur, sondern ist ein Gemenge von Handlungen, Gebärden, moralischen und sozialen Verhältnissen, Gepflogenheiten und Charakterzügen (Friedrich 1949: 252).

Die Frage, von der ich ausgegangen war, kreiste um den Zusammenhang zwischen der Idee des edlen Wilden und der Selbstreflexion, also den Einbezug und der Infragestellung der Werte der eigenen Kultur in den Erkenntnisprozeß. Die exzentrische Position des «edlen Wilden» ermöglicht die Auflösung der etablierten Denksysteme und eröffnet damit neue Erfahrungsbereiche. «Ich bin so unbändig voll Gier nach der Freiheit, daß ich, wenn mir jemand den Zutritt zu irgendeinem Winkel Indiens verböte, darob nur ein Stück unfroher leben würde» (*Essais:* 851). Indien, im 16. Jahrhundert der Inbegriff des Unerforschten, ist eine Metapher für die möglichen neuen Erfahrungen, und Montaignes Leistung war es, ein Paradigma entwickelt zu haben, um ihnen Ausdruck zu geben. Weil er aber keine Systematik, sondern eine Denkweise anbot, blieb seine Wirkung untergründig (Villey 1913, 1935; Lüthy 1953: 48–50). Zwar prägte besonders sein Kapitel «Über die Kannibalen» die idealisierende Vorstellung von den Naturvölkern (Dudley/Novak 1972), aber erst mit Boas und seiner Schule fand auch Montaignes Sehweise Einzug in die moderne Anthropologie. Ihr kulturrelativistischer Standpunkt ermöglichte die Vertiefung in die einzelnen Kulturen und die Erarbeitung ihrer Eigenart im Vergleich zu den anderen Kulturen (Rudolph 1968). Wie bei Montaigne ist aber auch in der kulturrelativistischen Anthropologie der edle Wilde der Angelpunkt des Systems. Margaret Meads samoanische Adoleszenten stehen in dieser Denktradition ebenso wie ihre von jenen edlen Wilden ausgehende Kritik an den Erziehungspraktiken amerikanischer Eltern (Mead 1970). Der moderne Kulturrelativismus bewegt sich in den gleichen Grenzen, die auch schon dem Denken Montaignes gezogen waren, und es tauchen dieselben Schwierigkeiten mit der Geschichte auf, die bereits er hatte. Und wie bei Montaigne der edle Wilde gleichsam im Hinterstübchen des berühmten Schlosses wohnte, so ist das moderne Konzept im akademischen Betrieb beheimatet (Diamond 1974: 109 f.). Erst mit den Anstrengungen der modernen Ethnologie, ihre eigenen Voraussetzungen mitzureflektieren, scheint sich ein neuer Ansatz auszubilden, der auch die Ergebnisse von Montaignes Paradigma in einem größeren Zusammenhang aufheben kann (Hymes 1974).

In seinem 1982 erschienenen Buch *La conquête de l'Amérique. La question de l'autre* (dt. 1985) bringt Tzvetan Todorov Verstehen, Nehmen und Zerstören in einen Zusammenhang, der für die Ethnologie von grundlegender Bedeutung ist: «Cortés versteht die aztekische Welt, die sich vor seinen Augen enthüllt, relativ gut und sicherlich besser als Moctezuma die spanische Wirklichkeit. Und dennoch hindert dieses bessere Verständnis die Konquistadoren nicht daran, die mexikanische Kultur und Gesellschaft zu zerstören; man gewinnt ganz im Gegenteil sogar eher den Eindruck, daß gerade durch dieses Verständnis die Zerstörung erst möglich wird. Es ergibt sich so eine erschreckende Verkettung, die vom Verstehen zum Nehmen, vom Nehmen zum Zerstören führt, eine Verkettung, deren unabwendbaren Charakter man gerne in Frage stellen möchte. Sollte Verständnis nicht Sympathie mit sich bringen?» (Todorov 1985: 155) Wäre der Zusammenhang zwischen Verstehen, Nehmen und Zerstören ein notwendiger, so müßte die Ethnologie aufgegeben werden. Gerade deshalb scheint es mir aber wichtig zu sein, auf die verschiedenen, gleichzeitig möglichen Modelle der Ethnologie und damit des Verstehens zu verweisen. Sie machen uns darauf aufmerksam, daß wir eine Wahl treffen müssen, wenn wir uns ethnologisch betätigen. Es ist dies keine abstrakte Wahl zwischen verschiedenen, bloß kognitiven Möglichkeiten, sondern auch zwischen den gesellschaftlichen «Substraten», welche die entsprechenden Tendenzen unterstützen. Ethnologie ist deshalb nie nur eine Tätigkeit, welche sich auf das Studium des Fremden beschränkt, sondern immer auch eine Tätigkeit, welche den Ethnologen auf die eigene Gesellschaft zurückwirft.

Todorov vertritt den Standpunkt, Sahagún sei «kein Ethnologe, was immer seine modernen Bewunderer darüber auch sagen mögen» (ebd.: 284). Er weist ihm «den Bereich der Ethnographie, des Sammelns von

Dokumenten, das eine unabdingbare Voraussetzung für die ethnologische Arbeit ist» (ebd.: 285), zu. Ich halte eine solche Aufteilung zwischen Ethnologie und Ethnographie für fragwürdig – es gibt schließlich auch ganz verschiedene Arten des Sammelns, und zwar solche, die dem Zerstören verwandter sind als dem Bewahren, und solche, denen es um Pflege und Fürsorge geht. Die Ethnologie fängt bereits in dem Augenblick an, da man sich dem Fremden nähert. Man könnte es auch so sagen: In der ethnographischen Tätigkeit zeigt sich die wirkliche ethnologische Einstellung. Der These Todorovs vom Zusammenhang zwischen Verstehen, Nehmen und Zerstören wäre die These entgegenzustellen von der Verbindung eines Verstehens, das auf einer menschlichen Beziehung von Geben und Nehmen beruht, mit der Fähigkeit, auf Grund dieses Verstehens das Eigene verändern zu können.[2]

Eberhard Berg

JOHANN GOTTFRIED HERDER
(1744–1803)

Johann Gottfried Herders Ideen zum Entwurf einer Kulturanthropologie lassen sich nicht ohne eine gewisse inhaltliche Verkürzung seines Gesamtwerks herausarbeiten; denn seine Erkenntnisinteressen suchten mit Wissenschaft und Kunst, mit Theologie, Ethik, gesellschaftlichem Leben, Geschichtsphilosophie, Psychologie, Anthropologie und Ethnologie all jenes zu umfassen, was die Menschheit in Vergangenheit und Gegenwart geistig bewegt hat. Und ebenso weit ist mit theologischen, pädagogischen, geschichtsphilosophischen, dichterischen und literaturkritischen Arbeiten auch der Bogen seines literarischen Lebenswerks gespannt, in dem die verschiedenen Tendenzen seiner Zeit verschmolzen sind. Die weit auseinanderstrebende Vielfalt seiner Interessen findet jedoch im Menschen als dem eigentlichen Angelpunkt des Herderschen Denkens ihre besondere Einheit: «(...) und eine Geschichte der menschlichen Seele überhaupt, in Zeiten und Völkern!» (SW IV: 368)[1]

In diesen knappen Worten umreißt der junge Herder in seinem *Reisejournal* jene Aufgabe, die ihn fortan sein ganzes Leben lang beschäftigen wird. Er trachtet danach, die historische Vielfalt menschlicher Lebens- und Denkformen dem Ablauf der Geschichte gemäß zu ordnen und auf dieser Grundlage eine Gesamtschau des Menschlichen zu entfalten. Dabei eröffnet sich ihm die Perspektive eines die Menschheit insgesamt umfassenden historischen Veränderungsprozesses. Als dessen ideales Ziel bestimmt er die Bildung der Individualität im Zuge der Verwirklichung der Humanität. Unter jenem Blickwinkel betreibt Herder folglich eine auf die praktische Seinsgestaltung gerichtete Kulturgeschichte.

In dieser Geschichte der menschlichen Kultur finden sich mit der Frage nach der Wesensbestimmung des Menschen einerseits und mit jener nach der Vielfalt menschlicher Lebens- und Denkformen andererseits die Umrisse einer philosophischen Anthropologie und die einer Kulturanthropologie zu einem Sinnganzen verknüpft. Seine Überlegungen hierzu sind zwar nicht ohne innere Brüche; doch anders als die Geschichtsphilosophie der französischen Aufklärung, die gewöhnlich den historischen Verlauf als ein kontinuierliches Fortschreiten in der Entfaltung der Vernunft betrachtet, sucht Herder erstmals die Eigenständigkeit und den Eigenwert der unterschiedlichen Epochen und Kulturen zu ergründen und zur Geltung zu bringen. Abgesehen von einer Vielzahl an Ideen, die ihn auch heute noch ungebrochen zu einem

Johann Gottfried Herder (1744–1803)

bedeutungsvollen Anreger werden lassen, ist Herder unter anderem kraft seiner absolute Werte zurückweisenden und die Gleichwertigkeit aller Kultur betonenden Geschichtstheorie zu einem herausragenden Wegbereiter der Kulturanthropologie geworden.

I. Leben

Am 25. August 1744 wird Johann Gottfried Herder als drittes Kind eines Elementarschullehrers und protestantischen Kantors in der ostpreußischen Kleinstadt Mohrungen geboren. Seine in engen und äußerst bescheidenen Verhältnissen lebenden sehr religiösen Eltern erziehen ihren Sohn in streng pietistischer Gesinnung. Zwar ermöglichen sie ihm den Besuch der Stadtschule. Doch nimmt ihn dann der tyrannische und pedantische Stadtkanonikus gegen Kost und Logis als Kopist in sein Haus auf, wodurch seine weitere geistige Bildung eine bedeutsame Unterbrechung erfährt. Zudem rät der Dienstherr seinen Eltern, den jungen Herder ein praktisches Handwerk erlernen zu lassen, obwohl dieser ausdrücklich seinen Wunsch, Theologie zu studieren, geäußert hat. Sicherlich ist in diesen Kindheitserfahrungen der Keim sowohl für sein lebenslanges Freiheitsbedürfnis wie auch für seine Abneigung gegen jede Form staatlicher Allmacht zu suchen.

Im Jahre 1762 wird dem unbemittelten Herder eine medizinische Ausbildung in Königsberg angeboten. Dankbar ergreift er die Möglichkeit, sich aus der bedrückenden Enge zu befreien. Da er jedoch bei der ersten Sektion in Ohnmacht fällt, besinnt sich Herder auf seinen alten Wunsch und beginnt mit dem Theologie-Studium. In dieser Königsberger Zeit sind zwei Bekanntschaften von lebenslanger Wirkung auf die Entwicklung seines Denkens. Immanuel Kant (1724–1804), zu diesem Zeitpunkt noch Privatdozent, bietet dem Achtzehnjährigen die Gelegenheit zum unentgeltlichen Besuch seiner Vorlesungen über Logik, Metaphysik, Moral, Mathematik und physische Geographie. Von diesem Angebot macht Herder eifrig Gebrauch. Zudem schließt er Freundschaft mit Johann Georg Hamann (1730–88), dem berühmten «Magus des Nordens», wie er seinerzeit genannt wurde.

Es war der frühe Kant, der dem jungen Herder in philosophischer wie auch in wissenschaftlicher Hinsicht entscheidende Denkimpulse vermittelt und in ihm das seither wirkende Interesse an Menschen-, Völker- und Naturgeschichte geweckt hat. Hamann hingegen, einer der entschiedensten Gegner des Vernunftstolzes der Aufklärung, wußte Herder für die Literatur und Tradition anderer Völker zu interessieren. Zudem lehrte dieser ihn neben der italienischen auch die englische Sprache. Somit eröffnete der Literaturhistoriker und Sprachforscher Hamann dem jungen Herder den Zugang zu jenen die romantische

Bewegung stimulierenden Werken wie etwa die von Milton, Sterne und Shakespeare und zu Macphersons *Ossian*.

In diese zwei Königsberger Jahre fallen Herders erste schriftstellerische Arbeiten, die vornehmlich die Literaturgeschichte betreffen. Von 1765–69 übt Herder dann eine vielbeachtete Predigertätigkeit in Riga aus, wo er reges Interesse für das Schauspiel entwickelt. Literarische Querelen wie auch steter Ärger über seine Tätigkeit sowie Kompetenzstreitigkeiten bewegen ihn schließlich dazu, sein Amt niederzulegen. Fluchtartig verläßt er die Stadt am 5. Juni 1769 und reist mit dem Schiff nach Frankreich, wo er sich intensiv mit den maßgeblichen Philosophen seiner Zeit auseinandersetzt. Während seines nur fünfwöchigen Aufenthalts in Paris macht er die Bekanntschaft mit der Atmosphäre der dortigen Salons, begegnet unter anderem Diderot (1713–84) und verfaßt verschiedene erste Entwürfe zu einer Geschichtsphilosophie.

Nach verschiedenen kürzeren Stationen trifft er im September 1770 in Straßburg ein, wo er die Bekanntschaft mit dem um fünf Jahre jüngeren Goethe und mit dessen Freunden macht. Jenen Kreis um Goethe regt er, damit Hamanns Ideen weitergebend, zur Beschäftigung mit der Volkspoesie wie auch zur Lektüre Shakespeares und des «Ossian» an. Von 1771 bis 1776 hat er dann die Stelle eines Konsistorialrats am Hof des Grafen von Schaumburg-Lippes inne. In diese Zeit fällt die Publikation der preisgekrönten Schrift *Über den Ursprung der Sprache* (1772) und der geschichtsphilosophischen Abhandlung *Auch eine Philosophie der Geschichte zur Bildung der Menschheit* (1774). Anfang 1776 tritt Herder schließlich durch Goethes Vermittlung sein Amt als Generalsuperintendent in Weimar an. In diesem nunmehr anhebenden Lebensabschnitt erscheint mit den *Ideen zur Philosophie der Geschichte der Menschheit* (1784–91) und den *Briefen zur Beförderung der Humanität* (1793–96) sein Hauptwerk. Am 18. Dezember 1803 stirbt Herder in Weimar.

Für ein angemessenes Verständnis von Herders Werk ist auch bedeutungsvoll, daß er in einer Ära des tiefgreifenden, ganz Westeuropa erfassenden Umbruchs der überkommenen soziokulturellen Verhältnisse gelebt hat. Sein Werk knüpft an die Grundgedanken der Aufklärung an, überwindet diese jedoch etwa in seiner Auffassung von Geschichte und bereitet der kommenden Romantik den geistigen Boden.

II. Werk

In Verbindung mit bereits eigenständig entwickelten, wenn auch sehr disparaten historischen Interessen sollten jene Impulse, die der junge Herder von dem sogenannten «vorkritischen» Kant einerseits und von Hamann andererseits im Alter von achtzehn bis zwanzig Jahren in

Königsberg erhalten hatte, das Fundament für ein grundlegend neues Geschichtsverständnis legen. In den eifrig besuchten Kant-Vorlesungen war Herder mit der ausführlichen Behandlung der Schriften von Leibniz (1646–1716), besonders aber der englischen Aufklärer (Newton, Locke, Hume und anderer) jene geistige Tradition zugänglich gemacht worden, welcher Herders eigene Zeit ihre Existenz verdankt. In dieser geistigen Atmosphäre wurde Herders Interesse an fremden Kulturen in Übersee geweckt. Zudem resultiert aus seiner Zeit als studentischer Hörer Kantscher Vorlesungen Herders Neigung zu naturgeschichtlich-systematisierender Betrachtungsweise. Das Verdienst Hamanns hingegen war es, in dem jungen Herder das Bewußtsein zu wecken und zu fördern, daß in den mythischen Dichtungen der abendländischen Vergangenheit ein eigenständiger Gehalt verrätselt ist, welcher, gemessen an den eigenen Normen, gar nicht zu entdecken ist; vielmehr offenbart sich der Sinn der Mythen in der jeweiligen Ordnung der Sprache eines Kulturgefüges. Und deren angemessene Deutung vermag mit einer Erhellung ihres tieferen Sinns zugleich eine eigene geistige Ordnung, ein besonderes Weltbild mit eigener historischer Tradition zu enthüllen.[2]

Schon in seiner frühen Schrift *Von den ältesten Nationalgesängen* (1767) formuliert Herder Ideen, welche für die weitere Entwicklung seines Denkens die Bedeutung eines Leitmotivs besitzen. Hier schon gelangt er zu der Erkenntnis, daß die «mythologischen Nationalgesänge» eines Volkes dessen älteste «Nationaltraditionen» darstellen. Die Mythen versteht er als beredte Zeugnisse früher Formen der Religion. Sie pflegen in eine sinnliche und überaus bildhafte Sprache gekleidet zu sein und bergen die gesamte Kosmologie eines Volks in sich. Und zu seinen aufgeklärten Lesern gewandt folgert er: «Jedwede Nation dachte sich also die Entstehung der Welt, und des Menschengeschlechts, und ihres Zustandes, und ihrer Völkerschaft in Begriffen der Religion! Alles bekam theologische Farbe.» (SW XXXII: 149). In einer kleinen Schrift aus dem Vorjahr hat Herder bereits die große Verschiedenheit erörtert, in welcher sich die ästhetischen Vorstellungen unter den Menschen kundtun (ebd.: 15–18). Und in einer weiteren Abhandlung desselben Jahres *Von der Verschiedenheit des Geschmacks und der Denkart unter den Menschen* findet er zu einer schlüssigen Erklärung des Ursprungs jener Unterschiedlichkeit: «Geschmack und Denkart» der Menschen sind vom Klima und besonderen geographischen und historischen Umständen abhängig. Zugleich kritisiert Herder den üblichen Fehler, daß Denkart und Geschmack der Wilden hierzulande bloß deshalb als töricht angesehen werden, weil sie den bei uns vorherrschenden Gepflogenheiten abgehen (ebd.: 19). Die Geschichte des menschlichen Geschlechts weist überdies derart verschiedene Geschöpfe auf, «daß ihnen kaum ein gemeinschaftlicher Name übrig bleibt: indessen sind sie unsere Mitbrüder, und ihre Geschichte ist die Geschichte unsrer Natur» (ebd.: 20). Aus den historischen Erkenntnissen nun gewinnt er jene Idee, welche sein gesamtes weiteres Forschen leiten sollte: Er beschließt, fortan die Verschiedenheit unter den Menschen anhand umfangreicher Beispiele aus der Geschichte eingehend zu ergründen (ebd.).

Bereits in Herders Frühschriften deutet sich mit der Entfaltung einer historisch-individualisierenden Betrachtungsweise jene Einsicht in die Verschiedenheit von Zeitaltern und Kulturen an, welche den Grundstein für die Überwindung der eurozentrischen Befangenheit der Aufklärungs-Epoche bilden sollte. Für die moderne Völkerkunde war dieser Schritt gleichsam ein Akt der Geburtshilfe. Denn bislang war die Geschichtsphilosophie von der Neigung gefangen, die Völker in Übersee, die unterschiedslos als Wilde bezeichnet wurden, im literarischen Diskurs vornehmlich als einen Spiegel zu verwenden. In dessen Bild vermochte der aufgeklärte Europäer je nach Geschmack vor allem sich selber zu erkennen. Sein Denken bewegte sich gewöhnlich in groben Gegensätzen: Entweder sah er im Spiegelbild den seiner Natur rundweg entfremdeten und verweichlichten Zivilisationsmenschen oder aber den dank christlicher Religion, Geschichte, Gesellschaft, Kultur und Staat über den Wilden, jenes reine Mangelwesen, erhabenen Vernunftmenschen. Herders Interesse – auch dies schon in seinem Frühwerk – an der Eigentümlichkeit einer jeden Kultur, der ein je eigener Wert zukommt, eröffnet nunmehr jene der Völkerkunde gemäße Perspektive, welche sich des Studiums der unterschiedlichen menschlichen Kulturen mit je eigener Lebensweise, Denkform und historischer Tradition annimmt.

Der Bericht von einer Seereise, welche den Fünfundzwanzigjährigen nach Frankreich in das Zentrum der europäischen Aufklärung geführt hat, ist ein deutliches Zeugnis dafür, daß ihn die unterschiedlichen Interessenbereiche zu einer umfassenden Synthese drängen. Unter dem Eindruck des schwankenden Schiffbodens, für Herder gleichbedeutend mit dem Verlust jedweder vertrauten theoretischen Grundlage, schreibt er in gänzlich ungeordneter Weise Ideen nieder, welche zum Forschungsprogramm für sein Lebenswerk werden sollten. Er beschreibt sich als «Philosoph auf dem Schiffe» (SW IV: 350), der – aus der Distanz zu allem festen und vertrauten Land – vom Entwerfen einer auf das gesamte Menschengeschlecht bezogenen «Universalgeschichte der menschlichen Bildung» träumt (ebd.: 353). Hier sinniert er über die Unterschiedlichkeit der Lebewesen einschließlich des Menschen und betont in bezug auf letzteren: «Das menschliche Geschlecht hat in allen seinen Zeitaltern, nur in jedem auf andre Art, Glückseligkeit zur Summe» (ebd.: 364). Die hierin sich deutlich äußernde kulturrelativistische Grundhaltung, Ergebnis seines historisch-individualisierenden Blicks auf die Vielfalt menschlicher Seinsgestaltungen, bildet fortan den

Ausgangspunkt seines Philosophierens. Zugleich entdeckt er in diesem Erleben den Tatbestand eines alle Wesen umgreifenden Entwicklungszusammenhangs, den er seither im Begriff der «Kette» versinnbildlicht hat (ebd.: 353).

In der 1774 anonym erschienenen Abhandlung *Auch eine Philosophie der Geschichte zur Bildung der Menschheit* unternimmt Herder seinen ersten umfassenden Versuch, die zu seiner Zeit zu einem Labyrinth ausgewachsene Kenntnis über die Vielfalt menschlicher Kulturen in einen sinnvollen Gesamtzusammenhang zu bringen. Dabei beschäftigt er sich jedoch lediglich mit den Kulturen der abendländischen Welt; jene Chinas und Indiens finden nur beiläufig, die überseeischen Kulturen gar keine Erwähnung. Den eigentlichen Inhalt dieser Schrift bildet die Frage nach dem Ursprung und der Entwicklung des menschlichen Geschlechts. Die hierzu angestellten Überlegungen nehmen ihren Ausgang bei der Annahme, daß zwar der Mensch ungeachtet aller historischen Ausprägungen immer Mensch ist. Allerdings konstatiert er zugleich einen Prozeß historischer Evolution, in dessen Verlauf die mannigfaltigen Formen menschlicher Existenz unterschiedliche «Stufen» darstellen. Diesen Entwicklungsprozeß der menschlichen Gattung gilt es näher zu ergründen. Sein Ziel formuliert Herder folgendermaßen: «Weil eine Gestalt der Menschheit und ein Erdstrich es nicht fassen konnte, ward's vertheilt in tausend Gestalten, wandelt – ein ewiger Proteus! – durch alle Welttheile hin. (...) Die Menschheit bleibt immer nur Menschheit – und doch wird ein Plan des Fortstrebens sichtbar – mein großes Thema» (SW V: 511). Der Mensch figuriert in diesem Entwurf einer Universalhistorie als das sich im Laufe der Geschichte beständig wandelnde Geschöpf. Als Sinnbild für die prinzipielle Wandelbarkeit des Menschen im Laufe der Geschichte verwendet Herder die antike Gestalt des urzeitlichen Wassergottes Proteus. Alt und weise, verfügt dieser über Sehergaben und unbegrenzte Verwandlungsfähigkeit. Im Bild des Proteus sucht er in bezug auf das menschliche Geschlecht die grundlegende Einheit des Verschiedenen zu veranschaulichen. Eine jede Form der Kultur stellt einen Teil jenes umfassenden Entwicklungszusammenhangs dar, den Herder als menschliche Universalgeschichte bezeichnet.

Einen wichtigen Aspekt seiner Methodik stellt die Analogie dar. In seinem Bemühen um die Konstruktion eines sinnvollen Zusammenhangs zwischen den Kulturen geht Herder von der «Analogie von menschlichen Lebensaltern» aus (ebd.: 488). Er überträgt dabei das Entwicklungsgesetz von der Individualgeschichte auf die Geschichte der Menschheit. Ebenso wie in der Lebensgeschichte des Individuums gibt es demnach auch in der Gattungsgeschichte die Sequenz von Kindheit, Jugend, Erwachsenen- und Greisenalter. In der Abfolge dieser Entwicklungsstufen vollzieht sich der universalhistorische Prozeß. Jede einzelne Stufe wird durch ein Volk, das in einem bestimmten geographischen Raum lebt, dargestellt. Sie gründet sich auf die historischen Leistungen der voraufgegangenen Entwicklungsstadien, das Alte bildet somit jeweils das Fundament für die Entstehung des Neuen.

Herder nimmt den Ursprung des Menschengeschlechts aus einem Menschenpaar an und sieht Asien als die Wiege der Menschheit (ebd.: 487). Nach seiner Auffassung erlebte die menschliche Gattung ihre frühe Kindheit in der Patriarchenwelt des Orients an Euphrat und Ganges. Das «glückliche», weil stille, einfache und bedürfnislose Hirtenleben im «schönsten Klima der Welt» gilt ihm als das «goldne Zeitalter der kindlichen Menschheit» (ebd.: 481). Unter derartigen Lebensverhältnissen entfaltet der Geist des Menschen die ersten Formen der Weisheit; hier entstanden gesellschaftliche Sitten und Einrichtungen. Der «Faden der Entwicklung» wurde von der Nil-Kultur und an der phönizischen Küste weitergesponnen und damit ein neues Lebensalter eingeleitet. Im Knabenalter wurde die überkommene Lebensform in Ägypten durch den Übergang zu Seßhaftigkeit, Ackerbau und Handel stark verändert. Hier entstanden nunmehr Städte mit entsprechender gewerblicher Differenzierung. An die Stelle des orientalischen Despoten trat öffentliche Rechtspflege auf der Grundlage einer Gesetzgebung, die mit Hilfe von Exekutivorganen die Bewahrung von Ordnung und Landessicherheit zu gewährleisten hatte. In Phönizien hingegen entstand ein Handelsstaat, der erstmals die verschiedensten Völker miteinander in Austauschbeziehung brachte. In Griechenland, auf die historischen Leistungen sowohl der Ägypter wie auch der Phönizier bauend, erreichte das menschliche Geschlecht mit der Ausbildung von Mythologie, Religion, Philosophie, Poesie, schönen Künsten und anderem das Stadium des Jünglings. Mit der Entwicklung zur römischen Weltzivilisation, welche die verschiedensten Kulturen unter einem imperialen Dach zu vereinen verstand, begann schließlich das Mannesalter. Nach dem Zerfall des römischen Reiches wurde im Norden ein «neuer Mensch» geboren. Dieser ging eine Synthese mit den verbliebenen Überresten der römischen Kultur ein und bewirkte eine «wahre neue Blüthe der menschlichen Seele» (ebd.: 516).

Mit der folgenreichen Umwälzung, die die germanische Völkerwanderung und das Christentum im Laufe des Mittelalters bewirkt haben, beginnt Herder die Ebene der Analogie zu verlassen. Anstatt die eigene Epoche folgerichtig als das vor dem Tode stehende Greisenalter darzustellen, verkündet er gegen Ende dieser Schrift aller so häufig geübten Kritik an der eigenen Zeit zum Trotz: «Gnug, wir sind Gipfel des Baums! in himmlischer Luft webend: die goldne Zeit ist nahe!» (ebd.: 554).

In Herders universalhistorischem Entwurf läßt sich mithin durchaus die für seine Zeit typische Auffassung erkennen, die den Gang der

Geschichte als ein beständiges Fortschreiten von niederen zu höheren Stufen menschlicher Kultur versteht. Jedoch folgt die Geschichte ihrer eigenen Logik, die dem Menschen infolge der Zeitgebundenheit seines jeweiligen Standpunkts nur immer begrenzt einsichtig bleibt. So vermag der menschliche Geist zwar durchaus «Fortschritte» wie auch jenen «göttlichen Plan» festzustellen, nach dem sich der Gang der Menschheitsgeschichte vollzieht – allein er bleibt das Geheimnis Gottes. Einzig der Blick in die Geschichte vermag uns die außerhalb des eigenen Gesichtskreises bestehenden Wirklichkeiten anderer Kulturen zu enthüllen (ebd.: 584). Als den zentralen Grundzug der Geschichte entdeckt Herder, daß ein jedes Zeitalter wie auch jedes Lebensalter des Menschen, jede Form menschlicher Kultur ebenso wie jede Dichtung historische Individualität besitzt: «Jede Nation hat ihren Mittelpunkt der Glückseligkeit in sich wie jede Kugel ihren Schwerpunkt!» (ebd.: 509). Infolgedessen kann der Versuch, die verschiedenartigen Zeiten und Kulturen durch Vergleich zu ergründen, nur abwegig sein, denn dazu müßte es einen verbindlichen Maßstab geben. Gerade aber die Eigenheiten der unterschiedlichen Formen menschlicher Kultur gestatten keinerlei allgemeinen Vergleich. So fragt er seinen aufgeklärten Leser, ob dieser denn nicht sehe, «daß es mit dem dortigen Geiste der Zeit, des Landes, der Stufe des Menschengeschlechts, ganz anders ist?» (ebd.: 485). Der anzulegende Maßstab wird aller Voraussicht nach durch die als absolut gesetzten Werte der Kultur des europäischen Betrachters bedingt und gereicht ihm mühelos zur Bestätigung der eigenen Überlegenheit. Ein solcher Vergleich beruht für Herder auf bloßer Willkür und ist deshalb ohne Wert.

Um das Unterscheidende unterscheidend darstellen zu können ist für Herder ein Bemühen um Mit- und Einfühlung, um sympathetischen Bezug und um ein Verstehen fremder Kulturen die unabdingbare Voraussetzung. Die Vorgehensweise, die er vom Forscher fordert, ist die des hermeneutischen Verstehens. Dem um die Erforschung und um ein Verstehen fremder Kulturen Bemühten weiß er den folgenden Rat: «Das ganze lebendige Gemälde von Lebensart, Gewohnheiten, Bedürfnissen, Landes- und Himmelseigenheiten müßte dazukommen oder vorhergegangen sein; man müßte erst der Nation sympathisieren, um eine einzige ihrer Neigungen und Handlungen, alle zusammen zu fühlen (...), in seine Fülle sich Alles denken», und: «gehe in das Zeitalter, in die Himmelsgegend, die ganze Geschichte, fühle Dich in Alles hinein» (ebd.: 502, 503). Mit diesen Überlegungen hat Herder das Programm für die auf seine Zeit folgende Epoche des historischen Verstehens formuliert.

Anders als das Gros seiner Zeitgenossen geht es Herder keineswegs darum, den Wilden in einem unhistorischen Gegensatz zum Zivilisierten zu belassen. Vielmehr erstrebt er seiner humanistischen Gesinnung gemäß eine «Anerkennung der Menschheit im Menschen» (SW XVIII: 250) ungeachtet der Verschiedenheit in Hautfarbe, Lebensweise und Denkform. Aus diesem Grunde hebt W. E. Mühlmann[3] als besonderes Verdienst Herders hervor, daß er «die Perspektive einer auf die Quintessenz aller Zeiten und Völker gerichteten Wissenschaft» eröffnet hat. Bewußt sucht Herder die der menschlichen Proteus-Natur entsprungenen Gestaltungen in dem ihnen je eigenen Wert zu erfassen, um auch selbst belehrt zu werden: «Wir wollen Sie (die Wilden, E. B.) weder blos angaffen noch trotzig verachten, sondern in Gutem und Bösen von ihnen und an ihnen lernen» (SW XV: 138). In diesen Worten ist die eigentliche Zielsetzung der modernen Ethnologie umrissen. Ihr Anliegen besteht darin, durch die Erkenntnisse aus fremden Kulturen sowohl zum kulturellen Selbstverständnis als auch zum tieferen Verständnis unserer menschlichen Existenz beizutragen. Dieses Ziel setzt allerdings Distanz voraus, welche unter anderem der Ethnologe seiner eigenen Kultur gegenüber gewinnen muß. Eine entsprechende Devise Herders lautet denn auch: «Durchaus muß man aus seiner Zeit, und aus seinem Volk auszugehen wissen, um von entfernten Zeiten und Völkern zu urtheilen» (SW II: 73).

Den Menschen ist in jeder Kultur jeweils ein kulturspezifischer geistiger Horizont eigen, welcher die Besonderheit des Sehens, Deutens und Verstehens der Welt bedingt. Innerhalb dieses Horizonts pflegt sich der menschliche Geist zu bewegen, mit anderen Worten er ist in der «Hülle der Zeit» gefangen (SW V: 580). Befragen nun Europäer Vertreter einer fremden Kultur, so werden jene «nicht anders als in ihrem Gesichtskreise antworten und denken» (SW XIII: 299). Ist deren geistiger Horizont dem Frager nicht vertraut, so tut sich hier eine Quelle von Mißverständnissen auf, die der Unwissende nicht ohne weiteres zu erkennen vermag. So schreibt er einmal in bewußter Verkehrung der für den Europäer gewohnten Sichtweise: «Am meisten interessieren mich die Nachrichten, wie fremde Nationen uns ansehen, was sie von unserer Cultur und Religion, von unsern Sitten und Bräuchen denken. Da kommen, bei den größesten Dummheiten, Naivitäten zum Vorschein, die nicht treffender seyn könnten» (SW XV: 138).

In diesen Worten artikuliert sich ein Bewußtsein um die möglichen Ursachen von Nicht-Verstehen, was als notwendige Vorbedingung für Verstehen überhaupt betrachtet werden kann. Beispielsweise kann Herder nachvollziehen, daß und weshalb der schwarze Afrikaner über Natur und Lebensform des Weißen ebenso verwundert sein kann wie umgekehrt der Weiße über den Schwarzen. So findet sich eine Passage, in der in humorvoller Weise geschildert wird, wie ein westafrikanischer «König», durch die weiße Haut seines europäischen Besuchers sichtlich beeindruckt, letzteren darum bittet, seine Kleider abzulegen, was dieser denn auch macht. Frempung, der «König», betastet daraufhin den Körper des Weißen und ruft schließlich in großer Verwunderung: «du bist wirklich ein Mensch, aber so weiß als wie der Teufel» (SW XV: 140). Die hier zum Ausdruck gelangende Haltung gegenüber dem Fremdphänomen, das es zu verstehen gilt, eröffnet Herder überdies den Zugang und das Interesse an einem Verstehen der oralen Traditionen überseeischer «Naturvölker». Diesen Traditionen sucht er unter anderem in *Stimmen der Völker* (1778–79) nachzuforschen, in dessen 6. Buch die «Lieder der Wilden» gesammelt sind.

Herders Schrift *Auch eine Philosophie* . . ., die den eigentlichen Höhepunkt des Sturm und Drang repräsentiert, wird in der literarischen Öffentlichkeit mit großem Beifall aufgenommen und zieht zahlreiche Veröffentlichungen anderer Autoren zu diesem Thema nach sich. Nach einigen Jahren ist seine so einflußreiche Abhandlung vergriffen, worauf Herder von seinem Verleger zu einer neuen Auflage gedrängt wird. Im Verlauf der Zeit hat er jedoch unermüdlich weitere Bausteine zu einer «Philosophie der Geschichte der Menschheit» gesammelt. Da er durch das Fortschreiten seiner Bemühungen eine Vielfalt neuer Erkenntnisse gewonnen hat, vermag er sich allerdings mit einem nur unwesentlich veränderten Abdruck nicht mehr zu begnügen. Statt dessen soll das Werk auf neuer Grundlage aufbauen. In seinem Spätwerk, den umfangreichen *Ideen zur Philosophie der Geschichte der Menschheit* (1784–91), hat Herder schließlich den wohl bis heute umfassendsten Versuch unternommen, alles Wissen vom Menschen, seiner Natur, seiner Geschichte und der Vielgestaltigkeit der Kulturen zu einem Gesamtbild des Menschseins zusammenzufügen. Hier breitet er die Unmenge seines anthropologischen und ethnologischen Wissens in der Form einer panoramahaften Zusammenstellung der verschiedensten Kulturen aus, deren jede, von einem besonderen kreativen Geist durchdrungen, für den Beobachter nur durch den Versuch der Einfühlung zu erfassen und zu verstehen ist.

In *Auch eine Philosophie* . . . hat Herder noch eine offensichtlich unter dem Einfluß G. B. Vicos (1668–1744) stehende Idee von der Gesetzmäßigkeit des historischen Verlaufs in Analogie zu den Lebensaltern entwickelt, nach der jede Kultur Perioden des Wachstums, der Blüte und des Verfalls erlebt. In den *Ideen* dagegen mündet die ungeheure Fülle seiner aus Entdeckungsberichten und Reisebeschreibungen geschöpften Kenntnisse in eine systematisch entfaltete Theorie von der Entwicklung des menschlichen Geschlechts im Gange der Geschichte. Dabei ist nicht uninteressant, daß Herder seine «Philosophie der Geschichte der Menschheit» in den übergeordneten Kontext der Erdgeschichte stellt – er läßt sie mit der Erörterung des Planetensystems und der Himmelskräfte beginnen. Weit über den Steinen, den Pflanzen und Tieren steht der sich durch seinen aufrechten Gang auszeichnende Mensch, die «Krone der Schöpfung». Der Ursprung menschlichen

Lebens einerseits und die Humanität andererseits markieren die Spannweite, über welche sich der Bereich des Menschlichen und damit der eigentliche Gegenstand von Herders theoretischer Neugierde erstreckt.

Im Unterschied zur Tierwelt ist der Mensch infolge der göttlichen Schöpfung zu jener «Freiheit organisirt» (SW XIII: 142–50), die ihn über das instinktkontrollierte Verhalten der Tiere erhebt: «Nicht mehr eine unfehlbare Maschine in den Händen der Natur, wird er sich selbst Zweck und Ziel der Bearbeitung» (SW V: 28). Die je besondere Geartetheit seiner Existenz ist mithin im Unterschied zu der aller übrigen Naturwesen nicht vorgegeben und arttypisch, sondern er hat sich und seine Welt selbst erst zu erschaffen. Als tieferes Ziel des menschlichen Daseins gilt für Herder, «die Humanität und Kultur unseres Geschlechts tiefer zu gründen und weiter zu verbreiten» (SW XIV: 239). Dieser historische Prozeß der fortgesetzten Selbstschöpfung des Menschen erreicht zwar in unterschiedlichen Stufen der Kultur jeweils bestimmte andersartige «Zustände» der menschlichen Daseinsgestaltung. Doch die Verwirklichung von Kultur und Humanität und damit jene des Menschseins schlechthin kann keinen Endpunkt erreichen. Sie läßt sich einzig als Idealbild verstehen, das zu erreichen das menschliche Handeln in der Geschichte anzustreben scheint. Denn die menschliche Proteus-Natur bringt zwar im Laufe der Geschichte unendlich viele Gestaltungen hervor, doch absolute Vollkommenheit zu erreichen ist sie nicht bestimmt: «Das menschliche Gefäß ist einmal keiner Vollkommenheit fähig, muß immer verlassen, indem es weiterrückt» (SW V: 498). Es bilden somit die Möglichkeit und zugleich die Notwendigkeit zur Bestimmung und Verwirklichung seiner selbst gleichsam die beiden Seiten der menschlichen Natur. Deren wesensbestimmende Charakteristika stellen Sprache und Vernunft dar.

Den Mangel an Sicherheit in seinem Weltverhalten im Vergleich zu der instinktgeleiteten Tierwelt muß der Mensch durch langjähriges Lernen in Kindheit und Jugend wettmachen (SW XIII: 153). Daher bildet der Lernprozeß die entscheidende Voraussetzung für die eigentliche Entwicklung bzw. Menschwerdung. In der Gesellschaft vermag die Lernfähigkeit des Menschen zu ihrer wahren Entfaltung zu gelangen. Entgegen üblichen, von Th. Hobbes bis zu J. J. Rousseau vertretenen Auffassungen betont Herder in aller Deutlichkeit, daß der Mensch ein Gesellschaftswesen ist (SW IV: 453; SW V: 112; SW XIII: 375). Im sozialen Verband der Familie, aber auch in Volk und Staat werden die Weise, der Inhalt und das Ziel der jeweiligen Erziehung durch das Wirken der Tradition von Generation zu Generation weitergegeben. In diesem Zusammenhang kommt der Sprache eine ganz entscheidende Rolle zu. Sie ermöglicht nicht allein die Ausbildung kultureller Identität, sondern überdies auch die Tradierung von kulturspezifischer Weltorientierung. Doch bereits hinsichtlich des Ursprungs der Menschheitsgeschichte hat die Sprache eine besondere Bedeutung: «Von der Sprache (...) fängt seine Vernunft und Kultur an» (SW XIII: 141). Die Erziehung hingegen bewirkt eine «zweite Genesis des Menschen» und damit jene Selbstwerdung, die Herder als Kultur definiert (ebd.: 348).

Ungeachtet der großen individuellen Verschiedenheit spricht Herder ganz im Sinne der Aufklärung jedem Menschen, wie auch jeder Kultur, hinsichtlich seiner Fähigkeiten fundamentale Gleichheit zu (SW V: 126). Mit Sprache und Vernunft, mit Religion, Gesellschaft, Philosophie, Poesie, Wissenschaft und schönen Künsten sind dem Menschen ungeachtet seiner jeweiligen Hautfarbe und Daseinsform alle Bereiche dessen eigen, was Herder im Begriff «Kultur» zusammenfaßt. Der Mensch, so heißt es in den *Ideen*, «mußte sich durch seine Götterkunst der Lust und Macht einen Platz seiner Herrschaft auswirken. Wie er dies gethan, ist die Geschichte seiner Kultur, an der die rohesten Völker Antheil nehmen – der interessanteste Theil der Geschichte der Menschheit» (SW XIII: 62). Aus diesen Worten wird ersichtlich, daß Herder die Kultur bewußt auf die Gesamtheit der Erscheinungsformen ausdehnt, welche das menschliche Geschlecht im Gange seiner Geschichte hervorgebracht hat. Kultur umgreift folglich die gesamte historische Spannbreite menschlicher Daseinsform. Mensch und Kultur gehen im Laufe der Geschichte den besonderen historischen Bedingungen entsprechend jeweils neue eigene Formen von Wechselbeziehungen ein. Im Denken Herders umgreift Kultur sowohl jenen Prozeß, der zur Ausbildung des menschlichen Individuums in seinem gesamten seelischen und geistigen Habitus führt, wie auch jenen, der die Formung eines «Nationalcharacters» mit der ihm eigenen Denkart, Ästhetik, Dichtung und gesellschaftlichen Einrichtungen bewirkt: «Was ist im Menschen cultivabel, d. i. ausbildbar? Alles, und Alles erwartet an ihm diese Ausbildung. Ohne Cultur war und ist der Mensch nicht etwa nur ein rohes Holz, ein ungeformter Marmor, sondern er ist und wird ein brutum» (SW XXII: 310). Angesichts der Grundannahme von der menschlichen Gleichheit wird auch verständlich, weshalb für Herder der bereits zu seiner Zeit diskutierte Gedanke, es habe sich der Mensch aus dem Affen entwickelt, völlig unannehmbar sein muß (SW XIII: 257). Zudem lehnt er es ab, wie etwa Kant die Vielfalt der menschlichen Erscheinungsformen in unterschiedlichen Rassen zu unterteilen. Denn für ihn impliziert der Rassenbegriff eine Verschiedenheit hinsichtlich der Abstammung, und diese ist angesichts der Monogenismus-These Herders nicht gegeben (ebd.).

In seinem aus ethnologischer Sicht wohl aufschlußreichsten 6. Buch der *Ideen* sucht Herder die Vielfalt der Völker der Geographie gemäß zu klassifizieren, um sie dann in einem umfassenden evolutionären Zusammenhang zu ordnen. Seine überaus unsystematische Darstellung pflegt der Erörterung des Wechselspiels zwischen Kultur und natürlicher Umwelt besondere Beachtung zu schenken. Überall, so stellt Herder im Zuge seiner Forschungen fest, ist der Mensch von den seine Lebenswelt konstituierenden Besonderheiten der äußeren Natur geprägt; sie verleihen ihm den besonderen «Nationalcharakter». Im Unterschied zum geographischen Determinismus des von ihm sonst sehr geschätzten Montesquieu (1689–1755), der von der prägenden Kraft des Klimas überzeugt ist, hebt Herder jedoch ausdrücklich hervor: «Das Klima zwingt nicht, sondern es neigt» (SW XIII: 273). Der ethnographische Bogen seines Interesses erstreckt sich von der physischen Beschaffenheit und der Kleidung bis hin zur Lebensweise der unterschiedlichen Kulturen. Nach diesen Gesichtspunkten werden in deutlicher Anlehnung an die *Histoire naturelle* von Buffon (1707–88) die in der Nähe des Nordpols unter extremen Umweltbedingungen lebenden Völker, die des asiatischen, des afrikanischen und des amerikanischen Kontinents sowie die der ozeanischen Inselwelt abgehandelt. Angesichts der Unterschiedlichkeit menschlicher Lebensformen erkennt Herder in Jagd, Fischerei, Hirtenwesen, Ackerbau, Handel und anderem historisch grundlegende Ordnungen der menschlichen Existenz. Allerdings bestehen diese vielfältigen Lebensformen nicht in idealtypisch reiner Art. Vielmehr sind sie gewöhnlich derart miteinander verknüpft, daß eine bloße Klassifikation schwer möglich ist. Zudem merkt er an, daß, bezogen auf eine Lebensweise, auch etwa das Fischen und Jagen des Grönländers auf andere Weise praktiziert wird als bei anderen fischenden und jagenden Völkern (ebd.: 310). Hinsichtlich der besonderen Denkform der «Naturvölker» ist zudem eine Überlegung Herders von Interesse: Zwar tut auch er das Phänomen des Schamanismus als «Aberglaube» ab. Doch bemüht er sich darum, dessen Entstehungsgründe aufzudecken, und gelangt zu dem Schluß, daß dieser in älteren Zeiten «der Gottesdienst beinah aller Völker der Erde» war (ebd.: 306).

An Herders Beschreibung der unterschiedlichen Fremdkulturen fällt auf, wie stark auch er selbst aller postulierten Vorurteilslosigkeit zum Trotz dem eurozentrischen Denken verhaftet bleibt (ebd.: 218, 238f.). Augenfällig wird der Eurozentrismus Herders im Kapitel über die «Organisation des Erdstrichs schöngebildeter Völker» (ebd.: 221–8). Darin wird in unverhohlener Sympathie mit den Hochkulturen Indiens, Persiens, der Türkei, der Hebräer und der Araber jener Orient beschrieben, von dem aus die Entwicklung der menschlichen Kultur ihren Anfang nahm (ebd.: 272). In Griechenland erreicht die «menschliche Wohlgestalt» schließlich ihre besondere Vollkommenheit. Derartige Überlegungen sind insofern beachtenswert, als die europäische Kultur jenen alten Kulturen ihre eigene Existenz verdankt, die übrigens alle wie Europa auch in den mittleren geographischen Breiten liegen. Diese Region war nicht allein Ursprungsort der menschlichen Kultur, sie war auch der Verbreitung der Kultur am ehesten förderlich. Isoliert lebende Völker haben hingegen keinerlei Beitrag zum Aufschwung der Kultur leisten können. Die Tungusen und Eskimo etwa «sitzen ewig in ihren Höhlen und haben sich weder in Liebe noch Leid um entfernte Völker bekümmert. Der Neger hat für die Europäer nichts erfunden; er hat sich nie in den Sinn kommen lassen, Europa weder zu beglücken noch zu bekriegen» (ebd.: 227).

Im evolutionstheoretischen Entwurf Herders repräsentieren die unterschiedlichen menschlichen Lebensformen jeweils besondere historisch notwendige Stufen. Die Menschheitsgeschichte insgesamt vollzieht sich als »Stufengang (...) vom Menschen, der zunächst ans Thier grenzt, bis zum reinsten Genius im Menschenbilde« (ebd.: 147). Jener ans Tier grenzende Mensch findet sich in Australien, auf den Philippinen, in Melanesien und in Feuerland. Zwar ist Herder immer bemüht, jedwedes Werturteil zu unterlassen; doch die Konstruktion seiner Theorie der Menschheitsentwicklung drängt ihn auf der Suche nach deren Ursprung geradezu hinter diesen Anspruch zurück. Aus diesem Grunde gerät hier sein Interesse an der Erstellung eines Gesamtbildes von der Entwicklungsgeschichte der Menschheit, die in deutlich abgrenzbaren Stufen ihren Weg des historischen Fortschritts nimmt, mit seiner kulturrelativistischen Grundhaltung in einen sinnfälligen Widerspruch. Von besonderem Interesse ist dieser Widerspruch insofern, als mit dem Kulturrelativismus einerseits und dem Evolutionismus andererseits in Herders Denken zwei geistige Richtungen miteinander im Widerstreit liegen, – einem Widerstreit, der die ethnologische Theoriegeschichte bis heute geprägt hat. Für das Bild, das Herder von fremden Kulturen zeichnet, blieb das nicht folgenlos.

Der historische Prozeß ist durch den Fortschritt vom Einfachen und Groben zum Zusammengesetzten und Künstlichen gekennzeichnet (ebd.: 49). Im Stande der «thierischen Wildheit» (ebd.: 157) ist zwar der Mensch auch Mensch. Doch sind alle Attribute des Humanen wie Vernunft, Sprache, Religion, Gesellschaft, Poesie, Wissenschaften und Künste allein ihrer Anlage nach vorhanden und bedürfen deshalb jenes oben angeführten Prozesses der «Bildung» (ebd.: 348). Im Gegensatz zu seiner wichtigen methodischen Forderung, die einzelnen Kulturen aus ihrer je eigenen historischen Bedingtheit heraus zu verstehen, verleitet ihn sein Entwurf einer Universalgeschichte letztendlich doch dazu, mit der Kultur zugleich einen absoluten Gradmesser einzuführen, nach dem die Vielfalt menschlicher Seinsformen zu ordnen und in einen chronologischen Gesamtzusammenhang einzupassen ist.

Im Werk Herders finden sich Passagen, die das Leben der «Naturvölker» durchaus in rousseauistischer Weise verklären. Diese Völker leben nicht unter dem Joch der später für den Ackerbau typischen Eigentumsverhältnisse. Ihnen geht vielmehr das «thätige freie Leben der

Natur» über alles. Zudem erfreuen sie sich einer «gleichmütigen Zufriedenheit» und einer «dauerhaften langen Gesundheit» (ebd.: 317). Kronzeugen für derart glückliche Lebensverhältnisse sind für Herder etwa die Tahitianer (ebd.: 238). Am augenfälligsten jedoch wird Herders Neigung zur Verherrlichung gewisser Völker nach dem gängigen Bild vom «edlen Wilden» in seiner Darstellung der nordamerikanischen Indianer. Deren «barbarisch stolzer Freiheit- und Kriegsmuth», zusammen mit einer bestimmten natürlichen Umwelt, stellt für ihn den eigentlichen Grund für ihre Lebensart und Denkweise dar: «Diese festeren Barbaren wichen zwar; aber sie dienten nie» (ebd.: 242f.).

Herder verläßt in seiner Darstellung der unterschiedlichen «Naturvölker» den Boden seiner kulturrelativistischen Haltung ebenso in deutlich verklärender wie auch in deutlich rassistisch-bewertender Weise: Steht hinter seinem Bild von Indianern und Tahitianern das in Europa so traditionsreiche Klischee vom «edlen Wilden», so gelangt besonders hinter seiner Beschreibung des schwarzen Afrikaners das gleichermaßen traditionsreiche Bild vom «barbarischen Wilden» zum Vorschein. Der hervortretende Mund, die stumpfe kleine Nase, seine zurückweichende Stirn, all dies bewirkt nach Herder, daß der Kopf des Negers von fern einem Affenschädel ähnelt. Edlere Gaben allerdings hat die Natur den Negervölkern entziehen müssen. Dafür haben sie zum Ausgleich einen elastischen und überaus kräftigen Körperbau erhalten, «der bis auf Nase und Haut zum thierischen sinnlichen Genuß gemacht ist» (ebd.: 237). Das quälende Gefühl höherer Freuden, für die der Neger gar nicht gemacht ist, muß ihm daher unbekannt sein. Deshalb vermag er sein Leben in einem ansonsten von der Natur sehr gesegneten Erdteil in Sorglosigkeit zu verbringen. Insgesamt betrachtet Herder den hier stark überzeichneten Neger als ein Wesen, dessen «Charakter viel sinnliche Lebenskraft, eine große Dauer, aber auch ein Übergang zum Äußersten in der Bildung, welches allemal thierisch ist, zu sein scheint» (ebd.: 230). Auffällig ist gerade an dieser Fremdbeschreibung, wie mühelos hier der ansonsten um eine Relativierung bemühte Herder von besonderen äußeren Eigenheiten auf das Innere und damit auf das Wesen des Negers zu schließen geneigt ist.

Es läßt sich bezüglich des an Herders Werk sichtbar werdenden Widerspruchs zwischen evolutionstheoretischer und kulturrelativistischer Position festhalten, daß die nur selten zum Vorschein gelangende Verherrlichung naturvolklichen Daseins deutlich hinter seinem Glauben an den Fortschritt der menschlichen Gattung zurückbleibt. Der Weg zur Verwirklichung von Kultur und Humanität beginnt bei den ans Tier grenzenden Australiern, Melanesiern, Feuerländern und insbesondere bei den «Negern» Afrikas. In diesem Sinnzusammenhang wird verständlich, weshalb Herder angesichts seines Strebens, die Mannigfaltigkeit menschlicher Kultur in einem historischen Ablauf nach besonderen

Entwicklungsstufen zu ordnen, geradezu gedrängt wird, seine kulturrelativistische Grundhaltung zurückzustellen. Daher geraten ihm seine Beschreibungen von fremden Kulturen mitunter entweder in positiv-verklärender oder in negativ-abwertender Weise zu mehr oder weniger starken ethnozentrischen Verzerrungen von deren tatsächlicher Wirklichkeit.

Zumindest aber schließt Herder in den Prozeß des Fortschritts bei der Entfaltung von Kultur und Humanität, den er in jener Gesamtschau des Menschlichen auszumachen glaubt, ohne Ausnahme alle Formen der menschlichen Proteus-Natur ein. So fragt er in der Vorrede zu den *Ideen:* «Welches Volk der Erde ist's, das nicht einige Kultur habe?» (ebd.: 4). Allerdings hält es Herder für abwegig, den Kultur-Begriff pauschal auf ganze Völker und Zeiten anzuwenden. Deshalb fragt er mit kritischem Blick auf die eigene Kultur: «Wie wenige sind in einem kultivierten Volk kultiviert?» (ebd.). Vielmehr zeichnet sich das menschliche Individuum durch das Haben oder Nicht-Haben von Kultur aus. Und diesem Einzelmenschen rät der Theologe und Pädagoge Herder in seinem Gedicht «Menschenbestimmung»: «Sei, was Du bist und werden sollst in Deines Lebens Schranken» (SW XXIX: 365).

III. Wirkung

Die Herderschen *Ideen* stießen bei seinen Zeitgenossen keineswegs auf ungeteilte Begeisterung. Von besonderer Bedeutung sollte übrigens jene Kritik sein, die sein ehemaliger Lehrer Kant in einer Rezension äußerte. Kant merkt darin in durchaus gesetzten Worten an, daß Herders großem Wurf zu einer «allgemeinen Naturgeschichte des Menschen» die zu einem derartigen Vorhaben notwendige Systematik fehlt. Vor allem aber nimmt Kant Anstoß an Herders spekulativer Methode des analogischen Entdeckens, «das, was man nicht begreift, aus demjenigen erklären zu wollen, was man noch weniger begreift».[4] Seine Kritik gipfelt schließlich in einer Aufgabenbestimmung der Philosophie, welche eher im Beschneiden als im Treiben üppiger Schößlinge bestehe. Nach Kants Auffassung wäre das von Herder bearbeitete Material nur dann wissenschaftlich verwertbar, wenn ein «historisch-kritischer Kopf» dem Geschichtsphilosophen vorgearbeitet hätte. Mit Kants unzweideutiger Kritik an Herders Vorgehensweise beginnt ein noch heute in der Geschichte der Kulturanthropologie viel zu wenig beachteter Methodenstreit, an dem sich auch Georg Forster beteiligt hat.

Herder selbst äußert zur Methodenfrage unter anderem in einem Brief vom Februar 1785 an den angesehenen und einflußreichen Anatom, Arzt und Naturforscher S. Th. v. Soemmering (1755–1830),[5] daß «nur (...) auf diesem Wege der Beobachtung und Analogie nach factis und über facta reelle Philosophie möglich sei». Für Goethe[6] scheint sich sein Weimarer Kollege angesichts dessen Methodik «wie im Fegefeuer zwischen der Empirie und der Abstraktion, in einem sehr unbehaglichen Mittelstande zu befinden». Zweifellos sind die Kritiken an Herders fehlender Systematik zutreffend. Doch gilt für eine angemessene Einschätzung der Leistung Herders, was der ihm ansonsten keineswegs wohlgesonnene Nietzsche[7] nahezu achtzig Jahre später so formulierte: «er sah und pflückte die Erstlinge der Jahreszeit früher als alle anderen».

Ohne Zweifel ist es das bleibende Verdienst Herders, die Grundlage für eine umfassende Humanwissenschaft geschaffen zu haben. Zudem gilt er als Urheber des modernen geschichtlichen Kulturbegriffs, der die Welt der «Wilden» wie auch die der «Zivilisierten» einschließt. Mit seinem Werk hat Herder in der zweiten Hälfte des 18. Jahrhunderts das wissenschaftliche Fundament geschaffen, auf dem dann im Verlauf des 19. Jahrhunderts der Aufschwung der deutschsprachigen Völkerkunde, der Kulturgeschichte und -geographie wie auch der Volkskunde möglich wurde. Seine vergleichende Sprachforschung ebenso wie die Überlegungen zur Natur der menschlichen Sprache wurden von W. v. Humboldt fortentwickelt. Seine Ansätze zur Erforschung der Mythologie wurden in der Romantik unter anderem von F. Creuzer und J. J. Bachofen weitergeführt. In den Werken von G. Klemm und Th. Waitz etwa finden sich Herdersche Einflüsse in der Ausgestaltung von Kultur- bzw. Anthropologie-Geschichte. An seine Ideen von der historischen Individualität der Kultur knüpft die völkerpsychologische Richtung an (Bastian, Wundt, Steinthal, Lazarus).

Die von Herders Werk ausgehenden Wirkungen haben mithin weit über seine Zeit hinausgegriffen und lassen sich sogar bis in die amerikanische Kulturanthropologie hinein verfolgen. Der umfassende Kulturbegriff des in der Tradition der deutschen Geisteswissenschaften stehenden F. Boas, dem Begründer der Cultural Anthropology, hat seine geistige Wurzel unter anderem in Herders Werk ebenso wie die Auffassung von der Relativität der mannigfaltigen Formen der Kultur. Und die daraufhin von seinen Schülerinnen R. Benedict und M. Mead entwickelte Idee der «cultural patterns», nach der die individuelle Persönlichkeit in hohem Maße von den in einer Kultur vorherrschenden Normen geprägt ist, stellt eine folgerichtige Ausdifferenzierung dessen dar, was Herder mit seinem die jeweils historische Eigenheit von Kultur betonenden Konzept vorbereitet hat. Schon diese kurze Wirkungsgeschichte zeigt die überragende Rolle, die das Werk Herders als Wegbereiter für die allmähliche Entfaltung der Kulturanthropologie gespielt hat.

Dieter Heintze

GEORG FORSTER
(1754–1794)

In den Reiseberichten Georg Forsters erschienen den Zeitgenossen fremde Gesellschaften verläßlicher, zusammenhängender und anschaulicher dargestellt, als man bis dahin gewohnt war. Man sah sich nicht mehr einer gestaltlosen oder in ein Schema gezwängten Anhäufung von Daten gegenüber, sondern konnte sich von den beschriebenen Gesellschaften einen lebendigen Begriff machen.[1] Schriftstellerische Fähigkeiten allein erklären diese Wirkung nicht. Wie kaum ein anderer wissenschaftlicher Reisender seiner Zeit hat Forster die Bedingungen völkerkundlicher Beobachtung und die Probleme ihrer Vermittlung durchdacht. Die Qualität der ethnographischen Informationen in den Veröffentlichungen der beiden Forsters – denn auch Georgs Vater Johann Reinhold Forster muß hier erwähnt werden – hat nicht nur zur Etablierung völkerkundlicher Themen als eigenständiger und seriöser Gegenstände der Forschung beigetragen,[2] sondern auch das völkerkundliche Interesse im allgemeinen lesenden Publikum, das ohnehin damals begierig nach Reiseberichten fragte, nachhaltig gefördert.[3] Nicht nur einzelner Ideen wegen, die sich als unveraltet herausstellen könnten, ist eine Auseinandersetzung mit Forsters Werk gerechtfertigt, vielmehr um der Einsicht willen, die im Mittelpunkt seiner Überlegungen steht: daß die Phase der Konstituierung der Wissenschaften vom Menschen[4] eins ist mit einer speziellen Differenzierungsphase der europäischen Zivilisation gegenüber allen anderen Zivilisationen; und wegen seiner Gedanken über die theoretischen und praktischen Konsequenzen, die in dieser Konstellation enthalten sind.

I. Leben

Georg Forster wurde am 27. November 1754 in Nassenhuben (dem heutigen Mokry Dwor) bei Danzig geboren, ein Nachkomme englischer Emigranten, die um 1640 als Anhänger Karls I. aus England geflohen waren und sich in Preußisch-Polen niedergelassen hatten. Sein Vater Johann Reinhold Forster war reformierter Pfarrer, widmete sich aber mit Vorliebe Natur- und Sprachstudien. Durch Vermittlung des russischen Residenten in Danzig erhielt er 1765 einen Auftrag der Zarin Katharina II. zur geographischen Erschließung vorgesehener Kolonisierungsgebiete an der unteren Wolga. Er nahm seinen zehnjährigen

Sohn mit, der ihm bei botanischen Untersuchungen zur Hand gehen konnte, hatte er ihn doch schon früh im Naturstudium angeleitet.

Nach der Expedition wurden J. R. Forsters Erwartungen auf angemessenes Entgelt in St. Petersburg so lange hingehalten, daß er sich 1766 mit Georg nach London einschiffte; später ließ er auch seine Frau und die jüngeren Kinder nachkommen. Abgesehen von zwei Jahren Anstellung an der Dissenters Academy in Warrington mußte er seine Familie hauptsächlich mit Übersetzungsaufträgen durchbringen. Auch Georg setzte seine ganze Kraft dafür ein. Erst 13 Jahre alt, veröffentlichte er schon eine englische Übersetzung von Lomonossows *Kurzer russischer Geschichte.*

1772 trug die britische Admiralität J. R. Forster an, als Naturhistoriker an der geplanten zweiten Weltumseglung Cooks teilzunehmen. Er bedingte sich aus, daß Georg ihn als naturkundlicher Zeichner begleite. So trat Georg mit 17 Jahren eine dreijährige Reise um die Welt an, deren wichtigste Stationen das Kap der Guten Hoffnung, Neuseeland, Tahiti, Tonga, die Osterinsel, die Marquesas-Inseln, die Neuen Hebriden, Neukaledonien und Feuerland waren, und die fast bis an den Rand der Antarktis führte. Als die Admiralität J. R. Forster die Veröffentlichung einer Reisebeschreibung untersagte, verfaßte sie Georg, da er durch Verträge nicht gebunden war. Inhaltlich muß *A Voyage Round the World* (London 1777) als das Werk beider Forsters angesehen werden, doch war die Verdächtigung einiger Zeitgenossen, Georg habe nur den Autornamen hergegeben, unbegründet. Die schriftstellerische Form war ohnehin ganz die Georgs. Zusammen mit R. E. Raspe begann er noch während der Niederschrift der englischen Version mit einer deutschen Übersetzung und Bearbeitung, die 1778–80 in Berlin herauskam.[5]

Als sich die finanzielle Situation der Forsters in London verschlechterte, reiste Georg auf den Kontinent, um für seinen Vater eine Anstellung an einer deutschen Hochschule zu finden. Statt dessen erhielt zuerst er selbst eine Professur für Naturgeschichte in Kassel. Für seinen Vater konnte er dann durch Vermittlung Herzog Ferdinands von Braunschweig und des preußischen Kultusministers v. Zedlitz die Berufung auf den Lehrstuhl für Naturkunde an der Universität Halle erreichen, wo J. R. Forster von 1780 bis zu seinem Tod 1798 lebte.[6]

Für Georg Forster begann mit der Niederlassung in Kassel das Dasein in der Provinz. Viele Briefe bezeugen, wie sehr ihn die kleinbürgerliche Enge belastete. Er nahm deshalb oft die Gelegenheit wahr, nach Göttingen hinüberzureiten, um sich mit Lichtenberg, dem Altphilologen Chr. G. Heyne und anderen ihres Kreises zu treffen. Mit Lichtenberg gründete er das *Göttingische Magazin der Wissenschaften und Litteratur,* Heyne engagierte ihn als Rezensenten der geographischen und völkerkundlichen Neuerscheinungen für die *Göttingischen Anzeigen von gelehrten Sachen.* In dieser Zeit las und übersetzte er Buffon,

Georg Forster (1754–1794) und Johann Reinhold Forster

dessen Ideen seine anthropologischen Auffassungen beeinflußten. Seine Verbindung mit dem der Theosophie und Alchemie ergebenen Geheimbund der Rosenkreuzer blieb eine Episode.

1784 nahm er einen Ruf an die polnische Universität Wilna an. Dort mußte er bald erkennen, daß man für seine Arbeit nicht so viel Unterstützung gewähren konnte, wie man zugesagt hatte. Über die Enttäuschung half Privates hinweg: 1785 heiratete er Therese, die Tochter Heynes; mit ihr, die damals zu den wenigen intellektuell erzogenen Frauen gehörte, konnte er sich auf den häuslichen Kreis zurückziehen, ohne auf geistigen Umgang verzichten zu müssen. In der Wilnaer Zeit las er unter anderem Herders *Ideen zur Philosophie der Geschichte der Menschheit*, die seinen eigenen Vorstellungen sehr entgegenkamen.

Forster erlebte das Angebot der russischen Regierung 1787, die wissenschaftliche Leitung einer Reise in den Pazifik zu übernehmen, als Befreiung. Nach vorzeitiger Auflösung des Vertrags in Wilna zog er nach Göttingen, um die Expedition vorzubereiten. Doch der Ausbruch des russisch-türkischen Krieges machte den Plan zunichte. Immerhin zahlte die Zarin eine Abfindung, so daß Forster ein Jahr in Göttingen mit seiner Familie leben konnte. 1788 nahm er die Stelle des Universitätsbibliothekars in Mainz an. Die Jahre dort waren seine schriftstellerisch produktivsten. 1790 reiste er mit dem jungen A. v. Humboldt drei Monate nach Belgien, den Niederlanden, England und Frankreich, um einen unmittelbaren Eindruck von den politischen, sozialen und kulturellen Verhältnissen in den westeuropäischen Ländern zu gewinnen, in denen sich die Französische Revolution auswirkte. Aus dieser Reise gingen die *Ansichten vom Niederrhein* (1791–94) hervor.

Im Oktober 1792 besetzten französische Truppen Mainz. Ein Jakobinerklub nach Pariser Vorbild wurde gegründet, der sich die Errichtung einer Republik zum Ziel setzte. Forster, der schon vorher seine demokratischen Ideen geäußert hatte, trat dem Klub bei – ein Schritt, der ihm Verfemung einbrachte: «Sie können einen Menschen nicht begreifen, der zu seiner Zeit auch handeln kann, und finden mich verabscheuungswert, nun ich nach den Grundsätzen wirklich zu Werke gehe, die sie auf meinem Papier ihres Beifalls würdigten» (W 4: 818).[7] Der im Frühjahr 1793 gewählte Rheinisch-Deutsche Nationalkonvent entsandte Forster nach Paris, um die Vereinigung des Gebiets der später so genannten Mainzer Republik mit Frankreich zu beantragen und dadurch den französischen Schutz gegen die Truppen der preußisch-österreichischen Koalition sicherzustellen. Da diese aber inzwischen Mainz belagerten und später einnahmen, mußte Forster in Paris im Exil bleiben. Dank einer kleinen, vom französischen Konvent bewilligten Abgeordnetendiät konnte er dort überleben. Er verkehrte in Paris vor allem mit einem Kreis englischer Demokraten: W. Godwin, Th. Paine und Mary Wollstonecraft. Ohne seine Bücher und Unterlagen, dazu seelisch belastet durch die Auflösung seiner Ehe, blieb er doch unablässig schreibend und planend tätig. Als er am 10. Januar 1794 starb, wahrscheinlich an einer Lungenentzündung, die zu «skorbutischer Gicht» hinzukam, lag aufgeschlagen vor ihm eine Indienkarte.

II. Werk

1. Beobachtungsgeist

Zwei komplementäre Grundübel stellte Forster an den Reiseberichten seiner Zeit und an deren Auswertung zwecks universalgeschichtlicher und anthropologischer Synthesen fest: das Jagen «bis zum Unsinn nach *Factis*», bei dem man einen «vermischten Haufen loser einzelner Glieder» bekam, «woraus sich durch keine Kunst ein Ganzes hervorbringen ließ»; auf der anderen Seite eine unkritische Auswahl und Deutung von Tatsachen, um «auf diese Art Systeme» zu bauen, «die von fern ins Auge fallen, aber, bey näherer Untersuchung, uns wie ein Traum mit falschen Erscheinungen betrügen» (*Reise*, W 1: 16–17). Dem setzte er entgegen, was er Beobachtungsgeist nannte[8] und in seinem Urteil über Cook so umschrieb: «Ohne Anhänglichkeit an Systeme die er nicht kannte, an Vorurtheile die er belächelte oder verabscheute, blieb sein fester Punkt getreue Darstellung dessen, was er gesehen und erfahren hatte» (*Cook*, W 2: 219). Welche Chancen und Grenzen völkerkundlicher Erfahrung und ihrer Vermittlung sich aus diesem Verhalten ergeben mußten, hat Forster in seinen eigenen Reiseberichten und in seinen Überlegungen zum Genre der Reiseberichte überhaupt gezeigt. Zugleich gab er damit eine Anleitung zum kritischen Lesen der Reiseberichte, die damals und bis weit in das 19. Jahrhundert hinein die wesentliche ethnographische Quelle waren – Hinweise, die ohne Echo blieben. Er spottete nicht grundlos über die «gelehrten Projectmacher» (*Reise*, W 1: 595).

In seiner Systemfeindschaft und seinem Rückgriff auf die Erfahrung als alleinige Quelle, um «die Natur des Menschen so viel möglich in mehreres Licht zu setzen» (ebd.: 17), erfüllte Forster Grundsätze der Wissenschaft vom Menschen, wie auch Hume sie ausgesprochen hatte: daß wir unsere «Experimente» in dieser Wissenschaft «aus einer umsichtigen Beobachtung des menschlichen Lebens auflesen» und sie so nehmen müßten, wie sie im gewöhnlichen Lauf der Welt erschienen; wo man Experimente dieser Art mit Urteilskraft sammle und vergleiche, könne man darauf eine Wissenschaft zu begründen hoffen.[9] Forster: «Ein Reisender, der nach meinem Begriff alle Erwartungen erfüllen wollte, müßte Rechtschaffenheit genug haben, einzelne Gegenstände richtig und in ihrem wahren Lichte zu beobachten, aber auch Scharfsinn genug, dieselben zu verbinden, allgemeine Folgerungen daraus zu ziehen, um dadurch sich und seinen Lesern den Weg zu neuen Entdekkungen und künftigen Untersuchungen zu bahnen» (ebd.: 17).

Forsters Ideal wäre mißverstanden, wollte man darin die Fiktion einer voraussetzungslosen Beobachtung erkennen. Gerade der Ethnograph aber sieht sich Ereignissen gegenüber, die angemessen zu verstehen oft die Deutungsmuster nicht ausreichen, die er aus der eigenen Tradition mitgebracht hat.[10] Läßt er sich von dieser allein seine Fragen vorgeben, können sich ihm wesentliche Vorgänge und Institutionen der fremden Gesellschaft entziehen. Das erklärt Forsters Kritik an Kants Satz, man finde in der Erfahrung nur, was man bedarf, wenn man vorher wisse, wonach man suchen solle. Das könne, so Forster, zur «gewöhnlichsten aller Illusionen» führen, «nämlich, daß man bey dem bestimmten Suchen nach dem was man bedarf, dasselbe oft auch da zu finden glaubt, wo es wirklich nicht ist» (*Menschenraßen,* W 2: 75).[11] Richtige Auffassung der Tatsachen bedeutet nach Forster, daß sich der Beobachter darüber im klaren bleibt, daß Vorwissen seine Wahrnehmungen und Deutungen prägt: «(...) wie wir's auslegten (...)» (*Reise,* W 1: 167). Beispiele dafür, wie man nicht zu begreifen imstande war, was sich doch vor den Augen abspielte, bot Forster das Studium einer zusammengewürfelten Europäerschar im Umgang mit fremden Gesellschaften auf der Weltreise genug.[12]

Mangelnde Sprachkenntnisse bewirkten, daß wesentliche Bereiche der fremden Kultur unzugänglich blieben. Nicht nur verstand man nicht: «(...) wenigstens sind alle Nachrichten, die man aus dem Munde der Eingebohrnen erfährt, bey der Unvollkommenheit unserer Sprachkenntniß, mehr oder weniger schwankend und unzuverlässig, je mehr Beziehung sie auf abstrakte Begriffe oder auf Gegenstände der Einbildungskraft und Logik haben» (*Cook,* W 2: 178). Man konnte sich auch den Befragten nicht verständlich machen: «Das Gespräch war aber nur sehr kurz und abgebrochen, (...) theils, weil wir noch nicht genug von ihrer Sprache wußten, um moralische und philosophische Begriffe darinn auszudrücken» (*Reise,* W 1: 620). Die Beobachtung blieb zwangsläufig eine von außen: eine Ethnographie des Sammelns, Abbildens, Registrierens und, was gesellschaftliche Ordnung, Religion und Verhaltensweisen anging, einer Art physiognomischer Betrachtung, für die Forsters typologischer Vergleich der tahitischen Gesellschaft mit der homerischen anläßlich einer Versammlung der tahitischen Flotte ein Beispiel ist. «Homers Helden werden als übernatürlich große und starke Leute geschildert; auf eben die Art haben die Tahitischen Befehlshaber, der Statur und schönen Bildung nach, so viel vor dem gemeinen Mann voraus, daß sie fast eine ganz andere Art von Menschen zu seyn scheinen» (ebd.: 594). Solche und ähnliche Vergleiche sind durch die ganze Reisebeschreibung hin zu finden und gehen oft bis in Details.

Daß einem Verständnis fremder Einrichtungen auch eigene traditionelle Wertvorstellungen im Wege stehen, war Forster bewußt. Für seine Reaktion beispielsweise auf die Existenz des Kannibalismus, eine der größten Provokationen für die aufgeklärten Reisenden, war charakteristisch, daß er sowohl davon ausging, es müsse eine rationale Erklärung geben, bei aller Unzulänglichkeit der Hypothesen,[13] als auch von denen sich distanzierte, die über die «Menschenfresser» so erbittert waren, «daß sie ... alle todt zu schießen wünschten, gerade als ob sie Recht hätten über das Leben eines Volks zu gebieten, dessen Handlungen gar nicht einmal für ihren Richterstuhl gehörten!» (ebd.: 444 f.) Um die Legitimation der Europäer zu einer solchen Verurteilung stand es ohnehin schlecht: «Wir selbst sind zwar nicht mehr Cannibalen, gleichwohl finden wir es weder grausam noch unnatürlich zu Felde zu gehen und uns bey Tausenden die Hälse zu brechen ...» (ebd.: 448)[14]

Forsters Unbefangenheit fand eine Grenze in ästhetischen Wertungen – ein Hinweis darauf, wie schwierig deren Bedingtheit zu Bewußtsein zu bringen ist, von oberflächlichen Relativierungen abgesehen. Noch in der *Reise* teilte er die Prädikate des Häßlichen und Grotesken freizügig aus, sowohl um Physiognomien, Mimik[15] und Gestik zu beschreiben, als auch im Urteil über die figürlichen Darstellungen in der Kunst der Südseevölker. Selten sind Stellen, wo er die klassizistische Schönheitsnorm seiner Zeit relativiert. Über die Holzfiguren der Osterinsel schreibt er einmal: «(...) aber etwas characteristisches, aus dem sich ein gewisser Geschmack für die Künste abnehmen ließ, war bey dem allen darinn anzutreffen» (ebd.: 496). Erst später hat er die klassizistischen Normen überwunden, nämlich bei der Betrachtung des Kölner Doms: Er erkannte auch in Werken, die sich jenen Normen entzogen, Zeugnisse «von der schöpferischen Kraft im Menschen, die einen isolirten Gedanken bis auf das äußerste verfolgen und das Erhabene selbst auf einem excentrischen Wege zu erreichen weiß» (*Ansichten*, W 2: 405).

Bei Forster wird die ethnographische Erfahrung auch vom Spielraum der Spontaneität geprägt. «Zuweilen folgte ich dem Herzen und ließ meine Empfindungen reden» (ebd.: 18). Daß ethnographische Beobachtung zu einem wesentlichen Teil zwischen Personen geschieht, die aufeinander reagieren, hat Forster registriert und überdacht; genug Anlaß dazu gaben ihm wieder die unterschiedlichen Konstellationen im Verkehr der heterogenen Europäergruppe mit den Einheimischen. In seiner Schilderung treten die Einheimischen immer dann, wenn intensiverer Kontakt mit ihnen möglich war, wie selbstverständlich als Individualitäten hervor.[16] Forster machte in einer Reihe von Episoden zugleich sichtbar, wie die Beobachteten ihrerseits die Beobachter beobachten.[17] Er gab sich freilich keinen Illusionen hin, was das Gleichgewicht der Kontakte betraf. Meist beherrschten die Europäer dank ihrer Gewehre und ihrer technischen Ausstattung die Kontaktsituation und konnten sie bis in die persönlichen Begegnungen hinein nach ihrem Sinn einrichten. Ihnen zu Willen zu sein, mußte den Einheimischen nach Lage der Dinge, «in Betracht welcher sie sich in unsrer Gewalt befanden» (ebd.: 167), die Klugheit gebieten.

Da die Aufenthalte auf den Inseln nur kurz waren, blieb das Beobachtete eine zufällige, bruchstückhafte Auswahl: «wie viele Handlungen und Begebenheiten (...) können nicht Statt finden, ohne daß sie sich gerade während des kurzen Aufenthalts des Entdeckers ereignen?» (*Cook*, W 2: 178). Die Erfahrung wird zur Einheit durch den Beobachter, und er stiftet sie in seiner Erzählung. Forsters kritische Überlegungen galten deshalb auch der Subjektivität des Berichtenden und der Form des Berichts. Der Leser kann nur dann das Mitgeteilte richtig auffassen, wenn der Berichtende seinen subjektiven Anteil nicht unterschlägt und so erzählt, daß der Leser die Situation rekonstruieren kann, in der eine ethnographische Beobachtung stattgefunden hat: «Es ist angenehm, wenn man Reisebeschreibungen liest, den Charakter des Beobachters gleich aus seinen Bemerkungen und Abentheuern entwikkeln zu können; man sieht alles desto wahrer und deutlicher, je genauer man die Refraction berechnen kann, die dem Medium, durch welches man sehen muß, eigen ist» (AA 11: 118). Man müsse sich, bewogen durch die Erzählung, an die Stelle des Erzählers versetzen können. «So behält der Leser zugleich mehr Freyheit, über den Werth der Beobachtung und die daraus zu nehmenden Folgerungen sein eignes Urtheil zu fällen» (AA 11: 192–193).

2. *Universalkenntnis*

Forster selbst hätte seine kritischen Überlegungen zu einer verbesserten empirischen Erkenntnis fremder Gesellschaften nur als fälligen Beitrag zu einer Wissenschaft vom Menschen verstanden, wie Hume sie als die entscheidende Aufgabe seiner Zeit betrachtete: «Es gibt keine wichtige Frage, deren Entscheidung nicht in der Wissenschaft vom Menschen enthalten ist.»[18] Durch die wissenschaftlich orientierten Weltreisen des 18. Jahrhunderts wurde eine umfassende Kenntnis des Menschengeschlechts in allen seinen Modifikationen absehbar, der Geist konnte sich auf den Standpunkt erheben, «aus welchem er einer ausgebreitetern Aussicht genießt (...)» (*Reise*, W 1: 17): «(...) this scene of man; A mighty maze! but not without a plan.»[19] Diese Universalität sei erst hergestellt worden durch die reale Vereinheitlichung der Welt unter europäischem Vorzeichen, mit Mitteln, über die man besser einen Schleier werfe und für die es keine Entschuldigung gebe (*Bildung*, W 3: 278).

Wenn die Denker des 18. Jahrhunderts sich die Frage nach den Ursachen der Verschiedenheit der menschlichen Gesellschaften stellten, war dieses neutral formulierte Problem wohl eher ein abgeleitetes aus der elementareren Frage nach der Ursache des Unterschieds der europäischen Kultur von allen anderen. Wie selbstverständlich diese Differenz den Zeitgenossen vor Augen stand, geht aus einer Äußerung Schillers hervor, fast zur selben Zeit niedergeschrieben, als Forster jenen Unterschied zum Thema eines Essays machte: die Entdeckungsreisen zeigten uns Völkerschaften, «die auf den mannigfaltigsten Stufen der Bildung um uns herum gelagert sind, wie Kinder verschiednen Alters um einen Erwachsenen herumstehen (...)».[20] Auch für Forster stand fest: «In Europa sind die Wissenschaften und die Künste bis zu einer anderwärts nicht erreichten Stufe der Vervollkommnung gelangt (...) wir endlich herrschen auch in andern Welttheilen, und umfassen mit unserer vollkommneren Erkenntniß die ganze Erde» (*Rez. Meiners,* W 3: 258). Es könne aber nicht nachgewiesen werden, daß dafür eine angeborene Vortrefflichkeit der Europäer verantwortlich sei, wie es der Göttinger Philosophieprofessor Meiners[21] wollte, zudem hätten die Europäer die Grundlagen ihres Wissens einst ihrerseits aus dem Orient empfangen. «Wer ist so neu im Studium der Menschheit, daß er nicht einsieht, die Umstände und eine durch sie hervorgebrachte Nothwendigkeit, nicht die Menschen allein waren es, von denen alles abhieng?» (ebd.: 259) Die Vorrangstellung der Europäer sei Resultat einer Verkettung von Begebenheiten. Selbst der Begriff Europäer sei hier noch zu undifferenziert; die große Masse der europäischen Bevölkerungen habe wenig oder nichts den anderen Völkern voraus (ebd.: 260).

Die Vervollkommnung des Wissens war für Forster ein notwendiger Prozeß. Wann immer sich Menschen übermächtigem Naturzwang entwanden und nicht vorsätzlich durch Despotien[22] aller Art an der Entfaltung ihrer Fähigkeiten gehindert wurden, wurde die Tendenz zur Vervollkommnung so selbstverständlich wirksam, wie sich ein Individuum entwickelt. Die wissenschaftliche Ausbildung der Menschheit gehöre, nebst allen ihren Folgen, zu den bestimmten Einrichtungen der Natur (*Cook,* W 2: 107). Der Fortschritt zu einer universalen Menschenkenntnis – heute hieße es zum ethnologischen Horizont[23] – sei an sich der Bestimmung des Menschen gemäß. Forster decouvriert Meiners: «Daß ein Philosoph gerade auf den Punct zurückkehrt, wo er die geringsten seiner Landsleute bey ihrem Vorurtheil und Nationalstolz verließ, nemlich zu der parteyischen Vorliebe für sein Volk und Vaterland (...)» (*Rez. Meiners,* W 3: 262).

Bei der Feststellung einzuhalten, daß die Europäer eine Sonderstellung als Repräsentanten der ganzen Gattung innehaben, hieße für Forster nicht zu Ende denken. Im Begriff der Universalität ist ein utopisches Moment notwendig enthalten: «Dürfen wir unserer Phantasie den weiten Spielraum vergönnen und die Wirkungen errathen wollen, welche unsere kosmische Bildung auf die übrigen Geschlechter der Menschen hervorbringen kan? – Aus Europa erhalten sie dereinst ihre eigenen Ideen mit dem Stempel der Allgemeinheit neu ausgemünzt wieder zurück (...)» Ohne die anderen Völker in Europäer zu verwandeln, könne jenes Salz europäischer Universalkenntnis sie mit neuer Menschheit würzen. Die als Zweck des Daseins der Gattung vorgezeichnete Vollendung setzt voraus, daß alles Besondere durch die Vereinigung mit der allgemeinen Vernunft vom Wahnhaft-Einseitigen geläutert wird (*Bildung*, W 3: 278–280). Den Europäern kommt in diesem Prozeß nur eine transitorische Funktion zu, die sich als moralische Verpflichtung darstellt. Im Fortschritt zu einer universalen Kenntnis des Menschengeschlechts wird nicht nur der Begriff seiner Einheit gewonnen, sondern zugleich die praktische Möglichkeit, diese Einheit jenseits aller gewalttätigen politischen oder doktrinären Verklammerung (vgl. ebd.: 281–285) zu verwirklichen.

3. Mannigfaltigkeit und Perfektibilität

In der Universalkenntnis, «womit wir das Schöne, Gute und Vollkommene, was hie und dort in Bruchstücken und Modifikationen auf der ganzen Erdoberfläche zerstreut ist, uneigennüzig um sein selbst willen erforschen, sammlen und so lange ordnen sollen, bis etwa der Bau des menschlichen Wissens vollendet da steht» (*Sakontala*, W 3: 289), gipfelt vorläufig ein Akkumulationsprozeß des Wissens, der sich von Ägypten und Asien über Griechenland, Rom, die Kreuzzüge, die «Regungen der Freiheitsliebe gegen das feudalische, wie gegen das hierarchische Joch», die Handelsexpansion und vor allem «die Entdeckung beider Indien», die «eine unzählbare Menge von neuen Begriffen in Umlauf» brachte, vollzogen und mittels der Buchdruckerkunst «eine Revoluzion im Denken von unübersehbaren Folgen» bewirkt hat (*Bildung*, W 3: 277). Forster sah daraus das bisher ungelöste Problem der Humanität entstehen, die verallgemeinerten Ideen überallhin zu tragen, ohne zugleich das Mannigfaltige im Menschengeschlecht verlorengehen zu lassen. Er stellte jedoch fest, daß bereits in alle Verhältnisse des Lebens eine Normierung nach einem vom Zusammenhang menschlicher Anlagen abstrahierten Gesetz einzugreifen beginne. Wie sie im Leben des Individuums alle Spontaneität vernichte, so beraube sie die Europäer des Vorzugs, «das beglückende Licht der wahren Aufklärung in den übrigen Erdtheilen anzünden zu können». Denn sie schließe die dafür allein angemessene Haltung aus: die «unanmaßliche Überredung» durch eigenes Eingehen auf die Vorstellungswelt der anderen. Die hat zur Voraussetzung die Gewißheit, daß die Wahrheit einem jeden Volk eignet (ebd.: 281–286). «Alle Völker der Erde haben gleiche Ansprüche auf meinen guten Willen» (*Reise,* W 1: 18).[24] Im realen Vereinheitlichungsprozeß der Menschheit jedoch waren die menschenfreundlichen Motive von verschwindend geringer Bedeutung gegenüber den Faktoren, die fast zwangsläufig zur Marginalisierung oder Auflösung der einheimischen Kulturen führten. Forster sprach von dem unersetzlichen Schaden, den die Europäer den kleinen Völkerschaften durch den Umsturz ihrer sittlichen Grundsätze zufügten (ebd.: 207).

Die Forderung, das Mannigfaltige zu retten, ging aus Forsters Begriff vom Menschen und seiner Vorstellung vom Zivilisationsprozeß hervor. Die «nähere Entwickelung des allgemeinen Begriffs von unserer Gattung» folgt nur aus der genaueren «Kenntniß so mancher Menschenstämme in ihrer eigenthümlichen Verschiedenheit» (*Cook,* W 2: 217). Denn der Mensch ist «nirgends Alles, aber überall etwas verschiedenes geworden, das dem Verstande des Forschers, wenn er über die Schicksale und Bestimmungen seiner Gattung nachdenkt, Aufschluß verspricht (...)» (*Bildung,* W 3: 275). Daher ist es angemessener, «jedes Volk für sich zu betrachten, es nach allen seinen Verhältnissen zu beschreiben, und genau zu untersuchen, wie es an die Stelle hinpaßt, die es auf dem Erdboden ausfüllt» (*Rez. Meiners,* W 3: 264), statt die Völker nach Übereinstimmungen durchzumustern.

Kein Begriff des Menschen und seiner Bestimmung ist in einer fiktiven Natur vorgegeben, vielmehr liegt er, als Perfektibilität, in einer Zukunft, für die sich aus der Erfahrung keine Bestimmungen im voraus vornehmen lassen. Erinnerungen, Verbindungen von Vorstellungen leiten auch den Trieb der Tiere. Die Perfektibilität aber, die angewandte Besonnenheit, entwickelt sich aus dem ausschließlichen Geschenk der menschlichen Organisation, dem Bewußtsein eines abstrakten Ich, das «zur Vernunft, zur Wahrnehmung der Verhältnisse und Absonderung der Begriffe» gehört. «In dieser einzigen Fähigkeit, in einer so geringen, fast unmerklichen Abschattung, liegt der incommensurable Unterschied zwischen der Natur des Menschen, und der vernunftlosen Thiere.» Forster nannte diese Fähigkeit auch Sittlichkeit. Alle einzelnen Fähigkeiten, die sich daraus entwickeln, sind berechnete Anlagen der Natur, hielt Forster den Rousseauisten entgegen, «und der vermeynte Contrast zwischen der physischen und sittlichen Bestimmung des Menschen beruhet auf einer Abstraktion, die nicht im Reiche der Wirklichkeit, sondern in unserer Vorstellungsart liegt» (*Cook,* W 2: 107–109). In der allgemeinen sittlichen Anlage des Menschen ist die Richtung schon bestimmt, nach welcher sich die ganze Gattung bewegen soll, «und bei aller Mannichfaltigkeit (...) ist dies der große Durchklang» (*Staatskunst,* W 3: 713). Forsters Begriff der Perfektibilität als definierendes Merkmal des Menschen wäre mit Kulturfähigkeit zu übersetzen.

Da er in ihr die Gleichheit aller Menschen begründet sah, konnte er die seinerzeit vieldiskutierte Frage, ob die verschiedenen Rassen eines

Ursprungs oder unabhängig voneinander entstanden seien, offenlassen.[25] In dem Argument, die Gleichheit der Menschen folge aus ihrer gemeinsamen Abstammung, erkannte er eine Gefahr, solange man noch nicht die wissenschaftlichen Voraussetzungen zur Beantwortung der Frage hatte: «Ein Beispiel vom Gegentheil entscheidet das Schicksal der Theorie» (*Menschenraßen,* W 2: 93) Jenen wäre dann eine endgültige Bestätigung verschafft, die die Sklaverei mit einem Artunterschied von Weißen und Schwarzen rechtfertigten. Außerdem, notierte Forster, wie könne selbst die Annahme gemeinsamer Abstammung eine glaubwürdige Stütze des Systems unserer Pflichten sein, wenn sie noch nie eine Schandtat verhindert, noch nie die Peitsche des Sklaventreibers habe sinken lassen (ebd.: 99). Anstatt von jenem unerweislichen, aber dennoch zur Untermauerung naturrechtlicher Positionen genutzten Lehrsatz ging er von der Hypothese aus, daß die Menschen als verschiedene autochthone Arten entstanden seien, daß diese Arten aber eng verwandt seien und eine Serie bildeten, deren dem Geschlecht der Affen nächstes Extrem dennoch von diesem unüberbrückbar getrennt sei (ebd.: 85–86).[26] Was die Verwandtschaft der Menschenarten und ihre Distanz selbst zu den nächsten Tierarten ausmacht, ist ihre Organisiertheit «zur Erreichung jeder Geistesvollkommenheit» (AA 11: 339). Auch wenn der Europäer «stolz und selbstzufrieden» seine Kulturmission wahrnimmt und fühlt, «daß überall im weiten volkreichen Afrika die Vernunft des Schwarzen nur die erste Kindheitsstufe ersteigt», berechtigt ihn das gerade nicht, an jenem seine Kraft zu mißbrauchen, ihn hinab zu seinen Tieren zu verstoßen und die Denkkraft in ihm bis auf die Spur vertilgen zu wollen (*Menschenraßen,* W 2: 100). Forster kannte die Argumentationsweise der Befürworter der Sklaverei, diese mit einer Inferiorität der Opfer zu begründen, die man selbst erst zwangsweise herstellte (vgl. AA 11: 336–341). Forster hat seine Überlegungen zur Abstammung des Menschen im übrigen immer als rein hypothetisch betrachtet: Es könne nicht schaden, «die Sachen manchmal von einer andern Seite anzusehen» (W 4: 452) – nämlich, wäre zu ergänzen, menschenrechtliche Fragen unter der am ungünstigsten scheinenden Hypothese, der eines polygenetischen Ursprungs der Gattung.

Der Kulturbegriff Forsters wurde von der ursprünglichen aktiven Komponente bestimmt: Bildung und Differenzierung der Anlagen der Gattung.[27] Der von Rousseauisten idealisierte Naturzustand ist in Wahrheit der eines übermächtigen Naturzwangs, der fast keine Kultur duldet. Ein Beispiel dafür glaubte Forster in den Feuerland-Indianern mit ihrer extrem harten Umwelt zu sehen: «(...) halb verhungert, betäubt und gedankenlos, unfähig sich gegen die Rauhigkeit der Witterung zu schützen, und zur niedrigsten Stufe der menschlichen Natur bis an die Gränzen der unvernünftigen Thiere herabgewürdigt» (*Reise,* W 1: 998). Dennoch ist die Existenz des Menschen zu keiner Zeit bloß tierisch (*Leitfaden*, W 3: 86). Noch die «feindselige, vereinzelnde Gemüthsart» des Daseinskampfes unter extremen Bedingungen ist, da dieser zum Gebrauch der Verstandeskräfte nötigt, «am Ende ein Weg zur Cultur» (W 2: 243). Diese beginnt in der Schaffung einer Differenz, von Forster am Eigentumsbegriff dargelegt: Auch das Tier kenne einen zueignenden Trieb. «Allein für den Menschen giebt es beydes, ein Eigenthum der Begierde, und eines der Vernunft. Der Instinkt geht vor dem Begriff her, er dauert auch neben ihm fort, und ist das Übergewicht, wodurch die Vorstellung des *Mein* immer ungleich lebhafter zu bleiben pflegt, als die Vorstellung des entgegengesetzten *Dein*. Aber der Begriff, der nur durch eben diesen deutlichen, klaren Gegensatz offenbar werden konnte, entstand fast zugleich mit der Sprache und mit der Gesellschaft.» Der Naturmensch, der in ursprünglicher Vortrefflichkeit und Einfalt und in dem Gefühle lebe, daß allen alles gehöre, sei ein widersinniges Unding (*Cook*, W 2: 180–182). Die Schaffung einer Differenz zeigte Forster auch am Kannibalismus: Dieser untergrabe die geselligen Empfindungen der Menschenliebe und des Mitleids, ohne die keine menschliche Gesellschaft bestehen könne: «so hat der erste Schritt zur Cultur bey allen Völkern dieser seyn müssen, daß man dem Menschenfressen entsagt und Abscheu dafür zu erregen gesucht hat» (*Reise*, W 1: 448). Mit der Fähigkeit, Begriffe zu bilden, der Sprache, und, damit eins, dem Bewußtsein beginnt der Differenzierungsprozeß, den Forster einmal so zusammenfaßte: «Wenn das Bedürfniß eine Sprache schuf und eben dadurch das Bewußtsein weckte, so übte hingegen jeder neue Grad der Erkenntniß das Begehrungsvermögen. Waren bey einem überwundenen Widerstande Begriffe von können und wollen entstanden, so folgte bald ein Wollen aus Vorsatz und mit Bewußtseyn. Brachten endlich erschütternde Erfahrungen den Menschen auf eine höhere Stufe der Besonnenheit, und lehrten sie ihn, daß er nicht alles dürfe, was er kann und will; so führte eben dieser Druck der äußern Verhältnisse zu Begriffen vom Glücke des Lebens, die zwar nach Klima und Lokalumständen verschieden, im Ganzen aber Werkzeuge der ferneren Bildung und Entwicklung sind» (*Cook*, W 2: 109). Dieser Differenzierungsprozeß erscheint unserer Vorstellungsart als Gegensatz von Natur und Kultur.

Mit praktischen Konsequenzen: Die Natur hat «nirgends zwischen Wesen von gleicher Art Feindschaft und Zerstörungswuth gesetzt. Krieg, wie Herr K[ant] das unwiderleglich (...) beweiset, ist eine der ersten Folgen des Misbrauchs der Vernunft, die dem Instinkt zuwider handelt» (*Menschenraßen*, W 2: 98). Aus der Kultur können negative so gut wie positive Folgen entstehen: «Luxus, Kunst und Wissenschaft, die Kinder Einer Geburt, vermählen sich miteinander und bringen eine neue Brut – Ungeheuer und Genien – zur Welt» (*Cook*, W 2: 111). Kultur ist es, die natürlichen Anlagen und Impulsen gesteigerte Macht verleiht, diese selbst aber bleiben das Primäre. «Auf jeder Stufe der Kultur (...) sind Bedürfnisse und Leidenschaften die Triebfedern aller erhaltenden aber auch aller zerstörenden Thätigkeit. Verschiedene Grade der Erkenntniß ändern nur die Intension und äußere Form derselben; aber das Gute und Große wird überall nur durch sein Gegentheil offenbar» (ebd.: 112). In Forsters letzter Schrift *Parisische Umrisse* fand er für das Verhältnis von bewegender Kraft der Geschichte (hier der Revolution) und Vernunft (und ihrer Manifestation Kultur) die Metapher: Die Vernunft könne nicht präponderieren, vielmehr würde er sie die echte *vim inertiae* nennen, *«denn einmal überwunden von der Stoßkraft*, dürfte dennoch in ihr selbst der Grund jener langen Dauer liegen (...)» (W 3: 732).

Ist es die Leistung der Kultur, den Bedürfnissen und dem Wollen der Menschen Stärke, Form und Dauer zu geben, so hat sie an jenen Wirklichkeit, Substanz und Leben (*Bildung*, W 3: 281). Gegen die Menschen kann sie sich wenden, wenn sie «herz- und sinntödtender Mechanismus» (ebd.) wird: «Abwerfen müssen wir, um bloße vernünftige Menschenhülsen zu werden, die unbegreifliche Essenz selbst unseres Wesens, die sich in der ihr zugetheilten Spontaneität des Wirkens und Empfangens ihres Daseins erfreut» (ebd.: 282). Als Modell eines Zustands institutioneller Erstarrung sah Forster China an,[28] in dem es viele Zeugnisse einer ehemaligen freien Entfaltung der Verstandeskräfte und der Moralität gebe, das aber in seiner Entwicklung stehengeblieben sei dank der Festsetzung von Begriffen, die heute wie unübersteigbare Mauern vor dem Verstand ständen, und dank der politischen Büchervertilgung, «welche wahrscheinlich in China die Herrschermacht, durch die ganze Stufenfolge ihrer Werkzeuge hinab, auf Jahrtausende befestigte» (*Staatskunst*, W 3: 704). Forster hielt es nicht für undenkbar, daß die derzeitige Entwicklung Europas auch nur die Vorbereitung für einen ähnlichen Endzustand sei (ebd.). Das Stagnieren selbst ist immer Auswirkung eines Despotismus,[29] durch den, was geschichtlich und einseitig ist, zur allgemeinen Norm erhoben wird, «als ob sich für die transcendente Verschiedenheit der Menschen, in Absicht auf die Intensität und Proportion ihrer Kräfte und für die Wirkung der coexistirenden Dinge auf jedes Individuum, von einem Geiste, der nicht alle mögliche Combinationen umfaßt, (...) eine Regel a priori entwerfen ließe (...)» (W 3: 372).

Wie von einzelnen Menschen, so sprach Forster auch von Gesellschaften als Individualitäten (*Sakontala*, W 3: 290). «Was der Mensch werden konte, das ist er überall nach Maasgabe der Lokalverhältnisse geworden (...) die Bedürfnisse des Wallfischfängers in seiner beschneiten Jurte scheiden sich von jenen des Pflanzers im Palmenhain; die ersten Gestalten, die sich dem neuen Geschöpf aufdringen und die tiefsten unauslöschlichsten Eindrücke in seiner Phantasie zurücklassen, sind unter jedem Grad der Breite, auf Inseln und festen Ländern, im Gebirg und auf der Ebene verschieden, und wenn sie aufgefaßt werden von klimatischveränderten Organen, so entsteht unfehlbar eine Eigenthümlichkeit der Bilder, die ihren Einfluß auf die Denkungsart und selbst auf die Handlungsweise der Menschen äussern muß» (*Bildung*, W 3: 275–276). Skizzierte hier Forster die Einflüsse des Klimas im Sinne des 18. Jahrhunderts in ihrer tiefgehenden Wirkung, so distanzierte er sich doch von jenen Philosophen, «welche den Gemüthscharakter, die Sitten und das Genie der Völker, lediglich vom Klima abhängen lassen» (*Reise*, W 1: 861). Andere Determinanten liegen in den «Verkettungen des Schicksals» durch den «wechselseitigen Einfluß der Völker» (W 3: 15), also in geschichtlichen Ereignissen. Die Bedeutung geschichtlicher und kulturgeschichtlicher Vorgänge zu erkennen, hatte die Weltreise den Forsters genug Gelegenheit gegeben; ihre Einsichten sind, wie die über den Zusammenhang der polynesischen Kulturen, vielfach von bleibender Gültigkeit. Schließlich wirken auf das Erscheinungsbild einer Gesellschaft zu einer bestimmten Zeit auch die Prozesse determinierend, die innerhalb der Gesellschaft ablaufen. Bei der Einmaligkeit der Völker in Kultur, Sitten, Wert- und Glücksvorstellungen als Resultat jener Bedingungen ließ es Forster allerdings nicht bewenden. Seiner Aufmerksamkeit entging nicht, daß soziale Unterschiede innerhalb der Gesellschaften auf weitere Differenzierungen in gruppen- bzw. klassenspezifische Verhaltensweisen, Wertvorstellungen, sogar körperliche Konstitutionen[30] hinauslaufen. Die eigene, europäische Gesellschaft bot ihm allerdings meist die auffälligsten Beispiele, wie allein schon seine zahlreichen Beobachtungen über die Matrosen, «gleichsam eine besondere Classe von Menschen» (*Reise*, W 1: 463), zeigen.

Die verschiedenen «Abänderungen der menschlichen Natur», die räumlich nebeneinander existieren, stellen zugleich Stufen der Kultur oder «Grade der Zivilisation» dar. Drückte Forster die Differenz im Hinblick auf das räumliche Nebeneinander immer als eine der Menschen aus, so manifestiert sich für ihn der Grad der Kultur in den Objektivationen, die man heute unter Kultur zuerst versteht[31] und die Forster stets umschreibt: Sitten, Gebräuche, bürgerliche Verfassung, Religion, Sprache, wissenschaftliche Begriffe, Künste, «Manufactur-Sachen«, «Art des Landbaues und der Hauswirthschaft» usw. An ihnen ist das Maß der Zivilisation ablesbar, zum Beispiel an «der Stärke und Vereinigung der Gesellschaft» und ihren zivilisatorischen Zeugnissen wie Straßen und ähnlichem (W 2: 31). Der zivilisatorische Fortschritt vollzieht sich in der Wechselwirkung aller Lebensbereiche. Die intensivierte Kultur des Brodbaums etwa hatte bei den Tahitiern die Ausbildung ihres Kalenderwesens zur Folge (*Brodbaum*, W 2: 50). Schafft die Nahrungsvorsorge mehr als das Nötigste, wird die Sorge für den Magen von der für den Gaumen abgelöst, «kein geringer Fortschritt im

Denken» (W 3: 20–21). Mit der Erweiterung und Komplizierung der gesellschaftlichen Verhältnisse entwickeln sich ihre Folgen, Sprache und Vernunft, schneller (*Menschenraßen,* W 3: 99). Zu unterscheiden aber sei «zwischen extensiver Cultur und intensiven Vorzügen der Menschheit». Da die Bedingungen der verschiedenen Zivilisationen nicht dieselben sind, ist es auch mißlich, zwischen ihnen «eine Rangordnung in Absicht auf ihren absoluten Werth zu bestimmen». Wenn wir sie dagegen für sich betrachten, müsse für jede eine «Vortrefflichkeit *sui generis*» an den Tag kommen (*Rez. Meiners,* W 3: 264–265). Eine absolute Rangordnung herstellen zu wollen ist auch deshalb anmaßend, weil die Geschichte der Gattung nicht antizipiert werden kann: «Setzen wir, daß Jahrtausende lang die Begebenheiten des Erdrunds im Großen diese Völker so in ihrer Art begünstigten, wie wir begünstigt worden sind; ist irgend ein Grund vorhanden, welcher uns mit Recht die Möglichkeit bezweifeln lehrte, daß Fähigkeiten, die jetzt schlummern oder gänzlich fehlen, sich dereinst nicht einfinden und entwickeln sollten?» (Ebd.: 259).

Forster hat die ethnographischen Befunde als Momentaufnahmen aus historischen Prozessen gesehen. In Tahiti stellte er fest, das Volk lebe in einer Verfassung, die sich mit dem europäischen Feudalsystem vergleichen lasse. Der Vergleich ließ dennoch die tahitische Gesellschaft in günstigerem Licht erscheinen: Die sozialen Unterschiede waren dort noch nicht so scharf ausgeprägt, weil ihnen der ökonomische Faktor fehlte – der gänzliche Mangel an den unentbehrlichsten Notwendigkeiten, der in zivilisierten Staaten das Los des gemeinen Mannes sei. «Zu O-Tahiti hingegen, ist zwischen dem Höchsten und Niedrigsten, im Ganzen genommen, nicht einmal ein solcher Unterschied, als sich in England zwischen der Lebensart eines Handwerksmannes und eines Taglöhners findet.» In der Annahme eines typischen Ablaufs von patriarchalischen Verhältnissen, in denen der Regent des Volkes nur als Vater des Volkes gilt, zur Despotie mit ausgebildeten Klassenunterschieden fragte Froster, wie lange das glückliche Zwischenstadium in Tahiti noch dauern würde. Vorerst sei die Feldarbeit den Untertanen, die sie verrichten müssen, nicht lästig; «allein, da die ganz arbeitslosen Vornehmen sich in einem ungleich stärkern Verhältnisse vermehren müssen, als jene; so wird die dienstbare Classe künftig immer mehr mit Arbeit beschwert werden», mit üblen Folgen von deren Übermaß. «Endlich wird das gemeine Volk diesen Druck empfinden, und die Ursache desselben gewahr werden», das Gefühl gekränkter Rechte werde in ihm erwachen und eine Revolution veranlassen. «Dies ist der gewöhnliche Cirkel aller Staaten» (*Reise,* W 1: 330–332). Wie unzutreffend das auch immer die tatsächliche soziale Dynamik der tahitischen Gesellschaft beschreiben mag, deutlich wird Forsters grundsätzliche historische Betrachtungsweise. Alle Gesellschaften sind im Prozeß der

Veränderung, sei dieser schneller oder langsamer, oder, wie man heute sagen würde, handele es sich um «warme» oder «kalte» Gesellschaften.[32]

Denn auch für die Individuen, die eine Gesellschaft ausmachen, gilt, sie seien nirgends alles, überall aber etwas Verschiedenes. Die Natur hält sich nirgends an ein fiktives Ideal, keine Anlage im Menschen dürfe sich auf Kosten der übrigen entwickeln. Sie variiert: «Wäre sie unabänderlich, so wüßten wir nicht, wie weit sich die Perfektibilität jedes einzelnen Organs erstreckt, und in welchem Grade die Lebenskraft sich darin äussern kan (...) Nun wird aber diese Kraft durch geringe Anomalien der Bildung und hinzutretende äussere Verhältnisse so bestimt, daß einzelne Theile durch sie im Körper gleichsam herschend werden (...)» Anlage, Umwelt und Lebensgeschichte, wie wir hier sagen können, rufen jene partiellen Disharmonien und Exzentrizitäten hervor, die die Mannigfaltigkeit ausmachen. Hinzu kommt, daß im Lebenslauf des Individuums die Anlagen zu verschiedenen Zeitpunkten hervortreten (*Leitfaden*, W 3: 86) und daß die Individuen vergänglich sind: «Nach dreißig, höchstens vierzig Jahren, erneuern sich alle handelnde Hauptpersonen auf dem großen Welttheater; sie übernahmen ihre Rollen mit anderen Anlagen, Neigungen und Kräften, anderen Kenntnissen und Handlungsweisen als ihre Vorgänger (...)» (*Staatskunst*, W 3: 722). In den Disharmonien und der Vergänglichkeit der Individuen, und entsprechend der Gesellschaften, das heißt in der Tatsache, daß alles durch Begrenzung sich realisiert, sieht Forster die Bedingung des geschichtlichen Prozesses. «In einer Welt, wo die größte Mannichfaltigkeit der Gestalten nur durch das Vermögen einander zu verdrängen, bewirkt wird, hieße es in der That die einzige Bedingung ihres Daseyns aufheben, wenn man diesen immerwährenden Krieg[33] und diese anscheinende Unordnung abgestellt wissen wollte (...) Das Mittel zwischen den Extremen, welches manche Philosophen so eifrig suchten, und oft zu finden wähnten, das vollkommene Gleichgewicht der Kräfte, ist Ruhe, aber Ruhe des Todes» (*Cook*, W 2: 108).[34] Es ist bekannt, daß der junge Hegel sich Forster zur Lektüre nahm.[35]

III. Wirkung

Für die Universalhistoriker seiner Zeit stellte selbstverständlich die *Reise um die Welt* eine der wichtigsten Quellen dar.[36] Forster regte das Interesse an völkerkundlichen Fragen auch durch seine persönlichen Beziehungen vor allem zu dem Kreis Göttinger Gelehrter um Lichtenberg und Chr. G. Heyne an. Göttingen war damals, auch dank der britisch-hannöverschen Personalunion des Herrscherhauses, von allen deutschen Universitäten vielleicht die für Vorgänge in der außereuropäischen Welt aufgeschlossenste. Mit seiner Übersetzung des Dramas Śakuntalā des indischen Dichters Kālidāsa (5. Jh. n. Chr.)[37] gab Forster den entscheidenden Anstoß für das Studium der indischen Sprache und Literatur nicht nur in Deutschland, sondern auch in anderen europäischen Ländern. Die erste holländische Übersetzung übernahm zum Beispiel Forsters Erläuterungen. Einem neuen, nicht mehr vom Klassizismus verstellten Urteil über die gotische Kunst verhalf die Beschreibung des Kölner Doms in den *Ansichten vom Niederrhein* zum Durchbruch; so regte sie Sulpiz Boisserée zu seinen Bemühungen um Vollendung des Doms an. Unmittelbar beeinflußt von Forster in der Art geographischen, ethnographischen und naturkundlichen Reisens und Beobachtens war A. v. Humboldt.

Daß unmittelbar nach Forsters Tod sein Werk fast verschwand, wie die Kataloge der damaligen Buchmessen ausweisen,[38] ist mit der Reaktion vieler Zeitgenossen auf sein Eintreten für die französische Revolution und sein Wirken für die Mainzer Republik zu erklären. Bis heute folgt das Auf und Ab in der Einschätzung Forsters getreulich der Kurve der politischen Zeitströmungen.[39] Ende des 18. Jahrhunderts war es nur F. Schlegel, der 1797 in einem Essay auf Forsters Rang als Schriftsteller aufmerksam machte. Die von L. F. Huber 1794 posthum herausgegebenen Schriften Forsters aus dessen letztem Lebensjahr wurden durch Kommentare, beigefügte Briefe auch textlich verfälscht, um politisch keinen Anstoß zu erregen. Erst im Vormärz fand Forsters Werk wieder größere Beachtung. Forsters Tochter Therese und der liberale Historiker G. G. Gervinus brachten die erste Gesamtausgabe von Forsters Schriften 1843 heraus. Im Mittelpunkt des damaligen Interesses standen der Schriftsteller und Politiker Forster, seine anthropologischen Ideen wurden dagegen nicht zum Thema. Das blieb auch in den folgenden Jahrzehnten so.

Um 1900 gaben die Germanisten A. Leitzmann (Jena) und P. Zincke (Prag) der Forster-Forschung durch kritische Brief- und Tagebücheredititionen neue Impulse. Mit Zincke wollte der Anthropologe R. N. Wegner (Frankfurt) 1933 eine Forster-Ausstellung veranstalten, was dann durch die Machtergreifung der Nationalsozialisten verhindert wurde. Für die Zeit des Dritten Reiches gab gleich 1933 der Geograph E. Banse den Ton an, wenn er Forster als «haltlosen Charakter» apostrophierte, der «Hochverrat am deutschen Volk begangen» habe.[40] Nach 1945 nahmen sich vor allem Wissenschaftler in der DDR Forsters Werk an. Einige wichtige Einzelstudien wurden veröffentlicht, vor allem aber nahm man seit 1953 eine kritische Gesamtausgabe in Angriff. Im Unterschied dazu blieben in der Bundesrepublik Biographien von H. Reintjes (1953) und K. Kersten (1957) und die Abhandlung L. Uhligs (1965) zunächst isoliert. Erst nach 1968 wurde Forster größeres Interesse zuteil, das eine Reihe von Untersuchungen zu seinem Werk zeitigte. Jüngstes Zeugnis für dieses Interesse ist die umfangreiche Biographie von K. Harpprecht (1987).

Außer in Frankreich, wo sich eine frühe Studie von A. Chuquet 1903 mit dem Revolutionär Forster befaßte und 1974 die Abhandlung M. Gillis erschien, hat das Werk Forsters größere Aufmerksamkeit in Australien und Neuseeland gefunden; hier waren besonders die Forschungen der Forsters im Pazifik und ihre Verbindung mit Cook Gegenstand des Interesses. Ein Zeugnis davon liegt jetzt unter anderem in der umfangreichen Biographie des älteren Forster von M. Hoare vor.

In H. Fiedlers Forster-Bibliographie sind bis 1970 an Sekundärliteratur zu Forsters geographischen und ethnographischen Arbeiten nur 15 Titel genannt, was zeigt, daß dieser Aspekt seines Werkes stets im Hintergrund gestanden hat, aber auch, daß das Fach an ihm vorübergegangen ist. Unter den Geschichtsschreibern der Ethnologie ist W. E. Mühlmann die Ausnahme, wenn er den Forsters längere Abschnitte widmet. In dem vielbenutzten Buch von M. Harris: *The Rise of Anthropological Theory*, London 1968, kommen zum Beispiel die Forsters nicht vor. Erst in jüngster Zeit sind einige Einzelstudien zu Forsters ethnologischen bzw. kulturanthropologischen Gedanken veröffentlicht worden; in Frankfurt und einigen anderen Städten stand Forster als Ethnograph der Südsee im Mittelpunkt einer Ausstellung. Es bleibt aber festzuhalten – und auch Harpprechts Werk belegt das erneut –, daß das vorherrschende Interesse nach wie vor der Person Forsters und seiner politischen Einstellung gilt.

Burkhard Ganzer

LEWIS HENRY MORGAN
(1818–1881)

Das Jahrzehnt zwischen 1860 und 1870 stellt einen bedeutsamen Einschnitt in der Geschichte der Anthropologie dar. In diesem kurzen Zeitraum erscheinen – nachdem in der gesamten ersten Hälfte des Jahrhunderts Vergleichbares in auffallender Weise fehlt – eine Reihe von Werken, in denen die Thematisierung und Behandlung der Naturvölker eine neue Qualität aufweist. Es handelt sich hierbei um die Arbeiten der sogenannten Evolutionisten, das heißt einer Gruppe von Forschern, die die Überzeugung teilten, daß sich die Entwicklung der Menschheit gesetzmäßig und daher überall in gleicher Weise, nicht jedoch mit derselben Geschwindigkeit vollzogen habe. Einige Zweige der menschlichen Familie waren nach dieser Auffassung über Stadien nicht hinausgekommen, die andere, insbesondere die europäischen Völker, längst durchlaufen hatten. Diese in verschiedenem Maße hinter der Entwicklung zurückgebliebenen Gruppen waren die «Naturvölker» – gewissermaßen lebende Fossilien einer Vergangenheit, die dank ihrer sich dem Blick des Forschers öffnete.

Als solchen aber wuchs ihnen eine neue Bedeutung zu. Der «Wilde» war nicht länger nur das Gegenbild, das sich der europäische Geist selbstkritisch oder ironisch vorhielt, sondern er war, als Teil von dessen Erbe, dieser Europäer in einer bestimmten Weise selbst. Auch mußten, wenn diese Vergangenheit richtig erfaßt und beschrieben werden sollte, ihre sämtlichen Zeugnisse berücksichtigt werden. Es ging nicht mehr an, eine vorgefaßte Vorstellung vom Wilden mit einem geeigneten ethnographischen Beispiel lediglich zu illustrieren, in der Weise etwa, wie Rousseau mit den Berichten über die Kariben verfahren war. Die Bedeutung für die universale Entwicklungsgeschichte, die den Naturvölkern nun zugeschrieben wurde, verlangte deren umfassende Einbeziehung und ebensosehr das Bemühen, das Wesen ihrer Gesellschaftsverfassung und ihrer Vorstellungen richtig zu erkennen. So wurden hier die Naturvölker zum ersten Mal als Gegenstandsbereich eines besonderen, vollgültigen wissenschaftlichen Interesses anerkannt, der Phänomene aufwies, die die zivilisierte Gesellschaft nicht kannte und die darum einen speziellen Fundus analytischer Begriffe erforderten. Damit war der Grundstein gelegt für die Anthropologie oder Ethnologie, also die Wissenschaft vom Menschen in seiner Eigenschaft als Kultur- und Gesellschaftswesen, und die sporadische Phase dieses Wissenszweiges, das heißt die der gelegentlichen ethnographischen Mitteilung, endgültig

Lewis Henry Morgan (1818–1881)

überwunden. Hier läßt sich der Beginn einer organisierten Anthropologie bzw. Ethnologie datieren, und hiernach beginnt die neue Wissenschaft – nicht ohne einige Verzögerung freilich – in Universitäten und anderen Institutionen Fuß zu fassen.

Einer der Forscher nun, die diesen Wandel herbeigeführt haben, und der damit den Gründervätern der Ethnologie zugerechnet werden kann, ist der Amerikaner Lewis Henry Morgan, der Autor von *Systems of consanguinity and affinity of the human family* und *Ancient society.* Man weiß, daß sein Werk durch Friedrich Engels adaptiert und in der Geschichtslehre des Historischen Materialismus gewissermaßen kanonisiert wurde. Dies verschaffte Morgans Theorien eine Bedeutung, die weit über den Rahmen seiner Wissenschaft hinausreichte und bis in unsere Gegenwart spürbar ist. Morgan ist jedoch auch in engerer ethnologischer Hinsicht aktueller als seine Zeitgenossen. Der Grund dafür liegt nicht in seinen allgemeinen wissenschaftlichen Überzeugungen, die keine wesentlich anderen als die zu seiner Zeit gängigen waren, sondern darin, daß er, in seiner Forschungsarbeit von einem bestimmten Phänomen ausgehend und die Kenntnis davon enorm erweiternd, der Ethnologie ein Gegenstandsfeld erschloß, das sich als eines ihrer wichtigsten erweisen sollte, nämlich den Bereich der Verwandtschaft. Verwandtschaftsbeziehungen sind in «primitiven» Gesellschaften sehr häufig umfangreicher, differenzierter und in prägnanterer Weise als bei uns mit Rechten und Pflichten verbunden. Nach verwandtschaftlichen Kriterien werden Gruppen gebildet, die die Einheiten der Sozialstruktur im Großen – des politischen Systems – bilden. Verwandtschaft ist in diesen Gesellschaften daher nicht wie bei uns eine bloße Familienangelegenheit, sondern verzweigt sich weit in das gesellschaftliche System oder kann mit diesem geradezu zusammenfallen.

Die Beschäftigung mit diesem zentralen Problemkreis der Ethnologie hat Morgan inauguriert; in einem Teilgebiet, den Systemen der Verwandtschaftsbezeichnungen (Verwandtschaftsterminologien), hat er darüber hinaus einen Beitrag in Form von Materialien und Feldforschungsdaten geleistet, die noch heute von größtem Wert für die Forschung sind. Morgans Bedeutung für die moderne Ethnologie ist also eine andere als die etwa McLennans oder Bachofens, zweier anderer Evolutionisten. Daß Claude Lévi-Strauss sein großes Werk *Les structures élémentaires de la parenté* dem Andenken Morgans widmete oder daß der englische Anthropologe M. Fortes ein Buch über Verwandtschaft und soziale Ordnung mit dem Untertitel «Das Vermächtnis von L. H. Morgan» versah, macht diese Sonderstellung deutlich.

I. Leben

Lewis Henry Morgan wurde 1818 in der Nähe von Aurora im Staate New York geboren. Seine Vorfahren waren um die Mitte des 17. Jahrhunderts aus Wales nach Neu-England eingewandert. Er erhielt eine Schulbildung, die die alten Sprachen einschloß, und studierte ab 1840 Rechtswissenschaften. 1844 siedelte er nach Rochester, New York, über, wo er bis zu seinem Tod im Jahre 1881 lebte. In Rochester liierte er sich als Rechtsanwalt und später auch als Teilhaber mit der expandierenden Bergbau- und Eisenbahnindustrie. Berufliche Pflichten führten ihn viele Male in den Nordwesten des Staates Michigan; fünf andere Reisen unternahm er zur Erhebung von Daten für seine Forschungen, eine weitere nach Europa. Nach 1862 gestatteten ihm die Erträge aus seinen Beteiligungen, sich überwiegend seinen wissenschaftlichen Interessen zu widmen.

Morgan war politisch aktiv und gehörte zweimal – als Abgeordneter und als Senator – dem Parlament seines Heimatstaates an. Wiederholte Bemühungen, ein öffentliches Amt zu erhalten (Commissioner of Indian Affairs, Botschafter), blieben hingegen erfolglos.

Um die Mitte der achtziger Jahre war Morgan der anerkannte Nestor der amerikanischen Ethnologie. Die Ehrung, die ihm mit der Wahl zum Präsidenten der American Association for the Advancement of the Sciences zuteil wurde, stellte den Höhepunkt seiner Laufbahn und zugleich einen Ausdruck der definitiven Anerkennung der Wissenschaft, die er vertrat, dar. Morgan hat jedoch nie eine Lehrtätigkeit im eigentlichen Sinn ausgeübt.

II. Werk

1. The League of the Iroquois

Morgans Heimat, der westliche Teil des Staates New York, war zur Zeit seiner Geburt noch nicht lange Siedlungsgebiet der Weißen. Bis zu ihrer endgültigen Niederwerfung im Jahre 1779 wohnten hier die mächtigen Irokesen und verhinderten jeden Versuch der weißen Siedler, in ihrem Gebiet Fuß zu fassen. Nach ihrer Niederlage wurden sie nicht umgesiedelt, sondern in Reservaten zusammengedrängt und waren so Nachbarn der Siedler, die nun in großer Zahl in ihr Land strömten. Zu diesen gehörte auch – als Veteran des Irokesenkrieges mit einem Stück Land abgefunden – Morgans Großvater.

Morgan war also seit seiner Kindheit mit den Irokesen bis zu einem gewissen Grade vertraut. Das macht verständlich, daß er einen Klub oder Freundesbund, den er, einer Leidenschaft der Zeit frönend, als Student gegründet hatte und der «Der Gordische Knoten» hieß, in eine Geheimgesellschaft nach indianischem Muster umwandelte, der er den pompösen Titel «Irokesen-Großorden» verlieh. Die Mitglieder dieses Geheimbundes maskierten und kleideten sich als Indianer, wetteiferten miteinander in blumigen indianischen Redensarten und stilisierten die Aufnahmezeremonie als indianische Initiation. Der Orden hatte allerdings auch edle, auf das Wohl der Indianer gerichtete Zielsetzungen, die, zusammen mit dem Bemühen, die Prozeduren und Zeremonien zu vervollkommnen, bereits zu einer eingehenderen Beschäftigung mit der indianischen Lebensweise Anlaß boten. Dennoch waren der Klub und seine Aktivitäten im wesentlichen nichts weiter als ein romantischer Zeitvertreib eines Kreises junger Männer.

Die Lage der Irokesen war jedoch zu dieser Zeit – in den 40er Jahren des 19. Jahrhunderts – alles andere als romantisch. Landspekulanten hatten eine Mehrheit der Häuptlinge eines der Stämme mit zweifelhaften Methoden dazu gebracht, Abtretungsverträge zu unterzeichnen. Die betroffenen Untergruppen fühlten sich an diese Verträge nicht gebunden, wußten aber, daß keine Aussicht auf deren Annullierung bestand und ihnen damit das Schicksal der Exilierung in die Gebiete jenseits des Mississippi drohte, wie so vielen anderen Stämmen der östlichen USA. Zu der Strategie, mit der sie dieser Gefahr zu begegnen suchten, gehörte der Plan, einen ihrer Stammesangehörigen, Sohn eines Seneca-Häuptlings, zum Rechtsanwalt ausbilden zu lassen. Mit diesem Indianer – damals ein junger Mann von 17 Jahren, der fließend Englisch sprach – führte Morgan ein Zufall 1844 zusammen. Er öffnete ihm und seinen Klubkameraden die Augen für die realen Probleme und die tatsächlichen Lebensbedingungen der Menschengruppe, nach deren Vorbild sie ihren Klub gestaltet zu haben meinten. Von da an machten sie die Sache der Seneca zu der ihren und erreichten durch mannigfache Aktivitäten, daß die Verträge zwar nicht aufgehoben wurden, jedoch nicht zur Vertreibung der Indianer führten und diese die Möglichkeit erhielten, Teile ihres Landes später zurückzukaufen. Folge dieses Einsatzes war nicht, wie man oft lesen kann, daß die Seneca Morgan aus Dankbarkeit in ihren Stamm adoptierten – er wurde adoptiert, mußte jedoch um diese Gunst von sich aus nachsuchen und die Kosten der Zeremonie selbst tragen (Resek 1960: 37f.) –, wohl aber erleichterte ihm das Vertrauen, das er erworben hatte, den Zugang zu den Indianern und die Beschaffung von Informationen. Morgan widmete sich der Aufgabe, diese Chance zu nutzen und ein getreues Bild der Gesellschaftsverfassung der Irokesen zu zeichnen, in den nächsten Jahren mit voller Hingabe und veröffentlichte eine große Anzahl von Aufsätzen. Die bedeutendsten unter diesen faßte er mit Beschreibungen von ethnographischen Gegenständen zu einem Buch zusammen, das 1851 unter dem Titel *League of the Ho-de-no-sau-nee, or Iroquois* erschien. Dieses Buch begründete Morgans Ansehen als Ethnograph; es war die erste wissenschaftliche Monographie über einen Indianerstamm überhaupt und die beste allgemeine Abhandlung über die Irokesen; als solche hat das Buch seinen Wert sogar bis in unsere Gegenwart bewahrt (s. Fenton 1962).

2. Systems of consanguinity and affinity

Hätte Morgan nur dieses eine Buch geschrieben, ein bedeutender Platz in der Geschichte nicht nur der amerikanischen Ethnologie wäre ihm gewiß. Er wäre jedoch nicht als Vertreter des evolutionistischen Ansatzes und als Klassiker der frühen ethnologischen Theorie berühmt geworden. Dies nicht deshalb, weil evolutionistische Gedanken in seinem Irokesen-Buch fehlten; sie sind – nicht verwunderlich in einer Zeit, da die ganze Wissenschaft von Entwicklungsvorstellungen beeinflußt war – sehr wohl vorhanden. So dachte sich Morgan die Entwicklung der Regierungsform als ein Aufsteigen von der Monarchie über die Aristokratie und Oligarchie zur Demokratie und ordnete die Irokesen dem Stadium der Oligarchie zu. Was hier aber noch fehlt, ist die universalistische Intention, das heißt, das Bemühen um eine Sichtweise, in der der Einzelfall als Exemplar eines bestimmten Typs der Fortgeschrittenheit bzw. Rückständigkeit erscheint, als Punkt in einem gesetzmäßigen Entwicklungszusammenhang also, der sich nur aus seinen weitverzweigten Manifestationen, das heißt, durch umfassenden Vergleich, erschließen läßt. Vergleiche wurden in Morgans Buch jedoch nur zu Völkern der Antike gezogen und sind unschwer als bloße Reflexe klassischer Bildung und literarischer Konvention zu erkennen. Die Vergleichssubjekte, die in erster Linie in Betracht gekommen wären, die anderen Indianer, fanden dagegen nicht die gebührende Berücksichtigung. So erklärt es sich, daß Morgan einerseits viele Züge der Irokesen fälschlich für Gemeingut aller Indianer ansah und andererseits manches, was weiter verbreitet war, für eine Eigentümlichkeit dieses einen Stammes hielt. Zu Letzterem gehören auch jene beiden Elemente des Sozialsystems, die später in Morgans Entwicklungstheorie eine zentrale Position einnehmen sollten, nämlich das «tribale Prinzip» und die Verwandtschaftsterminologie in ihrer «klassifikatorischen» Variante. Ich will kurz erläutern, was damit gemeint ist.

Das tribale Prinzip schränkt die Zugehörigkeit zu einer Verwandtschaftsgruppe – die als solche etwa Landbesitzer ist – in der Weise ein, daß jeweils die männlichen oder aber die weiblichen Angehörigen ihre Ehepartner in anderen solchen Gruppen suchen müssen, denen dann auch die gemeinsamen Kinder zufallen. Im ersten Fall hat man es mit einer matrilinearen, im zweiten mit einer patrilinearen Abstammungs-

(Deszendenz-)Gruppe zu tun. Der Oberbegriff für matri- und patrilinear ist: unilinear.

Ein Verwandtschaftssystem ist ein Ausschnitt aus der unendlichen Menge von Vorfahren eines Menschen, die dieser – hierbei «Ego» genannt – dadurch bestimmt, daß er sämtliche Personen, die außer ihm selbst von einem bestimmten Ahnen herstammen, in den Blick faßt. Im Modell eines solchen Systems bildet die Verbindung von Ego zu dem Ahnen die zentrale Achse, von der auf allen Generationsstufen Seitenlinien – die kollateralen Linien – schräg abzweigen. Die Anzahl der Linien in diesem Plan und die der «Modellverwandten», der «kintypes» nach modernem Sprachgebrauch, hängt davon ab, wieviele Generationen zwischen Ego und dem Vorfahren liegen.

Unter «Verwandtschaftsterminologie» versteht man nun die Gesamtheit der Wörter, mit denen diese kintypes in einer bestimmten Sprache bezeichnet werden. Da nicht für alle dieser sehr zahlreichen kintypes jeweils ein eigenes Wort gebildet werden kann, werden die wenigen vorhandenen so genutzt, daß sie entweder Ketten bilden (z.B. Vaters-Vaters-Bruders-Sohn), die alle kintypes und damit alle Linien genau unterscheiden, oder aber dadurch, daß sie mehrere verschiedene kintypes zusammenfassen, also Klassen bezeichnen. Dies ist der Unterschied von deskriptiven und klassifikatorischen Terminologien im formalen Sinne. Morgan meinte jedoch mit seinem Begriff des klassifikatorischen Verwandtschaftssystems nur eine bestimmte Art dieser Klassenbildung. Es ist diejenige, die entsteht, wenn Termini kintypes sowohl der direkten als auch der kollateralen Linie zusammenfassen. Dann nämlich wird der natürlichen Getrenntheit der Linien – und damit auch der Individualität von Egos Familie – gewissermaßen kategoriale Gewalt angetan. Da es überdies in Terminologien dieser Art für die Verwandten der Enkel-Generation meist nur einen Terminus, nämlich Enkel/Enkelin, gibt, entsteht der Effekt, daß die Linien gebündelt werden, obwohl die «Blutströme», die sie repräsentieren, in Wirklichkeit fächerartig auseinanderfließen. Die klassifikatorische Terminologie zeichnet also die natürlichen Bedingungen eines Verwandtschaftssystems nicht nach, wie es das deskriptive tut, sondern wirkt diesen Bedingungen gewaltsam entgegen. Es erscheint darum als «willkürlich, künstlich und kompliziert» (*Systems:* 470).[1]

Diese beiden Tatsachen also, das «tribale Prinzip» und die klassifikatorische Terminologie, entdeckte Morgan bei den Irokesen und hielt sie für Besonderheiten dieser einen Indianergesellschaft. Die Geburtsstunde seiner Theorie schlug daher erst, als er 1858 auf einer seiner geschäftlichen Reisen nach Michigan Kenntnis von der Verwandtschaftsterminologie der dort beheimateten Ojibwa-Indianer erhielt und feststellte, daß dieses System, obwohl die Termini sprachlich ganz verschieden waren, in der Struktur seiner Klassifikationsweise mit dem der

Irokesen völlig übereinstimmte. Wieder zurückgekehrt, genügte ein Blick in ein Wörterbuch der Dakotasprache, um ihm zu zeigen, daß das System auch in dieser Sprachgruppe existierte. Diese Entdeckung setzte ihn auf die Fährte von Zusammenhängen, die er fast ein Jahrzehnt hindurch mit fieberhaftem Eifer verfolgte. Hier schien sich eine Möglichkeit eröffnet zu haben, die Frage des historisch-genetischen Zusammenhangs der indianischen Völkerfamilie und ihrer Herkunft – Probleme, über die zu dieser Zeit noch tiefgreifende Kontroversen bestanden – auf definitive Weise zu lösen. Denn, so Morgans Überlegung, ein Vorkommen dieser Institution bei zwei verschiedenen Gruppen bewies deren gemeinsame Abstammung; dieser Beweis war um so bedeutsamer, je unterschiedlicher die beiden Gruppen in sprachlicher und kultureller Hinsicht waren. Die Existenz des Systems in allen Teilen der indianischen Bevölkerung mußte deren Zusammengehörigkeit als eine «family of nations»[2] erweisen, sein Vorhandensein in Asien aber sogar die Herkunft der Indianer von dort als gewiß demonstrieren.

Dieser fortschreitende Schluß auf immer tiefer in der Vergangenheit liegende Verbindungen hatte freilich zweierlei zur Voraussetzung: Die Verwandtschaftsbezeichnungen konnten offenbar nur dann als Indizien dieser Beziehungen fungieren, wenn sie sich in ihrer Struktur, das heißt in den Ideen und Prinzipien, die in ihnen kodifiziert waren, durch lange Zeiträume hindurch konstant zu erhalten vermochten und deshalb unverändert aus jener fernen Vergangenheit in die Gegenwart gelangt waren. Zweitens mußte ausgeschlossen sein, daß sie sich einfach durch Entlehnung unter einander benachbarten Gruppen verbreitet hatten.

Diese zweite Bedingung schien Morgan – zu Unrecht, wie ihm bald entgegengehalten wurde – unproblematisch zu sein; im Falle einer Diffusion, so machte er geltend, hätten mit dem System auch die Ausdrücke wandern müssen, was aber eben nicht der Fall sei. Für die erste Voraussetzung jedoch mußten gewichtigere Gründe gefunden werden – diese sah Morgan in der tiefen Verankerung der Verwandtschaftsphänomene in der psychischen wie auch der sozialen Natur des Menschen: Irgendeine Methode der Unterscheidung von Verwandten sei für das normale, tägliche Leben unabdingbar; darum habe das Sprachvermögen als eine seiner frühesten Leistungen die Wörter für die primären Verwandten hervorgebracht. Das klassifikatorische Verwandtschaftssystem, als das erste, zu dem diese einfachen Beziehungen und Bezeichnungen sich ausgeweitet hätten, sei darum die älteste Institution der Menschheit, gründe wie kein anderer Inhalt des menschlichen Geistes «im Blut» und sei darum prädestiniert, mit dessen Strömen durch die Zeitalter zu wandern und sich zu verbreiten. Die Sprachgestalt des Systems sei dem allmählichen Wandel unterworfen, der zur Natur des Mediums Sprache gehöre; die Ideen und Prinzipien dagegen hätten sich nicht in dieser Weise geändert, sondern in Schüben, indem sie bei den wenigen großen Umwälzungen, die die menschliche Gesellschaft erfahren habe, von einem Stadium in ein anderes übergegangen seien.

Andersartige Gründe, die wir heute funktional nennen würden, wirkten nach Morgans Überzeugung ebenfalls dahin, die Verwandtschaftssysteme gegen Wandel zu feien: Ein solches System sei ein Beziehungsgefüge, das klassifikatorische System überdies durch die Einbeziehung der kollateralen Linien eines von großer, manchmal enormer Ausdehnung. Das mache es zu einem organischen Instrument für die Bildung eines Familienverbandes oberster Größenordnung, und damit in eminenter Weise zu einer Institution des Bereichs der Familienbeziehungen. Jeder Versuch, eine Änderung in dem System herbeizuführen, würde das gesamte Gefüge in Mitleidenschaft ziehen und damit dessen gesamten Beharrungswiderstand mobilisieren. Da das System auf Brauchtum, das heißt allgemeiner Anerkennung, beruhe, müsse ein Veränderungsfaktor, um sich durchzusetzen, von ebensolchem Grade der Allgemeinheit sein – eine kaum erfüllbare Bedingung.

Das klassifikatorische Verwandtschaftssystem war also in Morgans Vorstellung die Ur-Institution schlechthin und so tief in der Gesellschaft verankert, daß es an deren natürlicher Statik teilhatte. Es war dank dieser Eigenschaft das Mittel, die Suche nach dem Ursprung und den Abstammungsverhältnissen der Völkerfamilien weit über jene Grenzen, die der vergleichenden Sprachwissenschaft gesetzt waren, hinauszuführen.

Mit dieser Vision begann Morgan sein großes Forschungsunternehmen, das nicht nur seinem Objekt, sondern auch seinem Umfang nach und dem Aufwand, den es erforderte, gänzlich ohne Beispiel war.

Von 1858 an, dem Jahr seiner Entdeckung der Ojibwa-Terminologie, versandte Morgan Exemplare eines Fragebogens an Missionare, Offiziere und Regierungsbeamte auf Posten in den westlichen Territorien der USA, mit dessen Hilfe die Bezeichnungen für alle kintypes in den ersten fünf kollateralen Linien ermittelt werden sollten. Das bedeutete, daß ein solcher Missionar oder Beamter das lokale Wort für Vater oder Mutter angeben, aber auch, daß er herausfinden sollte, wie seine Indianer «die Tochter der Tochter des Bruders des Sohns des Sohns des Sohns der Schwester des Bruders» nannten (in Resek 1960: 74). Nicht verwunderlich, daß das Projekt ein ziemlicher Fehlschlag wurde, den Morgan durch seine eigenen Forschungsreisen in Gebiete westlich des Mississippi wettzumachen suchte.

Dagegen erbrachte ein anderer Teil der Fragebogenaktion, der auf das Vorkommen des Systems in Asien abgezielt hatte, einen sensationellen Erfolg: Das Verwandtschaftssystem der Tamil in Südindien, das ein amerikanischer Missionar übermittelt hatte, war, von einer peripheren Differenz abgesehen, mit dem der Irokesen und vieler anderer Indianer identisch. Dies war für Morgan der unwiderlegbare Beweis dafür, daß die Indianer aus Asien stammten. Hierauf dehnte Morgan – nunmehr unter der Ägide und mit finanzieller Unterstützung der Smithsonian Institution – die Untersuchung auf alle Regionen der Erde aus. Die Frucht dieser Kampagne war schließlich ein Korpus von über 130 Terminologien, überwiegend aus Nordamerika, Asien und Europa. Sie alle ließen sich entweder dem deskriptiven oder dem klassifikatorischen Typus zuordnen. Der klassifikatorische Typus trat in zwei Varianten auf, einer extremen, bei der sämtliche kollateralen Linien mit der direkten vereinigt waren, so daß es nur noch einen einzigen «Blutstrom» und folglich nur die Ausdrücke «Vater/Mutter», «Bruder/Schwester» und «Sohn/Tochter» gab, und einer gemäßigten, die einem Teil der kollateralen Linien ihre Selbständigkeit beließ und darum auch die Termini «Onkel/Tante», «Cousin» und «Neffe/Nichte» besaß. Diese beiden Typen wiesen eine klar abgegrenzte Verteilung in den Sprach- bzw. Völkerfamilien auf: Das deskriptive System war auf die arische, semitische und die uralische Familie beschränkt, das klassifikatorische bestand im Bereich der turanischen, ganowanischen und malaiischen Familien, und zwar mit seiner gemäßigten Form bei den beiden ersten – darum «turanisch-ganowanisches System» – und der extremen in der letzteren Familie – daher «malaiisches System».[3]

Die Analyse der Terminologien und die Niederschrift der Ergebnisse nahm Morgan drei Jahre lang in Anspruch. Im Jahre 1865 reichte er das Manuskript bei der Smithsonian Institution zur Veröffentlichung ein. Die aber lehnte zunächst ab – wegen des alle Maße sprengenden Umfangs von 1500 Seiten und der Undurchdringlichkeit der Argumentation, aber auch, weil das Resultat unter dem Gesichtspunkt ethnologischer Theorie als nicht befriedigend erschien. In der Tat wurden ja die neuentdeckten klassifikatorischen Verwandtschaftssysteme nur als Indizien ethnohistorischer Zusammenhänge thematisiert – die Frage jedoch, wie diese seltsame Form selbst entstanden sein mochte, blieb unberührt.

Einen Fingerzeig zur Erklärung hierfür erhielt Morgan von einem Freund, dem Presbyterianer-Prediger und Sanskrit-Gelehrten Joshua McIlvaine. Dieser Geistliche, der sich um Morgan auch seelsorgerisch bemühte, hatte 1864 in einem Gespräch die Frage aufgeworfen, ob sich die Gleichsetzung von Verwandten mit den Eltern in der ganowanisch-turanischen Terminologie nicht als Widerspiegelung eines Zustandes erklären lasse, in welchem alle diese Männer und Frauen unterschiedslos miteinander Geschlechtsverkehr ausübten; denn wenn die Brüder des Vaters ebenso mit Egos Mutter verkehrten wie der Vater selbst, so war es von Egos Standpunkt aus nur logisch, sie alle ebenfalls ‹Vater› zu nennen. Oder richtiger: es war dann gar nicht möglich, den tatsächlichen Vater unter all den Geschlechtspartnern der Mutter zu erkennen. Bei der Mutter bestand diese Unsicherheit zwar nicht – mater semper certa –, aber ihre Schwestern konnten als ‹Mütter› betrachtet werden, insofern sie alle Geschlechtspartnerinnen sämtlicher ‹Väter› von Ego waren. Die anderen Gleichsetzungen des Systems ergaben sich dann als logische Folge dieser beiden.

McIlvaines Anregung, die für sich betrachtet nicht mehr war als ein Erklärungsvorschlag für die Gleichungen in der gemäßigten Variante des klassifikatorischen Verwandtschaftssystems,[4] wirkte als Schlüssel zu Morgans Theorie, war jedoch auch nicht mehr als ebendies; sie setzte bei Morgan umfangreiche Reflexionen in Gang, die zwar von McIlvaine den Gedanken eines sittlichen Fortschritts in den Ehe- und Familienformen übernahmen, die simple und moralisierende Gegenüberstellung von heidnischer Promiskuität und segensreicher christlicher Einehe, die der Prediger konzipiert hatte, jedoch weit hinter sich ließen. In Morgans theoretischen Überlegungen erweiterte sich die Anregung zu einem entwicklungsgeschichtlichen Prinzip, das seinen empirischen Daten – den verschiedenen Typen der Verwandtschaftsterminologie, dem «tribal principle», den Nachrichten über Formen der Gruppenehe, auf die er hier und da gestoßen war, usw. – Zusammenhang und Gestalt zu geben vermochte. Die Menschheit hatte sich, so glaubte er nun zu erkennen, aus ihrem Urzustand, in der sie intellektuell, sittlich und sozial noch kaum menschlich zu nennen war, in einer fortdauernden Kulturanstrengung emporgearbeitet, das Quasi-Tierische nach und nach abgestreift, hatte so die Stadien der ihr vorgezeichneten Entwicklungsreihe durchlaufen und schließlich mit ihren fortgeschrittensten Teilen deren Endpunkt, die Stufe der Einehe, der «Ehe in der wahren Bedeutung des Wortes» (*Systems:* 469), erreicht, während andere Zweige sich langsamer entwickelten und sich noch auf tieferen Stadien befanden. Diese Entwicklung war diskontinuierlich, die jeweils höheren Stufen wurden nicht allmählich, sondern durch große reformierende Umwälzungen gewonnen.

Die klassifikatorischen Verwandtschaftsterminologien aber waren die Zeugen dieser vergangenen Zustände: Sie klassifizierten die Verwandten und die sie verbindenden Abstammungslinien, die «Ströme des Blutes», in eben der Weise, die sich ergab, wenn der Ausgangspunkt des Systems nicht durch ein einzelnes Paar, sondern durch eine Gruppe von Männern und Frauen gebildet wurde, die in sexueller Gemeinschaft lebten. In Beziehung zu *diesen* Formen des geschlechtlichen Zusammenlebens und der Familien, die aus ihnen resultierten, waren die klassifikatorischen Systeme nicht mehr willkürlich, künstlich und kompliziert, wie sie Morgan zuvor erschienen waren, sondern ebenso logisch und natürlich wie die deskriptiven in Relation zur Einzelehe.

War diese Überlegung zutreffend, bestand hier tatsächlich ein Ableitungszusammenhang, so ließ sich der Schluß auch umkehren, das heißt, es war möglich, von der Klassifikationsweise der Terminologie aus eine

Struktur des Verwandtschafts- und Heiratsfeldes zu rekonstruieren, zu der die Terminologie als ihr Abbild paßte. Wiederum galt es hierbei, wie zuvor bei dem historisch-genetischen Beweisgang, einsichtig zu machen, daß die Terminologien nur jene vergangenen Zustände widerspiegelten, rezente Institutionen als Ursachen also ausschieden. Als solche kamen nur zwei in Betracht: die verschiedenen Formen der Mehrehe, die bei Naturvölkern praktiziert wurden, und die tribale Organisation, das heißt das System unilinearer Verwandtschaftsgruppen. Für beide demonstrierte Morgan, daß sie mit der klassifikatorischen Terminologie nur jeweils in bestimmten Zügen übereinstimmten, als Ursachen des gesamten Systems mithin nicht in Frage kamen. Damit schien ihm der Beweis geleistet, daß die klassifikatorischen Verwandtschaftssysteme tatsächlich durch Promiskuität und Gruppenehe hervorgebracht worden waren.

Die Erforschung der Verwandtschaftssysteme als eine vorgeschichtliche Methode hatte sich damit nach Morgans Überzeugung eine neue Dimension ihrer Wirksamkeit erschlossen. Sie vermochte nicht nur die genetischen Verbindungen der Völker in der Tiefe der Zeiten aufzuspüren, sondern war auch in der Lage, etwas von den sozialen Verhältnissen zu erkennen, die zu jenen Zeiten geherrscht hatten.

Mit der Ergänzung durch diese evolutionistische Interpretation wurde das Manuskript von Morgans Buch schließlich zur Publikation angenommen und erschien 1871 unter dem Titel *Systems of consanguinity and affinity of the human family.*

An dem Schema, das diesen Entwicklungsweg von der regellosen Promiskuität über verschiedene Formen von Gruppenehe und Polygamie bis zur Einzelehe und schließlich deren zivilisierter Form in 15 Stadien darstellt, ist eine gewisse logische Uneinheitlichkeit zu bemerken. So werden die Terminologietypen, die aus bestimmten Sozialformen entstehen, als eigene Etappen geführt, obwohl sie nur deren synchrone Effekte sind.[5]. Oder es erscheint eine bestimmte Form der Gruppenverbindung – die Punalua-Ehe der Hawaiianer – als eigene Stufe nicht, weil sie logisch für die Reihe vonnöten wäre, sondern weil sie ein noch existierendes Relikt der frühen Promiskuität ist. Ich will deshalb nicht das gesamte Schema wiedergeben, sondern nur die von Morgan selbst so qualifizierten Hauptstadien kurz behandeln.

Das erste ist dasjenige, in dem Geschwister miteinander geschlechtlich verkehren. Seine frühere Existenz hielt Morgan durch die Struktur der malaiischen Form der klassifikatorischen Terminologie für erwiesen, da dort die Schwester des Vaters als Mutter und der Bruder der Mutter als Vater bezeichnet werden. Eine noch frühere Phase gänzlich uneingeschränkter Promiskuität, in der also auch Eltern sich mit ihren Kindern verbanden (Phase I des Schemas), ist nicht durch eine Terminologieform bezeugt, muß aber logischerweise vorausgesetzt werden.

Die üblen Folgen dieses durch lange Zeiträume hindurch geübten Inzests blieben auch, so Morgan, jenen unentwickelten, frühen Menschen nicht verborgen. Sie setzten darum eine große gesellschaftliche Umwälzung ins Werk, das erste und zugleich bedeutendste der «reformatory movements», nämlich die Errichtung und Durchsetzung der tribalen Organisation. Das mit dieser Gesellschaftsform verbundene Exogamiegebot schloß Heiraten innerhalb der unilinearen Abstammungsgruppe aus und unterband damit auch die Verbindung von Geschwistern. Damit war diesem Übel abgeholfen und die zweite Hauptetappe erreicht.

In der Verwandtschaftsterminologie schlug sich diese Umwälzung in der Weise nieder, daß die andersgeschlechtlichen Geschwister der Eltern aus der Kategorie ‹Vater/Mutter› herausgenommen wurden und eine neue Bezeichnung, nämlich ‹Onkel› und ‹Tante›, erhielten (entsprechend auch ihre Abkömmlinge). Durch diese Modifikation entstand der turanisch-ganowanische Typus. Nur so, als Zusatz zur bestehenden malaiischen Form, ließ er sich in seinen sämtlichen Eigenschaften erklären. Dies betrachtete Morgan als starkes Indiz für die Richtigkeit der Ableitungshypothese.

Mit der Etablierung der tribalen Organisation war, so Morgan weiter, eine Tendenz zur Überwindung der Gruppenehe in der primitiven Gesellschaft entstanden: Weil die Exogamieregel den Erwerb einer Frau schwierig machte, war ein Mann weniger geneigt, diese mit anderen Männern zu teilen. So entwickelte sich die Polygamie, eine gegenüber der Gruppenehe fortgeschrittene Form von Ehe und Familie. Die völlige Überwindung der Mehrehe, und damit die Lösung aus der Barbarei und der Eintritt in das Zeitalter der Zivilisation, konnte jedoch durch allmähliche Veränderung nicht erreicht werden, sondern setzte wiederum eine fundamentale gesellschaftliche Umgestaltung voraus.

Morgan glaubte den Motor dieser Revolution im Aufkommen des Privateigentums zu erkennen. Wo der Trieb nach persönlichem Besitztum und seinem ungeteilten Genuß entsteht, da wird die primitive gemeinschaftliche Ordnung, in der das Land der Gruppe gehört und nachgelassene Besitztümer auf alle Gruppenangehörigen verteilt werden, von seinem innersten Kern her aufgelöst. Denn das individualistische Besitzstreben bringt den Wunsch mit sich, das Erbe den eigenen Kindern vorzubehalten – das aber setzt die Gewißheit über die Herkunft dieser Kinder und damit die Ehe zwischen Einzelpaaren voraus.

Die Ehe ist also die erste der Institutionen, die das Privateigentum nach seinen Bedürfnissen umgestaltet – in der vollausgebildeten Zivilisation, in der das Besitzstreben die beherrschende Leidenschaft geworden ist, dient die gesamte gesellschaftliche Einrichtung seinen Zwecken. Der Geist des zivilisierten Menschen wird von dem Trieb, Eigentum zu erwerben und zu genießen, beherrscht; in der allgemeinen Habsucht und einer Gesellschaftsverfassung, die sie fördert, kulminiert demnach die Entwicklung der Gattung.

Kommentatoren haben aus diesen Sätzen seit je den Yankee sprechen hören, der dem ungehemmten Kapitalismus durch persönlichen Profit verbunden war. Hier ist sicher ein Zusammenhang, doch müssen bei der Beurteilung der Stelle (*Systems:* 492) auch andere Äußerungen, deren Tendenz entgegengesetzt ist, berücksichtigt werden. Für sich genommen aber kündigt die Passage hier, am Ende von *Systems,* eine neue Note in Morgans Theoretisieren an, nämlich einen Zug von materialistischer Sichtweise. In seinem Hauptwerk verstärkt sich diese Tendenz so sehr, daß sie gleichgewichtig neben der anderen steht, die die Ideen und Prinzipien in den Mittelpunkt rückt und sich mit dieser nicht mehr ohne Schwierigkeiten vereinbaren läßt. Dies hat ganz gegensätzliche Deutungen von Morgans Werk ermöglicht und hat ihn – als einzigen unter den klassischen Evolutionisten – für den historischen Materialismus interessant gemacht.

3. Ancient Society

Ancient Society (Untertitel: *Researches in the lines of human progress from savagery through barbarism to civilization,* erschienen 1877), Morgans *opus magnum,* war die Frucht der Bemühung, die Theorie von der Entwicklung der menschlichen Gesellschaft aus niedersten Anfängen bis zur Höhe der Zivilisation, die am hypothetischen Werdegang der Familienformen exemplifiziert worden war, mit weiteren Fakten zu stützen. Das Buch war also nicht so sehr eine synthetische Darstellung der Entwicklungsgeschichte – denn wichtige Bereiche wie Sprache, Religion, häusliches Leben wurden nicht oder nur beiläufig behandelt – als vielmehr eine Komplettierung jenes in *Systems* aufgestellten familial-sozialen Schemas mit Tatsachen, die sich für diesen Zweck eigneten. Es genügt, dieses neu Hinzugekommene kurz zu erläutern.

Die Fakten, die Morgan für die Ergänzung ins Auge faßte, gehören drei Bereichen an: den Erfindungen und Entdeckungen, den gesellschaftlichen Einrichtungen und den Eigentumsbegriffen. Nach diesen Bereichen – und dem der Familienformen – ordnete Morgan auch die Kapitelfolge des Buches an. Berücksichtigt man, daß die in den beiden letzten Kategorien erscheinenden Fakten als soziale Phänomene anzusehen sind – und darum auch in *Systems* schon gestreift wurden –, so zeigt sich, daß das Neue, das hier hinzutrat, vor allem eine Reihe von Erfindungen und Techniken, also eine Serie des technischen Fortschritts ist. Die Höhe des Entwicklungsstandes ließ sich nach Morgans Überzeugung an dieser Reihe sehr gut ablesen; allerdings war er der Meinung, daß Fakten aus dem Kreis der Subsistenztechniken hier noch aussagefähiger gewesen wären, doch reichten die Kenntnisse, die man über diese Dinge besaß, für die Aufstellung einer eigenen Reihe nicht aus. Technische Fakten konnten also den Entwicklungsstand anzeigen, aber sie determinierten die Entwicklung nicht. Denn der Werdegang der Institutionen war – hier liegt die erwähnte Unstimmigkeit – als wesentlich autonom gedacht; man hatte sich ihn als eine Entfaltung von Ideen vorzustellen, die wie Keime in den ältesten Anfängen der Menschheitsgeschichte lagen und sich mit immanenter Folgerichtigkeit ausformten. Wenn somit zwischen den beiden Reihen auch keine Kausalrelation anzunehmen war, so waren sie doch nicht unverbunden; nach Morgans Überzeugung schlossen die zueinandergehörenden Abschnitte eine Kultur in sich und repräsentierten eine eigenständige Lebensweise. Diese Geschlossenheit war es, was Morgan mit dem Begriff «ethnische Periode», den er für die Entwicklungsetappen verwendete, zum Ausdruck bringen wollte. Die Anzahl dieser Etappen war sieben; sie ergab sich aus der berühmten Einteilung in «savagery», «barbarism» und «civilization» und der weiteren Aufgliederung der beiden ersteren Perioden in eine Unter-, Mittel- und Oberstufe. Die Entwicklung der Menschheit, das Anwachsen ihrer Kenntnisse und Fähigkeiten, vollzog sich nach dieser Theorie in geometrischer Progression. Darauf ließ sich die Vermutung gründen, daß die Länge der Perioden nach oben hin abnahm. Alle Zweige der menschlichen Familie hatten im wesentlichen den gleichen Weg beschritten, da sie alle vom selben Ursprung waren. Darum auch waren Gehirn und Intelligenz aller menschlichen Rassen gleich. Nur bedeutende Unterschiede im natürlichen Milieu vermochten wesentliche Differenzen in der kulturellen Produktion hervorzurufen. So konnte etwa in der westlichen Hemisphäre keine Haustierhaltung entstehen, weil es dort keine domestizierbaren Wildformen gab. Das Kriterium der Mittelstufe der Barbarei, eben die Haustierhaltung, konnte darum hier nicht angewendet, sondern mußte durch ein äquivalentes – Hausbau mit getrockneten Lehmziegeln und künstliche Bewässerung – ersetzt werden.

Die Darstellung des Entwicklungsschemas nahm nur den geringsten Teil von *Ancient Society* ein; den weitaus größten beanspruchten die Diskussion der Gentilorganisation, das heißt der auf unilinearen Deszendenzgruppen basierenden Gesellschaftsordnung vor allem in ihrer politischen Dimension, und zweitens die Darlegung der These, daß die griechische und römische Gesellschaft der Frühzeit von ebendiesem Typus gewesen sei und sich deshalb im Lichte der sozialen Verhältnisse der Irokesen interpretieren lasse. Sie enthüllte sich in dieser Interpretation als demokratisch und egalitär.[6] Neuartiger noch als diese Deutung war die These, daß die gens in ihrer ursprünglichen Form hier wie auch überall sonst matrilinear gewesen sei. Ebenfalls neu war die systematische Einverleibung von Maines Unterscheidung zwischen Gesellschaften, die auf verwandtschaftlichen, und solchen, die auf territorialen Beziehungen basieren (Maine 1861), in das allgemeine Entwicklungsschema. Morgan nannte diese beiden Typen der politischen Ordnung «societas» und «civitas» und identifizierte sie mit der Gentilorganisation bzw. der zivilisierten Staatsverfassung. Der Übergang in die Zivilisation wurde also auch durch diesen Wandel in der politischen Ordnung markiert.

4. Morgan und der Evolutionismus

Es wurde gesagt, daß *Ancient Society* ein Modell der soziopolitischen Entwicklung darstellt, das mit Fakten aus dem Bereich der Technik vervollständigt ist. Man könnte behaupten, daß sich in Morgans Gesamtwerk etwa dieselbe Relation vorfindet. Der Schwerpunkt seines Werks liegt gänzlich in dem Themenfeld der sozialen Organisation, besonders im Bereich der Verwandtschaftsphänomene. Morgans Überlegenheit auf diesem Sektor war unangefochten und wäre es auch ohne die Tatsache seiner Urheberschaft gewesen, da sich kein anderer Ethnologe der Zeit mit vergleichbarer Intensität und Ausdauer in ein einzelnes Themengebiet vertieft hat. Die genauere und durch seine Feldforschungen konkretisierte Kenntnis des Gegenstands bewahrte ihn etwa vor dem Fehler McLennans, der das Verhältnis von Exogamie und Endogamie nach der Wortbedeutung, das heißt als Gegensatzpaar, interpretiert hatte, oder ließ ihn – im Gegensatz zu Maine – erkennen, daß Verwandtschaft und die Zugehörigkeit zu unilinearen Deszendenzgruppen nicht ein und dasselbe ist. Im übrigen jedoch verfügte Morgan weder über umfangreichere Kenntnisse auf dem Gebiet der Ethnologie als seine Zeitgenossen, noch unterschied er sich von diesen in seinen allgemeinen wissenschaftlichen und wissenschaftsphilosophischen Ansichten.

Diese Ansichten scheinen mit dem Begriff des Evolutionismus, der Morgan und anderen angelsächsischen Anthropologen der Zeit beigelegt wird, hinreichend gekennzeichnet zu sein, insofern unter Evolutionismus im allgemeinen die Lehre Darwins verstanden wird. Die Theorien der Kulturevolutionisten würden dann eine Anwendung Darwinscher Überlegungen auf das Feld der Menschheits- und Kulturgeschichte darstellen. Diese Sicht der Dinge ist jedoch unzutreffend, da die evolutionistische Orientierung bei allen Autoren schon vor Erscheinen von Darwins *Origin of species* (1859) ausgebildet war. Die Auffassungen Darwins sind also nicht der bestimmende Einfluß gewesen.

Vieles bei Morgan läßt sich denn auch nicht mit Darwin vereinbaren; am klarsten ist die Diskrepanz in der Kernfrage der Abstammung des Menschen. Morgan stimmte hierin nicht mit der Darwinschen These überein, sondern nahm an, daß der Mensch als solcher geschaffen sei – in sehr tiefstehendem Zustand zwar, aber doch als distinkte Spezies. Dies gilt es zu betonen, da Morgan nicht nur, wie wir gesehen haben, die Tierähnlichkeit des frühen Menschen hervorhebt, sondern auch, weil er der Überzeugung war, daß das zielgerichtete und effektive Verhalten vieler Tiere nicht als instinktbestimmt abgetan werden könne, sondern den Besitz von Intelligenz beweise – von Intelligenz derselben Art, nur nicht desselben Grades, wie der des Menschen.[7] Auch von Darwins Zentralbegriff der Selektion machte Morgan keinen Gebrauch, obwohl Darwin selbst in seinem *The descent of man* (1871) die Idee auf menschliche Gemeinschaften und ihre Entwicklung angewendet hatte. Es findet sich bei Morgan zwar die Wendung des «struggle for existence», aber ohne die Verbindung zum Mechanismus der Selektion, sondern lediglich in der Bedeutung des alltäglichen Kampfes um den Lebensunterhalt.

Die Theorie Darwins hat also die Anthropologie bzw. Ethnologie nicht in spezifischer Weise beeinflußt – wie denn auch Darwin eher seinerseits Anregungen aus den Sozialwissenschaften empfangen hat, sehr wesentlich von Spencer und von Malthus, dem er die Idee vom Kampf ums Überleben verdankte. Der Darwinismus hat nur den bereits vorhandenen Modellen sozialer Selektion und Eliminierung eine biologische Wendung gegeben und hat umgekehrt zu einer Art Biologisierung der Anthropologie geführt – erkennbar etwa in der Gleichsetzung des kulturellen Erbes mit den im eigentlichen Sinne vererbten Eigenschaften oder der Verabsolutierung der Rassenunterschiede.

Viel wichtiger für die Entstehung der evolutionären Menschheitsgeschichte war eine andere Naturwissenschaft, nämlich die Geologie. Sie, die sich erst in den frühen Jahrzehnten des 19. Jahrhunderts, vor allem durch das Werk des Engländers C. Lyell, durchgesetzt hatte, lieferte diesen Theorien einige grundlegende Voraussetzungen. Dies war in erster Linie der Nachweis der unerhörten Zeitdauer des Bestehens der Erde und der Lebewesen auf ihr. Dank seiner war es denkbar geworden, daß große Veränderungen der Gesamteffekt von unendlich kleinen waren, die in diesen unermeßlichen Zeiträumen kumulierten. Es war nicht mehr nötig, zu ihrer Erklärung Katastrophen oder göttliche Eingriffe anzunehmen. Das galt auch für die Menschheitsgeschichte, die ebenfalls von der enormen Streckung aller Zeitspannen betroffen war. Man konnte sich nun vorstellen, daß die vielfältigen Formen, die sich in ihr ausgebildet hatten, allmählich entstanden waren, also ohne Zäsuren, wie Rousseaus *contrat social* eine darstellte.

Unmittelbar bedeutsam für die Anthropologie bzw. Ethnologie waren die Funde von menschlichen Überresten und Artefakten, die die geologische Forschung als Nebenresultat erbrachte. Sie zeigten, daß die Vorfahren des europäischen Menschen tatsächlich «savages» gewesen waren, und untermauerten so die mit dem vergleichenden Verfahren erarbeiteten Rekonstruktionen.

Ein Element indes konnten die Entwicklungstheorien nicht von der Geologie entlehnen, nämlich die Idee, daß die Entwicklung in ihrem

Wesen ein Fortschritt, eine graduelle Vervollkommnung sei. Wir sahen, daß in Morgans Geschichtsbild die Entwicklung nicht als völlig kontinuierlich gedacht war, sondern daß in ihm von Zeit zu Zeit Innovationen wie etwa die tribale Organisation in Wirkung traten, die, ohne die zeitliche Bestimmtheit eines historischen Ereignisses zu besitzen, doch die Entwicklung in ihrer Qualität manifest veränderten. Diese Neuerungen entstanden aus Anstrengungen der Menschheit, ihre Lage zu heben, ihre Verhältnisse zu verbessern und das in ihr liegende humane Potential zu verwirklichen. Dieser Antrieb aber war als ein sittlicher zu verstehen. Die Vervollkommnung, auf die er abzielte, war in der Menschheit angelegt, doch war diese Tendenz kein Naturgesetz, das sich ohne Ausnahme erfüllte. Nur der kleinste Teil der Menschheit hatte ja das Ziel, zivilisierte Einehe und Demokratie, erreicht.

Morgan wandte deshalb – was man allzu leicht vergißt, da er nun einmal das Attribut des Evolutionismus trägt – auf den Werdegang der Menschheit nicht den objektiven Begriff der Evolution, sondern den wertenden des Fortschritts an – dies schon im Untertitel von *Ancient Society;* im Buch selbst wird der Terminus ‹Evolution› nur wenige Male verwendet.

Damit wird deutlich, daß Morgan – wie auch die anderen Evolutionisten – in der Tradition der französischen und schottischen Aufklärer und ihrer Bemühung steht, eine Naturgeschichte der Menschengattung, zusammengefaßt durch die Idee des Fortschritts, zu entwerfen. Während aber dieser Fortschritt in Frankreich als Verwirklichung der Vernunft gedacht wurde, vollzog er sich in der Vorstellung der schottischen Moralphilosophen durch zunehmende gesellschaftliche Arbeitsteilung, war also vorwiegend ökonomischer Natur. Darum sind die Etappen des Fortschritts hier auch ökonomisch definiert. Dies und die Tatsache, daß hier die ‹vergleichende Methode›, also die Identifizierung zeitgenössischer Naturvölker mit Stufen des allgemeinen Entwicklungsschemas, schon sehr explizit formuliert worden war, läßt den schottischen Zweig der aufklärerischen Entwicklungstheorien als den für die Anthropologie bzw. Ethnologie bedeutsameren erscheinen.

Diese Tradition verband sich glücklich mit dem positivistischen Wissenschaftsethos und dem politisch-gesellschaftlichen Selbstbewußtsein sowohl der viktorianischen Engländer als auch der egalitären Amerikaner. Alles miteinander brachte jenen singulären Typus des ethnologischen Gelehrten hervor, der seine Gesellschaft auf dem Gipfelpunkt eines ansteigenden Weges sah, auf dem sich die anderen noch abmühten, der das Gesetz dieses Aufstiegs erkannt zu haben und seine Manifestationen zu überblicken glaubte und der deshalb, leidenschaftslos, aber unbeirrt, den Gliedern der menschlichen Familie ihren Rang und ihre Stellung wies. Zu keiner späteren Zeit mehr hat die Ethnologie ein solches Vollgefühl entwickelt.

III. Wirkung

Morgan genoß, wie schon bemerkt, zu seinen Lebzeiten Anerkennung und Ruhm, mußte jedoch auch vehemente Kritik erfahren. Hierbei ist nicht ohne Interesse, daß die Kritik der Zeitgenossen vorwiegend aus England, also aus dem Kreis der englischen Evolutionisten kam. Einer von ihnen, John Lubbock, sah bereits klar die Zirkelhaftigkeit der Morganschen Theorie. In einer Rezension von *Ancient Society* schrieb er: «Mr. Morgans Logik zeigt sich in ihrer ganzen Originalität. Brüder und Schwestern müssen einander geheiratet haben – und zwar mit Bewußtsein und so feierlich, wie es eine Institution erheischt – weil anderenfalls Mr. Morgan unfähig wäre zu erklären, weshalb im malaiischen System die Tanten ‹Mütter›, die Neffen ‹Söhne› genannt werden usw.» (in Stern 1931: 157).

Fast durchweg richtete sich die Kritik der Engländer gegen die globalen Rekonstruktionen von *Ancient Society*, während seine Leistung als Sammler von Datenmaterial hohe Anerkennung fand. Die Ausnahme hiervon bildet McLennan, der in den Verwandtschaftstermini bloße Anredewörter ohne Zusammenhang mit Familienform und Abstammung sah und ihnen darum jede soziologische Bedeutung absprach. McLennans Kritik führte dazu, daß der Prestigeverlust, den die evolutionistische Schule bald erlebte, auch Morgans eigentliche Verwandtschaftsforschungen in Mitleidenschaft zog und sich infolge davon das wissenschaftliche Interesse für mehrere Jahrzehnte von diesem Gegenstand abwandte.

Der Niedergang der evolutionistischen Theorien war unvermeidlich – die sich rasch mehrenden und differenzierter werdenden Kenntnisse über Naturvölker erwiesen sie allesamt als inadäquat. Insbesondere die von Franz Boas in den USA begründete, streng den ethnographischen Tatsachen verpflichtete und jedem vorschnellen Theoretisieren abholde Schule der Ethnologie ließ es sich angelegen sein, die Konstruktionen der Evolutionisten, und insbesondere die des Amerikaners Morgan, im Großen wie im Kleinen als falsch darzutun.

So wurde die Unhaltbarkeit von Morgans Entwicklungsschema, in dem der Entwicklungsrang einer Gesellschaft allein von bestimmten Elementen ihrer technischen Ausrüstung abhing, mit einer Vielzahl von Beispielen demonstriert. Um nur eines zu nennen: Die Polynesier, zumindest der größte Teil von ihnen, erschienen bei Morgan auf der Mittelstufe der Wildheit, also auf der zweituntersten Stufe überhaupt. Der Grund: sie besaßen Bogen und Pfeil nicht, jene technische Errungenschaft, die in dem Schema das Kriterium für die Oberstufe der Wildheit darstellt. Diese Einordnung nahm aber keine Rücksicht darauf, daß die Polynesier ein Volk mit sehr stark ausgeprägter sozialer

Schichtung waren, über ein komplexes Zeremonialwesen verfügten und auch in technischer Hinsicht – etwa im Bootsbau – außerordentliche Leistungen vollbrachten. Damit verglichen war der Besitz oder Nicht-Besitz von Bogen und Pfeil bedeutungslos.

Desgleichen wurde gezeigt, daß der Unterscheidung zwischen «societas» und «civitas» keine Trennlinie in der Realität entspricht, sondern daß Sozialbeziehungen aufgrund territorialer Zusammengehörigkeit stets auch in vorstaatlichen, verwandtschaftlich organisierten Gesellschaften vorhanden sind. Ebenso ist Verwandtschaft dort nicht das alleinige Organisationsprinzip, denn überall kommen auch soziale Gruppen – Klubs, Bünde, Geheimgesellschaften usw. – vor, die sich durch freiwilligen Zusammenschluß gebildet haben. Auch daß die Gentilgesellschaften ursprünglich alle matrilinear gewesen seien, wurde mit guten Gründen bestritten.

Ein anderer grundsätzlicher Mangel der Theorie wurde von Vertretern dieser Schule, die ja eine ‹diffusionistische› war, mit besonderem Nachdruck hervorgehoben: das völlige Außerachtlassen der Möglichkeit, daß kulturelle Ähnlichkeiten durch Entlehnungen entstehen. Morgan war sich durchaus darüber im klaren, daß seine Theorie nur Bestand haben, ja überhaupt erst entstehen konnte, wenn diese Möglichkeit ausgeschlossen wurde; wir haben bereits gesehen, auf wie leichte Weise er diese Forderung erfüllen zu können glaubte.

Auch Morgans Spezialforschungen über die Sozialorganisation der amerikanischen Indianer blieben von der Kritik nicht verschont. Hier zeigte man, daß er, nachdem er die Herkunftshypothese einmal gebildet hatte, nur noch solche Fakten wirklich berücksichtigte, die sie stützten, andere aber überging oder mit Ad-hoc-Erklärungen abtat. Hiervon waren die Gruppen betroffen, die keine Gentilorganisation besaßen, oder diejenigen, deren Verwandtschaftsterminologien nicht dem turanisch-ganowanischen Typus entsprachen. Auch die, in denen sich eine deutliche soziale Schichtung oder ein ausgeprägtes Besitzstreben entwickelt hatten, wurden nicht in ihrer Bedeutung für die Theorie zur Kenntnis genommen. Diese Tendenz zur Selektion wirkte sich dahin aus, daß das Bild, das Morgan von der primitiven Gesellschaft als solcher entwarf, im ganzen verzerrt war, daß es in hohem Maße die Züge der egalitären, demokratischen, matrilinearen und in gentes und Föderationen organisierten Irokesen trug, die aber unter den amerikanischen Indianern, und erst recht unter den «Naturvölkern» allgemein, durchaus eine Sonderbildung darstellten.

Die Folge dieser versammelten und massiven Kritik[8] war, daß Morgan bald als gänzlich abgetan galt und keiner ernsthaften Auseinandersetzung mehr für würdig erachtet wurde. Einzig der Ethnologe L. White stellte sich dem entgegen und betrieb durch viele Jahre hindurch die Rehabilitierung Morgans.

Ein ganz anderes Schicksal – das hier aber nur am Rande erwähnt werden soll – hat Morgans Werk in der vom Historischen Materialismus bestimmten sowjetischen Ethnologie erfahren. Dank des Interesses, das Marx ihm entgegenbrachte, besonders aber durch F. Engels' Vermittlung erlangte es den Rang eines Kanons der vorzivilisatorischen Entwicklungsgeschichte. Als Gründe für diese Bevorzugung vor den anderen Evolutionisten wären zu nennen der materialistische Aspekt des Schemas in *Ancient Society*, die These vom Kommunismus der frühen Gesellschaft und, damit in Übereinstimmung stehend, die sozialistische Vision, als die der Ausblick im letzten Abschnitt des Buches verstanden werden kann; nicht zuletzt die wissenschaftliche Solidität, die Morgans auf empirische Forschungen, nicht nur Spekulationen, gegründetes Werk und seine neuartige Methode der ‹sozialen Archäologie› zu verbürgen schienen.

Die zeitgenössische Ethnologie hat an der Kritik der Boas-Schule im wesentlichen nichts zu revidieren gefunden. Freilich führt sie mit Morgans Werk keine Auseinandersetzung mehr; dieses ist nur noch als herausragende Leistung der Frühzeit der Ethnologie, also als Gegenstand der Wissenschaftshistorie, von Interesse. Als solches aber bietet es der Interpretation auffallende Schwierigkeiten, deren Grund häufig in der Uneinheitlichkeit zu suchen ist, die die Aussagen Morgans zu vielen wichtigen Punkten kennzeichnet. Eine vor einigen Jahren in der Zeitschrift ‹Current Anthropology› wiedergegebene Diskussion (Service 1981) zeigt, daß sich keine einheitliche Auffassung herausgebildet hat etwa über den Einfluß von Morgans Glaubensüberzeugungen auf sein Werk, die Gründe, die seiner Meinung nach zur Entstehung des Staates führten, das Maß, in dem seine Theorie bereits struktur-funktionalistische Elemente aufweist (s. Fortes 1969), und die Frage, ob sie im ganzen idealistisch oder materialistisch ist, und anderes. Morgans Werk gleicht, wie einmal bemerkt wurde, einem Rorschach-Test, in dem jeder Betrachter sieht, was zu sehen er disponiert ist – in dem dies alles aber auch enthalten ist, wie man hinzufügen müßte.

Frei von solchem Schwanken aber ist Morgans Nachruhm und Bedeutung als Begründer der ethnologischen Erforschung von Verwandtschaftssystemen. Die von ihm erhobenen Daten sind auch für die heutige Forschung wertvollstes Material, und auch seine Auffassung von der generellen Charakteristik dieser Systeme ist von der modernen Theorie bestätigt worden.[9]

Annemarie Fiedermutz-Laun

ADOLF BASTIAN
(1826–1905)

Die Voraussetzungen für die Konstituierung der Ethnologie als selbständige Wissenschaft in Deutschland sind um die Mitte des 19. Jahrhunderts gegeben, als ihr in Adolf Bastian der Wissenschaftler und Organisator erwächst, der es unternimmt, die wegbereitenden Richtungen zu einer eigenen ethnologischen Disziplin zusammenzufassen. Eine gewaltige Aufgabe, denn sie vollzieht sich in einem Jahrhundert, in dem es brodelt und gärt im Streit der Theorien und Methoden, und in dem die wissenschaftlichen Fächer, die Bastian mit der von ihm konzipierten Ethnologie verbunden sieht, sich selbst noch auf der Suche nach einer Standortbestimmung befinden. Denn seit sich Ende des 18. Jahrhunderts auf Grund der Erkenntnis von der physischen Einheit der Rassen die allgemeine Anerkennung der psychischen Einheit aller Menschen Bahn gebrochen hat, bauen auf diesem Gedanken der Aufklärung eine Reihe von Wissenschaften eigene Forschungsrichtungen aus. Die vergleichende Psychologie und Völkerpsychologie werden von Herbart, Beneke, Fechner, Waitz und Lazarus-Steinthal ausgestaltet. Das naturwissenschaftliche Denken findet im Positivismus von Comte, der der Soziologie zum Rang einer selbständigen Wissenschaft verhilft, seinen Niederschlag, ferner im Entwicklungsgedanken, der seine geisteswissenschaftliche Ausprägung bei Herder und im Positivismus, seine naturwissenschaftliche bei Darwin findet. Der unilineare Evolutionismus beginnt Teile der Geschichtswissenschaft zu prägen. Neben die Arbeiten der vergleichenden Linguistik und der vergleichenden Mythologie tritt die Prähistorie, die Anthropologie gewinnt zunehmend an Bedeutung, ist jedoch noch eng mit der Psychologie verhaftet. Die Verbindung von Geographie und Geschichte hat bei Ritter ihren ersten Höhepunkt erreicht, und bei A. v. Humboldt wird die Geographie zu einer Chorologie, zur Lehre von Naturräumen. Die mittelalterlichen Vorstellungen von den Naturvölkern als Monsterwesen, als «Hundsköpfige», «Brustgesichtige», sind exakteren Kenntnissen gewichen. Die Kuriositäten- und Raritätenkabinette werden allmählich in wissenschaftlich fundierte ethnographische Sammlungen übergeleitet. Die seit dem Zeitalter der Entdeckungen aus allen Teilen der Erde zusammenfließenden ethnographischen Parallelen verlangen nach einer theoretischen Bearbeitung.

Das Bestreben Bastians, aus diesen verschiedenen Strömungen zu Beginn seiner Schaffenszeit, um 1859, die ethnologisch relevanten

Gedanken zu einem eigenen Lehrgebäude zu verarbeiten und diesem Gebäude eine organisatorische Basis zu geben, führt zur Begründung der deutschen Ethnologie.[1] Folgen wir Bastian in seiner eigenen Sicht, so befand er sich im Sinne der vergangenen Epoche auf der Suche nach einer Wissenschaft, die dem menschlichen Streben nach Selbsterkenntnis gerecht werden könne. Zu guter Letzt war er dabei auf die Ethnologie gestoßen, die bis dahin ein bescheidenes Dasein – als nebensächlicher Anhang bald zur Geschichte und Geographie, bald zur Anthropologie – geführt hatte: «Man zog das unscheinbar kleine Dingelchen aus seinem Versteck hervor, um es genauer zu beschauen, und unter Umherwenden in geschickten Händen, entpuppte es sich plötzlich in den Umrissen einer großartigen Wissenschaft, worin man beim aufmerksamen Hinsehen, die lang gesuchte erkannte: die Lehre vom Menschen in höchst eigener Person» (*Die Aufgaben der Ethnologie* 1898: 201). Die Stellung, die Bastian seiner Lehre vom Menschen zwischen den Nachbardisziplinen einräumt, weist über eine philosophisch-psychologische Akzentuierung der Ethnologie hinaus auf ein Verhältnis zu Prähistorie, Linguistik, Anthropologie, wie es ungeachtet kontroverser Ansätze auch der heutigen Ausrichtung entspricht.

In der wissenschaftsgeschichtlichen Forschung hat Bastians Werk eine zwiespältige Einordnung erfahren. Lassen wir Zeitgenossen außer acht, die wie M. Buchner die Veröffentlichungen Bastians aufgrund des mangelhaften sprachlichen Ausdrucks für «unlesbar» erklären, so stehen sich für die Beurteilung des vielschichtigen theoretischen Anliegens, wie es in der Lehre vom Elementar- und Völkergedanken zum Ausdruck kommt, Vertreter der Ethnosoziologie und der Kulturhistorie gegenüber. Während die ethnosoziologische Richtung, die in Deutschland von W. E. Mühlmann vertreten wird, in Bastian einen führenden Repräsentanten ihrer Disziplin sieht, würdigt die kulturhistorische Ethnologie vornehmlich die umfangreichen organisatorischen Leistungen und verleiht Bastian unter diesem Aspekt das Prädikat «Vater der Völkerkunde». Nach Ansätzen von B. Ankermann, 1926, wird in der zweiten Hälfte dieses Jahrhunderts das Verdienst Bastians um die kulturhistorische Theorie durch den Nachweis betont, daß er in seiner *Lehre von den geographischen Provinzen* nicht nur das Einteilungsprinzip der späteren «kulturhistorischen Schule», den «Kulturkreis», bereits herausgearbeitet, sondern darüber hinaus eine geographisch-historische Richtung postuliert hat, die sich unter anderem mit der Annahme von Kulturübertragung und sekundärer Primitivität von einem einlinigen Entwicklungsdenken distanziert. Indem Bastian seinen Theorien eine umfassende Materialsammlung zugrunde legt, stellt er außerdem die Ethnologie auf den Boden der Empirie und stemmt sich damit als einer der wenigen im 19. Jahrhundert der Gefahr der Überflutung der deutschen Geisteswissenschaft mit evolutionistischen Gedanken entgegen.

Adolf Bastian (1826–1905)

Schon dieser Bereich seines Schaffens allein rechtfertigt es, Bastian unter die «Klassiker» der Ethnologie einzureihen.

I. Leben

1. Lebensweg, Reisen und organisatorische Leistungen

Der Lebensweg Bastians ist mit seiner wissenschaftlichen Tätigkeit eng verbunden, und aus seinem persönlichen Leben ist wenig bekannt, so daß beides mit wenigen Worten umrissen werden kann: Als Sohn eines Bremer Kaufmanns wurde Philipp Wilhelm Adolf Bastian als zweites von neun Geschwistern am 26. Juni 1826 in Bremen geboren. Elternhaus und Heimatstadt werden dazu beigetragen haben, in Bastian das Interesse für überseeische Länder und ihre Bewohner zu wecken.[2] Nach Abschluß seiner Schulbildung widmete sich Bastian zunächst juristischen Studien, sattelte jedoch nach zwei Semestern um und studierte Naturwissenschaften und Medizin. In Würzburg verbrachte er seine Schlußsemester und begegnete hier dem damaligen Inhaber des Lehrstuhls für pathologische Anatomie, R. Virchow. Eine fruchtbare Zusammenarbeit begann, die in ihrem Verlauf die beiden Männer unter anderem auch an die Spitze der ersten ethnologischen Gesellschaft stellte. 1850 schloß Bastian sein medizinisches Studium erfolgreich ab, und noch im gleichen Jahr begann er als Schiffsarzt seine Reisepläne zu verwirklichen, die ihn zwischen 1850 und seinem Tod 1905 in neun großen Reisen mehrmals um die Erde führen sollten. Diese Reisen, denen Bastian ebensoviele Jahre widmete wie seiner Tätigkeit in Berlin, sind auf eine umfassende Sammlung ethnographischen Materials gerichtet. Die Veröffentlichung der Ergebnisse und die Darstellung seines theoretischen Gebäudes, das Bastian der Geistesgeschichte aller Zeiten und Völker entnimmt, legt er zwischen seinen Reisen in Publikationen nieder, die mit etwa 80 meist mehrbändigen Monographien, 240 Aufsätzen und 350 Besprechungen ein ungewöhnlich großes Ausmaß erreichen. Das Anlegen von Museumssammlungen, die Lehrtätigkeit an der Berliner Universität, die Ausbildung von Mitarbeitern und Ehrenämter in verschiedenen Gesellschaften ergänzen das Lebenswerk eines Mannes, der unter dem vielzitierten Nachruf in die Wissenschaftsgeschichte einging: «Kein deutscher Gelehrter hat mehr gereist, keiner mehr gelesen, keiner mehr geschrieben!» (v. d. Steinen 1905: 240).

Überblicken wir kurz den zeitlichen Verlauf der Reisen, beruflichen Stationen und organisatorischen Leistungen:

1850–1858 Seine erste Reise führt Bastian als Schiffsarzt um die Erde. Dabei bereist er vornehmlich die Südsee, Amerika, Indien, den Vorderen Orient und Afrika.

1861–1865 Während seiner zweiten Reise widmet sich Bastian in Ostasien überwiegend dem Studium des Buddhismus.

1867 Bastian habilitiert sich an der Universität Berlin.

1868 Er übernimmt die Leitung der von C. Ritter begründeten Gesellschaft für Erdkunde. Im gleichen Jahr wird Bastian Assistent in der Verwaltung der ethnographischen und prähistorischen Sammlungen der königlichen Museen.

1869 Bastian wird Dozent für Völkerkunde an der Universität Berlin. Zusammen mit R. Hartmann begründet er die *Zeitschrift für Ethnologie* sowie mit R. Virchow die Berliner Gesellschaft für Anthropologie, Ethnologie und Urgeschichte. Damit ist die Ethnologie in Deutschland als selbständige Wissenschaft konstituiert.

1870 Es folgt die Begründung der Anthropologischen Gesellschaft in Wien, mit Virchow.

1873 Die dritte Reise führt Bastian an die Loango-Küste. Im gleichen Jahr gründet er die Deutsche Gesellschaft zur Erforschung Äquatorialafrikas. Die seit 1868 von Bastian angestrebte Eigenständigkeit der ethnographischen Sammlungen führt zur Gründung des Berliner Völkerkundemuseums.

1875–1876 Die vierte Reise ist Süd- und Nordamerika gewidmet. Bastian wird zum Direktor der ethnographischen Sammlungen berufen.

1878 Gründung der Afrikanischen Gesellschaft.

1878–1880 Die fünfte Reise führt Bastian nach Indien, Polynesien, Nord- und Südamerika.

1886 Dieses Jahr kann als Höhepunkt der beruflichen Laufbahn Bastians angesprochen werden: Mit der Eröffnung des Königlichen Museums für Völkerkunde zu Berlin wird Bastian zum Direktor und Geheimen Rat ernannt.

1889–1891 Die sechste Reise führt Bastian über Südrußland nach Indien und Ozeanien.

1896 Ehrungen und Festschriften in- und ausländischer Kollegen werden Bastian anläßlich seines 70. Geburtstages zuteil.

1896–1898 Die siebte Reise hat Java und die umliegenden Inseln zum Ziel.

1901–1903 Die achte Reise führt nach Indien und Ceylon.

1903–1905 Während der neunten Reise, deren Ziel die westindischen Inseln sind, stirbt Bastian in Port of Spain, auf Trinidad.

2. Persönlichkeit und Weltanschauung

In biographischen Darstellungen wird Bastian als Einzelgänger charakterisiert und als ein Mensch, «dessen Erdenwallen restlos bestimmt war durch seine eine Aufgabe, den Schlüssel zur Lösung des Rätsels nach der Stellung des Menschen im Kosmos bei den unbeachteten Naturvölkern zu suchen, bevor sie dahingeschwunden oder durch europäische Einflüsse verändert seien» (Honigsheim 1926: 61). Sein Junggesellentum und das vom Vater ererbte Vermögen ermöglichten es ihm, sein Leben ganz seiner wissenschaftlichen Aufgabe zu widmen. Große Tatkraft gepaart mit größter Bedürfnislosigkeit werden ihm zugeschrieben. Diese Eigenschaften dürften ihm geholfen haben, nicht nur seine Reisen durchzuführen, sondern auch seine umfangreichen wissenschaftlichen und organisatorischen Aufgaben in der Heimat zu erfüllen. Als besondere Gabe Bastians gilt seine Fähigkeit, geeignete Mitarbeiter auszuwählen, Reisende zu schulen und sie in seinem Arbeitseifer mitzureißen. Mit F. Boas, F. v. Luschan, E. Seler, P. Ehrenreich, K. v. d. Steinen u. a. arbeiten zur Zeit Bastians in Berlin Wissenschaftler, die für die Ethnologie Grundlegendes geleistet haben.

Im persönlichen Bereich scheint das Leben Bastians von Einsamkeit überschattet. In jüngeren Jahren soll er nach Schilderungen von Zeitgenossen ein durchaus lebensfroher, geselliger Mensch gewesen sein, und die Übersetzung birmanischer Liebeslieder, die zum Teil im «Bremer Sonntagsblatt» erscheint, hat wenig gemeinsam mit dem ruhelosen Reisenden, um dessen Sonderlichkeit sich ein Kranz von Anekdoten rankt.

Wenn Bastian auch die christliche Theologie häufig mit beißendem Spott bedenkt und ihr eine positivistisch-naturwissenschaftliche Haltung gegenüberstellt, so war er doch zeitlebens religiös; sein ganzes Schaffen kann unter einer weltanschaulichen Perspektive gesehen werden – anders als bei Comte beispielsweise, der erst in vorgerücktem Lebensalter die Hinwendung zum Religiösen vollzieht. Die eingehende Beschäftigung mit dem Buddhismus, dessen Erforschung Bastian mehrere Reisen widmet, wird mitbestimmt von dem allgemeinen Interesse für diese Religion im 19. Jahrhundert. Seine pantheistisch-humanistische Haltung übernimmt Bastian aus der vergangenen Epoche von seinem großen Vorbild A. v. Humboldt[3] mit der Idee vom harmonischen Kosmos: «Wir kennen keinen Himmel mehr über unserem Haupte, keinen Platz, um einen Thron zu stellen, wir blicken überall in die Unendlichkeit des Alles hinaus und erkennen dort die Harmonie der ewigen Gesetze, die ewigen Gesetze der Materie nicht nur, sondern auch ihre geistigen Abstractionen, in deren Einklang unsere eigene Wesenheit sich erfüllt» (*Der Mensch in der Geschichte* I 1860: 195).

Bastian durchwandert alle Erdteile und befaßt sich mit der Philosophie und Religionsgeschichte aller Zeiten und Völker, um seinem Ziel, dem menschlichen Selbstverständnis näherzukommen. Daß er dieses Ziel nicht erreicht, liegt aus heutiger Sicht nicht an mangelndem persönlichen Einsatz, sondern an dem eingeschlagenen Weg. Denn seine Vorgehensweise, an Hand umfangreichsten ethnographischen Materials allgemeingültige Gesetze abzuleiten und von diesen rückwirkend auf das Individuum zu schließen, gehört einer Epoche an, die im Sinne von Aristoteles den Staat vor die Individuen stellt und, beeinflußt von Herders Volksgeist und der neubegründeten Soziologie, die Gesellschaft dem Individuum überordnet.

3. Die Veröffentlichungen

Seine Materialsammlungen und theoretischen Schriften veröffentlicht Bastian, wie oben erwähnt, zwischen seinen Reisen. Trotz ihrer großen Zahl sind Bastians Arbeiten auffallend wenig gelesen und bearbeitet worden. Eine Ursache dafür mag in den stilistischen Mängeln und der unzureichenden Arbeitstechnik zu suchen sein (Bastian gibt weder Primär- noch Sekundärquellen an). Keine Schrift über Bastian, in der nicht über diese Schwierigkeiten geklagt wird. «Man kann mit einigem Eifer höchstens zwei oder drei der kleineren Schriften durchlesen, dann versagt die Kraft», bemerkt der Zeitgenosse J. Eisenstädter (1912: 11). Und Mühlmann schränkt bei aller Anerkennung, die er dem Bastianschen Werk zollt, ein, daß seine späteren Schriften derart abstrus und inkohärent sind, daß sie sich nicht mehr als wissenschaftliche Leistungen begreifen lassen. Dieser Mangel mag als Begründung dafür herangezogen werden, daß Bastians Werk nur unzureichend bekannt und einseitig eingeordnet wurde. Da es jedoch unter den Arbeiten auch fesselnd geschriebene Reiseberichte gibt[4] und, wenn auch nicht systematische, so doch durchaus verständliche Darstellungen seiner Theorie, so scheint von hier aus die Unkenntnis der Bastianschen Schriften nur teilweise begründet.

Weitaus schwieriger, als den Inhalt der Arbeiten zu erschließen, dürfte es sein, sie thematisch zu klassifizieren. Denn außer in zwei große Gruppen, «ethnographische Darstellungen» und «Schriften zur Theorie und Methode», die sich gegenseitig durchdringen, lassen sich die Arbeiten nur sehr allgemein gliedern in: «Geographie und Reisen», «Erwerbungen des Museums für Völkerkunde», «Philosophie», «Psychologie», «Religion», «Religionsgeschichte», «Folklore», «Recht», «Koloniales», «Anthropologie», «Archäologie», «Prähistorie», «Linguistik» und «Varia». Das Werk Bastians in zeitliche Perioden zu unterteilen, ist problematisch, denn Bastian legt bereits in seinen Frühwerken die einzelnen Teile seiner Lehre fest und fügt im Laufe seines Schaffens keine entscheidenden Gesichtspunkte mehr hinzu. Einzelne thematische Schwerpunkte lassen sich jedoch in großen Zügen, allerdings mit starken Einschränkungen, erkennen. Dabei sei an die Reisen erinnert, die jeweils mehrjährige Unterbrechungen seiner literarischen Produktion bedeuten. Phasen des ethnographischen Sammelns wechseln sich ab mit Zeiten schriftlicher Arbeit. Die ethnographischen Berichte selbst ergeben nur in wenigen Fällen ein regionales Einteilungskriterium, da Bastian während seiner Reisen zumeist mehrere Erdteile aufsucht. Schwerpunkte zu einzelnen Themen sind in Bastians theoretischen Schriften enthalten. Im Anschluß an seine erste Reise stehen Psychologie und methodische Fragen im Vordergrund. *Der Mensch in der Geschichte. Zur Begründung einer psychologischen Weltanschauung* ist Bastians Hauptwerk und A. v. Humboldt gewidmet. Bastian veröffentlicht es 1860, also bereits zu Beginn seines Schaffens. In drei Bänden, die in großen Zügen die ethnographischen Kenntnisse seiner Zeit enthalten, stellt Bastian seine sozialpsychologische Lehre dar. In der Zeit vor und nach 1870 legt er Gewicht auf die Lehre von den geographischen Provinzen, unter anderem in *Das Beständige in den Menschenrassen und die Spielweite ihrer Veränderlichkeit,* 1868; auch in dem Aufsatz *Das natürliche System in der Ethnologie,* 1869. Die Geschichtsbewegung und ihre geographische Bedingtheit werden in *Die Cultur und ihr Entwicklungsgang auf ethnologischer Grundlage,* 1871, behandelt. In diesem Zusammenhang steht auch eine Reihe von Aufsätzen, unter anderem *Die geographischen Provinzen als Berührungspunkte der Naturwissenschaft und Geschichte,* 1872. In diese Zeit fällt die Auseinandersetzung mit E. Haeckel, die 1874 in der Schrift *Offener Brief an Herrn Prof. E. Haeckel* gipfelt. Zwischen 1880 und 1890, also zwischen der fünften und sechsten Reise, wird die Lehre vom Elementar- und Völkergedanken ausgearbeitet. Beispiele sind unter anderem in *Das Thier in seiner mythologischen Bedeutung,* 1869, oder in *Die Rechtsverhältnisse bei verschiedenen Völkern der Erde,* 1872, niedergelegt. Auch religionsphilosophische Probleme stehen, in Verbindung mit dem Buddhismus, während dieser Zeitspanne im Vordergrund, so zum Beispiel in der Arbeit *Der Buddhismus in seiner Psychologie,* 1882. In dieser Phase und weiterführend bis zum Ende seines Schaffens fällt die Diskussion mit Vertretern der Theorie von der Kulturübertragung, vor allem mit F. Ratzel, die auch in *Controversen in der Ethnologie* von 1893/94 zum Ausdruck kommt. Die Spätwerke bilden im wesentlichen Wiederholungen der gesamten Lehre. Für Berichte über Sammlungen und Neuerwerbungen für das Museum sei auf die Notizen Bastians in der *Zeitschrift für Ethnologie* verwiesen. Seine Stellung zu Zeitgenossen kommt in den Rezensionen zum Ausdruck, von denen einige in das Werkverzeichnis aufgenommen wurden.

II. Werk

1. Zum Aufbau

Die Theorie, die Bastian seinem Werk zugrunde legt, ergibt sich aus der Notwendigkeit, die ethnographischen Parallelen, die «Universalien» aus heutiger Sicht, zu erklären. Denn als «mit Beginn ernstlicher Forschung in der Ethnologie das angesammelte Material sich zu mehren begann, als es wuchs und wuchs, wurde die Aufmerksamkeit bald gefesselt durch die Gleichartigkeit und Übereinstimmung der Vorstellungen, wie sie aus den verschiedensten Gegenden sich miteinander deckten, unter ihren lokalen Variationen» (*Der Völkergedanke* 1881: 176). In seiner psychologischen Theorie oder Lehre vom Elementar- und Völkergedanken werden die Kulturphänomene als «Gedanken» des sozialen Menschen zum Forschungsgegenstand. Sie können sich als Elementargedanken, die bei allen Völkern analog auftreten, oder in differenzierter Form als Völkergedanken äußern. Ihre Entfaltung zu Völkergedanken vollziehen die Elementargedanken in einem Entwicklungsprozeß, der durch geographisch-historische Reize ausgelöst wird. Diese Reize sind in den geographischen Provinzen wirksam. Sie bilden das Einteilungsprinzip, das im Mittelpunkt der Lehre von den geographischen Provinzen steht. Diese Theorie entspricht im Aufbau der Lehre vom Elementar- und Völkergedanken, läßt jedoch eine Betonung der geographisch-historischen Faktoren erkennen, die die spätere Phase des Bastianschen Werkes charakterisiert. So betrachtet es Bastian gegen Ende seines Schaffens, im Jahre 1900, 40 Jahre nachdem er in seinem Werk *Der Mensch in der Geschichte* erstmals die Lehre vom Elementar- und Völkergedanken vorgestellt hat, als seine Aufgabe, «Einmal nämlich (wie schon gesagt) das allgemein Constante als solches zu constatieren und dann diejenigen Ursächlichkeiten zu klären, wodurch in den topischen Verschiedenheiten deren Differenzen hervorgerufen sind. Dies Letztere führt dann auf die ‹Lehre von den geographischen Provinzen› und den sie topographisch verbindenden ‹Geschichtsbahnen›» (*Die Völkerkunde und der Völkerverkehr* 1900: 33).

2. Die Ethnologie als Psychologie

Bastian faßt seine ethnologische Forschung auf als eine auf die Naturvölker, die *ethnikoi*, gerichtete Psychologie, der er eine naturwissenschaftliche Methode (s. u.) zuzuordnen sucht. Als naturwissenschaftliche Psychologie oder ethnische Psychologie durchzieht seine Forderung nach einer psychologischen Bearbeitung des ethnographischen Materials sein gesamtes Werk: «Als Lehre von den Völkergedanken gefaßt, repräsentiert die Psychologie damit den geistigen Horizont, sowie der Mensch (in dem ihm zugehörigen Mikrokosmos) lebt, soweit dieser sich als reine Schöpfung ethnischer (sozial-psychologischer) Tätigkeit ergiebt» (*Der Völkergedanke* 1881: 13). Beeinflußt von der Aristoteles-Renaissance in Berlin und dem Grundgedanken, daß der Staat dem Individuum übergeordnet ist, zugleich aber auch eng verbunden der Idee vom Volksgeist Herders und dem Positivismus von Comte, faßt Bastian den Menschen als soziales Wesen, als «Gesellschaftswesen» auf. Dabei stellt er als Forschungsgegenstand nicht die Phänomene *zwischen* den Menschen, sondern *der* Menschen in den Vordergrund. Die Ausrichtung Bastians ist also deutlich abgrenzbar von einer auf die Naturvölker gerichteten Soziologie im Sinne Comtes. Denn aus Bastians Sicht ergibt sich folgerichtig der Begriff «Gedanken» für die Kulturphänomene, die er als Produkte der menschlichen, sozial ausgerichteten Psyche auffaßt. Unter diesen «Gedanken» weist Bastian, beeinflußt von Herder und W. v. Humboldt, der Sprache eine grundlegende Bedeutung zu: «Der Mensch als Gesellschaftswesen, als *zoon politikon*, setzt die Sprache voraus, das Band des geselligen Verkehrs» (*Controversen in der Ethnologie* II 1893/94: 2). Von hier aus vollzieht Bastian auch die Abgrenzung gegenüber der Anthropologie, für die der Mensch zwar die Sprache erlernt, aber als Forschungsgegenstand Individuum bleibt.

Die Lehre von der sozialen Natur des Menschen, der Bezug auf die Naturvölker und der Versuch einer naturwissenschaftlichen Methode bestimmen das kritische Verhältnis Bastians zu verwandten Richtungen seiner Zeitgenossen. Herbart und Beneke werden, trotz mancher Anerkennung, von Bastian abgelehnt, vor allem mit dem Hinweis, daß sie weitgehend in der Selbstbeobachtung des Individuums steckengeblieben seien. Aus diesem Grund wird auch die Psycho-Physik von Fechner trotz ihrer naturwissenschaftlichen Ausrichtung zurückgewiesen. Selbst die Bastian nahestehende Völkerpsychologie von M. Lazarus und H. Steinthal wird eingeschränkt, da sie zu sehr auf die Erscheinungen *zwischen* den Menschen ausgerichtet sei. Als einziger Zeitgenosse findet E. B. Tylor, mit dem Bastian zu einem fruchtbaren Gedankenaustausch 1865 in England zusammentrifft, seine Zustimmung.[5]

Eine Tendenz wiederholt sich weder in der zeitgenössischen noch in der späteren Ethnologie: die Bestimmtheit, mit der Bastian seine ethnische Psychologie verpflichtet, unmittelbar zur Selbsterkenntnis des Menschen beizutragen. In vielen Versionen durchzieht dieses Anliegen sein Werk: «Die Ethnologie ist hingewiesen auf das Ethnos, auf den Menschen als Gesellschaftswesen oder zoon politikon, und das Studien-Object bilden demnach die Gesellschaftsgedanken (...) zur Aufrichtung eines auf ‹Kathola› begründeten (...) Doms: das eben überwölbend ‹quod ubique semper, quod ab omnibus creditum est› (in ethnischen Elementargedanken)» (*Die Völkerkunde und der Völkerver-*

kehr 1900: 105). Diese Gesellschaftsgedanken, die Bastian aus dem ethnographischen Material aller Völker und Zeiten zu abstrahieren sucht, zielen auf das hin, was in der Psychologie von C.G. Jung als das Kollektiv-Unbewußte charakterisiert wird. Es ist für Bastian latent in allen Kulturerscheinungen enthalten, und als «Es, das in uns denkt»,[6] lenkt es die Weiterentwicklung des Menschen. Die Lehre von den Archetypen Jungs ist bei Bastian in vielen Zügen vorweggenommen.

3. Die Lehre vom Elementar- und Völkergedanken

Aus dem Aufbau der Theorie Bastians ergeben sich voneinander abgrenzbare Einheiten, die je nach dem Gewicht, das ihnen beigemessen wird, einander widersprechende Züge aufzeigen. In der Lehre vom Elementar- und Völkergedanken oder psychologischen Theorie steht für die Erklärung analoger Kulturphänomene im Sinne der Aufklärung die gleiche psychische Disposition aller Menschen im Vordergrund. Ihre Grundformen, die Elementargedanken, können sich zwar an verschiedenen Stellen der Erde unabhängig voneinander entwickeln, müssen jedoch aus ihren lokalen Varianten, den Völkergedanken, zumeist rückwirkend abstrahiert werden.[7]

Bastian bezieht sich auf eine Reihe von verwandten Theorien, unter ihnen die Monadenlehre von Leibniz, die *atomi naturae* von Wolff, die *confronti* von Vico und verwandte Gedanken im englischen Empirismus, in der Assoziationspsychologie bei Locke und Hume. Auch Prichard und Meiners stehen ihm nahe, vor allem aber R. Andree, der jedoch seine «ethnographischen Parallelen» nicht zu einem eigenen Lehrgebäude ausbaut. Als direkten Vorläufer sieht Bastian Herder, dessen Lehre vom Volksgeist sich auch äußerlich, in dem Terminus Völkergedanke, niederschlägt.

Deutlich unterscheiden sich die Völkergedanken von den Oekotypen und Konvergenzen.[8] Die Oekotypen sind gleichartige Phänomene, die durch Wanderungen beispielsweise in verschiedenartige Umwelten gelangen und sich unter ihrem Einfluß zu voneinander verschiedenen Typen differenzieren können. Die Konvergenzen dagegen werden als voneinander verschiedene Phänomene durch eine gleiche Umwelt analog zueinander ausgeformt. Ein dritter Vorgang vollzieht sich bei der Ausprägung der Völkergedanken, denn durch den ihnen innewohnenden Entwicklungstrieb durchziehen die Elementargedanken alle Stufen der Menschheitsentwicklung und werden – in dieser Version der Bastianschen Theorie – durch die lokalen, geographisch-historischen Einflüsse nur äußerlich modifiziert.

Die «Horde» zeigt, neben anderen Phänomenen, auch die primäre Vorstufe der sich bis zum Staat ausgestaltenden sozialen Stufenreihe. In der Horde finden sich *in nuce* bereits all die Anlagen vereint, die im sozialen Leben der Kultur zur Ausführung gelangen wie die Endogamie, das Recht des Stärkeren, die Differenzierung der Geschlechter und die Verteilung nach Altersklassen. Im weiteren Entwicklungsverlauf bilden sich die Exogamie, die Mutterfolge, das Connubium, die Gastfreundschaft und anderes aus. Eine weitere Differenzierung erfolgt bei der Arbeitsteilung. Wie im Bienen- oder Ameisenstaat schließt sich an die «instinktive Herstellung von Werkzeugen», nach Bastian, «die Ordnung socialen Zusammenlebens auf den primitiven Umrisslinien menschlicher Existenz» (*Allgemeine Grundzüge* 1884: XXX). Die Berufsklassen entstehen «durch das Zusammenschließen von Gleichartigem» (ebd.: 51).

In mehreren Aufsätzen und zum Teil mehrbändigen Werken widmet sich Bastian der vergleichenden Religionswissenschaft,[9] denn neben den sozialen sind für ihn die religiösen Phänomene als Vergleichsobjekte besonders aufschlußreich. Als Beispiel sei auf die Schilderung der religiösen Begriffe der Pelauer verwiesen (*Volks- und Menschenkunde* I 1888: 78). Bastian nimmt sie zum Anlaß, um zu zeigen, wie sämtliche Entwicklungsphasen, von dem ursprünglichsten Zustand einer «rohen» empirischen Auffassung der Außenwelt bis zu einem hochentwickelten System mit Kult und Priestertum, sich erhalten können und wie hier Erscheinungen zu verfolgen sind, die in anderen Regionen der Südsee nur noch voneinander getrennt vorkommen.

Wenn auch für Bastian die «reinen» Elementargedanken nur selten (bei den «Wildstämmen») auftreten, so besteht doch ein grundlegender Unterschied zwischen seiner Auffassung und den Vorstellungen von einer «primären» und einer «sekundären» Kulturschicht sowie dem «Urvolk» der Kulturhistorie.[10] Darin wird eine allen Menschen gemeinsame Grundschicht von einfachen, «elementaren» Kulturphänomenen abgetrennt von einer sekundären Schicht mit komplizierteren Erscheinungen, die bei auftretenden Analogien auf einen historischen Zusammenhang hindeuten. Dieser Grundsatz von elementaren Kulturerscheinungen wird relativ niedrig angesetzt und beschränkt sich auf allgemeine Phänomene wie «Werkzeug», «Recht», «Religion», «Sozialordnung» usw. Es handelt sich dabei um Begriffe, die auch Bastian seinen Materialsammlungen, als «übergeordnete» Elementargedanken sozusagen, voranstellt. Sie sind jedoch, wie oben deutlich wurde, in eine Vielzahl weiterer Begriffe untergliedert, die ebenfalls als Elementargedanken aufgefaßt werden. Zu «Recht» trägt Bastian unter anderem zusammen: «Eigentum», «Familie», «Häuptling», «Regierung» oder «Raubehe».

Die Kontroverse, die sich zwischen Vertretern der anthropogeographischen Schule, das heißt den unmittelbaren Vorläufern der kulturhistorischen Schule, und Bastian in den letzten beiden Jahrzehnten des 19. Jahrhunderts entzündet, richtet sich jedoch weniger auf die Frage, wie hoch der Grundsatz der Universalien anzusetzen sei, als zunächst auf die Gefahr von Fehlerquellen, die Bastians Arbeitsweise zugesprochen wird. Ein prägnantes Beispiel ist die Diskussion um Armbrust und Bogen: Bastian faßt die Armbrust als Völkergedanken auf, dessen weites und isoliertes Vorkommen durch Übertragung erklärt werden kann, der Bogen dagegen stellt einen Elementargedanken dar, wie er treffender nicht zu finden ist: «Der Bogen, als dessen Sondermodification die Armbrust erscheint, bildet ein lehrreichstes Beobachtungsobject der Ethnologie», der uns «von allen fünf Continenten her entgegentritt, aus elementarer Unterlage, gleichsam als materiell realisierter (oder materialisierter) Elementargedanke, dessen differencirte Variationen wir aus (den geographischen Provinzen conformen) Modificationen des amerikanischen, afrikanischen, oceanischen Bogens usw. (und auf jedem Continent wiederum in vielfältig localen Wandlungen) herauszulesen hätten, wie überall den Völkergedanken aus comparativen Differencirungen thatsächlicher Anschauungen (wenn in den Sammlungen der Museen ausgebreitet vorliegend, zum vergleichenden Ueberblick)» (*Armbrüste und Bogen* 1894: 447). Die Kritik von Ratzel setzt ein mit dem Hinweis, daß der Bogen auf dem australischen Kontinent autochthon nicht vorkommt.

Die Lehre vom Elementar- und Völkergedanken wird von Bastian nicht angewendet vorgeführt. Sie bleibt in der ungeheuren Materialsammlung, mit der er sie belegen will, stecken. Bastian gelingt es weder, die Elementargedanken geschlossen zusammenzustellen, noch die angestrebte «Spannungsreihe» der Elementargedanken, das heißt ihr Gewicht und ihre Wertigkeit, die von besonderem Interesse wären, systematisiert niederzulegen. Daher verlagert sich die Auseinandersetzung zwischen Bastian und dem Anthropogeographen Ratzel, an der sich auch Zeitgenossen wie H. Schurtz beteiligen, auf eine theoretische Ebene. Sie weitet sich aus zu einer Kontroverse zwischen der «psychologischen» oder «anthropologischen» und der «diffusionistischen» Richtung, die sich bis in die wissenschaftlichen Diskussionen um eine soziologische oder historische Perspektive der heutigen Ethnologie fortsetzt.[11] Vordergründig handelt es sich zwischen Bastian und Ratzel darum, ob bei auftretenden Analogien als erstes die Möglichkeit einer parallelen Entwicklung oder einer Kulturübertragung zu untersuchen sei. Dahinter steht jedoch bis in unsere Tage die Frage nach der Kulturgeschichte als Entwicklungsgeschichte, die Bastian bejaht: «Der Lebensraum der Weltgeschichte schiesst Zweige auf allen Seiten hervor. Sie bekleiden sich mit Blättern, sie säuseln im Winde, sie brausen im Sturme, dann fallen sie ab und verdorren. Aber dazwischen treibt die ewige Spirale der Entwicklung aufwärts, ruhig, gleichmäßig in gesetzlicher Harmonie» (*Der Mensch in der Geschichte* I 1860: 340).

4. Der Entwicklungsgedanke

Der Entwicklungsgedanke Bastians basiert auf zeitgebundenen Theorien, die Bastian ausweitet: Grundlegend ist der Gedanke einer gesetzmäßigen Entwicklung der menschlichen Geschichte, die sich vom Unvollkommenen zum Vollkommenen vollzieht. Die Naturvölker faßt Bastian daher nicht als eine Vorstufe oder Abart des Menschen auf, sondern im Sinne des erwähnten Grundgedankens der Aufklärung von der gleichen psychischen Struktur aller Menschen, lediglich als eine niedere Stufe, die der Weiterentwicklung fähig ist. Denn es besitzt «in genetischer Inductionsforschung ... das Kleinste auch seine voll zu gewährende Wichtigkeit, oft im speziellen Fall eine größere, als das Große. Dies führt zur Betonung der wissenschaftlichen Bedeutung der Ethnologie, in Einführung des genetischen Prinzips in die Menschheitsgeschichte» (*Der Völkergedanke* 1881: 174). Der Anstoß zu dieser Auffassung war durch die Ausweitung des geschichtlichen Horizontes gegeben, als durch den Weltverkehr die Naturvölker in die Betrachtung einbezogen wurden und sich der Bruch mit dem naturrechtlichen Denken vollzog. Als Folge seiner Auffassung, die Bastian unter anderem von Nägeli aus der Botanik übernimmt, daß an Hand der Gesetze einfacher Gebilde auf die Gesetze der differenzierten zu schließen sei, legt er den Schwerpunkt seiner Forschung auf die Naturvölker.

Das Forschungsgebiet der Ethnologie grenzt Bastian in einer vorläufigen Gliederung nach dem Vorhandensein der Schrift ab. Er unterscheidet:

1 a. «Geschichtsvölker» oder «Kulturvölker». Sie stehen auf einer hohen Stufe der Kultur und sind im Besitz der Schrift. Zu ihnen sind zu rechnen: die europäische Zivilisation mit dem klassischen Altertum und der altorientalischen Hochkultur, ferner Indien, China und Nordafrika.

1 b. «Halbculturen», die Bastian in den Vorhof der Geschichte verweist, da sie keine Schrift, jedoch eine differenzierte, hochentwickelte Kultur besitzen. Die Hochkulturen Amerikas, einige Reiche Westafrikas wie die Hausastaaten und Polynesien werden dazugerechnet. Diese Gruppe wird von Bastian häufig mit der ersten Gruppe unter der Bezeichnung «Kulturvölker» zusammengefaßt.

2. «Naturvölker». Sie haben keine Schrift und keine differenzierte, hochentwickelte Kultur. Sie leben in enger Anlehnung an ihre geographische Umgebung. Die von ihnen bewohnten Gebiete fallen der Ethnologie zur Erforschung zu: «Ozeanien ganz, Amerika aus seiner Vergangenheit, Afrika zum größten Teil, Asien in zerstreuten Partien und Europa unter halb- oder vorgeschichtlichen Zügen» (*Vorgeschichte* 1881: 103, vgl. Controversen III 1894: IV).

Die Gliederung nach der Schrift «als Scheidungslinie zwischen Cultur und Uncultur» (*Allgemeine Grundzüge* 1884: 111) würde die Naturvölker als «ungeschichtlich» einstufen und ihre Erforschung auf den entwicklungsgeschichtlichen Aspekt beschränken. Diese Einteilung differenziert Bastian in zwei Richtungen: Er sieht es zum einen als weiteres Ziel seiner Forschung, auch die «Kulturvölker» in eine entwicklungsgeschichtliche Perspektive einzubeziehen. Zum anderen «werden wir demjenigen Gesellschaftszustand Cultur vindiciren, in welchem die körperlichen Interessen nicht länger von den veränderlichen Bedingungen der Umgebung allein abhängen, sondern durch bleibend feststehende Prinzipien geregelt sind (...)» (*Die Cultur* 1871: XVIII). Solche Prinzipien sind Seßhaftigkeit, «freie Kunsttätigkeit» oder allgemein gültige Rechtsideen. Damit werden die meisten Naturvölker als «Kulturvölker» einbezogen. Durch die hervorragende Rolle, die Bastian der «historischen Bewegung» zuspricht, können sie von der «Geschichtslosigkeit» befreit werden: «Der Naturstamm liegt eingesponnen in seiner klimatisch-geographischen Umgebung (...) Zum Anreiz neuer Bewegung erfordert sich der Einfall fremdneuer Reize, und diese werden dementsprechend zugefügt werden, je nachdem sich geschichtlich geöffnete Wege dafür finden (...) Damit beginnt dann dasjenige, das Geschichte genannt wird (...) und unbehindert schreitet die Kulturentwicklung voran (in der Geschichte solchen Geschichtsvolkes) (...)» (*Ideale Welten* II 1892: 254). Mit dieser Sicht weitet Bastian, mehr noch als Herder und Meiners, die Perspektiven der Völkerkunde bis zu ihren heutigen Grenzen aus.

Eine Idealisierung der Naturvölker im Sinne Rousseaus lehnt Bastian ab, ebenso wie er die Parallelität von Ontogenese und Phylogenese, die von Herder vertreten wird, die Trennung der Menschheit in «aktive» und «passive» Völker bei Klemm und verwandte Theorien letzthin zurückweist. Denn bei Bastian sind Natur- und Kulturvölker nicht streng geschieden, sondern gehen wie alle Entwicklungsphasen fließend ineinander über, auch nimmt im Gegensatz zu den starren Stufenfolgen wie sie bei List, Vico, Comte, Morgan und anderen auftreten, Bastian graduelle Übergänge an. «Die Schwierigkeit, oder Unmöglichkeit scharf begrenzter Trennungen liegt schon in dem Entwicklungsgesetz, das die Menschheit durchzieht und sie in ihrem Gesamtcharacter als Einheit verbindet. Von einer jeden Entwicklungsphase mag ein Totalbild entworfen werden, das dieselbe genau markirt, das aber dennoch nur in fliessender Mittelstufe zwischen früheren Ursachen und späteren Effecten vorüberfluthet (...)» (*Das Beständige* 1868: 269).

Bastian ist hier Nachfahre von Leibniz und Herder und folgt dessen Idee vom organischen Wachstum der Menschheit. Die damit verbundene Anlehnung an die Biologie ist weitgehend zeitgebunden und enthält ein vitalistisches Prinzip, die Entelechie, die Bastian – als weiteren Grundgedanken – nicht nur den einzelnen Teilen seines Entwicklungsdenkens, sondern auch seiner Lehre vom Elementar- und Völkergedanken zugrunde legt. Denn im Sinne von Aristoteles und der Monadenlehre von Leibniz sieht Bastian durch die als «Entwicklungstrieb» aufgefaßte Entelechie die Völkergedanken sich aus vorveranlagten Keimen, den Elementargedanken, in aufsteigender Vervollkommnung entwickeln. «Die ethnischen Elementargedanken in ihren psychischen Primalitäten, als Ansatzpunkt inductiver Forschung, den (stoischen) Logoi spermatikoï (deductiver Vergangenheit) gleichsam entsprechend, hätten als seelische (oder psychische) Keimveranlagungen zu gelten, aus denen das psychische Wachstum organisch hervorzusprossen hat, zur Ausgestaltung des ethnischen Organismus, in seiner geistigen Erscheinungsweise, wie durch das Denken noëtisch geschaffen (...)» (*Ethnische Elementargedanken* II 1892: 208).

An die Stelle der Linearität der Entwicklung, wie sie von Zeitgenossen vertreten wird, setzt Bastian den Auf- und Niedergang in der Geschichte, die Möglichkeit der sekundären Primitivität. Wie Bastian am Beispiel der großen Kulturreiche nachweist,[12] vollzieht sich die menschliche Entwicklung in Form eines Kreislaufs, eines Zyklus, der einer Weiterentwicklung nur dann fähig ist, wenn neue historische Reize den Antrieb dazu liefern. Je mehr ein Volk an seine geographische Umgebung gebunden, also je weniger es Geschichtsbewegungen ausgesetzt ist, um so eher tritt eine Stagnation ein. Wenn Bastian, trotz dieser Einschränkungen, sich zur Progression in der Geschichte bekennt, so mit der Vorstellung, daß diese spiralig aufzufassen sei.

Anklänge an die Theorie von der Entwicklungsspirale finden sich in der «sozialen Statik» und «sozialen Dynamik» von Comte. Zwar kennt auch Herder den Kreislauf der einzelnen Organismen, bei ihm die Kulturen, doch ist für Herder die Vorstellung einer spiraligen Entwicklung noch undenkbar, da er den Menschen keiner Vervollkommnung fähig sieht. Hierin unterscheiden sich Bastian und Herder, trotz vieler Gemeinsamkeiten deutlich: Vertritt doch Herder den teleologischen Grundgedanken von der «Degeneration» der Menschheit, das heißt, daß die Menschheit nach dem Plan eines Schöpfers aus einem idealen «Urzustand» herabgestürzt sei. In begrenztem Maße läßt Bastian ein Zweckdenken innerhalb der organischen Natur zu, lehnt jedoch, im Sinne von Kants «Zweckmäßigkeit ohne Zweck», jedes Hinstreben auf ein Endziel ab. Bastian begründet diese Ablehnung in erster Linie durch die Unmöglichkeit, Anfangs- wie Endursachen positivistischer Forschung zugänglich zu machen. Folgerichtig schließt Bastian Diskussionen um die Streitfrage der Mono- oder Polygenesis der Menschen wie auch um die Generatio aequivoca aus seiner Forschung weitgehend aus. Da er sich jedoch in einem seiner Spätwerke, 1895, ausdrücklich zur Monogenese bekennt,[13] muß der Einordnung Bastians als Polygenist entgegengetreten werden. Bastian vertritt eine «parallele Entwicklung», jedoch keine «parallele Entstehung».

Die weltanschauliche Gesamtsituation zur Zeit Bastians wird stark beeinflußt durch die Diskussion um die Deszendenz des Menschen. Ausgelöst wird die Abstammungslehre durch den Siegeszug des naturwissenschaftlichen Evolutionismus um die Mitte des 19. Jahrhunderts, der seinen Ausgang nimmt von Darwins bahnbrechendem Werk *On the Origin of Species by Means of Natural Selection,* 1859, in dem Darwin im Anschluß an Lamarck und Lyell endgültig mit der Katastrophentheorie von Cuvier bricht. Bastian zollt der Transmutationslehre Darwins seine uneingeschränkte Bewunderung, stimmen die Theorien beider Wissenschaftler doch in der monogenetischen Entstehung, einer Entwicklung vom Niederen zum Hohen und einer umwelt- und historisch bedingten Variabilität der Arten bzw. der Kulturerscheinungen überein. Daher überrascht es zunächst, in Bastian einen entschiedenen Gegner der Deszendenztheorie zu finden. Distanziert er sich damit doch von einer Theorie, die im 19. Jahrhundert als epochemachend gelten kann.

Die ersten Differenzen zeigen sich 1871 in der Besprechung von *The Descent of Man,* in der Bastian Darwin wegen der Beweisführung, die die Abstammung des Menschen vom Affen belegen soll, heftig angreift: «Darwin argumentiert in der folgenden Weise: Die Hand war dem Menschen für seine Kunstfertigkeit nöthig, da eine zum Gehen gebrauchte Hand rauh und unbehülflich ist, so mußte sich der Affe derselben zur Fortbewegung enthalten und nahm dann auch allmählich, um sich ihrer ferner bedienen zu können, eine aufrechte Haltung an. (...) Durch die geistlosen Wassersuppen, mit denen die populäre Literatur der letzten Jahre überschwemmt wurde, hat sich zwar die Anthropologie schon an manch schmale Kost gewöhnen müssen, aber aus Darwin's eigener Hand ist das hier aufgetischte Gericht ein bitterer Brocken» (Bespr. *Descent of Man* 1871: 138).[14]

Die Auseinandersetzung mit der Deszendenztheorie verstärkt sich in der Kontroverse mit E. Haeckel, ihrem führenden Vertreter in Deutschland. Haeckel war Professor für Zoologie an der Universität Jena. Als der begeistertste Anhänger von Darwin suchte er mit F. Müller durch die «Urzeugungs-» und «Monerentheorie» und seinem «biogenetischen Grundgesetz», das die Parallelität von Ontogenese und Phylogenese zum Inhalt hat, die Deszendenztheorie zu untermauern. In Erweiterung des evolutionistischen Gedankens zu einer Weltanschauung begründet Haeckel den Monismus, der unter dem Anspruch einer materialistischen Weltanschauung die Einheit von Geist und Stoff, von Natur- und Geisteswissenschaft wiederherzustellen sucht. In einer populärwissenschaftlichen Vortragsreihe über die *Natürliche Schöpfungsgeschichte des Menschen,* 1867/68, trägt Haeckel vor einer großen Anhängerschar, unterstützt von der allgemein erwachenden Begeisterung für den Evolutionismus, seine Theorien vor, die in Buchform in kürzester Zeit mehrere Auflagen erreichen.[15]

Ein heftiger Gegner erwächst Haeckel in Bastian. Dieser wird unterstützt von seinem Freund und Mitstreiter Virchow, der seine Argumente gegen die Deszendenztheorie in Ansprachen vor der «Versammlung Deutscher Naturforscher und Ärzte» vorträgt. Die Kontroverse, die zwischen Bastian und Haeckel von 1872 bis 1875 ausgetragen wird, kann mit ihrem Eifer, ihrer verletzenden Ironie und Komik wohl zu Recht als eine der erheiterndsten der Wissenschaftsgeschichte bezeichnet werden.[16] In ihrem Verlauf bezichtigen sich die beiden Kontrahenten gegenseitig «schaalen Raisonnements», «kindischer Faseleien», «schwülstiger Flunkeleien». Bastians Darstellungen werden als «Purzelbäume» apostrophiert, und der Begründer der Ethnologie in Deutschland geht gar als «ethnologischer Don Quichotte» in die Literatur ein. Vordergründig geht es bei dieser Auseinandersetzung um die Frage nach der Abstammung des Menschen vom Affen. In geistreichen Formulierungen lehnt Bastian für sich eine solche «Ahnenreihe» ab und verwahrt sich auch gegen die Protoplasmatheorie von Oken und die Unterstellung, er sei zu Beginn seiner Existenz eine einfache Zelle, ein «Protoplasma-Kügelchen» gewesen (*Offener Brief* 1874: 4).

Neben den Angriffen auf die Unlesbarkeit der Bastianschen Bücher mag die Rivalität um eine Anhängerschar, die Bastian zeitlebens versagt geblieben ist, den scharfen Ton der Kontroverse mitbestimmt haben. Auch trägt die Forderung, die Ethnologie habe «ihre natürliche Mutter, die Zoologie, und ihre unentbehrliche Führerin, die Descendenz-Theorie, als solche anzuerkennen» (*Schöpfungsgeschichte* 1873: XXVII), mit dazu bei, daß Bastian diese als anmaßend ablehnt. Das eigentliche Anliegen Bastians ist jedoch die Verteidigung der von ihm vollzogenen empirischen Grundlegung der ethnologischen Wissenschaft (s. u.: Methode), ihre Abgrenzung gegen verfrühte Ursprungshypothesen und spekulativ-philosophische Deutungen. Denn «Ursprungsfragen führen in die Metaphysik weg, und fort über den gesicherten Fusstritt exacter Naturwissenschaft hinaus (...)» (*Indonesien* I 1885: XXXI). Der Vorwurf von Honigsheim, Bastian habe den «verkappten metaphysischen Kern» des materialistischen Systems nicht erkannt (Honigsheim 1926: 65), ist nicht berechtigt, da Bastian sich in seiner Beweisführung gerade gegen das metaphysische Element richtet und Haeckel vorwirft: «Sie wollen auf's Neue philosophische Deutungen und Erklärungen in die Naturforschung hineintragen, um damit vor dem großen Publikum zu prunken. Schande über Sie für diese Apostasie, für diesen *Verrath an dem heiligsten Princip der uns Allen heiligen Wissenschaft* (...)» (*Offener Brief* 1874: 17).

Einen Beweis für die Abstammung des Menschen vom Affen sieht Haeckel in einer behaarten Übergangsform. Bastian überprüft Angaben in dieser Richtung auch noch in späteren Jahren unter anderem in *Die Schwindelgeschichte von dem Einfangen einer behaarten Familie in den*

Urwäldern von Laos (1885) und lehnt sie ab. Für ihn käme als naturwissenschaftlicher Beweis die Kreuzung Mensch-Affe und das Erlernen der Sprache durch den Affen in Frage. Damit trifft Bastian zum einen die Ansicht der heutigen Zoologie, die ihre Vorsicht gegenüber der Annahme eines direkten Zusammenhanges Mensch-Affe unter anderem auf die Unmöglichkeit einer Kreuzung zurückführt.[17] Zum anderen steht das Kriterium der Sprache als Beweis für die Menschwerdung in enger Verbindung mit der Wechselseitigkeit von Denken und Sprache bei W. v. Humboldt und Gedanken von Zeitgenossen wie Peschel. Über zeitgebundene Gedanken hinaus steht Bastian der heutigen Auffassung nahe, daß die Sprache eines der wichtigsten Kulturmerkmale des Menschen darstellt. Daß sich Bastian gegen die Protoplasmatheorie wendet, die in ihren Grundzügen durch die naturwissenschaftliche Forschung bestätigt wird, kann auf der einen Seite als ein Fehlgriff gesehen werden, ist aber auf der anderen Seite eine berechtigte Kritik an einer Theorie, der es zur Zeit Bastians noch an empirischen Beweisen mangelt und von der Haeckel aussagt: «Oken hatte also wirklich recht, indem *er mehr ahnend als wissend* den Satz aussprach: ‹alles Organische ist aus Schleim hervorgegangen, ist Nichts als verschieden gestalteter Schleim›» (*Schöpfungsgeschichte* [5]1874: 87).

Die Maßstäbe der empirischen Arbeitsweise, die Bastian an die Deszendenzlehre anlegt, verwirklicht er in ebenso hohem Maße für die Ethnologie. So fordern unter anderem nicht bewiesene Theorien zur «Urheimat» des Menschen und zum «Ursitz» der Kultur seinen Widerspruch heraus, da bald Asien, bald Afrika, Europa oder gar «Lemurien» als Ursitz des Menschengeschlechts gilt. Auch die «Atlantis-Frage», die Bastian einer linguistischen Prüfung unterzieht (*Das Beständige* 1868: 117), endet im Leeren, denn während «in der Deduction (nach altem Refrain) Ursprungsfragen ad absurdum verlaufen, hinaus in unendliche Reihen (vom Ersten zum Ersten des Ersten, in infinitum), bilden sie für die Induction, wie jedes ihrer Ziele, nicht den Anfang, sondern das angestrebte Ende der Forschung, und wären hier zunächst thatsächliche Aussagen zu constatieren, wie im anorganischen Reich bei den Elementen, im organischen bei den Typen der geographischen Provinzen» (*Zur Lehre von den geographischen Provinzen* 1886: 57).

5. Die Lehre von den geographischen Provinzen

Nachdem Bastian seine Theorie in großen Zügen entworfen hat, verlangt das immer umfangreicher werdende Material nach einer Systematisierung. Da Bastian im Zuge seiner Bestrebungen, die Ethnologie als selbständige Wissenschaft abzugrenzen, die Einteilungsprinzipien der anthropologischen Nachbardisziplin nach Hautfarbe und Behaarung ablehnt und die Kraniologie und Linguistik nur bedingt gelten läßt, legt er der Ethnologie ein eigenes Einteilungsprinzip zugrunde: die geographische Provinz. «Die geographischen Provinzen bilden», so die Bastiansche Definition, «gesetzlich umgrenzte Areale, innerhalb welcher das organische Leben unter einem charakteristischen Typus erscheint» (*Controversen* I 1893: 36). Sie verkörpern einen bestimmten geographischen Raum, in dem neben seinem Einfluß auf den Organismus auch die Abhängigkeit der Kultur von Geographie und Geschichte als Kausalitätsprinzip zur Wirkung kommt. Daher stehen bei den Untersuchungen Bastians das Studium der lokalen Einflüsse und in gleichem Maße die Übertragungsvorgänge im Vordergrund. Die Tatsache von Wanderungen, die «historische Bewegung», wird zum Mittelpunkt einer Theorie, deren Wurzeln Bastian in Hinweisen auf Hippokrates, Montesquieu, Herder, Comte, Buckle, Luschan und andere erkennen läßt, die jedoch durch die Vorrangstellung der historischen Vorgänge über die Milieutheorie und die Vorläufer der Anthropogeographie, Herder, Heeren und Ritter, hinausgreifen.

Scheint die darauf begründete Lehre von der raschen Anpassung an eine veränderte Umgebung, die Bastian in Übereinstimmung mit Darwins Selektionstheorie sieht, auf den ersten Blick verwandte Züge mit der Konvergenztheorie aufzuweisen, so zeigt es sich, daß Bastian diesen geodeterministischen Standpunkt zwar für den Organismus gelten läßt, nicht aber für die Übertragung von Kulturelementen. Denn die Prozesse des Wandels, um deren Erforschung sich Bastian sehr verdient macht, deuten auf die Tendenz zur Konstanz übertragener Kulturgüter hin und zeigen Ansätze zur Untersuchung von Kulturübertragungen mittels Sprachvergleich und Formkriterium. Zudem entgeht Bastian nicht die Erscheinung, daß Völker bis zum Widersinn an Kulturgütern festhalten, die in Inkongruenz zu ihrer geographischen Umgebung stehen. Mit dieser Feststellung zeigt Bastian schon zu Beginn seines Schaffens Züge, die sich von dem Entwicklungsdenken wie von der Milieutheorie lösen und dem historischen Denken nähern. Daß Bastian die zeitliche Tiefe nicht scheut, lassen Untersuchungen zum Kulturwandel erkennen, die sich nicht auf die Europäisierung beschränken, sondern auch interethnische Prozesse der Kulturübernahme berücksichtigen.[18]

Weist das anthropogeographische Gedankengut Bastians auch nicht wesentlich über den Stand von Ritter hinaus, der die Kenntnisse seiner Zeit verarbeitet, so erscheint es bei Bastian doch bereits gedrängter und mehr zusammengefaßt, wenn er auch noch nicht die Wendung zum Systematischen, wie nach ihm Ratzel, vollzieht. Daß Bastian die Wechselwirkung Mensch-Umwelt zwar erwähnt, jedoch nicht ausführt, kann weitgehend darauf zurückgeführt werden, daß er sich, wie auch A.v. Humboldt, auf die Naturvölker konzentriert, die eine relativ geringe Umgestaltung der Natur bewirken. Festzuhalten ist bei Bastian, daß er sein Interesse außer auf die historischen Vorgänge in Asien, dem er, wie Herder, die Eigenschaft als eigentlich geschichtlicher Erdteil zuzusprechen scheint, auf die Völkerbewegungen in Afrika richtet und damit der Einordnung Afrikas als «ungeschichtlicher Kontinent», die Bastian selbst in einigen Fällen im Anschluß an Ritter vornimmt, den Boden entzieht. «Was speciell Afrika betrifft, so hat man über den isolirten Charakter, den dieser gegen seine glänzenden Brüder verschwindende Continent so vorherrschend zeigt, zu häufig die Berührungspunkte übersehen, die ihn immer auf die eine oder andere Weise mit seiner Umgebung verknüpfen müssen» (*San Salvador* 1859: IX). Die wesentlichen Gedanken Bastians zur Frage der innerafrikanischen Geschichtsbewegung sind in seiner Arbeit *Völkerkreise in Afrika,* 1875, zusammengefaßt. Unter anderem betont er die auch in Afrika bedeutsame Rolle des «Nomadentums» als Ausgang von Wanderungen. Zwar liegt zu seiner Zeit das Innere Afrikas noch immer im unerforschten Dunkel, doch markiert er entsprechend dem Stand der Kenntnisse seiner Zeit «geschichtlich abgezeichnete Areale» (*Die Ethnologie in ihren geographischen und historischen Gesichtspunkten* 1884: 63) und «Geschichtsstrudel», wie sie vornehmlich von Norden nach Süden «quellen», aus den maurischen Zügen, von den westlichen und östlichen Tuareg, von Osten nach Westen aus Dongola und Nubien «mit traditionellen Rückweisungen auf Yemen», und von Westen nach Osten von den «Fellatah oder Fulbe» (*Völkerkreise* 1875: 138f.). Für die Westküste nimmt Bastian indisch-arabisch-persische Handelsbeziehungen an. Auch sind die Übereinstimmungen «zwischen den Gewohnheiten des alten Aegyptens und denen der übrigen afrikanischen Stämme (...) zu mannigfache, um verkannt zu werden» (*San Salvador* 1859: 300). Auch den historischen Vorgängen nach und in Amerika widmet sich Bastian und wird durch seine im Anschluß an die Reisen A. v. Humboldts vorgenommenen Untersuchungen der altamerikanischen Hochkulturen und die Anregung zu ihrer weiteren Erforschung zum Förderer der Amerikanistik.

Beeinflußt von der Herder-Ritterschen Ausrichtung vollzieht Bastian die Grundlegung seines Systems für die Ethnologie. Ein natürliches System in Form geographischer Provinzen, das er bereits erfolgreich auf Zoologie und Botanik angewendet sieht, dessen Prinzip der Gliederung in Naturräume er jedoch nicht von Botanikern, wie v. Meyen, Griesebach, oder aus der Zoologie (wie von Agassiz oder Wallace) übernimmt, sondern aus der Geographie. Hier ist es A. v. Humboldt, der eine Erkenntnis seiner Amerika-Reisen, die Wiederholung von vertikaler und horizontaler Zonenverteilung, mit seiner Auffassung von der Geographie als einer Chorologie verbindet und daraus seine botanischen Provinzen ableitet. Es sind also neben den Individualitäten, den Erdteilen von Ritter, die die geographischen Provinzen Bastians vorbereiten, vor allem weitere Einwirkungen von geographisch-naturwissenschaftlicher Seite festzuhalten.

Mit zunehmender Kulturhöhe rücken die historischen Vorgänge für die Abgrenzung der ethnologischen Einheiten in den Vordergrund. Die zunächst verwirrende Fülle von Ausdrücken, mit der Bastian den Einfluß der geographisch-historischen Faktoren in ihren verschiedenen Abstufungen gegeneinander abzugrenzen sucht, reduziert sich für die kulturellen Einheiten letzthin auf zwei Termini: die ethnologische Provinz und der ethnologische Kulturkreis.[19] Bei ihrer Untersuchung wird deutlich, daß das Attribut «ethnologisch» stets historische Einflüsse, die auf einen bestimmten geographischen Raum wirken, einschließt und daß Bastian die Ethnologie als eine Verbindung von Geographie und Geschichte auffaßt. Er baut dieses Konzept aus und wendet sich in besonderem Maße den Abgrenzungsmerkmalen der Kulturkreise zu. Denn jede zusammenhängende Völkergruppe muß, entsprechend dem natürlichen System der Ethnologie, nach ihren besonders hervortretenden Eigenschaften charakterisiert werden. Diese können sich im Physischen, Linguistischen oder Psychischen äußern, sind jedoch stets von geographischer Umwelt und Geschichte abhängig. Bastian sucht «Kennzeichen, die wie alle für bestimmte Classification verwandten, möglichst einfach gehalten sein müssen», dabei «dürfte es sich empfehlen, einem Fingerzeig der Paläontologie zu folgen, und so wie diese Schichten nach Leitmuscheln erkennt, so Culturkreise durch Ideenmerkmale zu characterisiren» (*Das Beständige* 1868: 87).

In seiner 1868 erschienenen *Übersichtskarte der ethnologischen Culturkreise*[20] legt Bastian auf Grund der ethnographischen Kenntnisse seiner Zeit, die er souverän beherrscht, die ethnische Gruppierung der Völker der Erde nieder. Ihre Begründung wird nicht zusammenfassend beigefügt, sondern muß aus den ethnographischen und historischen Darstellungen in zahlreichen Schriften gesucht werden. Doch weisen bereits die Anmerkungen zu dieser Karte, die Anlehnung an rassengeschichtliche, linguistische, überwiegend jedoch kulturhistorische Gesichtspunkte und die reiche Differenzierung der Einheiten, die durch die Andeutung von Kulturgefällen entschieden erweitert werden, Bastian über die zeitliche Priorität hinaus eine Vorrangstellung gegenüber den Arbeiten seines Zeitgenossen G. Gerland zu, der erst in den Jahren 1871 und 1876 Karten ähnlicher Art veröffentlicht.[21] Auch die Andeutung der transpazifischen Beziehungen durch die Anordnung der Kontinente auf seiner Karte bestätigt, daß Bastian die historischen Vorgänge in den Vordergrund stellt.

6. *Methode*

Die Ethnologie wird nach Bastian zur Naturwissenschaft, indem er ihr eine naturwissenschaftliche Methode unterlegt. Diese Methode läßt sich, obwohl Bastian sie in umfangreichen Darstellungen zu begründen sucht, in wenigen Sätzen zusammenfassen: Das Hauptanliegen ist eine induktive Forschung, das heißt im Sinne von Mill die Ableitung von Gesetzen aus empirischem Material. Bastian strebt also ein synthetisches Vorgehen an, das er im Gegensatz sieht zur deduktiven, zur analytischen Arbeitsweise. Diese wertet er als Methode der Philosophie ab, gesteht ihr aber dennoch zur Überprüfung der Ergebnisse der Induktion und darüber hinaus als Ausgangspunkt der kulturhistorischen Rekonstruktion eine Bedeutung zu. «Für charakteristische Unterscheidung heutiger Forschungsrichtung in dem uns angehörigen Culturkreis kann auf die technisch adoptirten Ausdrücke der Deduction und Induction zurückgegriffen werden, bei dem, unter stets erforderlicher Wechselbeziehung beider Methoden, unverkennbar fortschreitendem Vorwiegen der letzteren, für ‹judicia vera de interpretatione naturae› (seit sich Baco's Name an Bruno's, Galilei's, Keppler's u. A. m. anschloß)» (*Allgemeine Grundzüge* 1884: XXV).

Differenzierter als diese allgemein gehaltenen methodischen Richtlinien tritt die Forderung nach Anwendung von Ethno-Statistiken, nach Typenbildung und «logischem Rechnen» auf. Im Anschluß an Quételet will Bastian aus seiner «Gedankenstatistik» den «Durchschnittsmenschen», das heißt den Typus errechnen, da nur durch Typenbildung die Einzelschwankungen ausgeschaltet werden können. Die Vorstellung des «Rechnens» erscheint zunächst nicht verständlich, stellt sich jedoch bei näherer Untersuchung als ein «logisches» Rechnen heraus, also nicht als ein Rechnen im üblichen Sinne, sondern als eine Parallele zur Arbeitsweise der Mathematik. Veranlaßt wird dieser uns heute fremd anmutende Gedanke, ethnologischen Untersuchungen mathematische Formulierungen zu unterlegen, durch das im 19. Jahrhundert allgemeine Streben, dem erwachenden naturwissenschaftlichen Denken durch mathematische Ausdrucksweise gerecht zu werden. Vorläufer und Zeitgenossen Bastians bestätigen diese Annahme. Besonders die Forderung nach «Experimentieren» zeigt, daß an eine Übertragung der naturwissenschaftlichen Methode im Grunde gar nicht gedacht sein kann, denn Bastian sieht die Ethnologie, wie auch die deskriptiven Naturwissenschaften, durch das in ihnen enthaltene historische Element dem Experimentieren entzogen (*Alexander v. Humboldt* 1869: 29). Ersatz bietet die komparative Betrachtungsweise, die gleichzeitig als Vorbedingung für die Induktion und das Aufstellen der Gedankenstatistik dienen soll. Diese räumlich orientierte Methode vereinigt Bastian mit der entwicklungsgeschichtlichen Betrachtung zu einer komparativ-genetischen Methode. «Bei Ausgang vom Untergrund des organischen Werdens in den geographischen Provinzen, als dort Gegebenem (zum ersten Ansatzpunkt), hat sich das logische Rechnen (des Denkens) zunächst in den Differenzen zu bewegen, wie sie über den Globus hervortreten, nach räumlicher Vergleichung sowohl wie in den Phasen genetischer Entwicklung mit Einleitung geschichtlicher Bewegung (aus dem ethnologischen Horizont der anthropologischen Provinz, innerhalb der geographisch gezogenen Peripherie)» (*Zur Lehre von den geographischen Provinzen* 1886: VII).

Verfolgt man den wissenschaftsgeschichtlichen Zusammenhang, in den Bastian seine Methode stellt, so ist es der Vorgang der Entwicklung der Naturwissenschaften, durch die er seine Richtung geprägt sieht. Mit Bacon beginnt der «Triumphzug der Induktion», der nacheinander die verschiedenen Disziplinen erobert. In der Geisteswissenschaft ist es Kant, von dessen kritischer Reform das naturwissenschaftliche Streben des 19. Jahrhunderts nachhaltig beeinflußt wird. Unmittelbar fühlt sich Bastian jedoch dem Positivismus verbunden, den er als Ausdruck seiner Zeit würdigt. Ein gerader Weg verbindet Bastian mit dem Positivismus in der Gestalt A. v. Humboldts, der in Paris die Vorlesungen von Comte gehört hatte. In ihm sieht Bastian die empirisch-rationalistischen Bestrebungen der Neuzeit zusammengefaßt und die Methode der komparativ-genetischen Induktion begründet. Auch legt A. v. Humboldt den Grundstein zur empirischen Materialsammlung, ohne die Bastian seine Methode für undurchführbar hält. Denn für «jeden Wissenszweig, der inductiv zu behandeln ist, wird für solchen Zweck als erste Vorbedingung Ansammlung von Material verlangt, und zwar so reichlich (um nicht die Rechnung der Statistik durch Fehler zu fälschen) und so vollständig wie möglich» (*Vorgeschichte* 1881: 28).

Alle Teile des Bastianschen Werkes durchzieht die Mahnung, ethnographisches Material zu sammeln, solange die vordringende Akkulturation an die europäische Kultur die Naturvölker noch nicht zum Verschwinden gebracht hat. «Eine brennendste Zeitfrage allerdings! Es brennt in allen Ecken und Enden der ethnologischen Welt, brennt hell, lichterloh, in vollster Brunst, es brennt ringsum, Gross Feuer! und Niemand regt eine Hand. Die Autopsien der von 1850–1880 periodisch wiederholten Reisen liefern die gewaltsam zwingendsten Ueberzeugungen des in schreckbar steigenden Progressionen fortschreitenden Verderbens. (...) Wer hier zu widerlegen vermag, mich eines Besseren zu belehren, der ist willkommen, und um so freudiger sei ihm ein Dank, wenn befreiend von folternder Angst, über unausbleiblich verlorenen Documentenschätzen, die Heiligthümer der Menschheitsgeschichte, verloren unwiderbringlich, auf immer, so lange der Erdplanet sich drehen wird (...)» (*Der Völkergedanke* 1881: 180). Bastian selbst, mehr noch die von ihm ausgesandten Expeditionen leisten beispielhafte

Arbeit auf diesem Gebiet. Zwei Formen der Niederlegung strebt Bastian für das ethnographische Material an: detaillierte Monographien und ethnographische Sammlungen. Auch für diese letzteren ist er unermüdlich tätig, bis ihm die Gründung und Errichtung eines eigenen Völkerkundemuseums in Berlin, dessen Direktor er ja wird, gelingt.[22] Gemessen an dieser äußeren Heimstatt beschränkt sich die innere Verarbeitung und Ordnung der Ethnographika auf die Forderung nach kartographischer Darstellung, wie sie bereits Leibniz erhebt. Den Arbeitsbereich der Ethnologie grenzt Bastian deutlich ab, indem er eine klare Trennung zwischen Ethnologie und Anthropologie vollzieht, zugleich aber auch die Forderung nach einer Zusammenarbeit mit den Nachbardisziplinen verwirklicht.

Im ersten Band der von ihm mit R. Hartmann 1869 begründeten *Zeitschrift für Ethnologie* legt Bastian die Stellung zu den Nachbardisziplinen fest: Der Untertitel *Zeitschrift für Ethnologie und ihre Hilfswissenschaften als Lehre vom Menschen in seinen Beziehungen zur Natur und Geschichte* läßt erkennen, daß Bastian den Menschen als Natur- und Geschichtswesen auffaßt. An erster Stelle steht «die Ethnologie in ihrer culturgeschichtlichen Bedeutung», es folgen «Anthropologie (Anatomie, Physiologie, individuelle Psychologie)», weiterhin «Linguistisches» sowie «Vergleichende Psychologie als Völkerpsychologie. Volkskrankheiten, medizinische Statistik. Zoologie», «Botanik» und schließlich «Geographische Ethnologie». Da in der ersten deutschen ethnologischen Gesellschaft neben der Ethnologie und Anthropologie auch die Urgeschichte einbezogen wird, so läßt der Arbeitsbereich, den Bastian 1869 seiner Ethnologie zuweist, bereits Schwerpunkte erkennen, die auch in der heutigen Ausrichtung der Ethnologie vorrangig Bedeutung besitzen.

III. Wirkung

Das umfangreiche Werk, das Bastian der Nachwelt hinterlassen hat, ist in Teilbereichen ausgewertet und gewürdigt worden. Unbestritten ist in der wissenschaftsgeschichtlichen Einordnung das Verdienst Bastians, die deutsche Ethnologie als selbständige Disziplin begründet zu haben.

Eine eigentliche Schule hat Bastian weder zu seinen Lebzeiten noch in späteren Jahrzehnten hervorgerufen. Inwieweit er über Boas nach Amerika gewirkt hat, ist noch nicht gesichert. Einige seiner grundlegenden Gedanken treten mit einer – in Nachbarwissenschaften häufigen – retardierten Wiederholung im Werk von C. G. Jung auf. Innerhalb der Ethnologie diente Bastians Werk bis in die zweite Hälfte dieses Jahrhunderts wiederholt als Anlaß, die konträren Standpunkte der Ethnosoziologie und Kulturhistorie auf ihre Ursprünge zurückzuführen. Bis in den 70er Jahren, nach Ansätzen von Ankermann, 1926, ein verstärktes Interesse an dem kulturhistorischen Gedanken in Bastians Werk erwuchs, stellten fast alle Arbeiten über Bastian – von Schwarz, Eisenstädter, Mühlmann oder Seidensticker – den psychologischen oder entwicklungsgeschichtlichen Gedanken in den Vordergrund.

Ein eigenartiger Widerspruch liegt darin, daß die kulturhistorische Richtung Bastian, wie eingangs erwähnt, als eine Art «Vater der Völkerkunde», als Begründer ihrer Wissenschaft ehrte, seinem Werk gegenüber jedoch große Distanz bewahrte. Die Schriften wurden selten gelesen und dieser Umstand mit der Unleserlichkeit des Stils erklärt.

Lösen wir uns von dieser überkommenen Sicht, so können wir zunächst für die heutige Ausrichtung der Ethnologie die organisatorischen Leistungen festhalten, die in nahezu unveränderter Form auch die Völkerkunde der Gegenwart prägen. Bis zu seinem Tod, 1905, hat Bastian die Ethnologie nicht nur als selbständige Wissenschaft begründet, sondern sie auch institutionalisiert: Sie besaß eigene Gesellschaften (die Berliner Gesellschaft für Anthropologie, Ethnologie und Urgeschichte), eine eigene Zeitschrift *(Zeitschrift für Ethnologie),* ein großes Völkerkundemuseum (in Berlin) und eine Vielzahl geschulter Mitarbeiter, die in der Lehre an den Universitäten wirkten oder zu Expeditionen ausgesandt wurden, um systematisch ethnographisches Material zu sammeln. Unter anderem haben auch Persönlichkeiten wie B. Ankermann, F. v. Luschan oder H. Baumann Jahre der Ausbildung und des Forschens in Berlin verbracht.

Die organisatorischen Leistungen Bastians vordergründig als «ephemere Betriebsamkeit» zu werten, zielte an dem eigentlichen Wirken vorbei. Denn diese organisatorischen Bemühungen konnten ja erst aus einer Vertiefung in den Forschungsbereich der neu zu begründenden Ethnologie erwachsen, aus einem Gesamtüberblick nicht nur über alle notwendigen Belange dieses Faches, sondern auch aus einem umfassenden Studium der Nachbarfächer, ohne deren Kenntnis Bastian die Ethnologie als eigenständige Wissenschaft nicht hätte abgrenzen können. Dieses Verhältnis zu den Nachbardisziplinen legt Bastian 1869 bei der Gründung der *Zeitschrift für Ethnologie* unter Einbeziehung der Linguistik und Urgeschichte in eine Richtung fest, die in der zweiten Hälfte dieses Jahrhunderts von ethnologischer Seite aus wieder vermehrt in den Vordergrund gerückt wird.

Die größte Schwierigkeit für eine wissenschaftsgeschichtliche Beurteilung erwächst durch die Lehre vom Elementar- und Völkergedanken, die Theorie, unter der Bastian bekanntgeworden ist. Sie stellt kein einheitliches, geschlossenes Gesamtwerk dar, sondern ist uns als ein Torso überliefert. Mit ihrem genetischen Grundgedanken zeigt sie deutlich vitalistische Züge der vergangenen Epoche; die ihr zugrunde liegende Methode ist beeinflußt von dem naturwissenschaftlich-positivistischen Denken des 19. Jahrhunderts, das bei Bastian letztlich hinführt zu einem geographisch-historischen Konzept. Diese Lehre erweist sich als ein Konglomerat, dessen einzelne Teile sich schon bei Bastian selbst, gegen Ende seiner Schaffenszeit, wieder trennen. Bastian weist auf diesen im Grunde gescheiterten Versuch einer wissenschaftlichen Synthese hin: «In Hinsicht auf den Völkergedanken, zur Durchforschung der Psychologie des Zoon politikon, gehört die Ethnologie einer durchaus verschiedenen Rubrik an, als in ihren Beziehungen zur Geographie und Geschichte» (*Controversen* IV 1894: VII). Diese Erkenntnis setzt sich bis in die Gegenwart fort in den erwähnten Kontroversen, wobei von beiden Seiten der entgegengerichtete Blickpunkt nicht abgelehnt, sondern lediglich die Priorität der Forschung diskutiert wird.

Für Bastian dagegen, und daraus ergibt sich die eigentliche Problematik seiner Einordnung, liegt das Ziel in einer Vereinigung der beiden konträren Standpunkte, in der Wiederherstellung der Einheit der seit Bacon und Descartes getrennten Natur- und Geisteswissenschaft. Durch das Studium der Naturvölker erwartet Bastian eine Antwort auf diese Frage, die er überleitet in die Frage nach der Stellung des Menschen im Kosmos. In diesem metaphysischen Anliegen, ein geistiges Erbe der Romantik,[23] ist der Ausgangspunkt seines ganzen Schaffens zu sehen. Ihm widmet er sein Lebenswerk.

Es kann im persönlichen Bereich als Tragik oder aber als Reifeprozeß gesehen werden, daß Bastian auf der einen Seite philosophische Deutungen als spekulativ zurückweist und die Ethnologie als induktiv arbeitende «Psychologie» zu einer «neuen Philosophie» erheben will. Auf der anderen Seite jedoch bekennt er gegen Ende seines Schaffens, 1892, daß er dieses Ziel zurückstellen muß hinter die Erfordernisse der empirischen Forschung, da es Schranken gibt, «die durch keinerlei Vor- und Uranfänge für die Forschung urbar gemacht werden können, so lange beim Hinausschreiten über das Endliche hin, für das Unendliche nicht auch zugleich seine Berechnungsmethode gefunden sein sollte (...)» (*Ideale Welten* I 1892: 135).

Durch umfangreiches ethnographisches Material sucht Bastian die Grundlage für diese Methode zu legen. Er stellt damit, und dies ist als seine hervorragendste wissenschaftliche Leistung zu werten, als erster Ethnologe die Völkerkunde auf den Boden der Empirie. Der groß angelegte Entwurf, die Kenntnisse «aller Zeiten und Völker», seien sie nun philosophischer, psychologischer, anthropologischer, zoologischer oder religionswissenschaftlicher Art, während seiner langjährigen Reisen zu sammeln und alle Veröffentlichungen zu diesen Themen heranzuziehen, führt zu einer Ausweitung der universalgeschichtlichen Betrachtung, die die Sicht der Zeitgenossen weit übertrifft. In einer Flut von Publikationen versucht Bastian, dieses Material und die von ihm daraus abgeleiteten theoretischen Schlußfolgerungen den Fachkollegen zugänglich zu machen. Ihre gedrängte Veröffentlichung erfolgt zwischen seinen Reisen und in einer – wie wir sahen – sehr unsystematischen Form, die eine Weiterarbeit häufig nicht ermöglicht. Nicht zu Unrecht wird einem Teil dieser Publikationen gegenüber der Vorwurf erhoben, sie stellten «wüste Materialmassen» dar. Dieser Ruf wurde teilweise als Vorwand benutzt, um sich mit dem Werk Bastians nicht auseinanderzusetzen. Beklagenswerter aber ist, daß diese Schriften Bastian schon zu Lebzeiten einigen Zeitgenossen gegenüber der Lächerlichkeit preisgegeben und die eigentliche Aussage überdeckt haben.

Kennzeichnend hierfür ist die heftige Kontroverse mit Haeckel um die Auswüchse der Deszendenztheorie, die als eine bedeutende Leistung von ethnologischer Seite im 19. Jahrhundert gesehen werden kann. Mit seinem eigentlichen Anliegen wird Bastian dabei nicht verstanden. Erst Honigsheim würdigt 1926 Bastian als den Wissenschaftler, der als einer der wenigen im 19. Jahrhundert die Gefahr des Übergreifens evolutionistischer Theorien auf die Geisteswissenschaften erkennt und es wagt, dem Darwinismus entgegenzutreten.

Ungeachtet der Anerkennung, die Bastians Theorie von ethnosoziologischer Seite aus zuteil wird, zögert die historisch ausgerichtete Ethnologie mit ihrer Würdigung. Neben der Ablehnung seiner Schriften als «unlesbar», der als ahistorisch apostrophierten Lehre vom Elementar- und Völkergedanken und ihrer «psychologischen» Ausrichtung ist auch die theoretische Wirkung der Lehre von den geographischen Provinzen bei der wissenschaftsgeschichtlichen Einordnung Bastians in den Hintergrund getreten. Trotz der zentralen Rolle, die der Begriff des Kulturkreises zu Beginn des 20. Jahrhunderts gewinnt, wird nicht einbezogen, daß Bastian für die von ihm begründete Ethnologie bereits ein halbes Jahrhundert zuvor ein eigenes Einteilungsprinzip für notwendig erachtet und in seinem «ethnologischen Kulturkreis» definiert hat. Mit dieser Klassifizierung leistet Bastian zwar dem ethnologischen Historismus Vorschub – jener Richtung der deutschsprachigen Ethnologie, die als Kulturkreislehre die erste Hälfte dieses Jahrhunderts weitgehend beherrscht –, begrenzt in seinem eigenen Werk jedoch diese Tendenz durch die enge Anlehnung an empirisches Material.

Denn Bastian distanziert sich mit seiner Ablehnung aller Fragen, «die von der Geschichtsschreibung nicht gut zu beantworten sind» (*Völker des oestlichen Asien* V 1869: 514), nicht nur von spekulativen Theorien und Verallgemeinerungen seiner Zeitgenossen, sondern weist mit seiner unabdingbaren Forderung nach empirischer Arbeitsweise auch über Wanderungshypothesen der Kulturkreislehre hinaus in die zweite Hälfte unseres Jahrhunderts.

Mario Erdheim

SIGMUND FREUD
(1856–1939)

Freud wurde 1856 im kleinen ostmährischen Städtchen Freiberg (heute Pribor) geboren. Als er vier Jahre alt war, siedelte die Familie wegen ökonomischer Schwierigkeiten nach Wien über, wo Freud die üblichen Schulen mit beachtlichem Erfolg durchlief und 1873 sein Abitur bestand. Er lebte in einer Gesellschaft, die unter dem Druck eines starken kulturellen Wandels konservativ an traditionellen Formen festhielt und die Individuen außerordentlichen Spannungen aussetzte. Diese entluden sich in vielfältigen Aggressionen, vor allem in rassistisch durchzogenen Nationalitätenkämpfen. Diese Konstellation der österreichisch-ungarischen Monarchie bietet einen Schlüssel zum Verständnis der psychoanalytischen Kulturtheorie, deren Grundthema die «Störung» des Geschichtsprozesses ist, also der Versuch, Geschichte aufzuhalten oder ungeschehen zu machen, und die damit verbundenen Selbstzerstörungsprozesse. Bezeichnend dafür war schon die Situation im Wien von 1873, als Freud mit seinem Studium anfing, und wir dürfen annehmen, daß die Eindrücke von damals, da sie gerade in die für kulturelle Wahrnehmungen besonders empfängliche Spätadoleszenz fielen, prägend für Freuds Einstellung zur Kultur wurden.

1873 wurde die Wiener Weltausstellung eröffnet, in der das Bürgertum seine großen, die Industrialisierung Österreichs vorantreibenden Leistungen vorzeigen wollte; aber diese Demonstration endete mit einem eklatanten Mißerfolg. Nicht nur daß die Cholera ausbrach und das Publikum fernblieb, im Herbst des gleichen Jahres kam es auch zu einem Börsenkrach, der die Wirtschaft schwer erschütterte und die sozialen Spannungen, welche die österreichische Gesellschaft zerrissen, voll sichtbar machte. Das Bürgertum versuchte seine Schwäche dadurch zu kompensieren, daß es sich an den Adel und die Krone anlehnte, seine revolutionär aufklärerische Haltung zugunsten eines feudalen Konservativismus aufgab und zusammen mit den reaktionären Kräften die aufstrebende Arbeiterbewegung unterdrückte. Was Freud 1927 in der *Zukunft einer Illusion* formulierte, scheint mir die theoretische Reflexion dieser historischen Erfahrungen zu sein: «Wenn aber eine Kultur es nicht darüber hinaus gebracht hat, daß die Befriedigung einer Anzahl von Teilnehmern die Unterdrückung einer anderen, vielleicht der Mehrheit zur Voraussetzung hat, und dies ist bei allen gegenwärtigen Kulturen der Fall, so ist es begreiflich, daß diese Unterdrückten eine intensive Feindseligkeit gegen die Kultur entwickeln, die sie durch ihre Arbeit ermöglichen, an deren Gütern sie aber einen zu geringen Anteil haben. Eine Verinnerlichung der Kulturverbote darf man bei den Unterdrückten nicht erwarten, dieselben sind nicht bereit, diese Verbote anzuerkennen, bestrebt die Kultur selbst zu zerstören, eventuell selbst ihre Voraussetzungen aufzuheben. Die Kulturfeindlichkeit dieser Klassen ist so offenkundig, daß man die eher latente Feindseligkeit der besser beteiligten Gesellschaftsschichten übersehen hat. Es braucht nicht gesagt zu werden, daß eine Kultur, welche eine so große Zahl von Teilnehmern unbefriedigt läßt und zur Auflehnung treibt, weder Aussicht hat, sich dauernd zu erhalten, noch es verdient» (*Laienanalyse:* 333).

Ursprünglich hatte Freud Jurist werden und sich der Politik zuwenden wollen, nahm aber schließlich das Studium der Medizin auf. Jahrelang beschäftigte er sich mit hirnanatomischen Studien, machte 1881 sein Staatsexamen, und habilitierte sich 1885 in der Neuropathologie. Im gleichen Jahr bewarb er sich um ein Reisestipendium nach Paris, wo er bei einem der berühmtesten Psychiater seiner Zeit, Jean-Martin Charcot, an der Salpêtrière arbeiten wollte. Die Begegnung mit Charcot wurde entscheidend für Freud: Mit seinen Studien über Hysterie und Hypnose eröffnete Charcot ihm das Tor zum Unbewußten; aber es brauchte noch über zehn Jahre, bis Freud es auch durchschritt. Als er 1886 nach Wien zurückkehrte, heiratete er Martha Bernays und begann in seiner Privatpraxis mit Patienten zu arbeiten.

Der Medizinhistoriker Laín Entralgo bemerkt, daß Ende des 19. Jahrhunderts auch die Medizin mit dem «Aufstand des Subjekts» konfrontiert war. Der Kranke forderte, mehr oder weniger bewußt, «klinisch als ‹Subjekt› betrachtet zu werden, d. h. als ‹Person›, nicht nur als wertvolles oder wertloses ‹Objekt›. (...) Der Patient protestiert (...) gegen die Tatsache, daß er, obgleich er eine Person, ein mit Vernunft, Gefühlsleben und Freiheit begabtes Subjekt ist, im Krankenhaus als Objekt behandelt wird» (Laín Entralgo 1969: 133–134). Freuds Leistung war es, als einer der ersten Ärzte auf diesen «Aufstand der Subjekte» einzugehen, ihn nicht einfach als Störung oder Verzögerung des Heilungsprozesses zu disqualifizieren, sondern ihn als Motor für das Gesundwerden wahrzunehmen. Es war keine leichte Entwicklung. Auf Grund seiner Ausbildung in Neuropathologie versuchte es Freud zuerst mit Elektrotherapie, Massagen und Heilbädern. Da aber diese Methode nicht die erwarteten Heilerfolge erbrachten, wandte er sich der Hypnose zu und wurde ebenfalls enttäuscht. Erst dann griff Freud eine Therapieform auf, von der er zwar schon 1882 gehört, die er aber wieder «vergessen» hatte, nämlich die «kathartische Methode»; sein Freund, der Wiener Arzt Josef Breuer, hatte ihm davon erzählt. Breuer war auf diese Methode bei der Behandlung einer Patientin gestoßen, hatte aber, wegen eines Vorkommnisses, mit dem er nicht umgehen konnte – die Patientin verliebte sich in ihn –, darauf verzichtet, diese

Sigmund Freud (1856–1939)

Therapieform weiter anzuwenden. Das Neue an dieser Methode war, daß die Hypnose dazu verwendet wurde, jene traumatischen Ereignisse wieder zu rekonstruieren, die die Krankheit verursacht hatten, aber dem Bewußtsein nicht mehr zugänglich waren. Damit war auch der erste Schritt getan, um die Lebensgeschichte, die subjektive Erfahrung des Kranken in den therapeutischen Prozeß einzubeziehen. 1893 veröffentlichten Freud und Breuer die «Vorläufige Mitteilung», welche zum ersten Kapitel «Über den psychischen Mechanismus hysterischer Phänomene» ihres 1895 erschienenen Buches *Studien über Hysterie* wurde.

Die Eigenart der darin publizierten Krankengeschichten wird heute nur sichtbar durch den Vergleich mit anderen zeitgenössischen Falldarstellungen, in welchen der Patient immer von außen als Objekt behandelt wird (Erdheim 1982). Es war vor allem Freuds Einfluß (und sicher auch dessen literarischer Begabung) zu verdanken, daß eine neue Form des Diskurses über die Krankheit möglich wurde, die die Subjektivität des Kranken zur Entfaltung, das heißt zur Sprache kommen ließ. «Ich bin nicht immer Psychotherapeut gewesen», schreibt Freud in diesen Studien, «sondern bin bei Lokaldiagnosen und Elektroprognostik erzogen worden wie andere Neuropathologen, und es berührt mich selbst noch eigentümlich, daß die Krankengeschichten, die ich schreibe, wie Novellen zu lesen sind, daß sie sozusagen des ernsten Gespräches der Wissenschaftlichkeit entbehren. Ich muß mich damit trösten, daß für dieses Ergebnis die Natur des Gegenstandes offenbar eher verantwortlich zu machen ist als meine Vorliebe» (*Hysterie:* 227). Da das Problem der Subjektivität vor allem in der Literatur sprachlich bewältigt wurde, mußte Freud die tabuisierten Grenzen zwischen Literatur und Wissenschaft überschreiten, um den Patienten als Subjekt wahrnehmen und darstellen zu können. Aber damit war nur ein erster Schritt getan. Hätte Freud es dabei belassen, so wäre er vielleicht – wie sein Zeitgenosse Arthur Schnitzler – ein Arzt geblieben, dessen literarische Begabung anerkannt worden wäre, aber er hätte nicht zum wissenschaftlichen Konzept des Unbewußten vordringen können. Was hinzukommen mußte, war die zu den Analysen der Patienten komplementäre Analyse seiner selbst.

Die analytisch-kritische Einstellung zu sich selbst ist nichts Neues – man denke nur an die Tradition, in der Augustin, Montaigne oder Rousseau stehen. Freud unterschied sich von seinen Vorgängern durch den Umstand, daß er seine Analyse im Rahmen seiner Therapien durchführte. In der Konfrontation mit dem Leiden des Patienten, das es zu verstehen und zu heilen galt, bekam Freuds Selbstanalyse einen ganz anderen Stellenwert als die auf Gott bezogenen Reflexionen Augustins oder diejenigen Montaignes, der sich selbst und anderen gleichgestimmten Seelen den Spiegel vorhielt. Am 14. August 1897 schrieb Freud an seinen Freund Wilhelm Fließ: «Der Hauptpatient, der mich beschäftigt, bin ich selbst. Meine kleine, aber durch die Arbeit sehr gehobene Hysterie hat sich ein Stück weiter gelöst. Anderes stockt noch. Davon hängt meine Stimmung in erster Linie ab. Die Analyse ist schwerer als irgendeine andere. Sie ist es auch, die mir die psychische Kraft zur Darstellung und Mitteilung des bisher Gewonnenen lähmt. Doch ich glaube, es muß gemacht werden und es ist ein notwendiges Stück in meinen Arbeiten» (*Briefe an W. Fließ:* 185). Freud mußte sich unmittelbar mit dem Echo auseinandersetzen, das das fremde Leid bei ihm auslöste und das sich mit dem eigenen Leid verband. In dem Maße, wie er sich selbst verstehen lernte, verstand er seine Patienten und umgekehrt. Dieser Prozeß schmolz auch die traditionellen psychiatrischen Kategorien ein, die vor allem dazu gedient hatten, die Kranken in einem gehörigen, die Angst des Psychiaters (Devereux 1973) vermindernden Abstand zu halten. Mit dem Schwinden dieses Abstandes mußten die vom Individuum produzierten Symptome nicht mehr als unerwünschte und unglaubwürdige Störungen abqualifiziert werden, sondern konnten als Ausdruck unverarbeiteter Konflikte, vielfach verflochten mit krankmachenden Verhältnissen, verstanden werden.

Die Rezeption der Psychoanalyse durch die Ethnologie und allgemein durch die Sozialwissenschaften (Bastide 1950; Schöne 1966; Beuchelt 1974; Boyer 1980) beschränkte sich bis in die 50er Jahre, als Parin, Parin-Matthèy und Morgenthaler (1963) die Psychoanalyse als Methode der Feldforschung zu benützen begannen, auf die Auseinandersetzung mit Freuds Theorien. In Vergessenheit geriet, daß der Zugang zum Unbewußten und die daraus entspringenden Theorien nur über die Neudefinition des Arzt-Patient-Verhältnisses möglich gewesen war. Eigentlich hätte man daraus schließen müssen, daß die Aufnahme der psychoanalytischen Erkenntnisse durch die anderen Wissenschaften eine entsprechende Veränderung im Verhältnis des Wissenschaftlers zu seinen Objekten voraussetzte. Auch die «Frankfurter Schule» (Adorno, Marcuse, Habermas), ebenso wie Historiker (Elias) und Soziologen (Parsons) griffen Theorien der Psychoanalyse auf, ohne die Interaktion des Forschers mit seinem «Objekt» zu verändern. Dadurch kam es zu schwerwiegenden theoretischen Mißverständnissen, die die Versuche, Psychoanalyse und Sozialwissenschaften miteinander zu verknüpfen, trotz wichtiger Ergebnisse, immer wieder in Sackgassen münden ließ. Deshalb scheint es mir wichtig, Freuds Beitrag zur Kulturanthropologie nicht auf seine theoretischen Konzepte zu beschränken, sondern seinen methodologischen Neuansatz hervorzuheben. Es war Georges Devereux, der als erster in seinem Buch *From Anxiety to Method in the Behavioural Sciences* (1967; deutsch: *Angst und Methode in den Verhaltenswissenschaften,* 1973) diesen wesentlichen Aspekt von Freuds Leistung für die Sozialwissenschaften herausarbeitete.

Ihren theoretischen Niederschlag fand Freuds Selbstanalyse in der 1899 erschienenen *Traumdeutung*. Bis heute ist dieses Buch das unerreichte Meisterwerk der Verknüpfung der Subjektivität des Forschers mit dem Anspruch auf wissenschaftliche Objektivität und Wahrheit geblieben. Anhand seiner eigenen Träume stellte Freud die Gesetzmäßigkeiten dar, die im Traum walten, und entwickelte daraus sein Konzept des Unbewußten. Dieses Unbewußte definierte er als ein System, das aus verdrängten Inhalten besteht, und charakterisierte es als a) Triebrepräsentanzen, das heißt also nicht durch die Triebe selbst, sondern nur durch deren psychischen Ausdruck, die b) durch den «Primärprozeß» miteinander verbunden sind und c) ins Bewußtsein drängen, um in Aktion umgesetzt zu werden. Als «Primärprozeß» bezeichnete Freud die Funktionsweise des Unbewußten. Regiert vom Lust- (und nicht vom Realitäts-) Prinzip, sind die logischen Denkgesetze außer Kraft gesetzt, vor allem gilt nicht der Satz vom Widerspruch. Die Gesetze Raum und Zeit sind ebenfalls aufgehoben, und die Verknüpfung der Vorstellungen erfolgt gemäß den Mechanismen der «Verschiebung», (durch die zum Beispiel die Intensität einer unbedeutenden Vorstellung, welche einer anderen, wichtigeren, zugehört, zustande kommen kann) oder «Verdichtung», dank welcher in einer einzigen Vorstellung ganz verschiedene Bedeutungen zusammenkommen und schließlich die «Überdeterminierung», welche dazu führt, daß ganz verschiedene Ursachen ein psychisches Gebilde mitbestimmen können. Wichtig war Freuds Erkenntnis, daß alles, was ins Unbewußte gelangt, «virtuell unsterblich» wird und sich auch nach Jahrzehnten so verhält, als ob es ganz neu vorgefallen wäre (Freud 1933: 511). Im *Unbehagen in der Kultur* (1930) schrieb er: «Seitdem wir den Irrtum überwunden haben, daß das uns geläufige Vergessen eine Zerstörung der Gedächtnisspur, also die Vernichtung bedeutet, neigen wir zur Annahme, daß im Seelenleben nichts, was einmal gebildet wurde, untergehen kann, daß alles irgendwie erhalten bleibt und unter geeigneten Umständen, z. B. durch eine so weit reichende Regression wieder zum Vorschein gebracht werden kann» (*Unbehagen in der Kultur:* 426).

Dieser Begriff des Unbewußten bildet den Mittelpunkt der Theorie Freuds. Aus ihm leiten sich einerseits die therapeutischen Einsichten ab, auf die ich hier nicht eingehen kann, und andererseits seine kulturtheoretischen Erwägungen, in welchen es immer um das Verhältnis der Kultur zum Unbewußten geht. Dieses Verhältnis wird durch die doppelte Funktion des Unbewußten bestimmt: Es erscheint einmal als eine Art Orkus, in dem all das verschwindet (aber trotzdem erhalten bleibt), was nicht bewußtseinsfähig ist, und zum anderen als ein Reservoir an Kräften, das die Kreativität und den Veränderungswillen des Menschen speist. Im ersten Falle ist das Unbewußte der Ort, der, wie ein kosmisches «schwarzes Loch», alle Phantasien, Wünsche und Wahrnehmungen aufschluckt, die das von der Gesellschaft mitgeprägte Bewußtsein nicht zulassen darf, und im zweiten Fall ist es der Ort, von dem die schöpferischen Impulse ausgehen, die zur Schaffung neuer Welten führt. In seinem Buch *Psychopathologie des Alltagslebens* (1901) stellte Freud die Mechanismen dar, auf Grund derer das Unbewußte seine negierende, aufschluckende Funktion ausübt, und in *Der Witz und seine Beziehung zum Unbewußten* (1905) beschäftigte er sich mit den kreativen Einflüssen des Unbewußten. Nicht zuletzt wegen der Unterschätzung von Freuds Beitrag zur Datengewinnung ist aber die Bedeutung dieser beiden Bücher für die Theorie der Kultur bisher übersehen worden.

Freuds Eindringen ins Unbewußte verweist auf die innere Verwandtschaft zwischen Psychoanalyse und Ethnologie. Beide lokalisieren ihren Bereich jenseits unserer eigenen Kultur – die Psychoanalyse im Unbewußten, das Freud einmal das «innere Ausland» (*Vorlesungen:* 496) nannte, und das uns ebenso unbekannt ist wie die fremden Kulturen, die das traditionelle Thema der Ethnologie bilden. Beide Gebiete sind schwer zu erreichen: Im einen Fall sind es Urwälder, Sümpfe, Entfernungen, im anderen Fall Vorurteile, Gefühlswände sowie Identifikationen, und in beiden Fällen sind es finanzielle Fragen und Institutionen, die die Zugänge erschweren oder sogar versperren. Psychische Störungen haben zumindest das eine Merkmal mit den Stammeskulturen gemeinsam: Sie sind uns fremd, und auf ihre Weise stellen sie unsere Gewohnheiten und unser Selbstverständnis in Frage. Was die Ethnologie – auch im Hinblick auf ihre Theoriebildung – mit der Psychoanalyse verbindet, ist deshalb ihre Anstrengung, auch das Fremdeste verstehen zu wollen. Beide sind mit dem Problem der Übersetzung konfrontiert, wie sie die fremden Erfahrungen in die Sprache der eigenen Kultur übertragen können. Die innere Verwandtschaft zwischen beiden Wissenschaften kommt auch in Freuds Metaphorik zum Ausdruck, die Schönau (1968) analysiert hat. Es ist kein Zufall, daß Freud die Arbeit des Psychoanalytikers immer wieder mit derjenigen eines Archäologen vergleicht, der eine versunkene Kultur ausgräbt, oder wenn er sein Buch *Die Traumdeutung* als eine «rohe Karte des Terrains» des Unbewußten (*Briefe* an W. Fließ: 210) bezeichnet und von den «unentdeckten Provinzen des Seelenlebens» (ebd.: 274) spricht. Diese Metaphorik ergibt sich aus dem Gegenstand selber – das Unbewußte und die Kultur haben Gemeinsamkeiten: Ein Teil der Kultur entsteht aus dem Kampf des Menschen gegen die Zeit; das Bewahren vergangener Erfahrungen ist eine der wichtigsten Funktionen von Mythos und Ritual. Freud greift den Vergleich mit der Archäologie auf, um die Wiederentdeckung und Ausgrabung der vorhandenen, aber unbewußten Erfahrungen durch die Psychoanalyse zu verdeutlichen (Schönau 1968: 177f.). So veranschaulicht er die Tiefe des Unbewußten am Beispiel der Geschichte Roms: Man müsse sich das Unbewußte vorstellen wie die Stadt Rom, und zwar wie ein unzerstörtes Rom, in dem sich alle Bauten über die Jahrtausende erhalten hatten. Er weist darauf hin, daß dieses Bild absurd sei – um Neues an der gleichen Stelle zu bauen, müsse man eben das Alte zerstören –, aber eben das treffe nicht auf das Unbewußte zu. Um diese Eigenschaft des Unbewußten zu charakterisieren, hätte Freud ebensogut ethnologisches Material verwenden und auf die Gleichzeitigkeit der verschiedenen Kulturformen im 20. Jahrhundert hinweisen können. Den psychoanalytischen Prozeß beschreibt Freud auch als Forschungsreise (*Briefe* an W. Fließ: 158) und identifiziert sich mit Nansen (ebd.: 224) und Kolumbus (Freud und Pfister, *Briefe*: 22).

Als Freud an seiner *Traumdeutung* schrieb, also während der letzten Jahre des 19. Jahrhunderts, befand er sich in einer quälenden Isolation. Zwar waren die Themen, mit denen er sich beschäftigte: Triebregungen, Inzest, Ambivalenzen, Bisexualität, Aggression und auch der Traum, durchaus gängige Motive der Malerei und Dichtung (Jullian 1971; Spector 1972), aber die Art und Weise, wie er sich damit auseinandersetzte und wie er sie in den Bereich der Wissenschaft einbezog – nämlich unter Berücksichtigung seiner eigenen Subjektivität –, erweckte, besonders in wissenschaftlichen Kreisen, feindselige Reaktionen. Nach dem Erscheinen der *Traumdeutung* jedoch sammelte sich um Freud ein Kreis von Leuten, die, fasziniert von seinen Entdeckungen, gemeinsam mit ihm den neuen «Kontinent» zu erforschen anfingen (Alfred Adler, Wilhelm Stekel, Otto Rank, Hanns Sachs, Carl Gustav Jung und andere). Die Beschäftigung mit der Krankheit seiner Patienten verwies Freud immer mehr auf die gesellschaftlichen Verhältnisse, in denen sie lebten. 1908 veröffentlichte er seine Arbeit über *Die kulturelle Sexualmoral und die moderne Nervosität*, in welcher er die Gesellschaft der Doppelmoral anklagte: Sie zwinge das Individuum zur Einhaltung von Normen (zum Beispiel der Monogamie), von denen sie annehmen könne, das Individuum sei gar nicht imstande, sie einzuhalten; trotzdem bestrafe es aber das Individuum dafür. Hier taucht ein weiteres Leitthema der Kulturtheorie Freuds auf: der Antagonismus zwischen Individuum und Gesellschaft. Das Individuum geht nie in der Gesellschaft auf, es bleibt immer ein Rest zurück, der von der (bestehenden) Gesellschaft nicht vereinnahmt werden kann und der zu einem Motor des sozialen Wandels, der Geschichte wird.

Schon früh kam es im Kreis um Freud zu Spaltungen. 1911 war es A. Adler und 1914 C. G. Jung, die ihre eigenen Wege gingen. Die Differenzen entzündeten sich an der Bedeutung der Sexualität; während Adler die Bedeutung des «Machttriebes» höher einschätzte, sah Jung im Einwirken «spiritueller Kräfte» («Archetypen») den für die Geschichte entscheidenden Faktor. Für beide war Freuds Postulat vom Antagonismus zwischen Individuum und Gesellschaft inakzeptabel, und sie zogen harmonisierende Gesellschaftsmodelle vor: Adler eher sozialistisch und Jung aristokratisch-feudal (ständestaatlich) inspirierte. Beide gaben auch die von Freud entwickelte therapeutische Technik auf und kehrten zu Formen zurück, in welchen der Therapeut die Position des «Wissenden» und Heilbringers einnahm. Diese Veränderungen verweisen uns wiederum auf den inneren Zusammenhang zwischen dem Arzt-Patient-Verhältnis und den darin sichtbar werdenden Theorien, nicht nur den therapeutischen, sondern auch den Kulturtheorien.

Aus dem Streit mit Jung entsprang auch dasjenige Werk Freuds, das am direktesten Bezug zur Ethnologie nimmt: *Totem und Tabu. Einige Übereinstimmungen im Seelenleben der Wilden und Neurotiker* (1913). Die Ethnologen kritisierten es heftig (Kroeber 1920) und nahmen zu Recht Anstoß an Freuds Konstruktionen der Frühzeit. Vor allem in Anlehnung an Frazer und Darwin entwarf Freud eine Theorie über die Entstehung der Religion und Kultur: Junge Männchen (die Söhne) töteten ihren Vater, der sie tyrannisierte und ihnen die Frauen wegnahm. Weil sie diesen «allmächtigen» Vater aber auch liebten, entwickelten sie nach dem Mord Schuldgefühle, die dazu führten, daß sie gleichsam als Wiedergutmachung dem Ermordeten übermenschliche Kräfte zusprachen, zum «Totem» machten und gleichzeitig Normen einrichteten, die das Verhältnis zwischen Männern und Frauen ordnen sollten. Freud nahm weiter an, daß der Mord einen so tiefen Eindruck hinterließ, daß er sich im Erbgut der Menschen niederschlug und als «Ödipuskomplex» das Verhalten der Menschen neu organisierte. Zu Recht verwiesen die Kritiker darauf, daß Freud sich ohne entsprechende Belege gegen die in der Biologie gängige Annahme wandte, erworbene Eigenschaften würden nicht vererbt; ebenso konnten sie plausibel machen, daß Freud einen Spezialfall des Totemismus als typisch hinstellte und daß damit auch seine Verallgemeinerungen, nämlich einen Beitrag zur Entstehung von Kultur und Religion zu liefern, hinfällig waren.

Sicherlich treffen diese Kritiken zu; dabei geht jedoch verloren, daß Freud in Exotismen verkleidete Einsichten in die unbewußte Dimension der Kultur vermittelte; man muß nur berücksichtigen, daß er «wie alle Neuerer genötigt (war), seine Entdeckungen in vorgefundenen theoretischen Begriffen zu denken, die für andere Zwecke gemacht waren» (Althusser 1970: 4). Wie ein roter Faden durchzieht das Problem der Herrschaft Freuds Buch. Er schreibt: «Das Benehmen primitiver Völker gegen ihre Häuptlinge, Könige und Priester wird von zwei Grundsätzen regiert, die einander eher zu ergänzen als zu widersprechen scheinen. Man muß sich vor ihnen hüten und man muß sie behüten. Beides geschieht vermittels einer Unzahl von Tabuvorschriften» (*Totem und Tabu:* 53). Von diesen Tabus sagt er, sie «seien uralte Verbote, einer Generation von primitiven Menschen dereinst von außen aufgedrängt, das heißt also doch wohl von der früheren Generation ihr gewalttätig eingeschärft. Diese Verbote haben Tätigkeiten betroffen, zu denen eine starke Neigung bestand. (...) (Die Menschen) haben also zu ihren

Tabuverboten eine ambivalente Einstellung; sie möchten im Unbewußten nichts lieber als sie übertreten, aber sie fürchten sich auch davor; sie fürchten sich gerade darum weil sie es möchten, und die Furcht ist stärker als die Lust. Die Lust dazu ist aber bei jeder Person des Volkes unbewußt wie beim Neurotiker» (ebd.: 41–42).

Das Neue an Freuds Ansatz war, daß er die Herrschaft aus der Sicht der Beherrschten zu begreifen versuchte. Er übertrug seinen therapeutischen Erkenntnisprozeß auf das Studium kultureller Phänomene: So wie sein Konzept der Krankheit auf den Erfahrungen des Patienten gründete, so entwickelte Freud seine Theorie der Herrschaft ausgehend von den bewußten und unbewußten Erfahrungen derjenigen, die die Herrschaft erleiden. Er knüpfte damit auch an die Tradition der Aufklärung an. Hume (1711–1776) hat in seiner Schrift *Von den Grundsätzen der Regierung* das Problem aufgeworfen, das bis heute eine Grundfrage der Soziologie geblieben ist: «Nichts ist für diejenigen, welche gewohnt sind, menschliche Angelegenheiten mit den Augen der Philosophen zu betrachten, überraschender als die Leichtigkeit, mit welcher so viele sich von so wenigen regieren lassen, und als die blinde Unterwerfung, mit welcher die Menschen ihre eigenen Gefühle und Leidenschaften denen der Regierenden unterordnen» (ebd.: 23).

In *Totem und Tabu* versuchte Freud die psychischen Mechanismen aufzudecken, die Herrschaft ermöglichen: Indem die Herrschaft tabuisiert wird, wird die Feindseligkeit der Beherrschten unbewußt gemacht und in Verehrung umgewandelt. Hinter der Vergötterung der Herrschenden und der «blinden Unterwerfung», mit der sich Menschen ihnen unterordnen, entdeckte Freud im Unbewußten eine «intensive feindselige Strömung» (*Totem und Tabu:* 63), die gegen die Mächtigen gerichtet ist, und spürte den kulturellen Einrichtungen, vor allem der Religion nach, die im Dienste der Bewältigung dieser zwar unbewußten, aber doch wirksamen Feindseligkeit standen.

In seinem 1921 erschienenen Buch *Massenpsychologie und Ich-Analyse* führte Freud diese Problematik weiter aus, aber wie in *Totem und Tabu* verwendete er Begriffe, die den Leser auf die falsche Fährte locken können. Schon der Titel birgt Mißverständnisse, denn wer etwas über «Massen» zu erfahren hofft, sieht sich leicht enttäuscht; es handelt vielmehr von dem, was korrekterweise «Institutionen» genannt werden müßte, und Freud erläutert seine Thesen auch am Beispiel der Kirche und der Armee. Trotzdem ist aber das Buch immer als «Massenpsychologie» rezipiert worden. Das Mißverständnis ist nicht zufällig und hängt mit Freuds Ausgangsposition zusammen. Als der Erste Weltkrieg 1914 ausbrach, befand sich Freud erstaunlicherweise auf der Seite der Kriegsbegeisterten. An seinen Freund K. Abraham schrieb er am 26. Juli 1914: «Ich fühle mich aber vielleicht zum ersten Mal seit 30 Jahren als Österreicher und möchte es noch einmal mit diesem wenig hoffnungsvollen Reich versuchen. Die Stimmung ist überall eine ausgezeichnete. Das Befreiende der mutigen Tat. – Man beobachtet an allen Leuten die echtesten Symptomhandlungen. Ich wünsche Ihnen den ungetrübten Genuß der wohlverdienten Ferien. Ihr herzlich ergebener Freud» (Freud und Abraham: 180). Aber schon einige Monate später war von dieser Kriegsbegeisterung nichts mehr übrig. Im Dezember 1914 erläuterte Freud in einem Brief an den Holländer van Eeden zwei Grundthesen der Psychoanalyse, nämlich «daß die primitiven, wilden und bösen Impulse der Menschlichkeit bei keinem Einzelnen verschwunden sind, sondern noch fortbestehen, wenngleich verdrängt, im Unbewußten. Sie hat uns ferner gelehrt, daß unser Intellekt ein schwächliches und abhängiges Ding ist, ein Spielball und Werkzeug unserer Triebregungen und Affekte (...). Und nun blicken Sie auf die Vorgänge dieser Kriegszeit, auf die Grausamkeiten und Rechtsverletzungen, deren sich die zivilisierten Nationen schuldig machen, auf die verschiedene Art, wie sie die eigenen Lügen, das eigene Unrecht und das der Feinde beurteilen, auf die allgemeine Einsichtslosigkeit und gestehen Sie nur zu, daß die Psychoanalyse mit beiden Behauptungen recht gehabt hat» (zit. nach Schur 1972: 348.

Freuds anfängliche Kriegsbegeisterung stand im Zusammenhang mit einer Identifikation mit den Herrschenden; er war selber den Mechanismen verfallen, die er hellsichtig im *Totem und Tabu* analysiert hatte. Es gelang ihm zwar bald, Abstand von den imperialistischen Illusionen zu gewinnen und den Krieg nüchtener zu betrachten, gleichzeitig scheint er aber unbewußt an der Identifikation mit den Herrschenden festgehalten zu haben. Dieser Zwiespalt schlug sich auch in Freuds theoretischem Diskurs nieder. Wo die Herrschaft tabuisiert ist, erscheint der Krieg als – nicht weiter erklärbare – Eruption der «primitiven, wilden und bösen Impulse der Menschheit». Unschwer erkennt man dahinter die konservative Ideologie von der «Masse», die, gezähmt von der «Elite», zu den hohen Werten der Kultur hin erzogen werden muß. So erscheint Herrschaft als «Elite», die sich gegen die triebhafte, kulturfeindliche «Masse» wehren muß. Wo Freud jedoch seinem ursprünglichen Vorhaben treu blieb und vor keinen Tabus haltmachte, entwickelte er in der «Massenpsychologie» eine neuartige Theorie der Herrschaft. Er geht davon aus, daß das erwachsene Individuum in den Institutionen der Herrschaft, zum Beispiel in Kirche und Militär, regressiv gemacht wird. Das Wesen der «Massen»-Seele, also der Seele der in diesen Institutionen tätigen Individuen, sind nach Freud Gefühlsbindungen, die durch Regression zustande kommen. Er hebt die zur Vorgeschichte des Ödipuskomplexes gehörende Identifizierung hervor. Während im Ödipuskomplex das Individuum die Fähigkeit zur Objektwahl entwickelt, reaktiviert die Institution die Identifizierung, «die früheste Äußerung einer Gefühlsbindung an eine Person» (*Massenpsychologie:* 115). Das heißt, daß der Vorgesetzte gar nicht mehr als ein Gegenüber erscheint, zu dem man sich akzeptierend oder ablehnend, seine Anweisungen prüfend verhalten kann, sondern daß man sich mit ihm identifizieren, ihn in sich hineinnehmen muß. Anhand der Verliebtheit und der Hypnose zeigte Freud, wie das Ich der erwachsenen Individuen, die sich innerhalb der Institutionen befinden, aufgezehrt wird: Der Führer setzt sich an die Stelle des Über-Ichs und lenkt von dort aus die Realitätswahrnehmung, das heißt, das Individuum muß die Welt so sehen, wie die Herrschenden sie sehen. Gleichzeitig kommt es zu den typischen Regressionserscheinungen: Schwund der bewußten Einzelpersönlichkeit, gleiche Ausrichtung der Gedanken und Gefühle, Vorherrschen der Affektivität und des unbewußt Seelischen. Herrschaft erscheint nun nicht als kulturtragende und -verbreitende Elite, sondern als eine Instanz, die in erster Linie daran interessiert ist, ihre Macht auszubauen. Was Freud vom Führer schreibt, gilt auch für die herrschende Klasse: «Seine intellektualistischen Akte waren auch in der Vereinzelung stark und unabhängig, sein Wille bedurfte nicht der Bekräftigung durch den anderen. Wir nehmen konsequenterweise an, daß sein Ich weniger libidinös gebunden war, er liebte niemanden außer sich und die anderen nur insoweit sie seinen Bedürfnissen dienten» (*Massenpsychologie:* 137–138).

Die *Massenpsychologie und Ich-Analyse* ist Freuds zentraler Beitrag zur Kulturanthropologie; davon ausgehend wird sowohl die Bedeutung von *Totem und Tabu* wie auch der *Zukunft einer Illusion* (1930) und von *Das Unbehagen in der Kultur* (1930) ersichtlich. Indem Freud nicht – wie es im Rahmen der Anthropologie üblich war – die Kultur*fähigkeit*, sondern die Kultur*feindseligkeit* des Menschen bzw. die Menschenfeindlichkeit der Kultur thematisierte, machte er die Verflechtung zwischen Macht und Kultur sichtbar, eine Verflechtung, die vor allem im Unbewußten des Menschen verankert ist. Die Macht der Herrschaft übt ihre Wirkungen unter Einsatz des Unbewußten aus, sie nützt die narzißtischen, sadistischen, masochistischen, die aggressiven ebenso wie die libidinösen Triebregungen aus. Durch diese Fragestellung gelang es Freud, die an sich banale, aber für die Kulturtheorie bisher nicht fruchtbar gemachte Tatsache zu berücksichtigen, daß jeder Mensch einmal ein Kind und ein von der Mutter abhängiger Säugling gewesen ist.

Dieser Aspekt von Freuds Kulturtheorie fand in der Ethnologie breite Resonanz. Vor allem die amerikanische Richtung der Kulturanthropologie, die «culture and personality»-Schule (M. Mead, C. DuBois, F. Linton, A. Kardiner), arbeitete mit dieser These (Barnouw ²1973). Bezeichnenderweise aber vernachlässigte sie eine weitere Grundannahme Freuds, nämlich den von ihm postulierten Antagonismus zwischen Kultur und Familie. Im *Unbehagen in der Kultur* schrieb er: «Wir haben bereits erraten, daß es eine der Hauptbestrebungen der

Kultur ist, die Menschen zu großen Einheiten zusammenzuballen. Die Familie will aber das Individuum nicht freigeben. Je inniger der Zusammenhalt der Familienmitglieder ist, desto mehr sind sie oft geneigt, sich von den anderen Menschen abzuschließen, desto schwieriger wird ihnen der Eintritt in den größeren Lebenskreis. Die phylogenetisch ältere, in der Kindheit allein bestehende Weise des Zusammenlebens wehrt sich, von der später erworbenen kulturellen abgelöst zu werden. Die Ablösung von der Familie wird für jeden Jugendlichen zu einer Aufgabe, bei deren Lösung ihn die Gesellschaft oft durch Pubertäts- und Aufnahmeriten unterstützt» (*Unbehagen in der Kultur:* 462–463). Der Antagonismus zwischen Familie und Kultur ist ein zentrales Postulat der Kulturtheorie Freuds. Danach entwickelt die Kultur immer neue Formen, um die Familie zu «sprengen». Das Inzesttabu ist nur das älteste Mittel dazu (vgl. auch Lévi-Strauss 1949), Altersklassen, numerische Ordnungen, das geographische Prinzip sind weitere Versuche, um an Stelle der Verwandtschaft andere Gliederungsmöglichkeiten zu setzen. Umgekehrt versucht die Familie, die Kultur mit ihrem Prinzip, der Verwandtschaft, zu durchdringen. Kultur und Familie stehen in einem dynamischen, die Entwicklung vorantreibenden, aber an sich nicht auflösbaren Widerspruch zueinander. Die Adoleszenz ist der lebensgeschichtliche Augenblick, da das Individuum diesen Widerspruch austragen muß und sich von der Familie lösen, an der Arbeit der Kultur beteiligen und neue Formen entwickeln oder aber sich an die Familie binden und eine eher konservative Position einnehmen wird.

Im Alter wandte sich Freud zunehmend dem Studium kultureller Erscheinungen zu. In einer Ergänzung zu seiner Selbstdarstellung schrieb er 1935: «Dies hing mit einer Wandlung bei mir zusammen, mit einem Stück regressiver Entwicklung, wenn man es so nennen will. Nach dem lebenslangen Umweg über die Naturwissenschaften, Medizin und Psychotherapie war mein Interesse zu jenen kulturellen Phänomenen zurückgekehrt, die dereinst den kaum zum Denken erwachten Jüngling gefesselt hatten» (ebd.: 98).

Immer wieder erhob Freud die Forderung, die Psychoanalyse dürfe nicht auf das therapeutische Wirken beschränkt werden, sondern müsse – auch als Methode – der wissenschaftlichen Erhellung menschlicher Angelegenheiten dienen. Er wollte «verhütet wissen, daß die Therapie die Wissenschaft erschlägt» (*Laienanalyse:* 291), aber diese Forderung fand bei den Psychoanalytikern kaum Gehör (Eissler 1965). Freuds kulturtheoretische Schriften wurden von der «medico-zentrierten Psychoanalyse» (Parin) an den Rand gedrängt, und im gleichen Zuge verkümmerte auch das Interesse am Verhältnis Individuum – Gesellschaft. Die Sozialwissenschaften hingegen richteten ihre Aufmerksamkeit gerade auf die kulturtheoretischen Schriften, während die psychoanalytische Methode als «bloße» Therapie keine Beachtung fand. Nur im

Rahmen der Ethnologie wurde der Versuch unternommen, Theorie und Methode der Psychoanalyse wieder miteinander zu verknüpfen (Boyer 1980); erst dadurch wurde es möglich, Freuds Beitrag zur Kulturanthropologie in seiner Fruchtbarkeit abzuschätzen.

1938 marschierte Hitler in Österreich ein. Wie in Deutschland wurde die Psychoanalyse verboten und ihre Werke verbrannt. Der «Feuerspruch» bei der Verbrennung von Freuds Büchern lautete: «Gegen seelenzersetzende Überschätzung des Trieblebens, für den Adel der menschlichen Seele! Ich übergebe dem Feuer die Schriften der Schule Sigmund Freuds.» Zusammen mit seiner Familie emigrierte Freud 82jährig nach England. Die Psychoanalyse breitete sich vor allem im englischsprachigen Raum aus. Es scheint, daß der Anpassungsdruck, dem die emigrierten Psychoanalytiker ausgesetzt waren, sich auch auf die Theorie und Praxis der Psychoanalyse auswirkte, nicht zuletzt auch auf die Preisgabe ihres kulturkritischen Potentials. Freud starb in London am 23. September 1939.

Helmut Straube

LEO FROBENIUS
(1873–1938)

Frobenius war einer der letzten großen Forschungsreisenden, wie sie das 19. Jahrhundert in reicher Zahl hervorgebracht hat, und einer der ersten Vertreter der um die Jahrhundertwende als eigenständige Disziplin noch jungen Völkerkunde, der sich nicht allein mit der Aufnahme, der Beschreibung und der formalen Klassifizierung ethnographischer Fakten begnügte, sondern der eine Methode entwickelte, um das schon damals unübersehbare und aus einer Vielzahl von isolierten Einzelelementen bestehende Faktenmaterial, das von den schriftlosen Gesellschaften der ganzen Erde vorlag, in Raum und Zeit zu ordnen. Das Resultat der Ordnungsbemühungen waren sogenannte Kulturkreise, mit deren Hilfe er den bis dahin als geschichtslos geltenden außereuropäischen Kulturen ohne eigene schriftliche Überlieferungen eine historische Tiefe zu geben und sie in die Universalgeschichte miteinzubeziehen suchte. Er gab damit einen Anstoß zur Erweiterung des damaligen Geschichtsbildes, das sich um die Jahrhundertwende fast ausschließlich auf die schriftführenden Zivilisationen beschränkte. Diese Erweiterung des historischen Gesichtskreises sollte aber nicht nur im räumlich-geographischen Sinne durch die Einbeziehung neuer und bisher unbeachteter Erdgebiete in die völkerkundliche Forschung erfolgen, sondern auch im zeitlich-historischen Sinne, da Frobenius wie andere Ethnologen seiner Zeit des irrigen Glaubens war, daß sich in schriftlosen Gesellschaften vorhochkulturliche Denk-, Lebens- und Gestaltungsformen erhalten hätten, mit deren Hilfe es möglich sei, jene frühen Phasen der Menschheitsgeschichte zu rekonstruieren, die den ältesten schriftführenden Zivilisationen vorausgingen.

Frobenius war kein enger Fachgelehrter, sondern ein ausgesprochen universeller Geist, der sich neben seinen rein ethnologischen und kulturgeschichtlichen Studien vornehmlich mit allgemeinen geschichts- und kulturphilosophischen Fragestellungen beschäftigte. Er bemühte sich nicht nur um das Verständnis einer Kultur, sondern *der* Kultur und damit der Weltgeschichte schlechthin. Er ging den Ursachen und den Kräften nach, die zur Entstehung einer Kultur und ihrer einzelnen Elemente führen, er fragte nach den Gesetzmäßigkeiten des Kulturablaufes und er suchte nach dem Wesenskern der einzelnen Kulturen, nach ihrer geistigen Mitte, dem sogenannten Paideuma einer Kultur, das als eine Art gestaltende seelische Kraft jeder Kulturgemeinschaft ihr unverwechselbares Gepräge verleiht und den jeweiligen Kulturstil bestimmt.

Leo Frobenius (1873–1938)

Er ging dem Verhältnis zwischen Mensch und Kultur und zwischen Kultur und Natur nach, und letztes Ziel seiner geschichts- und kulturphilosophischen Überlegungen war es schließlich, Richtung, Verlauf und Sinn der geschichtlichen Entwicklung zu erfassen.

Als Schöpfer der Kulturkreislehre wurde Frobenius zum Wegbereiter der historischen Forschungsrichtung in der Völkerkunde, während seine kulturkundlich-philosophischen Schriften maßgeblich dazu beitrugen, einer ganzheitlichen Betrachtungsweise der Kulturen zum Durchbruch zu verhelfen.

I. Leben

Frobenius, der am 29. Juni 1873 in Berlin geboren wurde, wuchs in einer Zeit stürmischen wirtschaftlichen und technisch-wissenschaftlichen Fortschritts auf. Die erfolgreichen Naturwissenschaften bestimmten in zunehmendem Maße Bewußtsein und Weltbild der Industrienationen und wurden auch für die Geisteswissenschaften in Methode und Zielsetzung zum Vorbild. Frobenius, der sich schon in seinen Jugendjahren auf dem Wege der Lektüre afrikanischer Reisebeschreibungen intensiv mit den Völkern und Kulturen des schwarzen Erdteils beschäftigt und bereits mit 20 Jahren seinen ersten wissenschaftlichen Aufsatz veröffentlicht hatte, konnte sich dem von den Naturwissenschaften ausgehenden Einfluß nicht entziehen. In seinen frühen Arbeiten, insbesondere in der Schrift *Die naturwissenschaftliche Kulturlehre* wird der Versuch überaus deutlich, naturwissenschaftliche, und zwar vornehmlich biologische Denkkategorien auf den kulturkundlichen Stoff zu übertragen. Er nahm jedoch schon bald von diesem mißglückten Versuch Abstand, und bezeichnete ihn rückblickend als «ein Greifen nach naturwissenschaftlichen Krücken». Nur seine Konzeption vom Wesen der Kultur als einem lebendigen Organismus erinnerte auch später noch an diesen anfänglichen Versuch einer naturwissenschaftlichen Betrachtungsweise kultureller Fakten. Streng naturwissenschaftliches Denken entsprach auch keineswegs der geistigen Veranlagung von Frobenius, der ein sehr gefühlsbetonter, sensibler Mensch war, begabt mit einer außergewöhnlichen Erlebnisfähigkeit, einem großen Einfühlungsvermögen und einem intuitiven Geist.

Als Wissenschaftler war Frobenius ein Autodidakt ohne abgeschlossenes Fachstudium und darüber hinaus ein Einzelgänger, der gern und häufig gegen den Strom schwamm und der innerhalb des Faches zeitlebens eine Sonderstellung eingenommen hat. Seit 1898 war er als wissenschaftlicher Mitarbeiter an den Museen für Völkerkunde in Bremen, Basel und Leipzig tätig. In Bremen wirkte er an der Seite des Ethnologen Heinrich Schurtz (1863–1903), dem er freundschaftlich verbunden war und der ihn besonders mit der kulturgeschichtlichen Problematik vertraut machte. In Leipzig begegnete er dem Anthropogeographen Friedrich Ratzel (1844–1904), der wie sein Schüler Heinrich Schurtz ebenfalls einen starken Einfluß auf Frobenius ausübte. Die Anregungen, die von diesen beiden bedeutsamen Erd- und Völkerkundlern ausgingen, haben entscheidend zur Entwicklung des Kulturkreisgedankens beigetragen.

Nach mehrjähriger Museumsarbeit und einer regen Publikationstätigkeit, in deren Verlauf auch die grundlegenden Kulturkreis-Arbeiten erschienen, trat Frobenius 1904 wohlvorbereitet seine erste Forschungsreise an, die ihn in das Kongo-Becken führte. Es folgten fünf weitere Reisen in den West- und Ostsudan und in den Maghreb. Der Ausbruch des Ersten Weltkrieges erzwang den Abbruch der zehnjährigen kontinuierlichen Feldarbeit, deren wissenschaftliche Ausbeute beachtlich war. Am Ende des ersten Kriegsjahres begab sich Frobenius nochmals nach Afrika, um im Auftrag der Reichsregierung im Ostsudan einen Aufstand zu organisieren. Das Unternehmen schlug jedoch fehl, so daß er in Eritrea unverrichteter Dinge die Rückreise antreten mußte.[1]

Der Erste Weltkrieg und sein für Deutschland ungünstiger Ausgang bedeuteten für das Schaffen von Frobenius einen tiefen Einschnitt, denn nicht nur verschlechterten sich die Arbeitsbedingungen, auch die geistige Orientierung erfuhr eine merkliche Veränderung. An die Stelle der ethnographischen Feldarbeit trat die ethnologische Arbeit am Schreibtisch, die nun in sehr viel stärkerem Maße auf geschichts- und kulturphilosophische Themen ausgerichtet wurde. Unter dem Eindruck der Kriegsereignisse bezog Frobenius auch die jüngste Vergangenheit Europas und speziell Deutschlands mit in seine Betrachtungen ein.

Alle seine wissenschaftlichen Arbeiten erwuchsen aus einer profunden Materialkenntnis. Schon 1893 hatte er in Berlin mit der Anlage einer ethnographischen Motivexzerptur und einer völkerkundlichen Bildersammlung begonnen, die den Grundstock des späteren Afrika-Archives bildeten, dessen Bestände als Folge der zahlreichen Forschungsreisen stetig wuchsen. Das Archiv wurde 1922 in das Forschungsinstitut für Kulturmorphologie mit Sitz in München umgewandelt. Dem Gründungskuratorium gehörte auch Oswald Spengler an, mit dem Frobenius mehrere Jahre lang in einem regen Gedankenaustausch stand und mit dem ihn sehr ähnliche Auffassungen vom Wesen der Kultur und ihrer Erfassung verbanden. Auch Spengler begriff jede Kultur als einen lebendigen Organismus und forderte zum Verständnis kultureller Phänomene ein intuitives und nicht ein analytisches Vorgehen. Beträchtliche Meinungsunterschiede, besonders im Hinblick auf das Geschichtsverständnis, veranlaßten schließlich jedoch die beiden Gelehrten, die Zusammenarbeit aufzugeben.

Mit der Übersiedlung des Forschungsinstitutes von München nach

Frankfurt am Main im Jahre 1925 begann für Frobenius ein neuer und gleichzeitig sein letzter Lebensabschnitt, in dem die auf Afrika bezogene Forschungsarbeit in den Vordergrund trat und auch die Wiederaufnahme der Feldforschung erfolgte. Vier Reisen, auf denen sich Frobenius vornehmlich der Aufnahme von Felsbildern widmete, führten ihn nach Südafrika und in den libyschen und ägyptisch-nubischen Wüstenraum; auf einer Studienreise besuchte er auch Vorderindien. Im Jahr 1932 erhielt er als Honorarprofessor einen Lehrauftrag für Völker- und Kulturkunde an der Universität Frankfurt, und zwei Jahre später wurde er zum Direktor des dortigen Städtischen Museums für Völkerkunde ernannt. Durch seine Bindung an die Universität trat er auch zu Nachbarwissenschaften in enge Beziehung und sammelte einen Kreis bedeutender Wissenschaftler um sich, zu denen die in Frankfurt wirkenden Altphilologen Karl Reinhardt und Walter F. Otto und der Indogermanist Hermann Lommel gehörten. Am 9. August 1938 ist Leo Frobenius in Biganzolo am Lago Maggiore gestorben.

II. Werk

1. Die Kulturkreislehre

Bei der Sichtung des stetig wachsenden ethnographischen Materials, das sich in der zweiten Hälfte des vergangenen Jahrhunderts in den Museen und auf den Schreibtischen der Ethnologen stapelte, konnte man immer wieder die zunächst erstaunliche Feststellung treffen, daß sich in weit voneinander entfernten, häufig durch Ozeane getrennten Erdräumen und bei Völkern völlig unterschiedlicher Sprach- und oft auch Rassenzugehörigkeit zahlreiche Elemente des geistigen und dinglichen Kulturbesitzes aufzeigen ließen, die in Form und Funktion vollkommen übereinstimmten. Die auffälligsten Parallen stellte Richard Andree in einem Buch zusammen, daß 1878 in Leipzig unter dem Titel *Ethnographische Parallelen und Vergleiche* erschien und dem 11 Jahre später ein zweiter Band folgte. Zur Erklärung dieser auffälligen Übereinstimmungen boten sich zwei Lehrmeinungen an, deren bekannteste Vertreter im deutschen Sprachraum Adolf Bastian und Friedrich Ratzel waren. Ausgehend von der Erkenntnis, daß die Menschheit eine Einheit mit gleicher psychischer Grundlage bildet, sah Bastian in allen menschlichen Gesellschaften und zu allen Zeiten gleiche elementare geistige Kräfte am Werk, die unabhängig voneinander zu ähnlichen Entwicklungstendenzen und bei Erreichung bestimmter Entwicklungsstufen daher auch zwangsläufig zur Ausbildung ähnlicher psychologisch bedingter Kulturerscheinungen führen.[2] Dieser evolutionistischen Auffassung vom Kulturgeschehen, die sich jedoch merklich von den starren unilinearen Entwicklungsschemata der klassischen englischen Evolutionisten unterschied, widersprach die von Ratzel verfochtene Lehrmeinung, die das Auftreten gleicher Kulturelemente in verschiedenen Erdgebieten ausschließlich auf die Wanderung ganzer Kulturen oder einzelner Kulturerscheinungen und auf den direkten oder indirekten Kulturkontakt zurückführte.[3] Ratzel interpretierte Kulturparallelen grundsätzlich historisch und suchte durch ihre kartographische Erfassung historische Beziehungen auch sichtbar zu machen. Er sprach von ethnographischen Formenkreisen, deren geographische Verbreitung der ihrer Schöpfer oder Träger entspreche, und verstand unter dem Begriff Formenkreis eine Gruppe von Kulturelementen gleicher oder auch unterschiedlicher Zweckbestimmung, die eine ganz spezifische formale Prägung aufweisen.[4] Mehr noch als in dem ethnographischen Formenkreis Ratzels war der Kulturkreisgedanke bereits in dem von Schurtz eingeführten Begriff der ethnologischen Zone vorgegeben, die als ein größeres, unter Umständen auf verschiedene Erdteile übergreifendes Gebiet charakterisiert wurde, in dem eine größere Zahl außergewöhnlicher Kulturerscheinungen zu finden ist.[5]

Frobenius, der stets ein überzeugter Anhänger der als Diffusions- oder Migrationstheorie bezeichneten Lehrmeinung war und der sowohl an die Gedankengänge und Vorstellungen Ratzels wie auch an die seines Lehrers Schurtz anknüpfte, ging nun aber einen entscheidenden Schritt weiter und verhalf durch zwei wegweisende Arbeiten (*Der westafrikanische Kulturkreis,* 1897/98; *Der Ursprung der afrikanischen Kulturen,* 1898) einer neuen Betrachtungsweise in der Völkerkunde zum Durchbruch. Er wies nämlich darauf hin, daß viele Elemente des geistigen und dinglichen Kulturbesitzes keineswegs regellos über die Welt verstreut sind, sondern daß sie stets in bestimmten Erdgebieten dicht geschart und in einer immer wiederkehrenden charakteristischen Kombination mit anderen Kulturerscheinungen auftreten. Aus der gleichen geographischen Verbreitung bestimmter Kulturelemente folgerte er, daß es sich hier nicht um rein zufällige Kombinationen handeln könne, sondern daß ein historischer und funktionaler Zusammenhang zwischen den einzelnen Elementen bestehen oder wenigstens einmal bestanden haben müsse. Er schloß daher Gebiete gleicher Verbreitung zu sogenannten *Kulturkreisen* zusammen, die er ihrerseits wieder in dem Bestreben, den schriftlosen Kulturen eine geschichtliche Tiefe zu geben, in eine relative zeitliche Ordnung zueinander zu bringen suchte. Der Begriff Kulturkreis, der sich schon bei Bastian, Ratzel und anderen Gelehrten findet,[6] aber erst von Frobenius in den Rang eines terminus technicus erhoben wurde, bezeichnete sowohl den aus Elementen gleicher Verbreitung bestehenden Kulturkomplex, der in einem umgrenzten Gebiet beheimatet ist, wie auch den Kulturraum selbst. Der methodische Kern der Kulturkreislehre war der Kulturvergleich verbunden mit der Selektion und Bündelung verbreitungsgleicher Kulturerscheinungen, während das technische Hilfsmittel nach dem Vorbild Ratzels die Kartographie darstellte, der Frobenius eine außerordentliche Bedeutung für die Kulturforschung beimaß und der er sich in reichem Maße zur Sichtbarmachung kultureller Prozesse und historischer Bewegungen bediente. Durch Kartenserien suchte er das statische Kartenbild zu dynamisieren und es dem Betrachter zu ermöglichen, das Kulturgeschehen optisch zu erfassen und auch seine nicht bildlich darstellbaren Aspekte «als Kartenerlebnis» aufzunehmen (*Atlas Africanus:* 9). Er verstieg sich sogar zu der Behauptung, daß die Verbreitungskarte für die Kulturkunde die gleiche Bedeutung haben könne wie das Experiment für die Naturwissenschaften (*Erlebte Erdteile* VII: 234).

Obwohl das für die Kulturkreislehre grundlegende Werk *Der Ursprung der afrikanischen Kulturen* in der Fachwelt meist auf Ablehnung gestoßen war und heftige, oft durchaus berechtigte Kritik hervorgerufen hatte, die sich aber vornehmlich auf die mehr formalen Aspekte des Buches konzentrierte und weniger dem methodischen Vorgehen galt, fiel der Kulturkreisgedanke dennoch auf fruchtbaren Boden und wurde wenige Jahre später von Fritz Gräbner und Bernhard Ankermann in zwei wissenschaftsgeschichtlich bedeutsamen Vorträgen wieder aufgegriffen,[7] die ebenfalls die Herausarbeitung von Kulturkreisen und Kulturschichten in Ozeanien und Afrika zum Ziel hatten und in denen sich die Autoren ausdrücklich auf Frobenius bezogen, der seinerseits jedoch in der Zwischenzeit die methodischen Mängel seiner frühen Kulturkreisarbeiten erkannt hatte. In der Diskussion,[8] die den beiden Vorträgen folgte, wandte er sich erstmalig gegen die bei der Aufstellung der Kulturkreise befolgte sogenannte statistische Methode, die sich in einer bloßen Summierung isolierter und oft recht heterogener Einzelelemente erschöpfte, die beziehungslos aneinandergereiht worden waren, jeden inneren Zusammenhang vermissen ließen und denen ein sehr unterschiedliches historisches Gewicht zukam. Die frühen Kulturkreise, die fast ausschließlich auf Museumsmaterial basierten, erwiesen sich als zusammengewürfelte, leblose Faktenkonglomerate, die nicht die Bezeichnung Kulturkreis verdienten und denen selbstverständlich auch keine historische Realität zukam. Für diese Fehlentwicklung machte Frobenius seine anfangs ganz mechanistische Kulturauffassung und seine damalige an den Naturwissenschaften orientierte analytische Betrachtungsweise verantwortlich, die zu einer unfruchtbaren Zergliederung komplexer, lebensvoller Erscheinungen neigte. In dem Buch *Der Ursprung der afrikanischen Kulturen* finden sich zahlreiche Beispiele eines pseudo-naturwissenschaftlichen Denkens, und auf Seite 298 rühmte er sich sogar mit entwaffnender Naivität, bei seinen Untersuchungen streng naturwissenschaftlich vorgegangen zu sein.

Die von Frobenius später selbst beklagte Überschätzung der Bedeutung dinglicher Kulturgüter für die Kulturkreislehre erklärt sich nicht zuletzt aus der Tatsache, daß sie den größten Teil des damals vorhandenen ethnographischen Materials ausmachten und daß sie den Erfordernissen des damaligen Kulturkreiskonzeptes sehr viel mehr entsprachen als nicht gegenständliche Kulturgestaltungen. Entscheidend für die Überbetonung des materiellen Kulturbestandes war jedoch seine irrige und heute kaum mehr verständliche Überzeugung, daß allein das dingliche Kulturinventar zu den schöpferischen Leistungen des Menschen zähle und daher in jeder Kultur eine eigene Prägung aufweise, während die Menschen im gesellschaftlichen und religiösen Bereich sich angeblich nur an die natürlichen Umweltbedingungen anzupassen und sie nachzuvollziehen trachteten, so daß die Entwicklung in den genannten Bereichen auch relativ einheitlich verlaufe.

Frobenius, der sich niemals scheute, Fehler einzugestehen und als falsch erkannte Auffassungen ohne Zögern aufzugeben, wies nun mit Nachdruck darauf hin, daß rein formale Übereinstimmungen zwischen einzelnen isolierten Kulturerscheinungen noch nicht als vollgültige Beweise für ihre genetische Verwandtschaft angesehen werden können und daß diese Feststellung auch für den Vergleich ganzer Elemente-Gruppen gilt, die sich zwar in Form und Verbreitung decken, aber keine funktionalen und sinnbezogenen Einheiten bilden. Er verlangte daher eine genaue Untersuchung der Struktur und der Entwicklung der einzelnen Kulturerscheinungen, um zufällige und auf Konvergenz beruhende Übereinstimmungen ausschließen zu können, und forderte darüber hinaus die sinnvolle Verbindung der Einzelelemente zu einem jeweils organischen Ganzen, das heißt die Erfassung geschlossener Kultureinheiten in ihrer ganzen Komplexität und geschichtlichen Gebundenheit.

Die vor der Jahrhundertwende erarbeiteten Kulturkreise waren in seinen Augen nur Skelette, die durch zukünftige Forschungen erst noch mit Fleisch bekleidet werden mußten. In der Funktion als Hilfskonstruktionen sollten sie ihm als Gerüst für weitere Untersuchungen dienen. Von allen frühen Kulturkreisen hatte nur der sogenannte malaionigritische Kreis und sein auf afrikanischem Boden beheimatetes Segment mit der Bezeichnung westafrikanischer Kreis eine räumlich und inhaltlich einigermaßen greifbare Gestalt gewonnen, während die anderen Kulturkreise kontur- und farblose Gebilde geblieben sind. Der provisorische Charakter dieser frühen Kulturkreise wird besonders deutlich, wenn man sie mit denen der sogenannten Wiener Schule von P. W. Schmidt vergleicht, die keineswegs als Provisorien gedacht waren, sondern die als starre Größen einen endgültigen Charakter trugen.

Obwohl Frobenius nach den bereits erwähnten Vorträgen von Gräbner und Ankermann im Jahre 1904 an der weiteren Ausgestaltung der

Kulturkreisidee zur sogenannten historischen Kulturkreislehre im Sinne von F. Gräbner und später auch von P. W. Schmidt keinen Anteil hatte und sich auch immer deutlich von dieser Entwicklung distanzierte, hat er dennoch den Kulturkreisgedanken nie völlig aus den Augen verloren. Nachdem er in den Expeditionsjahren vor dem Ersten Weltkrieg zeitweilig in den Hintergrund getreten war, gewann er in den Arbeiten der Nachkriegsjahre wieder zunehmend an Bedeutung. Auf der Grundlage des Kulturkreiskonzeptes legte Frobenius eine neue Kulturgliederung Afrikas vor,[9] die sich sehr wesentlich von der alten Kulturkreiseinteilung unterschied. Frobenius hatte nicht nur aus seinen Fehlern gelernt, sondern er konnte auch die in der Zwischenzeit erarbeiteten Forschungsergebnisse und besonders die Erfahrungen und Erkenntnisse aus seinen langjährigen afrikanischen Feldaufenthalten für seine kulturgeschichtliche Neugliederung nutzbar machen. Schon allein die Materialbasis, auf die er sich beim Entwurf der neuen Kulturgliederung stützen konnte, hatte sich im Vergleich zu der Quellenlage, wie sie in den letzten Jahren vor der Jahrhundertwende gegeben war, um ein Vielfaches verbreitert, und zwar nicht zuletzt dank seiner eigenen ausgedehnten Feldforschungen. Das methodische Vorgehen hatte sich in einem Punkt grundlegend geändert: Frobenius begnügte sich nicht mehr mit der mechanischen Zusammenstellung und kartographischen Aufnahme einzelner Kulturelemente gleicher Verbreitung, sondern er bemühte sich um eine ganzheitliche Betrachtungsweise, um die Erarbeitung lebendiger kultureller Einheiten, deren einzelne Teile und Bereiche in einem sinnvollen funktionalen Zusammenhang standen, und ganz besonders um Einblicke in das Wesen der einzelnen Kulturen und damit um die Erfassung ihrer Kulturstile. Die Kulturen des neuen Gliederungskonzeptes trugen auch keinen einseitig musealen Charakter mehr, da alle Kulturbereiche Berücksichtigung gefunden hatten. Besonders hervorzuheben ist das Streben nach einer historischen Fundierung der neuen Kulturen, die Frobenius mit geschichtlich nachweisbaren Kultur- und Völkerbewegungen zu korrelieren suchte und die daher zum Teil eine bemerkenswerte strukturelle Differenzierung aufwiesen. Es ist bezeichnend für die methodischen Veränderungen, die das Kulturkreiskonzept erfahren hatte, daß Frobenius im Zusammenhang mit der neuen Kulturgliederung nur noch selten den Begriff Kulturkreis verwandte und in der Regel nur von Kulturen sprach, denn der Gedanke an weltumspannende Kulturkreise nach Art des malaio-nigritischen, der sich von Westafrika und dem Kongo-Becken über Indonesien und Ozeanien bis an die Nordwestküste Amerikas erstreckte, wurde von ihm nicht mehr weiterverfolgt. Er konzentrierte seine kulturhistorischen Forschungen in den Nachkriegsjahren fast ausschließlich auf Afrika.

Die neue Kulturgliederung unterschied zwei große und seit alters her im schwarzen Erdteil verwurzelte Basiskulturen mit den Bezeichnungen hamitisch und äthiopisch,[10] die in unterschiedlichen Landschaftsräumen beheimatet waren, einander ausschließende, gegensätzliche Kulturmuster aufwiesen und jede in den Kontinent neu einfließende Kultur mehr oder minder stark prägten, und fünf im wesentlichen jüngere und teilweise sogar historisch faßbare Kulturkomplexe, deren verbindendes Merkmal ihre außerafrikanische Herkunft war und die Frobenius mit den Namen syrtisch, atlantisch, alt-, mittel- und jungerythräisch belegte.

Mit dieser umfassenden Kulturgliederung Afrikas, die den End- und Höhepunkt seiner kulturhistorischen Forschungsarbeit darstellte, schuf Frobenius ein kulturgeschichtliches Gerüst, das seinen Nachfolgern als Orientierungsrahmen wichtige Dienste leisten sollte.

2. *Die Kulturlehre*

Den hohen Bekanntheitsgrad, den Frobenius bereits zu seinen Lebzeiten im deutschen Sprachraum besaß, verdankte er weniger seinen lebendigen Feldforschungsberichten oder gar seinen wegweisenden Kulturkreis-Arbeiten, die letztlich doch nur von Fachkollegen zur Kenntnis genommen wurden, als jenen zahlreichen Schriften, die sich mit geschichts- und kulturphilosophischen Fragestellungen beschäftigten und die in den Jahren zwischen den beiden Weltkriegen auf ein bemerkenswert breites Interesse stießen. Die große Resonanz, die sie auch außerhalb der Fachwelt gefunden haben, erklärt sich sowohl aus der Themenstellung wie auch aus der so stark gefühlsbetonten Grundposition von Frobenius. Schon in der 1899 erschienenen und bereits erwähnten Abhandlung *Die naturwissenschaftliche Kulturlehre* schlug er jenes Generalthema an, das ihn viele Jahrzehnte lang beschäftigen sollte, nämlich die Frage nach Wesen und Wirklichkeit der Kultur.

Noch ganz im Banne des naturwissenschaftlichen Denkens, das seine frühen Arbeiten prägte, entwickelte er eine als biologistisch zu bezeichnende Kulturauffassung, nach der die einzelnen Kulturen als lebendige Organismen in einem biologisch zu verstehenden Sinne begriffen werden. Jede Kultur unterliegt den Gesetzen der organischen Welt, sie geht wie ein Saatkorn auf, sie wächst heran, erreicht mit der Reife ihren Höhepunkt und beginnt dann zu altern, um schließlich abzusterben und zu vergehen. Die Stadien, die eine Kultur analog der Lebenskurve eines Menschen zu durchlaufen hat, lassen sich mit den Begriffen Ausdruck oder Ergriffenheit = Kindheit, Eingliederung = Jugend, Anwendung = Mannesalter und Abnutzung = Greisenalter charakterisieren.[11]

Besondere Beachtung verdient der Terminus Ergriffenheit, den Frobenius als Synonym für das Stadium der Kindheit verwandte und der daher auf das engste mit der Entstehung und dem Aufblühen einer Kultur oder einzelner Kulturerscheinungen verknüpft ist. Den entscheidenden Akt im Rahmen des Entstehungsprozesses einer Kultur oder Kulturgestaltung sah Frobenius in der Ergriffenheit des Menschen. Gepackt von den Erscheinungen seiner Umwelt, enthüllt sich ihm das spezifische Wesen der ihn umgebenden Dinge und der Seins-Ordnung, in die er eingebunden ist. Im Zustand der Ergriffenheit erlebt der Mensch die Wirklichkeit, wie Frobenius das Wesen der Dinge nannte, und gibt ihr Ausdruck, indem er sie nachvollziehend darstellt. Jede Kulturgestaltung ist daher anfangs immer Ausdruck eines Erlebnisvorganges und niemals Ausfluß eines kausal-logischen, zweckgerichteten Denkprozesses. Im Ergriffenheitsstadium spielt der Mensch eine mehr passive Rolle und ist eher Objekt als Subjekt, denn er wird von den Erscheinungen ergriffen, die gleichsam über ihn kommen, ihn packen und ihn im Innersten erschüttern. Diese seelische Erschütterung und das durch sie hervorgerufene Wirklichkeitserlebnis, das Frobenius als Intuition des Paideuma bezeichnete, stellen im Prozeß des Kulturwerdens die auslösenden Momente dar. Es wäre jedoch falsch, die rezeptive Rolle des Menschen in der Ergriffenheitsphase zu unterschätzen und ihn lediglich als ein willenloses, inaktives Objekt zu betrachten, denn nur wache, geistig offene und tätige Geister können letztlich von den Erscheinungen ihrer Umwelt ergriffen werden und sind befähigt, sie zu reproduzieren und sie zu einem umfassenden und gültigen Bild der sie umgebenden Wirklichkeit zusammenzufügen. Frobenius maß den schöpferischen Fähigkeiten des Menschen in klar umrissenen Grenzen durchaus Bedeutung bei, auch wenn er in der Ergriffenheit die primäre und bewegende Kraft sah, die den Entwicklungsprozeß einer Kultur oder einzelner Kulturgestaltungen einleitet und vorantreibt.

Da Ergriffenheit und Wirklichkeitserlebnis die Quelle aller kulturschöpferischer Akte darstellen, spielt sich das Werden einer Kultur fast ausschließlich im geistigen Raum ab, und es sind stets grundlegende geistig-religiöse Schöpfungen, die das Kindheitsstadium einer Kultur kennzeichnen. Vereinfacht könnte man sagen, daß die Religion als Fundament jeder Kultur am Anfang der Entwicklung steht. Auch besitzen in der Ausdrucksphase noch alle Gruppenangehörigen schöpferische Qualitäten, so daß Kulturbild und Lebensverhältnisse sehr einheitlich sind und noch keine soziale Differenzierung eingesetzt hat. Die feste weltanschaulich-religiöse Fundierung junger Kulturen verleiht ihnen ein hohes Maß an Selbstsicherheit und läßt keinen Zweifel an der gesetzten Ordnung aufkommen, die als selbstverständlich gilt und fraglos befolgt wird. Es fehlt noch jeder Anlaß zur Reflektion der eigenen kulturellen Situation und damit auch jedes kritische Kulturbewußtsein, so daß sich Kulturen im Kindheitsstadium nicht oder nur schwer artikulieren können. Da sich die entscheidenden geistigen Prozesse, die zur Kulturbildung führen, unserer Beobachtung entziehen, ist die Entstehungsphase einer Kultur nur schwer zu fassen und kann im günstigsten

Falle nur nachträglich aus dem Erscheinungsbild späterer Entwicklungsstadien rekonstruiert werden.

Wenn man in der Ergriffenheit des Menschen und in seinem Wirklichkeitserlebnis die entscheidenden Momente für die Entstehung kultureller Gestaltungen erblickt, muß man auch der natürlichen Umwelt des Menschen eine ausschlaggebende Bedeutung zuerkennen, da sie und ihre Erscheinungen in erster Linie den Menschen ergreifen können. Frobenius sah daher auch in der Umwelt einen kulturprägenden Faktor von größter Wichtigkeit und betonte die primäre Bindung jeder Kultur an den geographischen Raum. Das Phänomen Kultur brachte er auf die kurze Formel Raum × Zeit, die dem Kulturkreiskonzept zugrunde liegt und in der den Faktor Zeit die Menschen als Träger der Kultur bilden (*Erlebte Erdteile* VII: 426). Je einfacher eine Kultur organisiert ist, um so größer ist ihre Abhängigkeit vom Raum, und je höher sie entwickelt ist, um so mehr gewinnt die Zeit, d. h. der Mensch an Bedeutung. Die Unterschiede zwischen den einzelnen Kulturen wie etwa zwischen der äthiopischen und der hamitischen sind in der Sicht von Frobenius zu einem großen Teil auf die unterschiedlichen Umweltbedingungen zurückzuführen.

Ein besonderer Aspekt des Verhältnisses von Kultur und Umwelt ist mit der biologistischen Kulturauffassung verknüpft. Wenn Kultur als ein den Gesetzen der organischen Natur unterworfener Organismus aufgefaßt wird, ist sie wesensmäßig auf das engste mit Flora und Fauna als wesentlichen Komponenten der Umwelt verbunden. Bezeichnenderweise hat Frobenius auch mit Nachdruck die prinzipielle Gleichheit von Kultur und Natur betont (*Schicksalskunde*: 160).

Frobenius maß der Rasse im Gegensatz zur Umwelt keinerlei Bedeutung für die Kulturentwicklung und für den Verlauf der Kulturgeschichte bei. Er wandte sich gegen den Versuch Ratzels, das Kulturproblem mit der Rassenfrage zu verbinden, und sprach recht abschätzig von der «verblödeten Rassensucht» der Westeuropäer (*Erlebte Erdteile* IV: 259).

Das zweite Stadium, das eine Kultur in relativ kurzer Zeit zu durchschreiten hat und das den Höhepunkt der Lebenskurve darstellt, weist alle Merkmale eines Durchgangsstadiums auf, was zum Teil auch erklärt, warum es Frobenius nicht gelungen ist, ihm klare Konturen zu verleihen und es eindeutig zu charakterisieren. Diese Unsicherheit schlug sich auch in dem Terminus Eingliederung nieder, mit dem Frobenius dieses Stadium belegte und der wenig glücklich gewählt war, weil er nur einen nebensächlichen Aspekt dieser Entwicklungsphase beleuchtet, die zutreffender als Phase der Reife zu bezeichnen wäre. Die Menschen sind auf dieser Stufe bereits über den Ergriffenheitszustand hinausgelangt, sie lassen sich nicht nur ständig und spontan von dem Wesen der sie umgebenden Dinge und Erscheinungen ergreifen, sondern sie werden sich ihrer Wirklichkeitserlebnisse bewußt, sie beginnen sie geistig zu verarbeiten und damit auch zu bewältigen. Die einzelnen zusammenhanglosen Erlebnisinhalte werden in klar durchdachte logische Vorstellungen umgesetzt, die sich einerseits an der Realität orientieren, andererseits selbst aber wieder verändernd auf die Realität einwirken. Diese von Frobenius als *Ideale* bezeichneten Vorstellungen und Ideen werden mit der Zeit verbindliches Allgemeingut, sie werden in schon bestehende Bezugssysteme eingegliedert – daher auch die Bezeichnung Eingliederungsstadium – und zu einem geschlossenen Weltbild zusammengefügt. Die auf intuitivem Wege erfolgte Schaffung eines neuen Weltbildes stellt den Höhepunkt der paideumatischen Entwicklung dar. Mit dem Bewußtwerdungsprozeß findet der Mensch zu sich selbst, er distanziert sich von seiner Umwelt, er löst sich aus seinen bisherigen Bindungen und reift zu einer eigenständigen Persönlichkeit heran. Dieser individuellen Entwicklung entspricht auf der Ebene größerer ethnischer Verbände die Ausbildung neuer gruppenspezifischer Kulturformen und die damit verbundene Identitätsfindung einer Kulturgemeinschaft. Den Anstoß zur Ingangsetzung dieses Prozesses gibt stets die Begegnung mit einer kulturell fortgeschritteneren Volksgruppe. Da jedes Mitglied einer Kulturgemeinschaft im Stadium der Eingliederung nach einer eigenen Identität strebt oder sie bereits gewonnen hat, weisen die Gesellschaften auf dieser Stufe eine differenzierte soziale Ordnung auf. Die kulturschöpferischen Kräfte sind nicht mehr wie im Ergriffenheitsstadium bei allen Gruppenangehörigen vorhanden, sondern konzentrieren sich in einzelnen genialen Persönlichkeiten, so daß sich die Gesellschaft in eine schöpferische Führungsschicht und eine paideumatisch weitgehend sterile, unschöpferische Unterschicht aufspaltet. Damit geht auch die für die vorhergehende Phase charakteristische Einheit des Kulturstils verloren.

Die das Stadium der Eingliederung beherrschenden Ideale sind nach der Definition von Frobenius «Ausdruck des Seins» und ihre Existenz «ist gleichbedeutend mit der Fähigkeit zur Kulturbildung» (*Erlebte Erdteile* IV: 151, 160), d.h. die Vorstellungen und Ideen, die sich der Mensch im Zuge der geistigen Bewältigung seiner Wirklichkeitserlebnisse gebildet hat, sind Ausdruck der lebendigen Wirklichkeit wie auch der Leitplan und damit die Voraussetzung für ihre Gestaltung. Nur wem es gelungen ist, sich über die Dinge zu erheben, kann sie sich ganz zu eigen machen und sie gestaltend formen. Daher nehmen die Vorstellungen und Ideen in der Reifezeit einer Kultur sichtbare Gestalt an und manifestieren sich in allen Kulturbereichen. Eine Kultur im Eingliederungsstadium zeichnet sich durch eine übergroße Sinn- und Formenfülle aus.

Das nächste Stadium trägt die treffende Bezeichnung Anwendung, weil in dieser Phase der rationale Aspekt der Wirklichkeit, das kausallogische Zweckdenken und die Frage nach der Nützlichkeit und den Anwendungsmöglichkeiten eines Kulturgutes immer mehr in den Vordergrund treten. Ein Gerät, eine Kulthandlung oder eine gesellschaftliche Institution werden nicht mehr als Ausdruck einer schöpferischen Idee gewertet, sondern allein unter dem Gesichtspunkt ihrer zweckgerichteten Verwendbarkeit gesehen. Das zweckfreie Erkenntnisstreben des Ergriffenheitsstadiums wird bedeutungslos, an die Stelle der Intuition und der Erlebnisfähigkeit tritt die kalte Ratio und die durch die schöpferischen Ideale ins Leben gerufenen Kulturgestaltungen werden unter dem Aspekt der Nützlichlichkeit «angewendet» und «verwertet». Das Zweckdenken formt die schöpferischen Leistungen, die Ideale und ihre Manifestationen zu genormten, allgemein verwendbaren und allgemein zugänglichen rein funktionalen Elementen um, die sich von ihrem geistigen Hintergrund schon weitgehend gelöst und ihre individuellen Züge bereits verloren haben, die kaum noch an ihren ursprünglichen Lebensraum und an ihre Schöpfer gebunden sind und eine weite Verbreitung finden, da sie auf Grund ihrer Funktionalität und Zweckhaftigkeit und ihrer geistig-kulturellen Bindungslosigkeit auch von fremden Bevölkerungsgruppen mechanisch übernommen werden können. Das Anwendungsstadium einer Kultur ist durch eine Überbetonung der technisch-zivilisatorischen Kräfte gekennzeichnet und wurde von Frobenius auch mit dem durchaus ins Bild passenden Terminus Mechanei belegt. Auf kultisch-religiösem Gebiet macht sich eine zunehmende Sinnentleerung bemerkbar, und die Routine bemächtigt sich der Glaubensvorstellungen und Kulte. Gerade diese mechanistische Routine, aber auch die hohe Funktionalität und der Expansionsdrang der Kultur, die über die Grenzen ihres Entstehungsgebietes hinausstrebt, haben einen allmählichen Kulturverschleiß zur Folge und läuten die letzte Entwicklungsphase, das Stadium der Abnützung ein. Das Erlahmen und das schließliche Verlöschen der schöpferischen Kräfte, das Schwinden der Sinngehalte und die damit verbundene innere Aushöhlung und Erstarrung der Formen sowie die fortschreitende Isolierung der einzelnen Kulturelemente, deren Bindung an die geistige Mitte, an das sogenannte Paideuma der Kultur immer lockerer wird, führen zu einer Auflösung und letztlich zum Absterben des gesamten kulturellen Organismus.

Dieser gesetzmäßige Kulturablauf wurde von Frobenius zum Grundprinzip allen Kulturwandels erklärt. Die Kulturinhalte unterliegen einem vorausbestimmten Wandlungsprozeß, dessen Anfang und Ende durch die Begriffe Ausdruck und Anwendung markiert werden und dem Frobenius die Bezeichnung Materialisation gab, weil es sich bei diesem Prozeß um die Umsetzung ideeller Gehalte in objektive Formen handelt. Die in der Ergriffenheit erlebte Wirklichkeit wird gedacht und durchdacht und verstandesmäßig als Begriff erfaßt und als Tatsache versachlicht. Unter diesen beiden von Frobenius unterschiedslos verwendeten Bezeichnungen sind alle «materialisierten», d.h. gebrauchsfertigen geistigen und dinglichen Kulturgüter zu verstehen. Ein Kulturgut verdankt seine Entstehung allein der Ergriffenheit und dem durch sie ausgelösten Wirklichkeitserlebnis, das seinen Ausdruck in zweckfreien, sinnträchtigen und erkenntnisreichen Gestaltungen findet. Der profane Zweckgedanke stellt sich erst später im Verlauf der Materialisation dieser Gestaltungen im Stadium der Anwendung ein.

Eine zentrale Stellung in der Kulturlehre von Frobenius nimmt der schon mehrfach erwähnte Begriff Paideuma ein, der sich jedoch trotz seiner großen Bedeutung einer klaren Definition entzieht. Er ist verschwommen und mehrdeutig und kann noch am ehesten mit dem romantischen und ebenfalls recht schillernden Volksgeist-Begriff von Herder verglichen werden. Bezeichnenderweise wollte Frobenius mit dem Begriff Paideuma den nicht weniger schwammigen Begriff der «Kulturseele» ersetzen, der ihm infolge mißbräuchlicher Verwendung zu abgenutzt erschien. Man geht wohl nicht fehl, in dem sogenannten Paideuma das geistig-seelische Potential einer Kulturgemeinschaft zu sehen, das die Möglichkeiten ihrer kulturellen Verwirklichung bestimmt und das dynamische Zentrum einer Kultur bildet, von dem die schöpferischen Impulse ausgehen, die dem Handeln des einzelnen Richtung und Ziel geben. Alle Äußerungen einer Kultur, selbst einfache Geräte des täglichen Gebrauches sind auf die geistige Mitte bezogen und tragen den Stempel des jeweiligen Paideuma, das Frobenius als eine selbständige, lebendige Wesenheit auffaßte, die von der Umwelt geformt wird und den Gesetzen der organischen Welt unterliegt. Die Umwelt wirkt über das menschliche Bewußtsein verändernd auf das Paideuma ein, das sich wie ein Organismus entwickelt und sich gemäß dem erreichten Stadium gestaltend verwirklicht, bis es schließlich in einen anorganischen Zustand übergeht und abstirbt (*Erlebte Erdteile* IV: 140). Das Genie hervorragender Persönlichkeiten und die großen kulturellen Schöpfungen einer Kulturgemeinschaft sind in gleicher Weise sichtbarer Ausdruck des Paideuma wie das Denken und Fühlen der breiten Volksmassen und die Ergebnisse ihrer Arbeit. In den hohen Zivilisationen mit gesellschaftlicher Schichtung besteht jedoch die Möglichkeit, daß sich bei den Vertretern der Oberschicht ein ungebundenes Individualpaideuma ausbildet, das sich vom Gesamtpaideuma der Kulturgemeinschaft löst und einen eigenen Entwicklungsgang nimmt. Diese Ablösung des Individualpaideuma vom Gesamtpaideuma bedeutet aber keine vollkommene Trennung, da das in den unteren Volksschichten wurzelnde Gesamtpaideuma auch weiterhin als schöpferische Kraftquelle das Individualpaideuma mit Impulsen speist.

Wenn man unter dem Begriff Paideuma das in einer Kultur angelegte geistig-seelische Kräftepotential versteht und wenn man dem Paideuma einen organischen Charakter zuspricht, es also im biologischen Sinne als die Gesamtheit der entwicklungsfähigen Erbanlagen, als den genetischen Bauplan einer Kultur und ihr dynamisches Steuerungszentrum interpretiert, verliert der Mensch als eigenschöpferisches Wesen sehr an Bedeutung, und seinem kulturellen Wirken sind enge Grenzen gesetzt, denn er kann nicht jedezeit und jedenorts nach eigenem freien Willen gestaltend tätig werden, sondern ist zeitlich, räumlich und inhaltlich eng an den durch das Paideuma vorgegebenen Rahmen gebunden. Diese Paideuma-Konzeption macht es auch verständlich, daß Frobenius jeder Kultur im Sinne eines «objektiven Paideuma» neben einer eigenen Individualität auch eine Eigengesetzlichkeit zuschrieb, die sowohl den Kulturablauf wie auch die Kulturinhalte weitgehend unabhängig von den menschlichen Kulturträgern bestimmt. Der Mensch ist nicht Herr des kulturellen Geschehens, sondern er ist der Diener der Kultur. Er kann sich dem gesetzmäßigen Kulturablauf nicht entgegenstemmen, und er würde scheitern, sollte er versuchen, sich außerhalb des vorgezeichneten paideumatischen Rahmens zu stellen oder gar den Intentionen des Paideuma zuwiderzuhandeln. Es ist die Bestimmung des Menschen, sich durch das überkommene und immanente Paideuma leiten zu lassen und das paideumatische Programm zu verwirklichen. Nur wer die Zeichen der Zeit und die sich ihm stellenden Aufgaben erkennt, seine eigenen Möglichkeiten richtig einschätzt und dementsprechend handelt, verhält sich geschichts- und kulturbewußt und wird den Anforderungen des Lebens, d. h. des Paideuma gerecht werden können. Frobenius hat dieser Überzeugung mit folgendem Satz Ausdruck verliehen: «Wer im 20. Jahrhundert lebt und eine Rolle aus dem 14. wählt oder ein Deutscher ist und den Inder mimen will, der verspielt sein Leben» (*Schicksalskunde:* 196).

Die Gesetzmäßigkeit im Kulturablauf, die Frobenius bei den einzelnen geschlossenen Volkskulturen konstatierte, glaubte er darüber hinaus aber auch im Gang der Welt- und Menschheitsgeschichte wiedererkennen zu können. Er gliederte sie daher analog den Stadien, die eine Einzelkultur zu durchlaufen hat, in drei große Epochen, denen er die Bezeichnungen Schöpfungsperiode (= Kindheit), Gestaltungsperiode (= Jugend) und Erfüllungsperiode (= Mannesalter) gab. Die Schöpfungsperiode umfaßt die «primitiven» Kulturen der schriftlosen Gesellschaften, die Frobenius auch als Flachkulturen bezeichnete. In der darauf folgenden Gestaltungsperiode kam es zur Ausbildung der hohen, «monumentalen» Zivilisationen, deren Hauptmerkmal die Zweischichtigkeit ist, d. h. die gesellschaftliche Differenzierung in eine Oberschicht, die in den Städten ansässig und Träger der Hochkultur ist und in der der Einzelmensch Bedeutung gewinnt, und in die breite Masse der Landbevölkerung als Vertreter der Flachkultur. Den Abschluß der kulturellen Entwicklung der Menschheit wird die Erfüllungsperiode bilden, in der die einzelnen räumlich getrennten Volkskulturen nach den Prophezeiungen von Frobenius in einer Weltkultur mit einem einzigen Weltpaideuma aufgehen werden. Nach den Vorstellungen von Frobenius hat die Menschheit des 20. Jahrhunderts die Gestaltungsperiode verlassen und geht der Erfüllungsperiode entgegen (*Erlebte Erdteile* VII: 439).

III. Wirkung

In einer Würdigung des wissenschaftlichen Lebenswerkes von Frobenius muß an erster Stelle des Verdienstes gedacht werden, das er sich als Schöpfer der Kulturkreislehre erworben hat, die in der Geschichte der Ethnologie wohl als der bedeutsamste methodische Beitrag der deutschsprachigen Völkerkunde bezeichnet werden kann und die in der gesamten ersten Hälfte unseres Jahrhunderts die ethnologische Arbeit im mitteleuropäischen Raum bestimmt hat. Mit der Kulturkreislehre, die der Mehrzahl der geschichtlich interessierten Ethnologen als methodischer Leitfaden diente, wurde die historische Forschungsrichtung in der Völkerkunde begründet. Ihr ist es nicht zuletzt zu verdanken, daß die schriftlosen Gesellschaften und ihre Kulturen aus der historischen Anonymität herausgeführt, daß ihre menschheitsgeschichtliche Bedeutung erkannt und daß sie in die universale kulturhistorische Forschung miteinbezogen wurden.

Für die wenig glückliche Entwicklung, die die Kulturkreislehre später unter F. Gräbner und besonders unter P. W. Schmidt nahm, ist Frobenius nicht verantwortlich zu machen. Die sogenannte Wiener Schule unter P. W. Schmidt führte die Lehre von den Kulturkreisen mit neuen Zielsetzungen weiter, die nicht den Vorstellungen von Frobenius entsprachen, und ignorierte seine Warnungen vor den gravierenden methodischen Mängeln dieser Lehre. Die von Gräbner erarbeiteten Kulturkreise Ozeaniens und Australiens wurden ihres provisorischen und hypothetischen Charakters entkleidet, für allgemeingültig erklärt und bedenkenlos auf andere Kontinente übertragen und schließlich in den Rang von weltumspannenden Kulturepochen erhoben, die dann in ihrer Gesamtheit das endgültige Schema für die Kulturgeschichte der Menschheit abgaben. Diese dogmatische Erstarrung des Kulturkreisgedankens hat seine nachhaltige Diskreditierung zur Folge gehabt.

An die von Frobenius vertretene revidierte Kulturkreis-Konzeption knüpfte dagegen Hermann Baumann an, der der bedeutendste Afrikanist des deutschen Sprachraumes war. Die in seinem bahnbrechenden Werk *Völkerkunde von Afrika* vorgelegte Kulturgliederung des schwarzen Kontinents fußt weitgehend auf der von Frobenius entworfenen Kultureinteilung, dessen Grundkulturen von Baumann mit wenigen

Ausnahmen unter anderen Namen und mit gewissen inhaltlichen Veränderungen übernommen wurden.[12]

Der Kulturkreisgedanke, der vor 80 Jahren einen großen Schritt nach vorn bedeutete, hat sich jedoch in der Zwischenzeit überlebt und wird nicht mehr den methodischen Anforderungen gerecht, die besonders seit dem Ende des Zweiten Weltkrieges an die historisch ausgerichtete völkerkundliche Forschung gestellt werden. Die Kulturkreislehre erwies sich in den Anfangsjahren kulturhistorischer Forschung als ein durchaus geeignetes Mittel, um durch Schärfung des geschichtlichen Problembewußtseins, durch die Formulierung historischer Fragestellungen und durch den Entwurf von Arbeitshypothesen in Gestalt der Kulturkreise der Forschung die allgemeine Richtung zu weisen. Diese Pilotfunktion hat sie für viele Jahre erfüllt, doch ist sie nicht in der Lage, der historisch ausgerichteten Völkerkunde bei der Bewältigung ihrer gegenwärtigen Aufgaben behilflich zu sein, wie etwa bei dem historisch exakten Nachweis überregionaler Kulturzusammenhänge oder bei Untersuchungen, die dem Ziel dienen, in begrenzten Räumen die historischen Prozesse aufzuzeigen, die zur Ausbildung des gegenwärtigen Kulturbildes geführt haben. Die Kulturkreislehre ist daher heute nur noch von wissenschaftsgeschichtlichem Interesse, doch können ihre Ergebnisse zum Teil noch immer als Wegweiser für weitere Forschungen dienen.

Über die Kulturkunde, die nach dem Ersten Weltkrieg in Deutschland einen verhältnismäßig großen Widerhall fand, läßt sich kaum als Ganzes urteilen, da sie kein in sich geschlossenes und streng logisches Lehrgebäude bildet, sondern aus einzelnen und nicht immer widerspruchsfreien geschichtsphilosophischen Konzeptionen und Gedanken besteht, die mehr oder minder eng miteinander verknüpft sind und ein unterschiedliches Gewicht besitzen. Es ist daher angezeigt, auf die Bedeutung der einzelnen Konzeptionen getrennt einzugehen.

Die biologistische Kulturauffassung, die den Kern der Kulturlehre bildet, war in ihren Grundgedanken keineswegs einmalig und völlig neu, sondern wiederholte Vorstellungen, die bereits in den zyklischen Geschichtstheorien des Polybios und besonders des Italieners Giambattista Vico ihren Ausdruck gefunden hatten und die auch bei Herder aufscheinen,[13] dem Frobenius in seinem Denken sehr nahe stand und dem er möglicherweise auch viele geistige Anregungen verdankte, obwohl der Name Herders in seinen Schriften niemals fiel, was jedoch wenig besagt, da Frobenius mit Quellenangaben leider immer sehr geizte. Die biologistische Kulturauffassung erlangte zwar nach dem 1. Weltkrieg durch das Werk Oswald Spenglers eine beachtliche Publizität, doch war ihr in der Völkerkunde aus naheliegenden Gründen keine nachhaltige Wirkung beschieden. Die Kulturgeschichte der Menschheit wie auch die einzelner Epochen und geographischer

Räume ist zu komplex und zu kompliziert, um allein mit dieser speziellen Form der Zyklentheorie erfolgversprechend gedeutet werden zu können, was besonders für die schriftlosen Gesellschaften zutrifft, in denen die Forschung in der Regel in keine großen historischen Tiefen vorstoßen und daher auch keine zyklischen Kulturabläufe feststellen kann. Die von Frobenius behauptete Zwangsläufigkeit des Kulturablaufes nach dem Lebenskurven-Schema ist lediglich eine Hypothese, aber keine gesicherte Erkenntnis.

Von diesen Feststellungen bleiben jedoch zwei Aspekte der biologistischen Kulturauffassung unberührt, die Beachtung verdienen und auch gefunden haben. Der eine Aspekt betrifft den Wandlungsprozeß, dem alle Kulturelemente unterliegen und der zwischen den beiden Polen Ausdruck und Anwendung verläuft. Bei kulturellen Gestaltungen, die aus weitgehend zweckfreien Motiven geschaffen wurden und die anfangs allein Ausdruck einer Idee waren, verblassen mit der Zeit die ideellen Gehalte, und je weiter diese Entwicklung fortschreitet, um so mehr bemächtigt sich das Zweckdenken der Gestaltungen, instrumentalisiert die ihnen inhärenten Nützlichkeitsaspekte oder unterschiebt ihnen Pseudo-Zwecke. Dieser Prozeß der Sinnentleerung und Zweckorientierung ist besonders bei Elementen aus den Bereichen Religion und Kunst zu beobachten und verdient daher unsere Aufmerksamkeit. Der zweite Aspekt von bleibender Bedeutung ist die ganzheitliche Betrachtungsweise, die sich zwanglos aus der Auffassung der Kultur als eines lebendigen Organismus – wenn auch nicht notwendigerweise im biologischen Sinne – ergibt. Sieht man in einer Kultur nicht nur ein Aggregat von Einzelelementen, sondern einen Organismus, dessen Teile in einem sinnvollen Funktionszusammenhang stehen und sich gegenseitig bedingen, so wird sich die Bedeutung einer einzelnen Kulturgestaltung nur bei Erfassung des gesamtkulturellen Zusammenhanges erschließen. In der Herstellung dieses Zusammenhanges, in der Sichtbarmachung der inneren Struktur einer Kultur und damit ihres Paideuma sah Frobenius die Hauptaufgabe eines Ethnologen. Er bezeichnete dieses wissenschaftliche Bemühen, also die ganzheitliche Betrachtungsweise, die heute eine Selbstverständlichkeit ist, als Kulturmorphologie.

Der Paideuma-Gedanke, dem Frobenius einen so hohen Stellenwert zumaß, hat jedoch in der Fachwelt kein großes Echo gefunden. Die biologistische Interpretation, die auch leider dieser Gedanke erfahren hat, die Unklarheiten und Ungereimtheiten, die das Paideuma-Konzept aufweist, und die Schwierigkeiten, die seiner Realisation entgegenstehen, haben die Eignung des Paideuma-Gedankens als Arbeitshypothese in Frage gestellt. Der hohe Anspruch des Konzeptes, nämlich zur geistigen Mitte der Kultur vorzustoßen, die sie tragenden und formenden geistig-seelischen Kräfte zu erfassen und den jeweiligen Kulturstil herauszuarbeiten, ist äußerst schwierig zu verwirklichen, zumal es Frobenius auch leider versäumt hat, konkrete Angaben über den methodischen Weg zur Bewältigung dieser Aufgaben zu machen. Unter den relativ wenigen Völkerkundlern, die vornehmlich im Sinne des Paideuma-Gedankens wissenschaftlich gearbeitet haben, sind besonders Ad. E. Jensen, der Schüler und Amtsnachfolger von Frobenius im Frankfurter Forschungsinstitut, und die amerikanische Kulturanthropologin Ruth Benedict zu nennen, die sich jedoch in ihrem bekannten Buch *Patterns of Culture* nicht auf Frobenius, sondern auf Spengler bezog.

Häufig mißverstanden wurde die zweifellos überspitzte Behauptung, daß die Kultur auch ohne den Menschen existieren könne. Mit dieser provokativen These wollte Frobenius jedoch nur unterstreichen, daß es sich bei «Kultur» nicht um eine Fiktion, sondern um eine Realität handelt, um ein Faktum sui generis, das einmal geschaffen eine eigene Wirksamkeit entfaltet und auf den Menschen in gleichem Maße Einfluß nimmt wie die natürliche Umwelt.

Besonders im Zusammenhang mit dem Paideuma-Gedanken stellte Frobenius die Forderung auf, sich bei der Erfassung kultureller Gestaltungen auf die Intuition zu verlassen und nicht im Zweckdenken zu verharren. Mit dieser Forderung wurde er, wie Mühlmann zurecht hervorgehoben hat, zum Wegbereiter der verstehenden Methode in der Völkerkunde; doch kann der intuitive Weg zum Verständnis kultureller Phänomene die funktionale Analyse des ethnographischen Stoffes niemals ersetzen, sondern sie nur ergänzen.

Der Appell an die Intuition macht noch einmal die so stark gefühlsbetonte Grundposition von Frobenius deutlich, der kein systematischer Denker war, sondern ein im höchsten Grade erlebnisfähiger Mensch mit genialischen Zügen, der vom Gegenstand seiner jeweiligen Forschung stets im wahrsten Sinne des Wortes ergriffen war und der sich daher auch mit unerschütterlichem Mut in wissenschaftliches Neuland vorwagte. Begabt mit einem großen Einfühlungsvermögen und einem feinen Stilgefühl traf er häufig unbewußt das Richtige. «Er hatte das Salz auf der Zunge», wie einer seiner Schüler einmal treffend bemerkte. Die Völkerkunde verdankt ihm daher kein festgefügtes theoretisches Lehrgebäude, sondern äußerst fruchtbare methodische Anregungen, allgemeingültige Einsichten in das Wesen der Kultur und ein vertieftes Verständnis für fremde Kulturen, wegweisende Untersuchungen zur Kulturgeschichte Afrikas und nicht zuletzt ein immenses Feldforschungsmaterial, unter dem die unübersehbare Zahl an afrikanischen Felsbildern besonders hervorzuheben ist. Frobenius, die große Piniergestalt in der deutschen Völkerkunde, kann daher auch als Begründer der Felsbilderforschung gelten.

Pierre Centlivres

MARCEL MAUSS
(1872–1950)

Marcel Mauss wird mit Recht als der Nachfolger Durkheims und der französischen soziologischen Schule, vor allem aber als der eigentliche Schöpfer der französischen Ethnologie betrachtet. Der Mitbegründer des Ethnologischen Instituts in Paris war nicht Ethnologe, hat nie Feldforschungen unternommen, und keine definitive Theorie trägt seinen Namen. Doch er hat während fast eines halben Jahrhunderts die Sozialwissenschaft in Frankreich beherrscht und stimuliert, weil er die Vorzüge der Vertreter dieser Wissenschaft verkörperte: eine traditionelle philosophische und humanistische Ausbildung und eine tiefe Verbundenheit mit den Normen und Bedeutungen anderer Kulturen. Von Gurvitch bis Lévi-Strauss, von Evans-Pritchard bis Sahlins, hat Marcel Mauss diejenigen beeinflußt, die nach ihm die neuen Perspektiven des Funktionalismus und des Strukturalismus untersuchten. Sein außergewöhnliches Denken ist noch so lebendig, daß es auch die aktuellsten Forschungen und Arbeiten befruchten kann. Die folgende Skizzierung seines Lebens und seines Werks soll dazu beitragen, eine Hauptströmung des ethnologischen Denkens und Handelns verständlich zu machen.

I. Leben

1. Soziologie und Ethnologie in Frankreich am Ende des 19. Jahrhunderts

In Frankreich wurden die Geisteswissenschaften in den letzten Jahren des 19. Jahrhunderts vom ausschlaggebenden Einfluß des Soziologen Durkheim (1858–1917) sowie von seiner Schule geprägt, die bald den Soziologieunterricht an der Universität monopolisieren und ihre Gedanken durch die *Année sociologique,* eine Zeitschrift, die 1897 gegründet wurde, verbreiten sollte. Durkheim war zuerst Pädagogikprofessor in Bordeaux, dann erhielt er einen Lehrstuhl für Soziologie an der Sorbonne. Mit seinen Kollegen und Schülern C. Bouglé, L. Lévy-Bruhl, M. Mauss, M. Granet, M. Leenhardt und anderen war er der Wegbereiter einer von Biologismus und Psychologismus befreiten Soziologie, die auf die Verarbeitung der ungeheuren Datenmenge ausgerichtet wurde, welche die ersten Feldforschungen zu liefern begannen. Durkheim und seine Kollegen und Schüler waren also die Gründer einer Ethnologie mit soziologischer Tradition, deren Krönung 1958 die Schaffung eines Lehrstuhls für Sozialanthropologie für Claude Lévi-Strauss war.

Aber zu Beginn des 20. Jahrhunderts fehlte der zukünftigen französischen Ethnologie noch ein theoretisches Gerüst, das von Eurozentrismus und der Vorstellung von einer unilinearen Evolution befreit gewesen wäre; und es fehlte ihr vor allem der Rahmen: ein Institut mit Unterrichtsmöglichkeiten und eine Forschungseinrichtung, wo die gesammelten Daten die theoretische Produktion hätten speisen können.

Obwohl die «Société des Observateurs de l'Homme» 1799 die Reise Baudins in die Südsee veranlaßte, trotz der Gründung einer «Société ethnologique de Paris» in der ersten Hälfte des 19. Jahrhunderts, trotz der Eröffnung des Musée d'ethnographie du Trocadéro in Paris 1878 und trotz des französischen Kolonialismus hat sich der Beginn der Ethnologie und vor allem der Feldforschung in Frankreich verspätet, wenn man an die deutschen und angelsächsischen Forschungsarbeiten denkt. Die ethnologische Praxis litt in Frankreich unter der strikten Trennung zwischen Theoretikern, die Inhaber von Lehrstühlen nach traditionell-spekulativem Muster waren, und Praktikern, die für die Kolonien oder Missionen ausgebildet wurden. Allein die ersten genossen das Universitäts-Prestige in einem zentralisierten und hierarchisierten akademischen System. Von Durkheim bis Lévy-Bruhl war es die Rolle des Soziologen oder Brauchtums- und Religionsspezialisten, die von den Feldforschern gesammelten Daten – manchmal mit Mißtrauen – zu bewerten und zu verwenden. Die immer zahlreicher erscheinenden Monographien der englischen, amerikanischen und deutschen Ethnologen fanden Eingang in die *Année sociologique* und bereicherten die theoretischen Arbeiten über soziale und universelle Phänomene; denn die «primitiven» Kulturen wurden als einfacher oder ursprünglicher angesehen und damit als günstiger Ausgangspunkt für die Betrachtung von komplexeren Organisationen und Vorstellungen. Die Daten über die «Primitiven» galten als «elementare» Daten, die es erlaubten, die Entwicklungsstufen der sozialen Komplexität zu verfolgen. Sie stellten gewissermaßen die Experimente im großen Labor der sozialen Wirklichkeit dar, in dem der Soziologe gleichzeitig der Archivar und der Forscher war. Eigentlich entstand erst mit der Mission Dakar-Djibuti (1931–1933) von Griaule und seinen Mitarbeitern eine andere Konzeption, die die Feldarbeit als unumgängliche «Initiation» des Ethnologen sah, der endlich in sich den Forscher, Praktiker und Theoretiker vereinte. In diesem Konzeptionswandel sollte Marcel Mauss eine Hauptrolle spielen.

Marcel Mauss (1872–1950)

2. Die Lehrjahre

Marcel Mauss, Neffe und Schüler des 14 Jahre älteren Durkheim, wird 1872 in Epinal (Vogesen) als Sohn einer bürgerlichen Familie von Händlern und lothringischen Rabbinern geboren. In Epinal absolviert er seine Schulausbildung, die durch die religiöse Erziehung und den Hebräischunterricht, den er in seiner Familie erhält, ergänzt wird. So wird sein Interesse für religiöse Probleme geweckt, obschon er sich dann von der praktischen Ausübung der Religion löst. Die akademische Karriere und das Prestige seines Onkels ziehen ihn bald nach Bordeaux, wo Durkheim Pädagogik und Sozialwissenschaft lehrt. 1895 besteht Mauss dort sein Staatsexamen in Philosophie glänzend. Danach vervollständigt er seine Ausbildung in Paris, wo er verschiedene Seminare an der Ecole Pratique des Hautes Etudes besucht, die ihn von der theoretischen Philosophie entfernen. Er studiert Sanskrit und altindische Religionen bei Alfred Foucher und Sylvain Lévy und vertieft sich in die vergleichende indo-europäische Sprachwissenschaft bei Antoine Meillet, einem Schüler von Ferdinand de Saussure. Von 1897 bis 1906 verbringt er einige Zeit in Leiden, Breda und England, wo er Sir J. G. Frazer und Tylor trifft; er reist auch nach Deutschland und nach Rußland.

Doch weder zu dieser Zeit noch später hat er sich im Feld aufgehalten. In seinen Nachgraduierten-Studien beweist er eine erstaunliche Arbeitskapazität und einen Wissens- und Erfahrungsdurst, die der Grund für seine große Gelehrsamkeit sind. «Mauss weiß alles», sagen seine Schüler. Aufgrund seiner Reisen und seiner philologischen Ausbildung beherrscht er zudem einen großen Teil der lebendigen und alten europäischen Sprachen.

Der zweite Teil seiner Ausbildung lenkt ihn also zu den Humanwissenschaften; daß er so viele lebende Sprachen beherrscht, verschafft ihm Zugang zu den englischen, holländischen und deutschen ethnographischen Dokumenten, die die Forschungen der französischen soziologischen Schule bereichern sollten.

Mauss zieht dem klassischen Universitätsunterricht die Forschung der Ecole Pratique des Hautes Etudes vor. Dort erhält er 1901 – also mit 29 Jahren – den Lehrstuhl für Religionsgeschichte der nichtzivilisierten Völker. Er beginnt seine Karriere als Spezialist für indische und primitive Religionen; in dieser Eigenschaft wird er an der *Année sociologique* seines Onkels teilnehmen, wo er die meisten seiner frühen Artikel veröffentlicht.

Aber bereits vor Ende des Jahrhunderts wirken auch andere Einflüsse auf ihn: der Sozialismus und das «Mouvement coopératif». In Paris macht er die Bekanntschaft von Jean Jaurès und nimmt teil an der Gründung der Zeitschrift *L'Humanité*. Dann, nach der Spaltung der sozialistischen Partei 1920, arbeitet er für die Zeitung *Le Populaire*. Während seines Rußlandaufenthalts 1905/6 hat er Kontakt zu sozialistischen revolutionären Kreisen, doch ist er gegen Gewalt und gegen den Fetischismus der Partei und zeigt sich auch gegenüber der sowjetischen Regierung mehr als zurückhaltend. Mit einem Werk von 1924, das bis heute zum Teil unveröffentlicht ist, der *Appréciation sociologique du bolchévisme,* nimmt er Stellung zu diesem Thema (Desroche 1979: 221 ff.).

Mauss war ein Mann mit vielseitigen Interessen neben dem Beruf: Er war Amateurmeister des französischen Boxsportes, begeisterter Koch, Alpinist, Musiker; er verteidigte Debussy, als dessen Musik umstritten war, und schrieb 1930 eine Huldigung an Picasso (Cazeneuve 1968 b: 9).

3. Das Team der «Année sociologique»

1898 erschien die erste Nummer der *Année sociologique*; Durkheim umgab sich mit einem Team von begeisterten und brillanten Philosophen, Historikern und Grammatikern, also Vertretern der klassischen Disziplinen, wo sich die Meister der neuen Sozialwissenschaften finden ließen; von ihnen sind Hubert, Simiand, Hertz, Bouglé, Meillet, Halbwachs und Mauss die bekanntesten (Besnard 1979: 7 ff.). Die *Année sociologique* war mehr als eine Zeitschrift: Sie war der Tiegel, in dem die Produktion und die Ausstrahlung der Schule entstanden sind. Durkheim hatte ihr zwei Funktionen aufgetragen: «Die Originalarbeiten der Mitarbeiter vorstellen und jedes Jahr die internationale soziologische Literatur erfassen» (in der weiten Auffassung, die Durkheim von diesem Begriff hatte) (Karady 1968, I: XXV; soweit nicht anders angegeben übers. v. B. Aepli). Das Team der *Année* arbeitete nach strenger Aufgabenteilung: Jeder Mitarbeiter war verpflichtet, ein genau umgrenztes Forschungsgebiet abzudecken, um das Aufarbeitungs- und Theorieprogramm der neuen Wissenschaft fortsetzen und den jeweils aktuellen Stand der Nachbarwissenschaften verfolgen zu können. Dies erforderte im damaligen akademischen Milieu, das von Konkurrenz und Individualismus geprägt war, ein gewisses Maß an Teamgeist oder wenigstens an Verzicht. Der Anteil von Mauss an diesem Unternehmen ist von Anfang an beträchtlich. Er ist mit der Abteilung der Religionssoziologie beauftragt, und dank seiner Sprachkenntnisse werden ihm auch die Auswertung und die Rezensionen der internationalen ethnographischen Literatur anvertraut. In einem autobiographischen Text, den er in seinen späteren Jahren für die Bewerbung am Collège de France geschrieben hat, sagt er, was dieses Unternehmen bedeutete (*L'oeuvre de Mauss:* 20 ff.): Nachdem er seine «positivistische, nur an Fakten glaubende» Doktrin in Erinnerung gerufen hat, präzisiert er:

«Der Fortschritt, den die Soziologie in Frankreich zwischen 1893 und 1914 gemacht hat, also in zwanzig Jahren, wäre unmöglich gewesen, wenn wir nicht eine Arbeitsgruppe gewesen wären.» Über Durkheim schreibt er: «Wie genial er auch war, er konnte die Quellen der Geschichte, der Vergangenheit, der Untersuchungen über gegenwärtige Gesellschaften nur begrenzt beherrschen. Ich ging mit gutem Beispiel voran und war in Paris von 1895 bis 1902 sein ‹Rekrutierungsbeamter›. So haben wir eine kompetente und spezialisierte Wissenschaftlergruppe gebildet»; weiter unten beklagt er sich über «ein Übermaß an Leistungsdruck in der Gruppenarbeit» (ebd.: 210). Denn trotz seines riesigen Beitrags, «2500 in-octavo-Seiten von annähernd 11000 Seiten der 14 Bände, die publiziert wurden oder in Vorbereitung sind», hat er in seinem Leben kein einziges Buch unter seinem Namen herausgegeben. Die meisten Beiträge, die er in der *Année* bis zum Ersten Weltkrieg veröffentlicht hat, sind in Zusammenarbeit entstanden: *Essai sur la nature et la fonction du sacrifice* mit Henri Hubert 1899, *De quelques formes primitives de classification* mit Durkheim 1903, *Esquisse d'une théorie générale de la magie* 1904, wieder mit Henri Hubert, *Essai sur les variations saisonnières des sociétés eskimos* mit Beuchat 1906, um nur die bekanntesten zu nennen.

Zu diesen Jahr für Jahr erscheinenden Aufsätzen kommt eine riesige Arbeit an Erfassung und Analyse der ethnographischen Literatur hinzu. Durkheim hatte sich zuerst gegenüber den ethnographischen Berichten etwas zurückhaltend gezeigt, weil er sie für unsicher oder zumindest unüberprüfbar hielt. Doch beginnen in den neunziger Jahren Berufsforscher, von wissenschaftlichen Expeditionen genaue und systematische Informationen zurückzubringen. Die Expeditionen von Haddon in die Torresstraße (1898), die Feldforschungen von Boas und Wissler in Nordamerika, die Arbeiten von Strehlow, Howitt, Spencer und Gillen über die australischen Stämme bringen neues Material, das in den späteren Publikationen der Schule und vor allem in den *Formes élémentaires de la vie religieuse* Durkheims (1912) verwendet wird. Mauss übernimmt es, die theoretischen Forschungen seines Onkels und seine eigenen Arbeiten mit diesen von nun an unentbehrlichen Daten zu bereichern; er schreibt darüber lange und überzeugende Artikel in den verschiedenen Nummern der *Année* (ungefähr in einem Viertel aller in der ersten Folge erschienenen Nummern). Mauss hat also selber von der «Revolution, die in der Feldforschung vor sich gegangen ist» (Condominas 1972, I: 131), profitiert, und er läßt auch das Team der *Année* davon profitieren. Die Zeitschrift unterbricht ihr Erscheinen 1913, vor dem Krieg. Mauss wird sie 1925, nach dem Tode Durkheims, wieder aufleben lassen.

4. Die Zeit nach Durkheim und die Gründung des «Institut d'ethnologie»

Während des Ersten Weltkrieges wird Mauss als Freiwilliger eingezogen, er wird Dolmetscher für englische und australische Kampfeinheiten. Dieser Einsatz ist für ihn wie eine Felderfahrung; sie prägt einige Ausführungen der *Techniques du corps* (1935). Mauss verliert im Krieg viele seiner Mitarbeiter und Freunde, unter ihnen Robert Hertz, Autor der *Prééminence de la main droite* (1909) und einer der brillantesten Mitarbeiter der Schule, André Durkheim und viele andere. Emile Durkheim überlebt den Tod seines Sohnes nicht.

Mit der Nachkriegszeit beginnt eine zweite Periode in Mauss' Schaffen, die vom Erbe Durkheims und von der Gründung des Institut d'ethnologie in Paris geprägt ist. Mauss stellt sich die Aufgabe, das Werk seines Lehrers fortzusetzen und die Manuskripte seiner verstorbenen Kollegen zu veröffentlichen, eine Aufgabe, die ihn so sehr in Anspruch nimmt, daß sie die Weiterführung und Publikation seiner eigenen Forschungen behindert.

Die Jahre 1925/26 bringen mit der Schaffung des «Institut d'Ethnologie de l'Université de Paris» ein Ereignis von entscheidender Bedeutung für die Geschichte der französischen Ethnologie. Der Gründer Dr. Paul Rivet, ein Amerikanist, erhält den Lehrstuhl für «Histoire naturelle de l'homme»; dieser wird bald von Lévy-Bruhl und Mauss in «Chaire d'ethnologie des hommes actuels et des hommes fossiles» umbenannt. Mauss hält dort eine Vorlesung über ethnographische Methoden und verbringt bald den größten Teil seiner Zeit im Institut. Aufgrund von stenographischen Notizen (1926–39) hat Denise Paulme diese Vorlesung 1947 unter dem Titel *Manuel d'ethnographie* veröffentlicht. Das Institut publiziert eine Reihe: *Travaux et mémoires de l'Institut d'ethnologie*, die immer noch besteht, und übernimmt die Ausbildung einer Elite von Feldforschern, die den Ruhm der französischen Ethnologie begründet haben. Hier kommen der Einfluß und die Ausstrahlung von Mauss zum Ausdruck sowie seine Fähigkeit, für die ethnologischen Untersuchungen in seinem neuen Institut brillante Forscher zu gewinnen, die aus verschiedenen wissenschaftlichen Kreisen stammen. Von ihnen seien namentlich erwähnt R. Caillois, G. Dieterlen, L. Dumont, M. Griaule, A.-H. Haudricourt, M. Leiris, A. Leroi-Gourhan, C. Lévi-Strauss, D. Paulme, M. Rodinson, J. Soustelle. «Dieser ‹Schreibtischwissenschaftler› übertrug seinen Schülern weniger eine Bücherweisheit als den Sinn und die Liebe für die Dinge, die Technik der methodischen Beobachtung, die unerläßliche Kenntnis der Feldethnologie» (Karady 1968, I: L). In diesen Jahren erscheinen in *L'Anthropologie*, im *Journal de psychologie* und in der *Année sociologique* einige wichtige Texte von Mauss, wie *L'Expression obligatoire des sentiments* (1921), *Les rapports réels et pratiques de la psychologie et de la sociologie* (1924), die *Parentés à plaisanterie* (1928) und vor allem Mauss' Meisterwerk, *L'Essai sur le don* (1925), das ein zunehmendes Ansehen gewinnen und zur Gründung einer Wirtschaftsanthropologie beitragen sollte. In den Schriften aus dieser und der nächsten Periode machen Texte über Religionssoziologie Aufsätzen über methodische Probleme und Interdisziplinarität sowie spezifisch ethno-soziologischen Forschungen Platz.

Mit seiner Berufung auf den Soziologielehrstuhl am Collège de France beginnt die dritte und letzte Periode seiner wissenschaftlichen Laufbahn, die zu einem guten Teil dem Unterricht gewidmet ist. Mauss hatte eine Dissertation über das Gebet in vergleichender Perspektive begonnen, aber andere Forschungen, dann seine Verpflichtungen, hinderten ihn, sie zu Ende zu führen. Vielleicht entmutigte ihn auch die anwachsende Literatur zu diesem Thema, die er in der *Année* referierte, ein Werk weiterzuführen, das er immer wieder hätte ergänzen müssen. Die ersten Kapitel des unvollendeten Werks sind um 1905 in einer kleinen Auflage erschienen. Mauss hatte also keinen philosophisch-historischen Doktortitel. Deshalb wurde er nicht auf einen Ordinariatslehrstuhl an der Universität berufen. Aber die Institutionen für Weiterbildung, wo er Vorlesungen hielt, brachten vielleicht seine Lebhaftigkeit und seine ansteckende Begeisterung besser zur Geltung, als es ein akademischer Posten getan hätte. Seine Vorlesungen waren brillant, locker, suggestiv, reich an Beispielen und verschiedenen Hinweisen, voller Ideen. Da er selber keine Kinder hatte, war er denen ergeben, die sie ihm gewissermaßen ersetzten: seinen Studenten, die fast Tag und Nacht zu dem Meister gehen konnten, und denen er in Geistesblitzen neue Perspektiven zeigte. «Wir trafen ihn am Schluß der Stunde, und zwei Stunden später verließ er uns am anderen Ende von Paris. Die ganze Zeit hatte er während des Laufens gesprochen, und es war, als ob die Geheimnisse der fremden Rassen, ein Stück Menschheitsarchiv, uns von einem Experten offenbart worden wären, in Form eines einfachen Gesprächs. Er hatte eine Weltreise gemacht, ohne seinen Stuhl zu verlassen, indem er sich durch Bücher mit den Menschen identifiziert hatte» (Dumont 1972: 10). Diese Fähigkeit, sich mit einem Gebiet zu identifizieren, das er nicht erlebt hatte, zu beobachten und einen einfühlsamen und methodischen Nutzen aus fremden Erfahrungen zu ziehen, ist auch von Evans-Pritchard hervorgehoben worden: «Mauss machte in seinem Zimmer, was ein Anthropologe im Feld tut, er brachte ein geübtes Verständnis mit, um sich dem Leben der primitiven Völker zu nähern, das er gleichzeitig beobachtete und erfuhr. Wir Sozialanthropologen betrachteten ihn deshalb als einen der unsrigen» (Evans-Pritchard 1981: 191). Man kann die außergewöhnliche Anziehungskraft seines Unterrichts und die Berufungen, die er geweckt hat, nachvollziehen.

Während dieser letzten Periode, die mehr und mehr der Ethnologie gewidmet ist und in der er gelegentlich auf Kongressen erscheint oder in Zeitschriften publiziert, werden grundlegende Artikel seltener; zu erwähnen sind aber doch das *Fragment d'un plan de sociologie générale descriptive* (1934), wo er sich über die «totalen sozialen Tatsachen» (fait social total), über ihren Zusammenhalt und ihre Reproduktion Gedanken macht, und der programmatische Essai *Les techniques du corps* (1935). Zu dieser Zeit gibt Mauss pro Woche acht Stunden Unterricht an der Ecole Pratique des Hautes Etudes, am Institut d'ethnologie und am Collège de France. Als der Zweite Weltkrieg ausbricht, sind Mauss' Freundschaften wieder betroffen: seine jüdischen Kollegen werden ihrer Ämter enthoben, verfolgt und manche getötet. Er selber muß seinen Unterricht abbrechen und wird zum Ruhestand gezwungen. Sein letzter Text handelt von *Les techniques et la technologie* (1941).

Mauss war sein ganzes Leben lang nicht nur ein «Schreibtischwissenschaftler», sondern ein engagierter Akademiker, der sich mit normativer Soziologie beschäftigte; als Sozialist war er mehr ein Reformator als ein Revolutionär, Harmonie und sozialer Konsens waren eher seine Anliegen als Klassenkämpfe; in der Schlußfolgerung des *Essai sur le don* erwähnt er seinen Glauben an ein soziales Glück. «Man braucht nicht weit zu suchen, um das Gute und das Glück zu finden. Es liegt im erzwungenen Frieden, im Rhythmus gemeinsamer und privater Arbeit, im angehäuften und wieder verteilten Reichtum, in gegenseitiger Achtung und Großzügigkeit, die durch Erziehung lernbar sind» (*Sociologie et anthropologie*: 279). Der Krieg und seine Grausamkeiten brachten eine Art schreckliche Widerlegung dieser Hoffnung. Die Gesundheit und der Verstand von Mauss überlebten diesen Schiffbruch nicht. Er starb im Februar 1950.

II. Werk

1. Die Analyse der religiösen Phänomene

Von einem so reichen und vielfältigen Werk können wir nur eine begrenzte Anzahl von Arbeiten besprechen. Sie sind ausgewählt nach dem Einfluß, den sie auf die Entwicklung der ethnologischen Theorie und Konzepte hatten. Wir haben bereits gesehen, daß der erste Teil der wissenschaftlichen Tätigkeit von Mauss vor allem der Analyse von religiösen Problemen gewidment war. Der *Essai sur la nature et la fonction du sacrifice* und die *Esquisse d'une théorie générale de la magie*, beide mit H. Hubert verfaßt und 1899 bzw. 1904 in der *Année* erschienen, verdienen besondere Erwähnung. Mauss' Ansatz zielt vor allem auf die Vereinbarkeit der geistigen Faktoren und Strukturen, die er bei den «Primitiven» und «Zivilisierten» beobachtet hat. Die Aufgabe des Wissenschaftlers ist dabei, eine bestimmte Anzahl von grundlegenden Kategorien zu erkennen, die der Magie oder der Religion zugrunde liegen. Diese Kategorien: Magie, Heiligkeit oder *mana*, numinoses Element von undeterminierter Bedeutung, finden sich sowohl in unseren Gesellschaften wie in denen, die die klassische Ethnologie untersucht; jedoch hängen ihr Vorkommen, ihre Funktion und ihre Bedeutung in der Gesamtheit der Vorstellungen vom sozialen Kontext ab. So dürfen nach Mauss die religiösen Tatbestände und die Glaubenssysteme nicht als autonom, als mit einer unterscheidbaren Essenz ausgestattet oder als mit der individuellen Psyche verbunden betrachtet werden. Sie müssen im Gegenteil der gleichen Analyse unterliegen wie die anderen sozialen Faktoren und sind deren Gesetzen unterworfen. Diese Einbeziehung des Religiösen in den sozialen Bereich bringt Mauss und Durkheim dazu, die fachliche Terminologie zu klären und den nützlichen Gegensatz von heilig und profan einzuführen. Das Heilige ist dabei mit den Vorstellungen, die die Gesellschaft selber von sich hat, verbunden: «Heilige Dinge sind soziale Dinge», und das Profane berührt unmittelbare und individuelle Angaben der Sinne und der Erfahrung. Mauss und seine Mitarbeiter bauen ihre Forschung auf dieser Voraussetzung auf und richten sie aus auf eine allgemeine Theorie über das Heilige, seine Manifestationen und über die Beziehungen zwischen geistigen Vorstellungen und anderen sozialen Tatsachen.

Im *Essai sur la nature et la fonction du sacrifice* wenden die Autoren die obengenannten Prinzipien an; statt das Opfern auf ein einziges Prinzip zu reduzieren, daraus einen Prototyp zu machen, der als eine primäre Form zum Beispiel mit Totemismus und agrarischen Zeremonien verbunden wäre, suchen sie vielmehr durch vergleichende Analyse nach den konstruktiven Elementen des Vorgangs. Sie versuchen aufzudecken, welches die wichtigsten Momente, die Varianten und die Auswirkungen auf die Opfernden und auf die ganze Gruppe sind. Am Schluß ihrer Analyse entdecken sie, daß die Einheit des Komplexes «Opfern» darin besteht, eine Verbindung zwischen der heiligen und profanen Welt herzustellen durch Vermittlung des Opfers, das im Verlauf der Zeremonie geweiht und zerstört wird. Mauss und Hubert stellen fest, und ihr Beitrag ist hier erstaunlich modern, daß nicht das Opfer selber heilig ist, sondern daß die Zeremonie ihr diese Heiligkeit verleiht. Das Opfer ist also auch eine Weihe, bei der der Opfernde in Beziehung zu dem Göttlichen tritt und die gefürchtete Energie des Heiligen auf das Geopferte lenkt, während zwischen ihm und dem Göttlichen ein Austausch, also ein «Pakt», besteht. Die Autoren schließen auf den eminent sozialen Charakter des Vorgangs, da die Handelnden nur die personifizierte Konkretisierung der Glaubensvorstellungen und des kollektiven Willens sind.

Die *Esquisse d'une théorie générale de la magie* ist heute noch berühmt, weil sie den – inzwischen freilich veralteten - Begriff *mana* einführt. Der melaneso-polynesische Terminus wäre nach seinen Schöpfern die Grundlage der Magie wie auch der Religion. Diese ungenaue Formulierung über Kraft und Wirksamkeit der Dinge hat den Vorteil, eine allgemeine Kategorie zu sein – Lévi-Strauss erkennt sie in unseren Ausdrücken wie «Dingsda» wieder (*S. A.:* XLIV) –, die die symbolische Funktion des menschlichen Geistes erhellt; sie hat den Nachteil, in der *Esquisse* entweder als an ein bestimmtes Entwicklungsstadium des magischen Denkens gebunden oder als dessen konkreter Bestandteil dargestellt zu werden. Doch die *Esquisse* hat das Verdienst, die untersuchten Phänomene aus den theoretischen Sackgassen herauszuholen, die sie durch Pathologie oder Gerissenheit des Magiers erklären wollen oder durch prälogische Prinzipien, wie das Gesetz der Ähnlichkeit oder der Angrenzung. Der Ansatz von Mauss und seinem Mitarbeiter befaßt sich mehr mit den sozialen Bedingungen für die Tätigkeit des Magiers und mit seiner Wirksamkeit als mit der Psyche des Handelnden. Er zeigt aufgrund vieler ethnographischer Daten die enge Verbindung zwischen kollektiven Glaubensvorstellungen, magischer Leistung des Magiers und Traditionen der Gruppe. Die Diskussion über den Schamanen, über seine Normalität oder Abnormalität ist interessant, weil sie weitergeht als der Ansatz, der das schamanistische Verhalten oder die Besessenheit in den Bereich der Psychopathologie verweist. Die Autoren zeigen klar, daß es sich hier um sozial determiniertes Verhalten handelt und daß das kollektive Gefühl die Verhaltensweisen bedingt und den Glauben an ihre Wirksamkeit bewirkt. «Es ist also die Anschauung, die den Magier und seine Einflüsse erschafft» (*S. A.:* 32). Dieser Druck ist stark genug, um einen Schamanen trotz seines anfänglichen Mißtrauens dazu zu bringen, an die Realität seiner Macht zu glauben, wie C. Lévi-Strauss in seinem brillanten Mauss-inspirierten Aufsatz *Le sorcier et sa magie* zeigt. Die Magie ist der Religion entgegengesetzt, etwa so wie das Profane dem Heiligen; sie ist wohl ein soziales Phänomen, doch sie ist der Technik verwandt, und durch sie der individuellen Erfahrung. Sie bleibt zum Teil diesseits der mystischen Vorstellungen und vermischt sich mit dem profanen Alltag. «Sie tendiert zum Konkreten, wie die Religion zum Abstrakten. Sie arbeitet in der gleichen Richtung wie unsere Techniken (...), die Magie ist vor allem geschicktes Handeln, (...) sie ist der Bereich der reinen Produktion, *ex nihilo*» (*S. A.:* 134). Als Opposition zur Religion, und nicht als Vorstufe, ist sie in unseren industriellen Gesellschaften gegenwärtig. «So entfernt wir uns von der Magie glauben, wir sind dennoch kaum von ihr losgelöst. Z. B. sind die Ideen über Glück und Unglück, über Quintessenz, die uns noch geläufig sind, der Idee der Magie recht nahe. (...) alles was die Begriffe von Kraft, Ursache, Ziel, Substanz noch Unpositives, Mystisches und Poetisches an sich haben, stammt von alten Gewohnheiten des Geistes, aus denen die Magie entstanden ist, und von denen der menschliche Geist sich nur langsam befreien kann» (ebd.: 137).

2. *Logische Kategorien, soziale Kategorien*

1903 erschien in der *Année sociologique* unter dem Namen von Durkheim und Mauss *De quelques formes primitives de classification. Contribution à l'étude des représentations collectives.* In diesem Aufsatz versuchen die Autoren zu zeigen, daß die Methode, natürliche und kosmische Dinge zu klassifizieren, nicht ein Produkt der individuellen geistigen Tätigkeit ist, genausowenig wie sie eine der Methode innewohnende Eigenschaft ist; die Klassifikationsmethode beruht auf der Organisation der Gesellschaft. Letztere dient der ersteren als Modell. Die logischen Klassifikationskategorien der verschiedenen Gesellschaften entsprechen also den Einteilungen in diesen Gesellschaften und entwickeln sich gemäß deren verschiedenen Stadien. Durkheim und Mauss stellen eine gewisse Anzahl von detaillierten Klassifikationsbeispielen vor, die von verschiedenen Völkern stammen: Australiern, Zuñi und Chinesen.

Man ist erstaunt über die Modernität des Werks, das die Arbeiten von Whorf und Sapir über den Parallelismus zwischen Sprache und Denkkategorien vorwegzunehmen scheint sowie die Arbeiten von Lévi-Strauss über die *Pensée sauvage* und selbstverständlich auch die der kognitiven Anthropologie, die sich seit Ende der 50er Jahre mit der Analyse der Volkstaxonomien und anderen ethnischen Klassifikationen befaßt hat. Aber das Werk ist trotzdem verkannt geblieben, bis Rodney Needham ihm in der Einleitung zur englischen Übersetzung eine meisterhafte Studie widmete (Needham 1967: XLVIII). Trotz seiner Aktualität ist der Aufsatz in gewissen Aspekten veraltet; er bleibt dem Gedanken einer progressiven Evolution der Gesellschaften von einfachen zu komplexen Formen und der damit verbundenen parallelen Entwicklung der klassifikatorischen Funktionen verhaftet. Die Terminologie, die heute nicht mehr gebräuchlich ist, verbirgt das Neue an dieser anthropologischen Untersuchung, die zum ersten Mal einen Begriff von grundlegender Bedeutung für das Verständnis des menschlichen Denkens und des sozialen Lebens erforscht. Wie organisiert der «Primitive» seine Welt? Welches sind die Beziehungen zwischen der Kultur und dieser Kategorisierung? Gibt es eine primitive Logik, die *der* Logik vorausgeht? Ist das Konzept der Wortklassen bei uns das gleiche wie bei den Völkern, die von Ethnologen untersucht werden? Und, schlußendlich, welches sind der Ursprung und die Entwicklung einer solchen Klassifikation? Mit diesen Fragen beschäftigen sich Durkheim und Mauss. Für sie ist unser Konzept von Wortklassen, im logischen Sinn des Wortes, jung. «Dinge klassifizieren heißt für uns, sie in voneinander verschiedene, durch klar determinierte Grenzlinien getrennte Gruppen zu ordnen» (*Oeuvres*, II: 14). Demgegenüber vermischen die primitiven Klassifikationen und sogar bei uns diejenigen des Volksdenkens, Klassen und Ordnungen, indem sie Substitutionen, Metamorphosen und willkürliche Verbindungen benutzen wie in den Mythen, den Märchen oder der alltäglichen Magie.

Eigentlich ist es gerade die Art der Beziehung zwischen Klassen, die den Unterschied zwischen einer Volksklassifikation und einer wissenschaftlichen Klassifikation ausmacht; der menschliche Geist selber hat nicht von sich aus die Möglichkeit, komplexe Systeme aufzubauen; die Systeme sind auch nicht in der Natur gegeben oder von der Natur entnommen, wie Frazer dachte; sie sind also soziale und kulturelle Produkte. Als sie die Dinge klassifizierten, haben die ersten Gesellschaften ihre Organisationsform wiedergegeben; das Modell, auf das sich das klassifikatorische Bewußtsein stützt, ist die Gesellschaft selbst, und die ersten logischen Kategorien waren soziale Kategorien wie Klan, Moiety, Stamm. Die Gesamtheit der Kenntnisse, die die Gesellschaft vom Universum hat, ist nur eine Projektion der globalen Kenntnis, die die Gesellschaft von sich selber hat. Die Demonstration, wie wir gesehen haben, geht von den australischen Klassifikationen aus, wo der Stamm im allgemeinen in Moieties, in Heiratsklassen und/oder in Clane geteilt ist. Die Autoren stellen fest, daß meistens die Wesen des Universums in Kategorien aufgeführt sind, die den tribalen Moieties entsprechen, und was unseren Gattungen und Arten entspricht, ist aufgebaut auf dem Modell der ineinandergeschachtelten Hierarchie der sozialen Einheiten. Die Verbindung zwischen Natur und Gesellschaft ist nicht nur analog; über den Umweg des Tabu steht ein Individuum aus einem bestimmten Clan oder einer bestimmten Moiety in mystischem und affektivem Kontakt zu dieser oder jener naturalen Spezies oder Art.

Der Zuñi-Typ aus dem Südosten der USA ist ein entwickelteres Modell und beruht auf einer Einteilung der natürlichen Phänomene in sieben Kategorien, die jede einer Region im Raum entspricht; jeder Art ist eine bestimmte Farbe, ein atmosphärisches Phänomen, ein Basiselement, ein Tier oder eine bestimmte Tätigkeit zugewiesen. Auch die Clans des Stammes entsprechen den verschiedenen Richtungen im Raum. Das Zuñi-System kann als eine Weiterentwicklung des australischen Systems betrachtet werden, denn die territorialen Beziehungen gesellen sich in der klassifikatorischen Logik zu den rein sozialen Unterteilungen hinzu. «Nicht nur die Einteilung der Dinge nach Regionen und die Einteilung der Gesellschaft nach Clans entsprechen sich genau, sondern sie sind auch unauflösbar ineinander vermengt» (ebd. II: 52).

Komplexer ist das chinesische System, das bereits eine recht große Autonomie gegenüber dem sozialen System besitzt und das zu den

Unterteilungen des Raumes auch diejenigen der zeitlichen Zyklen einbezieht. Das System ist eigentlich auf der Verschachtelung verschiedener Klassifikationsschemata aufgebaut: binär mit den männlichen und weiblichen Prinzipien, vier Einteilungen mit den Richtungen, acht Einteilungen mit den Mächten, fünf Einteilungen mit der Elementenserie. Doch dieses komplizierte System ist in seinem Wesen nicht grundverschieden von dem der primitiven Völker und stammt vom gleichen Prinzip: die Beziehungen zwischen den Kategorien sind auch sozialen Ursprungs, und die logische Hierarchie ist ein Aspekt der sozialen Hierarchie, so wie die Gefühle der Menschen zu den Dingen das Pendant der Gefühle sind, die in den sozialen Beziehungen herrschen.

Der Soziozentrismus von Mauss und Durkheim ist in diesem Aufsatz besonders deutlich, man sieht aber auch durch die Aufteilung der Realität nach mehrstufigen Modellen (sozial, mythologisch, natürlich und die mögliche Permutation zwischen ihren Elementen) eine Art Vorahnung der strukturalistischen Analysen. Lévi-Strauss würde sagen, daß außer ihrer funktionalen Rolle die Organisation der «Primitiven» auch zu denken weiß. «Man hat oft genug gesagt, daß der Mensch begann, sich die Dinge vorzustellen, indem er sie auf sich bezog. Was vorausgeht, verdeutlicht, woraus dieser Anthropozentrismus besteht, den man besser Soziozentrismus nennen sollte. Das Zentrum der ersten Natursysteme war nicht das Individuum, sondern die Gesellschaft. *Sie* objektiviert sich, nicht mehr der Mensch. Nichts ist überzeugender als die Art, wie die Sioux-Indianer die ganze Welt in den Grenzen ihres tribalen Raumes einfassen; und wir haben gesehen, wie der universale Raum nichts anderes ist als der Platz, der vom Stamm besetzt wird, aber unendlich über seine realen Grenzen ausgeweitet ist» (ebd. II: 87).

Mit Recht unterstreichen Cazeneuve (1968a: 59) und vor allem Needham (1967: XVIff.) die Irrtümer des Werks: zuerst eine übertriebene Systematisierung aufgrund ungleicher Quellen, dann der logische Fehler, verlauten zu lassen, daß bei gleicher sozialer Organisation alle Gesellschaften dieselben Klassifikationen haben sollten, ohne eine Gegenuntersuchung zu unterbreiten. Die Autoren erbringen auch nicht den Beweis der zeitlichen Abfolge der Klassifikationstypen. Schlußendlich unterscheiden Durkheim und Mauss nicht zwischen kollektiven Vorstellungen und kognitiven Vorgängen; wenn man es mit Vorgängen zu tun hat, die mit kognitiven Fähigkeiten verbunden sind, so müssen die Klassifikationskategorien schon vorher existieren, und die Vorstellung der Klassen geht dem Verständnis von sozialen Aufteilungen voraus. Wenn es sich um geistige Vorstellungen handelt, so erklärt der Aufsatz die Eigenschaft des Geistes nicht, seine Gruppe zu verstehen und das Universum gemäß ihrer Organisation zu ordnen.

Trotz dieser ernsthaften Einwände bleibt das Werk von Interesse; die Betrachtung in Modellen von abstrakten bedeutsamen Ganzheiten, das

Begreifen der Beziehung Klassifikation-Sozialstruktur, weisen auf einen sehr fruchtbaren Ansatz in der Ethnologie hin.

Mauss publizierte eines seiner letzten wichtigen Werke mit Henri Beuchat vor dem Ersten Weltkrieg in der *Année*; Beuchat war sein Schüler an der Ecole Pratique des Hautes Etudes. Es handelt sich um den *Essai sur les variations saisonnières des sociétés eskimos, étude de morphologie sociale*, erschienen 1906. Unter Morphologie muß man die Untersuchung von sozialen Gruppen, ihrer Form, ihrer Typologie, ihrer Verteilung im Raum, ihrer Demographie, ihrer Artikulation der Sozialorganisation verstehen, im Gegensatz zur Untersuchung der allgemeinen soziologischen Vorstellungen und Themen. Mauss und Beuchat geben uns in diesem Aufsatz eine gute Analyse einer bestimmten Bevölkerung, nämlich derjenigen der Eskimos; sie wird untersucht unter allen Aspekten, mit den migratorischen, religiösen und geistigen Implikationen des jahreszeitlichen Wandels, der den Rhythmus des ganzen sozialen Lebens bestimmt.

Die Autoren verteidigen die Idee, mit einer vollständigen monographischen Untersuchung eine bestimmte Hypothese zu illustrieren, statt eine große Anzahl verstreuter und nicht überprüfbarer Fälle zu streifen: «Eine gutgemachte Erfahrung genügt, um ein Gesetz zu demonstrieren», sagen sie, indem sie Stuart Mill zitieren (*S. A.:* 391). Zuerst legen sie die Basiseinheit dieser Eskimogesellschaften frei, die weder eine strikte tribale Organisation, noch ein begrenztes Territorium kennen. Die Einheit finden sie in der «Niederlassung», im gemeinsamen Siedeln von Familiengruppen. Doch die Beziehung zur Siedlung variiert bei diesen Fischern und Jägern je nach Jahreszeit. Im Sommer verstreut sich die Siedlung und die einzelnen Familien wohnen in Zelten; im Winter siedeln sie im Langhaus, das mehrere Familien beherbergt. Diese jahreszeitlichen Variationen hängen selbstverständlich mit der Anpassung der Eskimos an ihre Umwelt zusammen; die Gruppe paßt sich den Gewohnheiten des Wildes an, an das Gebot, im Winter alle Kräfte an den Fangorten der großen Seesäugetiere zu vereinen, an die Notwendigkeit, sich auf den Jagdgründen der Karibu und Moschusochsen zu verteilen. Doch dieser ökologische Determinismus erklärt nicht alles, er liefert nur den Rahmen für die Lebensweise. Die Autoren sind auf der Suche nach einem tiefergehenden Erklärungsprinzip, der über die nichtmateriellen Variationen Rechenschaft ablegen soll, wie etwa die Intensivierung des gemeinschaftlichen Lebens im Winter.

Tatsächlich unterscheiden sich die beiden Jahreszeiten in bezug auf das religiöse und das rechtliche Leben, wie auch auf der Ebene der Mythen und Symbole. Im Sommer gibt es nur sehr wenig häusliche Kulttätigkeit, während im Winter das religiöse Leben intensiv und kollektiv ist. Im Winter werden Mythen erzählt, Feste gefeiert, schamanistische Handlungen durchgeführt. In bestimmten Riten werden Menschen und Dinge in zwei Kategorien klassifiziert, die dem Gegensatz Sommer–Winter entsprechen. Diese Dichotomie findet man auch in der Sozialorganisation wieder: kollektives Familienleben im Winter, Kernfamilien im Sommer; gemeinschaftliches Teilen der Nahrung im Winter, individuelle Nahrungssuche im Sommer usw.

Die Autoren versuchen zu zeigen, daß man es im sozialen Leben mit einem allgemeinen Phänomen der Alternanz zu tun hat; sie erwähnen die Indianer der Pazifikküste, die eine Intensivierung des religiösen Lebens, verbunden mit Vergrößerung der sozialen Einheiten im Winter, Verstreuung und Verteilung im Sommer kennen. Sie nennen auch die bäuerliche Bevölkerung der Berge in Europa, und man braucht sogar, wie sie sagen, «nur anzusehen, was um uns herum geschieht, in unseren westlichen Gesellschaften, und man wird dieselben Schwankungen wiederfinden. Ungefähr vom Monat Juli an tritt das städtische Leben infolge der sommerlichen Zerstreuung in eine Periode fortgesetzter Erschlaffung ein, die Ferien, und diese Periode ist mit Ende des Herbstes abgeschlossen. Mit diesem Augenblick trachtet das Leben sich wieder aufzurichten und verläuft in ansteigender Bewegung und regelmäßig bis zum Juni, um dann wieder in sich zusammenzusinken. Das Landleben nimmt den umgekehrten Verlauf» (ebd.: 472–473).

Dieses Alternieren ist also nicht ausschließlich den Eskimos eigentümlich; jedoch bieten diese die günstigsten Voraussetzungen für die Beobachtung; handelt es sich nämlich um ein universelles Merkmal menschlicher Gemeinschaften, könnte man sich vorstellen, daß die ökologische Kausalität (Umwelt und Wild) nur sekundär, das Phänomen der Alternanz primär ist, und nicht der physikalische Determinismus.

Das Beispiel der Eskimos ist besonders einleuchtend, weil diese Gesellschaft durch das Alternieren polarisiert ist und weil der Beobachter alle Aspekte der Kultur in Bezug darauf angehen kann. Man kommt zu einem sehr produktiven Konzept, das Mauss in seinem *Essai sur le don* erklären wird; es ist das des «phénomène social total», das die Ökologie, die Religion, die Sozialorganisation, das Weltbild umfaßt und einbezieht. Die morphologische Basis selber ist nur ein möglicher Zugang zum «phénomène total», denn sie ist selber im weiten System der allgemeinen Gesetze des sozialen Lebens verankert.

3. Die Verpflichtung zu geben und zu nehmen

Das berühmteste Werk von Mauss, das den größten Einfluß auf die ethnologische Theorie haben sollte, erschien 1925 im ersten Band der zweiten Serie der *Année sociologique* unter dem Titel *Essai sur le don, forme et raison de l'échange dans les sociétés archaïques.* Lévi-Strauss unterstreicht den revolutionären Charakter des «Essai» und spricht von einem «entscheidenden Ereignis für die Entwicklung der Wissenschaft»; er fährt fort: «Zum ersten Mal in der Geschichte des ethnologischen Denkens wird der Versuch gemacht, über die empirische Beobachtung hinauszugehen und zu tieferen Realitäten zu gelangen» (*S. A.:* XXXIII). Übertrieben oder nicht, diese Würdigung unterstreicht die Verdienste eines Werks, das über zahlreiche konkrete Fakten hinaus, die im Detail analysiert sind, Bedeutungssysteme und die zugrundeliegenden Strukturprinzipien sucht. Das Werk zieht Nutzen aus der Gelehrsamkeit von Mauss, die es ihm erlaubt, die Gabe, die Gegengabe und den Tausch in der klassischen Antike, in den orientalischen Gesellschaften und in den «archaischen Kulturen», das heißt, in den zeitgenössischen schriftlosen Völkern, zu analysieren. Sein Ziel ist es, eine Gesamtheit von Leistungen zu untersuchen, die einen freien und unbegründeten Charakter haben, gleichzeitig aber erzwungen und zweckgebunden sind, und sich meistens in Form von Geschenken äußern. Jedoch sind diese Geschenke nicht nur Geschenke, ist dieses Tauschen nicht nur zweckdienlich; die Geschenke sind mit anderen Aspekten des sozialen Lebens verbunden und bedingen die Beziehungen zwischen Gruppen, legen die Statuten fest, tragen zu den Allianzen bei. «In diesen ‹phénomènes sociaux totaux›», sagt uns Mauss, «drücken sich auf einmal und gleichzeitig verschiedene Institutionen aus: religiöse, juristische und moralische – und diese politisch und familial zugleich; ökonomische – und diese meinen bestimmte Produktions- und Verbrauchsformen oder besser Leistungs- und Verteilungsformen; ohne die ästhetischen Phänomene zu zählen ...» (ebd: 147).

Der Autor fragt zuerst nach den Gründen, weshalb in diesen Gesellschaften das Geschenk erwidert werden muß. Welches ist die Kraft, die mit der Gabe verbunden ist, die bewirkt, daß der Empfänger sie erwidert? Die Methode von Mauss ist vergleichend; er schöpft Beispiele aus bestimmten Gebieten: Polynesien, Melanesien, Nordwestamerika, aber auch aus dem alten germanischen und römischen Recht; vor allem versucht er in das Bewußtsein der Gesellschaften zu dringen, indem er Terminologie und einheimische Theorien analysiert. Dadurch will er vom globalen Austausch von Geschenken von Clan zu Clan ausgehen, um die Stufen wiederzufinden, die bis hin zu den modernen Vertragsformen führen. Er stellt zuerst fest, daß man in den primitiven Gesellschaften nichts findet, was einer natürlichen Ökonomie gleicht, wie sie Aristoteles postuliert hatte, und die aus individuellem Tausch von materiellen Gegenständen bestehen würde; im Gegenteil tauschen ganze Gemeinschaften, Clane, Stämme, Moieties, und das rein wirtschaftliche Ziel, die Rolle des Zweckdienlichen, ist nur sekundär. In diesen Transaktionen zwischen Gruppen geht es nicht nur um Güter, sondern auch um Höflichkeiten, Riten, Mahlzeiten, Dienstleistungen, Feste, Tänze, sogar um Frauen. Die Zirkulation der Reichtümer ist nur ein Aspekt eines viel allgemeineren Tausches, den Mauss «système de prestations totales» (System der totalen Leistungen) nennt, bei dem sich zwei oder mehr Gruppen durch globalen Tausch in einer Situation von totaler Komplementarität befinden. Eine «entwickeltere» Tauschform ist der *potlatch*, ein Begriff, den Mauss in die ethnologische Literatur eingeführt hat, und der Großzügigkeits-Wettbewerbe zwischen Indianerhäuptlingen der Nordwestküste Amerikas bezeichnet. In diesen «prestations totales», sagt Mauss, kontrahiert der gesamte Clan für alle, durch und für alles, was er besitzt, durch die Vermittlung des Häuptlings, um ihm einen Platz in der Hierarchie zu sichern, von der schließlich der ganze Clan profitiert.

Um die Frage nach der Verpflichtung des Erwiderns der erhaltenen Geschenke zu beantworten, untersucht Mauss das System der vertraglichen Geschenke, die in Samoa und in anderen polynesischen Inseln Geburt, Pubertät und Todesrituale begleiten. Diese Geschenke bringen Ehre und Prestige, aber auch die moralische Verpflichtung, zu erwidern, unter der Gefahr, sich zu blamieren und die Kraft zu verlieren, die mit dem Geschenkaustausch verbunden ist; nach dem komplexen Geschenkaustausch ist man nicht reicher als vorher, aber man hat an Achtung gewonnen. Der Austausch ist also aus sich selber produktiv, das Geschenk ist Träger einer spirituellen Kraft, einer Art *mana* (s. oben). Mauss glaubt, die Eigenschaften der Kraft, die der Verpflichtung des Erwiderns zugrunde liegt, gefunden zu haben, indem er ein maorisches Konzept beleuchtet, das des *hau* oder des «Geistes der Dinge». «Was im erhaltenen, ausgetauschten Geschenk verpflichtet, ist die Tatsache, daß die Gabe nicht leblos ist» (ebd.: 159); sie ist vom *hau* belebt, das mit der Gabe und seinem ersten Besitzer verbunden ist; daraus folgt: «jemandem etwas überreichen, heißt, etwas von sich überreichen», «etwas von jemandem annehmen, heißt, etwas von seiner spirituellen Essenz, von seiner Seele annehmen, das Behalten der Sache wäre gefährlich und tödlich» (ebd.: 161), weil man sich dadurch eine Blöße geben würde.

Nachdem er so die Verpflichtung des Erwiderns erklärt hat, versucht Mauss, das Problem der Verpflichtung von Geben und Nehmen in zwei detaillierten Beispielen zu erfassen: *kula* und *potlatch*. Das *kula* ist ein intertribales melanesisches Tauschsystem, von dem der große Ethnologe Malinowski in *Argonauts of the Western Pacific* eine eindrucksvolle Beschreibung gegeben hat. Das Buch erschien 1922 und ist den Meeresexpeditionen der Bewohner des Archipels Trobriand, im Osten Neuguineas, gewidmet. Mauss übernimmt und verallgemeinert die Daten von Malinowski über diesen großräumigen, kreisförmigen zeremoniellen Tausch, an dem eine Vielzahl von Gruppen und Institutionen teilnimmt. Es handelt sich um einen edlen Handel, um die obligatorische Zirkulation von symbolischen Emblemen: Armreifen und Anhänger aus

Muscheln, die dem Partner Ehre und Prestige verleihen. Die Gabe zirkuliert pro Expedition nur in einer Richtung, es sind die Besucher, die erhalten; die Rückkehr der Geschenke wird verzögert, bis die Nehmer in der Lage sind, bei einer zweiten Reise Geber zu sein. Ein solcher Austausch ist also untrennbar mit der Allianzpolitik der Tauschpartner und dem Prestige der Chefs verbunden, sowie mit zweckgebundenem Tauschen, die ihm sekundär angelagert sind. Das *kula* ist das Gerüst der interinsularischen Beziehungen und umfaßt das wirtschaftliche und soziale Leben der Trobriander. Man versteht, daß die Unterbrechung des Kreislaufes schwerwiegendste Folgen hätte und daß keine Gruppe oder Person sich gefahrlos der Verpflichtung von Nehmen und Geben entziehen kann.

Das Thema der Ehre, der Verpflichtung und des Ansehens, das mit der Gabe verbunden ist, wird vom bereits erwähnten *potlatch* illustriert. Hier wird die Verpflichtung des Häuptlings zu geben sichtbar; sein Prestige verlangt Gaben, in einigen Fällen sogar die Zerstörung seiner Reichtümer: Öl, Decken, Kupferwaren, Häuser, um seine Partner in Schuldner zu verwandeln. Dies ist eine großtuerische Rivalität um Großzügigkeit, die mit Ehre verbunden ist und die gewalttätige Formen annehmen kann. Die Zurückweisung der Gabe oder der Einladung, aus Furcht, sie erwidern zu müssen, führt zu Schande und Niederlage; die Verpflichtung der Gegengabe ist unabdingbar; die Gabe muß mit «Zinsen» zurückgegeben werden unter Gefahr, daß man seinen Rang verliert. Dieses Tauschsystem ist für Mauss ein Zwischenstadium zwischen totaler Leistung der Primitiven und Einzelverträgen des Markttauschs. In unseren Gesellschaften gibt es eine klare Unterscheidung zwischen juristischen Verträgen und sozialer Verpflichtung, zwischen Handelstausch und Geschenken, jedoch hat sogar bei uns die Marktwirtschaft andere Arten des Austausches nicht verdrängt; die Prestigeausgabe bleibt häufig. Die von Mauss beobachteten Sitten haben einen allgemeinen Wert und seine Erklärungsmethode erweitert ein Prinzip, das in bestimmten Zivilisationen beobachtet wurde. Der Autor führt seine Untersuchung in eine diachronische Richtung weiter und sieht die römische *familia*, den Status der Gabe im indischen Recht, den spezifischen Wortschatz des alten germanischen Rechts und das chinesische Recht genauer an. In der Schlußfolgerung des *Essai* weitet er seine Beobachtungen auf unsere Gesellschaften aus, um eine «moralische Schlußfolgerung» zu ziehen; er wünscht die Rückkehr zur «edlen Verschwendung», bei der «die Reichen wieder dahin kommen, sich gleichsam als die Schatzmeister ihrer Mitbürger zu betrachten» (*S. A.:* 262). Man muß «die Freude am öffentlichen Geben; das Gefallen an großzügiger künstlerischer Verausgabung; das Vergnügen der Gastfreundschaft und des privaten und öffentlichen Festes» wiederfinden (ebd.: 263).

Man sieht, wie das Thema und die Analyse der Gabe eine allgemeine Tragweite haben, indem sie das soziale Leben in seiner Gesamtheit umfassen; man sieht die methodologische Bedeutung des Unternehmens, das hinter den phänomenologischen Gegebenheiten die Infrastruktur erfassen will, die den beobachteten Tatsachen gemeinsam ist. Die freigelegten Fakten, die das menschliche und totale soziale Verhalten offenbaren, nennt Mauss «faits sociaux totaux». Es gibt wenig soziologische und ethnologische Begriffe, die soviel Tinte haben fließen lassen; «die Tatsachen, die wir untersucht haben, sind – man gestatte uns den Ausdruck – *totale* gesellschaftliche Tatsachen (man mag das Wort ‹allgemein› vorziehen, das wir hingegen weniger schätzen), d. h. Tatsachen, die in einigen Fällen die Gesellschaft und ihre Institutionen in ihrer Totalität in Gang halten . . .» (ebd.: 274). Diese Tatsachen geben für ihn Aufschluß über das ganze Sozialsystem. In der Einleitung zum Werk von Mauss (ebd.: XXIV ff.) sieht Lévi-Strauss darin nicht nur die Integration von diskontinuierlichen Aspekten: familialen, technischen, wirtschaftlichen, juristischen und religiösen Aspekten; er entdeckt darin auch den Niederschlag einer individuellen Erfahrung, den Schlüssel zu einem «Interpretationssystem, das gleichzeitig über alles Verhalten Rechenschaft ablegt». Der «fait social total» öffnet also der Analyse mehrere Dimensionen, die synchrone des Systems oder der Struktur des sozialen Lebens, die diachrone der historischen Tiefe, und die subjektive der geistigen Vorstellung. Vom methodologischen Gesichtspunkt aus steht er an der Grenze zwischen Institution und Erlebnis.

Es wurde Mauss vorgeworfen, auch von Lévi-Strauss – trotz der Bewunderung, die er für den *Essai sur le don* empfand –, daß er das autochthone Konzept des *hau* verwendet habe, um die Kraft zu erklären, die an den Dingen haftet, statt von der Struktur des Tausches selber auszugehen, einer Struktur mit drei Verpflichtungen: Geben-Nehmen-Erwidern, von der der Autor nicht alle Implikationen erkannt hätte; er wäre bei Erklärungen vom Typ *mana* stehengeblieben. Man kann hingegen Mauss anrechnen, den Gefühlswert, den die ausgetauschten Objekte besitzen, und die Beziehung zwischen Person und Objekt nicht vergessen zu haben.

Von marxistischer Seite wurde Mauss vorgeworfen, die Produktionsverhältnisse und vor allem den sozialen und wirtschaftlichen Kontext der Herrschaft außer acht gelassen zu haben, die Institutionen wie *kula* und *potlatch* enthalten. Die Zirkulation der Güter entgeht den Marktgesetzen nicht, und vor allem verwandeln sie sich nicht nur – wie Mauss sagt – durch den internen Evolutionsmechanismus, sondern auch durch den Tauschhandel und die Überführung der Gesellschaften in einen Handelskreislauf durch die Kolonisation (Meillassoux 1978: 1–3).

Wie dem auch sei, die Sozialwissenschaften finden für die Theorie des Austausches und der Güterzirkulation im *Essai sur le don* noch immer eine Inspirationsquelle. Zu erwähnen sind Georges Batailles Aufsatz über die unproduktive Ausgabe, die mit dem Überleben von Gesellschaften zusammenhängt, bei denen Energie immer im Überfluß vorhanden ist (*La part maudite*), und die Arbeiten der «substantivistischen» Anthropologen, die in der Nachfolgeschaft Polanyis das Besondere der primitiven Wirtschaft, ihre Integration in die sozialen Beziehungen und die Irrelevanz der Konzepte der klassischen Ökonomie für die Untersuchung dieser primitiven Wirtschaft betonen. Erwähnt sei auch Sahlins (1965; 1969) und seine Analyse der Reziprozität und ihrer Modalitäten, die je nach der größeren oder kleineren sozialen Distanz zwischen den Partnern variieren, und der Aufsatz von Dillon (1968) über europäische, insbesondere französische Reaktionen auf den Marshallplan seit 1947. Diese Arbeiten befassen sich mit der Verpflichtung zu geben, zu nehmen und zu erwidern; auch die Arbeiten von Pierre Bourdieu über das symbolische Kapital gehören dazu (Bourdieu 1980: 191 ff.).

4. Andere Beiträge zur Ethnologie

Vom *Essai sur le don* bis zum Zweiten Weltkrieg ist die Produktion von Mauss reichhaltig, sie erscheint in Form relativ kurzer und verstreuter Beiträge in verschiedenen Zeitschriften (die *Année sociologique* hatte ihr Erscheinen nach 1927 eingestellt). Eine Erwähnung verdienen die Artikel über *L'Effet physique chez l'individu de l'idée de mort suggérée par la collectivité (Australie, Nouvelle-Zélande), Les Parentés à plaisanteries, Une catégorie de l'esprit humain: la notion de personne, celle de ‹moi›, un plan de travail* (331–362). Wir werden hier nur auf zwei Titel eingehen: *Les techniques du corps* und *Manuel d'ethnographie*, durch Denise Paulme 1947 veröffentlicht.

Mauss' programmatischer Artikel über *Les techniques du corps* nahm ein bis dahin fast unbekanntes Gebiet in Angriff, ein neues Arbeitsfeld, das zweifellos der Physiologie und der Biologie überlassen worden war. Mauss zeigt die kulturellen Grundlagen des körperlichen Habitus auf. Es ist die Gesellschaft, die den Körper nach ihren Bedürfnissen und Vorstellungen formt. Mauss definiert die Techniken wie wirkungsvolle traditionelle Handlungen (*S. A.*: 371) und zählt die Bräuche um den Körper dazu; dadurch betont er die Rolle der Weitergabe dieser Techniken und macht sie zum Angelpunkt zwischen biologischen Daten und kulturellen Erwerb. Er nimmt eine Ethnologie des Körpers voraus, die noch zu erschaffen wäre, und schlägt mehrere mögliche Dimensionen vor: diejenige des Geschlechts, des Alters, des Anwendungsbereichs. Er schlägt auch einen biographischen Ansatz vor, der von den Handlungen und Techniken der Geburt bis zu den täglichen Gewohnheiten des Erwachsenen gehen würde: Techniken des Schlafs, der Ruhe, der

Bewegung, der Atmung. Mauss hatte selber während des Krieges die grundsätzlichen Unterschiede in der Art, im Schritt zu gehen, bei den englischen und französischen Soldaten vergleichen können, und er hatte die Verbreitung neuer Verhaltensweisen bei den jungen Franzosen durch den Einfluß amerikanischer Filme beobachtet. Aber über die kulturelle Weitergabe und den Wirkungswert der Bewegungen hinaus sieht Mauss den symbolischen und identitären Wert der ethnischen Körpertechniken. Man spürt hier im voraus die Arbeiten von Margaret Mead über das Lernen und die Weitergabe von kollektiven kulturellen Verhaltensweisen von Generation zu Generation.

Von einer treuen Hand gesammelt, erschienen die Notizen der Vorlesung «Instructions d'ethnographie descriptive», die jedes Jahr im Institut d'ethnologie von 1926–1939 gehalten wurde, unter dem Titel *Manuel d'ethnographie.* Es war zu dieser Zeit das einzige Handbuch dieser Art in Frankreich, und sein Einfluß auf die Ethnologen der jungen Generation, die den Vorlesungen des Meisters nicht hatten beiwohnen können, war groß. Man findet darin die enzyklopädische Sorge des Autors, genau, vollständig, gründlich zu sein. Mit Recht weist er jede intuitive Forschung von sich zugunsten einer Forschung, die von einer vorformulierten These gestützt wird und die das Sammeln der Fakten stimulieren soll, die ihrerseits die Aufgabe haben, die Theorie zu überprüfen und wenn nötig zu widerlegen. Mauss lehrt Prinzipien der Beobachtung und eine Ethik der Forschung: «Nicht glauben, daß man weiß, weil man gesehen hat; kein moralisches Urteil fällen. Sich nicht wundern. Sich nicht aufregen. Versuchen, in und von der einheimischen Gesellschaft zu leben» (*Manuel:* 9). Die Bedeutung des Werks besteht auch darin, daß es wie eine Gedächtnisstütze für das Feld ist, aber nicht auf der Erfahrung des Autors aufgebaut ist, sondern auf der riesigen Zahl Arbeiten, die er verarbeitet hat (die Bibliographie in den Fußnoten ist verblüffend und schöpft die ethnologische Produktion von vor 1935 fast aus). Man findet hier die allgemeine Morphologie, den Begriff des «fait social total», die Wichtigkeit der Technologien und der Techniken des Körpers, die Analyse der religiösen Phänomene (Rituale, Opfer und Totemismus). Die Ästhetik, die wirtschaftlichen, rechtlichen und moralischen Phänomene bilden je ein Kapitel. Voll von Fakten und Beispielen, ist das Werk gleichzeitig eine Abhandlung, ein Programm und eine Einführung; es hat dazu beigetragen, die methodologischen Ansätze der Soziologie und der Ethnologie einander näherzubringen.

III. Sinn und Tragweite des Werkes

1. Konzepte und Methoden

Das Wort Kultur erscheint fast nie im Werk von Mauss, was erstaunen mag, da er ja die Kulturanthropologie in Frankreich eingeführt und sich in der dritten Phase seiner Karriere vor allem der Ausbildungstätigkeit in der Ethnologie gewidmet hat. Zweifellos wurde für ihn das Konzept der Kultur von den zwei Begriffen abgedeckt, die er definiert und weitgehend theoretisiert hatte, nämlich dem der Zivilisation und dem der Gesellschaft.

Der Begriff der Zivilisation umfaßt für Mauss einen Phänomenkomplex, der die räumlichen, linguistischen und rechtlichen Grenzen der Gesellschaften und Nationen überschreitet; er stellt die größte kollektive Einheit dar. Auf ihn wirken die Gesetze der Evolution, während die Geschichte die Gesellschaften, konkreter gesagt die Gruppen, Stämme, Nationen, betrifft. Die Zivilisationen sind extra-national und haben eine begrenzte Fläche, trotzdem unterliegen sie der Entlehnung und der Diffusion. Sie sind der Rahmen, in den sich die Technologien, die ästhetischen, linguistischen und geistigen kollektiven Tatsachen einfügen. Mit der Zeit findet eine Internationalisierung der spezifischen Ausprägungen der Zivilisationen statt; das ist dann der Anfang *der* Zivilisation.

Mauss postuliert die Rationalität der sozialen Tatsachen, das heißt: ihre Verständlichkeit; sie können wie Naturphänomene analysiert werden; als solche muß man sie – nach der berühmten Formel – wie Dinge untersuchen; sie unterliegen in ihren Unterteilungen und Äußerungen strengen Definitionen und können das Objekt von allgemeinen und überprüfbaren Hypothesen sein. Sie sind spezifisch, d. h. verschieden von den Tatsachen, mit denen sich andere Disziplinen befassen. Aus diesen sozialen Tatsachen ragen die Gesellschaften heraus, die Mauss definiert als «Gruppe von Menschen, die permanent und groß genug ist, um eine Anzahl von Untergruppen und Generationen zu umfassen, die auf einem begrenzten Territorium (...) unter einer unabhängigen (...) und immer determinierten Verfassung leben» (*Oeuvres* III: 306–307).

Wir werden nicht bei der analytischen Unterscheidung von Mauss stehenbleiben, die er in der Untersuchung dieser sozialen Tatsachen zwischen Morphologie, Physiologie und allgemeiner Soziologie etabliert (s. Cazeneuve 1968 a, Kap. II). In seiner Klassifizierung der Gesellschaften unterscheidet Mauss drei Haupttypen, je nach dem Grad ihrer Komplexität: die familiären egalitären politischen Gruppen, polysegmentär genannt; die tribalen Gesellschaften und/oder die Gesellschaften mit Clanen, die eine ständige Organisation und Anführer haben; die Gesellschaften mit supraklanischer zentraler Macht und mit integrierten Segmenten, die Mauss meistens Nationen nennt und die die «höhere» Stufe in der Evolution der sozialen Formen wären. Die spezifische Aufgabe der allgemeinen Soziologie ist die Untersuchung der Phänomene, die über die bestimmten Gesellschaften hinausgehen, und der Beziehungen zwischen den sozialen und nicht-sozialen Phänomenen, zum Beispiel der Fakten, die mit den psychologischen und biologischen Phänomenen zusammenhängen.

Mauss hat kaum das Bedürfnis empfunden, die Soziologie von der Ethnologie zu unterscheiden; dagegen hat er oft das Problem der Beziehungen zwischen Psychologie und Soziologie, zwischen Individuum und Gesellschaft betont. Wenn er auch die beiden Disziplinen als Teile der Anthropologie betrachtet, dieser «Summe von Wissenschaften, die den Menschen als lebendig, bewußt und sozial betrachten» (*S. A.:* 285), schlägt er nichtsdestoweniger die Unterordnung des Psychologischen unter das Soziologische vor; sicher kann die Psychologie dazu beitragen, den Mechanismus der kollektiven Vorstellungen zu erhellen, aber diese sind in letzter Instanz dem Sozialen als Quelle der Werte und Glaubensvorstellungen unterworfen und sind eine Aneignung des einzelnen vom Bild, das die Gesellschaft von sich selber gibt. Für Mauss liegt die Priorität in den sozialisierten Formen der Gefühle und der individuellen Reaktionen; in der Person des Häuptlings, des Hexers und des Schamanen sowie in den Körpertechniken sieht er das Resultat einer Konstruktion von Rollen, die sozial gesichert und bestätigt werden durch die kollektive Erwartung. Es ist die Gesellschaft, die die Grenzen des Abweichens und der Normalität festlegt, so daß die Bewertung von pathologischem Verhalten, zum Beispiel bei den Besessenheitsphänomenen, von den Normen der Gesellschaft abhängt. Mauss geht in der Analyse der Wirkungen von Verhexung und Verwünschung, die bei bestimmten Völkern die Ursache sind für einen sozialen Tod, der dem physischen Tod vorausgeht, im Eingreifen des Sozialen in das Biologische sehr weit. In seiner Untersuchung über den Einfluß der kollektiven Werte auf das Individuum unterschätzt er vielleicht die Autonomie des individuellen Gewissens und die Rolle der Person; das Fehlen einer konkreten ethnologischen Felderfahrung könnte hierfür ein Grund sein.

Die Bemühung, die Beziehungen zu den Nachbardisziplinen und die angewendeten Konzepte zu erläutern, erhellen Mauss' Methodologie. Für Evans-Pritchard gehört Mauss zur Tradition der Aufklärungsphilosophen, für die Resultate eher aus der Analyse der Konzepte als aus derjenigen der Fakten hervorgehen; eine solche Behauptung ist übertrieben, wenn auch Mauss seine philosophische Ausbildung nicht verleugnet hat. Sicher nimmt die Suche nach allgemeinen Gesetzen und zugrundeliegenden Prinzipien in seinem Werk einen großen Platz ein; er versucht, dasjenige Element zu finden, das in der Diversität der Phänomene die grundlegende Kategorie bildet, so wie das *mana*, das *hau*, das Heilige, jedoch haben ihn seine philologischen Studien und sein konkretes Denken immer mit Respekt vor den genau analysierten Fakten erfüllt und ihn vor dem System-Denken bewahrt. Er gibt vor seinen zukünftigen Kollegen am Collège de France zu: «Ich glaube nicht sehr an die wissenschaftlichen Systeme, und ich hatte nie das Bedürfnis, nur Teilwahrheiten auszudrücken» (*L'oeuvre:* 212). Wir verdanken ihm keine methodologische Synthese; man muß die Spuren davon in der ganzen uneinheitlichen Produktion suchen. Mauss fand übrigens, «daß man nicht ständig Fragen nach der Methodologie aufwerfen sollte», und daß «diejenigen, die keine Wissenschaft machen können, die Geschichte davon machen, indem sie über Methoden diskutieren oder ihre Wirkung kritisieren» (zit. n. Dubar 1969: 516).

Der erste Teil seines Werks ist von durkheimischen Regeln geprägt: der Notwendigkeit, in der Analyse mit der Umgangssprache zu brechen und provisorische, doch genaue Definitionen der Phänomene zu verwenden; den Vorrang der Beobachtung und der Quellenkritik, vor allem der primären Quellen, zu geben, deren Qualität und Vollständigkeit wichtiger sind als die Anzahl. Mauss hat immer die detaillierte Untersuchung eines einzigen Beispiels mit Erfahrungswert der Vielzahl von Fällen vorgezogen, die von den ersten Komparatisten gestreift wurden. Jedoch ist er der vergleichenden Methode nicht abgeneigt, die allein, indem sie vom Besonderen zum Allgemeinen führt, es erlaubt, Konstanten zu entdecken, und die zur Reduktion der vielfältigen Phänomene zu einfachen, elementaren und zusammensetzbaren Prinzipien führt. Ein anderes durkheimisches Prinzip, das Mauss übernimmt: die Erklärung des Sozialen durch das Soziale; es handelt sich um eine Grundhypothese, nach der die determinierenden Ursachen der untersuchten Phänomene (magische Wirksamkeit, Körpertechnik, Klassifikationsformen) in der sozialen Morphologie und den kollektiven Vorstellungen zu suchen sind.

Mauss ist in der kausalen genetischen Erklärung nuancierter als sein Lehrer; er benutzt in der Analyse einfache, oder «untergeordnete» Typen, behauptet jedoch nicht, daß diese den komplexeren immer vorausgehen müssen, sondern sucht durch die Untersuchung von Varianten und Formen, die man in verschiedenen Anordnungen auffinden kann, grundlegende Modelle (Mauss spricht von Formen).

Vom *Essai sur le don* an findet ein methodologischer Bruch statt, der durch den Begriff des *fait social total* belegt ist. Dieser Begriff ist verbunden mit dem vom «homme total», in dem die bio-physiologischen, psychologischen und soziologischen Aspekte untrennbar sind. Aus dieser Periode stammt auch das Überwinden der Analyse der sozialen Tatsachen «als Dinge» und das Einführen einer Analyse «von außen» und «von innen». «Die soziologische Erklärung ist beendet, wenn man gesehen hat, was die Leute glauben und denken, und *wer* die Leute sind, die das glauben und denken», sagt Mauss; und er unterstreicht die Wichtigkeit der Analyse von Vorstellungs- und Symbolsystemen und ihrer Bedeutung für die Handelnden. Es findet auch die Entwicklung eines strikten Positivismus statt, der von den Fakten zur Theorie, vom Konkreten zum Abstrakten geht. Er führt zu einer dialektischeren Stellung, wo die Tatsachen ein erstes Mal analysiert werden, damit die zugrundeliegende Logik zum Vorschein kommt; das ermöglicht die Formulierung einer Theorie, die es erlaubt, zum Konkreten zurückzukehren und die Fakten nochmals zu analysieren. So erhalten zum Beispiel Daten wie *potlatch* und *kula* «als Modalitäten des Tausch-Gebens» a posteriori wieder ihren Sinn (Dubar 1969: 521). Dank diesem Hin und Her von Daten und Theorie, dank dem neuen, manchmal phantasievollen Ansatz, den er auf die reiche Ernte der ethnographischen Daten anwendet, die von Feldforschern gesammelt wurden, lädt uns Mauss ein, in einer ständigen Dezentration einen destabilisierenden Blick auf die Welt zu werfen, um wieder zu erlernen, was wir zu wissen glauben, und zu sehen, was wir vor Augen haben.

2. Marcel Mauss in der ethnologischen Diskussion

Nach dem Ersten Weltkrieg wird Mauss als der Fortsetzer von Durkheim, der Mann der Ecole sociologique und der Verleger der neuen Folge der *Année* betrachtet. In dieser Hinsicht wird er als *der* Meister der französischen Soziologen angesehen, und sein Einfluß auf sie war und ist bedeutend, von Bataille bis Bourdieu, von Gurvitch bis Cazeneuve und bis Duvignaud. Aber Mauss ist auch Mitbegründer des Institut d'Ethnologie, und bis zu seinem Tod waren alle, die in der französischen Ethnologie zählen, seine Schüler gewesen, und sie ließen seinen Unterricht entweder an der Universität oder in Feldarbeiten weiterwirken. Nach den 50er Jahren ist der Einfluß von Mauss auf die französischen Ethnologen und Soziologen weiterhin spürbar, besonders durch die Vermittlung von Lévi-Strauss, der eine eindrucksvolle und persönliche Interpretation dieses Einflusses geliefert hat (*S. A.:* IX-LII).

Mauss kam von einer Schule und einer universitären Tradition her und hatte vielleicht wenig Verständnis für gewisse «Außenseiter» der Sozialwissenschaften. Van Gennep, der große Volkskundler und Schöpfer des Begriffs «rites de passage», ist ein typisches Beispiel dafür: ihm wurde der Zugang zu den «Hautes Ecoles» und zu wissenschaftlichen Subventionen immer verwehrt. Dagegen waren die Beziehungen zu Lévy-Bruhl, dessen Thesen über die primitive Mentalität Mauss zwar nicht teilte, immer gut; dazu muß man aber bemerken, daß sie von gleicher Gesinnung und Ausbildung waren.

Außerhalb Frankreichs muß man die engen Beziehungen von Mauss zu den Initiatoren der britischen Sozialanthropologie betonen; er war es, der ihre Arbeiten in Frankreich eingeführt hat; er stand in engem Kontakt mit Rivers, Tylor, Radcliffe-Brown und mit dessen Schüler Evans-Pritchard; diese Beziehungen wurden durch Mauss' Vorträge in Oxford und London belebt. Nicht zuletzt ist Mauss durch die Bedeutung, die er der Organisation und der Beziehung zwischen verschiedenen Faktoren in der Erklärung der Phänomene zuschreibt, den Funktionalisten leicht zugänglich. Jedoch muß man festhalten, daß Mauss' Begriff von Funktion, der vor allem die Interdependenz zwischen verschiedenen Aspekten der sozialen Institutionen meint und nicht ihren Nutzwert, zweifellos nicht derselbe war wie in London oder Oxford. Evans-Pritchard gab den Anstoß für die Übersetzung der Werke von Mauss, was ihm ein Wiederaufleben in englischen und amerikanischen anthropologischen Kreisen sicherte (s. *Oeuvres* III: 692).

Die Beziehungen von Mauss zu den Vereinigten Staaten waren nicht regelmäßig; er hielt zwar Vorträge dort, doch spürte er wenig Anziehung von gewissen Strömungen der amerikanischen Anthropologie und vom Diffusionismus Wisslers; er hatte selber die Höhen und Tiefen des Einflusses von Durkheim in den Vereinigten Staaten gespürt. Als bei seinem Tod Leacock im *American Anthropologist* einen Nachruf publizierte (Leacock 1954: 58–73), konnte man den Eindruck gewinnen, daß die Bedeutung von Mauss nur in der Geschichte des sozialwissenschaftlichen Denkens lag.

Aber bald sollte in den Vereinigten Staaten das Aufkommen des strukturalistischen Denkens, das einen Teil der Vorstellungen von Mauss beinhaltet, sowie das erneuerte Interesse an den Problemen des Tauschs und der unterschiedlichen Klassifikationsmodelle zu einer Wiederentdeckung von Mauss führen. Dazu kommt, daß die Übersetzungen der britischen Anthropologen sein Werk in Übersee zugänglich gemacht hatten.

Das Gewicht von Mauss' Werk war in den Anfängen der holländischen Strukturanthropologie sofort spürbar (Josselin de Jong 1972: 62–84); die Beziehungen zur deutschen Ethnologie waren hingegen zwiespältig. Mauss zeigt für die Methode und die Kriterien der Kulturkontakte Graebners Interesse, kritisiert jedoch die Definition der Kulturkreise nach dominanten Merkmalen; er zeigt wenig Sympathie für die Theorien von Pater W. Schmidt (der Mauss und Hubert «jüdische Wissenschaftler» genannt hatte, und somit wohl wenig mit den Doktrinen des christlichen Europa vertraut war. Anthropos IV, 1909: 524), und wirft ihm seine »apologetischen Tendenzen» und den Begriff des primitiven Monotheismus vor, der für ihn aufgrund der Daten unhaltbar ist. Bei den deutschen Soziologen stieß und stößt das Werk noch heute auf großes Interesse, vor allem bei René König und bei Josef Gugler, dem man die beste Bibliographie verdankt (Gugler 1964: 105–112), die vor der Publikation der *Oeuvres* 1968 und 1969 erschienen ist.

Klaus-Peter Koepping

EDWARD SAPIR (1884–1939) und BENJAMIN LEE WHORF (1897–1941)

1. Einleitung

Edward Sapir (1884–1939) und Benjamin Lee Whorf (1897–1941) werden heutzutage in der Geschichte der Ethnologie[1] fast immer in einem Atem erwähnt, ohne daß die individuellen und persönlichen Beiträge der beiden Forscher für sich selbst gewürdigt werden. Dabei ergeben sich bereits aus Wirkung und Tätigkeit der beiden große Unterschiede: Sapir war bereits 1907 mit einer Doktorarbeit unter Boas' Leitung über die Grammatik der Takelma-Indianer von Oregon in die Kulturanthropologie eingestiegen, während Whorf erst 1931 direkten Kontakt zur Gelehrtenwelt und zur Linguistik aufnahm, als er sich im Kurs bei Sapir an der Yale-Universität einschrieb.

Daß beide Forscher immer zusammen erwähnt werden, obwohl sie nie auch nur einen einzigen Artikel oder ein Buch zusammen publiziert haben, hängt mit der Veröffentlichung von Whorf nach dem Tode Sapirs zusammen (1939), in welcher Whorf die berühmte Hypothese des linguistischen Relativitätsprinzips und des Einflusses der Sprache auf das Denken in höchst abstrakter und verallgemeinernder Form herausbrachte, zunächst als Teilstück zu einem Symposium in seinem Todesjahr (1941), als Ganzes posthum von J. B. Carroll 1956 unter dem Titel *Language, Thought and Reality* herausgegeben (im folgenden wird nach der unter dem Titel *Sprache – Denken – Wirklichkeit* von Krausser ins Deutsche übertragenen Ausgabe mit der Kurzangabe «Whorf 1988» zitiert). Dabei erweist sich klar, daß Whorf die Gedankengänge von Sapir weitergeführt hat, wenn auch in einer sehr speziellen Ausrichtung und – wie ich zeigen will – mehr in Bezug auf die Gedankengänge des «frühen» Sapir der Mitte der 20er Jahre und auch nur auf solche der Sapirschen Linguistik, ohne dessen große Beiträge zur allgemeinen Ethnologie und zur interkulturellen Psychiatrie[2] zu berücksichtigen.

Die Ähnlichkeit des Denkansatzes bei Sapir und bei Whorf ist zwar unverkennbar, und Whorf beruft sich mit Recht darauf, nur Sapirs Einsichten weitergeführt zu haben (Whorf 1988: 110), jedoch sind beide Forscher in vieler Hinsicht nicht so leicht unter einer einzigen Rubrik der Ethnologie zu fassen, wie es zunächst der Begriff der Sapir-Whorf-Hypothese nahezulegen scheint. Um die Gemeinsamkeiten des Denkens, aber auch die Unterschiede der Persönlichkeiten und der Interes-

Edward Sapir (1884–1939)

sen herauszustellen, folge ich in diesem Aufsatz einer etwas unorthodoxen Form der Vorstellung und Darlegung. Ich werde zunächst den Lebensweg von Sapir skizzieren, vor allem hinsichtlich seiner Beiträge zur allgemeinen Ethnologie, um sodann zu den speziellen Arbeiten Sapirs überzuleiten, die sich mit dem Verhältnis von Sprachstruktur, Denken und Kulturformen befassen und aus denen dann Whorf seine Ideen entwickelte. Bei der Behandlung einiger Thesen von Sapir werde ich bereits Hinweise auf die Beiträge Whorfs vorausschicken, wenn es angebracht scheint und wenn die Argumente Sapirs dadurch in ein schärferes Profil gerückt werden können. Ich werde dann den Lebensweg von Whorf mit seinen Hauptideen einflechten, um schließlich die divergierenden Interessen von Sapir und Whorf nach 1931 aufzuzeigen. An die Erörterung der Wendung Sapirs zur Individual-Betrachtung und seiner Beiträge zur noch heute aktuellen Problemstellung der Innen- und Außenbeschreibung von Kulturen schließt sich eine eingehendere Betrachtung der Sapir-Whorf-Hypothese im Whorfschen Gewande an, wobei neuere empirische Studien dazu erwähnt werden sollen. Ich beende die biographischen Aufzeichnungen dann mit einem Hinweis auf die Forderung Sapirs nach einer humanistischen Ethnologie. Aus Gründen der größeren Spielweite der Interessen bleibt Sapir der Bezugspunkt der gesamten Ausführungen.

2. Die Vernachlässigung von Sapir und Whorf in der Ethnologie

Es sollte gleich eingangs festgehalten werden, daß beide Autoren etwas gemeinsam haben, was ihre Behandlung als Gesamtpersönlichkeiten sehr erschwert: Sie haben keine größeren geschlossenen Buchveröffentlichungen herausgebracht; die meisten ihrer Gedanken sind in Dutzenden von Artikeln erschienen oder im Rahmen von Kongressen und Symposia vorgetragen worden. Während wir mit *Language* (1921) von Sapir wenigstens eine der großartigsten Einführungen in sein Denken über Sprache und Kultur besitzen, gibt es von Whorf praktisch kein zusammenhängendes Œuvre, das von ihm selbst herausgegeben wurde. Insofern haftet dem Werk beider Forscher etwas Fragmentarisches und Unvollendetes an, was erklären mag, warum ihre Gedankengänge nie den Platz in der Geschichte der Ethnologie gefunden haben, den sie eigentlich verdient hätten. Es gibt bis heute auch keine umgreifende Bewertung der Beiträge dieser beiden Forscher zum Gesamtgebiet der Kulturanthropologie oder zur Linguistik in einer vergleichenden Studie. Auch biographische Notizen, die die beiden Forscher in den Rahmen der seit dem Ersten Weltkrieg nach Boas ungeahnt populär werdenden Ethnologie stellen würden, sind kaum vorhanden. Durch Margaret Meads Veröffentlichung von Briefen zwischen Ruth Benedict und Sapir wissen wir jedoch über die Person Sapirs zumindest einige Dinge, die es

Benjamin Lee Whorf (1897–1941)

uns ermöglichen, ihn in seiner Forschertätigkeit auch als eigenständige Persönlichkeit kennenzulernen (Mead 1966). Am ehesten haben sich noch die psychologisch ausgerichteten Ethnologen in Überblicken der Culture-and-Personality-Theorien (die «Kultur- und Persönlichkeits»-Forschung) mit Sapir und Whorf befaßt (s. Barnouw 1963).[3]

3. Sapirs frühe Interessen: Kulturgeschichte und Superorganisches

Sapir, der sicher als einer der genialsten Denker auf dem Gesamtgebiet der Ethnologie bezeichnet werden kann, wurde in seiner Vielseitigkeit wohl nur noch von seinem Lehrer Boas übertroffen, ohne daß jedoch Boas den künstlerischen und intuitiven Ansatz selbst je so gut meisterte wie sein Schüler. Sapir wurde 1884 in Lauenburg in Pommern geboren und kam mit seinen Eltern im Alter von fünf Jahren in die Vereinigten Staaten. Er wuchs in New York in streng jüdisch-orthodoxer Umgebung auf, was ihn wohl später zu seinen Arbeiten über die semitischen Sprachen angeregt hat (s. Sapir 1937). 1905 erhielt er seinen Master degree, nach eingehender Beschäftigung mit semitischen Sprachen und mit Germanistik an der Columbia-Universität. Bereits damals setzte sich Boas für ein Stipendium für den begabten Schüler ein, den er dann zum Studium und zur Erforschung der Wishram-Stammesgruppen und ihrer Sprache ins Feld schickte. Dann wandte sich Sapir den Takelma-Indianern von Oregon zu; für die Beschreibung von deren Grammatik erlangte er 1907 den Doktorgrad (die Studie wurde 1912 veröffentlicht). 1907 und 1908 wurde Sapir Forschungsassistent an der Universität von Kalifornien in Berkeley bei Kroeber, dem Gründer des neuen Departments für Anthropologie. Da in jener Zeit Vollanstellungen für Ethnologen und Linguisten schwer zu finden waren, brachte Sapir dann weitere zwei Jahre an der Universität von Pennsylvanien zu, eine Zeit, die ihm neben den Unterrichtsverpflichtungen Muße genug ließ, sich mit den Paiute-Sprachen des amerikanischen Südwestens zu befassen und ihre Verbindung zur Uto-Aztekischen Sprachfamilie zu beweisen (diese Studien erschienen erst um 1930 im Druck). Sapirs Sprachgabe kam bereits in diesen frühen Jahren zum Vorschein, und sein geübtes Ohr zusammen mit einer hervorragenden Unterscheidungsfähigkeit ermöglichten es ihm, Strukturen solch fern liegender Sprachen wie der Indianersprache schnell in den Griff zu bekommen, wobei angemerkt werden muß, daß diese Sprachen häufig einen höheren Grad an Komplexität von Formen aufweisen als die indo-germanische Sprachfamilie.

Wegen der erwähnten Anstellungsprobleme in den Vereinigten Staaten in den Gründerjahren der Ethnologie nahm Sapir dann 1910 die Direktorstelle in der Abteilung für Ethnologie beim «Geological Survey of Canada» in Ottawa an, eine ideale Gelegenheit für Feldforschung unter den vielen indianischen Splittergruppen, aber mit dem Verzicht eines engen Kreises von intellektuellen Freunden erkauft, wie ihn die großen amerikanischen Universitäten zu bieten gehabt hätten. Die 15 Jahre bis zur Annahme der angebotenen Stellung als Professor für Ethnologie und Linguistik an der Universität von Chicago im Department, welches vom Philippinen-Spezialisten Fay Cooper-Cole gegründet worden war, waren für Sapir ausgefüllt mit vielen kleineren Veröffentlichungen, deren Themen von der Folklore (dieses Interesse teilte er mit seinem geistigen Ahnen Herder, über den er 1907 einen Artikel verfaßt hatte) bis zur Musik, Literatur, Psychoanalyse und Töpferei reichten. Neben rein linguistischen Spezialarbeiten erschienen in dieser Zeit auch seine wegweisenden Beiträge zur Kulturgeschichte und zur Methode und Theorie der Ethnologie, von denen zumindest zwei näher behandelt werden sollen, da diese nach wie vor eine gewisse Aktualität besitzen.

Der erste Beitrag zur allgemeinen Theorie handelt von der Definition der «Kultur». Kroeber hatte in einem längeren Manifest das «Superorganische» des Kultürlichen sehr überspitzt herausgearbeitet (Kroeber 1917). Er hatte dabei das Einmalige und Eigentümliche des Individuums unter den Zwang der kulturellen Normen und Regeln gestellt und war so weit gegangen, das Individuelle, die Variation innerhalb des Kulturmusters einer Gesellschaft, vor allem innerhalb der relativ kleinen Gruppen von Naturvölkern, als unbedeutend abzutun. Diese Form der «Kulturologie» wurde später von den Evolutionisten Leslie A. White und seinen Schülern stark unterstützt (s. White 1949; Steward 1961). Jedoch wandte sich sogar der Lehrer von Kroeber, Boas, 1928 scharf gegen seinen Schüler, indem er deutlich machte, daß das Konzept «Kultur» bei Kroeber beinahe eine «mystische» Dimension aufweise (Boas 1928: 245). Sapir hatte bereits 1917 klar die Gefahr des Determinismus bei Kroeber erkannt, eines sozialen Bestimmtseins des Einzelwesens einer Gesellschaft; diese Vorstellung bei Kroeber grenze an einen «religiösen Glaubensakt». Sapir sah auch, daß Kroeber seine Beispiele sehr gut gewählt hatte, um die Zwangskraft des Kulturellen zu beweisen, nämlich an Hand von Erfindungen und wissenschaftlichen Theorien. Hätte sich Kroeber jedoch, so fährt Sapir fort, mit Beispielen aus dem Gebiet des Ästhetischen, der Religion oder der Philosophie beschäftigt, hätte er das Individuum nicht so unterschätzen können (Sapir 1917: 442–443).

Ein Jahr vorher hatte Sapir mit einem berühmt gewordenen Artikel einen dauernden Beitrag zur ethnologischen Methode geliefert. Es würde hier zu weit führen, alle Einzelheiten der Argumente von Sapir darzulegen, jedoch soll auf einige Punkte aufmerksam gemacht werden, die zur kulturhistorischen Ethnologie einen Beitrag liefern und die sich zum Teil mit den Forderungen der deutschen Kulturhistorischen

Schule von Graebner überschneiden, im großen und ganzen aber die überlegene Denkweise Sapirs zeigen, der eben auf noch lebende Kulturen für jedes Beispiel eines «kulturhistorischen Gesetzes» zurückgreifen konnte. Auf der einen Seite, sagt Sapir, könne man vermuten, daß Kulturgegenstände desto älter sind, je einfacher ihre Form sei. Jedoch fügt er als vorsichtige Klausel sofort hinzu: «Beweise auf Grund von Aufeinanderfolge (von Formen) (...) eignen sich hervorragend für rein logische Spielereien und Schematisierung durch Konzepte. Sie paßt besser zur evolutionären als zur kulturhistorischen Methode der Kultur-Interpretation» (Sapir 1916, in Mandelbaum 1949/1963: 401). Über das Entlehnen von Kulturgütern (sogenannte Diffusion) sagt Sapir, man könne vermuten, daß ein Gegenstand, der sich über ein großes Gebiet verbreitet hat, nur einmal «erfunden» wurde und dann von Stamm zu Stamm (mit Variationen) gewandert ist. Mit anderen, späteren Versuchen, Diffusion und Kulturübertragung zu beweisen, und auch mit früheren Versuchen einer Systematik, wie sie von Graebner versucht wurde, teilt Sapir eine ganze Reihe von Ideen: Die Übertragung kann nur bewiesen werden, wenn die Einzelelemente in einem funktionellen Zusammenhang eines Kulturkomplexes vorkommen, wenn keine geographischen Barrieren nachgewiesen werden können usw. (vgl. Graebner 1911).

Auch macht Sapir bereits damals eine Bemerkung, die auf eine spätere Formulierung über Akkulturationsvorgänge bei Thurnwald hinweist (s. Thurnwald 1932): nämlich daß die inneren und äußeren Bedingungen bei der gebenden und bei der empfangenden Kultur genau untersucht werden müssen, bevor wir etwas über Kulturübertragung sagen können, denn einige Elemente mögen leichter übernommen werden als andere; zum Beispiel wird wohl ein Zeremonialtanz als solcher leichter von einem Stamm zum nächsten wandern als seine Funktion oder Bedeutung (s. Sapir in Mandelbaum 1949/1963: 415). Damit überragt Sapir bei weitem die recht formalen und mechanistischen Diffusions-Schemata seiner deutschen Vorgänger in der kulturhistorischen Schule, bringt aber auf der anderen Seite auch viel größere Vorsicht zum Tragen, als seine amerikanischen Nachfolger walten ließen. So hat später Wissler, ein Schüler Kroebers, behauptet, daß man auf Grund der Wanderung von Kulturgütern eine Zeittafel rekonstruieren könne, da ein Kulturgegenstand sich von einem Zentrum in gleicher Geschwindigkeit in alle Richtungen ausbreite (s. Wissler 1923 und 1926). Dies läßt sich an einigen Beispielen sehr schnell als barer Unsinn nachweisen: Die gesamte gegen die weißen Amerikaner gerichtete sogenannte Geistertanzbewegung in den 1870er und 1880er Jahren wurde von einigen Stämmen sofort angenommen, von anderen aber völlig abgelehnt, immer aus verschiedenen Gründen: Die Sioux-Stämme lehnten sie zunächst ab, da sie keinen Bedarf für einen solchen millennaristischen Glauben hatten, die Navahos, weil sie die Wiederkehr der toten Ahnen und Krieger fürchteten (s. Mooney 1896; Hill 1944; Aberle 1962). Wissler hätte gut daran getan, sich den folgenden Kernsatz von Sapir anzuschauen: «Es ist offensichtlich, daß kulturelle Elemente mit einer Leichtigkeit übertragen werden können, die sich proportional zu ihrer ‹geistigen (conceptual) Absonderung (detachability)› verhält» (Sapir 1916, in Mandelbaum 1949/1963: 415). Wenn wir einen spekulativen Fall konstruieren wollen, heißt das nichts anderes, als daß sich zum Beispiel das Konzept des «Kreuzes» innerhalb des christlichen Denkens leichter übertragen ließe, wenn es sich als «gedankliches» Element von dem gesamten Konzept-Schema des Neuen Testaments lösen ließe (was natürlich nicht der Fall ist). Es ist nicht verwunderlich, daß Sapir auf eine solch prägnante Formulierung wie «geistig-konzeptuelle Loslösbarkeit» verfällt, wenn man berücksichtigt, daß sein Ausbildungsgang von der Sprachwissenschaft herrührt. Wir sehen also bereits 1916 bei Sapir ein Interesse an geistigen Formierungen.

4. Sapir über Kant und die Sprache der Eskimos

Sein erstes und einziges Buch, *Language*, erschien 1921. Es dürfte noch heute eine der unübertroffenen Einführungen in das Gebiet der deskriptiven Linguistik sein, außerdem aber ein Fingerzeig für die Bedeutung der Linguistik, historisch, vergleichend und deskriptiv, für die gesamte ethnographische Feldmethode und die Entwicklung ethnologischer und kulturhistorischer Theorien. Sapir war nicht umsonst berühmt für seinen prägnanten Stil, der trotz der Beachtung des wissenschaftlichen Kanons von Beobachtung und Beschreibung nie zu einer sklavischen Abhängigkeit von der Methode um der Methode willen wurde. Bereits nach rund 12 Jahren intensiver Beschäftigung mit einer Reihe von Sprachfamilien brachte er damit eines der reifsten und wegweisenden Werke der Ethnologie heraus, in dem er die Beziehung zwischen Sprache und Kultur in unübertroffener Schärfe herausstellte. Daß er dabei nicht nur ein genialer Dilettant war, geht eindeutig aus den Äußerungen von Spezialisten hervor. So schrieb der Sanskrit-Forscher Franklin Edgerton über ihn: «Er schien fähig zu sein, jeden von uns auf unserem Spezialgebiet Stirn zu bieten, die Einzelheiten vieler Gebiete wie mit einem Vergrößerungsglas zu erfassen, und zur selben Zeit dennoch ohne Anstrengung das Gesamtgebiet überblicken zu können» (Edgerton 1939: 460–464).

Sapir war eine jener Figuren unter den Forschern, die von ihrem Fach beinahe besessen sind. Wo immer sich Gelegenheiten ergaben, erkundete er neue Sprachen. Mandelbaum berichtet, Sapir sei einmal in eine Kegelbahn in Chicago gegangen, um phonetische Studien zu betreiben, nachdem er gehört hatte, daß dort ein Sprecher der westafrikanischen Gweabo-Sprache arbeite. Ebenso nahm er einen litauischsprechenden Studenten ins Verhör über Akzente seiner Heimatsprache, über die dieser sich als «Eingeborener» vorher nie Gedanken gemacht hatte (Sapir in Mandelbaum 1949/1963: V; Swadesh 1939: 133).

Neben Sapirs Interesse an den Eingeborenensprachen Nordamerikas, von dem seine 14 Feldforschungsaufenthalte genügend Zeugnis ablegen, trat im Lauf der Zeit immer mehr das Interesse an der Semantik des Englischen. Für Sapir beruht die Aufgabenstellung des Linguisten auf mehr als nur der Feststellung technischer Feinheiten der Phonetik, der Artikulationsprozesse der Lautformen und dem akribisch genauen Aufnehmen der Variationen von Lauten: «Die vornehmste Aufgabe der Linguistik besteht im Verstehen von Sprachen als Form und nicht nur als Funktion oder als historischer Prozeß; dies besagt aber nicht, daß Sprache *nur* als Form verstanden werden kann» (Sapir 1924, in Mandelbaum 1949/1963: 152). Die Formensysteme, von denen Sapir spricht, sind für ihn in allen Sprachen der Erde insofern vorhanden, als alle möglichen Typen von Erfahrung ausgedrückt werden können (ebd.: 157). Der Unterschied ist eben nur, daß die Formen variieren, und das Bemerkenswerte an diesen Formen ist, daß diese in ihrer Formierung und in ihrer Übertragung auf einer Ebene vor sich gehen, die wir weder verstehen noch erklären können, die eben nur als «intuitive» Ebene umschrieben werden kann (ebd.: 155). «Alle Sprachen», so sagt Sapir – und damit wirft er eine Reihe von früheren Vorurteilen über die Primitivität von Eingeborenensprachen über den Haufen, die den Evolutionisten des späten 19. und frühen 20. Jahrhunderts noch so lieb waren –, «alle Sprachen sind so beschaffen, daß sie alle symbolischen und expressiven Arbeiten ausführen können. (...) Die technische Form, in welcher diese Arbeit vollzogen wird, ist das Geheimnis jeder Sprache» (ebd.: 155).

Hier und an anderen Stellen von Werken Sapirs aus der Mitte der 20er Jahre finden wir, unabhängig von Einflüssen aus Europa, einen ersten Ansatz zu jener Sache, die heute als «Struktur» einer Sprache oder sogar als «Tiefenstruktur» bezeichnet wird. Er kommt mit solchen Formulierungen auch schon nahe an die Sicht von Whorf heran, der ihn 1931 aufsucht. Der Standpunkt des Strukturalismus wird bereits im erwähnten Artikel von 1924 vorweggenommen, wenn Sapir sagt, daß wir auf der «unbewußten» Ebene der meisten Eingeborenensprachen Auffassungen finden können, die den Sprechern nicht klar zum Bewußtsein kommen (ebd.: 155). Als Beispiel benutzt Sapir dabei die Idee der Kausalität, ein Thema, welches in weiterem und tieferem Rahmen von Whorf wieder aufgegriffen wird. Sapir geht dabei so weit, zu behaupten – und das wohl kaum im Scherz –, daß sich Kants *Kritik der reinen Vernunft* in der außerordentlich synthetischen und periodischen Struktur der Eskimo-Sprache beinahe leichter terminologisch verarbeiten ließe als in Deutsch, nur eben, daß die Eskimos in *ihrer Umgebung* keinen Bedarf hatten, solch abstrakte Konzepte zu entwickeln (ebd.: 154).

Diese Grundthemen, das der Intuition, der sprachlichen Formenkraft, der Verborgenheit der Formenstrukturen und des Unbewußten, sowie die Idee der Gleichwertigkeit des Formungspotentials aller Sprachen weisen schon auf Whorfs Hauptanliegen der Aufdeckung solcher semantischen, bedeutungsvollen, unbewußten, das Denken beeinflussenden Strukturen, und sie weisen gleichzeitig zurück auf das Erbe der Linguistik und ihrer Anfänge, das im mittleren 19. Jahrhundert verloren zu gehen drohte durch die Beschäftigung mit evolutionistischem Denken im Anschluß an Darwins und Spencers Werke, nämlich auf das Erbe von Wilhelm von Humboldt und von Herder.

5. Sapir als Kulturkritiker und Verfechter einer internationalen Sprache

Sowohl Sapir wie Whorf waren zeitlebens Außenseiter, nicht nur als Gründer der neuen Wissenschaft von der Linguistik, sondern auch durch ihre Laufbahn. Bei Sapir finden wir eine lange Zeit der intellektuellen «Emigration», von der wir im Laufe der Biographie noch einige Male hören werden. Whorf war insofern Außenseiter, als er nie ins akademisch-bürokratische Leben paßte und immer als «Dilettant» und Versicherungsspezialist außerhalb der Gelehrtenwelt stand. Wie Trager in seinem Nachruf auf Whorf richtig ausführte: «Es ist hier nicht der Platz, von persönlichem Schmerz zu sprechen; aber als Linguisten müssen wir es bedauern, daß keine Universität es ermöglichte, Whorf auf einen Posten zu berufen, wo er sich mit Linguistik hätte beschäftigen können, anstatt daß sie nur eine Freizeitgestaltung blieb, so daß auch mehr von seinen Werken hätte gedruckt erscheinen können» (Trager 1942: 305).

Bei Sapir finden wir – ob es nun wirklich so war oder nicht – das subjektiv von ihm stark empfundene Bewußtsein des Außenseiterdaseins. Das mag auch einige seiner kulturkritischen und sarkastischen Bemerkungen erklären, wie etwa der folgenden: «Es dürfte nicht zu viel gesagt sein, wenn man behauptet, daß die Unkultiviertheit Amerikas in vieler Hinsicht an der Unpopularität linguistischer Studien schuld ist, denn diese verlangen zur gleichen Zeit ein tiefes Anerkennen einer vorgegebenen Ausdrucksform und eine Bereitschaft, eine große Variationsbreite von möglichen Formen zu akzeptieren» (Sapir 1924, in Mandelbaum 1949/1963: 153).

Wohl nicht zuletzt auf Grund dieser Abscheu vor dem Provinzialismus auch der akademischen Welt kam Sapir zu einer Befürwortung einer internationalen «lingua franca», die zu einem kosmopolitischen oder weltbürgerlichen Bewußtsein führen sollte, in der besten Tradition der Denker der Aufklärung. Sapir geht es darum, den ethnozentrischen

Standpunkt zu überwinden, um andere Ausdrucksformen als gleichwertig, wenn nicht gar als überlegen anzuerkennen (ebd.: 155). Er war tief verletzt, wenn die Sprachwissenschaft nicht als bedeutsam angesehen wurde: «Da ‹biologische› oder evolutionäre Geschichte die einzige Geschichtsform darstellt, vor der wir Respekt zeigen, wird die Geschichte der Sprache draußengelassen (left out in cold) als eine weitere jener unnötigen Beschäftigungen, über welche deutsche Gelehrsamkeit sich gewohnheitsmäßig Sorgen macht» (ebd.: 151). Er spricht sich für die Schaffung einer «internationalen» Sprache aus, und zwar einer solchen, die möglichst einfach, regulär, logisch, aber auch reichhaltig und kreativ ist (Sapir 1931a, in Mandelbaum 1949/1963: 117). Um die Grundlage für diese Forderungen zu schaffen, vor allem für diejenige der scharfen Logik, welche in Sapirs Augen Esperanto nicht erfüllt, brauche es, so sagt er, eine grundlegende vergleichende Forschung, um festzustellen, «wieviel an psychologischer Einsicht und logischer Rigorosität in sprachlicher Form bereits ausgedrückt worden ist oder ausgedrückt werden kann» (ebd.: 119). Im gleichen Atemzug jedoch weist er darauf hin, daß diese Untersuchungen diejenigen «logischen Strukturen barlegen müssen, welche in unseren derzeitigen Sprachen nicht zureichend symbolisiert werden» (ebd.: 119). Hier zeigt sich am Ende der 20er Jahre bei Sapir eine gewisse Ambivalenz, um nicht zu sagen ein «Engpaß» im Denken, der vielleicht auf folgende Faktoren zurückzuführen ist: Sapir identifizierte sich zwar sehr mit der humanistischen Sprachforschung als Aufgabe der Linguistik, im Sinne Herders und Humboldts, genauso wie mit der psychologischen der Jungschen Richtung, die ihn in diesen Jahren beeinflußte, alles auf der Grundlage empirisch genauer Forschung der fortgeschrittenen Phonetik natürlich; aber er beschäftigte sich wenig mit Werken der reinen Logik oder Philosophie. Der zitierte Satz über die Verflechtung von Logik und Sprache bzw. Sapirs Andeutung, daß die Sprachen der Gegenwart nicht «logisch genug» seien, scheint der Wittgensteinschen Formulierung und Einsicht zu widersprechen, die sagt: «Die Grenzen meiner Sprache sind auch die Grenzen meiner Welt (und meiner Logik)», oder: «Was wir nicht denken können, können wir nicht sagen». Jedoch glaube ich, ohne auf die Bedeutung der Wittgensteinschen Äußerungen näher einzugehen, daß Sapirs Sprachwendung vielleicht nicht so «unlogisch» ist, wie sie auf den ersten Blick erscheint: Vergleichen wir die Aussage mit der voraufgegangenen über «Tiefenstrukturen», in denen «unbewußt» die Logik, unter anderem die Form der Kausalität, erfaßt werden kann, dann bekommt die Äußerung ein anderes Gesicht.

Wenn ich einmal auf Whorf vorgreife: Diese Äußerung von Sapir kann mit den «Kryptotypen» Whorfs erläutert werden. Whorf geht davon aus – wie Sapir von Jung beeinflußt –, daß die Sprecher einer Sprache die dieser innewohnende Logik nicht erkennen. So kann man im Englischen zum Beispiel zwar das Wort «up» im Sinne von «vervollkommnen», «beenden» in Verbalkonstruktionen mit der Verb-Klasse von «to eat» verbinden, also «to eat up» in der Bedeutung von «aufessen», «verschlingen» usw.; man kann aber nicht sagen 1) «to spread it up» (Wortklasse der Zerstreuung), 2) «to wave up a flag», «eine Fahne schwenken» (Wortklasse der Oszillation), 3) «to kill it up», «töten» (Wortklasse der kurzzeitigen Einwirkung und der psychologischen Reaktion), 4) «to pull up» (Wortklasse der Verben gerichteter Bewegung, wobei «up» natürlich als «aufwärts» benutzt werden kann). Diese vier Krypto-Wortklassen der Nichtverbindbarkeit zeigen eine in der Struktur der Sprache «verborgene» formale Logik, die, wie Whorf es ausdrückt, «in einer halbintuitiven Weise aus ihrer Tiefe, in der sie die Gedanken formt, ans Tageslicht gezogen werden» (Whorf 1988: 117). Genauso ist es nach Whorf zum Beispiel mit der Krypto-Wortklasse der Geschlechtswörter, wo wir im Englischen genau wissen, wann ein Wort oder auch ein Name weiblich oder männlich ist, aber nicht erklären können, warum der Mond männlich und die Sonne weiblich sein sollte (oder umgekehrt im Französischen). In ähnlicher Formulierung, wie Mühlmann im Zusammenhang mit den Wertsystemen von ethnischen Gruppen von «Siebungsprozessen» spricht (Mühlmann 1938), führt Whorf aus: «Wir sieben die Fakten durch eine Art habituell gewordenes Bewußtsein zweier Geschlechtsklassen in unserer Gedankenwelt» (Whorf 1988: 114).

6. Die Sprachen als Gewänder der Gedanken bei Sapir und Whorf

Wenn man also von einer Sapir-Whorf-Hypothese spricht, dann ist genau diese Gemeinsamkeit gemeint: Die Sprache beeinflußt das Denken insofern, wie Whorf sagt, als wir nicht die Freiheit haben, «die Natur mit völliger Unparteilichkeit zu beschreiben, sondern eben (...) auf bestimmte Interpretationsweisen beschränkt (sind)» (Whorf 1988: 12). Bei Sapir lautet das etwa 30 Jahre früher folgendermaßen: «(Sprachen) sind unsichtbare Gewänder, die sich um unsere Gedanken (‹spirit›) drapieren und ihnen eine prädeterminierte Form in allen symbolischen Ausdrucksformen geben» (Sapir 1921: 221). Die Sprache gehorcht dabei ihrer eigenen Logik, ob diese nun der wissenschaftlichen entspricht oder nicht, wobei Whorf weiter geht als Sapir, wenn er behauptet, daß eben auch unser naturwissenschaftlich-rational-logisches Denken von den – in diesem Falle – indogermanischen Sprachstrukturen stark bestimmt wird; beide, Sapir und Whorf, sind sich aber einig, daß die Sprecher jedweder Sprache sich normalerweise der «Logik» der Sprache, wie etwa der Kryptoklassen Whorfs, nicht bewußt sind.

Sapir geht es genauso wie Whorf in der Ausrichtung und Zielsetzung der Linguistik weniger um die wissenschaftliche Akribie der Akustik und der Phonetik, die sie als selbstverständliche Bausteine und Arbeitsmittel voraussetzen, sondern um das humanistische Ziel der Aufdekkung der Beziehungen zwischen Sprechen, Sprache, Denken und Weltanschauung. Um wiederum den weiterführenden Ansatz bei Sapirs «Schüler» aufzuzeigen, zitiere ich hier noch einmal Whorf: «Kulturanthropologen haben vielleicht weithin die Vorstellung, die Linguistik sei bloß ein hochspezialisiertes und ermüdend technisches Werkzeug in einer fernen Ecke ihrer Werkstatt. Diesen Anthropologen muß deutlich werden, daß die Linguistik ihrem Wesen nach die Erforschung von Sinn oder *Bedeutung* ist» (Whorf 1988: 119). Whorf wehrt sich genauso dagegen, die Linguistik zu einer phonetischen Gymnastik zu degradieren (ebd.) oder, wie Lee Weisgerber es einmal nannte, zu einer «Lautschieberei» zu verniedlichen (Weisgerber 1971: 55); vielmehr ist, so fährt Whorf fort, «tatsächlich (...) ihr eigentliches Anliegen (...) die Aufhellung der tiefen Dunkelheiten der Sprache und damit des Denkens, der Kultur und der Lebensanschauungen einer gegebenen Gemeinschaft» (Whorf 1988: 119).

7. Whorfs Eintritt in die Gedankenwelt Sapirs

Das Jahr 1931 markiert einen Wendepunkt im Leben beider Linguisten. Sapir erhält das Angebot der «Sterling Professur für Linguistik und Anthropologie» an der Yale-Universität, von dem er Ruth Benedict mitteilt: «Es erscheint mir unmöglich, das Angebot nicht anzunehmen» (Mead 1966: 196, Brief Sapirs an Ruth Benedict vom 8. Januar 1931). Whorf schreibt sich in diesem Jahr bei Sapir an der Yale-Universität ein.

Whorf wurde 1897 in Winthrop, Massachusetts, geboren und studierte von 1914–18 Chemie an dem Massachusetts Institute of Technology. Beruflich begann er als Brandverhütungs-Ingenieur einer Versicherungsgesellschaft, die ihn 1928 zum Spezialagenten ernannte. Er blieb zeitlebens Angestellter der Gesellschaft, obwohl sein Werk als Gelehrter dem eines jeden anderen vollangestellten Akademikers gleichkam. Bereits 1924 hatte Whorf mit hebräischen Studien begonnen, und in dieser Zeit verfaßte er ein Manuskript gegen den Evolutionsgedanken. Schon damals sah er den Unterschied der wissenschaftlichen und der biblischen Kosmologie in den sprachlichen Elementen und Bedeutungen verankert und befaßte sich daher ernsthaft mit linguistischen Studien – zunächst vor allem mit indianischen Sprachen, Kulturen und Glaubensvorstellungen. Sein schon als Junge gezeigtes Interesse an Mittelamerika erwacht wieder, und 1926 begann er ernsthaft mit dem Studium der aztekischen oder Nahua-Sprachen und 1928 der Maya-Sprachen. Mit dem Mexikanisten von Harvard, A. M. Tozzer, begann er damals eine lange Korrespondenz, in der dieser ihn ermunterte, eine Seite eines mexikanischen Manuskripts zu übersetzen. Daraus entwickelte Whorf einen wissenschaftlichen Artikel, den er vor dem 23. Internationalen Kongreß für Amerikanisten vortrug (1928). Nach einem erfolgreichen Feldaufenthalt in Mexiko, finanziert durch den Social Science Research Council, mit intensiver Arbeit über die Pima- und aztekischen Sprachen (der Ute-Aztekischen Sprachfamilie) kam er dann zu Sapir und wurde zum studentischen Kollegen solch später berühmter Linguisten und Kulturanthropologen wie Morris Swadesh, George Trager, Carl Voegelin und Mary Haas. Für eine kurze Periode von 1937–38 war er Dozent für Ethnologie in Yale. Durch Sapir wurde Whorf auf das Studium der Hopi-Sprache verwiesen, was er mit einem in New York lebenden Informanten dann auch bis 1935 durchführte. Whorfs bahnbrechende Arbeit wurde sein 1939 geschriebener Artikel *Die Beziehungen des Gewohnheitsdenkens und des Verhaltens zur Sprache.* Seine um die Mitte der 30er Jahre geschriebenen Artikel über die Hopi-Weltkonzeption erschienen erst 1950 posthum. Während Sapir bereits 1939 einem Herzanfall erlegen war, starb Whorf mit 44 Jahren im Jahre 1941 nach längerer Krankheit.

Die besten wissenschaftlichen Artikel Whorfs erschienen kurz vor seinem Tode als Serie, in welcher er den *wissenschaftlichen* Status der Linguistik hervorhob: Das sind die drei Artikel in der M. I. T. *Technology Review: Science and Linguistics* vom April 1940, *Linguistics as Exact Science* vom Dezember 1940 und *Languages and Logic* vom April 1941 (*Naturwissenschaft und Linguistik, Die Linguistik als exakte Wissenschaft,* und *Sprachen und Logik;* alle in Whorf 1988).

Whorfs spezifisch linguistischer Beitrag zur Wissenschaftsgeschichte beruht darin, daß er die Studien über die von Sapir und anderen vor ihm postulierte Uto-Aztekische Sprachgruppe vertiefte mit den Hopi-Materialien, mit einer Hopi-Grammatik, mit Vergleichen über die Phonetik hinaus in morphologische und semantische Beziehungen hinein, und darin, daß er eine Verbindung zwischen den Uto-Aztekischen Sprachen und den Sprachen von den Tanoa, den Kiowa und den Zuni-Gruppen sowie der gesamten sogenannten Penutischen Gruppe, die Maya und Totonakisch mit umfaßt, vermutete; alle diese bisher als separat angesehenen Sprachfamilien versuchte Whorf in der Groß-Familie der Makro-Penutischen Sprachgruppe zusammenzufassen. Abgesehen von der rein linguistischen Bedeutung dieser formalen und speziellen Studien, spielt diese Hypothese eine große Rolle für die kulturgeschichtliche Entschlüsselung der Wanderungen auf dem nordamerikanischen Kontinent, in ähnlicher Weise also wie die von Sapir und seinen Mitarbeitern hergestellte Beweisführung der Verwandtschaft der Na-Dene-Sprachgruppe, die sich von der Arktik mit den Athapaskischen Stämmen bis zu den Navaho (den Nachbarn der Uto-Aztekisch sprechenden Hopi) erstreckt (Sapir 1936; Whorf 1936; Whorf und Trager 1937; Hoijer 1941). Beide, Sapir und Whorf, waren damit zu Linguisten geworden, die den kulturhistorischen, archäologischen und kulturvergleichenden Studien innerhalb des amerikanischen Kontinents Anstöße von weitreichender Bedeutung gegeben haben.

8. Unterschiede und Gemeinsamkeiten von Sapir und Whorf

Über die verschiedenen Vorurteile, mit denen Sapir und Whorf zu rechnen hatten, habe ich bereits berichtet. Die Ausrichtung des Denkens beider Forscher hinsichtlich der wahren Bedeutung linguistischer Studien ist aus den vorausgegangenen Zitaten wohl auch unbezweifelbar. Das Erstaunliche an der Begegnung dieser zwei Forscher als bereits erwachsene, voll geformte Persönlichkeiten mit klaren Vorstellungen über die Aufgaben der Sprachwissenschaften ist jedoch die Tatsache, daß sie trotz unterschiedlicher Temperamente zu einem solchen gegenseitigen Verständnis ihrer Standpunkte kommen konnten, daß man heute von der untrennbaren Einheit einer Sapir-Whorf-Hypothese sprechen kann; und dies vor dem Hintergrund verschiedener geistesgeschichtlicher Einflüsse und in einer Zeit, dem Beginn der 30er Jahre, als sich Sapirs Interessen nicht nur auf die Gebiete der gesamten Kulturanthropologie und der Psychologie und Psychiatrie erweiterten, sondern auch stärker auf das Erforschen des Verhältnisses von Individuum und Kulturbedingtheit ausgerichtet waren. Sapir war wohl der mehr musisch und poetisch begabte Forscher (sein feines Ohr für Poesie kann durch die Korrespondenz mit der ebenfalls Gedichte schreibenden Ruth Benedict erschlossen werden; s. Mead 1966); Whorf zeigte ein tiefes Interesse an außereuropäischen Religionen, zum Beispiel dem Judentum und dem Hinduismus. Außerdem hatte Whorf als Gegengewicht zur rein kulturwissenschaftlichen Behandlung der Sprachwissenschaften das Rüstzeug eines Naturwissenschaftlers mitgebracht.

Die Boas-Tradition bildete sicherlich, auch durch das wissenschaftliche Methodenerfordernis, eine Klammer zwischen dem musisch-poetisch-humanistischen Sapir und dem wissenschaftlich-philosophischen Charakter von Whorf; doch ist ihre geistesgeschichtliche Herkunft recht verschieden. Sapir ist eindeutig einer der Fortführer der Ansätze von Herder und von Wilhelm von Humboldt, aber auch von Croce, wie ich noch zu zeigen versuchen werde; Whorf dagegen beruft sich stark auf Fabre d'Olivet (1768–1825), jenen französischen mystischen Sprachforscher, der aus hebräischen Texten durch das, was Whorf «intuitive Einsicht» in Phoneme und Morphophoneme nannte, den mystischen «Hokuspokus» aus der jüdischen Sprachtradition hinauswarf, um eben eine eigenständige hebräische Grammatik, ohne die Stelzen des Rückfalls auf ihr fremde, lateinische oder griechische Schemata vorzulegen (Whorf 1988: 120ff.). Die Affinität zwischen Sapir und Whorf kann wohl auch dadurch erklärt werden, daß trotz ihrer unterschiedlichen Ausrichtungen beide an der in der Sprache ausgedrückten Weltsicht interessiert waren, Sapir aufgrund seines Studiums der Gedankengänge von Wilhelm von Humboldt, Whorf durch seine Neigung zur Psycholinguistik, also durch das Interesse, in den Strukturen von Sprachen nicht nur konstitutive Elemente einer Kultur und ihrer Weltauffassung zu begreifen, sondern auch auf die psychologischen Grund- und Tiefenschemata zurückzugehen, welche er auch in frühen indischen Grammatiken vorfand. Whorf interessierte an indischen grammatikalischen Kategorienlehren neben ihrer formalen Perfektion das Offenlegen von «verdeckten Vorstellungen», die in Wortverbindungen eingeschlossen sind (Whorf 1988: 120). Beide Sapir und Whorf, waren unabhängig voneinander zu einer positiven Einstellung zu Jungs Werken gelangt; das war in den 30er Jahren in den amerikanischen Kultur- und Verhaltenswissenschaften recht außergewöhnlich, da die meisten ihrer Kollegen Jungs Ideen für «Unsinn» («piffle») hielten, wie Sapir einmal an Ruth Benedict schreibt (Mead 1966: 190, Brief Sapirs vom 12. Februar 1928).

9. Sapirs Vereinsamung und Wendung nach innen

Um 1930 begann Sapir sich zunehmend für die Rolle des Individuums im Kulturrahmen zu interessieren – dies und die Betonung der psychologischen Komponente waren bereits Mitte der 20er Jahre angeklungen. Hand in Hand mit diesem neuen Interessengebiet ging eine gewisse Abkapselung, Vereinsamung und Wendung nach innen durch Abkehr vom politischen Tagesgetümmel. Der leicht verletzte und sensible Sapir hatte sich zwar, wie ich bereits ausgeführt habe, für eine internationale Lingua franca stark gemacht, empfand es aber in dieser Zeit nicht als seine Aufgabe oder Sendung – im Gegensatz zu seinem Lehrer Boas –, an der moralischen Kampffront zur Verbesserung der Menschheit beizutragen. Er fühlte sich keineswegs zum politisierenden Moralapostel berufen. So schreibt er einmal an Ruth Benedict: «Es ist ein beruhigendes Gefühl, sich vom Jahrmarkt der sogenannten menschlichen Interessen zurückziehen und resolut einem Stern folgen zu können (...), der so bleich, so klar, so entfernt ist, daß er weder Freude noch Enttäuschung bringen kann. Besser denn je verstehe ich jetzt, welche Zufriedenheit in der reinen Mathematik liegt. Muß denn jeder seinen Anteil zur Rettung der Menschheit beitragen? Dies ist Deine Überzeugung, und eine unmenschliche Vertiefung in rein intellektuelle Probleme würde Dich nie befriedigen. Ich habe aber nicht den Drang, die Menschheit zu retten oder dabei mitzuhelfen, sondern den Wunsch, mich selbst so beschäftigt zu halten wie meine innere Starrsinnigkeit erlaubt» (Sapir an Ruth Benedict, 14. Juni 1925, in Mead 1966: 180).

Von diesen Stimmungen, diesem tiefen Pessimismus und teilweise wohl auch Selbsthaß berichtete Ruth Benedict 1925; sie notierte bei Sapir die wiederkehrenden Themen einer Nemesis und eines tiefen Glaubens an «Strafe», aber auch den von Margaret Mead erkannten gleichtiefen Glauben an die organische Vereinigung des menschlichen Lebens zu einem harmonischen Ganzen (Ruth Benedict an Margaret Mead 25. September 1925, in Mead 1966: 304).

Nach Sapirs Zerwürfnis mit seinem Lehrer Boas über linguistische Fragen (persönlich blieben sie Freunde und erkannten das Geniale des anderen immer an) und einem Abbruch der engen Verbindung mit Ruth Benedict auf Grund von Mißverständnissen (um 1929) ist es nicht verwunderlich, daß Whorf als Stütze seiner Ideen willkommen war. Auch in diesem Kontext muß das Zusammentreffen von Sapir und Whorf gesehen werden. Wie stark Sapir an einer gewissen «Ausgeschlossenheit» (zumindest subjektiv) litt, zeigen folgende Äußerungen an Ruth Benedict vom 29. April 1929: «Meine Liebe, das Leben ist so hart, wenn man im Gefühl wahrhaftig ehrlich sein will. Es ist so viel leichter, diejenige Brille aufzusetzen, die einen alles immer schief und konventionell verstehbar sehen läßt. Wenn ich Dir nicht öfter schreibe, dann nicht deshalb, weil ich nicht interessiert wäre – Du bist eine der wenigen Freunde, die ich je gehabt habe –, sondern weil ich zu interessiert und todmüde bin, nutzlos Schmerzen zuzufügen oder Wunden zu erhalten. Dies ist ein Zeitalter der völlig erschreckenden Einsamkeit. (...) Ich bin zufrieden, so allein zu bleiben, wie meine Natur es fordert, und einsamer wegen des tiefen Mißtrauens, in welchem zu verweilen mich das Temperament des intellektuellen Amerika verurteilt» (Sapir in Mead 1966: 196).

Dieses Gefühl des Mißverstandenwerdens ist zusätzlich verständlich vor dem Hintergrund der damals herrschenden Lehrmeinungen in den Kultur- und Verhaltenswissenschaften: Nach dem frühen Sieg des Boas-Denkens vom historischen Partikularismus in der amerikanischen Ethnologie herrschte seit Ende der 20er Jahre, und verstärkt in den 30er Jahren, eine Tendenz zum reinen «Behaviourismus» unter der Führung von Watson (1878–1950) und seinen Schülern,[4] sowie eine Tendenz zu ähnlich mechanistischen Modellen des menschlichen Verhaltens, die sich heutzutage in den Vorstellungen Skinners von *stimulus* und *response* fortpflanzen. Die akademische Welt stand damals, und sie steht wohl auch heute noch jenen Versuchen skeptisch gegenüber, die von Gefühlswelten, Tiefenstrukturen, Unbewußtem oder dem Weltbild als in Sprache niedergelegt und stetig erneuert sprechen.

10. Das Phonem als Anstoß zu Revolution in der ethnologischen Methode

Sapir hatte sich in der Linguistik und in der Kulturanthropologie von den mechanischen Vereinfachungsmodellen und anderen deterministischen Schemata (wie zum Beispiel dem Evolutionismus) abgesondert, hatte auch die rein technische Sprachforschung als seelenlos abgestempelt – letztere Richtung wegen ihrer Verkennung des Wesensgehaltes der Sprache, der für ihn in Wortbildung, Wortverbindung und Wortassoziation, also weitgehend auf dem Gebiet der Semantik lag. Unter der Oberfläche der rein formalen Seite der Sprache liegen eben die Wurzeln dieses Wesensgehaltes, durch den die jeweiligen Sprecher einer Sprache Zusammenhänge fühlen und erkennen. Dies ist genau derselbe Aspekt, den Whorf später als das «Rapportsystem» einer Sprache bezeichnete (Whorf 1988: 121).

Der Unterschied der *phonetischen* Umschreibung (technisch genau und «von außen» vorgenommen) und des *phonemischen* Verständnisses (des Sinnzusammenhanges, etymologischer und anderer Art, «von innen» her, vom Sprecher her) war Sapir zuerst bei seinen Feldforschungen unter den Paiute-Indianern aufgefallen. Er unterrichtete – und das war für ihn damals bereits selbstverständlich – die Informanten darin, ihre eigene Sprache phonetisch aufzuschreiben. Dabei fiel ihm auf, daß sein Informant den Unterschied von ‹p› und ‹b› nicht in Umschrift ausdrückte, und zwar in Worten, wo der ‹b›-Laut nur eine Variante auf Grund anderer sprachlicher Eigenschaften darstellte, wo das betreffende Wort aber etymologisch in Isolation mit ‹p› anfing; sein Informant dachte also «automatisch» nicht phonetisch, sondern etymologisch, also phonemisch, in Sinnzusammenhängen, und hörte solche, nicht aber die technisch objektiv vernehmbaren Unterschiede (Sapir 1933, in Mandelbaum 1949/1963: 46–60). Die Geburt dieses von Whorf später als «phonemisches Kalkül» titulierten Tatbestandes geht auf frühe Arbeiten Sapirs zurück (Sapir 1910, 1912, 1913, 1915), aber erst nach 1930 wurde der Ausdruck verwendet.[5]

Die bahnbrechende Idee des Unterschiedes zwischen akustischer Akribie des phonetischen Aufschreibens durch den Forscher und der phonemischen *Bedeutsamkeit* von Lautunterschieden für den Sprecher einer Sprache wurde mit den unglücklichen Begriffen «emic» und «etic», wie sie durch Pike 1954 eingeführt worden sind, zur «Revolution» des ethnographischen Arbeitens und ethnologischen Denkens erhoben. Über die mit diesen Begriffen verbundenen Forschungsansätze in der Ethnologie hat sich ein heißer Streit entwickelt. Auf der einen Seite stehen die Vertreter der Schule, die nur das, was der Eingeborene sagt, denkt und wie er die Welt sieht, als relevant ansieht, auf der anderen Seite stehen Vertreter derjenigen Schule, die nur die vom Forscher herangetragenen Kategorien und Standpunkte als wichtig für eine vergleichende Forschung anerkennen (für klassische «emische» Studien s. z. B. Conklin 1955 und Frake 1964; für eine überspitzte «etische» Richtung s. Harris 1964). Wenn auch vor allem die methodischen und theoretisch-philosophischen Probleme, die mit dieser Zweiteilung der Forschungssicht verbunden sind, in neuerer Zeit wieder größere Beachtung auch im europäischen System der Phänomenologie und der Hermeneutik gefunden haben, kann die Problematik selbst als kaum gelöst angesehen werden (s. die Diskussion über Methoden- und Theorie-Probleme und ihre Rezeption in Deutschland in Schmied-Kowarzik und Stagl 1981). Eines ist jedoch nicht abzustreiten: In die Ethnologie eingeführt und ihren Praktikern bewußt gemacht wurden die Probleme erst durch die linguistische Vorarbeit von Sapir, der allein deshalb schon als «Klassiker» der Ethnologie gelten dürfte. Ohne seinen Ansatz wären alle neueren Forschungsrichtungen, wie zum Beispiel die Ethnosemantik, Ethnozoologie, Ethnobotanik und auch das Gesamtgebiet der Ethnomethodologie, wohl kaum vorstellbar, vor allem nicht in ihrer praktischen Handhabung. Überhaupt dürfte, jedenfalls in der Kulturanthropologie der englischsprachigen Länder, Sapirs Ansatz erst zu einer ernsthaften Einbeziehung sprachwissenschaftlicher Erkenntnisse und Methoden geführt haben, zumindest insofern, als die sprachwissenschaftliche Ethnologie sicherlich den Boden für die Aufnahme struktureller Schemata aus dem französischen Raum vorbereitet hat.[6]

11. Die Persönlichkeit und das Individuum als wahrer Ort der Kultur: Sapirs Wendung zum «Abweichenden» und zu «Subkulturen»

In derselben Zeit, als die beiden Sprachethnologen Sapir und Whorf zusammenzuarbeiten begannen, finden wir bei Sapir selbst eine Rückkehr zu seinem alten Streitpunkt mit Kroeber und ein offenes Hinwenden zu einer völlig neuen, radikalen Kulturbetrachtung. Während Whorf und auch die vielen Schüler Sapirs, die seine Andeutungen über die das Weltbild schaffende Kraft der Sprache ernst nahmen und zugleich nach einem «Angelpunkt» für jede einzelne Kultur oder Gesellschaft, nach dem «Ethos», der Hauptwertausrichtung jeder ethnischen Gruppe Ausschau hielten, die sie aus den Verhaltensweisen von Individuen herauskristallisieren wollten (etwa Margaret Mead, Ruth Benedict, Rhoda Métraux, Morris Opler, Dorothy Lee und viele andere), bewegte sich Sapir selbst nach 1930 auf weit «moderneren» Bahnen des ethnologischen Denkens: Er nahm in seinen Arbeiten über die Verflechtung von Ethnologie und Psychologie die gesamte Richtung der Soziolinguistik vorweg, ebenso wie das Interesse an der Erforschung von sogenannten «Subkulturen» (z. B. Oscar Lewis 1951). Die Arbeiten von Labov über die Sprech- und Verständniswelten von verschiedenen Klassen und von Einwanderern sind im Grunde nur eine

Verwirklichung des Sapirschen Programms auf empirischer Ebene (s. Labov 1970; ebenso Bernstein 1970).

Sapir sagt zur Frage des Individuums im Kulturrahmen 1932 folgendes: «Persönlichkeit wird nicht durch einen verallgemeinerten Anpassungsprozeß an das ‹Normale› bedingt, sondern durch die Notwendigkeit bestimmt, sich der größtmöglichen Variation von Ideenmustern und Verhaltensmustern anzupassen, und zwar abhängig von den Zufällen der Geburt und der Biographie» (Sapir 1932, in Mandelbaum, 1949/1963: 515). Sapir erkannte also recht früh, daß wir es nicht nur mit «Normen» im Kulturbereich zu tun haben, sondern größtenteils eben diese Normen nur (re)konstruieren. Für Sapir ist der «wahre Ort der Kultur» in der Interaktion von spezifischen Individuen aufzuspüren und, auf subjektiver Seite, «in der Welt der Bedeutungen, welche jedes einzelne dieser Individuen unbewußt für sich selbst von seiner Teilnahme an diesen Interaktionen abstrahiert» (ebd.). Er formuliert es sogar noch extremer, wenn er ausführt: «Jedes Individuum ist daher im wahrsten Sinne der Repräsentant von mindestens einer Subkultur» (ebd.).

Kurz vor seinem Tode stellt er daher als Forderung für die Ethnologie den Kanon auf, daß das, was «Kultur- oder Sozialmuster» genannt wird, auf der Ebene der individuellen Realität getestet werden müsse (Sapir 1938, in Mandelbaum 1949/1963: 572). Wenn ein einziges Individuum in einer ethnischen Gruppe eine von der Norm abweichende Antwort auf eine Frage gibt, so müssen wir davon Notiz nehmen, denn, so sagt Sapir, dieses Individuum könnte als «Rebell» aufgefaßt werden. Wir könnten umformulieren und sagen, nach Sapir besteht die Möglichkeit, in den «abweichenden» und «rebellierenden» Individuen unter Umständen die «Kulturerneuerer» zu finden. «Die Soziologen und Anthropologen mögen sagen, daß Persönlichkeit nur eine Fiktion sei (...), wir als Psychiater müssen aber die ‹Butterbrot›-Realität derselben anerkennen», denn, so fährt er fort, «wir können nicht wirklich die Dynamik von Kultur, Gesellschaft oder Geschichte richtig verstehen, ohne früher oder später von der tatsächlichen zwischenmenschlichen Beziehung Kenntnis zu nehmen» (ebd.: 575). Das Notieren der *Variationen* des Verhaltens und Denkens des einzelnen innerhalb des soziokulturellen Rahmens betrachtet Sapir als Zukunftsaufgabe der Ethnologie. Dies formuliert er programmatisch so: «Es ist kaum zu vermuten, daß unsere intellektuelle Neugier (...) auf die Dauer mit schematischen Äußerungen über Gesellschaft und Kulturmuster befriedigt werden kann» (ebd.: 576).

Dies bleibt der große Unterschied zwischen Sapir und Whorf, ähnlich wie zwischen Saussure und den Soziolinguisten: Whorf und Saussure beschäftigten sich sozusagen mit Weltanschauungen, die aus der Struktur der Sprache herauszulesen wären, aber auf der Ebene einer «idealen», sozusagen homogenen Sprachgemeinschaft (s. a. Giglioli

1972: 8), während zum Beispiel Gumperz ganz in der Linie von Sapir weniger von einem *Ideal Code* ausgeht, sondern von einem sprachlichen *Repertoire*, um an die Variation von «codes» heranzukommen, die in einer einzigen Sprachgemeinschaft *(linguistic community)* vorhanden sein können (s. Gumperz 1964: 137–138; s. a. Hymes 1962).[8]

12. Spuren des Interesses am Individuum bei dem frühen Sapir: der Einfluß von Croce

Die Wendung Sapirs nach den 30er Jahren scheint auf den ersten Blick in seinen früheren Ansätzen nicht angedeutet. Ist dem wirklich so? Schwenkt Sapir von einer «kulturologischen» und strukturellen zu einer «individual-psychologischen» Betrachtungsweise in der Kulturanthropologie und der Linguistik, ohne jeden früheren Fingerzeig solcher Interessen oder der Erkenntnis der Spannung zwischen Individuum und Gruppe, zwischen Struktur, Form, Norm, Muster und deren Aktualisierung oder Auswahl durch den einzelnen? Ich glaube, daß bereits in Sapirs grundlegendem und einzigem Buch, in *Language* von 1921, Ansätze zu einem komplexeren und angemesseneren Verständnis der Problematik zu finden sind.

Besonders den Einfluß von Croce nahm Sapir bereits damals ausdrücklich zur Kenntnis; er regte ihn dazu an, sich mit der Rolle des Individuums, in diesem Falle des Künstlers, innerhalb des Kulturrahmens zu befassen. Zunächst geht Sapir von der tyrannischen Unterordnung des Individuums unter das Diktat des Mediums Sprache aus, die selbst der Dichter nicht durchbrechen kann (Sapir 1921: 221). Genau von diesem Element des Beschränkens, des Einzäumens durch die sprachlich gegebenen Strukturgesetze und sogar die Lautgesetze spricht auch Whorf. Er hat später eine Formel für die einsilbigen Wörter des Englischen entwickelt, in der er aufzeigt, daß undurchbrechbare Regeln bestehen, die bestimmte Konsonanten und Vokale in vorgezeichneter Serie erlauben, nicht aber andere (Whorf 1988: 25). Dieses formelhafte Strukturschema, das zum Beispiel auf die deutsche Sprache angewendet bedeutet, daß wir zwar Wörter wie «glauben», «rauben», «stauben», bilden können, aber nicht «grauben», «sauben», «mauben», «nauben» usw., hat Whorf an anderer Stelle sehr schön beweiskräftig als bindend insofern nachgewiesen, als er zeigt, daß sogar Schriftsteller, die sogenannte «Unsinnsverse» für Kinder komponieren und erfinden (viele der Reime gehören dazu), wie Lewis Carroll oder Edward Lear, nicht frei in ihrer «Erfindungsfreude» sind oder sein können (ebd. 57). Wie Whorf dazu ausführt: «Die Wortbildung ist kein Akt entfesselter Phantasie: nicht einmal in den wildesten Ausbrüchen des Unsinns ist sie das. Sie ist vielmehr streng an die Verwendung bereits vorstrukturierter Materialien gebunden. Auf die Bitte, Formen zu erfinden, die nicht bereits in den Strukturen seiner Sprache vorgeformt sind, würde ein Redner ebenso negativ reagieren wie auf die Bitte, Spiegeleier ohne Eier zu machen» (ebd.).[9]

Sapir folgt zunächst Croce in dem Argument, daß ein Künstler in Form und Inhalt an die Matrix seiner Sprachkultur gebunden bleibt, wobei der «genius» der Muttersprache überhaupt nicht übersetzt werden kann (Sapir 1921: 222). Doch, so fährt er fort, Literatur wird übersetzt, manchmal mit erstaunlicher Adäquatheit. Dies bringt ihn zu der Überlegung, daß solche Dichter leichter zu übersetzen sind, die sich auf die nichtlinguistische Ebene beziehen, nämlich auf die latente intuitive Ebene der vor-linguistischen Erfahrung. Haben wir es aber mit einem Werk zu tun, welches die «höheren», bewußten Sprach- und Lautformen einer speziellen Muttersprache manipuliert, können wir diese nicht übersetzen. Sapir beruft sich dabei wiederum auf Croce, der von einer künstlerischen Intuitions-Ebene spricht, die sich auf das «Allgemein-Menschliche» bezieht. Sapir folgert, daß die Gedankenverbindungen auf dieser «tiefen Ebene» kein sprachspezifisches oder bewußt rationales Gewand besitzen (ebd.: 224). Er beendet seine Ausführung mit dem Hinweis, daß man, wenn man Heine liest, leicht unter der Vorstellung steht, «als spreche das Universum deutsch, – das Material ‹verschwindet› » (ebd.: 225).

Von diesen Äußerungen des frühen klassischen Ethnolinguisten Sapir ist es kein weiter Schritt zu seinen späten Feststellungen, deren prägnanteste die folgende ist: «Wir verstehen dann sogleich, daß Elemente der Kultur, welche in den Bewußtseinshorizont eines Individuums treten, in der geistigen Landschaft eines anderen Individuums völlig fehlen können» (Sapir 1934, in Mandelbaum 1949/1963: 596). Diese Formulierung, die 1932 zu einem ungleichen Streitgespräch mit Radcliffe-Brown führte, zeigt, warum Ruth Benedict hier ihrem Lehrer nicht mehr folgen konnte (s. Benedicts Brief vom 30. November 1932 an Margaret Mead, in Mead 1966: 325); sie ging mehr von den Konfigurationen von Wertvorstellungen, von leitenden Werten, in verschiedenen Kulturen zu Kontrastzwecken aus. Die überspitzte Formulierung Sapirs scheint allerdings auf ganz anderer Ebene in gewissem Einklang mit Linien des hermeneutischen Denkens im deutschsprachigen Raum zu stehen, wenn man an Gadamers Äußerung denkt, daß wir, wenn wir etwas verstehen (interpretieren), es immer *anders* verstehen (also je nach «Kontext» jeden Text neu lesen; s. Gadamer 1975: 291).

13. Die Entstehung der Sapir-Whorf-Hypothese im engeren Sinne

Wenn wir uns der Genese der sogenannten Sapir-Whorf-Hypothese in ihren linguistischen und kulturanthropologischen Auswirkungen näher zuwenden, müssen wir uns zunächst wieder dem bahnbrechenden Werk

Sapirs von 1921 zuwenden. In *Language* etabliert Sapir Sprache als eine rein menschliche, nicht-instinktive Methode der Kommunikation von Ideen, Gefühlen und Wünschen durch ein System von Symbolen, die frei gewählt werden (*Language:* 8). Sprache ist essentiell ein System, das den verschiedenen Formen der Erfahrung konventionelle Laute zuordnet (ebd.: 11). Diese Zeichen, die für Erfahrungen stellvertretend sind, sind mit ganzen Gruppen von Menschen verbunden und ebenso mit Klassen von Erfahrungen, nicht mit Einzelerfahrungen (ebd.: 12). Ein Wort ist daher für Sapir eine «Gedankenkapsel», die Tausende von verschiedenen Erfahrungen umfassen kann; sonst könnten wir nicht von einem Konzept «Haus» sprechen, da es ja in den individuellen Erfahrungen von «Haus» Tausende von verschiedenen Kriterien des erfahrenden Individuums und von verschiedenen Darstellungen des Konzepts in der Realität gibt, die nicht von der Sprache nach Form und Inhalt erfaßt werden (ebd.: 12–13). Jede Sprache entwickelt nach Sapir ihren eigenen einmaligen «Genius» (ähnlich wie Wilhelm von Humboldt und Herder es formulierten), um alle in ihren Gesichtskreis kommenden Erfahrungen mit reichhaltigen Symbolbegriffen auszudrücken. Er weist damit jede evolutionistische Spekulation über «hohe» und «niedrige» Sprachen und daran anknüpfende Schlußfolgerungen über den Geistesstand der Sprecher zurück (ebd.: 22). Sapir ist der Meinung, daß diejenigen, die behaupten, Denken sei ohne Sprache möglich, sich einer Illusion hingeben. Nicht nur beeinflußt die Sprache das Denken, sie selbst entwickelt ihre eigene Dynamik: Sprache ist für Sapir später ein in sich selbst geschlossenes (‹self-contained›) und kreatives System von Symbolen, welches sich nicht nur auf Erfahrungen *bezieht,* sondern «in der Tat Erfahrungen für uns definiert» (1931). In seinem bahnbrechenden Artikel von 1929 über den wissenschaftlichen Status der Linguistik sagt er noch klarer: «Menschen leben nicht nur in der objektiven Welt, noch ausschließlich in der Welt der sozialen Tätigkeiten (...), sondern sind vielmehr einer bestimmten Sprache unterworfen, welche das Ausdrucksmittel der speziellen Gesellschaft geworden ist (...). Es ist eine Tatsache, daß die ‹wirkliche Welt› zu einem großen Teil unbewußt durch die Sprachgewohnheiten der Gruppe aufgebaut wird. Keine zwei Sprachen sind genügend ähnlich, um jemals als Mittel der Repräsentation derselben Wirklichkeit aufgefaßt werden zu können. Die Welten, in denen verschiedene Gesellschaften leben, sind verschiedene Welten, nicht nur dieselbe Welt mit verschiedenen Aufschriften (‹labels›)» (Sapir 1929: 209).

14. Whorfs Behandlung der Umgangssprache und der Hopi-Weltsicht

Dies ist einer der Kernsätze, bei denen Whorfs Untersuchungen und sein Programm ansetzen: Nicht nur die bereits erwähnten Kryptotypen der Sprachstrukturen unter der Oberfläche, dem Sprecher selbst nicht bewußt, sind ein Beispiel, mit dem Whorf diese These Sapirs empirisch zu untermauern versucht. In seinem Artikel über die Beziehungen von gewohnheitsmäßigem Denken und Handeln zur Sprache (Whorf 1988: 74–101) gibt Whorf zunächst einige schlagende Beispiele dafür, daß das umgangssprachliche Wortverständnis zu bestimmten, völlig «irrationalen» Handlungen führen kann, irrational im Sinne des objektiven Ausgangs einer Handlung. So erwähnt er die Fälle aus seiner Feuerversicherungspraxis, in denen Leute Zigaretten in der Nähe von «leeren» Benzinfässern rauchen, was sie bei vollen nie tun würden; er deutet dabei an, daß der Begriff «leer» hier mit «ungefährlich», weil ohne Benzin, assoziiert wird. Eine ähnliche Handlungsfehlleistung passiert durch den Begriff «Stein» im Wort «Kalkstein» in einer Alkoholbrennerei, wo keine Vorsorge getroffen wird, den Destillierkolben aus Kalkstein vor zu großer Hitze zu schützen. Prompt brennt dieser «Kalkstein» ab, da er sich in Kalziumazetat umgesetzt hat.

Aus diesen alltäglichen Beispielen entwickelt Whorf dann eine Gegenüberstellung der Auffassung von abstrakten Konzepten wie «Zeit», «Material», «Raum» und «Handlungsablauf» in den SAE-Sprachen (Standard Average European = Durchschnitts-Europäisch) und in der Hopi-Sprache. Bei den Zeitvorstellungen der Hopi glaubt Whorf entdecken zu können, daß keine Bewegung impliziert ist, daß eine bloße Wiederholung nicht als verschwendet gilt, sondern daß Wiederholungshandlungen als Akkumulation, ein Ansammeln von Handlungen für spätere Ereignisse verstanden werden (ebd.: 86–98). Im Gegensatz zu den Hopi entdeckt Whorf im europäischen Denken eine Zeitvorstellung, die das Entstehen des Historizismus erleichtert oder hervorgebracht hat: «Unsere objektivierte Zeit liegt wie ein breites Maßband mit abgeteilten leeren Spalten vor uns, deren jede mit einer Eintragung auszufüllen ist» (ebd.: 94). Whorf sieht in den Kulturformen Europas wie zum Beispiel dem Schreiben von Tagebüchern, von Buchführungszeilen usw. den Ursprung für mathematisches Denken; im Interesse für Sequenzen, Datierung, Kalenderkonstruktion und anderem den Zeitbegriff der Physik vorgegeben; und schließlich in Annalen, Geschichtswerken usw. eine Introjektion von Attitüden in die Vergangenheit. Unsere Zuordnung von Stückbegriffen zur Zeit hätte auch die Entwicklung der modernen Wirtschaftsethik mit Zeitbezahlung, Krediten, Mieten, Zinsen usw. erlaubt (ebd.: 95).

15. Whorfs Kritik an der Wissenschaftssprache

Doch, führt Whorf weiter aus, inzwischen habe unsere Wissenschaft gelernt, daß man mit diesen herkömmlichen, aus der Umgangssprache gewonnenen Zeitbegriffen (und Abstrahierungen von «Raum») das Universum nicht erklären kann, weshalb eine neue, «genaue» Wissenschaftssprache entwickelt werden müßte (er bezieht sich hier wahrscheinlich auf die Einsteinsche und nicht auf die ihm wohl noch nicht bekannte Heisenbergsche Revolution der Physik). Diese Einsicht führt Whorf zu der Feststellung, daß unsere wissenschaftlichen Sprachen «reformiert» werden müssen, da sie sonst nicht in der Lage seien, zu einem Fortschritt des wissenschaftlichen Denkens zu führen. «Was wir ‹wissenschaftliches Denken› nennen, ist eine spezielle Entwicklung des westlichen indoeuropäischen Sprachtypus» (ebd.: 46).

Da zum Beispiel die Physiker und die Psychologen den Begriff «Raum» mit völlig verschiedenen Assoziationen benutzen, meint Whorf lapidar: «Fachsprachen werden sich heute gegenseitig unverständlich» (ebd.). Diese Geißelung des in der Tat nicht bezweifelbaren Sachverhalts läßt Whorf jedoch nicht zu derselben Schlußfolgerung kommen wie Sapir, wenn es um die Schaffung einer internationalen «lingua franca» geht. Whorf lehnt sie als ein falsches Ideal ab, da sie bedeuten würde, «Denkmöglichkeiten aufzugeben, die, einmal verloren, nie zurückgewonnen werden können» (ebd.: 45). Er erkennt also dieselbe Gefahr, die auch Sapir in einer Verdünnung der «vereinfachten» modernen Kommunikationsformen herzuziehen sieht (Sapir 1931, in Mandelbaum 1949/1963: 108). Jedoch steht Whorf der Forderung nach einer internationalen Hilfssprache viel negativer gegenüber. Er plädiert vielmehr dafür, durch eingehendes Studium von nicht-europäischen Sprachtypen einen Ansatz für neue, auch den Wissenschaften nützliche Ordnungssysteme zu suchen (Whorf 1988: 45).

16. Empirische Versuche über Sprache und Kultur nach Sapir und Whorf

Nachdem Whorf die Relativität von abstrakten Konzeptionen in seiner Analyse von Hopi- und SAE-Begriffen nachgewiesen hat, geht er auf die zweite Frage ein, die er sich gestellt hat, nämlich ob eine Korrespondenz zwischen Sprachmustern und Kulturnormen besteht: «Es gibt Zusammenhänge, aber keine Korrelationen oder diagnostische Korrespondenzen zwischen (diesen)» (ebd.: 101). Nach seiner Ansicht gibt es Fälle, wo die «Sprachmoden» in die Gesamtkultur stark integriert sind, aber solche Korrespondenzen seien erstens nur dort zu erwarten, wo Sprache und Kultur eine lange Zeit historisch zusammengehörten, und zweitens müßte man erst durch das Studium der Gesamtkultur und des gesamten Sprachbaus einer ethnischen Gruppe die Verkettungen zwischen beiden nachweisen, bevor man zu allgemeineren Aussagen über diese Verbindung kommen könne (ebd.). Dies ist eine der zurückhaltendsten Äußerungen Whorfs, der hier, ähnlich wie Sapir, durch die Fülle der bekannten Fälle von Nichtübertragen von Sprachmustern auf eine andere Kultur, trotz naher geographischer Verbindung und trotz des Vorkommens von Diffusion auf anderen Teilgebieten des kulturellen Lebens, zur Vorsicht neigt. (Sapir macht die Beobachtung, daß trotz dauernden Kontaktes zwischen den semitischen ethnischen Gruppen und den indo-europäischen kaum ein Einfluß der einen auf die andere in der Sprachstruktur nachzuweisen ist, s. Sapir 1933, in Mandelbaum 1949/1963: 25.)

Aufgrund dieser Äußerung meinte ein Nachfolger der Whorfschen Hypothese, Harry Hoijer (s. Hoijer 1941), Whorf habe wohl die Beziehungen zwischen Sprachstruktur, Denken und kulturellem Handeln *unterbewertet* (Hoijer in Dell Hymes 1964: 143). Hoijer machte dann den Versuch, die Whorfsche Hypothese für die Navahos zu beweisen (s. Hoijer, ebd.: 142–148). Nichtübereinstimmung von Kulturnormen bei Gruppen, die die gleiche Sprache sprechen, oder Übereinstimmung von Kulturnormen und Verhaltensweisen bei Gruppen, die völlig andere Sprachstrukturen aufweisen, wären seiner Meinung nach Idealfälle des Beweises oder der Widerlegung der Whorfschen Hypothese (Hoijer 1954: 92–105).

Sapir hatte 1921 darauf aufmerksam gemacht, daß der bloße Gehalt oder Inhalt von Sprache mit Kultur in enger Beziehung steht, sofern man Kultur als das definiert, *was* eine Gesellschaft denkt und tut, während Sprache mit dem *wie* des Denkens beschäftigt ist (Sapir 1921: 218–215). Gleichzeitig wies Sapir darauf hin, daß Sprache, Rasse und Kultur nicht notwendigerweise in Verbindung stünden (ebd.: 215). Als lehrreichen Paradefall hatte er die Hupa von Nordwest-Kalifornien gewählt; sie teilen ihre Kultur mit den Yurok und Karok, zwei Stämmen desselben Kulturareals, das von Kroeber zuerst analysiert wurde (trotz spärlicher und oft nur rekonstruierter Daten; s. Kroeber 1925: 5). Die Hupa, Karok und Yurok nehmen zum Beispiel an religiösen Zeremonien der jeweils anderen Stämme teil, sprechen aber verschiedene Sprachen (ebd.: 214). In der Tat fallen die Sprachen dieser drei ethnischen Gruppen derart auseinander, daß sie zu drei verschiedenen Sprachfamilien des nordamerikanischen Kontinents gehören (auch Hoijer hat auf diese Anomalie hingewiesen, allerdings mit der Sicht auf einen Vergleich der Hupa mit den Navahos, da beide zum Athabaskischen Sprachstamm gehören; s. Hoijer 1954: 104). Bei einer Studie stellte sich heraus, daß die nach ihrer Sprachstruktur völlig verschiedenen Gruppen dennoch durch längeren Kontakt in einem Teilgebiet ihres semantischen Bezugssystems, nämlich dem der Baumbenennungen, größere innere strukturelle Ähnlichkeiten aufweisen, als man erwartet hätte. Wir haben es hier also mit einer Akkulturation der Sprachstrukturen, einer Angleichung der Systeme – wahrscheinlich durch den Kulturaustausch hervorgerufen – zu tun (s. Bright und Bright in Tyler 1969: 66–78). Damit wird die Sapir-Whorf-Hypothese insofern widerlegt, als man bei verschiedenen Sprachstrukturen hätte erwarten müssen, daß die semantischen Bedeutungsstrukturen auseinanderfallen würden, daß also die Bäume und Sträucher als Teil der Umgebung durch verschiedene «Linsen» gesehen würden, daß also die «Realität» in verschiedene Teilstücke aufgegliedert würde. Jedoch erfährt die Sapir-Whorf-Hypothese teilweise auch eine Bestätigung, da die Forscher nachweisen konnten, daß zum Beispiel eine größere Spielweite im Bezugssystem einer Gruppe mit deren Grammatik in engster Verbindung zu stehen scheint (ebd.: 75).

Wie wir sehen, sind auch die empirischen Studien bis zur Gegenwart nicht über die vorsichtigen Formulierungen von Sapir und Whorf hinausgekommen. Die Idee der Verflechtung von Sprache, Struktur, Denken und Wirklichkeit wird wohl noch für einige Zeit die Ethnologie und Ethnolinguistik beschäftigen. Wenn die Ethnologie etwas von Sapir und Whorf lernen kann, dann ist es dies: Es gibt für Akkulturations- und Kulturwandelforschungen wohl kaum einen genaueren Gradmesser als die Kenntnis der Sprache als strukturelles Gefüge *und* als die Welt des Gesprochenen zugleich. Das Beispiel aus der Welt der Indianersprachen zeigt uns sicherlich, daß selbst die sonst als «undurchlässig» vorgestellten semantischen Bezugssysteme durch Kontakt verändert werden können, ohne daß es zu einer Diffusion von Worten oder gar zu einem Sprachverlust kommen muß.

Es sollte nicht unerwähnt bleiben, daß wir bei Sapir eine aufschlußreiche Formulierung von Konzepten der Ethnologie finden, die auf linguistischen Modellen aufbaut. Sapir versuchte 1937 eine Analyse von Sitte und Mode (‹custom› and ‹fashion›). Er führt dabei aus, daß die Sitte den relativ permanenten Teil des Sozialverhaltens ausmacht, der oft ohne Kenntnis der Handelnden vorliegt. Dagegen ändert sich die Mode dauernd und ist ein Teil des bewußten Kulturverhaltens von Individuen (Sapir 1937: 139). Es ist ersichtlich, daß Sapir hier bewußt oder unbewußt von seinen linguistischen Kategorien der Oberflächenstrukturen und der Tiefenstrukturen beeinflußt ist; die Sitte entspräche damit auch der Sprache als solcher, die Mode eher dem Sprechakt. In Stammesgesellschaften, so sagt Sapir weiter, finden wir oft langsame, *nichtumkehrbare* Veränderungen stilistischer Art, die man mit den umkehrbaren schnellen Wandlungen der modernen Gesellschaft kontrastieren könnte (ebd.: 141). Naturvölker zeichnen sich durch *symbolische Bedeutsamkeit der Sitten* aus, während die Moden der modernen Großgesellschaften sich durch *funktionale Irrelevanz* kennzeichnen lassen (ebd.: 144). Dies ist die knappste Formulierung des stilistischen Künstlers Sapir, die erkennen läßt, warum er weit über den Kreis seiner linguistischen Kollegen und Schüler wirksam gewesen und geblieben ist – wie die Werke von Kluckhohn, M. Mead, Dorothy Lee und vielen anderen zeigen.

17. Das humanistische Erbe Sapirs

Es ist hier nicht der Platz, auf die vielseitigen methodischen Erörterungen in der Kulturanthropologie, vor allem durch Sapir, näher einzugehen, jedoch sollte eine Arbeit über das Leben Sapirs nicht abgeschlossen werden ohne einen Hinweis auf seine nachhaltige Bedeutung für eine humanistisch ausgerichtete Ethnologie als Wissenschaft vom Menschen. Kurt H. Wolff hat darauf aufmerksam gemacht, daß das Erbe Sapirs ebenso wie die dauernde Wirkung von Paul Radin, den beiden vielleicht meistunterschätzten Ethnologen der Vereinigten Staaten, darin besteht, uns auf eine «radikal-humane» Ethnologie festgelegt zu haben bzw. uns die Herausforderung hingeworfen zu haben, die Wissenschaft vom Menschen als eine Aufgabe der Ehrlichkeit zu erfassen (Wolff in Dell Hymes 1974: 99–118). Insofern, sagt Wolff, ist Sapir sicherlich ein Vorläufer der sogenannten «radikalen» Ethnologie, der späten 60er Jahre; Wolff bezieht sich dabei auf folgende Aussage Sapirs von 1919: «Früher oder später müssen wir uns zu der bescheidenen Aufgabe herablassen, die Tiefen unseres Bewußtseins zu erkunden und diejenigen aufrichtigen Stücke von reflektierter Erfahrung ans Licht zu ziehen, die wir finden können. Diese Stücke werden nicht immer schön sein, sie werden nicht immer angenehm sein, aber sie werden wahrhaftig echt sein» (Sapir 1919: 22–24).

Diese Worte Sapirs zeigen uns, daß wir uns an Wilhelm von Humboldts Worte halten können, wenn er sagt, daß «jede Sprache dem Geiste derjenigen, welche sie sprechen, gewisse Grenzen setzt» (Humboldt 1810/11, in der Ausg. Böhler 1973: 13). Das muß jedoch nicht bedeuten, daß wir blind den Sprachstrukturen Folge leisten müssen, wenn es sich um Fragen der Ethik des Verhaltens dreht. Die Sprache gibt uns keine Entschuldigung für moralisches Fehlverhalten und sie kann uns nicht freisprechen.

Bronislaw Kaspar Malinowski (1884–1942)

Karl-Heinz Kohl

BRONISLAW KASPAR MALINOWSKI (1884–1942)

> «Rivers is the Rider Haggard of anthropology; I shall be the Conrad.»

Das wissenschaftliche Werk eines Autors aus dessen besonderen Lebensumständen abzuleiten ist ein zwar gebräuchliches, aber in wenigen Fällen auch wirklich gerechtfertigtes Verfahren. Die entsprechende Wissenschaftstradition, der vorgegebene institutionelle Rahmen und die in benachbarten Disziplinen zur gleichen Zeit vorherrschenden Strömungen sind selbst in den Fällen, in denen es sich um die revolutionäre Umgestaltung oder auch Neubegründung einer ganzen Wissenschaft handelt, oft prägender gewesen als die mehr oder weniger trivialen Ereignisse im Leben eines Wissenschaftlers. Wenn in überhaupt einer wissenschaftlichen Disziplin, dann hat ein solches Verfahren in der Geschichte der Wissenschaft eine gewisse Berechtigung, die die Identität des Gegenstands mit dem Subjekt der Forschung bereits in ihrem Namen führt und in der die persönlichen Erfahrungen des Forschers bei der Gewinnung seiner «Daten» eine bedeutendere Rolle spielen als in jeder anderen. Und in der Tat sind gerade in der Geschichte der Anthropologie Werk und Biographie häufig aufs engste miteinander verknüpft.[1] Dies gilt in besonderem Maße für die «Revolution in der Anthropologie» (I. C. Jarvie), die der gebürtige Pole, naturalisierte Engländer, amerikanische Immigrant und «Ex-Melanesier» (*Introduction* 1937: IX) Bronislaw Malinowski bewirkte. Diese Revolution aber bestand in der von ihm begründeten Theorie des Funktionalismus nicht weniger als darin, daß er durch die von ihm entwickelte und seither die ethnologische Praxis bestimmende Methode der «teilnehmenden Beobachtung», die inzwischen auch in benachbarte Disziplinen Eingang gefunden hat, den biographischen Bezug des Forschers zum Gegenstand seiner Forschung in das Zentrum der modernen Ethnologie rückte.

I. Leben

Als Malinowski am 16. Mai 1942 in New Haven (Conn.) im Alter von 58 Jahren überraschend an den Folgen eines Herzanfalls starb, hatte er eine glänzende akademische Karriere hinter sich. 1927 auf den für ihn gegründeten ersten Lehrstuhl für Anthropology an der London School of Economics berufen, war er 1938 während eines Forschungsfreijahres in die Vereinigten Staaten gelangt, wo er, da ihn der Ausbruch des Zweiten Weltkrieges an einer Rückkehr nach Europa hinderte, wenige Wochen vor seinem Tod eine Ernennung zum Professor an Amerikas renommierter Yale-Universität erhielt. Malinowski war zu diesem Zeitpunkt nicht nur ein international anerkannter Wissenschaftler, sondern galt als das Oberhaupt einer der bedeutendsten anthropologischen Schulrichtungen seiner Zeit. Seine Schüler veröffentlichten die Ergebnisse der Feldforschungen, die sie nach den Grundsätzen der von ihm propagierten Methode der «teilnehmenden Beobachtung» in allen Teilen der Erde durchgeführt hatten. Von seinen eigenen Schriften ging eine Breitenwirkung aus, die sich weit über die engen Fachgrenzen erstreckte.

Auf den ersten Blick erscheint Malinowskis Laufbahn als Wissenschaftler so durch ein hohes Maß an Erfolg und Kontinuität gekennzeichnet. Aus der Nähe betrachtet, weist seine Lebensgeschichte jedoch einige Brüche auf, die für seine persönliche Entwicklung nicht weniger bedeutsam waren als für die seines Werkes.

Am 17. April 1884 in der erst 1846 von der Donaumonarchie annektierten ehemaligen polnischen Hauptstadt Krakau geboren, wuchs Malinowski, ähnlich wie schon viele bedeutende Ethnologen vor ihm, in einem kulturellen und ethnischen Grenzgebiet auf.[2] Obgleich sein Interesse an der Ethnologie möglicherweise schon sehr früh durch die Tätigkeit seines Vaters geweckt wurde, der an der Jagellan-Universität slawische Philologie lehrte und selbst volkskundliche Studien betrieben hatte,[3] entschied er sich zunächst für ein Studium der Physik und Chemie, das er 1908 mit der Promotion abschloß. Seinem eigenen Bekunden nach soll seine Bekanntschaft mit der Wissenschaft, der er sich fortan vor allem widmete, allerdings erst in die Zeit nach seiner Promotion gefallen sein. In einem zu Ehren von James Frazer gehaltenen Vortrag berichtet er, wie er sich dessen *Golden Bough* zu lesen vornahm, als er seine naturwissenschaftlichen Studien wegen einer Erkrankung kurzfristig unterbrechen mußte. Die Lektüre dieses Buches aber sollte ihm im nachhinein zu einer Art Offenbarung werden: «Es wurde mir damals klar, daß die Anthropologie (...) eine große Wissenschaft ist, die ebenso starker Hingabe wert ist wie eines der ihr verwandten älteren und exakteren Studienfächer, und ich stellte mich in den Dienst der Frazerschen Anthropologie» (*Magie, Wissenschaft und Religion*: 77).

Ob es sich bei dieser autobiographischen Episode nur um einen der vielen Mythen handelt, die Malinowski nach den Aussagen seiner Schüler so gern von sich selbst zu erzählen pflegte,[4] sei dahingestellt. Tatsache bleibt jedoch, daß sich um diese Zeit der erste große Bruch in seiner

Lebensgeschichte abzeichnet – ein Bruch, der durchaus unter dem Eindruck der Faszination erfolgt sein kann, die von den in Frazers Werk behandelten Stoffen ausging. Malinowski jedenfalls verzichtete auf die akademische Laufbahn eines Naturwissenschaftlers, die seine mit den höchsten Auszeichnungen versehene Dissertation ihm hätte eröffnen können, und studierte statt dessen in den folgenden beiden Jahren in Leipzig Völkerpsychologie bei Wilhelm Wundt und Wirtschaftsgeschichte bei Karl Bücher. Seine Beschäftigung mit anthropologischen Fragestellungen setzte er in England fort, wo er ab 1910 an der London School of Economics, einem der damaligen Zentren soziologischer und ethnologischer Forschung, unter Edvard Westermarck und C. G. Seligman arbeitete. Als Resultat seiner ethnologischen Studien veröffentlichte er 1913 eine Abhandlung über *The Family among the Australian Aborigines*, die er vermutlich schon in Leipzig konzipiert hatte und die über den Diskussionsstand der noch von der Auseinandersetzung zwischen Evolutionisten und Diffusionisten beherrschten zeitgenössischen Ethnologie kaum hinausführt.

Malinowskis eigentliche Lehrmeister sind denn auch nicht in den akademischen Zirkeln Krakaus, Leipzigs oder Londons zu suchen. Es waren vielmehr die Trobriander, die Bewohner einer kleinen Inselgruppe im nordwestlichen Melanesien, wo er sich während des Ersten Weltkriegs zwei Jahre aufhalten sollte, die ihm maßgeblich dabei halfen, sich von den Voreingenommenheiten der viktorianischen Ethnologie zu lösen und der anthropologischen Forschung neue Perspektiven zu eröffnen. Daß es zu diesem wissenschaftshistorisch so bedeutsamen Aufenthalt überhaupt kam, verdankte sich weitgehend dem Zufall.

In der Absicht, die ihm bis dahin nur aus der Literatur bekannten Lebensformen der «Bewohner der Antipoden» aus eigener Anschauung kennenzulernen, hatte Malinowski das Angebot des britischen Ethnologen R. R. Marett angenommen, ihn zu der für 1914 in Melbourne anberaumten Konferenz der Section H. der British Association for the Advancement of Science nach Melbourne zu begleiten. Ob Malinowski von vorneherein die Absicht hatte, mehrere Jahre mit ethnographischen Feldstudien zu verbringen, oder ob er nur eine jener kleineren «Übersichtsarbeiten» anstrebte, wie sie damals üblich waren, läßt sich heute nicht mehr mit Sicherheit sagen. Malinowski wurde diese Entscheidung durch den Ausbruch des Zweiten Weltkrieges abgenommen. Da er dem Papier nach immer noch österreichischer Staatsbürger war und damit offiziell einer «verfeindeten Nation» angehörte, drohte ihm nach seiner Ankunft in Australien die Internierung, der er allerdings dank der Fürsprache befreundeter Wissenschaftler entging. Dennoch an der Heimreise gehindert, nutzte er den erzwungenen Aufenthalt für ethnographische Untersuchungen im damaligen australischen Mandatsgebiet Britisch-Neuguinea, für die er schließlich auch die Genehmigung der Regierung erhielt. Auf Mailu, einer kleinen Insel im Süden Neuguineas, verschaffte er sich einen ersten Einblick in die Schwierigkeiten einer vor Ort betriebenen «Feld»-Forschung; sechs Monate später kehrte er wieder nach Melbourne zurück. 1915 brach er zu einer weiteren Reise nach Melanesien auf, um sich nach einem geeigneteren Forschungsort umzusehen. Diesen fand er dann schließlich auf Kiriwana, der Hauptinsel des Trobriand-Archipels. Die insgesamt zwei Jahre, die er zwischen 1915 und 1918 mit kurzen Unterbrechungen bei den Trobriandern verbrachte, stellen den entscheidenden zweiten Einschnitt seines Lebens dar. Malinowski sollte sich praktisch bis wenige Jahre vor seinem Tod mit der wissenschaftlichen, aber auch emotionalen Aufarbeitung der Erfahrungen befassen, die er während dieser Zeit gemacht hatte, und zwar in einem solchen Maße, daß ihm gegenüber später wiederholt der Vorwurf erhoben worden ist, er habe Ethnologie aus der eingeschränkten Perspektive eines trobriandischen Ethnozentrismus betrieben.[5]

Dieser Eindruck besteht sicherlich nicht ganz zu Unrecht. Malinowski hat der Kultur und Gesellschaft der Trobriander nicht nur drei umfangreiche Monographien und zahlreiche kleinere Abhandlungen gewidmet, sondern auch in seinen theoretischen Schriften nie versäumt, die Argumente aus seiner profunden Kenntnis dieser Gesellschaft zu beziehen, gleichgültig, ob es sich um eine Auseinandersetzung mit einigen Grundannahmen der Freudschen Psychoanalyse, um den Entwurf einer Mythentheorie oder um die Begründung seiner «funktionalen» Theorie der Kultur handelte. Die gesellschaftlichen Verhältnisse der Trobriander, ihre Ökonomie, ihre zeremoniellen Handelsunternehmen, ihre Riten und ihre Mythen standen im Mittelpunkt der meisten Lehrveranstaltungen, die er an der London School of Economics hielt, wohin er 1921 nach einem längeren Zwischenaufenthalt in Australien und auf den Kanarischen Inseln zurückkgekehrt war und wo er ein Jahr später eine Anstellung als Lecturer erhielt. Sie bildeten auch das Thema der meisten Vorträge, zu denen er nach seiner Ernennung zum Professor als führender Vertreter der britischen Social Anthropology von den wichtigsten europäischen Universitäten eingeladen wurde. Malinowski baute so seine ganze spätere Karriere auf den Beobachtungen und Informationen auf, die er während jener zwei auf Kiriwana verbrachten Jahre gesammelt hatte. Damit nicht genug, verstand er es, aus der Tatsache, daß er den meisten seiner Kollegen einen langjährigen und intensiven Kontakt mit einer «Eingeborenengesellschaft» voraushatte, seine eigene Legende zu schmieden. Denn für den großen Kreis von Schülern, den er sich durch seine Lehrtätigkeit gewann, stand fest, daß er mit seinem Aufenthalt auf den Trobriandinseln eine «neue akademische Disziplin» begründet hatte: «Eine ganze Generation seiner

Nachfolger wuchs in der Überzeugung heran, daß die Social Anthropology 1914 auf den Trobriandinseln begann.»[6]

II. Werk

Obgleich in der formativen Periode der akademischen Ethnologie der Entwurf der großen theoretischen Lehrgebäude in der Regel den klassischen Schreibtischgelehrten vorbehalten blieb, während man die als weniger wichtig angesehene Tätigkeit des ethnographischen Datenlieferanten den Reisenden, Missionaren, Kolonialbeamten und Händlern überließ, war Malinowski keineswegs der erste neuere Ethnologe, der seine Informationen in direkter Beobachtung gesammelt hatte. Durch seine Studien unter den Irokesen hatte um die Mitte des 19. Jahrhunderts schon Lewis H. Morgan bewiesen, daß eine praktische Forschungstätigkeit keineswegs auf Kosten theoretischer Leistungen erfolgen mußte. Als weitere Beispiele früher «stationärer Feldforschung» können ferner Franz Boas' Aufenthalte unter den Indianerstämmen der amerikanischen Nordwestküste und auch die in ihren Erträgen so fruchtbaren Untersuchungen des deutschen Missionars Carl Strehlow und der britischen Verwaltungsbeamten Spencer und Gillen unter den australischen Ureinwohnern gelten. Aber auch in der professionellen britischen Ethnologie waren Malinowskis Aufenthalt auf den Trobriandinseln bereits einige bedeutende empirische Untersuchungen vorausgegangen, wie zum Beispiel die von A. C. Haddon und W. H. R. Rivers organisierte Torres-Strait-Expedition von 1898/99, C. G. Seligmans wenige Jahre später erfolgte Studien auf Ceylon und im Sudan sowie insbesondere A. R. Radcliffe-Browns Forschungsaufenthalt auf den Andamanen in den Jahren 1904 bis 1906. Überhaupt erscheint für die britische Ethnologie seit der Jahrhundertwende ein starker Hang zu der bis dahin weitgehend vernachlässigten oder völkerkundlichen Laien überlassenen empirischen Forschung kennzeichnend. Die Notwendigkeit solcher in direktem Kontakt mit den «Eingeborenen» durchzuführender Untersuchungen wurde allgemein erkannt. So betonte etwa Rivers ihre Dringlichkeit, als er 1913 schrieb: «In vielen Teilen der Erde bedeutet der Tod eines jeden alten Mannes einen Verlust an Wissen, der nie wieder wird ersetzt werden können.»[7] Die Grenzen der von ihm selbst während seines Aufenthalts in Melanesien betriebenen «Übersichtsarbeiten» waren Rivers dabei durchaus bewußt. Er forderte daher eine neue Form «intensiver» Forschungstätigkeit, die einen Zeitraum von mindestens einem Jahr umfassen müsse und in deren Verlauf der Ethnograph sich eine detaillierte Kenntnis der Sprache, der Sitten und der Lebensgewohnheiten der fremden Kultur erwerben solle.[8]

Malinowski hat diese Forderungen Rivers' nicht nur als einer der ersten in der Praxis umgesetzt, sondern sie in Reflexion seiner eigenen «Feld»-Erfahrungen auf Mailu und den Trobriandinseln zu einer eigenständigen Methodik ausgebaut, der «teilnehmenden Beobachtung», die in die moderne Ethnologie eingeführt zu haben ihn heute als den eigentlichen Begründer der empirischen Ethnographie erscheinen läßt. Eine erste Formulierung der Prinzipien dieser Methode findet sich in der Einleitung zu den *Argonauts of the Western Pacific*, seiner 1922 veröffentlichten ersten großen Monographie über die Trobriander. Malinowski bestimmt hierin als das oberste Ziel der Ethnologie, «den Standpunkt des Eingeborenen, seinen Bezug zum Leben zu verstehen und sich seine Sicht seiner Welt vor Augen zu führen» (*Argonauten:* 49). An dieser Aufgabe wären aber die meisten seiner Vorgänger gescheitert, da sie aufgrund ihres zumeist sehr kurzen Aufenthalts nur ein oberflächliches und daher weitgehend abstraktes Bild der untersuchten Gesellschaft hätten darlegen können. Über den notwendigen ersten Schritt, eine «Skizze der Organisation des Stammes und der Anatomie seiner Kultur» zu entwerfen, seien sie nur selten hinausgekommen; doch gelte es, ein solches «Skelett abstrakter Konstruktionen» in einem zweiten Schritt mit dem «Fleisch und Blut des tatsächlichen Eingeborenenlebens» (ebd.: 42) zu füllen und schließlich durch eine Dokumentation der von den Eingeborenen mit ihren eigenen Bräuchen und Traditionen verbundenen Anschauungen, Motive und Gefühle zu ergänzen. Dies alles ließe sich aber nur unter der Bedingung einer vollständigen Integration des Ethnographen in die fremde Gesellschaft erreichen. Zu diesem Zweck müsse er zunächst planmäßig alle Kontakte zu Angehörigen seiner eigenen Kultur abbrechen. Er müsse sein Zelt im Dorf der Eingeborenen aufschlagen, ihre Sprache erlernen und an ihrer täglichen Lebenspraxis teilhaben. Er müsse sie bei ihren Arbeiten in den Gärten beobachten, ihnen beim Fischen und beim Handeln zusehen, sie auf ihren gefährlichen Übersee-Expeditionen begleiten. Kein Detail ihres Alltagslebens dürfe ihm entgehen, weder ihre Zeremonien anläßlich von Geburt, Heirat und Tod noch ihre kleinen Streitigkeiten und Skandale. Denn erst dann, wenn der Ethnograph sich durch stete Teilhabe und geduldige Beobachtung eine genaue Kenntnis der «Imponderabilien des wirklichen Lebens» (ebd.: 43) erworben habe, sei er in der Lage, den Sinn und die wirkliche Bedeutung einzelner Institutionen und Verhaltensweisen zu erkennen.

Daß Malinowskis Konzept der «teilnehmenden Beobachtung» nicht nur wissenschaftliche Erfordernisse zugrunde liegen, geht bereits aus den verräterischen Untertönen seiner Darstellung der Grundsätze dieser Methode hervor. Eine zentrale Rolle spielt in ihr der immer wiederkehrende Begriff des «wirklichen Lebens», zu dem der Forscher im «Felde» Zugang gewinnen könne, wenn er nur bereit sei, auf die Gesellschaft von Angehörigen seiner eigenen Kultur zu verzichten und die Zivilisation und ihre Annehmlichkeiten hinter sich zu lassen. Als Formel des Protestes scheint dieser Begriff auf den Verlust der Unmittelbarkeit des Lebens in der eigenen «zivilisierten» Gesellschaft zu verweisen. In einem acht Jahre später veröffentlichten Aufsatz hat sich Malinowski denn auch freimütig dazu bekannt, daß es die «rationalisierten» Lebensformen der modernen Industriegesellschaft waren, in der die Wissenschaft die Menschen zu «Robotern, zu standardisierten und auswechselbaren Teilen eines enormen Mechanismus» mache, die ihn dazu bewogen, sich der Erforschung der «Primitiven» zu widmen: «Für mich zumindest war die Anthropologie eine romantische Flucht aus unserer genormten Kultur» (*The Rationalization of Anthropology:* 406). Von diesem überraschenden Eingeständnis her gesehen, das vielleicht nicht zufällig erst zu einem Zeitpunkt erfolgte, als Malinowski sich im akademischen Betrieb bereits fest etabliert hatte, erscheinen die beiden zentralen Einschnitte seiner Lebensgeschichte in einem neuen Licht. Ebenso wie der Abbruch seiner Laufbahn als Naturwissenschaftler und seine zunächst nur am Schreibtisch erfolgende Beschäftigung mit der Lebenswelt «primitiver» Kulturen erweist sich auch seine praktische Forschungstätigkeit unter den «Wilden» der primären subjektiven Intention nach als romantischer Eskapismus. Unter diesem Gesichtspunkt erhält indes auch die von ihm verkündete Methode der «teilnehmenden Beobachtung» eine neue Bedeutung. Sie erscheint als Möglichkeit, durch eine Teilhabe an «authentischeren» Lebensformen durchaus persönliche Erwartungen und Bedürfnisse befriedigen zu können, ohne deshalb den Anspruch, Wissenschaft zu betreiben, aufgeben zu müssen.

Malinowskis postum veröffentlichte Tagebücher zeigen allerdings, daß es ihm während seines Aufenthalts auf den Trobriandinseln nicht gelang, jene beiden konkurrierenden Ansprüche miteinander zu versöhnen. Aus seinen täglichen Aufzeichnungen geht vielmehr hervor, wie sein Versuch einer «Flucht aus unserer genormten Kultur» nicht zuletzt am hohen Grad der Verinnerlichung der Normen dieser Kultur scheiterte.[9] Für Malinowski, der die Trobriandinseln nach einem Urteil von M. Harris später als ein «Rousseausches Sexualparadies» (Harris 1969: 548) darstellen sollte, wurde insbesondere das freizügige sexuelle Verhalten der Inselbewohner, das die Moralvorschriften einer Erziehung im Zeichen des viktorianischen Puritanismus als ebenso herausfordernd wie skandalös erscheinen ließen, zu einem unablässigen Anlaß innerer Konflikte. Die Abwehrmechanismen aber, die er zu ihrer Bewältigung entwickelte, stellten sich bald jedem Versuch entgegen, zu den «Eingeborenen» Beziehungen aufzunehmen, die über ein bloßes «ethnographisches» Arbeitsverhältnis hinausgingen. Eines der vielen Mittel, die Malinowski anwandte, um seiner psychischen Probleme, seiner Depressionen, seiner unerfüllten sexuellen Wunschphantasien oder auch seiner hypochondrischen Neigungen Herr zu werden, bestand darin, daß er immer wieder versuchte, sich voll und ganz auf seine ethnographische Beobachtungstätigkeit zu konzentrieren, wobei er sich über seine Einsamkeit und seine desolate Außenseiterposition häufig damit hinwegtröstete, daß er sich ausmalte, welche Anerkennung ihm seine Forschungen nach seiner Rückkehr nach Europa einbringen würden. Die Arbeit des Ethnographen: seine Beobachtung und systematische Registrierung aller Lebensaspekte der fremden Kultur, erweist sich so tendenziell als Kompensation des Scheiterns seiner Hoffnung, an ihrem «wirklichen Leben» teilhaben zu können. Es liest sich daher wie eine ungewollte Persiflage auf die Grundsätze der Methode der «teilnehmenden Beobachtung», wenn Malinowski sich in seinem Tagebuch einmal selbst eingestehen muß: «Für mich ist das Leben der Eingeborenen so ganz ohne Bedeutung und Interesse, etwas, das mir so fern liegt wie das Leben eines Hundes» (*A Diary:* 167). Gerade gegen Ende seines Aufenthalts häufen sich denn auch Äußerungen dieser Art: «Die Eingeborenen irritieren mich, vor allem Ginger, den ich am liebsten totschlagen möchte. Ich verstehe jetzt alle deutschen und belgischen Kolonialgreuel» (ebd.: 279). Und als einer seiner Informanten einmal eine abfällige Bemerkung über ihn zu machen wagt, notiert er: «Es gelang mir zwar, mich zusammenzunehmen, aber dennoch war ich ziemlich verstört darüber, daß dieser Nigger sich herausgenommen hatte, in dieser Art mit mir zu sprechen» (ebd.: 272). Nicht weniger desillusionierend schließlich ein weiteres Bekenntnis: «Im Grunde lebe ich außerhalb von Kiriwana, hasse sie auch zutiefst, die Nigger» (ebd.: 264).

So verführerisch es auch erscheinen mag: diese und ähnliche Äußerungen einer moralischen Bewertung zu unterziehen wäre der Sache nur zum Teil angemessen. Sie sind Ausdruck einer außergewöhnlichen Belastung: einer Vereinsamung und Isolation, die gerade im Blick auf seine anfänglichen Hoffnungen tragisch anmutet. Und überdies war sich Malinowski ihrer entlastenden Funktion wohl durchaus bewußt. Dennoch sind sie für ein Verständnis seines Werkes nicht ohne grundsätzliche Bedeutung. Lévi-Strauss hat den Ethnographen einmal als «Symbol der Sühne» bezeichnet; im Hinblick auf die zerstörerischen Wirkungen, die von der europäischen Gesellschaft und ihrer Geschichte für die außereuropäischen Kulturen ausgingen, sei seine Existenz «ausschließlich als ein Versuch der Wiedergutmachung» zu verstehen.[10] Partiell zumindest läßt sich auch Malinowskis ethnographisches Werk als ein solcher Versuch der Wiedergutmachung lesen. In seinen Schriften über die Bewohner der Trobriandinseln hat Malinowski sich, bis hin zur tendenziellen Idealisierung, um den Abbau der kulturellen Vorurteile bemüht, die er während seines Aufenthaltes unter den «Wilden» in

Reaktionsbildung selbst reproduzierte und um deren Genese, Funktion und letztlich fatale Auswirkungen er nur allzu gut wußte. Seine Tagebücher und seine ethnographischen Schriften verhalten sich in dieser Hinsicht komplementär zueinander. In den Tagebuchaufzeichnungen gelangen die Konflikte noch offen zur Sprache, deren nachträglicher Bewältigung sein späteres Werk gilt. Seine Trobriander-Monographien lassen sich zugleich aber auch als Versuch ansehen, aus der Erinnerung die Grundzüge des «wirklichen Lebens» zu rekonstruieren, das er über zwei Jahre tagtäglich vor Augen hatte, an dem wirklich teilzuhaben ihm aber versagt blieb.

Obgleich Malinowski nie eine Gesamtdarstellung der Kultur und Gesellschaft der Trobriander verfaßt hat, gibt es kaum eine andere schriftlose Gesellschaft, über die wir heute eine ähnlich große Fülle an ethnographischem Beobachtungsmaterial besitzen. Jede seiner drei großen Trobriander-Monographien konzentriert sich auf einen bestimmten Aspekt ihres Lebens. In den *Argonauts of the Western Pacific* werden ihre großen Überseereisen – zeremonielle Unternehmungen, durch die die Trobriander an einem weitgefächerten und auf dem Prinzip der Gegenseitigkeit basierenden intertribalen Tauschsystem, dem sogenannten Kula-Ring, partizipieren – sowie die mit diesen Reisen zusammenhängenden ökonomischen, sozialen und magischen Aktivitäten beschrieben. Ist die Reise im Raum der zentrale Bezugspunkt dieser Darstellung, so gruppieren sich die in *The Sexual Life of Savages in North-Western Melanesia* behandelten Themen um den individuellen Lebenszyklus der Trobriander. Verwandtschaftsverhältnisse, Residenzregeln, Herrschaftsstrukturen, voreheliche Liebesbeziehungen, Heirats- und Begräbniszeremonien, Liebesmagie usw. werden zu den verschiedenen Stadien in Beziehung gesetzt, die ein Trobriander im Verlauf seines Lebens durchläuft. In ähnlicher Weise dient in *Coral Gardens and Their Magic* die Darstellung der Gartenarbeit in ihrem jahreszeitlichen Ablauf als Bezugsrahmen, anhand dessen aufgezeigt wird, in welch vielfältiger und komplexer Form die einzelnen Institutionen miteinander verbunden sind.[11] Nicht anders hat Malinowski auch in seinen kleineren Abhandlungen zu den Jenseitsvorstellungen, zum matrilinearen Familienkomplex, zu den Rechtsverhältnissen, zu den Mythen und zur Magie der Trobriander allein schon durch die Form der Darstellung darauf aufmerksam gemacht, daß sich die einzelnen Aspekte des sozialen Lebens nicht willkürlich voneinander trennen und isoliert behandeln lassen, sondern daß sich ihr wahrer Sinn erst dann erhellt, wenn sie in ihren gesellschaftlichen Zusammenhang gestellt und zugleich in ihrer Bedeutung für den einzelnen untersucht werden. Jede seiner Schriften über die Trobriander gilt daher nur vordergründig einer bestimmten Institution oder einem bestimmten Komplex von Institutionen. Als eigentliches Zentrum des Diskurses erweist sich vielmehr das Individuum, dessen konkretes Handeln, so wie es sich von außen beobachten läßt, mitsamt den Ansichten, die es sich selber von seinem Handeln macht, im Rahmen dieser Institutionen vorgeführt wird, die damit, trotz ihrer Fremdartigkeit, den Schein des Absonderlichen und Absurden allmählich verlieren.

Durch die Anwendung eines auf dem steten Wechsel von Außen- und Innensicht beruhenden Verfahrens[12] gelangte Malinowski unter anderem zu der Einsicht, daß die Vorstellungen, die sich die Angehörigen einer bestimmten Kultur von ihren eigenen Normen und Institutionen machen, mit der sozialen Wirklichkeit keineswegs identisch sind. Die wirkliche Bedeutung einer Institution erschließt sich vielmehr erst im Kontext ihres konkreten Gebrauchs. Das heißt aber nichts anderes, als daß zwischen sozialer Norm und der auf sie bezogenen bzw. durch sie legitimierten Handlung ein breiter Spielraum an Möglichkeiten besteht, ja, daß das Primat bei den Handlungen selbst liegt, denen gegenüber die Normen als im Grund manipulierbare und den Umständen entsprechend veränderbare sekundäre Gegebenheiten erscheinen. Durch seine minutiösen Untersuchungen des Alltagslebens der Trobriander konnte Malinowski daher deutlich machen, wie falsch die damals gängige Vorstellung vom «Primitiven» als einem individuell entmächtigten, in abergläubischer Furcht an Brauch und Tradition gebundenen und von kollektiven Zwängen vollständig beherrschten Subjekt war. Vielmehr zeigte er auf – am eindrucksvollsten vielleicht in seiner Studie *Crime and Custom in Savage Society* –, daß auch bei den sogenannten Wilden der einzelne durchaus in der Lage ist, sich dem Zwang der Tradition zu widersetzen, einzelne Normen gegeneinander auszuspielen und sich ihrer zur Durchsetzung seiner persönlichen Interessen zu bedienen. Es sei die Pflicht des «modernen ethnographischen Forschers» – so schreibt er im Vorwort zu der eben genannten Studie (*Sitte und Verbrechen:* 5) –, «die Fragen zu untersuchen, inwiefern sich der primitive Geist von dem unseren unterscheidet und wie weit er ihm ähnlich ist, ob der Wilde dauernd in einer Welt übernatürlicher Mächte und Bedrohungen lebt oder im Gegenteil seine lichten Momente hat, in dem Maße, in dem wir sie haben . . .». Seine eigene Antwort ist eindeutig: Der Unterschied liegt lediglich in der jeweiligen Form der sozialen Organisation, nicht aber in der Qualität des Denkens, das hier wie dort gleich rational funktioniert.

Malinowski verstand sich nicht nur in dieser Hinsicht als Aufklärer. In gewisser Weise stellt jede seiner Schriften über die Trobriander den Versuch dar, ein herrschendes Vorurteil oder eine allgemein akzeptierte Theorie über die «Wilden» zu widerlegen.[13] So erhält etwa auch die Magie der «Primitiven», die der Ethnologie des 19. Jahrhunderts als Paradebeispiel für deren Unvernunft oder noch unentwickelte Vernunfttätigkeit gedient hatte, aus Malinowskis Sicht eine durchaus zweckrationale Funktion. Untersucht der Forscher die magischen Vorstellungen und Praktiken im Kontext ihres wirklichen Gebrauchs, so wird er – wie Malinowski wiederholt betont –, bald feststellen müssen, daß der Rückgriff auf die Magie vor allem in solchen Situationen erfolgt, deren Ausgang ungewiß ist und deren glückliche Lösung wesentlich vom Zufall abhängt. Die Magie sei insofern weder eine Vorform der Wissenschaft, die lediglich auf irrtümlichen Annahmen über die Wirkungsgesetze der Natur beruht, noch ersetze sie die Arbeit. Malinowski verweist vielmehr darauf, daß die Trobriander sehr wohl wüßten, wie sie ihre Gärten zu bebauen haben, um eine reiche Ernte zu erzielen, und daß sie ebenso auch über eine Vielzahl statischer und hydrodynamischer Kenntnisse verfügten, die sie beim Bau ihrer Auslegerboote einsetzten. Wenn sie sich dennoch bei der Anlage ihrer Pflanzungen und beim Bau ihrer Boote zusätzlich magischer Praktiken bedienten, dann deshalb, weil das Gedeihen ihrer Feldfrüchte und der Erfolg ihrer Überseefahrten von einer Reihe weiterer Faktoren abhingen, die weder im einzelnen vorhersehbar noch durch rationale Mittel zu beeinflussen seien. In dieser Hinsicht bestehe zwischen dem Verhalten eines «Wilden» und dem eines «Zivilisierten» bestenfalls ein gradueller Unterschied: «Wenn selbst der moderne Seemann, mit Wissenschaft und Vernunft ausgerüstet und in seinem stählernen Dampfschiff mit allen möglichen Rettungsgeräten versehen, eine eigentümliche Neigung zum Aberglauben hat – die ihn nicht seines Wissens oder seiner Vernunft noch völlig seiner Logik beraubt –, können wir uns dann wundern, daß sein primitiver Kollege unter viel schwierigeren Bedingungen an dem Schutz und dem Trost der Magie festhält?» (*Magie, Wissenschaft und Religion:* 16). Die Funktion der «primitiven» Magie sei mithin – ebenso wie die des «zivilisierten» Aberglaubens – wesentlich eine psychologische. Sie könne dem Menschen dort, «wo seine lückenhaften Kenntnisse und die Grenzen seiner Fähigkeit zur Beobachtung und zur Einsicht ihn im entscheidenden Moment im Stich lassen», (ebd.: 73) dazu verhelfen, emotionale Spannungen zu kanalisieren und ihn so dazu befähigen, «seine wichtigen Aufgaben mit Vertrauen auszuführen, sein Gleichgewicht und seine geistige Integrität (...) aufrechtzuerhalten» (ebd.: 74). Durch ihre affektstabilisierende Wirkung dient die Magie demnach der Wiederherstellung eines Zustandes, in dem rationales und zweckgerichtetes Handeln möglich ist.

An Malinowskis Erklärungsversuch der Magie, der hier nicht ohne Grund so ausführlich wiedergegeben worden ist, wird exemplarisch deutlich, wie er in seinem Bemühen, gegen die gängigsten Vorurteile oder vorgefaßten wissenschaftlichen Meinungen über die «Wilden» anzugehen, bisweilen in das gegenteilige Extrem verfällt und diesen, im Grunde nicht weniger eurozentrisch, einen zweckrationalen Pragmatismus unterstellt, der sich bei näherem Hinsehen als der unsere entpuppt.

So hat zum Beispiel Hans Kippenberg darauf aufmerksam gemacht, daß Malinowskis Theorie der «primitiven» Magie nicht nur auf der Universalisierung der wesentlich den okzidentalen Gesellschaften eigentümlichen strengen Dichotomie von Profanem und Sakralem beruht, sondern daß sie den Trobriandern darüber hinaus ein primär auf Beherrschung und technische Verfügbarkeit abzielendes Naturverhältnis unterstellt, wie es in dieser Form erst für warenproduzierende Gesellschaften charakteristisch sei.[14] Gleichwohl hat gerade die im Zusammenhang mit der neuerlichen Auseinandersetzung über die Bedeutung der «primitiven» Magie vorgebrachte Kritik an Malinowskis Erklärungsversuch gezeigt, welche Sorgfalt und Genauigkeit seine ethnographischen Darstellungen auszeichnet: Die Tatsache, daß sich das von ihm gesammelte ethnographische Material seiner eigenen Erklärung der Magie nur bedingt fügt und durchaus auch zur Begründung entgegengesetzter Ansichten herangezogen werden kann,[15] zeugt von seiner überragenden Befähigung als Ethnograph in eben dem Maße, in dem sie auf seine ethnologischen Verallgemeinerungen ein kritisches Licht wirft.

In Zusammenfassung eines in der neueren Ethnologie weit verbreiteten Urteils hat Michel Panoff Malinowski als «genialen Ethnographen und mittelmäßigen Theoretiker» bezeichnet.[16] Tatsächlich lösen Malinowskis theoretische Ausführungen nur wenig von dem ein, was sein ethnographisches Werk an Erwartungen verspricht. Vor allem seine späten theoretischen Schriften erwecken den Eindruck, als habe er einen Großteil seiner Energien auf die Bewältigung und Aufarbeitung jener ihn persönlich so extrem berührenden Erfahrungen verwendet, die ihm während seines zweijährigen Aufenthalts auf den Trobriandinseln zugestoßen waren. Der aufklärerische und im Blick auf seine eigenen Reaktionen während dieses Aufenthaltes im Grunde selbstkritische Impetus verflacht im Spätwerk des Universitätsprofessors, dem es nur noch darum zu tun scheint, seinen Ruf als Begründer und Wortführer des Funktionalismus zu festigen, zur bloßen Polemik gegen echte oder vermeintliche Gegner; aus der messianischen Botschaft wird das Dogma.

«Ich habe» – so schreibt Malinowski 1932 mit der ihm eigentümlichen Form von Humor – «von der funktionalen Methode gesprochen, als handele es sich hierbei um eine altbewährte anthropologische Schulrichtung. Lassen Sie mich sogleich bekennen: den wunderbaren Titel der Funktionalen Schule der Anthropologie habe ich selbst in die Welt gesetzt, ich habe ihn mir gewissermaßen selbst verliehen und er geht zu einem nicht unerheblichen Teil auf meinen eigenen Sinn für Verantwortungslosigkeit zurück» (*Sexual Life of Savages:* XXIX). Der methodische Ansatz, Gesellschaften als «organische Ganzheiten» aufzufassen und dementsprechend ihre einzelnen Teile unter dem Gesichtspunkt zu untersuchen, welchen Beitrag sie zur Erhaltung des «sozialen Körpers» leisten, ist zweifellos weit älter, und Malinowski selbst hat sich in dieser Hinsicht auf Durkheim, Tylor und Robertson Smith als seine wichtigsten Vorläufer berufen. Gleichwohl kann er für sich in Anspruch nehmen, die funktionalistische Methode konsequenter als die meisten Ethnologen vor ihm bei der Analyse ethnographischen Materials in Anwendung gebracht zu haben. Daß selbst die scheinbar bizarrsten Sitten und Gebräuche der «Wilden», wie etwa Kannibalismus, Kopfjägerei oder Couvade, innerhalb des gesellschaftlichen Ganzen, dem sie zugehören, eine bestimmte Funktion erfüllen, ist ein Leitgedanke, der sein ganzes Werk durchzieht. Mögen die Schlußfolgerungen, zu denen er auf diese Weise gelangte, heute auch bisweilen wie «erstaunliche Plattheiten» (Girtler 1981: 271) oder maßlose Übertreibungen wirken – «denn zu sagen, eine Gesellschaft funktioniere, ist eine Banalität; aber zu sagen, alles in einer Gesellschaft funktioniere, ist eine Absurdität»[17] –, so darf dabei doch nicht übersehen werden, was dieser Ansatz zu einer Zeit bedeutete, als die Ethnologie noch weitgehend von den Lehrmeinungen der Evolutionisten und Diffusionisten beherrscht wurde, deren methodisches Verfahren gerade darin bestand; die Bräuche und Vorstellungen der «Wilden» aus ihrem jeweiligen Kontext zu lösen und im Rahmen einer allgemeinen Theorie der Kultur entweder als «Überlebsel» früherer gattungsgeschichtlicher Entwicklungsstadien oder als durch Wanderung und Entlehnung über die ganze Welt verbreitete «Kulturelemente» zu klassifizieren. Malinowskis tendenzielle Überbetonung der Funktion «primitiver» Institutionen galt wesentlich der Kritik an den spekulativen Auswüchsen und dem Schubladenverfahren der zeitgenössischen Ethnologie, eine Kritik, die er dabei weit eher als Korrektur und empirische Ergänzung denn als grundsätzliche Widerlegung der genannten ethnologischen Theorien verstand, wie er denn überhaupt – und entgegen einer weit verbreiteten Annahme – mit dem Evolutionismus nie grundsätzlich gebrochen[18] und auch die Nützlichkeit diffusionistischer Hypothesen nicht prinzipiell bestritten hat. Erst als seine eigene «funktionale» Sichtweise sich weitgehend durchgesetzt hatte und ihrerseits bereits zum Gegenstand kritischer Auseinandersetzungen zu werden begann, sah Malinowski sich genötigt, der eigenen Position gewissermaßen post festum eine breitere theoretische Grundlage zu geben. Als Versuch einer solchen systematischen Begründung des Funktionalismus können sein Artikel *Culture* aus der *Encyclopaedia of the Social Sciences* von 1931 sowie vor allem die 1939 und 1941 veröffentlichten Aufsätze *The Functional Theory* und *A Scientific Theory of Culture* gelten.[19] Insbesondere die beiden letzten Arbeiten zeigen, wie wenig sich Malinowski von der Grundproblematik der von ihm kritisierten konjekturalen Ethnologie eigentlich entfernt hatte. Denn auch bei ihm tritt nun die Frage nach dem Ursprung einzelner Institutionen in den Vordergrund, die er, im Grunde nicht weniger spekulativ als die

Evolutionisten und Diffusionisten, in Rekurs auf eine biologische Bedürfnistheorie zu beantworten sucht.

Kultur ist für Malinowski in dieser letzten Hinsicht ganz allgemein ein Mittel zum Zweck, ein großer instrumenteller Apparat nämlich, «der es dem Menschen ermöglicht, mit den besonderen konkreten Problemen, denen er sich gegenübergestellt sieht, fertig zu werden» (*Eine wissenschaftliche Theorie der Kultur:* 75). Diese Probleme aber resultierten zunächst aus der besonderen biologischen Konstitution des im Vergleich zu «anderen Tieren» körperlich eher mangelhaft ausgerüsteten Menschen. Um die primären Bedürfnisse nach Nahrung, Fortpflanzung, Schutz vor Witterungseinflüssen usw. befriedigen, ja, um überhaupt in einer potentiell feindlichen Umwelt überleben zu können, seien die Menschen daher dazu gezwungen, sich durch die Herstellung von Artefakten sowie durch kontinuierliches Zusammenleben und -arbeiten eine zweite Umwelt zu schaffen. Diese sekundäre oder künstliche Umwelt, die nichts anderes darstelle als die Kultur selber, erzeuge nun ihrerseits, da sie ja beständig «reproduziert und erhalten» werden müsse, eine Vielzahl neuer und nicht weniger vitaler Bedürfnisse. Zur Befriedigung sowohl der primären biologischen als auch der sekundären kulturellen Bedürfnisse sei die gemeinsame Organisation menschlicher Aktivitäten erforderlich. Solche «Einheiten der Organisation» bezeichnet Malinowski als Institutionen. Die verschiedenen Institutionen, aus denen sich eine Gesellschaft zusammensetzt, seien wechselseitig voneinander abhängig, da jede von ihnen der Befriedigung eines bestimmten oder mehrerer Bedürfnisse diene. So bestehe zum Beispiel die Funktion der Familie darin, «die Gemeinschaft mit Mitgliedern zu versorgen», diese zu erziehen, sie mit materiellen Gütern auszustatten und ihnen ihren Status innerhalb des Stammes zu geben (ebd.: 37). Während sich bestimmte Institutionen unmittelbar auf die biologischen Grundbedürfnisse zurückbeziehen ließen, dienten andere der Aufrechterhaltung der für das Überleben nicht weniger notwendigen kulturellen Ordnung. So gelte etwa die Vielzahl erzieherischer und religiöser Institutionen in jeder Kultur dem Zweck, das Wissen einer Gemeinschaft sowie ihre verbindlichen Normen und Wertvorstellungen von Generation zu Generation weiterzugeben. Sie werden ergänzt durch die jeweils besonderen Formen der physischen Sanktionsgewalt und politischen Organisation, die ihrerseits der Notwendigkeit entsprechen, die soziale Kohäsion zu garantieren. Malinowski faßt demnach Kultur als ein «aus teils autonomen, teils koordinierten Institutionen aufgebautes Ganzes» auf, wobei zugleich jeder Kultur «ihre Vollständigkeit und Selbstgenügsamkeit eigen [ist], weil sie dem Gesamtbereich der grundlegenden, zweckbestimmten und integrierenden Bedürfnisse genügt» (ebd.: 79).

Malinowskis Funktionaltheorie der Kultur steht zum «radikalen

Empirismus» (E. Leach) seiner ethnographischen Darstellungen in einem merkwürdigen Spannungsverhältnis. War es ihm in seinen Trobriander-Monographien noch wesentlich um eine unverkürzte Rekonstruktion des «wirklichen Lebens» zu tun gewesen, so tendieren seine theoretischen Ausführungen dahin, die Mannigfaltigkeit kultureller Realität auf ihr unverbrüchlich Wesenhaftes zu reduzieren: auf die praktische und in letzter Instanz biologisch determinierte Funktion einzelner Institutionen. Gerade die «Imponderabilien des wirklichen Lebens», wie etwa die beständigen Konflikte zwischen individuellen Interessen und kollektiven Zwängen, deren Darstellung in seiner Beschreibung der trobriandischen Gesellschaft so breiten Raum einnimmt, finden in seiner funktionalen Theorie der Kultur keinen Platz. Statt dessen suggeriert sie das statische Bild einer harmonischen Übereinstimmung von individuellen und kollektiven Bedürfnissen im Rahmen der auf ihre Befriedigung ausgerichteten Institutionen – eine Vorstellung, die dieser Theorie zu Recht den Vorwurf der Geschichtsfeindlichkeit eingebracht hat.[20] Zugleich erfährt in diesem von Malinowski selbst als Abkehr von den romantischen Intentionen seiner frühen Jahre verstandenen Versuch, aus der Anthropologie durch die Einführung von «Rationalität und Uniformität in die von ihr untersuchten Phänomene» eine «wirkliche Wissenschaft (real science)» (*The Rationalization of Anthropology:* 406) zu machen, seine Einsicht, daß sich der eigentliche Zweck menschlicher Handlungen nicht unmittelbar aus den Vorstellungen erschließt, die sich die Menschen selbst von ihren Handlungen machen, eine signifikative Wende. Hatte Malinowski diese aus der Erfahrung des Alltagslebens der Trobriander gewonnene Entdeckung zunächst im Sinne einer kritischen Revision des herkömmlichen Bildes vom «Wilden» verwandt, so erhält sie im Begründungszusammenhang der funktionalen Kulturtheorie nun ihrerseits den Stellenwert eines zentralen ideologischen Arguments. Denn faktisch scheint die allein dem Anthropologen vorbehaltene Fähigkeit, den verborgenen «pragmatischen» oder «rationalen» Sinn exotischer Bräuche zu erkennen, diesen – nach einer Formulierung von Marshall Sahlins – «in den göttlichen Stand eines konstituierenden Subjekts [zu erheben], aus dem das Grundmuster der Kultur hervorgeht. Er macht es sich nicht zur Aufgabe, eine von ihm unabhängige Struktur zu begreifen, sondern er versteht diese Struktur, indem er sie von ihrem Zweck her begreift und macht so deren Existenz von ihm abhängig» (Sahlins 1981: 112). Malinowskis Bemühen, gegen den Rassismus anzukämpfen, indem er dem Leser seiner Schriften verständlich zu machen versucht, daß auch die scheinbar so irrationalen Handlungen der «Wilden» im Grunde nicht weniger materiell motiviert seien als die des durchschnittlichen Europäers, führt so schließlich zu einer Position, der sich das Verstehen gerade der Bereiche verschließt, die sich auf ein rationales Nützlichkeitskalkül nur bedingt zurückführen lassen (ebd.: 113). Aber mehr noch: in dem Maße, in dem das Verständlichmachen auf Kosten des Verstehens zu gehen droht, wird der Anthropologe von der Sinn vermittelnden zur Sinn gebenden Instanz selbst; er erst verleiht den Bräuchen der «Wilden» ihre Rationalität.

Die Konsequenzen, die sich aus einer solchen Haltung ergeben, treten nirgends deutlicher zutage als in Malinowskis Schriften zur «angewandten Anthropologie» und zum «Kulturwandel» in Afrika, die einen nicht unerheblichen Teil seines Spätwerkes ausmachen. Sie beruhen größtenteils auf den Eindrücken und Informationen, die er 1934 während einer mehrmonatigen Reise durch Ost- und Südafrika gesammelt hatte. Malinowski hat sie selbst als einen Beitrag zur praktischen Umsetzung der Ergebnisse ethnologischer Forschung gesehen. Unmißverständlich hatte er bereits 1927 zum Ausdruck gebracht, worin seiner Überzeugung nach der «praktische Wert» der von ihm vertretenen funktionalistischen Ethnologie bestehe, darin nämlich, «daß sie uns die relative Bedeutung verschiedener Bräuche lehrt, wie sie miteinander verschränkt sind und wie sie von den Missionaren, den kolonialen Autoritäten und denjenigen zu handhaben sind, die den Handel und die Arbeitskraft der Wilden ausbeuten müssen».[21] Auf der anderen Seite betrachtete er sich aber auch als «Sprecher» der Eingeborenen, als ihr «Anwalt» und «gerechter und wahrer Dolmetsch», als dessen Aufgabe er ansah, «Händlern, Missionaren und Forschungsreisenden klarzumachen, was der Eingeborene wirklich braucht» (*Die Dynamik des Kulturwandels:* 27). Er selbst empfand dies jedoch keineswegs als Widerspruch; denn trotz seiner skeptischen Haltung gegenüber dem technischen Fortschritt und der durch ihn weltweit bewirkten «Standardisierung» der Lebensformen zweifelte er nicht daran, daß die modernen Industriegesellschaften aufgrund ihrer militärischen, technischen und ökonomischen Überlegenheit bald selbst die letzten Enklaven der «Urformen des menschlichen Lebens» zum Verschwinden gebracht haben würden. Es gab daher seiner Meinung nach für die «primitiven» Gesellschaften unter der Herrschaft des Kolonialismus nur die Alternative, entweder als autonome Kulturen unterzugehen oder ihre tradierten Institutionen und Wertsysteme den veränderten Bedingungen anzupassen. Die Legitimität der europäischen Kolonisation stand dabei für ihn gar nicht in Frage. Er betrachtete sie vielmehr als Folge der globalen Ausbreitung der westlichen Zivilisation, die er als einen zwar bedauerlichen, aber dennoch unaufhaltsamen historischen Prozeß ansah.

Malinowski stand dabei der zeitgenössischen britischen Kolonialpolitik vor allem in den süd- und ostafrikanischen Siedlerkolonien keineswegs unkritisch gegenüber und verurteilte krude Ausbeutungspraktiken nicht weniger scharf als die Diskriminierung der afrikanischen Bevölkerung. Getreu der Maxime seiner funktionalistischen Kulturtheorie, daß es in erster Linie auf die Befriedigung der elementaren Bedürfnisse ankomme, glaubte er, daß sich die dringendsten Probleme ohne weiteres beheben ließen, wenn sich die Kolonialregierungen nur dazu bereit fänden, die Afrikaner stärker an den materiellen Vorteilen der europäischen Zivilisation partizipieren zu lassen. Nur durch ein solches freizügigeres «Geben» von Land, Rohmaterial und Kapital, das durch die Gewährung von sozialer Gleichstellung und administrativer Autonomie ergänzt werden müsse (vgl. ebd.: 117ff.), ließe sich ein reibungsloser und relativ rascher Wandel erreichen, in dessen Gefolge es über kurz oder lang zu einer neuen Synthese kommen werde – einer von den technisierten westlichen Lebensformen geprägten und mit einigen Elementen afrikanischer Tradition durchsetzten Mischkultur. Gelinge es aber nicht, einen solchen Ausgleich von europäischen und afrikanischen Interessen herzustellen, so drohe zugleich mit dem Anwachsen des «ungesunden», «stammesmäßigen, regionalen oder panafrikanischen Nationalismus» (ebd.: 302) auch ein baldiges Ende der direkten europäischen Herrschaft.

Malinowski changierte gewissermaßen zwischen einem liberalen Antikolonialismus und einem Anpassertum gegenüber dem, was er als die unleugbaren empirischen Realitäten ansah. Daß dieser gemäßigte Antikolonialismus, dessen politische Bedeutung zu einer Zeit, als in den europäischen Metropolen rassistische Ideologien ihre schlimmsten Auswüchse erlebten, heute nur allzu leicht übersehen wird, letztlich selbst paternalistischer Prägung war, erweist sich indes an seinem Urteil über die im Entstehen begriffenen afrikanischen Unabhängigkeitsbewegungen, in denen er nicht viel mehr zu sehen vermochte als einen Rückfall in die Barbarei. Dieser Paternalismus ist der Theorie des Funktionalismus freilich nicht äußerlich. Der Ethnologe, der vermeint, das Monopol auf die Erkenntnis des eigentlichen und den «Eingeborenen» selbst nur bedingt zugänglichen Sinnes ihrer Institutionen und Handlungen zu haben, glaubt auch allein zu wissen, «was der Eingeborene braucht» (ebd.: 27). Vor den Versuchen seiner vermeintlichen Schutzbefohlenen, ihre Geschichte selbst zu gestalten, versagt seine Methode ebenso wie seine Sympathie.

III. Wirkung

Die Ethnologie, die sich als selbständige Universitätsdisziplin in den meisten Ländern erst gegen Ende des 19. Jahrhunderts etabliert hat, ist praktisch bis heute eines der kleinen und auch international noch halbwegs überschaubaren Fächer geblieben, in denen persönliche Beziehungen und Abhängigkeitsverhältnisse immer eine bedeutende Rolle gespielt haben und die in ihrer Geschichte sehr häufig einen starken Hang zur Schul- oder auch Sektenbildung aufweisen.[22] Aus den institutionellen Besonderheiten des damals zudem noch relativ jungen Faches erklärt sich zu einem Teil auch die große Wirksamkeit, die von Malinowskis akademischer Lehrtätigkeit ausging. Während der insgesamt 15 Jahre, die er an der London School of Economics unterrichtete, sammelte er einen engen Kreis von Schülern und Anhängern um sich, die die Ausrichtung der britischen Ethnologie in der Zeit während und nach dem Zweiten Weltkrieg maßgeblich bestimmen sollten. Bis gegen Ende der 60er Jahre waren fast alle wichtigeren Lehrstühle des Faches an den britischen Universitäten mit Ethnologen besetzt, die entweder direkt aus diesem Kreis hervorgegangen waren oder zumindest zeitweise Malinowskis Seminare besucht hatten.[23]

Von seinen unmittelbaren Schülern wird Malinowski als exzentrische Persönlichkeit mit ausgeprägt «charismatischen» Zügen geschildert, ja als ein «Prophet», der ihnen eine «messianische Botschaft» zu verkünden schien. Nach ihrem im übrigen nicht immer schmeichelhaften Urteil «hegte er an seiner eigenen Größe keinen Zweifel» und verstand sich «als einen revolutionären Neuerer auf dem Gebiet anthropologischer Methoden und Ideen» (Leach 1963: 124). Dabei scheute er vor provokativen und zum Teil ungerechtfertigten Attacken gegen konservativere Kollegen ebensowenig zurück wie vor Übergriffen in andere Fachgebiete wie die Biologie, die Soziologie und die Verhaltenspsychologie, was seine Gegner wiederum als Eklektizismus auslegten.[24] Sein Einfluß blieb denn auch nicht auf die Ethnologie allein beschränkt. So zeigen etwa die Schriften Marcel Mauss' und anderer Durkheim-Schüler in Frankreich oder auch die der amerikanischen Soziologen Merton und Parsons, wie stark seine Untersuchungen und theoretischen Überlegungen in Nachbardisziplinen rezipiert wurden. Als langfristig ungemein fruchtbar sollte sich schließlich auch die Debatte zwischen Ethnologie und Psychoanalyse erweisen,[25] die Malinowski durch seine Kritik an der These von der Universalität des Ödipuskomplexes eröffnete,[26] obgleich seine eigenen frühen Versuche, psychoanalytische Methoden bei der Interpretation ethnographischen Materials anzuwenden, heute als «der Sache unangemessen»[27] erscheinen.

Daß Malinowski trotz der scharfen Kontroversen innerhalb und außerhalb der Ethnologie, die er vor allem durch seinen theoretischen Ansatz auslöste, in den 30er Jahren zur unumstrittenen Leitfigur der britischen Ethnologie wurde und der Social Anthropology auch heute noch als einer ihrer maßgeblichen Begründer gilt, ist im wesentlichen Resultat der grundsätzlichen Umorientierung des Faches von einer konjekturalen Geschichts- zu einer empirischen Sozialwissenschaft, die er durch die Einführung der Methode der «teilnehmenden Beobachtung» bewirkte. Es waren sowohl wissenschaftsinterne als auch -externe Ursachen, die zu dieser mit seinem Namen eng verbundenen Ablösung von der viktorianischen Ethnologie führten. Zum einen hatte sich das von der Vorstellung zwangsläufiger Entwicklungsabläufe ausgehende Klassifikationsverfahren des Evolutionismus ebenso wie auch das des kurzfristig dominierenden Diffusionismus von einem bestimmten Zeitpunkt an festgefahren; insbesondere die Evolutionstheorie bot nach dem Urteil von Evans-Pritchard «keinerlei Anreiz mehr für neue Forschungen, denn sobald die Stadien der menschlichen Entwicklung einmal festgelegt waren, hatten weitere Studien in dieser Richtung ungefähr den Reiz einer archivarischen Bestandsaufnahme».[28] Hinzutrat als ein zweiter und vielleicht wichtigerer äußerer Grund, daß die viktorianische Ethnologie, deren inhärenter Fortschrittsoptimismus in der letzten großen Expansionsphase des britischen Imperialismus eine wichtige legitimatorische Rolle gespielt hatte, vor den Anforderungen der kolonialen Praxis versagte.[29] Die Probleme, denen sich die britischen Kolonialverwaltungen in der nun folgenden Phase der Konsolidierung ihrer Herrschaft und im Zuge der Versuche einer ökonomischen «Entwicklung» der unterworfenen Länder gegenübersahen, führten zur Einsicht in die Notwendigkeit genauerer Analysen der komplexen Wirtschafts- und Sozialstrukturen der Stammesgesellschaften. Solche detaillierten soziologischen und ökonomischen Untersuchungen leisten zu können, versprach die von Malinowski inaugurierte Methode empirischer Forschung. Daß sich die von ihm ausgebildeten Ethnologen aufgrund des hohen Grades an Sympathie für die zu untersuchenden Gesellschaften, die die Praktizierung der Methode der «teilnehmenden Beobachtung» allemal zur Voraussetzung hat, bisweilen nur widerwillig in den Dienst der Kolonialverwaltungen nehmen ließen, während wiederum die Kolonialpolitiker selbst mit den Ergebnissen ihrer Forschungen oft nur sehr wenig anzufangen wußten,[30] steht auf einem anderen Blatt. Tatsache bleibt jedoch, daß ein Großteil der Schüler Malinowskis wie etwa Gordon Brown, Audrey Richards, Isaac Schapera, Monica Hunter, Edward E. Evans-Pritchard, Siegfried Nadel oder Meyer Fortes ihre Untersuchungen entweder in direktem Auftrag der britischen Kolonialbehörden betrieben oder über sie finanziert wurden.[31]

Der Erfolg, mit dem sich die Methode der «teilnehmenden Beobachtung» in der britischen Ethnologie durchzusetzen begann, bewirkte paradoxerweise, daß Malinowskis eigener Einfluß allmählich abnahm. Im Unterschied zu den eher locker strukturierten melanesischen Gesellschaften, bei denen er selbst sich aufgehalten hatte, wiesen die afrikanischen Stammesgesellschaften, die zum bevorzugten «Feld» der Forschungen der von ihm in den Grundsätzen moderner empirischer Untersuchungsmethoden unterwiesenen Ethnologen wurden, weit kompliziertere soziale und politische Organisationsformen auf. Bei ihrer Analyse sahen sich seine Schüler mit Problemen konfrontiert, an denen die Defizite seines theoretischen Ansatzes deutlich sichtbar wurden. Vor allem die zweite Generation der an der London School of

Economics ausgebildeten Ethnologen, unter ihnen insbesondere E. E. Evans-Pritchard und M. Fortes, begann sich daher in verstärktem Maße an Radcliffe-Brown und der von ihm entwickelten struktural-funktionalistischen Theorie sozialer Systeme zu orientieren; diese half durch ihre Betonung der formellen terminologischen und juridischen Aspekte von Verwandtschaftsbeziehungen eine Reihe zentraler Fragen klären, die sich aus dem Studium afrikanischer Gesellschaften ergaben, wohingegen Malinowski selbst das Gebiet der Verwandtschaftsethnologie weitgehend vernachlässigt hatte. Auch Radcliffe-Browns Berufung von der Universität Chicago auf den 1937 gegründeten ersten Lehrstuhl für Social Anthropology in Oxford sowie Malinowskis Übersiedlung in die Vereinigten Staaten, die ein Jahr später erfolgte, trugen das ihre dazu bei, daß die Führung der britischen Ethnologie in den 40er Jahren endgültig an Radcliffe-Brown überging.[32] Malinowskis überragender Einfluß auf die Entwicklung der Social Anthropology überdauerte daher seinen eigenen Tod nur wenige Jahre. Von der theoretischen Umorientierung, die sich seither vollzog, zeugen unter anderem die Beiträge seiner wichtigsten Schüler zu dem 1957 unter dem Titel *Man and Culture* veröffentlichten und seinem Werk gewidmeten Sammelband. Weit eher als eine Würdigung seiner Verdienste um die Geschichte der Ethnologie lesen sich viele dieser Aufsätze wie eine nachträgliche Abrechnung mit seinen theoretischen Grundpositionen.[33]

Anders als Malinowskis Funktionalismus, von dem sich sehr früh schon selbst einige seiner engeren Schüler distanzierten, galten seine ethnographischen Untersuchungen auf den Trobriandinseln lange Zeit als vorbildlich. Gerade deshalb verursachte die erst 1967 erfolgte Veröffentlichung seiner Feldtagebücher in den Fachkreisen einen Skandal, ging doch aus ihnen hervor, daß er während seines Aufenthalts auf den Trobriandinseln die Prinzipien der von ihm propagierten Methode der «teilnehmenden Beobachtung» selbst nur partiell verwirklicht hatte. Vor allem seine wiederholten rassistischen Invektiven gegen seine eingeborenen Informanten wirkten desillusionierend. Sie gaben nicht nur Anlaß zu eher harmlosen Fragen wie der, ob «die Trobriander den Ethnographen hatten, den sie wirklich verdienten»,[34] oder der, ob es «für einen Anthropologen, der seine Eingeborenen haßt, überhaupt möglich ist, ihre Verhaltensweisen zu verstehen» (Hsu 1979: 521), sondern ließen darüber hinaus grundsätzliche Zweifel an der Brauchbarkeit der Methode der «teilnehmenden Beobachtung» aufkommen. Die Tatsache, daß Malinowski sich in seinen Tagebüchern als alles andere erweist als ein «wandelndes Wunder an Einfühlungsvermögen, Takt, Geduld und Kosmopolitismus» (Geertz 1977: 481), führte so zum Beispiel Clifford Geertz zu der Überlegung, ob das «Verstehen» einer fremden Kultur tatsächlich auf der fragwürdigen Methode eines durch die Teilhabe an ihrer Lebenswelt vermittelten «Einfühlens» in ihre Verhaltensweisen beruhen könne (vgl. ebd.).

An der Zerstörung des von ihm in die Welt gesetzten und die Entwicklung der neueren Ethnologie maßgeblich bestimmenden Mythos der Feldforschung hatte Malinowski so postum einen nicht unerheblichen Anteil. Spätestens seit der Veröffentlichung seines *Diary in the Strict Sense of the Term* sind die aus den klassischen ethnographischen Monographien sorgsam ferngehaltenen emotionalen Konflikte und ethischen Probleme, denen sich der Forscher im «Feld» gegenübersieht, zu einem bevorzugten Gegenstand ethnologischer Selbstreflexion geworden. Malinowskis Feldtagebücher erscheinen daher heute als integraler Bestandteil seines ethnologischen Werkes. Durch sie hat er wesentlich zur Realisierung dessen beigetragen, was er selbst bereits als eine der großen Möglichkeiten der Ethnologie erkannte: «Indem wir die menschliche Natur in einer für uns entfernten und fremden Gesellschaft wahrnehmen, fällt vielleicht auch auf unsere eigene Natur etwas Licht» (*Argonauten:* 49).[35]

Johannes W. Raum

JULIAN HAYNES STEWARD
(1902–1971)

In der Zeit nach dem Zweiten Weltkrieg gehörte Julian H. Steward zu den einflußreichsten Kulturanthropologen in den Vereinigten Staaten von Nordamerika. Es ist daher nicht verwunderlich, wenn seine Schüler in ihm die Verkörperung aller wesentlichen Eigenschaften eines nordamerikanischen Kulturanthropologen erblickten. Wenn heute in der wissenschaftlichen Diskussion in der Ethnologie auch außerhalb der USA immer wieder das Wort Ökologie auftaucht, dann ist das zumindest zum Teil auf den Einfluß Stewards zurückzuführen. Aber auch die gesamte gegenwärtige Forschung zu den Jäger-Sammler-Gesellschaften (vgl. zum Beispiel das Internationale Symposium African Hunter-Gatherers in Köln im Januar 1985; vgl. aber Bettinger 1987: 123) in aller Welt kann in nicht geringem Maße auf seine Felduntersuchungen bei den Shoshoni des Great Basin zurückgeführt werden; denn von ihm ist erstmals aufgrund empirischer Erhebungen ein systematisch-vergleichender Ansatz, der in erster Linie von dem Verhältnis zwischen den Umweltgegebenheiten einerseits und den an der Nahrungsmittelgewinnung ausgerichteten Kulturbestandteilen andererseits ausging, ins Gespräch eingebracht worden. Andererseits hat er auch maßgeblich auf neuere vergleichende Untersuchungen zur Entwicklung der archaischen Hochkulturen in der Alten und Neuen Welt eingewirkt. In dieser Hinsicht gehört er wohl zu denjenigen Kulturanthropologen, die den größten Einfluß auf die Entwicklung neuer Untersuchungsmethoden in der Vor- und Frühgeschichte ausgeübt haben (Murphy 1981; vgl. ders. 1977). Darüber hinaus beeinflußte er auch die Untersuchungen zu den modernen Entwicklungen in den Ländern der sogenannten «Dritten Welt» unter dem Einfluß der Geldwirtschaft. Er kann deswegen als einer der Urheber der «modern-world-system-theory» aufgefaßt werden (Smith 1984: 480, 481; Holzberg/Giovannini 1981: 332–3). Die Spannweite von Stewards Interessen läßt sich daran ermessen, daß er sich eingehend mit so weit voneinander entfernten Themen wie den archaischen Hochkulturen auf der einen Seite, aber auch mit dem Prozeß der Verstädterung von Bauern in den Staaten Lateinamerikas, Asiens und Afrikas auf der anderen Seite beschäftigte. Diese breitgefächerte Vielfalt der Interessen, die Außenstehenden zuweilen etwas suspekt vorkommen mag, ist kennzeichnend für viele Vertreter der nordamerikanischen Kulturanthropologie, wie etwa für seine Lehrer Alfred L. Kroeber und Robert H. Lowie. Bei Julian H. Steward war

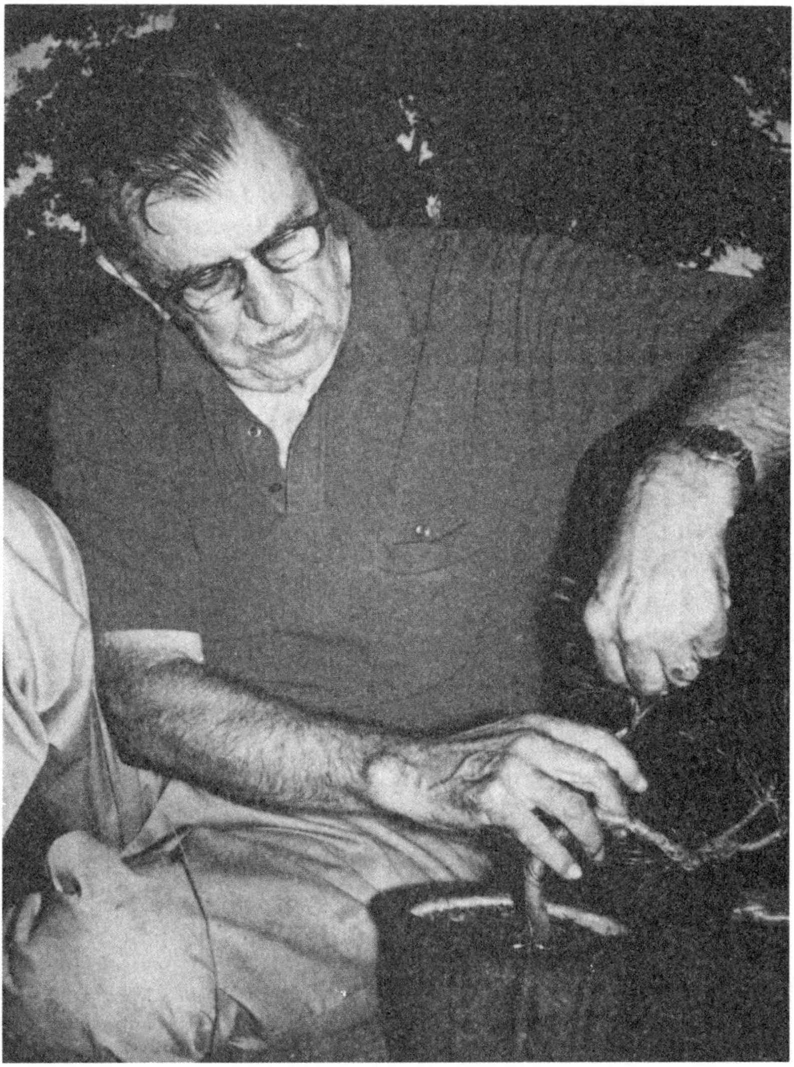

Julian Haynes Steward (1902–1971)

diese Vielfalt indessen besonders stark ausgeprägt und mit einer zutiefst nordamerikanischen Aura umgeben, so daß es nicht von ungefähr von ihm heißt: «Er war in der Tat der vollkommene amerikanische Ethnologe (anthropologist)» (Murphy 1977: 1; im folgenden – soweit nichts anderes angegeben – übers. durch J. W. R.).

I. Leben

Julian Haynes Steward wurde am 31. Januar 1902 in Washington D. C. geboren. Im Alter von sechzehn Jahren verließ er die Hauptstadt der Vereinigten Staaten von Nordamerika, um die auf dem Lande gelegene Deep Springs Preparatory School (mit einem Lehrer-Schüler-Verhältnis von etwa eins zu vier) in der Nähe von Owens Valley in Kalifornien zu besuchen. Dieser Abschnitt in seinem Leben hat einen richtungweisenden Einfluß auf seine weitere Entwicklung gehabt; denn hier entwikkelte er seine Vorliebe für den «nordamerikanischen Westen» und seine Bewohner, die für sein ganzes weiteres Leben bestimmend wurde, aber wohl auch sein ausgeprägtes Interesse für die «natural sciences», auf dem seine Kulturtheorie fußte. Damals traf er auch zum ersten Mal mit den Shoshoni und den nördlichen Paiute zusammen, bei denen er später seine Feldforschung durchführen sollte (Murphy 1977: 1–2; Manners 1973: 888). Sein erstes Jahr an der Hochschule verbrachte er an der University of California in Berkeley, wo er bei Alfred L. Kroeber, Robert H. Lowie und Edward Gifford seine ersten Vorlesungen über «anthropology» hörte (Manners 1973: 889; Murphy 1977: 2). Steward wechselte dann jedoch wohl aus finanziellen Gründen zur Cornell Universität, wo das Fach Ethnologie nicht angeboten wurde, so daß er für sein Bakkalaureat im Hauptfach Zoologie und Geologie studieren mußte, was seine Neigung zu den exakten Wissenschaften noch verstärkt haben dürfte (Manners 1973: 889; Murphy 1977: 2). Teils unter dem Einfluß des Präsidenten der Cornell Universität, des Boas-Schülers Livingston Farrand, entschloß er sich jedoch als Graduierter, nach Berkeley zurückzukehren, um dort in Ethnologie zu promovieren. Er hat wohl auch an Harvard und Columbia gedacht, mußte jedoch diese beiden anderen Universitäten, an denen damals fortgeschrittene Kurse für Doktoranden im Fach Ethnologie angeboten wurden, aus finanziellen Gründen aus seinen Überlegungen ausschließen (Manners 1973: 889; Murphy 1977: 2).

In Berkeley, das er sein ganzes Leben lang wohl als eine Art geistige Heimat betrachtete, wurde er von der breit angelegten «anthropology», die dort vor allem Kroeber vertrat, geprägt, worauf unter anderem sein Interesse an der Archäologie zurückzuführen ist (Murphy 1977: 3). Allerdings befriedigte es Steward nicht, daß Kroeber aus seiner antievolutionistischen und kulturrelativistischen Haltung heraus die Betonung in der Forschung auf die Suche nach und die Aufzählung von Kulturzügen sowie auf die reine ethnographische Beschreibung legte. So geriet er offenbar in einen gewissen Gegensatz zu seinem großen Lehrer, weil ihm die Suche nach Ursache und Wirkung sehr viel wichtiger zu sein schien, was Kroeber hingegen nicht oder noch nicht für möglich hielt (Manners 1973: 889; Murphy 1977: 3). Wahrscheinlich in erster Linie unter dem Einfluß von Robert H. Lowie legte er im Jahre 1929 eine Dissertation zu einem eigentlich psychologisch ausgerichteten Thema vor, nämlich zu der Rolle des Possenreißers in den Riten und Zeremonien der nordamerikanischen Indianer (Murphy 1977: 4; Manners 1973: 889). Angesichts der Tatsache, daß Steward danach überhaupt nicht mehr über ethnopsychologische Fragen veröffentlicht hat und daß er ein scharfer Kritiker der Culture-and-Personality-Schule war, scheint ihn die Wahl seines Dissertationsthemas später selbst als abwegig belustigt zu haben (Murphy 1977: 4).

Bereits vor dem Abschluß seiner Promotion wurde er im Jahre 1928 an die Universität von Michigan nach Ann Arbor berufen, wo er die allerersten Vorlesungen überhaupt in Ethnologie an dieser Hochschule hielt (Manners 1973: 889; Murphy 1977: 4–5). Bereits 1930 siedelte er jedoch an die Universität von Utah über, wo er intensive archäologische sowie ethnohistorische Untersuchungen zu den Pueblo- und verwandten Kulturen durchführte, die ihn zu einem der besten Kenner des sogenannten Südwestens seiner Zeit machten (Manners 1973: 889; Murphy 1977: 5). Für das akademische Jahr 1933–34 kehrte er als Dozent nach Berkeley zurück, wo er sich nun endgültig der Erforschung von Regelmäßigkeiten in den Entwicklungsprozessen unterschiedlicher Kulturen verschrieb, die sein gesamtes späteres Lebenswerk maßgeblich bestimmte (Manners 1973: 889–890). In den Jahren 1934 und 1935 konnte er dann – zusammen mit seiner Braut Jane Cannon – seine ganze Zeit der so sorgfältigen Feldforschung unter den Shoshoni widmen, die in mancherlei Hinsicht für viele zum Vorbild wurde und die Grundlage sowohl für seine eigenen kulturökologischen Untersuchungen als auch für diejenigen anderer abgab (Murphy 1977: 5f.; Manners 1973: 890). Im Jahr 1935 wurde Steward Mitglied des Forschungsstabes des Bureau of American Ethnology der Smithsonian Institution, wo er elf Jahre lang für die Organisation und Leitung einer ganzen Reihe von Forschungsvorhaben verantwortlich zeichnete. So übernahm er 1940 die Aufgabe, das noch von Erland Nordenskiöld angeregte *Handbook of South American Indians* (1946–1950) herauszugeben, das für eine ganze Reihe späterer Handbücher in vielem zum Maßstab wurde, weil es nicht nur ethnographische Tatsachen zusammenfaßte, sondern auch die zukünftigen Fragestellungen für die empirischen Untersuchungen in den folgenden drei Jahrzehnten absteckte und bestimmte (Manners 1973: 892–3; Murphy 1977: 6–7). 1943 gründete Steward das Institute of Social Anthropology der Smithsonian Institution, das Feldforschungsvorhaben in mittel- und südamerikanischen Ländern förderte, die Grundlagenwissen für die Untersuchung der gesamten Problematik der Entwicklung und Modernisierung lieferten (Murphy 1977: 7–8).

1946 nahm er das Angebot einer Professur an der Columbia University an und kehrte damit in den Hochschulbereich zurück. Hier sah er sich einer großen Anzahl von Kriegsteilnehmern gegenüber, die aufgrund der Vergünstigungen für entlassene GIs studieren wollten, so daß es damals bereits um die 120 Doktoranden an der Columbia University gab, von denen Steward wohl an die 35 betreute (Manners 1973: 893; Murphy 1977: 8–9). Daß Julian H. Steward sich in besonderem Maße auf die Probleme der Nahrungsmittelgewinnung in den von ihm untersuchten Gesellschaften konzentrierte, dürfte zumindest zum Teil darauf zurückzuführen sein, daß er ebenso wie die vielen ehemaligen GIs, die er in Columbia in den 40er und frühen 50er Jahren betreute, von der verheerenden Wirtschaftskrise Anfang der 30er Jahre in seinem Denken nachhaltig geprägt worden war (Murphy 1977: 9). Daß er in der Lage war, die wirtschaftlichen Probleme in den Ländern der «Dritten Welt» zu erkennen und mit denen der Indianerstämme des Südwestens in Beziehung zu setzen, ist wohl auch auf die Erfahrung der «Great Depression» zurückzuführen; denn selbst den Shoshoni in Kalifornien und Nevada ging es von der Nahrungsmittelversorgung her in den frühen 30er Jahren besser als Millionen von anderen Nordamerikanern in den großen Industriestädten und in zahlreichen Farmgebieten (Murphy 1977: 6). Vielleicht stellt dieses Schlüsselerlebnis auch mit einen der Gründe dafür dar, daß er 1948–49 zusammen mit einigen seiner Doktoranden das Puerto-Rico-Forschungsvorhaben über einen der ärmsten Staaten Mittelamerikas ins Leben rief, an dem auch Wissenschaftler von der Universität dieses Landes beteiligt waren (Murphy 1977: 10–11; Manners 1973: 893).

Im Jahre 1952 nahm er den Ruf auf eine Forschungsprofessur an der Universität von Illinois an, wo er bis zu seiner Emeritierung mit nur geringen Unterbrechungen in erster Linie in der Forschung tätig war, auch wenn er freiwillig Vorlesungen und Seminare für fortgeschrittene Studenten hielt und einige Dissertationen betreute (Manners 1973: 894; Murphy 1977: 11–12). Während dieser Zeit konnte Steward mit der großzügigen Unterstützung der Ford Foundation (225 000 US-Dollar) ein sehr ehrgeiziges Programm zur Erforschung von Regelmäßigkeiten in unterschiedlichen Kulturen im Hinblick auf Entwicklungs- und Modernisierungsprozesse beginnen (Manners 1973: 894–5). Zu diesem Zweck förderte er die Feldforschungen einiger junger Ethnologen in Bauerngesellschaften verschiedener Länder Asiens, Afrikas und Lateinamerikas mit dem Ziel, die Wandlungsprozesse zu erfassen, die dort in den traditionellen Landwirtschaftssystemen unter dem Einfluß externer Märkte und der Lohnarbeit ausgelöst wurden. Die Ergebnisse wurden später miteinander verglichen, und Steward war der Überzeugung, daß eine Reihe von übereinstimmenden Regelmäßigkeiten überall erkennbar waren. Doch die Fachwelt war nicht besonders beeindruckt, was ihn schmerzte (Murphy 1977: 12–14); das Interesse der Ethnologen hatte sich damals bereits anderen Fragen zugewandt. Aber man sollte deswegen nicht übersehen, daß es Steward bei allen seinen Forschungen stets um das Wohlbefinden der Menschen gegangen ist (Manners 1973; Murphy 1977; 1983). Obwohl er von sich selbst und von anderen Wissenschaftlern bewußt eine distanzierte und wertfreie Erforschung der Verhältnisse bei den untersuchten Gesellschaften als Voraussetzung für eine sinnvolle Beratung von Politikern forderte, hielt er während der McCarthy-Zeit in Nordamerika mit seinen «links-von-der-Mitte»-Auffassungen zur Politik nicht hinter dem Berg, auch wenn er – zu Recht, wie ich meine – Wissenschaft und Politik zunächst streng getrennt wissen wollte (Murphy 1981: 180f.; ders. 1977; Manners 1973).

II. Werk

1. Empirische Untersuchungen

Es ist kennzeichnend für das Werk Julian H. Stewards, daß er seine Hypothesen und Theorien ganz ähnlich wie sein großer Vorgänger Lewis Henry Morgan, aber im Gegensatz zu seinem bekannten Zeitgenossen und Gegenspieler Leslie A. White unmittelbar aus seinen erfahrungswissenschaftlichen Forschungen sowohl als Ethnograph als auch als prähistorischer Archäologe im Feld zu entwickeln suchte. Allerdings handelte es sich bei ihm nicht um bloße Faktenhuberei. Seine beliebteste Spruchweisheit lautete nämlich, so berichtet einer seiner Schüler und engsten Mitarbeiter, «es gibt keine Theorien, es sei denn, sie beruhen auf Tatsachen, aber Tatsachen existieren nur im Rahmen einer Theorie» (Murphy 1977: 8). Hier sollen zunächst die bedeutendsten Ergebnisse seiner empirischen Untersuchungen kurz zusammengefaßt werden.

Im Great Basin fand Steward in den 30er Jahren eine Gesellschaft, die auf der Ebene der Kernfamilie ökologisch angepaßt war. In diesem Trockengebiet mit seinen unvorhersehbaren Mengen an Niederschlägen und Nahrungsmitteln hatten die Westlichen Shoshoni gelernt, daß die einzelne Kleinfamilie die wirksamste Einheit zur Sicherung des Überlebens darstellte. Die Bevölkerungsdichte war gering und betrug durchschnittlich eine Person pro 50–80 Quadratkilometer. Bei ihrer Armut an Jagd- und Fanggeräten sowie an Speichermöglichkeiten mußten sich die Westlichen Shoshoni ständig in Gruppen von ein bis zwei Familien auf Nahrungssuche begeben. Das Sammeln von Wurzeln mit dem Grabstock sowie von Beeren und Grassamen, aber auch von Insekten, kleinen Nagetieren und Larven begünstigte die Aufsplitterung in Kleinfamilien. Die Treibjagd mit Netzen auf Hasen (jack rabbit) und zuweilen auf Antilopen und sogar Hirsche erbrachte allzu selten hohe Erträge, um das Zusammenleben mehrerer Familien auf längere Zeit zu ermöglichen. Nur wenn im Herbst der Frost die Pinyon-Nußschalen aufbrach, versammelten sich in den Bergen größere Gruppen von zwanzig bis dreißig Familien in Lagern. Aber jede Kernfamilie legte zur Eigenversorgung während des Winters ein geheimes unterirdisches Vorratslager für die gesammelten Nüsse an. Gingen im Frühjahr diese Vorräte zur Neige, dann begaben sich die Einzelfamilien wieder allein auf Nahrungssuche. Die Anpassungsfähigkeit der Sozialorganisation der Westlichen Shoshoni erlaubte je nach den vorherrschenden Umständen einen Zusammenschluß mehrerer Familien oder eine Trennung in Einzelfamilien. Während Neunzehntel des Jahres gingen die Kernfamilien allein auf Nahrungssuche, auch wenn sie durch Eheschließungen sowohl im lokalen Bereich als auch darüber hinaus miteinander verbunden waren (*Basin-Plateau;* Voget 1975: 680–1).

In Anlehnung an die klassische Diskussion über die Entstehung derjenigen Verwandtschaftsverbände, die heute als unilineare Deszendenzgruppierungen oder Clans – früher als «gens» – bezeichnet werden, wie sie in der nordamerikanischen Kulturanthropologie seit Lewis Henry Morgan geführt wurde, versuchte – vielleicht angeregt durch seinen Lehrer Robert H. Lowie – Steward anhand seines empirischen Materials, das er aufgrund von Grabungen zur Anasazi-Kultur im Gebiet der Yuman und Pueblo im Südwesten der Vereinigten Staaten zu dieser Problematik gewonnen hatte, eine plausible Erklärung zu entwickeln. Die einzelnen Schritte in der Entwicklung patrilinearer Jagdscharen und lokalisierter exogamer Matri-Lineages zu Clans durch historische Prozesse, die im Rahmen der ökologischen Anpassung stattfanden, sah Steward folgendermaßen: Die kargen Umweltbedingungen ermöglichten zunächst nur eine niedrige Bevölkerungsdichte. Die Bevölkerung war entweder in patrilineare Jagdscharen oder – bei Gartenbau – in entsprechend dem Kulturtyp differenzierte matrilineare oder patrilineare, lokalisierte Lineages gegliedert. Zunehmende Nahrungsmittelvorräte oder andere Faktoren, die auf eine ertragreichere Nutzung der natürlichen Wirtschaftsquellen zurückzuführen waren, führten zur Bildung zahlenmäßig größerer Gruppen in jeweils kleineren Jagdterritorien oder in Dörfern mit mehreren Lineages. Kriegerische Auseinandersetzungen und Bevölkerungsbewegungen erzwangen dann den Zusammenschluß der Lineages zu größeren Siedlungen. Aus den in diesen Siedlungen zusammengeschlossenen unilinearen Gruppierungen entstanden Clans, wenn der Zusammenhalt durch verschiedene Faktoren wie den Glauben an die gemeinsame Abstammung, den gemeinsamen Gruppennamen und Riten gewahrt blieb. Die politische Autonomie ging damit von der lokalisierten Lineage auf größere Gruppierungen auf einer höheren Ebene des gesellschaftlichen und kulturellen Zusammenschlusses über, wie sie die Dorfgemeinschaften der Pueblo oder der Stamm der Yuma darstellten (*Ecological aspects; Theory:* 151–172). Zur Beweisführung bezog Steward sich auf Grabungsfunde, die bei den Pueblo auf eine Erhöhung der Zahl der Wohnungseinheiten im Verhältnis zu der Anzahl der zeremoniellen *kivas* schließen ließen (Voget 1975: 681). Steward selbst gab zu, daß seine Theorie zur Entstehung der Clans nicht streng beweisbar sei. Dennoch war er von ihrem Wert überzeugt: «Ihr Wert liegt darin, daß sie im Rahmen der Kulturdynamik eine Erklärung liefert und eine Reihe von Problemen der ökologischen Anpassungen und historischer Prozesse aufwirft, die in anderen Gebieten (Regionen) einer Analyse unterzogen werden können» (*Theory:* 170).

Bereits 1936 in der Festschrift für seinen Lehrer Alfred Louis Kroeber unternahm Steward in seiner Untersuchung zu den wirtschaftlichen und gesellschaftlichen Grundlagen der Jagdscharen einen ersten konzentrierten Versuch, das Kausalverhältnis zwischen Umwelt und Kultur zu erfassen und zu erklären, ohne dabei in einen geographischen Determinismus einerseits oder in einen historischen Partikularismus andererseits zu verfallen. Es gelang ihm nicht nur, das Vorhandensein einer bestimmten Form der Sozialorganisation bei einer ganzen Reihe von Jägervölkern in den verschiedensten Teilen der Welt – nämlich die «primitive band» oder Jagdschar – nachzuweisen, sondern auch überzeugende Gründe dafür im Zusammenspiel zwischen Umweltfaktoren und der kulturbedingten Technik der Jagd- und Fanggeräte aufzudecken.

Wesentliche Merkmale der Jagdschar oder «band» waren die politische Autonomie sowie die relativ geringe Anzahl der darin zusammengeschlossenen Menschen, nämlich durchschnittlich etwa 30 bis 50 Personen, deren Zugang zu den Wirtschaftsquellen durch Eigentumsrechte geregelt war, über die die Jagdschar als Ganzheit verfügte. Steward unterschied patrilineare, zusammengesetzte und matrilineare Jagdscharen, deren Entstehung er auf die unterschiedliche Ertragfähigkeit einfacher Technologien, die in verschieden gearteten Lebensräumen angewandt wurden, zurückführte. Seine Analyse lenkte das Hauptaugenmerk auf Übereinstimmungen und Ähnlichkeiten in der Struktur, die sich aus dem Ineinandergreifen von Umwelt und Kulturen ergab, deren spezifische äußerliche Ausgestaltungen eine grundlegend gleiche Form der ökologischen Anpassung verbargen oder verschleierten. Aus der patrilokalen Jagdschar entstand die patrilineare, die Steward wiederum auf Überlebensvorteile bei der Nahrungsmittelgewinnung und insbesondere bei der Jagd auf große, vereinzelt lebende Säugetiere zurückführte, wenn die Lokalgruppe sich um einen Kern von agnatisch verwandten Männern herum zusammenschloß. Die zusammengesetzte Jagdschar ergab sich, wenn Faktoren vorhanden waren, die die Vorteile der Patrilokalität minderten, also wenn zum Beispiel die Nahrungsmittelversorgung weitgehend von der Jagd auf wandernde Herden großer Säugetiere abhing. Steward berücksichtigte auch sozialpsychologische Faktoren und die Diffusion in seiner Argumentation. So führte er die Entstehung matrilokaler Jagdscharen auf Ursachen wie das Bedürfnis nach Unterstützung durch die Mutter der Ehefrau bei der Erziehung der Kinder und die Wirkkraft entlehnter matrilinearer Einrichtungen zurück. Trotzdem blieb sein Ziel die Erklärung sozialer und kultureller Erscheinungen aufgrund von verallgemeinernden Aussagen über deren Ursachen nach dem Muster exaktwissenschaftlicher Beweisführung, der die folgende Annahme zugrunde lag, «daß jede Kulturerscheinung das Ergebnis einer bestimmten Ursache oder bestimmter Ursachen ist. Dies ist eine notwendige Voraussetzung, wenn Ethnologie als exakte Wissenschaft aufgefaßt wird. Das Verfahren (...) war, die Ursachen primitiver Jagdscharen (bands) festzustellen, indem die innere funktionale oder organische Verbindung der Bestandteile einer Kultur und ihrer Grundlage in der Umwelt analysiert wurden». Danach versuchte Steward durch Vergleiche festzustellen, bis zu welchem Grad Verallgemeinerungen möglich seien. «Es wird selbstverständlich nicht angenommen, daß Verallgemeinerungen vorgenommen werden können, die alle Kulturzüge betreffen. Im Gegenteil, es ist durchaus möglich, daß gerade die vorausgegangene Vielfalt vieler Züge (traits) oder Komplexe befriedigende Verallgemeinerungen ausschließen werden, und daß die Schlußfolgerung im Hinblick auf manche Sachverhalte (things) sein wird, daß ‹Geschichte sich niemals wiederholt›. Das Ausmaß indessen, bis zu dem Verallgemeinerungen möglich sind, kann durch die weitere Anwendung der hier befolgten Methoden festgestellt werden» (*The economic and social basis:* 343). Dabei verzichtete Steward bewußt auf die Anwendung statistischer Methoden oder Korrelationsverfahren. Es kam ihm nur darauf an, funktionale oder notwendige Beziehungen zu analysieren. Anhand der ihm vorliegenden ethnographischen Angaben konnte er zeigen, wie das Ineinandergreifen von einfacher Technologie und Umwelt die wichtigsten Strukturmerkmale der Gesellschaftsordnung und die wesentlichen Bestandteile des Weltbildes der Jäger und Sammler bedingte (vgl. Harris 1968: 666–9).

Als Herausgeber des sechsbändigen *Handbook of South American Indians* (1946–50) setzte sich Steward mit ethnographischem Material aus einem ganzen Erdteil auseinander, der eine Vielfalt an geographischen Räumen mit den unterschiedlichsten Umweltbedingungen aufweist und in dem die verschiedensten Typen der gesellschaftlichen und politischen Organisation zu finden sind. Als er dieses ursprünglich von Erland Nordenskiöld angeregte Projekt am Bureau of American Ethnology übernahm, war ihm eine Gliederung des südamerikanischen Kontinents nach Kulturarealen (marginal, tropical forest, circum-Caribbean/sub-Andean, Andean) vorgegeben worden; er behielt sie zwar für dieses großangelegte Werk bei, doch kamen ihm im Laufe der Zeit erhebliche Zweifel an ihr, so daß er unter Berücksichtigung der jeweiligen Ebene des gesellschaftlichen und politischen Zusammenschlusses eine Kulturtypologie entwickelte, die diejenige von Elman R. Service (band, tribe, chiefdom, state) bereits vorwegnahm (Murphy 1977: 6–7; Harris 1968: 675).

Indem Steward die Aufeinanderfolgen der Ereignisse, die in der Neuen Welt aus Nord-Peru und Zentral-Mexiko bekannt waren, denjenigen in Mesopotamien, Ägypten und Nord-China gegenüberstellte, zeigte er überraschende Übereinstimmungen in den Entwicklungen auf. Daraus schloß er verallgemeinernd auf folgende Entwicklungsstadien: die Stufe des Jagens und Sammelns (Hunting and Gathering), die Stufe des aufkeimenden Bodenbaus (Incipient Agriculture), die formbildende Stufe (Formative), die Stufe der regionalen Blüte (Regional Florescence) und schließlich die Stufe der zyklischen Eroberungen (Cyclical Conquests) (*Causality and law;* Harris 1968: 671; Bensch 1954). Bei der hypothetischen Erstellung von Regelmäßigkeiten in der Entfaltung der frühen Hochkulturen beschränkte sich Steward auf die Bewässerungskulturen in Trockengebieten. Darin tritt der Einfluß Wittfogels und seiner Theorie von der Entstehung der orientalischen Despotie aus der Notwendigkeit zur Verwaltung der Bewässerungsanlagen auf Stewards Periodisierung der frühen Hochkulturen am deutlichsten zutage (Wittfogel 1957).

Während der Bodenbau das Jagen und Sammeln zuerst nur ergänzte, ermöglichte er gegen Ende der Phase des aufkeimenden Bodenbaus seßhafte Siedlungen, in denen sich neue Techniken entwickelten. Eine Bauernkultur örtlicher Gemeinden entstand in der formbildenden Phase, in der alle wichtigen Haustiere und Nutzpflanzen domestiziert wurden; Bewässerung blieb noch Sache der einzelnen Gemeinden. In späteren Phasen vermehrte sich der landwirtschaftliche Ertrag in dem Maße, wie sich die Bewässerungsanlagen entwickelten. In den Trockengebieten der Alten Welt, in denen die frühen Hochkulturen entstanden, konnten Pflug und Eisenwerkzeuge den landwirtschaftlichen Ertrag steigern, aber der vorhandene Wasservorrat setzte der Ausdehnung Grenzen. Während der formbildenden Phase entstanden in allen Hochkulturzentren Töpferei, Weberei am Webstuhl, Korbflechterei, Metallbearbeitung und Hausbau. Waren für den Hausgebrauch sowie Luxusgüter wurden zu Fernhandelsgütern. Nach der formbildenden Phase kam es kaum noch zu nennenswerten technischen Neuerungen, obwohl die Metallbearbeitung überall – außer in Meso-Amerika – ähnliche Entwicklungsfolgen aufwies. Transportmittel wurden in jeder Phase verbessert (*Theory:* 198–201). Während in den ersten beiden Phasen die Sozialorganisation auf der Lineage-Ebene und dann auf derjenigen der mehrere Lineages umfassenden Dorfsiedlung stehenblieb, machte die mit dem Umfang der Bewässerungsanlagen anwachsende Bevölkerung übergreifende Herrschaftsformen erforderlich, damit diese Anlagen überwacht und Gemeinschaftsaufgaben in Angriff genommen werden konnten. So bildete sich aus Lineage-Oberhäuptern, «Schamanen» oder Priestern eine theokratische Herrscherschicht. Aufgrund des ertragreichen Bodenbaus konnte sich eine handwerkliche Spezialisierung entfalten. Hatten diese Gesellschaften die Grenzen der landwirtschaftlichen Ertragsfähigkeit erreicht, führte der Bevölkerungsdruck zum Kampf um Wirtschaftsquellen, was Kriege und die Entstehung von Großreichen verursachte, in denen die Bauern zu erhöhten Tributzahlungen gezwungen wurden. Da außerdem die Ertragfähigkeit pro Kopf der Bevölkerung abnahm, lehnten sich schließlich die unterdrückten Bevölkerungsschichten gegen die Herrscherschicht auf. So eingeleitete Zeiten des Niedergangs wurden von dem erneuten Aufstieg von Großreichen abgelöst. In den Großreichkulturen entstanden Armeen und Kriegerschichten, so daß Heerführer an Einfluß gewannen. Tyrannische Herrschaftsmittel, unterstützt durch ein Rechtssystem und eine Staatsreligion, charakterisierten das Gesellschaftsleben. Die Eisenzeit verursachte in den Bewässerungskulturen keine Veränderungen, weil Eisenwerkzeuge keine raschen Ertragsverbesserungen bewirkten, so daß erst die Kulturen des Mittelmeerraumes und später die der Waldzonen Europas der Phase der zyklischen Eroberungen ein Ende setzten (ebd.: 201–7). Steward faßte diese Entwicklungsstufen der Hochkulturen als ein vorläufiges, nicht als ein allgemeingültiges Evolutionsschema auf und berücksichtigte bei Neufassungen stets neue Grabungsfunde. Er erwartete zwar von Diffusionisten Kritik an seinem Schema, wies aber darauf hin, daß nur Gesellschaften in einem bestimmten Entwicklungsstadium Nutzpflanzen oder Haustiere übernehmen könnten, weil dafür gewisse Gesellungsformen erforderlich sind. Er forderte von seinen Kritikern neue, bessere Theorien, nicht nur Beanstandungen von Einzelheiten (ebd.: 209). Stewards Periodisierung der frühen Hochkulturen ist deshalb ein wichtiger Beitrag zur Universalgeschichte gewesen, weil er die herkömmliche Isolierung der Forschung über die amerikanischen Hochkulturen zu überwinden vermochte. Da es ihm um Gesetzmäßigkeiten und deren Aufdeckung durch die Empirie ging, regte er die Suche nach Regelmäßigkeiten oder Parallelen in vergleichbaren Phasen der Menschheitsgeschichte an (Braidwood 1960; Adams 1960; 1966: 6, 14–5, 20, 37, 110). Ein zeitgenössischer Prähistoriker bestätigte im großen und ganzen die Stufenfolge Stewards (Braidwood 1964).

Steward hat sein Interesse im Laufe der Zeit immer stärker auf die Erforschung von Akkulturationsprozessen in der Gegenwart verlegt. Er gelangte zu der Überzeugung, daß die zu seiner Zeit zur Erforschung kleiner, homogener Stammesgesellschaften angewandten Methoden und Begriffe, die sich an einer einheitlichen Gestaltvorstellung von einer Kultur orientierten, zur Untersuchung des Kulturwandels in komplexeren gesellschaftlichen Systemen, wie er in Staaten oder Kolonien des 20. Jahrhunderts vor sich geht, unzureichend waren. Für die Forschungen zum Kulturwandel, die er zusammen mit einer Reihe von Mitarbeitern zunächst in Puerto Rico durchführte (*Area Research; Theory:* 210–22) und dann weltweit bei verschiedenen «peasant societies» anregte (*Cultural evolution; Modernization:* 297–329), entwickelte er ein neues Begriffsinstrumentarium, mit dessen Hilfe sowohl Subkulturen als auch gesellschaftliche Schichtung angemessen erfaßt werden sollten. Er vertrat die Auffassung, daß die Vorstellung von Integrationsebenen oder Organisationsebenen auf moderne Nationen und überhaupt auf die Herausbildung neuer Organisationsformen in einer Entwicklungsreihe anwendbar ist, in etwa in Analogie zur Biologie. Dabei müsse vor allem zwischen nationalen oder internationalen Formen auf der einen und Subkulturen oder soziokulturellen Unterteilungen auf der anderen Seite unterschieden werden. Sei diese Unterscheidung einmal getroffen, könnten weitere Erscheinungen der nationalen Kultur, wie nationale Eigenschaften, Nationalcharakter, kulturelle Leistungen und institutionalisierte Verhaltensweisen, den verschiedenen Ebenen zugeordnet werden. Dabei erschien ihm die Anwendung ethnographischer Methoden der unmittelbaren Beobachtung auf der Ebene der Subkulturen sowohl der horizontalen als auch der lokalen Untergliederungen einer nationalen Kultur unbedingt erforderlich, weil nach seiner Erfahrung repräsentative Umfragen allein die Vielfalt einer nationalen Kultur in der Gesamtbevölkerung nicht erfassen konnten (*Theory:* 64f.).

2. Theorien

Steward leitete sein Erklärungsmodell in den Kultur- und Sozialwissenschaften aus den Naturwissenschaften ab, was vielleicht zum Teil darauf zurückzuführen ist, daß er sein Bakkalaureat an der Cornell University in Zoologie und Geologie erwarb und nicht in «anthropology» oder Ethnologie (Manners 1973: 889; Murphy 1977: 2). Aber es hängt auch damit zusammen, daß in Nordamerika seit jeher der an den Naturwissenschaften orientierte «Szientismus» als eine weitaus ehrwürdigere Wissenschaftstradition gilt, als das in Mitteleuropa der Fall gewesen ist. Auf jeden Fall steht fest: «Stewards Modell für die sozialwissenschaftliche Forschung stammte aus den Naturwissenschaften» (Murphy 1977:

16). Er ging von der Grundvoraussetzung aus «daß Kultur ein geordneter Bereich ist, in dem die Kausalität vorherrscht, deren Wirkung aufgrund der wissenschaftlichen Methode zugänglich ist» (Murphy 1977: 10).

Kulturökologie und Kulturkern

Steward wird in den Vereinigten Staaten von Nordamerika als der Begründer der Kulturökologie betrachtet (Vayda, A. P. und R. A. Rappaport 1968: 483; Helm, J. 1962; vgl. Anderson, J. N. 1973: 187–8; Shanklin, E. 1985: 382–5). Er setzte seinen Begriff der Kulturökologie klar von der biologischen Ökologie, der Humanökologie und auch der Ethnoökologie ab. Mit Hilfe der Methode der Kulturökologie als heuristisches Mittel beabsichtigte er, die Ursachen für den Kulturwandel in der Anpassung an die Umwelt aufzuspüren, um so die Einwirkung der Umwelt auf die Kultur zu erhellen (*Theory:* 5, 30f.). Es ist überraschend, daß Steward zu diesem Zweck die Anwendung kulturhistorischer Begriffe und Methoden forderte. Es ging ihm allerdings nicht wie in der Biologie um die Ermittlung allgemeingültiger Gesetze, sondern um die Erklärung unterschiedlicher Verhaltensweisen in verschiedenen Gesellschaften; denn er wollte die Eigenständigkeit kultureller Erscheinungen berücksichtigt wissen. Die Umwelt wollte er jedoch nicht mehr lediglich als Einschränkung des kulturellen Verhaltens aufgefaßt sehen, weil «kulturökologische Anpassungsvorgänge schöpferische Prozesse darstellen» (ebd.: 30–4). Deshalb war in seinen Augen der kulturhistorische Ansatz ein relativistischer, da er das Entstehen kultureller Unterschiede nicht erklärte, sondern irrtümlich voraussetzte, daß eine eigenständige Kulturform sich einfach herausbilde und dann die Bedingungen dafür abgebe, ob Neuerungen angenommen würden oder nicht. Der Umwelt sei nur eine zweitrangige und passive Rolle zugewiesen worden; sie sei bloß als hemmend oder förderlich (prohibitive or permissive) aufgefaßt worden (ebd.: 35). Die Kulturökologie unterschied sich dadurch von der humanbiologischen und soziologischen Ökologie, daß sie den Ursprung bestimmter Kulturmerkmale und -formen auf die Voraussetzungen in ihrer geographischen Umwelt zurückzuführen, nicht aber allgemeingültige, auf jede Kultur-Umwelt-Situation anwendbare Grundsätze zu entwickeln suchte. Sie unterschied sich von der relativistischen und der neoevolutionistischen Kulturauffassung dadurch, daß sie die örtlichen Umweltgegebenheiten als einen kulturfremden Faktor mit in ihre Überlegungen einbezog und der sterilen Annahme entgegentrat, daß Kultur sich ausschließlich aus Kultur entwickele (ebd.: 36).

Sehr knapp definierte Steward seinen Begriff der Kulturökologie wie folgt: «Kulturökologie ist die Erforschung der Prozesse, durch die eine Gesellschaft sich ihrer Umwelt anpaßt» (*Cultural ecology:* 337). Erläuternd fügte er hinzu: «Sie unterscheidet verschiedene Arten der soziokulturellen Systeme und Einrichtungen, sie erkennt sowohl Kooperation als auch Wettbewerb als Prozesse der wechselseitigen Einwirkung (interaction) an, und sie setzt voraus, daß Anpassungen an die Umwelt von der Technik, den Bedürfnissen und der Struktur der Gesellschaft ebenso wie von der Beschaffenheit der Umwelt abhängen. Sie schließt die Analyse der Anpassungsvorgänge an die gesellschaftliche Umwelt mit ein, weil ein unabhängiger Stamm hinsichtlich seiner Umweltanpassungen durch Interaktionen mit seinen Nachbarn beeinflußt wird – z. B. durch friedlichen Handel, gegenseitige Eheschließungen, Zusammenarbeit und Kriegführung sowie andere Arten des Wettbewerbs; gleichermaßen kann ein spezialisiertes abhängiges Segment eines größeren soziokulturellen Systems durch exogene Institutionen in bezug auf die Art und Weise beeinflußt werden, wie es seine Umwelt nutzt» (ebd.: 337). Wichtig erscheint auch folgender Gedankengang, in dem Steward darauf hinweist, daß die ökologische Vorstellung von aufeinander einwirkenden Erscheinungen den Blick auf drei bestimmte Bereiche wesentlicher Gegebenheiten lenkt, nämlich auf die Umweltbedingungen, die Beschaffenheit der Kultur und die aus der Interaktion dieser beiden Komponenten in einem Wechselspiel hervorgehende Sozialorganisation: «Die Ressourcen, die Flora, die Fauna, das Klima, die örtlichen Krankheiten und deren Überträger (vectors of occurrence) sowie viele andere Umwelteigenschaften sind mögliche Faktoren im einen Bereich des in Wechselwirkung stehenden Systems. Die Beschaffenheit der Kultur, insbesondere ihre ausbeutende und anpassende Technik, aber auch Eigenschaften der internen sowie externen gesellschaftlichen Umgebung bestimmen den anderen Bereich. Die Wechselwirkung umfaßt die gesellschaftlichen Einrichtungen, die zur Landnutzung erforderlich sind: die Bevölkerungsdichte und -verteilung sowie die Bildung von Bevölkerungskernen; Dauerhaftigkeit und Zusammensetzung der Bevölkerungsagglomerationen; Territorialität der Gesellschaften; zwischengesellschaftliche Beziehungen; und kulturelle Wertvorstellungen. In jedem einzelnen Fall besteht das empirische Problem darin, ob die Anpassung so inflexibel ist, daß sie nur ein bestimmtes Kulturmuster (pattern) zuläßt, oder ob Raum für Abweichungen vorhanden ist, der es zuzulassen vermag, daß verschiedene Kulturmuster entwickelt oder entlehnt werden können» (ebd.: 338). Man kann vielleicht auch sagen, daß Steward im Gegensatz zu seinen Zeitgenossen in der nordamerikanischen Kulturanthropologie mit Hilfe seiner Kulturökologie den für jede Kultur grundlegenden Zusammenhang zwischen den Wirtschaftsquellen in der Umwelt, den Geräten und dem Wissen, die zu deren Nutzung verfügbar sind, und schließlich den Formen der Organisation der Arbeit, die zur Anwendung dieser Technologie auf die Wirtschaftsquellen erforderlich sind, zu erfassen suchte. Er war damit einer der ersten Kulturanthropologen, die im 20. Jahrhundert die schöpferischen, aber auch die determinierenden Wirkungen der Organisation der Produktion in den verschieden gearteten Gesellschaften der Menschen vergleichend zu erforschen suchte (Murphy 1977: 22).

Steward sah das Hauptproblem der Kulturökologie in der Beantwortung der Frage, ob die Anpassung menschlicher Gesellschaften an ihre Umwelt ganz bestimmte Verhaltensweisen bedinge oder der Entwicklung einen gewissen Spielraum lasse. Dieses Problem kann nur mit Hilfe einer ganzheitlichen Auffassung der Kultur gelöst werden, derzufolge alle Kulturaspekte funktional voneinander abhängig sind, jedoch nicht in gleicher Weise und in gleichem Maße. Auch andere Forscher unterscheiden einen zentralen, wertbetonten und einen nichtzentralen Bereich der Kultur. Bekannt ist die Vorstellung eines «culture focus» von M. J. Herskovits (1948/1964: 542). Zur Absetzung von solchen «superorganischen» und «kulturologischen» Vorstellungen führte Steward den Begriff des «Kulturkerns» (cultural core) ein. Er verstand darunter das Gefüge derjenigen Merkmale, die am engsten mit dem Lebensunterhalt und der Wirtschaftsordnung verbunden sind, sowie alle gesellschaftlichen, politischen und religiösen Elemente, die eng damit zusammenhängen. Sekundäre Merkmale seien dabei stärker durch kulturhistorische Faktoren – wie Zufallsneuerungen oder Diffusion – bestimmt als der Kulturkern, und sie verliehen Kulturen mit ähnlichen Kulturkernen ihr unterschiedliches äußerliches Gepräge. «Kulturökologie lenkt ihr Hauptaugenmerk auf diejenigen Merkmale (features), deren empirische Analyse gezeigt hat, daß sie entsprechend den von der Kultur vorgeschriebenen Geleisen am engsten in die Nutzung der Umwelt mit einbezogen sind» (*Theory:* 37). Mit der Kulturökologie wollte Steward die Auffassung korrigieren, das menschliche Verhalten werde ausschließlich von der Kultur determiniert, so daß schöpferische Anpassungen an die Umwelt keine Auswirkungen haben könnten (ebd.: 36–7). So langsam der Wandel in einer Kultur auch vor sich gegangen sein mag, Steward wollte ihn im Grunde genommen immer auf Neuanpassungen zurückführen, die Veränderungen in den technischen Mitteln und den Produktionsweisen nach sich ziehen. Seiner Kulturökologie ging es weniger um Entstehung und Ausbreitung der technischen Mittel als um die Tatsache, daß sie in unabhängigen Kulturen verschieden angewandt werden und, je nach den geographischen Umweltbedingungen, zu unterschiedlichen Sozialordnungen führen können. Daher müsse die Aufmerksamkeit in erster Linie auf Umweltbedingungen gerichtet sein; denn sie wirken sich hinsichtlich der technischen Mittel nicht nur hemmend oder förderlich aus, sondern machen auch soziale Anpassung mit weitreichenden Folgen erforderlich (ebd.: 37–9).

Obwohl für seine Kulturökologie die Anpassung grundlegend war, forderte Steward, daß jeweils auch der Vielschichtigkeit und der Entwicklungsebene der Kultur Rechnung zu tragen sei. Hierfür sollten drei Verfahren angewandt werden: 1. Die Beziehungen zwischen Umweltgegebenheiten und technischen Mitteln, wobei deren unterschiedliche Gewichtung zu berücksichtigen sei, müßten analysiert werden. 2. Die Verhaltensweisen, die durch die Ausbeutung eines geographischen Raumes mittels bestimmter technischer Mittel bedingt seien, müßten analysiert werden. 3. Es müsse festgestellt werden, bis zu welchem Ausmaß die durch die Ausbeutung der Umwelt bedingten technischen und sozialen Verhaltensweisen auf andere Kulturbereiche eingewirkt hätten. Wisse man, daß die Produktionsmittel der Ausbildung des soziokulturellen Typs einen breiten Spielraum ließen, könnten sogar historische Einflüsse den jeweils vorgefundenen Typ erklären (ebd.: 39–42).

Steward beanspruchte für die Kulturökologie eine entscheidende Stellung in der Methodenlehre. Für ihn stellte sie das Mittel dar, um festzustellen, wie die Anpassung an die Umwelt bestimmte Änderungen in der Kultur verursacht. Es kam ihm darauf an herauszufinden, ob gleiche Umweltbedingungen zu ähnlichen Anpassungsweisen führten. Dabei wollte er, weil im gleichen geographischen Raum verschiedene Kulturphasen einander ablösen können, die jeweilige Ebene der soziokulturellen Integration berücksichtigen. Kulturtypen faßte er als ein Gefüge von Kernmerkmalen auf, die aus Anpassungsvorgängen an die Umwelt hervorgingen und entsprechende Ebenen der Integration darstellten. Inwieweit die Vielfalt der Kulturen in Kategorien eingeordnet und durch transkulturelle Regelmäßigkeiten im Entwicklungsvorgang (cross-cultural regularities of developmental process) erklärt werden konnte, war für ihn eine empirische Frage. Vergleichende Untersuchungen ließen ihn vermuten, daß zahlreiche Regelmäßigkeiten im Sinne ähnlicher Ebenen und Anpassungsvorgänge erfaßt werden könnten (ebd.: 42). Gerade im Hinblick auf seine Kulturökologie zeigte sich Steward bereit, seine Hypothesen entsprechend neueren Erkenntnissen abzuändern. So hat er zwar zunächst den Krieg als einen Aspekt der Beziehungen zwischen Gesellschaften aus seiner Kulturökologie ausgespart, diesen aber dann doch aufgrund von Kritik später in seine Betrachtungen mit einbezogen (*Problems of cultural evolution:* 207–8; *Cultural ecology:* 338). Hatte Stewards erste kulturökologische Untersuchung über die Great Basin-Shoshoni nur geringen Einfluß, so lösten seine 1955 veröffentlichten theoretischen Erörterungen eine Flut kulturökologischer Forschungen aus (Sahlins 1964: 136). Einige gingen in mancher Hinsicht über Steward hinaus und faßten die Ökologie als Wissenschaft von den Ausgleichsvorgängen im Miteinander aller Lebewesen, auch der Menschen, in einem abgegrenzten Raum auf (Leeds/Vayda 1965).

Ebenen der soziokulturellen Integration

Wegen seiner Ablehnung der Kulturarealvorstellung (culture area concept) strebte Steward eine Klassifikation der Kulturen an, die von wesentlichen wirtschaftlichen, politischen und gesellschaftlichen Merkmalen ausging. Mit anderen Worten, es ging ihm um eine Typologie der Funktion und der Struktur und nicht um eine Gliederung nach Maßgabe sekundärer Kulturzüge (Murphy 1977: 33–4). Sein erster Versuch, eine derartige Taxonomie zu entwickeln, war die Erstellung von vier Typen zur Erfassung der Kulturen der Indianer Südamerikas; er faßte sie zu vier Gruppen zusammen, die jeweils aufgrund ähnlicher ökologischer Bedingungen bis zu einem gewissen Grad einen ununterbrochenen räumlichen Zusammenhang aufwiesen. Es handelte sich um die folgenden vier Kulturtypen: 1. Die Hochkulturen der Anden, die durch gesellschaftliche Schichtung, Staatenbildung, Verstädterung und Bewässerungsfeldbau gekennzeichnet waren. 2. Die zirkumkaribischen Kulturen, deren hervorstechende Merkmale der intensive Bodenbau, die Hochseefischerei, größere Siedlungsgemeinschaften, kleine aus mehreren solcher Gemeinschaften bestehende Staaten oder Häuptlingstümer sowie die gesellschaftliche Schichtung waren. 3. Die Regenwaldkulturen, denen zwar gesellschaftliche Klassen und der Staat fehlten, die jedoch gekennzeichnet waren durch größere seßhafte Dorfsiedlungen und Brandrodungsgartenbau sowie zuweilen durch einen begrenzten Zusammenschluß mehrerer Siedlungsgemeinschaften zu größeren Einheiten. 4. Die Kulturen der Randstämme: Sie waren weitgehend Populationen von Jägern und Sammlern, die in Jagdscharen lebten; Steward rechnete indessen auch einige Randgruppen der Gartenbauer dazu. Trotz der fließenden Übergänge insbesondere zwischen den Kulturen der Regenwald- und der Randstämme blieb die Absicht Stewards klar erkennbar, nämlich die typologische Gliederung gemäß den Unterschieden in der Ökologie und gemäß den Merkmalen, die Steward selbst später unter dem Begriff «Ebenen der Integration» zusammenfassen sollte (*American culture history;* 1949; Murphy 1977: 34).

Nach diesem ersten noch zaghaften und zum Teil noch unausgereiften Versuch wurde es später für Stewards Gedankengänge geradezu charakteristisch, daß er versuchte, in weit auseinanderliegenden Untersuchungsbereichen mit der Vorstellung von Ebenen der soziokulturellen Integration oder Organisationsebenen zu operieren. Er tat dies bei Jagdschargesellschaften, im Ansatz bei Clangesellschaften und auch bei den archaischen Hochkulturen der Neuen und Alten Welt. Bezeichnend für die Spannweite der Interessen Stewards ist die Tatsache, daß er es auch bei den neuentstehenden Nationalkulturen in den Ländern der spätkolonialen und der postkolonialen Welt des 20. Jahrhunderts unternahm. Die krassen Gegensätze in den verschiedenen Bereichen nationaler Kulturen führten Steward zu der Einsicht, daß bei der

Untersuchung der Gesamtheit einer Nationalkultur in den verschiedenen Bereichen einer solchen Kultur jeweils unterschiedliche Methoden angewandt werden müßten. Zu diesem Zweck führte er den Begriff der Organisationsebene ein. Das Wachstum jeder Kultur weist eine Aufeinanderfolge von Organisationstypen auf, die zunehmend komplexer werden und neuaufsteigende Formen darstellen (*Area research:* 106–14). Diesen Sachverhalt verglich Steward mit dem des Organisationsniveaus in der Biologie. In der kulturellen Entwicklung sterben einzelne Formen – wie etwa die der Familie oder der Jagdschar (band) – weder ganz aus, wenn eine komplexere Entwicklungsstufe erreicht wird, noch überleben sie als fossile «Survivals», sondern sie werden allmählich zu spezialisierten, abhängigen Teilen neuer Gesamtgestaltungen umgewandelt. Für Steward stellte die vielgestaltige Nationalkultur eine sehr hohe Entwicklungsebene dar (*Theory:* 54).

Unter soziokulturellen Integrationsebenen verstand Steward «qualitativ voneinander abgehobene Organisationssysteme, die aufeinanderfolgende Stufen in jedem Entwicklungskontinuum repräsentieren und besondere Arten der kulturellen Bestandteile innerhalb höherentwickelter soziokultureller Systeme bilden» (ebd.). Dieses heuristische Mittel sollte keine Klassifikation der Kulturen nach Form und Inhalt liefern, sondern nach dem Grad der soziokulturellen Inklusivität. Obwohl Kulturinventar, Technik und Umwelt bei den Mundurucú-Jägern des brasilianischen Regenwaldes und bei den Algonkin-Jägern Kanadas nicht übereinstimmen, waren beide in Stewards Augen doch auf vergleichbarer soziokultureller Ebene integriert; denn bei beiden waren einzelne Familien durch ähnliche übergeordnete Beziehungsformen miteinander verbunden, bei den Mundurucú durch die Dorfgemeinschaft, bei den Algonkin durch die Jagdschar, die beide politisch voneinander unabhängige örtliche Gruppierungen darstellten (Murphy/Steward 1956). Was Steward hervorheben wollte, war, daß der Begriff der Ebenen bei der Untersuchung von Wandlungsvorgängen innerhalb eines bestimmten soziokulturellen Systems als analytisches Werkzeug verwendet werden kann; denn jedes System besteht aus Teilen, die zu unterschiedlichen Zeiten und durch verschiedene Vorgänge entstanden sind und die, auch wenn sie in ihrer Abhängigkeit vom Ganzen funktional spezialisiert sind, weiterhin bestimmte Bestandteile einer Kultur zusammenhalten. Das Problem der Akkulturation konnte also für Steward in der Art und Weise neu gefaßt werden, daß die Erscheinungen nicht nur im Rahmen von Kategorien von Bestandteilen und in Gesamtgestaltungen behandelt wurden, sondern auch in demjenigen der funktionalen Ebenen (*Theory:* 55–6).

Kulturtyp und Kulturareal

Der Begriff «culture area» (Kulturareal), den nordamerikanische Kulturanthropologen wie Alfred L. Kroeber und Clark Wissler zur Gliederung der Kulturen der einheimischen Nordamerikaner entwickelt hatten, erschien Steward zu «mechanistisch» und «statistisch» und befriedigte ihn nicht. In seinen Augen führte er unausweichlich zu einem sterilen kulturellen Relativismus (ebd.: 80–1). Es war ihm klar, daß der Kulturarealbegriff zwar Fragen der Kulturgeschichte aufwarf, diese aber nicht befriedigend zu lösen vermochte (ebd.: 81–2). Ihm kam es darauf an, einen Begriff zur Erfassung von Kulturen zu entwickeln, der «soziologischer» ausgerichtet war als derjenige des rein flächenhaften Kulturareals und der nicht mehr oder weniger auf einer bloßen Aufzählung von einzelnen Kulturzügen beruhte, sondern sich vielmehr nach den grundlegenden Bestandteilen einer Kultur ausrichtete. Auch wenn nicht ganz deutlich wird, ob Steward sich über die vielschichtige Problematik der Typenbildung in den Sozial- und Kulturwissenschaften immer ganz klar war, so wirkt dieser Ansatz doch differenzierter als der des Kulturareals. Hinsichtlich der historischen Tiefe sah Steward die Brauchbarkeit des Kulturareal-Begriffs in dreierlei Weise in Frage gestellt: Einmal können sich die Kulturzentren und Grenzen von Periode zu Periode verschieben. Dann kann eine Kultur mit der Zeit einem so tiefgreifenden Wandel unterworfen werden, daß sie größere Ähnlichkeiten mit Kulturen in anderen Räumen entwickelt, als sie Übereinstimmungen mit ihren Vorgängern oder Nachfolgern im gleichen Raum beibehält. Schließlich können Ethnien in ein und demselben Raum, auch wenn sie die gleichen diffundierten Kulturelemente überliefern, doch sehr ungleiche Strukturformen aufweisen. Bestimmt man ein Kulturareal allein nach seinem Kulturinventar, setzt man nach Steward voraus, daß sein schöpferischer Mittelpunkt sehr alt, immer ortsfest geblieben und niemals versiegt ist, was jedoch schwer zu beweisen sei (*Theory:* 82–3).

Während die Kulturareal-Lehre bei ähnlichen Ensembles innerhalb eines gegebenen Raumes von kulturhistorischen Zusammenhängen ausgeht, wollte Steward vom Gesichtspunkt der soziokulturellen Integration aus bei gleichen Konfigurationen in verschiedenen Gebieten von ähnlichen, aber voneinander unabhängigen Kausalfaktoren ausgehen. Zur Feststellung dieser Faktoren hielt Steward die folgenden Begriffe für erforderlich: Ein Kulturarealtyp (culture area type) sei ein soziokulturelles System, das örtlich und relativistisch abgrenzbar ist (Kroeber 1939). Ein transkultureller Typ (cross-cultural type) sei ein Typ, der in mehreren historisch unabhängigen Kulturüberlieferungen feststellbar ist (Murdock 1949/1960). Steward unterschied zwei Arten von Ähnlichkeiten der Form und des Inhalts bei Kulturelementen oder Sozialstrukturen: Gleichförmigkeiten (uniformities) kommen in einem zusammenhängenden geographischen Raum oder in einer bestimmten Kulturüberlieferung vor. Regelmäßigkeiten (regularities) treten in voneinander unabhängigen Kulturen in historisch getrennten Räumen oder Überlieferungen auf. Gleichförmigkeiten, die an konkreten Erscheinungen auftreten, bestimmen den Kulturarealtyp. Kausalbeziehungen könnten nur dann eindeutig festgestellt werden, wenn man in zwei historisch voneinander unabhängigen Gebieten mit Hilfe der vergleichenden Methode Regelmäßigkeiten aufdecke. Vermutungen in dieser Hinsicht müßten zunächst als Hypothesen formuliert werden, damit eine systematische Analyse durch transkulturelle Vergleiche vorgenommen werden könne. Steward erwartete nicht, daß sich die Regelmäßigkeiten auf ganze Kulturen erstrecken würden. Die meisten der bis zu seiner Zeit festgestellten Regelmäßigkeiten betrafen begrenzte Bereiche der Kultur, wie Verwandtschaft, Sozialstruktur, Religion oder Herrschaft. Er bezeichnete sie als transkulturelle Verwandtschaftstypen, Sozialtypen usw. (*Theory:* 87–8, 101 f.). Steward erachtete es auch für möglich, Regelmäßigkeiten in den Beziehungen zwischen Hauptbestandteilen einer oder mehrerer Kulturen aufzudecken, die die Anwendung des Begriffs «transkultureller Typ» rechtfertigten. Da ein solcher Typ ein gewisses Maß an Abstraktion von allgemeinen Erscheinungen verlangt, nannte ihn Steward Kulturkern (culture core). Er könne von der Gesamtkultur abgesetzt werden und sei für die Diagnose der Integrationsebene wichtig. Man kann also zusammenfassen: «Transkulturelle Typen» werden durch übereinstimmende «Kulturkerne» definiert, die als «Regelmäßigkeiten» in verschiedenen «Kulturarealtypen» auftreten und ähnliche «Ebenen der soziokulturellen Integration» darstellen. Für Steward waren diese Begriffe Erkenntnismittel, nicht reale Gegebenheiten. Ökologische Anpassungen könnten als kausal bedingt aufgefaßt werden, weil in ihnen ein bestimmtes Maß an Zwangsläufigkeit unmittelbar zu beobachten sei (ebd.: 88–90, 93).

Transkulturelle Vergleiche, forderte Steward, sollten zu Kausalitätsformeln führen, die Aussagen darüber gestatten, welche synchronen oder diachronen Faktoren von welchen Bedingungen abhängen. Steward stellte den Lehrsatz auf: Wenn ähnliche Formen und Funktionen sich unabhängig voneinander entwickelt haben, können sie einem einzigen Kulturtyp zugeordnet werden. Da aber identische Formen unterschiedlichen Funktionen dienen und ungleiche Formen ähnliche Bedürfnisse befriedigen können, läßt sich Stewards Schlüsselbegriff zutreffend mit dem Terminus «Form-Funktion» bezeichnen (ebd.: 90–1). Steward faßte Gesellschaften mit patrilinearen Jagdscharen aus den verschiedensten Teilen der Welt zu einem Typ zusammen (*The economic and social basis; Theory:* 122 f.), weil bei allen eine ähnliche funktionale Beziehung zwischen der Ausbeutung der Nahrungsmittelquellen, der Gebietsbeherrschung, der Gesellschafts- und Verwandtschaftsstruktur und den Eheformen besteht, obwohl die jeweilige Umwelt und die Art der Nahrungsmittelquellen ganz verschieden geartet sind. Die übereinstimmende Gesellschaftsstruktur ist durch die Tatsache begründet, daß die Jagdtiere jeweils nur vereinzelt angetroffen werden. Was die Anpassung der Gesellschaftsformen an die Umwelt betrifft, so weisen diese nur in der Funktion Übereinstimmungen auf, weniger in den greifbaren Erscheinungen. Wenn eine Kulturtypologie die Erfassung transkultureller Regelmäßigkeiten vorantreiben soll, mußte sie nach Steward sowohl die Form als auch die Funktion berücksichtigen (*Theory:* 91–2). Steward faßte zusammen: «Die Vorstellung des transkulturellen Typs verbindet die Vorstellung der ökologischen Anpassung (adaptation) – nämlich daß unterschiedliche, wenn auch nicht notwendigerweise einmalige Kulturen in unterschiedlichen Gebieten vorgefunden werden – mit der Vorstellung der Ebenen der soziokulturellen Integration, die bedeutet, daß die Entwicklungsphasen in der jeweiligen Arealtradition oder Nebentradition (co-tradition) qualitativ verschieden sind und daher taxonomisch genau so voneinander zu unterscheiden sind wie Kulturareale» (ebd.: 92). In diesem Bezugsrahmen sah Steward zwei veränderliche Faktoren, die bei einer – zum Zwecke der Erklärung vorgenommenen – Klassifizierung der Arten menschlichen Verhaltens berücksichtigt werden müßten, nämlich Umweltanpassung und Entwicklungsebene. Steward vertrat die Auffassung, daß in der Altamerikanistik, aber auch in den Vergleichen zwischen der Alten und Neuen Welt zu seiner Zeit immer häufiger problemorientierte Taxonomien oder kulturelle Typen herausgearbeitet wurden. Man periodisierte nicht mehr allein nach technologischen Kriterien, sondern gliederte nach Epochen mit entwicklungsmäßiger und funktionaler Bedeutung (ebd.: 91–3). Um die transkulturell-typologische Bedeutung solcher Begriffe wie «Entstehendes Bodenbauerntum» oder «Formbildende Phase» genau zu erfassen, forderte Steward eine genaue Begriffsbestimmung nach Maßgabe der jeweiligen kulturökologischen Anpassungsform und Entwicklungsebene. Eine Kulturtypologie könne jedoch erst dann von Bedeutung sein, wenn sie sich auf ein weltweites Belegmaterial zu stützen vermochte, um in den verschiedensten Kulturen wiederkehrende strukturell-funktionale Zusammenhänge überzeugend zu erklären (ebd.: 94–7). Steward betonte: «da die Vorstellung des transkulturellen Typs (...) ein methodologisches Werkzeug zur Analyse von funktionalen Beziehungen und von Wandlungsprozessen darstellt (...), wird sie beträchtlich verfeinert werden müssen. Das besondere Problem ist festzustellen, welche Arten von Erscheinungen und welche Arten von Beziehungen zwischen diesen Erscheinungen diagnostische sowie typologische Bedeutung besitzen. Vielleicht wird es viele Arten von Typologien geben, von denen jede auf ein besonderes Interesse bezogen ist» (ebd.: 97).

Die Kritik Stewards an dem Kulturarealmodell war insoweit berechtigt, als dieses aus einem reinen Abzählen der Kulturzüge ohne Berücksichtigung der funktionalen Zusammenhänge bestand. Steward strebte dagegen eine Kulturtypologie an, die sich an Merkmalen orientierte, die für die Struktur wesentlich sind. Außerdem wollte er die Ursachen berücksichtigen, die einem bestimmten Kulturtyp zugrunde liegen. Deshalb sollten an erster Stelle ökologische Anpassungsvorgänge berücksichtigt werden (Lehman 1964: 388). Vom Methodischen her war das ein wesentlicher Fortschritt gegenüber dem häufig allzu mechanistisch gehandhabten Kulturarealmodell (Beals/Hoijer 1953/1966: 715 f.; Vayda/Rappaport 1968: 481; Driver 1962), wenn Steward die Weiterentwicklung zum «age area concept» wohl auch nicht ausreichend in Rechnung stellte. Durch seine Unterscheidung zwischen Kulturerscheinungen, die zum Kulturkern, und solchen, die nicht dazu gehören, wollte Steward Kulturphänomene, die leicht durch Diffusion beeinflußt werden, von denjenigen trennen, die durch zwischenkulturelle Regelmäßigkeiten und kulturökologische Anpassungsvorgänge bestimmt und daher durch Entlehnungen selten verändert werden. Setzt man den funktionalen Zusammenhalt einer Kultur voraus, scheint diese Unterscheidung bedeutsam zu sein. Ein Kulturkern kann durch exogene Einwirkungen nur dann verändert werden, wenn zugleich das gesamte Gefüge der betreffenden Kultur umgewandelt wird, das heißt, eine neue ökologische Anpassung vorgenommen werden muß. Mit seinen beiden Begriffen Kulturkern und Kulturtyp hat Steward zweifellos einen Beitrag nicht nur zur Diskussion der Problematik der Diffusion geleistet, sondern auch zu der des Kulturwandels überhaupt.

Multilineare Evolution

Zu Lebzeiten ist Steward nicht nur wegen seiner Kulturökologie, sondern ebenso wegen seines «multilinearen Evolutionismus» bekannt geworden, auch wenn er mit dem Begriff Evolution Schwierigkeiten hatte. Trotzdem gilt er als einer derjenigen nordamerikanischen Kulturanthropologen, die nach der evolutionsfeindlichen Phase des von Franz Boas geprägten Kulturrelativismus dem Evolutionsgedanken wieder zum Leben und zu Ansehen verholfen haben (Spuhler 1985: 123). Auch in dieser Hinsicht war Steward ein typischer nordamerikanischer Kulturanthropologe, wie es Franz Boas und viele seiner Schüler nie waren: Sie waren nämlich sehr stark von europäischem Gedankengut geprägt, während Steward in der Tradition solcher nordamerikanischer Ethnologen stand wie etwa J. W. Powell im 19. Jahrhundert. Und es war vielleicht kein reiner Zufall, daß Steward während seiner Zeit an der University of Utah archäologische Forschung im Südwesten Utahs betrieb; denn dieses Gebiet gehört zu dem Raum, den der Grand Canyon durchschneidet, und eben den Colorado hatte Powell als erster bezwungen (Darrah 1951; Stegner 1953; Ott 1984: 19f.).

Steward strebte eine Unterscheidung zwischen verschiedenen Auffassungen der Evolution an, um allgemein anerkannte methodologische Voraussetzungen zu gewinnen. In der biologischen Evolution seien die Formen genetisch verwandt, in der kulturellen dagegen nicht. Trotzdem «durchschreiten sie parallele und historisch voneinander unabhängige Entwicklungsreihen» (*Evolution:* 313–4). Um die kulturelle und biologische Evolution von kulturhistorischen Vorstellungen zu unterscheiden, führte Steward den Begriff der Organisationsebene ein (*Area Research:* 106f.). Während der Kulturrelativismus in jeder kulturellen Tradition qualitativ einmalige Formen voraussetzte, seien nach evolutionistischer Sicht die Entwicklungsebenen durch qualitativ unterschiedliche Organisationstypen gekennzeichnet. Da es aber für die Bestimmung des Fortschritts keinen absoluten Wertmaßstab gebe, könne der Fortschritt als Merkmal jeder Form des kulturellen Wandels aufgefaßt werden, ob dieser als Evolution angesehen werde oder nicht. Steward schloß daraus, daß sich der kulturelle Evolutionismus weder durch die wesentliche Übereinstimmung mit dem Entwicklungsgang in der biologischen Evolution noch durch das Kennzeichen der zunehmenden Komplexität noch durch das Merkmal des Fortschritts vom Kulturrelativismus oder historischen Partikularismus unterscheidet (*Evolution:* 314–5). Dennoch lägen der Methodik des Evolutionismus zwei entscheidende Voraussetzungen zugrunde: Echte Parallelen der Form und Funktion entwickelten sich in historisch unabhängigen Kulturtraditionen; diese Parallelen könnten auf das Walten ein und derselben unabhängig wirkenden Kausalität zurückgeführt werden. Für ihn war diese Methode exaktwissenschaftlich und verallgemeinernd; sie suchte wiederkehrende Vorgänge in Gesetze zu fassen. Die historischen Disziplinen hielt er dagegen für partikularisierend und – wenn man so will – idiographisch (ebd.: 315). Steward kennzeichnete den kulturellen Evolutionismus als die Suche nach Regelmäßigkeiten. Er unterschied drei Verfahrensweisen: Der unilineare Evolutionismus der klassischen Evolutionisten versuche, die einzelnen Kulturen in eine allgemeine, absolut gültige Stufenfolge zu bringen. Der universale Evolutionismus befasse sich mit der Gesamtkultur, nicht mit einzelnen Kulturen. Der multilineare Evolutionismus dagegen erforsche begrenzt auftretende Parallelen in nicht verwandten Einzelkulturen (ebd.: 315). Den klassischen, unilinearen Evolutionisten warf Steward vor, keine Strukturtypen definiert zu haben, den universalen Evolutionisten dagegen, ihre kulturellen Entwicklungsfolgen seien so allgemein, daß sie wenig Nutzen brächten (ebd.: 317; *Evolutionary principles:* 171f.). Keines der bisher mit dem Anspruch auf Allgemeingültigkeit aufgestellten «Gesetze» könnte alle, insbesondere aber spezifische Erscheinungen in bestimmten Kulturen zufriedenstellend erklären (*Evolution:* 315–8).

Über die Methodenlehre seines eigenen multilinearen Evolutionismus sagte Steward: «Multilineare Evolution ist im wesentlichen eine Methodologie, die auf der Annahme beruht, daß bedeutsame (significant) Regelmäßigkeiten im Kulturwandel vorkommen. Sie beschäftigt sich mit der Bestimmung von Kulturgesetzen. Dabei muß sie sich um historische Rekonstruktion bemühen, aber sie erwartet nicht, daß historische Tatsachen (data) nach universalen Entwicklungsstufen klassifiziert werden können.» Für diese Form des Evolutionismus seien die Unterschiede in unabhängigen Kulturen keine unerklärlichen Tatsachen, sondern «sie befaßt sich mit jenen begrenzten Übereinstimmungen der Form, der Funktion und des Entwicklungsgangs, die empirische Gültigkeit besitzen». Da diese empirisch verifizierbaren Regelmäßigkeiten in einem zeitlichen Ablauf stünden, wollte Steward sie methodisch unter dem Oberbegriff der Evolution zusammenfassen. «(...) wenn Evolution als ein Interesse für die Bestimmung wiederkehrender Formen, Prozesse und Funktionen aufgefaßt werden kann im Gegensatz zu weltumfassenden Schemata und universalen Gesetzen, dann sind viele Versuche, zu wissenschaftlichen Verallgemeinerungen zu gelangen, methodologisch mit der Evolution verwandt, ganz gleich ob sie synchrone funktionale oder diachrone aufeinanderfolgende Verhältnisse, ob sie nur wenige oder zahlreiche Kulturen behandeln» (ebd.: 318).

Steward vertrat die Auffassung, daß von jeher in der Kulturforschung ein Interesse an Parallelen und der Kausalitätsfrage bestanden habe, auch wenn kulturelle Parallelen, das Kausalitätsprinzip und Gesetze aus empirischen oder philosophischen Gründen angezweifelt wurden. Bei der Feststellung und Analyse von Parallelen wollte er sowohl Umweltfaktoren als auch Vernunft und Gefühl des Einzelmenschen mit berücksichtigen. Daraus zog er den Schluß: «Die Arten der Übereinstimmungen oder Ähnlichkeiten, mit denen sich die multilineare Evolution befaßt, unterscheiden sich aufgrund ihres begrenzten Vorkommens und ihrer Eigenart. Aus diesem Grund ist das hervorstechende methodologische Problem der multilinearen Evolution eine angemessene Taxonomie kultureller Erscheinungen» (ebd.: 320). Um bei der bei einer solchen Taxonomie zu erwartenden Typenvielfalt zur Ermittlung von Entwicklungsabfolgen gelangen zu können, hielt Steward es für erforderlich, sich nur mit ganz klar definierten Kulturtypen zu befassen (ebd.: 322). Er war überzeugt, daß in dem Maße, in dem man die Aufmerksamkeit auf die funktionalen Beziehungen der kulturellen Merkmale und die verschiedenen Arten der Umweltanpassung richte, eine Terminologie entstehen werde, die bedeutsame Parallelen aufdecken könnte (ebd.: 323). Steward wollte eine solche Taxonomie in gleicher Weise auf archäologisch faßbare Kulturen (*Causal factors:* 334) wie auch auf den Kulturwandel in der Jetztzeit anwenden. Überall seien auffallende Parallelen erkennbar, wenn sich die industriellen Kulturformen ausbreiteten. Diese seien nicht auf Diffusion zurückzuführen, sondern unvermeidbar. «Es bestehen gute Gründe anzunehmen, daß die grundlegenden Veränderungen, die heutzutage in den entferntesten Teilen der Welt stattfinden, der Formulierung im Rahmen von Übereinstimmungen und Regelmäßigkeiten zugänglich sind, trotz der örtlichen Obertöne, die von der einheimischen Kulturtradition herrühren» (*Evolution:* 323). Nicht alle Parallelentwicklungen müßten zwangsläufig auf Entwicklungsabfolgen beruhen. Das entscheidende Merkmal der Evolution sah er in den wiederkehrenden Kausalzusammenhängen in voneinander unabhängigen Kulturen. Dabei kam es ihm nicht darauf an, ob es sich um einzelne Kulturmerkmale und einen Zeitraum von nur wenigen Jahren oder um ganze Kulturen und Jahrtausende handelte (ebd.: 324).

Steward faßte den kulturellen Evolutionismus als eine Art historischer Rekonstruktion nach besonderer Methode auf: «Für diejenigen, die sich für Kulturgesetze, Regelmäßigkeiten oder Formulierungen interessieren, liegt die größte Verheißung in der Analyse und im Vergleich von begrenzten Ähnlichkeiten und Übereinstimmungen, das heißt, in der multilinearen Evolution eher als in der unilinearen oder universalen Evolution. (...) Der fruchtbarste Gang der Untersuchung dürfte die Suche nach Gesetzen sein, die bestimmte Erscheinungen im Hinblick auf besondere Umstände erfassen» (ebd.: 324–25). In vielem ähneln seine Vorstellungen denen der klassischen Evolutionisten des 19. Jahrhunderts (Ortner 1984: 132). Auf der anderen Seite weist seine Methode des «multilinearen Evolutionismus» auch Züge einer verallgemeinernden und typenbildenden Kulturgeschichte auf; denn es war ja sein Ziel, die Kulturgeschichte zu rekonstruieren. In dieser Hinsicht bieten seine Gedankengänge wichtige Anregungen; sie bieten Ansätze zur Herausbildung einer echten Kulturtypologie, wie sie heute sowohl von historischer als auch von kulturhistorischer Seite gefordert wird (Vajda 1964: 175 f.).

III. Wirkung

Was an Steward besticht, ist die Tatsache, daß er sowohl ethnographische als auch nur archäologisch faßbare Sachverhalte aufgrund seines ökologisch ausgerichteten Forschungsansatzes in der zu seiner Zeit weitgehend kulturrelativistischen nordamerikanischen Kulturanthropologie und der von ihr damals stark beeinflußten nordamerikanischen Archäologie in einem gänzlich neuen Licht erscheinen ließ. Der von Steward in die Ethnologie eingeführte Begriff «Kulturökologie» ist nicht nur von seinen eigenen Schülern aufgegriffen und in zahlreichen Untersuchungen angewandt und weiterentwickelt worden, sondern auch von Forschern, die weit außerhalb dieses engeren Kreises der unmittelbar von ihm beeinflußten Kulturanthropologen anzusiedeln sind. Ganz besonders heftige Kontroversen sind durch die ökologische Deutung der segmentären Lineageorganisation als Zweckverband zur räuberischen Expansion bei den Tiv und Nuer von Marshall D. Sahlins (1961) und der Interpretation des «heiligen Rindes» als wesentlicher Bestandteil eines ausgewogenen Ökosystems in Indien von Marvin Harris (1966) entfacht worden.

Vom Ansatzpunkt der «Kulturökologie» Stewards nahm aber auch der «Kulturmaterialismus» als eine neue Richtung oder Schule in der nordamerikanischen Kulturanthropologie während der 60er und 70er Jahre seinen Ausgang. Er wandte sich gegen den herkömmlichen Psychologismus und Kulturrelativismus und verfocht einen «Szientismus», wie dies in ganz besonders konsequenter Weise Marvin Harris (1979) getan hat, der auch Steward (neben Leslie A. White) als einen der wesentlichen Urheber dieser neuen Schule bezeichnet hat (Harris 1968: 658f. et al.). Es muß zwar dahingestellt bleiben, ob Steward selbst diesem Diktum zugestimmt hätte; denn es bestehen zwar feine, aber deutliche Unterschiede zwischen seinem Kulturkernbegriff und dem Kulturmaterialismus eines Marvin Harris (Kohl 1981: 101–2). Trotzdem kann man feststellen, daß er gewissermaßen als Auslöser am Anfang der Entwicklung einer sehr einflußreichen Schule in der gegenwärtigen nordamerikanischen Kulturanthropologie stand, die sich dem Kulturmaterialismus verschrieben hat (Ortner 1984: 132). Und auf jeden Fall kann man feststellen, daß Steward in entscheidendem Maße dazu beitrug, daß man sich in der nordamerikanischen Kulturanthropologie von der Psychologie als Mittel zur Deutung kultureller Verhaltensweisen abwandte und sich erneut eher den historischen, wirtschaftlichen und gesellschaftlichen, aber auch den geographischen Bedingungen zuwandte, um sowohl Übereinstimmungen als auch Unterschiede in einzelnen Kulturen zu erklären.

Steward hat einen nachhaltigen Einfluß auf die Herausbildung evolutionistischer Stufenlehren in der nordamerikanischen Kulturanthropologie nach dem Zweiten Weltkrieg ausgeübt. Es war wohl seine Vorstellung von Ebenen der soziokulturellen Integration, die in diesem Zusammenhang von grundlegender Bedeutung war; denn er selbst hat an keiner Stelle eine klar ausgearbeitete Stufenfolge für die Evolution aller Kulturen der Menschheit aufgestellt, wie das andere nach ihm taten. Man muß sich vielmehr mühsam aus seinen verschiedenen einschlägigen Veröffentlichungen zu dieser Thematik eine solche Stufenfolge selbst in seinem Sinne konstruieren. Daß dann später Elman R. Service mit seiner ausgearbeiteten Stufenfolge von Jagdschar, Stamm, Häuptlingstum (vgl. Earle 1987: 280) und Staat einen derart durchschlagenden Erfolg hatte, ist indessen nicht in geringem Maße darauf zurückzuführen, daß Steward jahrzehntelang seit seiner Herausarbeitung einer neuartigen Typologie der Indianerkulturen Südamerikas einer derartigen unilinearen Stufenfolge der Gesellschaftsformen Vorschub geleistet hatte (Ortner 1984: 132).

Der tiefgreifende Einfluß neoevolutionistischer Vorstellungen auf die «New» oder «Processual Archaeology», der bereits seit den 50er Jahren zu verzeichnen ist, muß in großem Maße auf Steward zurückgeführt werden. Wie der klassische Evolutionismus des 19. Jahrhunderts vertrat Steward als Neoevolutionist die Auffassung, daß alle wesentlichen Unterschiede zwischen den Kulturen als aufeinanderfolgende Entwicklungsstadien der allgemeinen Entfaltung der Kultur der Menschheit von einfachen zu komplexen Verhältnissen gedeutet werden können. Auch wenn er als Kulturökologe nach außen hin einen multilinearen Evolutionismus vertrat, so hat er in der Archäologie doch wesentlich zur Förderung einer unilinearen evolutionistischen Sichtweise mit seiner Auffassung beigetragen, daß parallele Entwicklungslinien und nicht Unterschiede der eigentliche Gegenstand der wissenschaftlichen Forschung sein sollten. Er vertrat auch die Ansicht, daß nur ein ganz bestimmter Satz gleichartiger Rahmenbedingungen die Voraussetzung für die Entstehung der frühen Hochkulturen überall in der Welt gewesen sein muß. Alle anderen Hochkulturen faßte er als spätere Entwicklungen auf, die ohne das Vorhandensein einiger weniger früher Hochkulturen nicht hätten entstehen können. Auch diese stark unilinear ausgeprägte Vorstellung von einer gleichförmigen Stufenfolge in der Entwicklung der Hochkulturen übernahm eine ganze Reihe von Prähistorikern von Steward (Trigger 1984: 278). So kann man feststellen, daß Steward durch seinen kulturökologischen Forschungsansatz sowie insbesondere durch seine Vorstellung der Ebenen der soziokulturellen Integration dazu beigetragen hat, daß man sich in der «New Archaeology» von einer diffusionistisch-kulturhistorischen Betrachtungsweise abgewandt und einer systematischen und vergleichenden Untersuchung solcher durch Grabungen erfaßbaren Erscheinungen wie Siedlungsformen zugewandt hat, auch wenn man in allerletzter Zeit zu einer weniger deterministischen und der Vielfalt der historischen Entwicklungen eher Rechnung tragenden Sicht der menschlichen Verhaltensweisen zurückfindet (ebd.: 294).

Es ist kennzeichnend für Steward, daß er seine zentralen Begriffe wie Kulturtyp, Kulturkern und Ebene der soziokulturellen Integration auch auf die Erforschung der umwälzenden wirtschaftlichen, gesellschaftlichen und kulturellen Wandlungsvorgänge in den Ländern der «Dritten Welt» in der Gegenwart anwandte. So wurde er in mancher Hinsicht wegweisend für Kulturanthropologen, die den weltweiten Prozeß der Industrialisierung untersuchen wollten. Als Steward in Ländern wie Puerto Rico zwischen verschiedenen Subkulturen unterschied, schuf er eine wesentliche Voraussetzung für die Differenzierung zwischen «horizontalen Schichten», also von Klassen, und insbesondere für die Herauslösung einer nationalen Oberklasse, die im Lande selbst eine eigene soziokulturelle Einheit darstellt, aber auch als eine Enklave der hochindustrialisierten Gebiete der Erde aufgefaßt werden kann. Diese Gedankengänge bildeten einen Ansatzpunkt für Kulturanthropologen wie Eric Wolf (1982), die eine Modellvorstellung von einem weltweiten System der Industrialisierung entwickelten, das zwar die lokalen, regionalen und nationalen Industrialisierungsvorgänge übersteigt, diese aber gleichzeitig prägt und beeinflußt (Smith 1984: 480–1; Holzberg/Giovannini 1981: 332–3).

Daß Julian H. Steward sich mit Vorgängen in der «Dritten Welt» auseinandersetzte, die durch die europäische Ausbreitung über die Erde ausgelöst wurden, hängt damit zusammen, daß sein Einfluß bis in die Gedankenwelt der Forscher und Gelehrten in den benachteiligten Teilen der Erde reichte. Dies gilt für ihn in weit höherem Maße als für die große Mehrzahl der Kulturanthropologen seiner Generation. Am deutlichsten wird dies wohl bei dem brasilianischen Kulturtheoretiker und Kulturanthropologen Darcy Ribeiro, der Steward ausdrücklich im Zusammenhang mit seiner Theorie vom «zivilisatorischen Prozeß» lobend erwähnt: «Der Begriff des zivilisatorischen Prozesses kommt dem des Kulturtyps am nächsten, wie ihn Julian Steward (...) neu formuliert hat; auch er steht klar gegen die alten Ideen von Kulturbereichen und Entwicklungsetappen» (Ribeiro 1971: 29). Das ist hohes Lob aus dem Munde eines kritischen Gelehrten und reformistischen Politikers der «Dritten Welt»!

Was Steward gegenüber vielen anderen Wissenschaftlern auszeichnet, ist die Tatsache, daß er sich in einer ganzen Reihe von Fällen bereit zeigte, früher von ihm vertretene Lehrmeinungen angesichts neuer empirischer Forschungsergebnisse aufzugeben oder zu modifizieren. So änderte er seine Typologie der Jagdscharen sowohl im Hinblick auf die Familiengruppen der Great Basin-Shoshoni als auch im Hinblick auf die Forschungsergebnisse von James Woodburn (1968) bei den Hadza oder R. B. Lee (1968) bei den !Kung-San ab. Angesichts der Kritik von Linda und Robert Braidwood (1949) änderte er die Dauer bestimmter Phasen in der Entwicklung der Hochkulturen des Vorderen Orients und führte den Ursprung des Bodenbaus nicht mehr ausschließlich auf einen Anpassungsvorgang an klimatische Veränderungen zurück *(Theory)*. Ebenso war er bereit, die Einwände von Angel Palerm (1955) zu akzeptieren und die Bewässerungshypothese als Erklärung für die Entstehung des Staates in Mexiko fallenzulassen und die Möglichkeit eines Handelsstaates in Erwägung zu ziehen *(Theory)*. Über seine Bereitschaft, seine Hypothesen über die Entstehung von Hochkulturen und Formen der zentralisierten politischen Organisation angesichts neuer Forschungsergebnisse abzuwandeln, sagte er selbst: «Die ursprüngliche Erklärung der frühen zivilisierten Staaten war Wittfogels Bewässerungshypothese (irrigation hypothesis); sie wurde jedoch bereits vor Jahren infolge der Forschung von Robert Adams in Mesopotamien abgewandelt. Obwohl Bewässerung in großem Maßstab in den Gebieten mit solchen Flüssen, die wie in den Anden in tief eingefurchten Tälern fließen, entscheidend ist, war sie in bestimmten anderen Gebieten nur von zweitrangiger Bedeutung. Adams hat seitdem enge Übereinstimmungen in der Evolution der Stadtgesellschaften in Mittelamerika und in Mesopotamien aufgezeigt, wo die aufeinander einwirkenden ursächlichen Faktoren die spezialisierte Produktion in eng benachbarten Mikro-Umwelten waren sowie der Handel und die Kontrolle des Handels durch eine bereits bestehende Priesterschaft. Andere Faktoren hatten unterschiedliche Bedeutung in verschiedenen Gebieten, aber ein transkulturelles Modell dieser allgemeinen Art reicht als vorläufige Erklärung für viele, wenn auch offensichtlich nicht für alle frühen zivilisierten Staaten bereits sehr weit» (*Comment on Renfrew:* 165).

Robert Manners spricht von Stewards «... eindringlicher und unerbittlicher Selbstkritik und von seiner abgrundtiefen Verachtung als Gelehrter für Folgerichtigkeit nur um ihrer selbst willen» (Manners 1973: 886). Es war ihm vorgehalten worden, daß er in seiner Kulturökologie den Einfluß von Nachbarkulturen nicht berücksichtigt hat (Vayda/Rappaport 1968: 488). Und schon zählte er 1968 die Analyse der «sozialen Umwelt» zu einer seiner wichtigsten Forderungen (*Cultural ecology:* 337). Ebenso wollte er nun auch historische Prozesse, wie die Entlehnung von Kulturgütern, behandelt wissen (ebd.: 338). Er schloß auch biologische und psychologische Faktoren nicht grundsätzlich als Konstante aus seinen Untersuchungen aus (ebd.: 339; *Problems of cultural evolution*). Es ging ihm indessen um substantielle, das heißt, durch die jeweiligen Anpassungsweisen an die verschiedenen Umweltgegebenheiten bedingte Unterschiede zwischen den einzelnen Kulturen (*Cultural ecology:* 337–8). Steward hat sich weder jemals kategorisch für eine allgemeine, nichtkulturelle, am biologischen Modell orientierte, ökologische Betrachtungsweise, wie Vayda und Rappaport (1968: 485–6) sie forderten, ausgesprochen noch für eine rein superorganische Auffassung der Kultur, die ohne Berücksichtigung der Umweltgegebenheiten auszukommen sucht. Dieses beständige Bestreben, widersprüchliche Befunde der empirischen Forschung einerseits und gegensätzliche Forschungsansätze andererseits miteinander in Einklang zu bringen, ist der Grund dafür, daß seine Schüler in ihm «den größten aller Synthetisierer« (Murphy 1977: 1) sahen.

Christian E. Guksch

LESLIE ALVIN WHITE
(1900–1975)

In Erinnerung an Beth Dillingham

«1939 hielt ich einen Vortrag auf dem Jahreskongreß der American Anthropological Association an der Universität Chicago, in dem ich für die Evolutionstheorie in der Ethnologie plädierte. Nach meinem Vortrag bemerkte Ralph Linton, der den Vorsitz führte, daß man mir nur die Höflichkeit entgegenbringen sollte, mit der man früher im Wilden Westen Pferdediebe und Spieler bedachte: ihnen nur zu erlauben, so schnell wie möglich vor Sonnenuntergang aus der Stadt zu verschwinden» (Nachlaß White; wie auch im folgenden Übersetzung durch C. E. G.).

Wissenschaftsgeschichte und Wissenschaftssoziologie fließen in dieser Äußerung von Leslie A. White zusammen. Seine Erinnerung mag einen ersten Eindruck vermitteln von der Stimmung, die die Kulturanthropologie der USA die nächsten Jahre beherrschen sollte. Denn mit seinem Eintreten für den Evolutionismus als ethnologische Theorie leitete White nicht nur eine Rückbesinnung auf die Evolutionisten des 19. Jahrhunderts ein, die zu einer adäquaten Würdigung von Lewis Henry Morgan, Herbert Spencer und Edward B. Tylor führte, sondern er bereitete auch einen thematischen Wandel auf der theoretischen Ebene vor; dieser Wandel sollte die ethnologische Forschung, aber auch die Lehre der 50er und 60er Jahre entscheidend beeinflussen und bis heute von grundlegender Bedeutung für die verschiedenen Aspekte der amerikanischen Anthropologie sein, die neben der Kultur- und Sozialanthropologie die Linguistik, die prähistorische Archäologie sowie die physische Anthropologie integriert hat. Außerdem lassen sich in dieser Äußerung auch die die wissenschaftliche Diskussion begleitenden irrationalen, wissenschaftsexternen Momente ahnen; weil sie so dominierten, schlichen sie sich auch in die Erinnerungen anderer Ethnologen. So schreibt zum Beispiel Esther Goldfrank (1977: 151): «Während seines Angriffs auf dem Chicagoer Kongreß von 1939 sprach White extrem engagiert, in scharfem Ton und ungezügelter Sprache.» Und: «Wie nicht anders zu erwarten, wurde Boas von seinen Freunden, von denen auch viele seine Schüler gewesen waren, verteidigt, und sogar einige, die Whites theoretische Position unterstützten, distanzierten sich von dem Bild, das White von Boas gezeichnet hatte. Der 80 Jahre alte Gründer der amerikanischen Ethnologie zeigte keine Regung. Als die Vorträge vorbei waren, stand er auf und verließ mit seinen engsten

Freunden den Saal; sein Schweigen war die deutlichste Antwort» (ebd.: 153). Vor diesem Hintergrund sollen das Leben und das wissenschaftliche Werk von Leslie A. White gezeichnet werden.[1]

I. Leben

Leslie Alvin White wurde am 19. Januar 1900 in Salida/Colorado geboren – er starb am 31. März 1975 in Kalifornien. Sein Nachlaß enthält nur wenige autobiographische Notizen. Der Vater war Ingenieur bei einer Eisenbahnfirma. Häufige Wohnortwechsel sowie 1905 die Scheidung der Eltern, bei der die drei Kinder dem Vater zugesprochen wurden, waren sicher ebenso prägend wie der Berufswechsel des Vaters vom Ingenieur zum Farmer, zuerst in Kansas, seit 1914 dann in der Nähe von Zachary, Louisiana. Dort beendete White die High-School. Eine längere Krankheit und der Militärdienst in der Marine verzögerten den Eintritt ins College. Von 1919 bis 1921 war er Undergraduate Student an der Louisiana State University; danach ging er nach New York an die Columbia University, wo er 1923 den B. A. und 1924 den M. A. in Psychologie erwarb.

Während dieser beiden Jahre belegte er an der New School for Social Research Kurse zur Einführung in die Anthropologie von Alexander Goldenweiser, einem Schüler von Franz Boas (den White an der Columbia University nie hörte). Außerdem studierte er unter dem Behavioristen John B. Watson und dem Ökonomen Thorstein Veblen, deren Einfluß in Whites Werk nachweisbar ist. Von 1925 bis 1927, dem Jahr seiner Promotion, war White Doktorand an der University of Chicago, nur unterbrochen von der Phase der Feldarbeit 1926 in Acoma Pueblo, Neu-Mexiko. Er promovierte bei Edward Sapir, einem Boas-Schüler, 1927 mit der Arbeit *Medicine Societies of the Southwest.*

An der University of Buffalo bekam er seine erste Stelle als Instructor in Anthropology. Die nun folgenden Jahre waren bedeutsam für Whites wissenschaftliche Laufbahn. Obwohl er durch seine Lehrer Goldenweiser und Sapir in der Tradition von Boas stand, wurde ihm die Verteidigung der Prämissen einer anti-evolutionistischen Position immer schwerer; nicht nur die bohrenden Fragen seiner Studenten, auch der Kontakt mit dem am Evolutionismus interessierten Philosophen Marvin Farber ließen ihn zweifeln. Doch ausschlaggebend war der Einfluß des Werkes von Lewis Henry Morgan: In der Nähe Buffalos liegt die Tonawanda Indian Reservation, wo Morgan die Seneca-Irokesen studiert hatte; und Morgans Hauptwerk *Ancient Society* (1877) zwang zum Umdenken. Schon in seiner Rezension der von Bernhard J. Stern verfaßten Biographie Morgans schrieb White: «Herr Stern, wie viele frühere Kritiker, weist auf Fehler in Morgans Vorgehensweise hin und

Leslie Alvin White (1900–1975)

wirft darum das Konzept der evolutionären Entwicklung einfach über Bord. Das ist nach Meinung des Rezensenten völlig ungerechtfertigt. Die Fehler von Herrn Morgan in den 70er Jahren des letzten Jahrhunderts bedeuten nicht die Ungültigkeit des Konzeptes der kulturellen Evolution im Jahre 1931» (American Journal of Sociology 37 [1931]: 483).

Von Juni bis September 1929 nahm White an einer Reise in die Sowjetunion teil – eine Wolgabootreise und der Besuch Georgiens standen auf dem Programm. Die Einschätzung dieser Reise bzw. von Whites möglicher Mitgliedschaft in der nichtkommunistischen Gruppe ‹Friends of the Soviet Union›, seiner späteren Mitarbeit an der Zeitung *Weekly People* der Socialist Labor Party und seinen Besuchen von Versammlungen sozialistischer Gruppierungen im Detroit der 30er Jahre, ohne offizielles Parteimitglied zu sein, fällt unterschiedlich aus; in diesen Jahren der Weltwirtschaftskrise und des New Deal gab es in den USA viele Linksintellektuelle, doch war ihr politisches Engagement für die politischen Parteien nicht verläßlich genug.[2] Und ganz sicher: Whites Engagement hatte die Distanz des Wissenschaftlers (persönl. Mitteilung von V. Jones).

White las nun unter anderem Lenin und Marx. Besonders faszinierte ihn der erste Abschnitt «*Ware und Geld*» des Werkes *Das Kapital*, da darin der Gebrauch und der Tauschwert der Ware als in einer Gesellschaft gesetzte Symbole analysiert werden – eine Perspektive, die der kulturologischen von White[3] ähnlich ist. Auch wenn die Lektüre des Werkes von Marx relativ spät erfolgte, so war doch das kulturelle Milieu, in dem White an der New School verkehrte, von den Gedanken des historischen und dialektischen Materialismus geprägt, wie seine frühe Arbeit *The Significance of Surplus* (1923, unveröffentlicht) erkennen läßt. Doch White hat nie das Konzept der Dialektik in sein theoretisches Werk integriert. Gegen Ende seines Lebens sagte er sogar in einem Vortrag, er habe Marx nie verstanden. Seine Position ist von verschiedenen marxistisch orientierten Ethnologen scharf kritisiert und als mechanisch bzw. positivistisch abgetan worden. Wie gefährdet wegen seiner politischen Anschauungen die Position Whites innerhalb des Universitätssystems war, mag der Proteststurm bezeugen, der die Verwaltung der University of Michigan 1931 erreichte. White war 1930 von Buffalo nach Ann Arbor gegangen, wo er Julian H. Steward ersetzte, der seinerseits an die University of Utah gewechselt hatte. Als junger Assistant Professor hielt White dort auf Grund seiner Rußland-Erfahrungen einen Vortrag auf dem Jahrestreffen der American Association for the Advancement of Science in Cleveland mit dem Titel *An Anthropological Appraisal of the Russian Revolution*, in dem er unter anderem sagte: «ob das kommunistische Modell der Zukunft russisch, chinesisch oder deutsch ist, ist irrelevant. Die Essenz des Kommunismus ist sein

Internationalismus – und dieser Zustand der Weltzivilisation ist sowieso die nächste Stufe der soziopolitischen Evolution» (unveröffentlichtes Manuskript aus Whites Nachlaß).

Daß hinter einer solchen Aussage eine theoretische Position, die des Evolutionismus, stand und White mit den Methoden der Ethnologie zeitgenössische politische Ereignisse analysierte,[4] wurde von den erregten konservativen Bürgern Michigans, die die University of Michigan finanziell unterstützten, nicht beachtet. Die New York Times erwähnte den Beitrag, die Prawda druckte ihn sogar ab und ließ Gorki Stellung nehmen (s. Prawda Nr. 4807, 4834, 4842 – 1931). Am 20. Februar 1931 erhielt White folgendes Telegramm von der sowjetischen Nachrichtenagentur TASS: «Professor White, dessen Rede hier abgedruckt ist, ist weder Marxist noch Kommunist – das zeigt seine wissenschaftliche Phraseologie. Er vertritt eine bürgerliche Position der evolutionären Soziologie und sieht die Geschichte der Gesellschaft als eine Serie von Mutationen analog denen in der Biologie. Seine Schlußfolgerungen sind deshalb um so interessanter» (Nachlaß White). Der Dekan sagte White voraus, er werde keine Zukunft an der University of Michigan haben – doch trotz aller Schwierigkeiten, die er auch in den nächsten Jahren mit der Universitätsverwaltung haben sollte, blieb White 40 Jahre bis zu seiner Emeritierung und machte das Seminar dort zu einem der größten und besten der Welt.

Doch war White in den 30er Jahren nicht nur ein sozial engagierter und kompromißlos zu seinen Darstellungen stehender, nach außen hin wirkender Wissenschaftler. In diesen Jahren provokatorischer Aussagen veröffentlichte er auch zahlreiche Arbeiten über seine Pueblo-Forschung, besonders *The Acoma Indians* (1932); als Lehrer begann er mit den Vorlesungen *The Mind of Primitive Man* und *Evolution of Culture*, die bis zu seiner Emeritierung an Berühmtheit nichts einbüßten.

1931 heiratete White Mary Pattison. 1932 wurde er Associate Professor und erst 1943 Professor – eine Verzögerung, die auf seine kontroversen Stellungnahmen, besonders in den großen Vorlesungen, zurückgeführt wird. So sandte die katholische Kirche Nonnen in Whites Vorlesungen, deren gesammelte Zitate dann dem Universitätspräsidenten vorgelegt wurden mit dem ausdrücklichen Wunsch, White aus der Fakultät zu entfernen. White erhielt Solidaritätsbeweise von verschiedenen Professoren, auch aus anderen Fakultäten, die in diesem Angriff die akademische Freiheit gefährdet sahen (persönl. Mitteilung von B. Dillingham).

Von Juli bis Dezember 1936 reisten Leslie und Mary White in den Nahen und Fernen Osten. White unterrichtete an der Yenching-Universität in Peking als Gastprofessor und arbeitete an dem wichtigen, programmatischen Aufsatz *Some Suggestions for a Program in Anthropology in China* (in: Chinese Social and Political Science Review 21 [1937]: 120–134), der schon klar Whites Vorstellungen von Wissenschaft, Kultur und Evolutionismus zeigt.

Mit dem Auftritt vor Boas, wie er eingangs geschildert wurde, beginnt die kreativste Phase in Whites Leben, die weitere Publikationen seiner Feldforschung bei den Keres im Südwesten der USA zeitigt, Studien zur Person und zum Werk Lewis Henry Morgans, maßgebliche Aufsätze, die seine kulturologische Perspektive darlegen (*The Science of Culture* 1949) und seinen Evolutionismus vorstellen: in diesen 20 Jahren gelang es White, dem Kulturevolutionismus einen Platz unter den konkurrierenden Theorien der Anthropologie zu erobern. 1947 erreichte White eine für Ethnologen außergewöhnlich große Zuhörerschaft: Unter dem Titel *The Scientists speak* wurden in den Nachkriegsjahren – Sonntagnachmittags, in der Pause des vom Radio über die ganzen USA ausgestrahlten Konzertes des New York Philharmonic Orchestra – Wissenschaftler der verschiedensten Fachrichtungen zu Vorträgen gebeten; Leslie White sprach über *Energy and the Development of Civilization.* In diesem Vortrag brachte er seine Grundvorstellung zum Ausdruck, daß die Evolution von Zivilisation nur über die Veränderung der technischen Basis möglich sei (s. Kap. II, 2).

1957 rief White wieder den Klerus auf den Plan: In seinem Vortrag *Cultural Evolution – Anthropological Approaches to Religion* in Chicago auf dem Jahreskongreß der American Anthropological Association behauptete er nicht nur, daß religiöse Systeme die sozioökonomischen Bedingungen der Gesellschaft widerspiegeln, sondern er beendete den Vortrag – und 1957 war das Jahr, in dem Amerika mit dem Sputnik-Schock zu leben hatte – mit dem Satz: «Ein Kultursystem, das Satelliten in den Weltraum befördert, kann auf Götter ganz verzichten.» Wieder versuchte die Kirche Whites Entlassung zu erreichen, doch ohne Erfolg (s. Carneiro 1981: 222–223).

Mit der Publikation von *The Evolution of Culture – The Development of Civilization to the Fall of Rome* (1959), einem Teil einer großartigen Studie, deren analysierter Zeitraum sich bis in die Gegenwart des amerikanischen Kapitalismus erstreckt,[5] findet diese Phase einen Abschluß, der durch den Tod von Mary White noch einschneidender wird. Trost bekam White von engen Freunden und im wissenschaftlichen Bereich durch die Festschrift (Dole/Carneiro 1960), die er zum 60. Geburtstag erhielt. In diesen Jahren stand White auf dem Höhepunkt seiner Karriere; sein intellektueller Einfluß in der Anthropologie wie auch außerhalb der Universität war enorm. 1964 wurde er zum Präsidenten der American Anthropological Association gewählt, und in dieser Funktion war er Delegationsleiter der amerikanischen Anthropologen, die zum internationalen Ethnologen-Kongreß nach Moskau reisten.

1962 erschien Whites Monographie *The Pueblo of Sia, New Mexico;* danach seine Abrechnung mit Boas, dessen Werk er, fast monomanisch, im Verlauf seines Lebens immer wieder attackierte (s. Kap. III).

Sein langes Vorwort zu einer Neuausgabe von *Ancient Society* von L. H. Morgan (1964) zeigt, welche Bedeutung er diesem Werk beimaß; Pläne für eine Biographie von Morgan hat er nach Erscheinen der Biographie von Resek (1960) aufgegeben.

White selbst fühlte die Abrundung seines Werkes durch die Aufnahme des Stichwortes «*Culturology*» in die International Encyclopedia of the Social Sciences gegeben (1968). 1970 schied er aus dem Department of Anthropology der University of Michigan aus: Der Abschied war traumatisch, denn White wurde ziemlich unfreundlich emeritiert, man lagerte seine Bücher im Flur aus, nur wenige Kollegen und Studenten kümmerten sich um ihn. Die Anthropologen Michigans versuchten sein Werk schnellstens zu vergessen; neue theoretische Aspekte schienen en vogue. Da die Hintergründe für das Verhalten der Fakultät eher psychologisch bzw. universitätspolitisch waren, soll hier nicht weiter darüber berichtet werden. Einige Kollegen, besonders in der physischen Anthropologie (zum Beispiel F. B. Livingstone) und in der prähistorischen Archäologie arbeiten jedoch thematisch (s. Kap. II, 2) wie Leslie White. Besonders die Prähistoriker am Museum of Anthropology der University of Michigan (etwa K. V. Flannery, R. I. Ford, J. R. Parsons, J. D. Speth, H. T. Wright III), von denen einige als Studenten Whites Lehrveranstaltungen besucht hatten, denken evolutionistisch. Berühmt wurde Lewis Binfords Autobiographie (1972), in der White und der Kulturevolutionismus einen wichtigen Teil einnehmen: als ein Ausgangspunkt für die «New Archaeology».

Nach Unterrichtsphasen an der Rice University und der San Francisco State University fand Leslie White dann eine zweite Heimat an der University of California in Santa Barbara. Dort lebte schon sein Freund, der Mathematiker Raymond Wilder, als Emeritus. White konnte am Department of Anthropology weiter forschen und am Universitätsleben teilhaben, aber auch zusammen mit alten Michigan-Kollegen, den Kulturanthropologen E. R. Service und T. Harding sowie dem Prähistoriker A. C. Spaulding, auf 50 Jahre erlebte Wissenschaftsgeschichte zurückblicken.

1973 erschien das Büchlein *The Concept of Culture* in Zusammenarbeit mit Beth Dillingham auf Grund von Vorträgen, die White an der University of Colorado 1961 gehalten hatte. 1975 wurde dann postum seine zusammenfassende Darstellung der Kulturologie *The Concept of Cultural Systems* herausgegeben, ein Werk, das White seinem Freund R. Wilder gewidmet hatte (s. Kap. III).

II. Werk

Die Grundzüge von Whites Hauptwerk *The Evolution of Culture* (1959) waren schon in den 50er Jahren ausformuliert, doch lehnte es damals der Verlag ab, das gesamte Manuskript zu drucken. White arbeitete bis zu seinem Tode Ende März 1975 an Passagen von *Modern Capitalist Culture*, dem Teil von *The Evolution of Culture*, der die Analyse bis ins 20. Jahrhundert führt. Sein Hauptwerk blieb also eigentlich unvollendet. Dennoch kann man sagen: Das Gesamtwerk Whites ist von klarer Geschlossenheit. In allen drei Bereichen seiner wissenschaftlichen Forschertätigkeit ist er zu abschließenden Aussagen gelangt, von denen einige heute Allgemeingut anthropologischen Denkens und Arbeitens sind.

Da White einige seiner Thesen schon früh formuliert hat, klingt manches in späteren Werken immer wieder an und bekommt dogmatischen Charakter; dieser ist aber wissenschaftssoziologisch zu erklären: Whites Position in der amerikanischen Kulturanthropologie war die eines individualistischen Mahners für eine die Theorie integrierende Anthropologie; damit stand er gegen Boas und dessen Entourage. Hinzu kam seine politische Grundhaltung, die, in der Tradition Veblens und H. L. Menckens, skeptisch und kulturkritisch ikonoklastische Züge trägt, zugleich aber, trotz aller Äußerungen in seinen theoretischen Schriften für einen kulturellen Determinismus, im persönlichen Bereich stark humanistisch war. Nur aus diesen Spannungen heraus ist es zu erklären, daß White recht dogmatisch den Sinn und die Funktion von Kultur utilitaristisch deutete, das heißt, er sah Kultur als etwas an, das das Leben des einzelnen Menschen sicherer machte. Erst gegen Ende seines Lebens konnte er sich von dieser Ansicht lösen, die sich in seinen theoretischen Schriften wie ein Fremdkörper ausmachte. Denn dieser utilitaristische Standpunkt, obschon Erbe des angelsächsischen Pragmatismus, widersprach seinem Evolutionismus und seiner Kulturologie, da er die Regungen des einzelnen Menschen beachtete, obwohl White gerade nicht Aussagen über den einzelnen machen wollte. In *The Concept of Cultural Systems* (1975) stehen die von vielen lange erwarteten Sätze: «Jetzt muß ich eine Position verwerfen, die ich lange vertreten habe. (...) Die Vorstellung, daß es die Funktion von Kultur sei, die Bedürfnisse des Menschen zu erfüllen, sein Leben sicher und erträglich zu machen, ist nicht nur anthropozentrisch ...» Denn Kultursysteme hätten den Menschen nicht nur Positives anzubieten, gleichsam als Mittler zwischen Mensch und Natur, sondern «Kultursysteme haben auch Millionen von Männern, Frauen und Kindern in Kriegen abgeschlachtet, sie in Inquisitionen gequält und getötet oder als Hexen verbrannt» (*The Concept of Cultural Systems:* 9 ff.). Die Liste der negativen

Seiten ist lang – hinter dieser Ansicht steht Whites grundsätzliche Prämisse, daß das Individuum keinen Einfluß auf seine Umgebung hat, also seiner Kultur ausgeliefert ist. Ich werde auf diesen kulturellen Determinismus zurückkommen.

Das Werk von Leslie White kann in drei Gruppen eingeteilt werden:

1. Veröffentlichungen seiner Feldforschungen bei verschiedenen Pueblo-Indianern, vornehmlich der Keres-Gruppe.
2. Seine Schriften a) zum Evolutionismus als einer allgemeinen Theorie der Entwicklung von Kultursystemen, und damit verbunden b) Arbeiten, in denen White kulturologisch argumentiert, das heißt: Kultur wird als eine extra-somatische, soziale Tradition betrachtet und wird dadurch Forschungsobjekt einer eigenen Wissenschaft, der Kulturologie.
3. Seine Beschäftigung mit dem Werk Lewis Henry Morgans.

Einige Arbeiten liegen außerhalb dieser Gruppierung, wie seine Schriften zur Verwandtschaftsethnologie.

1. Pueblo-Arbeiten

Die Feldforschungen bei den östlichen Pueblos, die White zwischen 1926 und 1957 durchgeführt hat, und die damit verbundenen Archivarbeiten sind auf Grund der gegen seine theoretischen Schriften gerichteten Polemik aus dem Blick der allgemeinen Ethnologie geraten, obwohl besonders die Monographien *The Acoma Indians* und *The Pueblo of Sia, New Mexico* als beispielhafte Ethnographien gelten können. Trotz aller Schwierigkeiten, die einem ethnologischen Arbeiten in verschiedenen Pueblos auch heute noch im Wege stehen, schaffte es White, eine Vertrauensbasis zu einigen Indianern herzustellen. Dabei arbeitete White meistens mit einzelnen Indianern in seinem Motel-Zimmer außerhalb der Reservate – eine Arbeitsweise, die ihm manchmal angekreidet wird; doch wissen Spezialisten der Region, wie schwierig es war und ist, überhaupt Informanten zu bekommen. Whites Arbeiten über die Pueblos Santo Domingo, San Felipe, Santa Ana und Sia sind jedenfalls wichtige und sehr ergiebige ethnographische Quellen, auch wenn sie nicht auf teilnehmender Beobachtung beruhen (s. HNAI, Bd. 9, 1979). Seine Forschungen erbrachten Kenntnisse über die *medicine societies* der Keres und ihre gleichsam verschüttete indigene Religion und das esoterische Wissen, so daß die damit verbundenen Bereiche wie Initiation, Geheimgesellschaften, die politische Struktur der Pueblo-Indianer sowie Bereiche der Erziehung, bei der die Kachina eine Rolle spielte, erschlossen werden können.

Daß die Arbeitsweise von White erfolgreich war, darf daran gemessen werden, daß sich nach den Publikationen seiner Arbeiten in den betreffenden Pueblos keine Schwierigkeiten für seine Informanten oder ihn selbst ergaben – anders als zum Beispiel bei Elsie Clews Parsons, deren Informanten aus dem Pueblo Taos ausgestoßen wurden (s. HNAI 1979: 219).

Die Kritiker Whites waren immer verwundert, daß seine Feldforschung nichts von seinen theoretischen Spekulationen widerspiegelte – kein kontroverser Evolutionismus, kein Beharren auf der kulturologischen Perspektive, dafür traditionellste Form der Befragung und Notierung. Selbst Julian H. Steward wunderte sich über die wenigen Seiten, die der Technologie und der Ökonomie gewidmet sind – obwohl diese Bereiche Whites theoretische Schriften beherrschen – und über die vielen Seiten, die den religiösen Aspekten vorbehalten sind (s. Service 1976: 614). Doch Whites Antwort war eindeutig: Ihm ging es um die ursprünglichen, noch erreichbaren Informationen über eine Pueblo-Kultur, die europäischen Einflüssen noch nicht ausgesetzt war. Die Spanier waren in diese Region Erzählungen zufolge 1539 vorgedrungen (zur Geschichte der Beziehungen zwischen Spaniern und Pueblo-Indianern s. HNAI 1979: 178 ff.); da die materielle Kultur sowie die Lebensbedingungen der Indianer während der letzten 400 Jahre einem starken Kulturwandel ausgesetzt waren, blieb *nur* die mit der Religion verbundene Sphäre des Pueblo-Lebens.

2. Schriften zum Evolutionismus und zur Kulturologie

Im Gegensatz zu den Pueblo-Arbeiten, die außerhalb eines kleinen Kreises von Spezialisten keinen Eindruck hinterlassen haben, standen Whites theoretische Publikationen von Anfang an im Zentrum hitziger Auseinandersetzungen. Der Grund dafür ist sein antagonistisches Verhalten gegenüber der Boas-Schule, erwachsen aus seinem engagierten Eintreten für die Theorie des Kulturevolutionismus, seinem Materialismus und seiner Betonung der szientistischen Tradition der Naturwissenschaften.

Er war einer der wenigen Anthropologen, der – wie die klassischen Evolutionisten vor ihm – eine Wissenschaft von der Kultur anstrebte. Kultur definierte er als «eine Klasse von Dingen und Ereignissen, die auf der Fähigkeit des Menschen zum Symbolgebrauch beruhen und die in einem extrasomatischen Kontext untersucht werden.» Und die sich ergebende Wissenschaft, in der die Symbolate (i. e. «Dinge und Ereignisse, die auf der Fähigkeit des Menschen zum Symbolgebrauch beruhen») in Beziehung zueinander als Kulturmerkmale untersucht werden können, nannte er die Kulturologie: «Kulturologie ist der Zweig der Anthropologie, der Kultur (Institutionen, Technologien, Ideologien) als eigenständige Ordnung von Phänomenen behandelt, die eigene Regeln kennt und sich nach eigenen Gesetzen richtet. Der Kultur-Prozeß wird als eigenständig und sich selbst-bestimmend angesehen. Variationen in der Kultur werden mit Begriffen der Kultur und nicht der Biologie oder Psychologie erklärt» (Culturology 1968).[6] Wie Naturwissenschaftler oder Linguisten in ihren Bereichen versuchte White den Kulturanthropologen ein eigenständiges Forschungsobjekt zu geben, das wissenschaftlicher Untersuchung durch das Operieren mit Konzepten zugänglich ist.

Gegen die Boas-Schule setzte White das thematische Konzept[7] «Evolution» in der Tradition der Evolutionisten des 19. Jahrhunderts wieder ein und gewann dadurch einen abstrakten Begriff, der ihm Kausalaussagen über die zeitliche Sequenz von Formen in der Evolution von Kultur erlaubte. Mit der Annahme des Evolutionismus aber wechselte White gleichzeitig das methodologische Thema: Seine Aussagen sind nicht mehr analytisch (bezogen auf Aspekte einer speziellen Kultur und diese erklärend), sondern synthetisch, das heißt, es werden Aussagen über Kultur getroffen, die generell, mit einem Informationsverlust über den Einzelfall, sind und in denen universale Parameter ihren Eingang finden. (Da viele Kritiker diesen Schritt von Analyse zu Synthese als methodologisches Thema nicht nachvollzogen haben, weil sie – aus welchen Gründen auch immer – den historischen Prozeß der Geschichte einer bestimmten Kultur, also eine zeitliche Sequenz von einzelnen Ereignissen, mit dem Prozeß der Evolution verwechselten, finden sich in der Literatur immer wieder Mißverständnisse über das Erklärungsziel des Ansatzes von White.) Schon zu Beginn der 30er Jahre benutzte White das Konzept Evolution in diesem Sinn. Damit greift er bewußt auf die klassischen Evolutionisten L. H. Morgan, H. Spencer und E. B. Tylor zurück.[8] Diese, wie auch die Vertreter der naturwissenschaftlichen Evolutionstheorien, besonders C. Lyell (Geologie) und C. Darwin (Biologie), arbeiteten in einem intellektuellen Klima, in dem der Begriff «Evolution» wissenschaftliches Denken in vielen Bereichen beherrschte. Hinzu kam für Morgan und Tylor zum Beispiel die Möglichkeit einer Kultur*wissenschaft*, das heißt, sie kamen auf Grund einiger Axiome und der vergleichenden Methode, die die Vielzahl beschreibender Daten zu ordnen vermochten, zu dem Ergebnis, daß eine Wissenschaft von der Kultur im Sinne der Naturwissenschaften möglich sei. So betitelte Tylor zum Beispiel nicht nur das erste Kapitel seines Werkes *Primitive Culture* (1871) mit *The Science of Culture* – ein Titel, der 78 Jahre später von Leslie White für seinen Aufsatzband wiederverwendet wurde –, sondern er schrieb sogar: «So rudimentär die Wissenschaft von der Kultur auch noch sein mag, so werden die Zeichen immer deutlicher, daß selbst die spontansten und unmotiviertesten Phänomene irgendwann – wie in der Mechanik – der Beschreibung von Ursache und Wirkung zugänglich sein werden» (*Primitive Culture I:* 17).

Hinter diesem Wissenschaftsbegriff steht die Denktradition des methodologischen Nominalismus (Popper 1969: 21–27), der im Gegensatz zum methodologischen Essentialismus sich *nicht* die Aufgabe stellt, die wahre Natur eines Dinges zu erforschen, sondern der das Verhalten von Dingen oder Menschen unter verschiedenen Umständen beschreibt, um anzugeben, ob Regelmäßigkeiten aufzeigbar sind. Für den methodologischen Nominalismus liegt das Ziel in der Beschreibung der Gegenstände und Ereignisse unserer Erfahrung und in einer Erklärung dieser Ereignisse, das heißt in ihrer Beschreibung mit Hilfe universeller Gesetze.

An diese Tradition des klassischen Evolutionismus knüpfte White an und akzeptierte damit auch dessen Prämissen: a) die Annahme eines biologischen Determinismus und damit verbunden die Ablehnung der Willensfreiheit; b) die Annahme des Uniformitätsprinzips, das heißt, Kulturgesetze laufen heute genauso wie früher ab; c) die Annahme des Kontinuitätsprinzips, das heißt, Gegenwärtiges ist aus Vergangenem ableitbar; d) die Annahme einer Entwicklung zu größerer Heterogenität; e) die Annahme einer universellen seelischen Grundstruktur des Menschen. Doch während im 19. Jahrhundert Faktoren wie Rasse, psychologische Struktur, Ideen (sogenannte «innere» Faktoren), die einzelne Person oder das Genie für die Kulturevolution verantwortlich gemacht worden sind, betonte White (und mit ihm J. H. Steward und ihre Nachfolger) «äußere» Faktoren wie Technologie, Subsistenz, Ökonomie, Krieg oder die Umwelt des Menschen. Diese Verschiebung der Perspektive, weg von der großen Persönlichkeit, zeigt sich schon in Whites Behandlung der russischen Revolution (1930) und später in dem Aufsatz *Ikhnaton: The Great Man vs. the Culture Process.*

So entwickelte White gleichsam parallel gegen Ende der 30er Jahre seine beiden theoretischen Positionen: die Kulturologie und den Kulturevolutionismus, der seine schärfste Ausprägung in dem Aufsatz *Energy and the Evolution of Culture* findet. Darin zeigt White, daß «sich Kultur entfaltet, wenn sich die Energiemenge, die pro Kopf pro Jahr erarbeitet wird, vergrößert, oder wenn die Effizienz der technischen Geräte, die Energie in Arbeit umsetzen, verbessert wird. Beide Faktoren können natürlich gleichzeitig wirken» (*Energy:* 368–9). Mit dieser Formulierung vollzieht er den Schritt von der Analyse zur Synthese als methodologischem Thema, denn die Schwierigkeiten, den Energiedurchfluß in einem speziellen Kultursystem zu messen, besonders in dem Bereich der Kultur, den White mit «Ideologie» bezeichnet, sind unüberwindbar. Er gibt mögliche analytische Aussagen über Einzelfälle zugunsten von synthetischen auf, die für alle Systeme der Welt unter Bezug auf das Energie-Konzept der Physik gültig sind.[9] Doch wird nun nicht nur mit diesen synthetischen Aussagen ein erheblicher Erklärungsverlust der Entwicklungsprozesse in historisch faßbaren Kultursystemen in Kauf genommen, sondern White verletzt hier auch seine «kulturologische Forderung», «variations in culture are explained in cultural terms». Das zeigt, daß der synthetische Kulturevolutionismus von White einen Reduktionismus[10] zuläßt, während die Kulturologie, die analytisch ist und sich auf den historischen Einzelfall bezieht, diesen Reduktionismus auf Psychologie, Biologie oder sogar Physik verbietet.

Daraus folgt, daß Whites Evolutionismus nicht mit dem der Theorie Darwins vergleichbar ist. Denn in der Biologie wird die Evolution als Faktum angenommen, ist im Rahmen der Theorie Darwins auf der Ebene der Analyse beschreibbar. Whites Evolutionismus dagegen ist eine Behauptung auf der Ebene der Synthese, ist generell: Der Erklärungsgehalt dieses Evolutionismus ist nur mit der Hilfe von Modellen einsichtig zu machen. Und um diese Allgemeinheit der Aussage leisten zu können, müssen Modelle aus der Physik benutzt werden, denn diese sind synthetisch; White berief sich auf die Thermodynamik: «Der zweite Satz der Thermodynamik sagt uns, daß sich der Kosmos als Ganzes strukturell vereinfacht und in seiner Dynamik abnimmt; die Materie wird ungeordneter und die Energie gleichmäßiger verteilt. Aber in einem kleinen Bereich des Kosmos, nämlich in lebenden Systemen, ist diese Richtung des kosmischen Prozesses umgekehrt: Materie wird immer komplexer organisiert und Energie stärker konzentriert. (...) Um jedoch gegen diesen kosmischen Prozeß wirken zu können, müssen die biologischen Organismen freie Energie aus nicht-lebenden Systemen herausziehen und für sich arbeiten lassen, um den vitalen Prozeß aufrechterhalten zu können. Das ganze Leben ist ein Kampf um freie Energie» (*Energy:* 367). Kultur ist nun das Mittel, das dem Menschen hilft, die lebensnotwendige freie Energie zu bekommen und zu kontrollieren. Und darum ist nach White auch die Energie ein objektives Konzept, um die Entwicklung von Kulturen zu unterscheiden.

Heute würde man entweder ein Modell benutzen, das der Thermodynamik offener Systeme entnommen ist und in dem Kulturen als «dissipative Strukturen» definiert werden (Adams 1978), oder man benutzt die Synergetik (Haken 1980), um synthetische Aussagen über das System *Kultur* machen zu können. In diesem Modell wird eine Anzahl von Ordnungsparametern als Kausalfaktoren identifiziert, die die Prozesse auf der Mikroebene steuern. Es zeigt sich dann, daß diese Ordnungsparameter[11] aus den unterschiedlichsten Bereichen stammen (der Kultur – Psychologie – Biologie – Chemie – Physik) und verschieden wirken. Das erklärt auch, daß der Evolutionsprozeß in den verschiedenen Sphären der Kultur (Technologie – Institutionen, i. e. soziale Organisation - Ideologie) gleichsam mit unterschiedlichen Geschwindigkeiten abläuft: Ein Kultursystem unterliegt immer differentieller Evolution. So finden wir Gesellschaften, die, obwohl technologisch – das ist in Whites Schema der primäre Ordnungsparameter – sehr weit entwickelt, sich im ideologischen Bereich durchaus mittelalterlich verhalten können.

Nur durch solche Modelle, die allgemeine Prozesse simulieren, kann man sich vom typologischen Denken lösen. Dieses nimmt einzelne Kulturstufen (zum Beispiel Stamm – Häuptlingstum – Staat) an und versucht durch Listen von Faktoren und Charakteristika Kulturevolution zu beschreiben, scheitert aber, weil die Prozesse der differentiellen Evolution sowie die Übergänge zwischen den ‹Stufen›, nicht ohne einen systemtheoretischen Ansatz, wie ihn die Synergetik bietet, zu erklären sind. Wichtig ist nun, daß White Kultur betrachtet, «als würde sie ganz für sich bestehen, unabhängig von der Gattung Mensch» (*Evolution* 1959: 16). Aus heuristischen Gründen wird Kultur als vom Menschen losgelöstes externes System begriffen, das sich in der Zeit selbst-organisiert. Die Verbindung von dieser kulturologischen Sichtweise zum Menschen stellt White durch die Prämisse her, daß *nur* der Mensch die Fähigkeit zur Symbolbildung und zum Symbolgebrauch besitzt.[12] Dies wird ausgeführt in dem oftmals wieder abgedruckten Aufsatz *The Symbol: The Origin and Basis of Human Behavior:* «Der natürliche Prozeß biologischer Evolution ließ im Menschen, und nur im Menschen, eine neue und besondere Fähigkeit entstehen: die Fähigkeit, Symbole zu gebrauchen. Die wichtigste Form dieses symbolgebrauchenden Verhaltens ist die menschliche Sprache. Sie bedeutet Kommunikation von Ideen, und Kommunikation bedeutet Traditionsbildung, und Traditionen bedeuten Bewahren und Fortschritt. Das Auftauchen dieser Fähigkeit, Symbole zu gebrauchen, resultierte in der Entstehung einer neuen Ordnung der Phänomene: einer extra-somatischen, kulturellen Ordnung. (...) Menschliches Verhalten ist symbolisches Verhalten – wenn es nicht Symbole benutzt, ist es nicht menschlich. Ein Kind von Homo sapiens wird erst dann menschlich, wenn es in diese Ordnung von Phänomenen, die wir Kultur nennen, eingeführt worden ist und daran teilnimmt. Und der Schlüssel zu dieser Welt und das Hilfsmittel zur Teilnahme ist das Symbol» (*The Symbol:* 39).

Die Sozialisation bestimmt nach White menschliches Verhalten, dies ist sein Kulturdeterminismus. Er macht keine Aussage über die mögliche Entscheidungsfreiheit des einzelnen, wie einige Kritiker, die die menschliche Willensfreiheit retten wollen, gesagt haben.

In Whites Hauptwerk *The Evolution of Culture* (1959) wird die kulturologische und evolutionstheoretische Arbeitsweise deutlich: White beschreibt in diesem Buch über weite Strecken, Kulturzustände werden gleichsam als Folie für eine wissenschaftliche Erklärung ausgebreitet. Darüber legt sich seine Kulturologie, im Rahmen derer die Daten einer speziellen Kultur erklärt werden. Diese Erklärungen haben nun, da White keinen Reduktionismus in seiner Kulturologie zuläßt, funktionalen Charakter. Der Bereich des Kulturellen ist durch Whites Definitionen von Kultur und Symbol abgesteckt, so daß die Kulturologie nur angeben kann, welche Kulturfaktoren mit anderen in einem Kultursystem gleichsam im Gleichgewicht vorhanden sein können – die Entwicklung zu einem solchen Gleichgewichtszustand wird durch historische Analyse, für die die verschiedensten Methoden zur Verfügung stehen, erarbeitet. Diese Form der Betrachtung untersucht also die Beziehung eines Kulturaspektes zum Kultursystem.[13] Nur ein Teil des Buches befaßt sich mit der Evolution. Hier werden auf der Ebene der Synthese Kausalerklärungen sehr allgemeinen Charakters für Kulturformen geleistet: wenn x, weil y voranging. Für White ist dieses y grundsätzlich im technologischen Bereich (und daher die Kopplung ans Energieprinzip) zu finden – das wäre sein technologischer Determinismus. Diese Aussagen bestimmen die Evolutionslogik von Kulturaspekten, geben uns eine abstrakte Folge von Formen – ohne Bezug auf historische Fälle.

Die Hauptschwierigkeit, dieses Werk zu verstehen, liegt darin, daß White auf den beiden methodologischen Ebenen, Analyse und Synthese, Erklärungen anbietet. Dazu kommt eine zu enge kulturologische Perspektive, die mögliche Erklärungen – auf der Ebene der Analyse – durch das Akzeptieren eines Reduktionismus in die Psychologie, Ökologie, Biologie oder sogar Chemie (zum Beispiel Ernährungsphysiologie) verhindert. Whites Zurückhaltung gegenüber nicht-kulturologischen Erklärungen war berechtigt, denn nicht nur wurde zu leicht psychologisiert, sondern es mußte auch erst eine streng definierte Kulturologie etabliert werden.

Whites Hauptwerk zeigt, daß auf der Ebene der Synthese durch Modelle das Verständnis von Gesamtprozessen im System Kultur erleichtert wird; daß auf der Analyse-Ebene durchaus wissenschaftliche Erklärungen möglich sind, die nicht die Würde der Menschen, deren Kultursysteme untersucht werden, verletzen.

3. Lewis Henry Morgan

Unter den Kulturanthropologen war Leslie White sicher der beste Kenner des Werkes und der Biographie Morgans. Etwa 20 Publikationen hat er Morgan gewidmet: Rezensionen, besonders die der Biographien Morgans von B. J. Stern (1930) und C. Resek (1960); Aufsätze zu Aspekten des Werkes, Biographien für die Encyclopaedia Britannica (1961) und die International Encyclopedia of the Social Sciences (1968) und, vielleicht am wichtigsten, die Herausgabe nicht nur von *Ancient Society* (1964) mit Vorwort und Kommentar, sondern auch der *Indian Journals* (1959) und der Reisetagebücher Morgans (1937). Gerade mit den *Indian Journals* ist White nicht nur ein Prachtband geglückt, in dem sich Bilder und Text sowie Whites Kommentar wunderbar ergänzen – dieses Werk läßt vor allem den Morgan erstehen, der in *Ancient Society* immer zurücktreten mußte: den Feldforscher, der sich schon in der

Untersuchung *League of the Ho-de-no-sau-nee, or Iroquois* (1851) gezeigt hatte.

Da Morgans Werk in einem eigenen Beitrag behandelt wird, braucht an dieser Stelle nicht mehr gesagt zu werden. Das Interesse von Leslie White an Morgans Werk bezog sich besonders auf den Evolutionismus, die Untersuchungen Morgans über das Verhältnis von Eigentum und Gesellschaftsstruktur und die Arbeiten zur Verwandtschaftsethnologie.

III. Wirkung

Leslie White war ohne Zweifel allein dafür verantwortlich, daß das thematische Konzept Evolution im Rahmen einer dynamischen Kulturtheorie wieder verwendbar wurde.[14] Sein szientistisches Argumentieren reflektiert ein besonderes Interesse an kausalen und funktionalen Erklärungen, so daß zumindest in der amerikanischen Tradition Kluckhohns Bemerkung . . ., «daß etwas als theoretisch zu bezeichnen gleichbedeutend sei mit ein bißchen unanständig» (1939), als überwunden gelten darf. Trotz einiger unschöner Aspekte in seinen kritischen und entlarvenden Tiraden gegen Franz Boas und dessen historischen Partikularismus *(The Ethnography and Ethnology of Franz Boas* und *The Social Organization of Ethnological Theory)* – Lewis Binford nannte White einmal den «dragon-slayer of Boasianism» – ist diese Kritik wichtig und fruchtbar gewesen. Wichtig, weil sie den naiven Deskriptivismus, der Kultursysteme nur als «plan-less hodge-podge» (Lowie 1920: 441) zu begreifen vermag, als theoretisch unzureichend kritisierte; fruchtbar, weil andere und jüngere Forscher nun den theoretischen und institutionellen Rückhalt, zum Beispiel an der University of Michigan oder der Columbia University, bekamen, um nomothetisch zu arbeiten. Wie einflußreich Whites Kulturevolutionismus war, wird besonders in der Geschichte der amerikanischen Prähistorie deutlich: «Mitte der 50er Jahre, als Willey und Phillips ihre Darstellung der Prähistorie der Neuen Welt schrieben, war der Kulturevolutionismus in der amerikanischen Kulturanthropologie noch weitgehend geächtet. Leslie White war lange Zeit der einzige Vertreter. Steward schloß sich erst in den späten 40er und den 50er Jahren an.» Willey und Phillips «zögerten deshalb, das Wort Evolution zu benutzen (. . .), und das paßte zur anti-evolutionistischen Attitüde der Zeit. Direktere evolutionistische Aussagen als die von Willey und Phillips wurden in den 50er Jahren nur von wenigen amerikanischen Archäologen gemacht. Auffallend ist, daß diese alle mehr von White als von Steward beeinflußt waren.» «In den späten 60er Jahren allerdings hatte sich ein Wandel in der amerikanischen Archäologie durchgesetzt. Es gab eine stillschweigende Annahme des Kulturevolutionismus» (Willey und Sabloff 1974: 178–181).

Whites Kulturologie als abgrenzbare Wissenschaft forderte weniger heraus. Durch Kroeber und Durkheim, aber auch durch Boas, war die Perspektive, Kultur als eine distinktive Ordnung von Phänomenen zu betrachten, doch traditionell etabliert. Aber White sprach sich zudem gegen einen vorschnellen Reduktionismus in die Psychologie, wie man ihn in der Culture and Personality-Tradition findet, oder in die Ökologie aus, um nicht die Erklärungsebenen zu verwischen. Zwar ist die Kritik von Vayda und Rappaport berechtigt, wenn sie schreiben: «Man möchte meinen, daß eine allgemeine Ökologie bestimmte Beiträge für die Verwirklichung ethnologischer Ziele liefern könnte, ohne daß traditionelle anthropologische Interessen geopfert werden müßten. Diese Ansicht mag allerdings ein Opfer bedeuten: die Aufgabe der Autonomie von Kultur, einer eigenständigen Wissenschaft von der Kultur, ein Standpunkt, den Leslie White und andere streng vertreten haben. Aber dieses Opfer zu machen könnte sinnvoll sein, denn es würde Generalisierungen größerer Reichweite und Anwendbarkeit erlauben, als sie bisher in der Kulturanthropologie möglich waren» (Vayda und Rappaport 1968: 497). Doch übersehen beide, daß gerade White in der Verbindung von Kulturologie und Evolutionismus den weiteren Rahmen für Generalisationen ausgelegt hat, in dessen Bereich ökologische Erklärungen durchaus ihren Platz haben, wenn die Kulturologie an ihre Erklärungsgrenzen gelangt ist. In Frage gestellt wird die kulturologische Sichtweise auch durch die Soziobiologie, zum Beispiel in den Arbeiten der Anthropologen N. Chagnon und W. Irons (1979), sowie bei dem Biologen R. D. Alexander (1979).[15] Allerdings ist hier sicher ein Ausgleich möglich, denn die soziobiologische Perspektive zielt auf die Erklärung des Verhaltens von Individuen mit Bezug auf den Faktor natürliche Selektion, wogegen die kulturologische Perspektive gerade keine Aussagen über Personen machen möchte. Dies war der Grund für die Ablehnung der utilitaristischen Argumente, die sich in Whites Werk fanden.

Doch die Kulturologie hatte weiterreichenden Einfluß. Das Werk *Evolution of Mathematical Concepts* des Mathematikers R. Wilder sowie sein Aufsatz *Hereditary Stress as a Cultural Force in Mathematics* (1974) zeigen die Möglichkeiten dieser Perspektive.

Whites Interesse an den Naturwissenschaften wurde durch die Einladung erwidert, die Carl Sagan 1971 aussprach: White sollte an einem Kolloquium über intelligentes Leben im Universum teilnehmen, um über Fragen kultureller Evolution sowie die Möglichkeiten der Kommunikation von unabhängig evolvierten Gesellschaften zu sprechen. Leider mußte White aus gesundheitlichen Gründen absagen.

Nach dem Evolutionismus entsteht nun ein New Evolutionism, der von Paul Diener, Donald Nonini und anderen vorgetragen wird. Sie benutzen in ähnlicher Form, wie schon oben angedeutet, Modelle der

Naturwissenschaft, um Kulturevolution erklären zu können. Ausgangspunkt für ihre Argumentation ist auch das Werk von Leslie White (s. z. B. Diener et al. 1980).

In den USA – so darf zusammenfassend gesagt werden – gehören die Werke von White zum Kanon anthropologischen Wissens; trotz der gegen sie gerichteten Kritik wird anerkannt, daß er *mit* die Grundlagen für eine wissenschaftliche Anthropologie gelegt hat (s. Harris 1968).

Interessant ist die sowjetische Rezeption des Kulturevolutionismus. Wohl auf Grund seines lebenslangen Interesses an L. H. Morgan sowie der Betonung technischer Entwicklung als treibender Kraft in der Geschichte, die – wenn diese Produktivkräfte sich so weit entwickelt haben, daß sie mit den Produktionsverhältnissen in Konflikt treten – zu sozialen Revolutionen führt, hat die sowjetische Kritik White immer geschont, auch wenn er sich nicht «der Dialektik der quantitativen und qualitativen Veränderungen im Entwicklungsprozeß» (Petrova-Averkieva 1980: 42) bewußt war, sondern naturwissenschaftliche Modelle der Thermodynamik benutzte, um zu Erklärungen der Evolution des Systems Kultur zu kommen.

Erst in den 50er Jahren wurden Whites Aufsätze (1949) von den Ethnologen der Bundesrepublik rezipiert. Während Mühlmann (1962) Whites Anliegen mit demjenigen Thurnwalds vergleicht, die Ähnlichkeiten herausstellt und sich positiv zu der Annahme sachlogischer Antezedentien (1962: 255) äußert, sah Schott (zumindest 1961) in seinem historischen Überblick *Der Entwicklungsgedanke in der modernen Ethnologie* das ihm zugängliche Werk sehr stark aus der Sicht einer a-theoretischen, historischen Ethnologie, deren Einfluß auch noch in der Arbeit von J. W. Raum (1973) wirksam ist, so daß ein adäquates Verständnis der theoretischen Aussagen Whites nicht zustande kommt. Hier liegt der heute wohl noch nicht gelöste Konflikt zwischen dem Evolutionismus und dem Historismus bzw. zwischen einer nomothetischen Anthropologie und einer ideographischen Völkerkunde. Eine wissenschaftliche Kulturanthropologie jedenfalls kann am Werk von Leslie A. White nicht mehr vorbeidenken.

Noa Vera Zanolli

MARGARET MEAD
(1901–1978)

«Ich habe den größten Teil meines Lebens damit verbracht, die Lebensgewohnheiten anderer Völker zu studieren, Völker aus fernen Ländern, damit meine Landsleute sich selbst vielleicht besser verstehen» (*Brombeerblüten:* 9).

«Zu den ersten Dingen, die wir zu lernen haben, gehört, daß unsere Kultur eine unter vielen ist, unsere Sprache eine unter vielen, daß unser Alphabet nur eine Form des Schreibens ist und daß alle Menschen auf der Erde zur selben Art gehören und Dinge nur anders tun als wir sie tun. (...) Und wenn wir einmal unseren Lehrern, Eltern und Kindern begreiflich gemacht haben, daß die menschliche Kultur etwas ist, das die Menschen historisch aufgebaut haben, daß unsere Kultur sich von anderen allein aus historischen Gründen unterscheidet, auch, daß Kultur etwas ist, was man verändern kann, und daß man andere Kulturen erfassen kann, dann würde unser Problem, mit anderen Völkern der Erde zurechtzukommen, sich ganz anders darstellen.»[1]

«[Aber] so spreche ich von der Erfahrung meines eigenen Lebens, in dem ich die Vergangenheit und die Zukunft als Aspekte der Gegenwart betrachtet habe» (*Brombeerblüten:* 241).

Diese drei Zitate drücken im wesentlichen Margaret Meads lebenslange Anliegen und ihren weitreichenden Einfluß aus, ihren Einfluß sowohl auf die Kulturanthropologie und ihren Stellenwert innerhalb der Sozialwissenschaften als auch auf die amerikanische Gesellschaft vor allem der 50er und 60er Jahre. Für die amerikanische Kulturanthropologie war Margaret Mead in jeder Hinsicht eine prägende Persönlichkeit: Sie hat ein halbes Jahrhundert ihrer Wissenschaft, die sie «anthropology, a human science» nannte, mitbestimmt. Entscheidend für ihren wissenschaftlichen Beitrag waren die insgesamt zehn Jahre, die sie der Feldforschung bei sieben Völkern der Südsee und bei den Omaha-Indianern gewidmet hat. Wesentlich bleibt ihr Bestreben, psychologische Erkenntnisse ihrer Zeit mit kulturanthropologischer Kleinarbeit zu verbinden. Einflußreich war auch ihr Experimentieren mit verschiedenen Feldforschungsmethoden und vor allem ihr präziser, auf umfangreiche Dokumentation ausgerichteter Arbeitsstil. Wichtig bleibt ihr Bemühen, die Veränderungen ihrer Zeit, den raschen gesellschaftlichen und kulturellen Wandel sowohl bei Naturvölkern als auch in Industrienationen zu interpretieren. Nach dem Urteil amerikanischer Anthropologen hat Margaret Mead auch das Amerika von heute mitgeprägt. Sie hat an den Entwicklungen ihrer eigenen Gesellschaft ebenso teilgenommen wie an

Margaret Mead (1901–1978)

den Entwicklungen bei den Manus, einem 2000 Menschen zählenden Volk auf den Admiralitätsinseln in Melanesien, das sie wiederholt besucht hat. Ihre populärsten Werke haben millionenfache Auflagen erreicht und sind in viele Sprachen übersetzt worden. Insgesamt hat Mead 44 Bücher verfaßt, wovon sie 18 als Mitautorin herausgegeben hat, sowie Hunderte von Artikeln.

Bis wenige Wochen vor ihrem Tode, am 15. November 1978, schrieb sie unermüdlich, hielt Vorträge, unterrichtete, wie sie dies seit jeher getan hatte. Sie wollte so viele Menschen wie möglich an ihrer Wissenschaft, an ihren persönlichen Erfahrungen und Erkenntnissen teilhaben lassen. Für Margaret Mead war die Ethnologie die umfassendste Wissenschaft vom Menschen. Sie war überzeugt, daß die Ethnologie einen Beitrag zum Frieden in der Welt und zur Lösung der brennenden Fragen unserer Zeit leisten könnte.

Man würde Margaret Mead nicht gerecht, wollte man Leben und Werk ganz voneinander getrennt beschreiben. So wird denn auf den folgenden Seiten beides in seiner wechselseitigen Beziehung zueinander dargestellt.

I. Leben

Vielleicht ist es für Mead charakteristisch, daß sie eine Autobiographie geschrieben hat: *Blackberry Winter (Brombeerblüten im Winter)*.[2] Sie nahm die Aufgabe, ihr Leben nachzuzeichnen, selbst in die Hand; ja, sie betrachtete es geradezu als wissenschaftliche Pflicht, ihren beruflichen und persönlichen Weg selbst darzulegen.

Margaret Mead wurde am 16. Dezember 1901 in Philadelphia geboren. Sie war das erste von fünf Kindern (eines starb als Kleinkind). Der Vater war Professor für Finanzwissenschaften an der Universität von Pennsylvania. Die Mutter hatte Soziologie studiert (zur Zeit von Margarets Geburt arbeitete sie an ihrer Doktorarbeit), trat als Feministin vor dem ersten Weltkrieg für die Gleichstellung von Frauen ein, wobei sie gleichzeitig ihre Rolle als Mutter und Partnerin mit großer Hingabe erfüllte, und sie war zudem noch sehr aktiv in der sozialen Gemeindearbeit tätig. Sowohl Margarets Vater wie auch die Mutter waren der Ansicht, daß die Volksschule den Kindern eine ungenügende, ja sogar falsche Erziehung zukommen lasse, die jegliche Kreativität zerstöre. Deshalb beschlossen sie, Margaret und ihre Geschwister zuhause von der Großmutter väterlicherseits unterrichten zu lassen, die ausgebildete Lehrerin war und als Witwe bei der Familie Mead wohnte. Margaret hat später immer wieder betont, welch entscheidenden Einfluß ihre Großmutter und das erstaunlich fortschrittliche Elternhaus auf die Entwicklung ihrer Begabungen und ihrer Persönlichkeit ausgeübt haben.

Margaret hatte eine Stunde pro Tag Unterricht, in der übrigen Zeit schrieb sie Novellen und Gedichte, führte Tagebücher, beobachtete die jüngeren Geschwister und notierte – auf Veranlassung ihrer Großmutter –, wie sich das Vokabular eines Kleinkindes entwickelte.[3] Sowohl die Mutter als auch die Großmutter hielten sie dazu an, lange Gedichte auswendig zu lernen. Sie wurde von der Großmutter in Algebra und Botanik unterrichtet und lernte auch verschiedene handwerkliche Fertigkeiten, wie Weben, Flechten, Holzschnitzen. Die Großmutter bestand darauf, daß Margaret ganze Abläufe von Anfang bis Ende erfasse: So lernte sie zum Beispiel nicht nur weben, sondern auch einen Webstuhl herzustellen. Außergewöhnlich für die Zeit war auch, daß Margaret schon als kleines Kind immer als eigenständige Person, mit eigener Verantwortung, behandelt wurde.[4] Die Mutter setzte ihr Studium fort und schrieb eine Arbeit über die Anpassung italienischer Einwandererfamilien. Margaret begleitete ihre Mutter des öfteren, wenn sie diese Familien aufsuchte, und so wurde sie gewissermaßen schon damals, als Zehnjährige, mit sozialwissenschaftlicher Forschung vertraut gemacht.

1919 schrieb sich Margaret Mead als Studentin in einem College im mittleren Westen der USA ein. Dieses erste College-Jahr sollte für sie eines der schlimmsten Jahre ihres Lebens werden: Sie fühlte sich als Außenseiterin, in die Provinz verbannt, und reagierte heftig gegen das starre, von sozialen Vorurteilen geprägte Klima, das in jener Region herrschte. Es gelang ihr, den Vater zu überzeugen, sie an das berühmte Barnard College in New York zu schicken. Sie sollte an einem Ort studieren, «wo Menschen von Ideen intellektuell ergriffen und angeregt wurden, (...) [und wo man] Menschen von andersartiger oder größerer Begabung [traf], und wo man nicht zuletzt auch herausfinden konnte, was man im Leben zu leisten imstande war» (*Brombeerblüten:* 83).

Ursprünglich wollte Margaret Mead Malerin werden. Später trug sie sich mit dem Gedanken, Schriftstellerin zu werden und schrieb sich deshalb für englische Literatur ein. Doch sie war nicht nur über das Niveau der Kurse enttäuscht, sondern sie sah auch ein, daß andere viel besser als sie schreiben konnten. Schließlich entschied sie sich für das Fach Psychologie. Sie hatte auch in Erwägung gezogen, Politikerin zu werden, weil sie sich besonders stark für die Möglichkeiten weltweiter Veränderungen interessierte. In dieser Zeit beteiligte sie sich an Streiks und befaßte sich mit der Arbeiterbewegung. Doch weil sie das Debattieren als etwas Unehrliches ablehnte, entschied sie sich klar gegen eine politische Laufbahn.

Den Entschluß, Ethnologie zu studieren, faßte sie erst in ihrem letzten College-Jahr, 1922, wollte aber das Studium in Psychologie noch abschließen. Diese Jahre beruflicher Unentschiedenheit beschreibt sie in ihrer Autobiographie folgendermaßen: «Ich wollte einen Beitrag leisten.

Es schien mir damals – wie auch heute noch –, daß in der Wissenschaft Raum für viele Grade und viele Arten von Begabungen ist. In der Wissenschaft kann jeder einzelne Mensch einen wirklichen Beitrag leisten, wenn er die ihm angemessene Ebene findet. Deshalb entschied ich mich für die Wissenschaft – und für mich hieß das eine der Sozialwissenschaften. Das Problem war nur, welche» (ebd.: 91). Daß dann für Margaret Mead die Sozialwissenschaft so eindeutig im Vordergrund stand, ist ohne Zweifel dem elterlichen Einfluß zuzuschreiben. Ihr Vater war als Nationalökonom immer für die Notwendigkeit präziser wissenschaftlicher Forschung eingetreten, ihre Mutter bestand als Soziologin darauf, alle menschlichen Verhaltensweisen, so unterschiedlich sie auch seien, als gleichwertig zu betrachten und alle menschlichen Kulturen als vergleichbar anzusehen. «Im letzten Jahr konzentrierte ich mich ganz auf Psychologie, aber ich belegte auch ein Seminar über psychologische Aspekte der Kultur, das William Fielding Ogburn hielt. Es war eines der ersten Seminare, in denen die Freudsche Psychologie mit Respekt behandelt wurde. Ich mußte außerdem zwischen den beiden wichtigsten Lehrveranstaltungen für Studenten in höheren Semestern wählen – einem Philosophieseminar von William Pepperell Montagu und dem Ethnologiekurs von Franz Boas. Ich entschied mich für Ethnologie» (ebd.).

Ruth Benedict, die später die Ethnologie auch entscheidend beeinflussen sollte, war damals die Assistentin von Franz Boas. Sie war 15 Jahre älter als Margaret Mead, doch da sie verhältnismäßig spät zur Ethnologie gekommen war, war sie in ihren Studien nur etwa drei Jahre weiter. Im Verlauf eines Gesprächs bei einem gemeinsamen Mittagessen sagte Ruth Benedict zu Margaret Mead: «Professor Boas und ich können nichts bieten außer der Gelegenheit, wichtige Arbeit zu leisten», was Mead so kommentierte: «Das gab für mich den Ausschlag. Ethnologie mußte *jetzt* getrieben werden. Andere Dinge konnten warten» (ebd.: 92). Der Entschluß, Ethnologie als Beruf zu wählen, brachte auch mit sich, daß sie zu Ruth Benedict eine tiefe Freundschaft entwikkelte. Abwechselnd lasen und kritisierten sie ihre Arbeiten, und teilten ihre Hoffnungen und Sorgen, was Boas, die Ethnologie und die Welt betraf. Später schrieb Margaret Mead eine Biographie über Ruth Benedict, in der auch Wesentliches über sie selbst und ihre eigene Arbeit zum Ausdruck kommt (*Ruth Benedict* 1974).

Franz Boas, der neben Benedict entscheidenden Einfluß auf Mead haben sollte, wurde schon damals, in den 20er Jahren, als der Vater der amerikanischen Anthropologie angesehen. Liebevoll sprachen Ruth Benedict und Margaret Mead von ihm, der aus Deutschland stammte, als dem Papa Franz. Was immer Mead in späteren Jahren tat, war von der Boas-Schule geprägt, das heißt von dem Gedanken, daß jedes kulturelle Phänomen, jede menschliche Verhaltensweise, jedes kulturelle

Zeugnis, ob Topf oder Kanu, ob Pflug oder Waffe, ob Viehzucht oder Verwandtschaftssystem, als Teil eines gesamten kulturellen Systems zu sehen und in Bezug zu allen anderen Phänomenen der jeweiligen Kultur zu setzen sei. Diese Betrachtungsweise, die heute für die Ethnologie allgemein charakteristisch ist, hat Meads Schaffen von Anfang an bestimmt. Ihr gesamtes Werk basiert auf diesem ganzheitlichen Ansatzpunkt, den sie später auch ihren Studenten vermittelte. Obwohl Mead nun (1922) beschlossen hatte, sich der Ethnologie zu widmen, schrieb sie noch ihre Magisterarbeit im Fach Psychologie. Das Thema der Arbeit knüpfte an die Studie ihrer Mutter an: Margaret Mead untersuchte, welchen Einfluß die italienische Muttersprache auf die Entwicklung der Intelligenz bei den Kindern jener italienischen Einwandererfamilien hatte, deren Anpassungsweise bereits von der Mutter untersucht worden war. Im Anschluß daran hatte sie nur noch ein festes Ziel im Auge: Sie wollte ihren Doktor in Ethnologie machen und Feldforschung betreiben.

Am Ende des Sommers 1924 fuhr Margaret Mead nach Toronto zur Tagung der British Association for the Advancement of Science. Sie schreibt in ihrer Autobiographie: «Jedermann dort hatte ein eigenes Feld, jeder hatte ein ‹Volk›, auf das er sich während der Diskussionen bezog. Ich hatte mit Ethnologie in der Erwartung angefangen, daß ich mit Einwanderergruppen arbeiten und vielleicht amerikanische Indianerstämme untersuchen würde, zwischen denen zu unterscheiden ich noch nicht recht gelernt hatte. In Toronto lernte ich das Vergnügen kennen, mit intellektuell Gleichrangigen zu diskutieren. Auch ich wollte ein ‹Volk› haben, eine Basis für mein intellektuelles Leben» (*Brombeerblüten:* 101). Auf welches Volk, auf welche Gruppe sollte sie sich beziehen? Da sie sich in ihrer inzwischen fertiggestellten Dissertation mit der Frage der kulturellen Stabilität in Polynesien[5] befaßt hatte, entschied sie sich dafür, nach Polynesien zu gehen. Sie hatte auch schon eine sehr klare Vorstellung von dem, was sie dort untersuchen wollte: Sie interessierte sich für das Spannungsfeld zwischen Kontinuität und Wandel und wollte der Frage nachgehen, ob und wie neue Gewohnheiten, neue Verhaltensweisen mit überlieferten, traditionellen Verhaltensweisen zusammenhängen. Franz Boas hingegen war der Meinung, sie solle sich mit amerikanischen Indianern befassen, da er die Südsee für gefährlich hielt. Zudem wünschte er, daß sie sich mit Fragen der Adoleszenz beschäftigte. Ihn interessierte, ob das jugendliche Sturm-und-Drang-Verhalten während der Pubertät, allein auf biologische Veränderungen zurückzuführen sei, oder ob auch kulturelle Normen verantwortlich gemacht werden könnten. Boas und Mead einigten sich auf einen Kompromiß: Mead akzeptierte seine Fragestellung, das Adoleszenzverhalten in einer anderen Kultur, und «bekam» dafür ihren geografischen Raum – Samoa.

Im Sommer 1925 reiste Mead also, noch keine 24 Jahre alt, zu ihrer ersten Feldforschung. «Als ich mich von meiner Familie und meinem Mann, der Student war, am Bahnhof in Philadelphia verabschiedete und einen Zug bestieg, der bis San Francisco fünf Tage unterwegs sein sollte, hatte ich allen Mut von fast gänzlichem Unwissen. Ich hatte alles über die Völker der pazifischen Inseln gelesen, die der westlichen Welt durch die Reisen von Kapitän Cook bekannt geworden sind, und ich war am Prozeß der Veränderung stark interessiert. Doch ich selbst hatte niemals auch nur einen Tag in meinem Leben allein verbracht. Der Social Science Research Council hatte mir einen Forschungszuschuß abgelehnt, weil ich zu jung war. Der National Research Council, von dem ich ein Stipendium in Biologie erhalten hatte, vertraute mir nur mit einem monatlichen Beitrag von 150 Dollar, ausbezahlt in Raten» (*Letters from the Field:* 20).

Es sollte sich herausstellen, daß Samoa eine äußerst glückliche Wahl war. Hier konnte sie ihre ersten intensiven Feldforschungserfahrungen machen, sich in die Kultur hineinleben und ihren ganz persönlichen systematischen Arbeitsstil entwickeln. Schon damals hatte sie sich zur Pflicht gemacht, alle ihre Feldnotizen ordentlich zu führen, sie mit der Maschine abzuschreiben, damit jederzeit alles für jedermann einsichtig bleiben konnte. «Für die Ethnologin, die mitten in einem Dorf lebt, beim ersten Hahnenschrei oder Trommelschlag aufwacht, die die ganze Nacht über aufbleibt, während das Dorf feiert oder trauert, die lernt, kleine Veränderungen im Tonfall des Geplauders oder dem Schreien eines Kindes wahrzunehmen, wird die Feldarbeit zu einer 24-Stunden-Tätigkeit. Und alles, was geschieht, von der Verweigerung eines Bootsbesitzers, einen über den Fluß zu setzen, bis zu den eigenen Träumen, wird zu Datenmaterial, im Moment wo das Ereignis notiert, formuliert, fotografiert oder auf Tonband aufgenommen worden ist» (ebd.: 6).

Mead hat sich als junge Frau mit den jungen Mädchen in Samoa befaßt und so die Studie über die Adoleszenz und Sexualität vom Standpunkt der Gruppe dargestellt, die ihr am nächsten stand.

Im Frühjahr 1926 kehrte Mead mit einem Ergebnis zurück, das die gängige Meinung, das Sturm-und-Drang-Benehmen der Jugendlichen sei im wesentlichen biologisch bedingt, in Frage stellte. Sie konnte aufzeigen, wie eine von der amerikanischen Gesellschaft unterschiedliche Auffassung über Sexualität und die relative Einheitlichkeit der samoanischen Kultur die Adoleszenz nicht notwendigerweise zu einer Phase emotionaler Not und starker Wünsche nach Selbstbehauptung werden ließen. *Coming of Age in Samoa (Kindheit und Jugend in Samoa)* erschien 1928 und wurde zu einem Bestseller, der Meads Weltruf als Anthropologin einleitete. Sie hatte sich ja ursprünglich mit dem Gedanken getragen, Schriftstellerin zu werden, und es sollte sich wiederholt bestätigen, wie gut sie ihre schriftstellerische Begabung mit ihrer wissenschaftlichen Tätigkeit verbinden konnte. So beschreibt sie in ihrem Erstlingswerk den Beginn eines Tages in Samoa: «Das Leben des Tages beginnt in der Morgendämmerung; wenn der Mond bis zum Tagesanbruch geschienen hat, sind die Rufe der jungen Männer auch schon vor der Dämmerung von den Hügeln zu hören. Nach der unbehaglichen, von Geistern bevölkerten Nacht schallen nun fröhliche Zurufe vom einen zum andern, während sie eilig mit ihrer Arbeit beginnen. Sobald der Tag zwischen den sanften braunen Dächern dämmert und die schlanken Palmen sich vom farblosen, glitzernden Meer abheben, schlüpfen Liebende vom Stelldichein unter Palmen oder auf dem Strand im Schatten von Kanus nach Hause, damit das Licht jeden Schläfer am richtigen Ort findet. Hähne krähen schläfrig, und von den Brotfruchtbäumen ertönt eine schrille Vogelstimme. Das eindringliche Tosen der Riffsee scheint plötzlich gedämpft – nur noch Begleitmusik für die Geräusche des erwachenden Dorfes. Säuglinge schreien, aber nach ein paar kurzen Jammertönen reichen ihnen die schlaftrunkenen Mütter gleich die Brust. Kleine Kinder schlüpfen von ihrem Lager, laufen hinunter zum Strand und waschen sich die Gesichter im Meer. Knaben, die zeitig fischen wollen, suchen ihre Angelgeräte zusammen und wecken ihre Gefährten, die noch nicht aus dem Bett finden. Da und dort werden Feuer angezündet; der weiße Rauch ist in der bleichen Dämmerung kaum sichtbar. Nach und nach kommen sie alle in Bewegung; ungekämmt und in Laken gehüllt, reiben sie sich die Augen und stolpern zum Strand» (*Kindheit und Jugend in Samoa:* 41).

Das Bild, das Mead von der Kultur Samoas zeichnet, betont ein friedliches Zusammenleben und eine unpuritanische Haltung. Dieses Bild wurde 1983 von D. Freeman heftig kritisiert. Darauf wird in Kap. III eingegangen.

Margaret Mead war dreimal verheiratet. Ihre erste, 1923 geschlossene Ehe mit dem Theologen und Soziologen Luther Cresmann, bezeichnete sie später als «Studentenehe». Als sie von ihrer ersten Forschungsreise nach Samoa zurückkehrte, traf sie auf dem Schiff den neuseeländischen Psychologen Dr. Reo Fortune. Sie heiratete ihn 1928 und führte mit ihm zwei weitere Forschungsreisen bei den Manus auf den Admiralitätsinseln und in Neu Guinea durch. Auf dieser letzteren Reise trafen sie mit dem britischen Anthropologen Gregory Bateson zusammen, der bei den Iatmul arbeitete. Mead und Fortune trennten sich, und 1935 heiratete Mead Gregory Bateson. Die Ehe mit Bateson dauerte bis 1945. Ihre gemeinsame Tochter Mary Catherine Bateson, Meads einziges Kind, wurde 1939 in New York geboren; sie trat später in die Fußstapfen ihrer Eltern und wurde ebenfalls Anthropologin.

Als 1970 Meads einzige Enkelin, Sevanne Margaret, geboren wurde, erfüllte sich etwas für sie persönlich, was in ihrer Lebensanschauung eine zentrale Rolle spielte. In ihrer Autobiographie bemerkt sie dazu:

«Mein Verständnis rundete sich für etwas ab, für das ich mich mein Leben lang eingesetzt habe, daß jeder den Zugang zu seinen Großeltern und zu seinen Enkelkindern braucht, um sich als menschliches Wesen voll zu entfalten. Im Kontakt zwischen Großeltern und Enkelkind fallen Vergangenheit und Zukunft in der Gegenwart zusammen» (*Brombeerblüten:* 229).

II. Werk

Ihre zweite wichtige Forschung führte Margaret Mead 1928/29 bei den Manus durch, einem Volk, das auf einer der Neu Guinea vorgelagerten Admiralitätsinseln lebt. Ihre Forschung war daraufhin angelegt, eine bestehende Theorie in Frage zu stellen. Piaget (und Freud) vertraten die Annahme, daß Kinder (und Neurotiker) der westlichen, zivilisierten Gesellschaft und Erwachsene von Naturvölkern oder sogenannten «primitiven» Gesellschaften die gleiche animistische Denkweise hätten, das heißt, daß sie Objekten eine Seele zuschrieben und sie personifizierten. Diese Annahme ging auf die von Lévy-Bruhl 1926 vertretene Theorie zurück, wonach der «primitive» Mensch anders als der «zivilisierte» denke, eben animistisch oder prälogisch im Gegensatz zu rational. Mead stellte die Frage: Wenn «primitive» Erwachsene wie «zivilisierte» Kinder denken, wie denken dann «primitive» Kinder?

Mead arbeitete zusammen mit Reo Fortune für sechs Monate bei den Manus, im Dorf Peri. Während Fortune die gesamte Kultur der Manus studierte, konzentrierte sich Mead auf die oben genannte Frage. Sie wollte das typische Verhalten von Kindern der Manus-Kultur beschreiben, und das Denken der Manus-Kinder erforschen, um es mit dem Denken westlicher Kinder zu vergleichen.[6]

Meads Forschung bei den Manus-Kindern ist auch ein gutes Beispiel für ihre Arbeitsweise. Hier, wie auch bei all ihren späteren Forschungen, benutzte sie verschiedene, sich ergänzende Methoden. Vorrangig blieb für Mead immer eine intensive Beobachtung in klar definierten sozialen Situationen. Sie bezeichnete dies später als Ereignis-Analyse. Sie beobachtete die Kinder beim Spielen, allein oder in Gruppen, bei Gesprächen untereinander oder mit Erwachsenen oder bei der Durchführung bestimmter Aufgaben. In keinem Fall konnte Mead aufgrund dieser intensiven Beobachtungen irgendeinen Hinweis finden, der auf eine animistische Denkweise schließen ließ. Dann ließ sie die Kinder spontan Zeichnungen anfertigen, ohne sie auf ein bestimmtes Thema festzulegen. Auf diese Weise sammelte und analysierte sie rund 35 000 Zeichnungen. Keine einzige zeigte Anzeichen einer Personifizierung von Gegenständen. Alle Szenen, die die Kinder mit ihren Stiften zum Ausdruck brachten, waren ganz und gar realistisch, entsprachen ihren täglichen Erfahrungen; es waren zum Beispiel Kämpfe untereinander, Ballspiele, Bootsrennen, Fischen. Eine dritte Methode, die Mead einsetzte, waren selbstgefertigte symmetrische «Tintenflecken-Bilder». (Sie wußte zwar von dem von Rorschach 1921 entwickelten projektiven Test, hatte ihn aber damals noch nicht gesehen.) Auch dieser Test, der darin bestand, die Kinder die Bilder interpretieren zu lassen, zeigte keinerlei Anzeichen, die auf eine animistische Denkweise schließen ließen. Die Kinder interpretierten die Flecken als Tiere oder Objekte aus ihrem unmittelbaren Erfahrungs- bzw. Sichtbereich. Die vierte Methode bestand darin, die Kinder mit bestimmten Fragen zu einer animistischen Vorstellung bzw. Antwort anzuregen. Ein Beispiel: Über ein Kanu, das sich von allein vom Pfahl gelöst hatte und sich allmählich vom Ufer entfernte, bemerkte sie: «Das Kanu ist doch böse, nicht wahr? Es schwimmt weg«, worauf die Kinder antworteten: «Nein, P. hat es nicht angebunden», oder: «Nein, die Schnur hat sich gelöst.» Die Antworten zeigen deutlich, daß auch mit dieser Methode (Mead rief noch eine Reihe ähnlicher Situationen hervor) keinerlei Anzeichen einer animistisch geprägten Denkweise bei den Manus-Kindern festgestellt werden konnten.

Mead hat aus ihren Forschungen den eindeutigen Schluß gezogen, daß die Kinder der Manus, dieses «primitiven» Volkes, nicht nur kein spontanes animistisches Denken aufweisen, sondern daß sie geradezu negativ auf Erklärungen reagieren, die nicht den praktischen Ursache-Wirkungszusammenhang berücksichtigen. Interessanterweise denkt ein Manus-Kind weniger animistisch als ein Manus-Erwachsener. Dieses Resultat widerspricht dem Sachverhalt in unserer eigenen Gesellschaft, wonach Kinder eher dazu tendieren, Gegenstände zu personifizieren, ihnen eine Seele zuzuschreiben, und zwar im Gegensatz zu den Erwachsenen.

Für Mead war klar, daß die einzig mögliche Erkärung dafür im Unterschied der Kulturen zu finden ist; sie bietet deshalb zwei mögliche, kulturell bedingte Erklärungen an. Beide gehen von Meads grundsätzlicher Überzeugung und Annahme aus, daß der Mensch in seiner seelischen und geistigen Grundstruktur überall auf der Erde dasselbe Potential aufweist; welche bestimmten Aspekte dieses Potentials nun zum Ausdruck kommen, hängt von bestimmten historischen Entwicklungen und von den unterschiedlichen kulturellen Bedingungen ab, durch die bestimmte Aspekte betont bzw. gefördert und andere unterdrückt oder als bedeutungslos für die Kultur angesehen werden. Weiter geht Mead von der Hypothese aus, daß der Mensch sowohl eine Tendenz zu animistischem Denken als auch eine Tendenz zu rationalem Ursache-Wirkungsdenken aufweist. In unserer modernen Gesellschaft besteht ihrer Ansicht nach das Erziehungsmuster eher darin, die Tendenz zu animistischem Denken zu unterdrücken und Rationalität zu fördern, während bei den Manus durch den Erziehungsprozeß eher die rationale, nicht-animistische Denkweise, die Mead bei den untersuchten Kindern beobachtet hat, unterdrückt wird, so daß die Manus als Erwachsene zu animistischem Denken tendieren.

Die Forschungen von Mead haben gezeigt, daß drei kulturell bedingte Faktoren das rationale Denken der Manus-Kinder bestimmen: 1. Die Sprache der Manus ist einfach, klar, ohne Metaphern und kennt nur eine Substantiv-Kategorie. 2. Manus-Kinder sind schon als sehr kleine Kinder gezwungen, sich in hohem Maße an ihre physische Umwelt anzupassen, das heißt, die physisch bedingten Ursache-Wirkungs-Zusammenhänge zu begreifen. Sie leben nahe dem Wasser, werden von klein auf zu selbständigem Handeln angeregt und gehen allein auf Kanufahrten und zum Fischen. 3. Die Erwachsenen teilen ihre Traditionen und Überlieferungen (Geschichten, Mythen) nicht mit den Kindern. In dieser Hinsicht besteht eine klare Trennung zwischen der Welt der Erwachsenen und der Welt der Kinder.

Im Anschluß an diese Forschung entstand das Buch *Growing up in New Guinea (Kindheit und Jugend in Neu Guinea)*, das 1930 erschien und sich wie *Coming of Age in Samoa* nicht nur an Fachkollegen richtete, sondern auch an einen weiteren Kreis interessierter Leser. Das Forschungsmaterial wurde in späteren Publikationen in anderem Kontext wieder aufgenommen, wie zum Beispiel in dem Buch *Co-operation and Competition Among Primitive Peoples* (1937). In einer Publikationsreihe des American Museum of Natural History erschien zudem noch als Resultat dieser Forschungsreise die Studie *Kinship in the Admirality Islands* (1934). Diese Praxis von Mead, sich auf der einen Seite mit ihren Werken an ein breiteres Publikum zu wenden und andererseits auch immer wieder spezialisierte wissenschaftliche Artikel und Bücher für Fachkollegen zu publizieren, sollte Mead bis zuletzt beibehalten.

Margaret Mead und Reo Fortune lebten nach dieser ersten Neu Guinea-Reise zwei Jahre in den Vereinigten Staaten (1929–31). Den Sommer 1930 verbrachten sie bei den Omaha-Indianern in Nebraska, wo sie sich mit dem kulturellen Wandel dieses Volkes befaßten: *The Changing Culture of an Indian Tribe* erschien 1932 und wurde in den 60er Jahren zweimal neu aufgelegt.

Mead hatte seit 1926 eine feste Anstellung am American Museum of Natural History in New York, zuerst als Assistentin, dann als Konservatorin. Sie war für die Pazifik-Abteilung verantwortlich. Ihr legendäres Arbeitszimmer zuoberst in einem der Museumstürme blieb während 52 Jahren, bis zu ihrem Tode, der Ort, an den sie immer wieder zurückkehrte. Im privaten Leben ist sie unzählige Male umgezogen.

Margaret Mead und Reo Fortune bereiteten sich 1930 für ihre zweite gemeinsame Forschung im Pazifik vor. Diesmal verbrachten sie fast zwei Jahre, zwischen 1931 und 1933, bei drei verschiedenen Völkern in

Neu Guinea, bei den Arapesh, Mundugumor und Tchambuli. Die Frage, die für Mead diesmal im Vordergrund stand, war die der Beziehung zwischen Geschlechtszugehörigkeit und Temperament, das heißt spezifischen Charakterveranlagungen, die unabhängig von Eigenschaften, die Männern oder Frauen zugeschrieben werden, zum Ausdruck kommen. Das Resultat dieser sehr anstrengenden und mühsamen Forschungsreise erschien 1935 unter dem Titel *Sex and Temperament in Three Primitive Societies (Geschlecht und Temperament in drei primitiven Gesellschaften).* Mead vertritt in diesem Buch die These, daß verschiedene Kulturen männliche bzw. weibliche Eigenschaften völlig unterschiedlich definieren. Bei den Arapesh etwa wird von Frauen und Männern erwartet, daß sie umsorgend, sanft, entgegenkommend sind und sich nicht aggressiv benehmen, während bei den Mundugumor sowohl von den Männern als auch von den Frauen erwartet wird, daß sie sich stolz, schroff und gewalttätig verhalten; zartere Gefühle werden weder für Frauen noch für Männer zugelassen. Mead konnte im weiteren aufzeigen, daß bei den Tchambuli die für die europäische und amerikanische Gesellschaft als typisch weiblich bzw. typisch männlich angesehenen Eigenschaften in genauer Umkehrung auftraten: Tchambuli-Frauen waren vom Temperament her die Aktiven, Lebhaften und Kräftigen; von den Männern wurde dagegen eher Passivität erwartet, zudem galten sie als launenhaft und eifersüchtig.

In dem 14 Jahre später veröffentlichten Buch *Male and Female* (1949) nahm Mead das Thema der kulturell geprägten Unterschiede von erwartetem Verhalten für Frauen und Männer wieder auf, legte aber mehr Gewicht auf die geschlechtsspezifischen biologischen Veranlagungen und deren Beziehungen zu individuellen Eigenschaften. Sie hat durch diese etwas anders gewichtete Darstellung Leser und Kritiker herausgefordert. Dabei ging es ihr nicht um die Alternative, *entweder* kulturelle Prägung *oder* biologische Veranlagung des unterschiedlichen Verhaltens der Geschlechter, sondern für sie bestand die Frage in der Komplexität des *«Sowohl-als-auch»*. Die unterschiedlichen Reaktionen auf diese beiden Bücher faßte Mead in ihrer Autobiographie so zusammen: «Wie schwer es Amerikanern fiel, Vorstellungen von angeborenen Eigenschaften und kulturell erworbenem Verhalten auseinanderzuhalten, zeigten die gegensätzlichen Reaktionen auf das Buch. Feministinnen jubelten darüber, weil es demonstrierte, daß Frauen nicht «von Natur aus» Kinder mögen, und rieten, kleinen Mädchen keine Puppen zum Spielen zu geben. Kritiker beschuldigten mich, ich würde die Existenz von Geschlechtsunterschieden grundsätzlich verneinen. Als ich vierzehn Jahre später *Male and Female* schrieb, ein Buch, in dem ich vorsichtig die durch Kultur und Temperament bedingten Unterschiede behandelte, wie sie sich im Leben von Männern und Frauen spiegeln, und dann die Eigenschaften diskutierte, die mit primären Geschlechtsunterschieden zwischen Männern und Frauen in Zusammenhang zu stehen schienen, wurde mir von Frauen Anti-Feminismus vorgeworfen, von Männern zügelloser Feminismus, und von Individuen beiderlei Geschlechts vollständige Leugnung der schönen Erfahrung, eine Frau zu sein» (*Brombeerblüten:* 183–184).[7] Wichtig bleibt, daß für Mead von der biologischen Veranlagung her geprägte Eigenschaften immer auch im Vordergrund standen. Sie sah in der Verwirklichung gleicher Rechte für Frauen eine Chance, die in unserer Gesellschaft Frauen zugeschriebenen Eigenschaften, wie Umsorgung, Kooperation, Intuition, vermehrt auch in die Öffentlichkeit zu tragen, und sie stand zudem dafür ein, daß Männer wie Frauen ihrem individuellen Temperament nachleben, ungeachtet nun, welche Verhaltensweisen die Gesellschaft von ihnen erwartet.[8]

Während ihres ersten Neu Guinea-Aufenthaltes hatte Margaret Mead, wie schon erwähnt, Gregory Bateson kennengelernt, der 1935 ihr dritter Mann wurde. Bateson, von Haus aus Biologe, erforschte in Neu Guinea bei den Iatmul, wie soziale Strukturen im Ritual zum Ausdruck kommmen. In der Zusammenarbeit mit Bateson begann Meads dritte intensive Feldforschungsperiode (1936–39), zunächst in Bali und im Anschluß daran erneut in Neu Guinea. Die Arbeit in Bali führten Margaret Mead und Gregory Bateson in Zusammenarbeit mit einem Team von acht Mitarbeitern durch. Bei dieser Forschung vereinten sie aufs beste Batesons Interesse und Ausbildung als Biologe mit Meads Erfahrungen im Studium von Kindern und ihrer Sozialisation, das heißt, ihres Hereinwachsens in die Kultur.[9] Sie legten in ihren Forschungen großes Gewicht auf die Interaktion zwischen Mutter und Kind, wobei sie zum Beispiel herausfanden, daß Kleinkinder nicht nur auf den Gesichtsausdruck der Mutter oder auf ihre Stimme reagieren, sondern ebenso auf taktile Reize und vor allem auch auf minutiöse Bewegungsabläufe im Verhalten der Mutter und auf diese Weise lernen, geringste Anzeichen dieser Kommunikationsform zu interpretieren.

Diese Einsicht wurde in erster Linie durch die Verwendung von Fotos und Filmen als Forschungsmaterial ermöglicht; Mead und Bateson erbrachten in dieser methodischen Hinsicht Pionierleistungen. 25 000 Fotos und 6 Filme, die genaue Verhaltensabläufe und Verhaltensmuster dokumentierten, waren das Resultat dieser Forschung auf Bali, und sie konnten damit deutlich aufzeigen, wie Kindererziehung und Kulturmuster übereinstimmen. Noch heute werden Meads und Batesons Filme als Klassiker auf dem Gebiet der Visuellen Anthropologie gezeigt. Das Buch, das aus dieser gemeinsamen Arbeit entstand, erschien 1942 unter dem Titel *Balinese Character: A Photographic Analysis.*

Damit schloß Mead ihre intensive Feldforschungszeit ab und begann eine neue Arbeitsphase, die stark von den Kriegsereignissen geprägt war und bis in die frühen 50er Jahre dauerte. Hatte sie während ihrer ersten Arbeitsphase vor allem Grundlagen gesammelt und verarbeitet, die für die amerikanische Culture and Personality-Schule von Bedeutung waren, so widmete sie sich nunmehr der angewandten Forschung. Sehr bedeutend in diesem Zusammenhang ist die Arbeit, die sie auf dem Gebiet der Ernährung geleistet hat. 1941 leitete Margaret Mead das US Committee on Food Habits. Sie präsentierte eine systematische und detaillierte Methode, um Ernährungsgewohnheiten als kulturell bedingte, standardisierte Verhaltensformen zu studieren; dabei betonte sie den kulturell bedingten sowie den psychodynamischen Kontext der Ernährung.

In Zusammenarbeit mit einem Kreis von Mitarbeitern führte sie im weiteren Studien über den nationalen Charakter der kriegsführenden Nationen durch, wobei sie auch hier wieder neue methodische Ansätze entwickelte. Sie unternahmen den Versuch, Kulturen «aus Distanz» (at a distance) zu erfassen, aufgrund sekundären Materials (zum Beispiel Literatur, Filme) und aufgrund von Befragungen von Personen aus jenen Kulturen. So entstand damals unter anderem ihr Buch *Soviet Attitudes toward Authority,* das dann 1951 erschienen ist. Margaret Mead betrachtete auch ihr Buch *And Keep Your Powder Dry!* (1942) als wichtigen Beitrag während der Kriegsjahre, in welchem sie sich mit den Eigenschaften ihres eigenen Volkes auseinandersetzte. «Ich wollte meine ganze Erfahrung, die ich im Studium primitiver Gesellschaften erworben hatte, wo Distanz Objektivität hervorbringt, dafür einsetzen, die Kultur und den Charakter meines eigenen Volkes darzustellen, in einer Weise, die es sinnvoll und nützlich fand, um mit der harten Realität des Krieges fertig zu werden.»[10]

1945 war für Mead ein Schlüsseljahr. Der Bombenabwurf über Hiroshima und Nagasaki sollte ihr ganzes Denken verändern und ihrem späteren Werk eine völlig neue Dimension geben. Seit dieser Zeit hat sie die Gefahr einer globalen atomaren Bedrohung in alle ihre Werke einbezogen, hat sich mit der Umweltverschmutzung beschäftigt und sich mit den künftigen Chancen für das Überleben des «Experimentes Mensch» auseinandergesetzt. Sie appellierte an das Verantwortungsbewußtsein der Menschen, auch kommenden Generationen eine lebbare Welt zu hinterlassen. Zu den Schlüsselworten in Meads Schriften der späteren Jahre gehören Ausdrücke wie «shared world civilisation», «shared world culture», «emerging world culture», – das heißt, das Entstehen einer allgemeinen oder gemeinsamen Weltkultur. Denn für das Überleben aller sei es notwendig, eine neue «Welt-Ethik» zu entwickeln, die vom Respekt zwischen den Völkern und vom Respekt vor der Erde, der Umwelt gekennzeichnet ist. Ihre Freundin und engste Mitarbeiterin der letzten Jahre, Dr. Rhoda Metraux, hat Margaret Meads Hoffnungen für die Zukunft der Menschheit mit folgenden Worten zusammengefaßt: «Sie war ein optimistischer Mensch. Wenn sie die Probleme betrachtete, mit denen wir konfrontiert sind und unseren Unwillen, Verantwortungen auf uns zu nehmen, von denen wir wissen, daß wir sie haben, sagte sie: ‹Ich dachte, daß wir eine fünfzig-fünfzig Chance haben, eine sehr gute Welt zu schaffen, aber jetzt glaube ich, daß wir vielleicht eine zehnprozentige Chance haben, zu überleben!› Und sie glaubte an jene zehn Prozent, weil sie der Überzeugung war, wenn wir wollen, können wir, nichts kann uns aufhalten, außer unserem eigenen Unwillen.»[11]

Stand zu Beginn von Meads Laufbahn das Studium von Kulturen, die bald durch den Einfluß der westlichen Zivilisation ihre Eigenart verändern oder verlieren würden, mit aller Dringlichkeit im Vordergrund, so sah Mead später als einen wichtigen Beitrag der Ethnologie die Beschäftigung mit dem kulturellen Wandel und die Anwendung der ethnologischen Forschung im Hinblick auf das Überleben des Menschen. Für sie stand fest, daß die Ethnologie sich an der Suche nach neuen Lebensformen beteiligen konnte und Möglichkeiten ‹erdenken› sollte, wie die Zukunft des Menschen in Anbetracht der enormen technischen Entwicklungen und der Veränderungen, die bereits eingesetzt hatten, zu gestalten sei. *World Enough: Rethinking The Future,* das sie 1975 in Zusammenarbeit mit dem Photographen Ken Heyman publizierte, ist diesem Themenkreis gewidmet.

Die Jahre zwischen 1953 bis zu ihrem Tode, insgesamt 25 Jahre, können als die Periode bezeichnet werden, in der Margaret Mead sich ganz in den Dienst der Öffentlichkeit stellte, öffentliche Anliegen wahrnahm und unzähligen wissenschaftlichen Gremien diente, manchmals als Vorsitzende. Es waren Jahre intensiver Lehrtätigkeit, an der Columbia University in New York in ihrer Eigenschaft als ‹adjunct professor› sowie als Gastdozentin an anderen in- und ausländischen Universitäten. Sie wurde mehr und mehr zu einer öffentlichen Figur, wurde zu unzähligen Anlässen als Repräsentantin des Faches Anthropologie eingeladen und nahm jede Gelegenheit wahr, durch Radio, Fernsehen und die Presse ihre Einsichten, ihr Wissen und ihre Denkanstöße anderen Menschen mitzuteilen. Diese Jahre widmete sie auch am intensivsten der Museumsarbeit. Die öffentliche Anerkennung ihrer Leistungen schlug sich in 28 Ehrendoktortiteln und mehreren Preisen nieder, einschließlich der posthumen Verleihung der Friedensmedaille durch den Präsidenten Jimmy Carter im Januar 1979.

Obwohl Meads Reisen in diesen späteren Jahren nur noch Wochen oder wenige Monate dauerten, so hat sie sie doch vor allem mit dem Anliegen unternommen, die Veränderungen bei denjenigen Bevölkerungsgruppen aufzuzeigen, die sie Jahre zuvor untersucht hatte. Sie reiste unter anderem noch sechsmal zu den Manus, die während einer Generation einen erstaunlich raschen und grundlegenden Wandel durchgemacht hatten. Aufgrund ihrer Erfahrungen bei diesem Volk verfaßte sie im Anschluß an das 1956 erschienene Buch *New Lives For Old, Cultural Transformation – Manus 1928–1953* ihr wichtigstes theoretisches Werk, das sich mit Fragen des sozialen Wandels beschäftigt: *Continuities in Cultural Evolution* (1964).

Während des Zweiten Weltkrieges hatte die amerikanische Armee die Insel Manus eine Zeitlang besetzt, woraufhin sich bei dem Volk ein völliger kultureller Wandel zu vollziehen begann. 1953 kehrte Mead zu den Manus zurück. Die Kinder, mit denen sie sich 1928/29 beschäftigt hatte, waren jetzt zum Teil die führenden Persönlichkeiten. Mead kam zu dem Schluß, daß dieser rasche Wandel positive Konsequenzen hatte, da er sich unter drei Bedingungen vollzogen hatte: 1. Die Manus hatten sich dem Wandel unter ihrer eigenen Leitung und auf ihre eigene Veranlassung unterzogen; sie hatten 2. ihre Gesellschaft grundlegend neu organisiert; und 3. stand ihnen ein besonders begabter Führer zur Verfügung. Mead änderte daraufhin ihre Meinung über sozialen Wandel. War sie früher der Ansicht gewesen, sozialer Wandel müsse langsam und allmählich stattfinden und sich im Laufe von zwei Generationen durch Verhaltensänderungen bei den Erwachsenen vollziehen, um überhaupt eine bleibende Wirkung auf die jüngere Generation zu haben (wie sie dies noch in *Growing up in New Guinea* betont hatte), so vertrat sie jetzt eher die gegenteilige Meinung, zumindest was die Manus betraf: Denn hier waren gerade die Kinder, die noch nicht die Rolle bzw. die Aufgaben der Erwachsenen übernommen hatten, die hauptsächlichen Akteure im sozialen Wandel; Veränderungen im Verhalten konnten auf Anstöße von Kindern und Jugendlichen zurückgeführt werden.

Das Thema des Generationen-Konfliktes bzw. des Verhältnisses zwischen den Generationen blieb ein zentrales Thema in Meads Arbeiten; das Buch *Culture and Commitment* (1970) faßt ihre Erfahrungen, Ansichten und Anliegen hierzu zusammen (*Der Konflikt der Generationen: Jugend ohne Vorbild*, 1970, 1973).

16 Jahre lang verfaßte Mead in Zusammenarbeit mit Rhoda Metraux für *Redbook*, eine beliebte amerikanische Frauenzeitschrift, eine monatliche Kolumne, in der sie sich zu einer Fülle von Themen äußerte und diese meisterhaft aus ihrem Erfahrungsbereich kommentierte. Sie behandelte Themen wie Kinder, Erziehung, Jugend, kulturelle Prägung, Sex und Ehe, die Stellung von Frauen in der Gesellschaft, die Zukunft der Familie, Rasse und ethnische Minoritäten, Religion und Ethik, Alter und Tod, Wissenschaft und Technik, Übervölkerung, Hunger, internationale Beziehungen und Frieden. Drei Bücher geben eine Auswahl dieser Kolumnen wieder: *A Way of Seeing* (1974), *Some Personal Views* (1979) und *Aspects of the Present* (1980).

Mead hatte die Gewohnheit, wann immer sie sich zu einem Thema zu äußern hatte, das nicht unmittelbar in ihren Kompetenzbereich fiel, sich mit Kollegen und Freunden aus anderen Fachbereichen zu besprechen. Sie blieb dauernd im Gespräch mit Ärzten, Physikern, Historikern, Architekten, Psychologen, Ingenieuren, stützte sich immer auf das präzise Fachwissen anderer und fügte dann ihre ganz persönliche Art, die Zusammenhänge zu sehen, bei.

Margaret Mead war zeit ihres Lebens mit vielen Frauen und Männern innig verbunden; dieser private Teil ihres Lebens war immer von Verschwiegenheit umgeben (Bateson 1984: 119–120). Mead wurde nicht nur von ihren Freunden, von den meisten ihrer Kollegen und von ihren Mitarbeitern geschätzt, bewundert und zuweilen auch gefürchtet, sie wurde vor allem von den Menschen, deren Lebensweise sie erforscht hatte, geachtet. Dies zeigte sich am 16. September 1979 anläßlich einer öffentlichen Veranstaltung im American Museum of Natural History in New York: John Kilepak, ein Manus, der über Jahre hinweg Margaret Meads enger Mitarbeiter war und den sie 1928 als Kind gekannt hatte, übergab dem Direktor des Museums eine etwa eineinhalb Meter lange Kette mit aufgereihten Neu Guinea-Münzen. Die Übergabe von Münzen an die Familie eines Verstorbenen ist Teil des Trauerrituals bei den Manus. Sie hatten die Nachricht vom Tode Margaret Meads über Radio vernommen und daraufhin, wie es bei ihnen der Brauch war, eine Woche lang getrauert. Die Übergabe der Münzen jedoch, die eine Entschädigung für den Verlust symbolisiert und die Trauer beenden soll, konnte solange nicht stattfinden, bis John Kilepak die Gelegenheit bekam, die Münzen selbst zu überbringen. Er und die Menschen von Manus wußten, daß das American Museum of Natural History in New York das eigentliche Heim von Margaret Mead gewesen war. In seiner Rede betonte er, daß Margaret Mead, zu den Ahnen der Manus gehörig, weiterhin unter ihnen leben werde.[12]

III. Wirkung

Als eine Persönlichkeit, die sich der öffentlichen Meinung aussetzte und sich auf Nachbardisziplinen einließ, war Margaret Mead selbstredend der Kritik ausgesetzt. Zuweilen hat Mead auch bewußt noch unausgereifte Ideen zur Diskussion gestellt, damit sich andere aktiv am Erkenntnisprozeß beteiligen konnten. Kritik kam von Berufskollegen, die ihr in den 50er Jahren vorwarfen, angewandte Ethnologie zu betreiben und nicht reine Forschung. Doch für sie stand fest, daß auch anthropologische Forschung zum Nutzen der Menschen einzusetzen sei. In den 60er Jahren erntete Mead Kritik von der feministischen Bewegung, die sich gegen eine allzu starke Gewichtung biologischer Veranlagungen wendete. Ihr wurde auch der Vorwurf gemacht, sie maße sich über alles und jedes ein Urteil an. Dieser Kritik begegnete sie mit dem Argument, die Anthropologie sei das einzige Fach, das es ermögliche, die Zusammenhänge des Lebens und des sozialen Verhaltens zu sehen, und in diesem Sinne fühle sie sich verantwortlich, zumindest ernsthaft über die Fragen nachzudenken, die ihr gestellt würden.[13]

Im Frühjahr 1983, vier Jahre nach Meads Tod und fast 60 Jahre nach ihrem Forschungsaufenthalt in Samoa, erschien Derek Freemans scharfe Kritik an ihrer Samoa-Forschung, die vor allem in den USA einigen Wirbel auslöste, weil sie Mead und praktisch die ganze amerikanische Anthropologie in Mißkredit zu bringen suchte (Freeman 1983). Freeman, ein australischer Anthropologe, der in den 40er Jahren und später insgesamt sechs Jahre in West-Samoa verbracht hat (Mead hatte sich auf einer kleinen Insel in Amerikanisch-Samoa aufgehalten), wollte mit seinem Buch beweisen, daß Mead die Kultur und das Ethos Samoas völlig falsch dargestellt hat. Entgegen Meads Bild eines friedlichen, unpuritanischen Volkes herrsche vielmehr eine puritanische Haltung, Aggression, Wettstreit und eine hohe Selbstmordrate vor. Meads Darstellungsweise erklärt Freeman mit dem Umstand, daß sie mit vorgefaßter Meinung ihre Studien angegangen und wohl das Opfer ihrer jungen Informantinnen geworden sei, die sie an der Nase herumgeführt hätten. Zudem habe sie sich nicht lange genug in Samoa aufgehalten und nicht in einem samoanischen Haushalt gelebt.

Freemans Kritik setzt an der Frage an, die die Kulturanthropologie der 20er Jahre in besonderem Maße beschäftigt hat, die Frage nämlich, ob menschliches Verhalten kulturell geprägt oder biologisch bestimmt sei. Mead ging zwar, wie ihr Mentor Franz Boas, davon aus, daß menschliches Verhalten eine biologische Grundlage habe, maß aber der kulturellen Prägung mehr Gewicht bei als der biologischen. Freeman hingegen richtet seine ganze Aufmerksamkeit auf die biologische Grundlage menschlichen Verhaltens. Er rechtfertigt seine Kritik (sich auf Karl Popper berufend), indem er sagt, wissenschaftlicher Fortschritt werde dadurch erreicht, bestehende Theorien zu widerlegen. Freeman will mit seinem Buch ein Beispiel statuieren, wie Fortschritt in der anthropologischen Forschung erreicht werden kann.

Mead wurde des öfteren wegen ihrer Verallgemeinerungen und eigenwilligen Interpretationen kritisiert. Dies kann auch ihrem Erstlingswerk vorgeworfen werden. Lowell D. Holmes, ein Ethnologe, der 1954 neun Monate die Kultur Samoas studiert hat, meint in diesem Zusammenhang: «Was ich fand, als ich Meads Schriften ausführlich durchsah, war, daß die Kultur nicht ganz so einfach war, wie sie [Mead] es uns glauben lassen wollte. Mit anderen Worten, sie verallgemeinerte allzu sehr, ein Fehler, der unter jungen Anthropologen im Feld üblich ist. Ich war mit Mead nicht einverstanden, was den Grad der sexuellen Freiheit anbetraf, den angeblich junge Leute in Ta'ū [wo Mead sich aufgehalten hatte, Anm. der Autorin] genießen, doch bin ich sicher, daß sie besseren Zugang zu den Teenagern als ich hatte (und vermutlich Freeman). Hingegen gab es eine ganze Menge Hinweise in der Form von illegitimen Kindern und Scheidungen wegen Untreue, die darauf hindeuten, daß es ziemlich viel vorehelichen und außerehelichen Sex gab. Ich sah die Kultur auch viel mehr auf Wettstreit eingestellt als Mead. Ich empfand eine große Beschäftigung mit Status, Macht und Prestige. (...) Ich sah die Gesellschaft Samoas niemals als so unbeugsam und die Bewohner als so aggressiv, wie Freeman sie charakterisiert. Im Gegenteil, ich sah die Gesellschaft als eine, in der die Menschen bis zum Extrem gingen, um Konflikte zu vermeiden und Kompromisse zu finden» (Holmes: 103–104).[14]

Die sehr breit abgehandelte Mead-Freeman-Kontroverse (Artikel sind in Dutzenden von Fachzeitschriften, Magazinen und Zeitungen aller Art erschienen, und ebensoviele öffentliche Diskussionen fanden statt) zeigt letztlich, daß die jeweilige Sichtweise und Erwartungshaltung eines Ethnologen immer in seine Studie mit einfließt, aber auch, daß Kulturen innere Widersprüche aufweisen können.

Freemans Buch, die Art und Weise seiner Kritik, der zeitlich und räumlich unterschiedliche Kontext seiner Forschung und sein Ansatzpunkt bleiben als Gegendarstellung zu Meads Samoa-Bild jedoch äußerst fragwürdig. Man kann sich des Eindrucks nicht erwehren, daß es ihm nicht so sehr darum ging, *seine* Sicht von Samoas Kultur wiederzugeben, als vielmehr darum, Mead und die amerikanische Kulturanthropologie in Mißkredit zu bringen.

Will man Meads Wirkung auf einige wenige Hauptnenner bringen, so kristallisieren sich aus der vielfältigen Fülle ihrer Werke und ihres Lebens folgende Einflußbereiche und charakteristischen Aspekte heraus:

1. Zu Beginn ihrer Arbeit war Mead von dem Gedanken besessen, alles, was noch möglich war, aufzunehmen, zu archivieren, zu dokumentieren, bevor es vom Wandel erfaßt und in Vergessenheit geraten würde.

2. Ihre Feldarbeit war von Präzision und Genauigkeit geprägt. Sie war in hohem Maße eine teilnehmende Beobachterin. Sie hat Fotographie und Film zu einer Zeit in der Forschung eingesetzt, als dies noch als Pionierleistung gewertet wurde. Für das Museum hat sie umfangreiche, genau dokumentierte Sammlungen angelegt. Alle ihre Feldnotizen sind archiviert und für spätere Nachforschungen einsehbar.

3. Sie hat die Kultur- und Persönlichkeitslehre oder die psychologische Anthropologie entscheidend beeinflußt.

4. Wesentliche Impulse gingen auch im Bereich der angewandten Forschung von ihr aus. Zu erwähnen ist hier noch der im Auftrag der UNESCO herausgegebene Band *Cultural Patterns and Technical Change* (1955).

5. Wesentlich bleibt auch der Einfluß, den sie als Lehrerin auf ihre Schüler ausübte. Auf diese Weise hat sie jüngere Generationen von Anthropologen mitgeprägt.

6. Wichtig war auch der Kontakt, den sie mit Kollegen und Wissenschaftlern aus anderen Disziplinen pflegte, vor allem im Bereich der Medizin, Physik, Psychologie, Biologie, Architektur und Stadtplanung.

7. Als öffentliche Figur, als eine Persönlichkeit, deren Meinung gefragt war, übte sie auf die Frauenbewegung, auf das Verständnis für Minoritäten und selbst auf die Tagespolitik der Vereinigten Staaten wiederholt Einfluß aus. Sie wurde zu sehr vielen Hearings im amerikanischen Kongreß geladen, wo sie über die atomare Gefahr ebenso wie über Drogenprobleme ihre von ihrem Fachbereich her geprägte Meinung äußerte.

8. Was den geografischen Raum betrifft, so hat Mead Wesentliches zum Wissen ozeanischer Kulturen beigetragen und den pazifischen Raum auch in ihrer Tätigkeit als Museums-Konservatorin erheblich gefördert.

9. In Meads Werk ist das Thema der kulturellen Muster, der kulturellen Regelmäßigkeiten, die menschliches Verhalten in all seinen Ausprägungen bestimmen, durchgehend. Dieses Grundthema in Meads Arbeiten geht wesentlich auf die Boas-Schule und Benedicts *Patterns of Culture* (1934) zurück.

10. Von entscheidender Bedeutung in Meads Werk ist auch ihre Sicht von Kultur als ein funktionales Ganzes; sie vertrat eine holistische, das heißt: ganzheitliche Sicht von Kulturen.

11. Der Prozeß der Veränderungen und der Bedingungen des Wandels bis hin zu der Überzeugung, daß der Mensch heute seine eigene Zukunft in Händen hält, blieb Meads zentraler Interessenbereich. Hier hat sie auch ihren wesentlichen theoretischen Beitrag geleistet.

12. Zu erwähnen bleibt noch ihre Gründung des Institute for Intercultural Studies am Museum of Natural History in New York. Sie verfolgte damit die Absicht, einerseits ethnologische Forschungen zu fördern und Forschungsmaterial zu archivieren, um es anderen Forschern zugänglich zu machen, und andererseits, vor allem an jüngere Anthropologen Gelder für relevante Forschungen zu vergeben. Mead stellte einen ganz erheblichen Teil ihres eigenen Einkommens (Honorare und Bucheinnahmen) diesem Institut zur Verfügung. Das ist insofern erwähnenswert, als es zeigt, mit welcher Leidenschaft Mead alles daran setzte, ihre Wissenschaft – anthropology, a human science – unter fast grenzenlosem persönlichem Einsatz zu fördern.

ANHANG

ANMERKUNGEN UND LITERATUR

Wolfgang Marschall: Einleitung

Literatur

Boas, F.: Primitive Art (1927), New York, Dover 1955.
Kroeber, A. L.: Cultural and Natural Areas of Native North America. Berkeley, University of California Press 1939.
Malinowski, B.: The Group and the Individual in Functional Analysis. American Journal of Sociology 44 (1939): 938–964.
Montaigne, M.: Essais (1580), Frankfurt a. M. 1976.
Müller, K.: Geschichte der antiken Ethnographie und ethnologischen Theoriebildung, Teil 1, Wiesbaden 1972.
Schiller, F.: Was heisst und zu welchem Ende studiert man Universalgeschichte? (1789) (=Historische Schriften, 3. Teil), München 1966.
Talbi, M.: Ibn Khaldun. The Encyclopedia of Islam, vol. 3: 825–831, Leiden 1971.
Paul, S. (Hg.): Kulturbegriff und -wort in China und Japan, Berlin 1984.

Mario Erdheim: Anthropologische Modelle des 16. Jahrhunderts

Anmerkungen

1 Auch eine vierte Form wäre noch aufweisbar: ein *utilitaristisches* Modell, das sich in Verbindung mit den Erfordernissen der spanischen Bürokratie und deren Rationalität entwickelte. Ihr bedeutendster Vertreter war Alonso de Zorita, dessen *Kurze Abhandlung über die Herrschaften Neu-Spaniens*, geschrieben zwischen 1566 und 1570, eine Frühform der funktionalistischen Sicht darstellt, wie sie zum Beispiel B. Malinowski vertrat. Zorita interessierte sich für die Sitten und Gebräuche der Azteken vor allem im Hinblick auf die Stabilisierung der spanischen Herrschaft, und er schuf durch seine guten Kenntnisse über das Funktionieren des aztekischen Machtsystems wesentliche Voraussetzungen dafür, daß der eingeborene Adel mit den Spaniern kollaborierte.

2 Erweiterte Fassung eines Aufsatzes erschienen in: Kohl, K.-H. (Hg.): *Mythen der Neuen Welt. Zur Entdeckungsgeschichte Lateinamerikas*, Berlin 1982: 57–67; wiederabgedruckt in: Erdheim, M.: *Die Psychoanalyse und das Unbewußte in der Kultur*, Frankfurt a. M. 1988: 29–60.

Literatur

1. Werke

Las Casas, B. de: Historia de las Indias, Obras escogidas de Fray B. d. l. C., Biblioteca de autores españoles XCV–XCVI, Madrid 1957.
–: Apologética historia, Obras escogidas de Fray B. d. l. C., t. III–IV, Biblioteca de autores españoles CV–CVI, Madrid 1958.

–: Umstandige warhafftige Beschreibung der Indianischen Ländern so von den Spaniern eingenommen und verwüstet worden. Aus dem Lat., o. O. 1665.
–: Im Zeichen des Kreuzes; die «Verwüstung Westindiens», d. h. die Massenausrottung der süd- u. mittelamerikanischen Indianer nach der Denkschrift des B. de Las Casas, Bischof v. Chiapas, von 1542, neu bearb. u. hg. v. Miller, A., o. O. 1936.
Montaigne, M. de: Les Essais de M. d. M., publiés d'aprés l'exemplaire de Bordeaux par Strowski, F. et Gebelin, F., 5 t., Bordeaux 1906–13.
–: Essais, Texte établi et annoté par Thibaudet, A., Bibliothèque de la Plèiade, t. XIV, 1939.
–: M. d. M. Gesammelte Schriften, Hg. v. Flake, O. und Weigand, W., 8 Bde., München/Leipzig [2]1915.
–: Essais, ausgew. u. übers. v. Lüthy, H., Zürich 1953.
Oviedo, G. F. de: Historia general y natural de las Indias, t. 1–5, Biblioteca de autores españoles CXVII–CXXI, Madrid 1959.
–: Natural History of the West Indies, transl. and ed. by Stondemire, S. A., Univ. of North Carolina Studies in the Romance Language and Literature, 32, Chapel Hill 1959.
Sahagún, B. de: Historia general de las cosas de Nueva España, Ed. Garibay, A. M., Mexico, Editorial Parrua, 1956.
–: «Colloquios y doctrina christiana» aus dem Jahre 1564. Sterbende Götter u. christl. Heilsbotschaft. Wechselreden indianischer Vornehmer und spanischer Glaubensapostel in Mexiko 1524, übers. v. Lehmann, W., hg. v. Kutscher, G., Quellenwerke zur alten Geschichte Amerikas, Bd. III, Stuttgart 1949.
–: Wahrsagerei, Himmelskunde und Kalender der alten Azteken, übers. u. erl. v. Schultze, L., Quellenwerke zur alten Geschichte Amerikas, Bd. IV, Stuttgart 1950.
–: Gliederung des altaztekischen Volkes in Stand, Familie und Beruf, übers. u. erl. v. Schultze, L., Quellenwerke zur alten Geschichte Amerikas, Bd. V, Stuttgart 1952.
–: General History of the Things of Spain, transl. from the Aztec into English by Anderson, J. D. and Dibble, Ch. E., Monographs of the School of American Research, Santa Fe, New Mexico, 1975.
Zorita, A. de: Los Señores de la Nueva España, Mexiko 1963.
–: Life and Labor in Ancient Mexico: The Brief and Summary Relation of the Lords of New Spain by Alonso de Zorita, New Brunswick 1963.

2. Sekundärliteratur

Atkinson, G.: Les nouveaux horizons de la Renaissance française, Paris 1935.
Ballesteros Gaibrois, M.: Fernández de Oviedo, etnólogo, Revista de Indias, 1957, XVII: 445–467.
Bataillon, M.: Le clérigo Casas ci-devant colon, reformateur de la colonisation (1952), in: ders. 1965: 1–94.
–: La herejia de Fray Francisco de la Cruz y la reacción antilas-casiana (1955), in: ders. 1965: 302–324.
–: Etudes sur Bartolomé de las Casas, Paris 1965.
–: Erasmo y el erasmismo, Editorial Critica, Barcelona 1977.
Biermann, B.: Las Casas – Ein Geisteskranker, in: Zs. für Missionswissenschaft und Religionswissenschaft Bd. XLVIII (1964): 176–191.
–: Las Casas und seine Sendung: Das Evangelium und das Recht des Menschen, Mainz 1968.
Bitterli, U.: Die ‹Wilden› und die ‹Zivilisierten›, Die europäisch-überseeische Begegnung, München 1976.
Blumenberg, H.: Die Legitimität der Neuzeit, Frankfurt a. M. 1966.

Bucher, B.: Le sauvage aux seins pendants, Collection savoir, Paris, Herrman 1977.
Clastres, P.: La société contre l'état, Recherches d'anthropologie politique, Paris, Ed. de Minuit 1974.
Diamond, S.: In search of the Primitive, A Critique of Civilization, New Brunswick, N.Y., 1974.
Dominguez Ortiz, A.: El Antiguo Regimen: Los Reyes Católicos y los Austrien, Madrid 1973.
Dudley, E. and Nowak, M.E. (eds.): The Wild Man Within, An Image in Western Thought from the Renaissance to Romanticism, London 1972.
Erdheim, M.: Die gesellschaftliche Produktion von Unbewußtheit, Frankfurt a.M. 1982.
Esteve Barba, F.: Historiografia indiana, Madrid 1964.
Friede, J. and Keen, B.: Bartolomé de las Casas in History Toward an Understanding of the Man and His Work, Northern Illinois University Press, 1971.
Friedrich, H.: Montaigne, Bern 1949.
Garibay, A.M.: Historia de la literatura Náhuatl, I, II, México: Editorial Parrua, 1954.
Gedo, J.E. and Wolf, E.S.: From the History of Introspective Psychology: The Humanist Strain, in: Gedo, J.E. and Pollock, G.H. (eds.), Freud: The Fusion of Science and Humanism, The Intellectual History of Psychoanalysis, Psychological Issues, Vol. IX, 2/3, Monograph 35/35, p. 11–45, New York 1976.
George, K.: The Civilized West Looks at Primitive Africa: 1400–1800, A Study of Ethnocentrism, in: Montagu (ed.): The Concept of the Primitive, New York 1968: 175–193.
Gerbi, A.: La naturaleza de las Indias nuevas (1975), Mexico 1978.
Hanke, L.: La lucha española por la justicia en la conquista de américa, Madrid, Aguilar, 1949 a.
–: Bartolomé de las Casas, Pensador Politico, Historiador, Antropólogo, La Habana 1949 b.
Harris, M.: The Rise of Anthropological Theory. A History of Theories of Culture. New York 1968.
Höffner, J.: Kolonialismus und Evangelium, Spanische Kolonialethik im Goldenen Zeitalter (1947), Trier ²1969.
Horkheimer, M.: Montaigne und die Funktion der Skepsis (1938), in: ders.: Kritische Theorie, Bd. II: 201–259, Frankfurt a.M. 1968.
Hymes, D.: Reinventing Anthropology, New York, Vintage Books 1974.
Kahre, G.: Bartolomé de las Casas, Arbeitsgemeinschaft für Forschung des Landes Nordrhein-Westfalen, Heft 153, 1968.
Kossok, M. u. Markov, W.: «Las Indias no eran colonias?» Hintergründe einer Kolonialapologetik, in: Markov, W.: Studien zur Kolonialgeschichte und Geschichte der nationalen und kolonialen Befreiungsbewegung Bd. 6–7. Lateinamerika zwischen Emanzipation und Imperialismus 1810–1960, Berlin 1961: 1–34.
Lévi-Strauss, C.: Strukturale Anthropologie (1958), Frankfurt a.M. 1969.
Lüthy, H.: Dass man bei Montaigne nicht suchen soll, was er nicht hat, in: Montaigne 1953: 7–50.
Mead, M.: Jugend und Sexualität in primitiven Gesellschaften Bd. I: Kindheit und Jugend in Samoa (1935), München 1970.
Menéndez Pidal, R.: El Padre Las Casas. Su doble personalidad, Madrid 1965.
Mühlmann, W.E.: Geschichte der Anthropologie, Frankfurt a.M./Bonn ²1968.
Muriá, J.M.: Sociedad prehispánica y pensamiento europeo, Sep Setentas 76, Mexico 1973.

Nicolau D'Olwer, L. and Cline, H. F.: Bernhardino de Sahagún 1499–1590, in: Handbook of Middle American Indians, vol. 13: Guide to Ethnohistorical Sources, part 2, Austin, University of Texas Press 1973: 186–239.
Perez de Tudela Buero, J.: Significado histórico de la vida y escritos del Padre Las Casas, in: Las Casas 1957: IX–CLXXXVIII.
–: Vida y escritos de Gonzalo Fernandez de Oviedo, in: Oviedo 1959: VII–CLXXV.
Phelan, J. L.: El reino milenario de los franciscanos en el Nuevo Mundo, Instituto de investigaciones históricas UNAM Mexico 1972.
Rudolph, W.: Der kulturelle Relativismus. Kritische Analyse einer Grundsatzfragen-Diskussion in der amerikanischen Ethnologie, Berlin 1968.
Seler, E.: Einige Kapitel aus dem Geschichtswerk des Fray Bernhardino de Sahagún, Stuttgart 1927.
Todorov, T.: Die Eroberung Amerikas. Das Problem des Anderen, Frankfurt a. M. 1985.
Turner, D.: Gonzalo Fernández de Oviedo y Valdés. An Annotated Bibliography, Univ. of North Carolina: Studies in the Romance Languages and Literatures Nr. 66, Chapel Hill 1966.
Villey, P.: Montaigne, Paris o. J.
–: Montaigne et François Bacon (1913), Genève 1973.
–: Montaigne devant la postériorité, Paris 1935.
Zavala, S.: La «Utopia» de Tomas Moro en la Nueva España, Mexico 1937.
Zweig, S.: Montaigne, in: Ders.: Europäisches Erbe (1941/42), Frankfurt a. M. 1960: 7–81.

Eberhard Berg: Johann Gottfried Herder

Anmerkungen

1 Herders Werke werden nach der Ausgabe von Bernhard Suphan, Berlin 1877–1913, zitiert mit Band- und Seitenzahl.

2 Vgl. die Erörterung dieses Zusammenhangs, insbesondere Herders «historische Tat» (143) zur Deutung von Mythen, in: M. Frank: *Der kommende Gott.* Vorlesungen über die Neue Mythologie, Frankfurt a. M. 1982: 123–152.

3 Mühlmann 1968: 64.

4 Kant: *Rezension zu Johann Gottfried Herders Ideen,* in: Werke in 12 Bdn. (hg. v. W. Weischedel), Frankfurt a. M. 1977, vgl. Bd. 12: 779–806, s. S. 791.

5 Vgl. *Johann Gottfried Herder – Briefe,* hg. v. W. Dobbek und G. Arnold, Weimar 1979, Bd. 5: S. 112.

6 Dies äußert Goethe anläßlich der Lektüre von Herders Spätling *Adrastea* (1801) in einem Brief an Schiller (18. 3. 1801), in: *Briefwechsel zwischen Goethe und Schiller,* Bd. 2 Stuttgart o. J.: 282.

7 Nietzsche: *Menschliches, Allzumenschliches* (1879), in: Werke in 6 Bdn. (hg. v. K. Schlechta), München 1980, Bd. II: 924.

Literatur

1. Werke

Sämtliche Werke, hg. v. Müller, J. G. u. a., 45 Bde. Tübingen, J. G. Cotta'sche Buchhandlung 1805–1820.
Sämtliche Werke, hg. v. Suphan, B., 33 Bde. Berlin, Weidmann'sche Buchhandlung 1877–1913. Nachdruck Hildesheim, Olms 1967–68.

Werke, hg. v. Pross, W., 3 Bde., München 1984.
J. G. Herder im Spiegel seiner Zeitgenossen. Briefe und Selbstzeugnisse, hg. v. Richter, L., Göttingen 1978.
Einzelausgaben bei Reclam, Stuttgart; Suhrkamp, Frankfurt; Meiner, Hamburg.

2. Sekundärliteratur

Adler, E.: Herder und die deutsche Aufklärung, Wien 1968.
Barnard, F.: Herder's treatment of causation and continuity in history, in: Journal of the History of Ideas 24 (1963): 197–212.
–: Zwischen Aufklärung und politischer Romantik. Eine Studie über Herders soziologisch-politisches Denken, Berlin 1964.
–: ‹Aufklärung› und ‹Mündigkeit›: Thomasius, Kant, and Herder, in: Deutsche Vierteljahrsschrift für Literaturwissenschaft und Geistesgeschichte 57 (1983): 278–297.
Berg, E.: Überlegungen zu Herders Kulturanthropologie, in: Kölner Zeitschrift für Soziologie und Sozialpsychologie, Sonderheft 26 (1984), Ethnologie als Sozialwissenschaft: 85–100.
Berlin, I.: Herder and the enlightenment, in: Wasserman, E. R. (ed.), Aspects of the eighteenth century, Baltimore 1965: 47–104.
–: Vico and Herder. Two studies in the history of ideas, London, The Hogarth Press 1976.
Cassirer, E.: Die Philosophie der Aufklärung, Tübingen [3]1973.
–: Der Gegenstand der Kulturwissenschaft, in: Zur Logik der Kulturwissenschaften, Darmstadt [2]1961.
Collingwood, R. G.: Herder, in: ders.: The Idea Of History (1946), Oxford 1983: 88–93.
Dilthey, W.: Das achtzehnte Jahrhundert und die geschichtliche Welt, in: ders.: Ges. Schriften, Stuttgart/Göttingen 1968, Bd. III: 209–275.
Faust, J.: Mythologien und Religionen des Ostens bei Johann Gottfried von Herder, Münster 1977.
Fink, K. J.: Herder's Theory of Origin: From Poly- to Palingenesis, in: Koepke, W. and Knoll, S. B. (eds.): Johann Gottfried Herder. Innovator Through The Ages, Bonn 1982: 85–101.
Gadamer, H. G.: Volk und Geschichte im Denken Herders, Frankfurt a. M. 1942.
–: Nachwort zu J. G. Herder: Auch eine Philosophie der Geschichte zur Bildung der Menschheit, Frankfurt a. M. 1967.
Gillies, A.: Herder. Der Mensch und sein Werk, (engl. Original Oxford 1945) Hamburg 1949.
Grawe, Ch.: Herders Kulturanthropologie. Die Philosophie der Geschichte der Menschheit im Lichte der modernen Kulturanthropologie, Bonn 1967.
Gulyga, A.: Johann Gottfried Herder. Eine Einführung in seine Philosophie, Frankfurt 1978.
Hassell, M. v.: Johann Gottfried Herder, a lost ancestor, in: Dialectical Anthropology 5 (1981): 331–339.
Hassinger, E.: Zur Genesis von Herders Historismus, in: Deutsche Vierteljahrsschrift für Literaturwissenschaft und Geistesgeschichte 53 (1979): 251–284.
Haym, R.: Herder nach seinem Leben und seinen Werken, 2 Bde. Berlin 1880.
Henn, A.: Reisen in vergangene Gegenwart. Geschichte und Geschichtlichkeit der Nicht-Europäer im Denken des 19. Jahrhunderts, Berlin 1988.
Irmscher, H. D.: Beobachtungen zur Funktion der Analogie im Denken Herders, in: Deutsche Vierteljahrsschrift für Literaturwissenschaft und Geistesgeschichte 55 (1981): 64–97.

–: Grundfragen der Geschichtsphilosophie Herders bis 1774, in: Bückeburger Gespräche über Johann Gottfried Herder 1983, hg. v. Poschmann, B., Rinteln 1984: 10–32.

Jäger, H.-W.: Herder als Leser von Reiseliteratur, in: Griep, W. und Jäger, H.-W. (Hg.): Reisen im 18. Jahrhundert. Neue Untersuchungen, Heidelberg 1986: 181–197.

Kantzenbach, F. W.: Herder in Selbstzeugnissen und Bilddokumenten, Reinbek 1970.

Kramer, F.: Verkehrte Welten. Zur imaginären Ethnographie des 19. Jahrhunderts, Frankfurt a. M. 1977.

–: ‹Empathy›-Reflections on the History of Ethnology in Pre-fascist Germany: Herder, Creuzer, Bastian, Bachofen, and Frobenius, in: Dialectical Anthropology 9 (1985): 337–347.

Lehmann, W. C.: Herder's contribution toward an empirical sociology and cultural anthropology, in: Sociologus NF 10 (1960): 17–33.

Lepenies, W.: Naturgeschichte und Anthropologie im 18. Jahrhundert, in: Studien zum 18. Jahrhundert Bd. 2/3, hg. v. Fabian, B. u. a., München 1980: S. 211–226.

Lovejoy, A. O.: Herder and the Enlightenment Philosophy of History, in: ders.: Essays in the history of ideas, New York, The Johns Hopkins Press 1948: 166–182.

Marchand, J. W.: Herder: Precursor of Humboldt, Whorf, and Modern Language Philosophy, in: Koepke, W. and Knoll, S. B. (eds.): Johann Gottfried Herder, Bonn 1982: S. 20–34.

Martin, G.: Herder als Schüler Kants, in: Kant-Studien 41 (1936): 294–306.

Meyer, H.: Überlegungen zu Herders Metaphern für die Geschichte, in: Archiv für Begriffsgeschichte XXV (1981): 88–114.

Mühlmann, W. E.: Geschichte der Anthropologie, Frankfurt/Bonn [2]1968.

Pfaff, P.: Hieroglyphische Historie. Zu Herders ‹Auch eine Philosophie der Geschichte zur Bildung der Menschheit›, in: Euphorion. Zeitschrift für Literaturgeschichte 77 (1983): 407–418.

Riedel, M.: Historismus und Kritizismus. Kants Streit mit G. Forster und J. G. Herder, in: Studien zum 18. Jahrhundert, Bd. 2/3, hg. v. Fabian, B. u. a., München 1980: 31–48.

Salmon, P.: Herder's Essay on the origin of language, and the place of man in the animal kingdom, in: German Life & Letters XXII (1968–69): 59–70.

Sarbin, K. H.: Herders Kritik am Kritizismus – Recht und Unrecht, in: Studium generale 12 (1959): 461–471.

Sauder, G. (Hg.): Johann Gottfried Herder (1744–1803), in: Studien zum 18. Jahrhundert Bd. 9, Hamburg 1987.

Schmied-Kowarzik, W.: Philosophische Überlegungen zum Verstehen fremder Kulturen und zu einer Theorie der menschlichen Kultur, in: ders. und Stagl, J.: Grundfragen der Ethnologie, Berlin 1981: 349–89.

Spitz, L. W.: Natural Law and the theory of history in Herder, in: Journal of the History of Ideas XVI (1955): 453–475.

Stagl, J.: Kulturanthropologie und Gesellschaft. Eine wissenschaftssoziologische Darstellung der Kulturanthropologie und Ethnologie, Berlin [2]1981.

Wefelmeyer, F.: Glück und Aporie des Kulturtheoretikers. Zu Johann Gottfried Herder und seiner Konzeption der Kultur, in: Naturplan und Verfallskritik. Zu Begriff und Geschichte der Kultur, hg. v. Brackert, H. und Wefelmeyer, F., Frankfurt a. M. 1984: 94–121.

Wells, G. A.: Herder and after. A study in the development of sociology, 'S-Gravenhage, Mouton 1959.

–: Herder's Two Philosophies Of History, in: Journal of the History of Ideas 21 (1960): 527–537.
–: Condillac, Rousseau and Herder on the Origin of Language, in: Studies on Voltaire and the Eighteenth Century 230 (1985): 233–246.
–: Herder's Resistance To The Idea That Language Is An Invention, in: Journal of English and Germanic Philology 85 (1986): 167–190.
Wiese, B. v.: Der junge Herder als Philosoph der Geschichte, in: ders.: Von Lessing bis Grabbe. Studien zur deutschen Klassik und Romantik, Düsseldorf 1968: 23–40.

Über namhafte gegenwärtig laufende Forschungsvorhaben zum Werk Johann Gottfried Herders informiert die Wolfenbütteler Zeitschrift ‹Das Achtzehnte Jahrhundert. Mitteilungen der Deutschen Gesellschaft für die Erforschung des achtzehnten Jahrhunderts›.

Dieter Heintze: Georg Forster

Anmerkungen

1 Vgl. A. v. Humboldts Urteil: «Durch ihn begann eine neue Aera wissenschaftlicher Reisen, deren Zweck vergleichende Völker- und Länderkunde ist (...) Alles, was der Ansicht einer exotischen Natur Wahrheit, Individualität und Anschaulichkeit gewähren kann, findet sich in seinen Werken vereint» (*Kosmos* II, 1847: 72).

2 Vgl. z. B. H. Plischke: *Die Ethnographische Sammlung der Universität Göttingen* (Vorarb. z. Gesch. d. Göttinger Univ. u. Bibl., 10. Heft), Göttingen 1931: 16–25.

3 Ein Beleg u. a. ist die Bearbeitung von Forsters Reise um die Welt als «nützliches Lesebuch für die Jugend nach Campe's Lehrart», Altona 1805.

4 Den Begriffsapparat der heutigen anthropologischen Wissenschaften gab es zu Forsters Zeit noch nicht. Die Wissenschaften vom Menschen erschienen meist, ohne eindeutige Abgrenzungen, unter dem Oberbegriff der Moralischen Wissenschaften, der Sittlichen Philosophie (ethic philosophy, so J. R. Forster) u. ä. Die Äquivalenzen zwischen Forsters Begriffen und modernen sind noch nicht untersucht. Um falsche Assoziationen zu vermeiden, benutzt diese Darstellung ebenfalls unbestimmtere Begriffe, die sich am Sprachgebrauch Forsters orientieren. Zur Terminologiegeschichte vgl. H. Fischer: *«Völkerkunde», «Ethnographie», «Ethnologie»*, in: Zeitschr. f. Ethnologie 95 (1970): 169–182. Die Forsters haben durch die Verwendung des Begriffs «Völkerkunde» in den Titeln verschiedener Publikationen zu seiner Einbürgerung beigetragen.

5 Über Entstehungs- und Wirkungsgeschichte s. R. L. Kahn, und Steiner, G., in: *Georg Forsters Werke.* Ausgabe der Deutschen Akademie der Wissenschaften (zit. als AA) 4: 121–193.

6 Die Gestalt J. R. Forsters ist bisher meist vernachlässigt worden. Eine Biographie liegt vor von: M. E. Hoare: *The Tactless Philosopher. Johann Reinhold Forster (1729–1798)*, Melbourne, 1976. J. R. Forster veröffentlichte 1778 seine Reiseergebnisse in systematischer Form zunächst in Englisch. Von Georg übersetzt und mit Anmerkungen versehen kam das Werk 1783 in Deutsch heraus: *Johann Reinhold Forster's (...) Bemerkungen über Gegenstände der physischen Erdbeschreibung, Naturgeschichte und sittlichen Philosophie auf seiner Reise um die Welt gesammlet.* – Hier als *Bemerkungen* abgekürzt.

7 Zitiert wird soweit möglich nach der leicht zugänglichen Ausgabe *Werke in vier*

Bänden, Frankfurt a. M. 1967 (zit. als W). Um die Benutzung von Auswahlausgaben zu erleichtern, wird der Belegstelle der Kurztitel der Schriften, soweit sie für Forsters anthropologische Anschauungen wichtig sind, vorangesetzt: *Reise* – Reise um die Welt, 1778–80. *Brodbaum* – Vom Brodbaum, 1784. *Menschenraßen* – Noch etwas über die Menschenraßen, 1786. *Cook* – Cook, der Entdecker, 1787. *Leitfaden* – Leitfaden zu einer künftigen Geschichte der Menschheit, 1789. *Rez. Meiners* – (Rezension der anthropologischen Abhandlungen von C. Meiners, 1791). *Bildung* – Ueber lokale und allgemeine Bildung, 1791. *Sakontala* – (Einleitung zur Sakontala-Übersetzung, 1791). *Ansichten* – Ansichten vom Niederrhein, 1791–94. *Staatskunst* – Ueber die Beziehung der Staatskunst auf das Glück der Menschheit, 1794.

8 Auch J. R. Forster verwendet den Begriff, s. *Bemerkungen*: 189.

9 D. Hume: *A Treatise of Human Nature*, ed. by L. A. Selby-Bigge, Oxford 1888: XIX (Übers. D. H.).

10 So würde man heute formulieren.

11 I. Kant: *Bestimmung des Begriffs einer Menschenrasse.* Werke i. zehn Bänden, hg. v. W. Weischedel, 1964, IX: 65. W. Lepenies 1973: 62 hat zuerst auf einen Aspekt des betonten Empirismus Forsters hingewiesen, den er mit dem Begriff «serendipity» kennzeichnete, d. h. der Fähigkeit, glückliche Entdeckungen durch Zufall zu machen, hier dementsprechend eines Forschungsverhaltens, das sich durch Rigorismus nicht blind machen läßt. Vgl. P. J. Pelto: *Anthropological Research*, New York etc., 1970: 220f.

12 W. Lepenies 1973: 62 wies auf eine Episode hin, als ein Offizier Zeuge tahitischer Heiratszeremonien geworden war, sich aber nachher «keiner insbesondere erinnern» konnte, auch nicht wußte, «*wie* er sie erzählen solle» (*Reise*, W 1: 580). Das Erlebnis reduzierte sich auf den Eindruck «sonderbar».

13 Nahrungsmangel (Proteinmangel) lehnt Forster als Ursache ab, er erkläre nämlich nicht den institutionalisierten Kannibalismus. Er sucht den Ursprung eher in einer Art «Raserey»: «Wer weiß also, ob die ersten Menschenfresser die Körper ihrer Feinde nicht *aus bloßer Wuth* gefressen haben, damit gleichsam nicht das geringste von denselben übrig bleiben sollte?» (*Reise*, W 1: 447).

14 Wie positive Wertungen, z. B. die bürgerliche Schätzung von Ordnung und Tüchtigkeit, Beobachtung und Bericht färben können, wird in der Schilderung der Tonga-Inseln deutlich. Vgl. *Katalog Frankfurt*, 1976: 302f.

15 «... fletschte auch wohl, aus Freundlichkeit, obgleich nicht viel besser als Miltons Tod, die Zähne dazu.» (*Reise*, W 1: 682).

16 Wie wenig selbstverständlich es auch damals war, in «Eingeborenen» Individuen wahrzunehmen, zeigt die herrschende Vorliebe für nationale Stereotypen. Kants anthropologische Vorlesungen bieten ein Beispiel des Zeitüblichen. Man kann sie schon im Original nur als Parodien lesen. So wurden sie später auch auswahlweise gedruckt. S. E. Skasa-Weiß: *Kants Große Völkerschau*, München 1960.

17 Eine umgedrehte Befragung, die im Hinblick auf manche Interessen späterer Ethnologen reizvoll ist: Ein tahitischer Vornehmer fragt, «ob wir in unserm Lande einen Gott (Eatua) hätten (...) Als wir ihm antworteten, daß wir einen Gott erkennten, der alles erschaffen habe (...) schien er höchlich darüber erfreuet (...) Hierauf wandte er sich wieder gegen uns und sagte (...) daß seiner Landsleute Begriffe mit den unsrigen in diesem Stück übereinstimmten» (*Reise*, W 1: 285).

18 Hume: *A Treatise of Human Nature*, ed. Selby-Bigge: XVI. (Übers. D. H.) J. R. Forster klagte, eines Sinnes mit Hume, daß «der Mensch unter geringschätzigern Dingen vernachläßigt und vergessen wird». *Bemerkungen*: 189.

19 Pope: *Essay on Man* (1733): I, 5–6.

20 Schiller: *Was heißt und zu welchem Ende studiert man Universalgeschichte* (1789). Sämtl. Werke, München 1968, Bd. IV: 708.

21 Christoph Meiners, 1747–1810, der erste Rassist auf einem deutschen Lehrstuhl. Zu seinen Lehren s. A. Ihle: *Christoph Meiners und die Völkerkunde,* Göttingen 1931. Forster setzte sich intensiver mit Meiners' Auffassungen von der Überlegenheit der «keltischen» (nordwesteuropäischen) Rasse auseinander, die dieser auch zur Rechtfertigung der Sklaverei benutzte.

22 Dem Thema Despotismus widmete Forster verschiedene Essays. Der Despotie wissenschaftlicher Doktrinen: *Über den gelehrten Zunftzwang* (W 3: 369–374). Der Despotie staatlicher Verwalter des Menschenglücks: *Über die Beziehung der Staatskunst auf das Glück der Menschheit* (W 3: 697–725).

23 Vgl. Mühlmann 1938: 248.

24 Ein Exempel für das Verfehlen dieser Haltung ist für Forster die Behandlung des Tahitiers Omai in London. Man reichte ihn als exotisches Prachtstück in den Salons herum und entließ ihn dann, beschenkt mit Drehorgel, Elektrisiermaschine und Ritterrüstung, in sein Vaterland. S. *Reise,* W 1: 19–21.

25 S. die Kontroverse Forsters mit Kant. Sind auch die meisten Argumente beider inzwischen hinfällig, bleibt ihre Argumentation wissenschaftsgeschichtlich interessant und ist wohl noch nicht in allen Aspekten bedacht, jedenfalls so lange nicht, als man sich von der Frage leiten läßt, wer von beiden eher recht habe. Vgl. außer Mühlmann 1938 und 1968 vor allem Bitterli 1976: 327–331, ferner Uhlig 1965: 55–64, zuletzt Riedel 1980 und Weingarten 1982.

26 Forster gebraucht für *species* «Gattungen», für *genera* «Geschlechter». – Er war ursprünglich von der gemeinsamen Abstammung aller Menschen ausgegangen. Anatomische Untersuchungen seines Freundes S. Th. Sömmering, aus denen dieser glaubte folgern zu können, die «Neger» seien in körperlicher Hinsicht den Menschenaffen näher, die Weißen etwas ferner, veranlaßten Forster, nach Hypothesen zu suchen, die dem Rechnung trugen. Wie für Kant die Arteinheit, so manifestierte sich für Forster die enge Verwandtschaft der «Menschengattungen» in der Möglichkeit der verschiedenen Rassen, gemeinsame Nachkommen zu zeugen. Daraus folge jedoch nicht zwingend die gemeinsame Abstammung. – Forsters Gedanken über den Zusammenhang alles Seienden in Verhältnissen der Kontinuität und Diskontinuität lehnen sich an die Ideen von der Kette des Seienden an, wie er sie vor allem durch die Buffon-Lektüre kannte. Vgl. Lovejoi 1942, Kap. VIII.

27 Vgl. Kant: «Der Anbau (cultura) seiner Naturkräfte (Geistes-, Seelen- und Leibeskräfte) als Mittel zu allerlei möglichen Zwecken ist Pflicht des Menschen gegen sich selbst.» Metaphysik d. Sitten, Tugendlehre § 19.

28 China hat in der Gesellschaftskritik der Aufklärungszeit kontrastierende Funktionen gehabt. Vgl. W. Franke: *China und das Abendland,* Göttingen 1962.

29 Vgl. Anm. 22.

30 Vgl. das im Abschnitt «Beobachtungsgeist» zum Vergleich Hellas – Tahiti angeführte Zitat.

31 Vgl. E. B. Tylor: «... that complex whole which includes knowledge, belief, art, morals, law, customs, and any other capabilities and habits acquired by man as a member of society.» Zit. n. A. L. Kroeber: *Anthropology: Culture Patterns and Process,* New York 1963: 60.

32 Daß Forster z. B. einen Zusammenhang zwischen Ausmaß der Beziehungen zwischen Gesellschaften bzw. Gruppen und Geschwindigkeit der kulturellen Entwicklung annimmt, zeigen seine Feststellungen nicht nur über den europäischen

Zivilisationsprozeß, sondern auch, im entgegengesetzten Sinn, über den der Australier; vgl. W 2: 243.

33 Forster meint selbstverständlich nicht den militärischen Konflikt, über dessen Wert er sich oft genug unmißverständlich geäußert hat.

34 Ein u. a. von C. Lévi-Strauss wieder aufgegriffener Gedanke, für den Forster sich auf Buffon berief: *Les Epoques de la nature*, Paris 1778.

35 G. Lukács: *Der junge Hegel*, Frankfurt 1973, I: 37–38.

36 I. Iselin z. B., der die *Reise* für die letzte noch von ihm selbst umgearbeitete Auflage seiner *Geschichte der Menschheit*, Basel [4]1779, heranzog; s. U. im Hof: *Isaak Iselin und die Spätaufklärung*, Bern/München 1967: 87.

37 Aus der englischen Übersetzung des Oberrichters in Bengalen, William Jones, Kalkutta 1789.

38 S. Zincke 1925: XXI. 1–18.

39 Eine Zusammenstellung von Zitaten s. *Katalog Frankfurt:* 497–507.

40 Zit. n. Steiner 1977: 121.

Literatur

1. Werkausgaben

Georg Forsters Werke. Sämtliche Schriften, Tagebücher, Briefe, hg. v. d. Deutschen Akademie der Wissenschaften zu Berlin (DDR), 18 Bde. Berlin 1958 ff. – Diese kritische Ausgabe, zuerst von Steiner, G., dann von Fiedler, H., und ihren Mitarbeitern betreut, zählt sicher zu den bedeutendsten editorischen Leistungen der letzten Jahrzehnte. Alle Bände sind zusätzlich zum kritischen Apparat mit detaillierten Sachkommentaren und ausführlichen Einleitungen versehen. Mit dem Band 17, der in Kürze erscheinen soll, wird die Ausgabe abgeschlossen sein.

Auf der Textrevision zu dieser Ausgabe beruht auch:

Georg Forster: Werke in vier Bänden, hg. v. G. Steiner, Frankfurt a. M., 1967, (Lizenzausgabe des Insel-Verlages Leipzig) – Auch diese Ausgabe enthält ausführliche Einleitungen, Sacherläuterungen und Register.

Forsters Werke in zwei Bänden, ausgew. u. eingel. v. Steiner, G. (Bibliothek deutscher Klassiker), Berlin/Weimar, 1968. – Beste der wohlfeilen Auswahlausgaben, m. Erläuterungen. Enthält von den Reiseberichten nur die *Ansichten vom Niederrhein.*

2. Bibliographie

Fiedler, H.: Georg Forster Bibliographie 1767 bis 1970, Berlin (DDR) 1971.

3. Sekundärliteratur

Berg, E.: Zwischen den Welten. Anthropologie der Aufklärung und das Werk Georg Forsters, (Beiträge zur Kulturanthropologie) Berlin 1982.

Bitterli, U.: Die ‹Wilden› und die ‹Zivilisierten›. Die europäisch-überseeische Begegnung, München 1976.

Bodi, L.: Georg Forster: The ‹Pacific Expert› of Eighteenth-Century Germany, in: Historical Studies Australia and New Zealand 8 (1959): 345–363.

Gilli, M.: Georg Forster (1754–1794). L'œuvre d'un penseur allemand réaliste et révolutionnaire, Paris, (Diss.) Université de Nanterre 1974.

Harpprecht, K.: Georg Forster oder Die Liebe zur Welt. Eine Biographie, Reinbek b. Hamburg 1987.

(Katalog Frankfurt) Georg Forster, 1754–1794. Südseeforscher, Aufklärer, Revolutionär (Roter Faden zur Ausstellung, 3), Frankfurt, Museum für Völkerkunde 1976.

Lange, E.: Georg Forsters Kontroverse mit Immanuel Kant, in: Deutsche Zeitschr. f. Philosophie 12 (1964): 965–980.

Lepenies, W.: Eine vergessene Tradition der deutschen Anthropologie, in: Saeculum 24 (1973): 50–78. – Die wichtigste und kenntnisreichste der neueren Studien zur Anthropologie bei Forster.

Lovejoi, A. O.: The Great Chain of Being. A Study of the History of an Idea, Cambridge, Mass., Harvard University Press 1942. – Zum Verständnis mancher Gedankengänge Forsters unentbehrlich, da uns viele Argumentationszusammenhänge des 18. Jhs. heute zunächst sehr fremd sind.

Mühlmann, W. E.: Geschichte der Anthropologie, Frankfurt a. M./Bonn ²1968: 54–58.

–: Methodik der Völkerkunde, Stuttgart 1938: 39–52.

Riedel, M.: Historizismus und Kritizismus. Kants Streit mit G. Forster und J. G. Herder, in: Studien zum achtzehnten Jahrhundert 2/3 (1980): 31–48.

Steiner, G.: Georg Forster, Stuttgart, Metzler 1977.

Uhlig, L.: Georg Forster. Einheit und Mannigfaltigkeit in seiner geistigen Welt, Tübingen 1965.

Weingarten, M.: Menschenarten oder Menschenrassen, in: Georg Forster in seiner Epoche, (Argument-Sonderband 87) Berlin 1982: 117–148.

Wuthenow, R. R.: Die erfahrene Welt. Europäische Reiseliteratur im Zeitalter der Aufklärung, Frankfurt a. M. 1980.

Zincke, P.: Georg Forsters Bildnis im Wandel der Zeiten, (Prager Deutsche Studien, Bd. 38) Reichenberg i. B. 1925. Repr. Hildesheim 1974. – Im Reichtum an Einzelheiten bisher nicht überholte ältere Arbeit.

Burkhard Ganzer: Lewis Henry Morgan

Anmerkungen

1 Wenn nicht anders angegeben, übers. v. B. G.

2 Für diese Familie kreierte Morgan aus den Seneca-Wörtern für Bogen und Pfeil die Namensbezeichnung «ganowanisch»; *Systems:* 131.

3 Diese Einteilung folgt im wesentlichen der von dem Sprach- und Religionsforscher Max Müller aufgestellten. Auf bestimmte Abweichungen macht Trautmann 1984: 428, aufmerksam.

4 Für die malaiische Form müßte eine Entstehungshypothese auch die Annahme von Inzest zwischen Geschwistern machen.

5 Stufe VI: die tribale Organisation. Stufe VII: das turanisch-ganowanische Verwandtschaftssystem. Ebenso: Stufe XIV: die zivilisierte Familie. Stufe XV: die Ersetzung des klassifikatorischen Systems durch das deskriptive; *Systems:* 480.

6 Ebenso die Azteken. Morgan verfocht mit Vehemenz die These, daß die Herrscher der Azteken keine Könige oder gar Kaiser gewesen seien, als die eine romantisierende Geschichtsschreibung sie sich gerne vorstellte, sondern Wahlhäuptlinge. Siehe Kap. 7 von *Ancient Society.*

7 Diese Auffassung hat Morgan in einem Buch über die Biber, die zu studieren er in Michigan Gelegenheit hatte, ausführlich dargelegt (1868).

8 Siehe hierzu Lowie (1936) und Eggan (1972).

9 Siehe z. B. Lounsbury (1964) und Scheffler (1973).

Literatur

1. Werke

League of the Iroquois (1851), New York, Corinth Books 1962.
The American beaver and his works, New York, Lippincott 1868.
A conjectural solution to the origin of the classificatory system of relationship, in: Proc. of the American Academy of the Arts and Sciences 7 (1868): 436–77.
Systems of consanguinity and affinity of the human family, in: Smithsonian Contributions to Knowledge 17 (1871).
Montezuma's dinner, in: North American Review 72 (1876): 265–308.
Ancient society, ed. by White, L. A. (1877), Cambridge, Mass., The Belknap Press of Harvard Univ. Press 1964. [Dt. Übers.:] Die Urgesellschaft: Untersuchungen über den Fortschritt der Menschheit aus der Wildheit durch die Barbarei zur Zivilisation (Nachdr. d. Ausg. Stuttgart 1908), Lollar, Achenbach 1976.
Houses and house life of the American aborigines (1881), Chicago, Univ. of Chicago Press 1966.

Ausführliche Verzeichnisse von Morgans Schriften finden sich in den Biographien von Stern (1931) und Resek (1960), Hinweise auf Sekundärbeiträge vor allem bei Service (1981).

2. Sekundärliteratur

Burrow, J. W.: Evolution and society: a study in Victorian social theory, London, Cambridge Univ. Press 1966.
Constas, Helen: Lewis H. Morgan in the light of modern anthropological theory, in: G. L. Ulmen (ed.): Society and history, The Hague etc., Mouton 1964.
Eggan, F.: Lewis Henry Morgan's systems: a reevaluation, in: Reining, Priscilla (ed.): Kinship studies in the Morgan centennial year, Washington, Anthr. Society of Washington 1972.
Fenton, W. N.: Introduction: Lewis Henry Morgan (1818–1881), pioneer ethnologist, in: Morgan: League of the Iroquis.
Fortes, M.: Kinship and the social order: the legacy of Lewis H. Morgan, London, Routledge & Kegan Paul 1969.
Gibson, C.: Lewis Henry Morgan and the Aztec «monarchy», in: Southwestern journal of anthropology 3 (1957): 78–84.
Hildebrandt, H.-J.: Einführung, in: Morgan: Die Urgesellschaft.
Lounsbury, F. G.: The structural analysis of kinship semantics, in: Proc. of the Ninth. Intern. Congr. of Linguists, The Hague etc., Mouton 1964.
Lowie, R.: Lewis H. Morgan in historical perspective, in: Essays in anthropology presented to A. L. Kroeber, Berkeley, Univ. of Calif. Press 1936.
Maine, Henry S.: Ancient Law, London, Murray 1861.
Resek, C.: Lewis Henry Morgan: American scholar, Chicago, Univ. of Chicago Press 1960.
Service, E. R.: The mind of Lewis H. Morgan [mit Kommentaren], in: Current anthropology 22 (1981): 25–41.
Scheffler, H. W.: Kinship, descent, and alliance, in: Honigmann, J. J. (ed.): Handbook of social and cultural anthropology, Chicago, Rand McNally 1973.
Schimmang, W.: Frühgeschichte und Utopie: zur Funktion und Verarbeitung von Lewis H. Morgans «Ancient Society» in Lenins Lehre vom Staat, Frankfurt 1979.
Stern, B. J.: Lewis H. Morgan: social evolutionist, Chicago, Univ. of Chicago Press 1931.

Tax, S.: From Lafitau to Radcliffe-Brown: a short history of the study of social organization, in: Eggan, F. (ed.): Social anthropology of North American tribes, Chicago, Univ. of Chicago Press 1955.
Terray, E.: Morgan et l'anthropologie contemporaine, in: Le marxisme devant les sociétés «primitives», Paris, Maspero 1969.
Trautmann, T. R.: Decoding Dravidian kinship: Morgan and McIlvaine, in: Man (N. S.) 19 (1984): 421–31.
–: Lewis Henry Morgan and the invention of kinship, Berkeley, Univ. of Calif. Press 1987.
Voget, F. W.: A history of ethnology. New York, Holt, Rinehart & Winston 1975.
White, L. A.: Lewis H. Morgan: pioneer in the theory of social evolution, in: Barnes, H. E. (ed.): An introduction to the history of sociology, Chicago, Univ. of Chicago Press 1948.
–: Introduction, in: Morgan: Ancient society.

Annemarie Fiedermutz-Laun: Adolf Bastian

Anmerkungen

1 Dieser Abschnitt fußt, wie weitere Teile des Beitrages, auf Fiedermutz-Laun 1970.

2 Die biographischen Angaben stützen sich auf K. v. den Steinen 1905: 236–254. Hinweise zu den Reiserouten enthält R. Schwarz 1909. Die Reisen Bastians sind jedoch, auch weil Tagebücher und systematische Aufzeichnungen fehlen, beim derzeitigen Stand der Bastian-Forschung nicht exakt rekonstruierbar. W. Seidensticker bezeichnet den Charakter der Rekonstruktion, die er für 5 der 9 Reisen unternimmt, als hypothetisch; Seidensticker 1969: 102f.

3 Bastian widmet sein frühes Hauptwerk von 1860, *Der Mensch in der Geschichte*, A. v. Humboldt: «Dem Gedächtnisse *Alexander's von Humboldt* widmet diese psychologischen Erörterungen, deren Bearbeitung durch die wohlwollenden Worte ermuthigt wurde, womit der aus dem Leben Scheidende ihre ersten Ausführungen noch entgegennahm. Der Verfasser» *(Mensch in der Geschichte I* 1860: Widmung).

4 U. a. *Afrikanische Reisen* 1859; *Die Völker des oestlichen Asien* 1866–1871 oder *Die Deutsche Expedition an die Loango-Küste* 1874/75. Sehr gut formuliert und durchgearbeitet sind die Vorträge Bastians, die zahlreich auf uns gekommen sind. Vgl. *Alexander von Humboldt. Festrede* 1869. In einem Kapitel seines Buches *Geographische und ethnographische Bilder,* 1873, das einer Seefahrt nach Teneriffa gewidmet ist, gibt Bastian eine geradezu schwärmerische Schilderung dieser Schiffsreise, die sie in die Nähe der Forderung A. v. Humboldts nach «sprachlichen Naturgemälden» rückt.

5 Auf dieses Treffen weist Bastian auch 1881 (Vorgeschichte: 42) hin. Ungeachtet von Gemeinsamkeiten mit der Bastianschen Lehre hält sich E. B. Tylor in der Frage «parallele Entwicklung» oder «parallele Entstehung» zurück. In einem seiner Hauptwerke, *Researches into the early History of Mankind* von 1861 (dt. 1866) bemerkt Tylor in dem Kapitel «Geographische Verteilung der Mythen»: «Es wird in diesem Kapitel kein Versuch gemacht, bestimmte Regeln zur Lösung dieser wichtigen Aufgabe aufzustellen, aber es werden einige Beispiele der allgemeinen Analogien angeführt, welche sich unter den Volkssagen der verschiedenen Länder finden (...) und sodann werden einige, auf die Mythenverbreitung durch ermittelte Canäle bezügliche Thatsachen angeführt, um damit eine Gruppe ähnli-

cher Sagen einzuleiten, wobei es dem Leser anheimgegeben wird, dieselben als durch selbständige Entwicklung oder neuzeitliche Transmission entstanden zu verwerfen oder als einen Beitrag zur Urgeschichte der neuen Welt zu acceptieren» (Tylor 1866: 419f.).

6 Dazu ausführlicher u. a. A. Mittasch: *Entelechie,* München 1952.

7 Bastian fordert hier einen von ihm an anderer Stelle scharf verurteilten Deduktionsschluß.

8 Zur Frage der Konvergenzen vgl. auch P. Ehrenreich 1913: 176–180.

9 Vgl. *Die Weltauffassung der Buddhisten* 1870; *Die heilige Sage der Polynesier* 1881; *Der Buddhismus* 1882 oder *Religionsphilosophische Probleme* 1884.

10 S. dazu F. Bornemann: *Die Urkultur in der kulturhistorischen Ethnologie,* Wien 1938. Zu «Universalien» siehe S. 335 ff., Literatur zur wissenschaftlichen Situation.

11 In: Studium Generale VII, 3 (1954), liefern Vertreter der Kulturhistorie und Ethnosoziologie (H. Baumann, A. E. Jensen, W. Koppers und W. E. Mühlmann) Beiträge zu den verschiedenen Standorten. Zur Theoriediskussion der 80er Jahre siehe u. a. W. Schmied-Kowarzik und J. Stagl, (Hg.), *Grundfragen der Ethnologie,* Berlin 1981.

12 Für Bastian wechseln in der Geschichte miteinander die Stadien von Aszendenz und Deszendenz, «wie stets bei der, im Kreislauf des Entstehens und Vergehens (...) umgriffenen Entwicklung» (*Ideale Welten I* 1892: 15). Den Wechsel im Auf- und Untergang der «Kulturstaaten» schildert Bastian in der für einige seiner Werke charakteristischen, farbigen Sprache: «Was waren ihre Reiche, die Jahrhunderte bestanden, in denen sie des Erdkreises Herren sich wähnten, was waren sie zu den Jahrtausenden, die vorhergingen, zu den Jahrtausenden, die noch die Zukunft birgt? Sie freuten sich der bunten Erdenspiele, doch rasch schwand ihrer Städte Pracht dahin» (*Geographische und ethnologische Bilder* 1873: 435). Der abgelaufene Kreislauf kann spiralig auf einer höheren Stufe weitergeführt werden. Da dieser Prozeß durch historische Ereignisse ausgelöst wird, spricht Bastian von «geschichtlicher Entwicklungsspirale» (*Allgemeine Grundzüge* 1884: 11) und von einem «ewigen Kreislauf in aufsteigender Spirale» (*Mensch in der Geschichte* I 1860: 160).

13 Vgl. Bastian: «Immerhin darf (...) der Kampf um die Polygenie und Monogenie für die letztere als entschieden gelten» (*Anthropologisches Stiftungsfest* 1895: 44).

14 Diese Differenzen zu seinem eigenen Standpunkt wiegen für Bastian um so schwerer, als er zahlreiche Übereinstimmungen in der Lehre Darwins und seinen eigenen Theorien sieht. Besondere Bedeutung gewinnt Darwin für die naturwissenschaftliche Arbeitsweise, bei der «Thatsachen, (...) durch minutiöse Detailkenntnis bis auf die letzten Decimalstellen gesichert (...) sind. Das Alles hat Darwin den physiologischen Naturwissenschaften gewährt (...) und sein Verdienst bleibt deshalb ein unbestrittenes» (*Geographische und ethnologische Bilder* 1873: 551).

15 Haeckel 1868, die 5. Aufl. folgte bereits 1874.

16 Vgl. Fiedermutz-Laun 1970.

17 U. a. auf Grund der verschiedenen Chromosomensätze. Der Mensch besitzt 46, der Affe 48 Chromosome. Auch macht der Eiweißunterschied zwischen dem Menschen und den heutigen Affenformen eine genetische Brücke nicht möglich.

18 Vgl. Bastian selbst: «In Verbreitung und Entwicklung einer Cultur sind neben den grossen Katastrophen (die häufig allein ihre Berücksichtigung erhalten haben), den vulcanischen Eruptionen erobernder Feldzüge oder revolutionirender Invasionen, die stetig und ununterbrochen fortwirkenden Ursachen im Auge zu behalten, wie sie jedes Land nach seiner geographischen Umgebung in einen Causalnexus mit denjenigen Nachbaren stellen muss, denen es durch wechselwir-

kenden Austausch von Mittheilungen verbunden bleibt. So filtrirten früh griechische, und vorher schon assyrische Ideen durch den Norden Europa's, ägyptische durch die inerte Masse Africa's, empfing Indien aus dem bactrischen Königreich der Macedonier neben, und schon vor den Armeen, geistige Güter, und andere Anregungen an seinen Küsten von China und dem Archipelago sowohl, wie von den gegenüberliegenden Küsten des östlichen Aethiopien» (*Die Cultur und ihr Entwicklungsgang* 1871: XXXII).

19 Vgl. P. Leser: *Zur Geschichte des Wortes Kulturkreis*, in: Anthropos 58 (1963): 1–36.

20 In: *Das Beständige*, 1868. Bastian sucht mit dieser Karte die Völker vor ihrem Kontakt mit den Europäern festzulegen.

21 Den beiden Karten «Ethnographische Weltkarte», 1871 und 1876, von Gerland geht voraus die «Karte zu den zoologischen Provinzen» von Agassiz, 1854.

22 Das Museum wurde 1873 begründet. Die Anfänge waren zwei bescheidene Säle: ein Quersaal und ein Längssaal mit angeschlossenem Hinterzimmer. Der Lichtmangel erschwerte die Besichtigung. Im Jahre 1886 stand, dank der Initiative Bastians, den ethnologischen Sammlungen ein monumentaler Bau zur Verfügung, der in Europa nicht seinesgleichen hatte.

23 Vgl. Mühlmann 1948: 96.

Literatur

1. Werke

Die beiden Bibliographien zu Bastians Werk erfassen seine Veröffentlichungen unvollständig. Im folgenden werden exemplarisch Werke Bastians angegeben, die sich auf Schwerpunkte seines Schaffens beziehen und in Verbindung mit der hier behandelten Thematik stehen.

Die Yankees im Goldlande Peru's. Eine Episode, Bremen 1855.

Afrikanische Reisen. Ein Besuch in San Salvador, der Hauptstadt des Königreichs Congo. Ein Beitrag zur Mythologie und Psychologie, Bremen 1859.

Der Mensch in der Geschichte. Zur Begründung einer psychologischen Weltanschauung, III Bde., Leipzig 1860.

Die Völker des oestlichen Asien. Studien und Reisen, VI Bde., Leipzig/Jena 1866–1871.

Das Beständige in den Menschenrassen und die Spielweite ihrer Veränderlichkeit. Prolegomena zu einer Ethnologie der Culturvölker, Berlin 1868.

Beiträge zur vergleichenden Psychologie. Die Seele und ihre Erscheinungsweisen in der Ethnographie, Berlin 1868.

Das natürliche System in der Ethnologie, in: ZfE 1 (1869): 1–23.

Alexander von Humboldt. Festrede, Berlin 1869.

Die Vorstellung von Wasser und Feuer, in: ZfE 1 (1869): 313–318, 365–384, 416–427.

Das Thier in seiner mythologischen Bedeutung, in: ZfE 1 (1869): 45–66, 158–177.

Zur Ethnologie des alten Europa, in: ZfE 1 (1869): 95–123, 204–232.

Die Weltauffassung der Buddhisten, Leipzig 1870.

Sprachvergleichende Studien. Mit besonderer Berücksichtigung der indochinesischen Sprachen, Leipzig 1870.

Bespr. Meyer, Kant's Psychologie, in: ZfE 3 (1870): 68–71.

Die Cultur und ihr Entwicklungsgang auf ethnologischer Grundlage, in: Suppl. bd. zu ZfE 3 (1871).

Bespr. Darwin, The Descent of Man, in: ZfE 3 (1871): 133–143.

Bespr. Tylor, Primitive Culture, in: ZfE 3 (1871): 361–362.
Beiträge zur Ethnologie und darauf begründete Studien, Berlin 1871.
Ueber ethnologische Eintheilungen, in: ZfE 3 (1871): 1–18.
Ethnologische Forschungen und Sammlung von Material für dieselben, 2 Bde., Jena 1871–1873.
Die Stellung des Kaukasus innerhalb der geschichtlichen Völkerbewegungen, in: ZfE 4 (1872): 1–21.
Bespr. Quatrefages, La Race Prussienne, in: ZfE 4 (1872): 45–64.
Die Rechtsverhältnisse bei verschiedenen Völkern der Erde. Ein Beitrag zur vergleichenden Ethnologie, Berlin 1872.
Ethnologie und vergleichende Linguistik, in: ZfE 4 (1872): 137–162, 211–231.
Die geographischen Provinzen als Berührungspunkte der Naturwissenschaft und Geschichte, in: Zeitschr. der Ges. für Erdkde. zu Berlin (1872): 304–314.
Die Grundlage der Ethnologie in den geographischen Provinzen, in: ZfE 5 (1873): 317–329.
Geographische und ethnologische Bilder, Jena 1873.
Die amerikanischen Völkerbewegungen, in: Ethnologische Forschungen und Sammlung von Material für dieselben, Bd. II, Jena 1873.
Brief an Prof. Dr. Neumayer aus Ponta-Negra vom 25. Juli 1873, in: Corresp. bl. der Afrikan. Ges. 34 (1873).
Bespr. Hellwald, Culturgeschichte in ihrer natürlichen Entwicklung bis zur Gegenwart, in: ZfE 6 (1874): 412–417.
Offener Brief an Prof. Dr. E. Haeckel, Verfasser der Natürlichen Schöpfungsgeschichte, Berlin 1874.
Die Deutsche Expedition an die Loango-Küste nebst älteren Nachrichten über die zu erforschenden Länder, II Bde., Jena 1874–1875.
Australien und Nachbarschaft, in: ZfE 6 (1874): 267–306.
Australien und Nachbarschaft, in: ZfE 7 (1875): 17–25, 163–172.
Völkerkreise in Afrika, in: ZfE 7 (1875): 137–162.
Schöpfung oder Entstehung. Aphorismen zur Entwicklung des organischen Lebens, Jena 1875.
Abstammung und Verwandtschaft, in: ZfE 10 (1878): 43–74.
Die Culturländer des alten Amerika, III Bde., Berlin 1878–1889.
Ueber die Bedeutung der Ethnologie, Separatum aus: Die Völker des oestlichen Asien. Bd. V, Vorwort, Jena 1879.
Die Vorgeschichte der Ethnologie, Berlin 1881.
Die heilige Sage der Polynesier. Kosmogonie und Theogonie, Leipzig 1881.
Der Völkergedanke im Aufbau einer Wissenschaft vom Menschen und seine Begründung auf ethnologische Sammlungen, Berlin 1881.
Die Ethnologie und deren Aufgabe, in: Verh. des deutschen Geographentages, Berlin 1882.
Der Buddhismus in seiner Psychologie, Berlin 1882.
Steinskulpturen aus Guatemala (in den kgl. Museen zu Berlin), Berlin 1882.
Völkerstämme am Bramaputra und verwandtschaftliche Nachbarn. Reise-Ergebnisse und Studien, Berlin 1883.
Inselgruppen in Oceanien. Reise-Ergebnisse und Studien, Berlin 1883.
Zur naturwissenschaftlichen Behandlungsweise der Psychologie durch und für die Völkerkunde. Einige Abhandlungen, Berlin 1883.
Amerika's Nordwestküste. Aus der Sammlung der kgl. Museen, Berlin 1883.
Die Ethnologie in ihren geographischen und historischen Gesichtspunkten, in: ZfE 16 (1884): 60–68.

Europäische Colonien in Afrika und Deutschlands Interessen sonst und jetzt, Berlin 1884.
Allgemeine Grundzüge der Ethnologie. Prolegomena zur Begründung einer naturwissenschaftlichen Psychologie auf dem Material des Völkergedankens, Berlin 1884.
Religionsphilosophische Probleme auf dem Forschungsfelde buddhistischer Psychologie und der vergleichenden Mythologie, II Bde., Berlin 1884.
Indonesien oder die Inseln des malayischen Archipels, V Bde., Berlin 1884–1894.
Die Schwindel-Geschichte von dem Einfangen einer behaarten Familie in den Urwäldern von Laos, in: ZfE 17, 1 (1885): 242–246.
Der Papua des dunklen Inselreichs im Lichte psychologischer Forschung, Berlin 1885.
Zur ethnischen Psychologie, in: ZfE 17 (1885): 214–238.
Zur Lehre von den geographischen Provinzen. Aufgenommen in die Controversen, Berlin 1886.
In Sachen des Spiritismus und einer naturwissenschaftlichen Psychologie, Berlin 1886.
Matriarchat und Patriarchat, in: ZfE 18 (1886): 331–341.
Die Welt in ihren Spiegelungen unter dem Wandel des Völkergedankens. Prolegomena zu einer Gedankenstatistik, Berlin 1887.
Allerlei aus Volks- und Menschenkunde, II Bde., Berlin 1888.
Über priesterliche Functionen unter Naturstämmen, in: ZfE 21 (1889): 109–154.
Über Klima und Acclimatisation nach ethnischen Gesichtspunkten, Berlin 1889.
Über physische Beobachtungen bei den Naturvölkern, Leipzig 1890.
Wie das Volk denkt. Ein Beitrag zur Beantwortung socialer Fragen auf Grund ethnischer Elementargedanken in der Lehre vom Menschen, Berlin 1892.
Ideale Welten in Wort und Bild. Ethnologische Zeit- und Streitfragen nach Gesichtspunkten der indischen Völkerkunde, III Bde., Berlin 1892.
Ethnologie und Geschichte in ihren Berührungspunkten. Unter Bezugnahme auf Indien, Berlin 1892.
Der Buddhismus als religionsphilosophisches System. Vortrag gehalten in der Aula des Kgl. Museums für Völkerkunde zu Berlin, Berlin 1893.
Ueber Methoden in der Ethnologie, in: Petermanns geogr. Mitt. 39 (1893): 186–191.
Controversen in der Ethnologie, IV Bde., Berlin 1893–1894.
Bespr. Schurtz, Die Speiseverbote, in: ZfE 26 (1894): 38–41.
Armbrüste und Bogen, in: ZfE 26 (1894): 446–449.
Zur Mythologie und Psychologie der Nigritier in Guinea mit Bezugnahme auf socialistische Elementargedanken, Berlin 1894.
Bespr. Jahresberichte des Ethnologischen Bureaus in Washington, in: Ethnol. Notizbl. I, 2 (1895): 84–90.
Bespr. Schurtz, Das Augenornament, in: Ethnol. Notizbl. I, 2 (1895): 124–143.
Anthropologisches Stiftungsfest, in: Ethnol. Notizbl. I, 2 (1895): 40–70.
Bespr. Steinmetz, Ethnologische Forschungen zur ersten Entwicklung der Strafe, in: Ethnol. Notizbl. I, 3 (1896): 143–154.
Bespr. Anfrage des Direkt. des Nat. Museums Washingtons betr. Zusammenarbeit in Betreff der Webevorrichtungen (Globus LXIX, 1), in: Ethnol. Notizbl. I, 3 (1896): 128–135.
Ethnische Elementargedanken in der Lehre vom Menschen, II Bde., Berlin 1896.
Bespr. Ratzel, Völkerkunde II, in: Ethnol. Notizbl. I, 3 (1896): 93.
Bespr. Beneke, Fragebogen über die rechtlichen und wirtschaftlichen Verhältnisse der Natur- und Halbkulturvölker, in: Ethnol. Notizbl. I, 3 (1896): 88–89.

Bespr. Higginson, Die Frauenfrage, in: Ethnol. Notizbl. I, 3 (1896): 122–127.
Bespr. Giddings, The Theory of Sociology, in: Ethnol. Notizbl. I, 3 (1896): 67–69.
Bespr. Psychological Review, in: Ethnol. Notizbl. I, 3 (1896): 63–67.
Bespr. Ferri, Sozialismus und moderne Wissenschaft, in: Ethnol. Notizbl. I, 3 (1896): 101–104.
Bespr. Lepsius, Lehrbuch der evangelisch-protestantischen Dogmatik, in: Ethnol. Notizbl. I, 3 (1896): 114.
Lose Blätter aus Indien, VI Bde., 1–4 Batavia, 5 Colombo, 6 Berlin, 1897–1898.
Die Aufgaben der Ethnologie, in: Tijdschrift voor Indische Taal-, Landen-, Volkenkunden 40 (1898), Batavia: 191–213.
Zur heutigen Sachlage der Ethnologie in nationaler und sozialer Bedeutung, Berlin 1899.
Die mikronesischen Colonien aus ethnologischen Gesichtspunkten, Berlin 1899.
Die Völkerkunde und der Völkerverkehr mit seiner Rückwirkung auf die Volksgeschichte, Berlin 1900.
Culturhistorische Studien unter Rückbeziehung auf den Buddhismus, II Bde., Berlin 1900.
Bespr. Schurtz, Urgeschichte der Kultur, in: Ethnol. Notizbl. II, 3 (1901): 95–103.
Die Stellung der Ethnologie zu den Culturaufgaben der Gegenwart, Berlin 1901.
Die humanistischen Studien in ihrer Behandlungsweise nach komparativ-genetischer Methode auf naturwissenschaftlicher Grundlage. Prolegomena zu einer ethnischen Psychologie, Berlin 1901.
Der Menschheitsgedanke durch Raum und Zeit. Ein Beitrag zur Anthropologie und Ethnologie in der Lehre vom Menschen, Berlin 1901.
Die Lehre vom Denken. Zur Ergänzung der naturwissenschaftlichen Psychologie in Anwendung auf die Geisteswissenschaften, III Bde., z. T. auf Ceylon gedruckt, 1902–1905.
Das logische Rechnen und seine Aufgaben, Berlin 1903.

2. Bibliographie

Schmeltz, J. D.: Schriften von Prof. Dr. A. Bastian, in: Internationales Archiv für Ethnographie IX (1896), Suppl. bd.: 69–85.
Hantzsch, V.: Adolf Bastian. Ergänzungen zur Bastian-Bibliographie, in: Allgemeine Deutsche Bibliographie, 1905.

Eine vollständige, kommentierte Bibliographie in Anlehnung an Schmeltz und Hantzsch ist vorgesehen. Um die ethnographischen Berichte als Quellen verwertbar zu machen, müßten die einzelnen Veröffentlichungen nach Primär- und Sekundärquellen durchgearbeitet, die geographischen Gebiete lokalisiert und die Reiserouten aufgespürt werden – eine Aufgabe, die für einzelne ethnographische Berichte wünschenswert ist.

3. Sekundärliteratur

Achelis, Th.: Adolf Bastian, in: Nord u. Süd 50, 159 (1889): 164–179.
–: Adolf Bastian, in: Sammlungen gem. verst. wiss. Vorträge, hg. v. Virchow, R. und Wattenbach, W. N. F. VI, 128, Hamburg 1891.
–: Moderne Völkerkunde, deren Entwicklung und Aufgabe, Stuttgart 1896.
–: Festschrift für Adolf Bastian. Adolf Bastian als Festgruß zu seinem 70. Geburtstage, 26. Juni 1896, Berlin 1896.
Andree, R.: Zum 70. Geburtstage Adolf Bastians, in: Globus LXX, 1 (1896): 1–4.
Ankermann, B.: Die Entwicklung der Ethnologie seit Adolf Bastian, in: ZfE 58 (1926): 221–230.

Buchner, M.: Der Völkergedanke, in: Beilage zur Allg. Zeitung, 5. April 1897.
–: Geographische Provinz und Anthropogeographie, in: Beil. zur Allg. Zeitung, 24. Febr. 1898.
Ehrenreich, P.: Zur Frage der Beurteilung ethnographischer Analogien, in: Korrespondenzblatt der dt. Gesellschaft für Anthropologie, Ethnologie und Urgeschichte 34 (1913): 176–180.
Eisenstädter, J.: Elementargedanke oder Übertragungstheorie in der Völkerkunde, Diss., in: Studien u. Forschungen zur Menschen- u. Völkerkunde XI, Stuttgart 1912.
Fiedermutz-Laun, A.: Der kulturhistorische Gedanke bei Adolf Bastian. Systematisierung und Darstellung der Theorie und Methode mit dem Versuch einer Bewertung des kulturhistorischen Gehaltes auf dieser Grundlage, Diss., Wiesbaden 1970.
–: Aus der Wissenschaftsgeschichte. Adolf Bastian und die Deszendenztheorie, in: Paideuma XVI (1970): 1–26.
–: Adolf Bastian und die Begründung der deutschen Ethnologie, in: Berichte zur Wissenschaftsgeschichte 9, 1 (1986): 167–181.
Gruenwedel, A.: Zur Erinnerung an Adolf Bastian, in: Jb. der kgl. preuss. Kunstsammlungen 26 (1905): V–VIII.
Honigsheim, P.: Adolf Bastian und die Entwicklung der ethnologischen Soziologie, in: Kölner Vierteljahreshefte für Soziologie VI, I (1926): 61–76.
Koepping, K.-P.: Adolf Bastian and the psychic unity of mankind, Queensland 1983.
Lowie, R. H.: The History of Ethnological Theory, New York 1937.
Mühlmann, W. E.: Methodik der Völkerkunde, Stuttgart 1938.
–: Geschichte der Anthropologie, Bonn 1948.
Penniman, T. K.: A Hundred Years of Anthropology, London 1935.
Preuss, K. Th.: Adolf Bastian und die heutige Völkerkunde, in: Baessler-Archiv 10 (1926): 3–15.
Schwarz, R.: Adolf Bastians Lehre vom Elementar- und Völkergedanken, Diss., Bonn 1909.
Seidensticker, W.: Das Konzept der Ethnologie im Werk Adolf Bastians, Diss., in: Jb. der Wittheit zu Bremen, Bremen 1969.
Steinen, K. v. d.: Gedächtnisrede auf Adolf Bastian, in: ZfE 37 (1905): 236–254.

4. Zur wissenschaftlichen Situation

Agassiz, L.: Sketch on the Natural Provinces of the Animal World and their Relation to the different Types of Man, in: Types of Mankind, hg. v. Nott, J. C. and Gliddon, Philadelphia 1854.
Andree, R.: Ethnographische Parallelen und Vergleiche, Stuttgart 1878.
Ankermann, B.: Kulturkreise und Kulturschichten in Afrika, in: ZfE 37 (1905): 54–84.
Bachofen, J.: Das Mutterrecht, Stuttgart 1861.
Baumann, H.: Ethnologische Feldforschung und kulturhistorische Ethnologie, in: Studium Generale VII, 3 (1954): 151–172.
Bidney, D.: Human Nature and the Cultural Process, in: American Anthropology 49 (1947).
Ciz, K. H.: Robert Hartmann (1831–1893). Mitbegründer der deutschen Ethnologie, Gelsenkirchen 1984.
Comte, A.: Cours de philosophie positive, VI Bde., Paris 1830–42.
Darwin, Ch.: On the Origin of Species by Means of Natural Selection, London 1859.
Frobenius, L.: Der westafrikanische Kulturkreis, in: Peterm. geogr. Mitt. X (1897): 225–236, 262–267.

Graebner, F.: Kulturkreise und Kulturschichten in Ozeanien, in: ZfE 37 (1905): 28–53.
Haeckel, E.: Natürliche Schöpfungsgeschichte. Vorträge über die Entwicklungslehre, Berlin 1868.
Herder, J. G.: Ideen zu einer Philosophie der Geschichte der Menschheit, Riga/Leipzig 1784–91.
Höfer, M.: Völkerkunde und Humanethologie – Grenzen und Gemeinsamkeiten, in: Mitt. d. Anthropol. Ges. in Wien 114 (1984).
Hultkrantz, A.: General Ethnological Concepts, Kopenhagen 1960.
Humboldt, A. v.: Kosmos, V Bde., Stuttgart/Tübingen 1845–62.
Jensen, A. E.: Bemerkungen zur kulturhistorischen Betrachtungsweise, in: Studium Generale VII, 3 (1954): 143–151.
Jung, C. G.: Gesammelte Werke, Bde. 1–8 Zürich/Stuttgart 1966ff.; Bde. 5–17 Freiburg i. Br. 1971ff.
Klemm, G.: Allgemeine Kulturgeschichte der Menschheit, 10 Bde., Leipzig 1843–53.
Kluckhohn, C.: Universal Categories of Culture, in: Kroeber, A. L. (Hg.), Anthropology Today, Chicago 1953.
Koppers, W.: Der historische Grundcharakter der Völkerkunde, in: Studium Generale VII, 3 (1954): 135–143.
Krieger, K. und Koch, G. (Hg.): Hundert Jahre Museum für Völkerkunde Berlin, in: Baessler-Archiv N. F. XXI (1973).
Lamarck, J. B. de: Philosophie zoologique, Paris 1809.
Lazarus, M. und Steinthal, H. (Hg.): Zeitschrift für Völkerpsychologie und Sprachwissenschaft, 1860ff.
Leibniz, G. W.: Monadologie, 1840; übers., eingel. u. erl. v. H. Glockner, Stuttgart 1954.
Meinecke, F.: Die Entstehung des Historismus, Werke Bd. 3, München 1936.
Morgan, L. H.: Ancient Society, or Researches in the Lines of Human Progress from Savagery through Barbarism to Civilisation, New York 1877.
Mühlmann, W. E.: Methodik der Völkerkunde, Stuttgart 1938.
–: Geschichte der Anthropologie, Bonn 1948, Frankfurt ²1968.
–: Ethnologie und Geschichte, in: Studium Generale VII, 3 (1954): 165–177.
Müller, K. E.: Carl Ritter und die kulturhistorische Völkerkunde, in: Paideuma XI (1965): 24–57.
Murdock, G. P.: The Common Denominator of Culture, in: Linton, R. (Hg.), The Science of Man in the World Crisis, New York 1945.
Ratzel, F.: Anthropogeographie, 2 Bde., Stuttgart 1882–91.
–: Geschichte, Völkerkunde und historische Perspektive, in: Historische Zeitschrift 93, N. F. 57 (1904): 1–46.
Raum, J. W.: Evolutionismus, in: H. Fischer (Hg.): Ethnologie. Eine Einführung, Berlin 1983: 275–301.
Ritter, C.: Die Erdkunde im Verhältnis zur Natur und zur Geschichte des Menschen, oder allgemeine, vergleichende Geographie, als sichere Grundlage des Studiums und Unterrichts in physikalischen und historischen Wissenschaften, 2 Bde., Berlin 1817–18.
Spindler, P.: Universalia Humana, in: Mitt. d. Anthropol. Ges. in Wien 114 (1984).
Tylor, E. B.: Researches into the early History of Mankind and the Development of Civilisation, London 1861; dt.: Forschungen über die Urgeschichte der Menschheit und die Entwicklung der Zivilisation, Leipzig 1866.
Virchow, R.: Rassenbildung und Erblichkeit, in: Festschrift für Adolf Bastian, Berlin 1896.

Waitz, Th. und Gerland, G.: Anthropologie der Naturvölker, VI Bde., Leipzig 1859–72.
Westphal-Hellbusch, S.: Hundert Jahre Ethnologie in Berlin, unter besonderer Berücksichtigung ihrer Entwicklung an der Universität, in: Festschrift zum hundertjährigen Bestehen der Berliner Gesellschaft für Anthropologie, Ethnologie und Urgeschichte 1869–1969, Teil I, Berlin 1969.

Mario erdheim: Sigmund Freud

Literatur

1. Zitierte Schriften

Freud, S., Gesammelte Werke in Einzelbänden, hg. von Anna Freud u. a., Frankfurt. (GW)
Freud, S., Studienausgabe. Die erste kommentierte deutsche Edition, hg. von Alexander Mitscherlich u. a., Frankfurt 1982.
Daraus im einzelnen:
Psychopathologie des Alltagslebens (1901), in: GW IV.
Der Witz und seine Beziehung zum Unbewußten (1905), in: GW V.
Totem und Tabu. Einige Übereinstimmungen im Seelenleben der Wilden und Neurotiker (1913), in: GW IX.
Vorlesungen zur Einführung in die Psychoanalyse (1916/17), in: S. Freud, Studienausgabe Bd. I.
Massenpsychologie und Ich-Analyse (1921), in: GW XIII.
Die Zukunft einer Illusion (1927), in: GW XIV.
Nachwort zur «Frage der Laienanalyse», (1927) in: GW XIV.
Das Unbehagen in der Kultur (1930), in: GW XIV.
Neue Folge der Vorlesungen zur Einführung in die Psychoanalyse (1933), in: S. Freud, Studienausgabe Bd. I.
Aus den Anfängen der Psychoanalyse 1887–1902. Briefe an Wilhelm Fliess, Frankfurt a. M. 1962.
Freud, S. und Breuer, J., 1895: Studien über Hysterie, in: GW I.
Freud, S. und Pfister, O., Briefe 1909–1939, Frankfurt a. M. 1963.
Freud, S. und Abraham, K., Briefe 1907–1926, Frankfurt a. M. 1965.

2. Sekundärliteratur

Althusser, L.: Freud und Lacan, Berlin 1970.
Barnouw, V.: Culture and Personality, Homewood/Illinois [2]1973.
Bastide, R.: Sociologie et Psychoanalyse (1950), Paris, [2]1972.
Beuchelt, E.: Ideengeschichte der Völkerpsychologie, in: Kölner Beiträge zur Sozialforschung und angewandten Soziologie, hg. v. Koenig, R. und Scheuch, E. K. Bd. 13, Meisenheim am Glan 1974.
Brenner, Ch.: Grundzüge der Psychoanalyse (1955), Frankfurt a. M., 1970. – Eine gute Einführung in die psychoanalytische Theorie.
Boyer, B.: Die Psychoanalyse in der Ethnologie, in: Psyche 34/8 (1980): 694–715.
Devereux, G.: Angst und Methode in den Verhaltenswissenschaften (1967), München 1973.
Eissler, K. R.: Über Freuds Freundschaft mit Wilhelm Fliess nebst einem Anhang über Freuds Adoleszenz und einer historischen Bemerkung über Freuds Jugendstil, in: Eissler, K. R. et al.: Aus Freuds Sprachwelt und andere Beiträge, Jahrbuch der Psychoanalyse, Beiheft 2, Stuttgart/Bern/Wien, 1974: 39–100.

–: Medical Orthodoxy and the Future of Psychoanalysis, New York 1965
–: Eine biographische Skizze, in: E. Freud et al. (Hg.): Sigmund Freud. Sein Leben in Bildern und Texten, Frankfurt a. M. 1976: 10–39.
Erdheim, M.: Die gesellschaftliche Produktion von Unbewußtheit. Eine Einführung in den ethnopsychoanalytischen Prozeß, Frankfurt a. M. 1982.
Hume, D.: Von den ersten Grundsätzen der Regierung, Leipzig o. J.
Jones, E.: Das Leben und Werk von Sigmund Freud, Bde. 1–3. Bern 1960–62. – Umfassend zu Freuds Biographie.
Jullian, P.: Mythen und Phantasmen in der Kunst des fin de siècle, Berlin 1971.
Kroeber, A. L.: Totem and Taboo: An Ethnologic Psychoanalyse, in: American Anthropologist XXII (1920): 48–55.
Laín Entralgo, P.: Arzt und Patient. Zwischenmenschliche Beziehungen in der Geschichte der Medizin, München 1969.
Lévi-Strauss, C.: Die elementaren Strukturen der Verwandtschaft (1949), Frankfurt a. M. 1981.
Mannoni, O.: S. Freud in Selbstzeugnissen und Dokumenten, Reinbek bei Hamburg 1971. – Sehr brauchbar zur Biographie Freuds.
Parin, P. et al.: Die Weißen denken zuviel. Psychoanalytische Untersuchungen bei den Dogon in Westafrika, Zürich 1963.
Schönau, W.: Sigmund Freuds Prosa. Literarische Elemente seines Stils, Stuttgart 1968.
Schöne, W.: Über die Psychoanalyse in der Ethnologie, in: Sozialwissenschaftliche Reihe 5, Dortmund 1966.
Schur, M.: Sigmund Freud. Leben und Sterben, Frankfurt a. M. 1973.
Spector, J.: Freud und die Aesthetik. Psychoanalyse, Literatur und Kunst, München 1973.
Wälder, R.: Die Grundlagen der Psychoanalyse, Frankfurt a. M. Hamburg 1963. – Geeignet als Einführung in die psychoanalytische Theorie.

Helmut Straube: Leo Frobenius

Anmerkungen

1 Vgl. P. Heine 1980.
2 Vgl. A. Bastian 1860.
3 Vgl. F. Ratzel 1904.
4 Vgl. F. Ratzel 1891, II: 605.
5 H. Schurtz: *Das Augenornament und verwandte Probleme*, in: Abhandl. phil.-hist. Classe d. Königl. Sächs. Gesellsch. d. Wissenschaften XV, Nr. II (1895): 95.
6 Vgl. P. Leser 1963; A. Fiedermutz-Laun 1970: 212 ff.
7 F. Gräbner 1905; B. Ankermann 1905.
8 Zeitschr. f. Ethnologie 37 (1905): 88 f.
9 Vgl. *Atlas Africanus* 1921–1930; *Das unbekannte Afrika* 1923; *Erlebte Erdteile* VI, 1929.
10 Die von Frobenius verwandte Kulturbezeichnung «äthiopisch» ist inhaltlich nicht mit dem Staat Äthiopien verknüpft, sondern orientiert sich an dem Bedeutungsgehalt des Völkernamens Αἰϑίοπες der antiken Schriftsteller; vgl. *Und Afrika sprach* III, *Unter den unsträflichen Aethiopen* 1913: 43 ff.; A. Dihle: *Umstrittene Daten. Untersuchungen zum Auftreten der Griechen am Roten Meer*, Köln-Opladen 1965: 65 ff.

11 Für die einzelnen Kulturstadien verwandte Frobenius gelegentlich auch die Termini Barbarei = Kindheit, Kulturei = Jugend und Mechanei = Mannesalter (*Erlebte Erdteile* IV: 233, 234).

12 Vgl. H. Baumann, R. Thurnwald und D. Westermann: *Völkerkunde von Afrika*, Essen 1940: 23–71; H. Straube: *Hermann Baumann*, in: Paideuma XVIII (1972): 6, 7, 10.

13 Vgl. H. Petri 1953: 57; F. Meinecke: *Die Entstehung des Historismus*, in: Friedrich-Meinecke-Werke, München ²1965: 377, 387, 392.

Literatur

1. Werke

Der westafrikanische Kulturkreis, in: Petermanns Geogr. Mitteilungen 43 (1897): 225–236, 262–267; 44 (1898): 193–204, 265–271.

Der Ursprung der afrikanischen Kulturen, Berlin 1898.

Die naturwissenschaftliche Kulturlehre, in: Naturwissensch. Wochenschrift, Heft 20, Berlin 1899.

Das Zeitalter des Sonnengottes, Berlin 1904.

Geographische Kulturkunde, Berlin 1904.

Im Schatten des Kongostaates, Berlin 1907.

Und Afrika sprach, 3 Bde.: I. Auf den Trümmern des klassischen Atlantis, II. Auf der Schwelle des verehrungswürdigen Byzanz, III. Unter den unsträflichen Aethiopen, Berlin 1912–1913.

Paideuma, Umrisse einer Kultur- und Seelenlehre, München 1921.

Atlantis. Volksmärchen und Volksdichtungen Afrikas, 12 Bde.: I.–III. Volksmärchen der Kabylen, IV. Märchen aus Kordofan, V. Dichten und Denken im Sudan, VI. Spielmannsgeschichten der Sahel, VII. Dämonen des Sudans, VIII. Erzählungen aus dem Westsudan, IX. Volkserzählungen und Volksdichtungen aus dem Zentralsudan, X. Die atlantische Götterlehre, XI. Volksdichtungen aus Oberguinea, XII. Dichtkunst der Kassiden, Jena 1921–1928.

Atlas Africanus. Belege zur Morphologie der afrikanischen Kulturen, Heft 1–3, München 1921–1922; Heft 4–8, Berlin 1929–1930 (zusammen mit Ritter von Wilm).

Das unbekannte Afrika, München 1923.

Hadschra Maktuba. Urzeitliche Felsbilder Kleinafrikas, München 1925 (zusammen mit H. Obermaier).

Erlebte Erdteile, 7 Bde.: I. Ausfahrt. Von der Völkerkunde zum Kulturproblem, II. Erschlossene Räume. Das Problem Ozeanien, III. Vom Schreibtisch zum Äquator. Planmäßige Durchwanderung Afrikas, IV. Vom Völkerstudium zu Philosophie. Der neue Blick, V. Das sterbende Afrika. Die Seele eines Erdteils, VI. Monumenta Africana. Der Geist eines Erdteils, VII. Monumenta Terrarum. Der Geist über den Erdteilen. Frankfurt a. M. 1925–1929.

Erythräa. Länder und Zeiten des heiligen Königsmordes, Berlin 1930.

Madsimu Dsangara. Südafrikanische Felsbilderchronik, 2 Bde.: I. Der archäologische Keilstil, II. Die ethnographisch-prähistorischen Stile, Berlin/Zürich 1931.

Schicksalskunde im Sinne des Kulturwerdens, Leipzig 1932.

Ekade Ektab. Die Felsbilder Fezzans, Leipzig 1937.

Kulturgeschichte Afrikas. Prolegomena zu einer historischen Gestaltlehre, Zürich ²1954.

2. Literatur über Leo Frobenius

Leo Frobenius. Ein Lebenswerk aus der Zeit der Kulturwende, Leipzig, 1933.
Heine, P.: Leo Frobenius als politischer Agent. Ein Beitrag zu seiner Biographie, in: Paideuma 26 (1980): 1–5.
Jensen, Ad. E.: Leo Frobenius, Leben und Werk, in: Paideuma 1/2, (1938): 45–58.
Lange, W.: W. E. B. DuBois and Leo Frobenius in Africa: scholarship for what. Abhandlungen und Berichte des Staatlichen Museums für Völkerkunde Dresden 41 (1984): 262–277.
Mühlmann, W.: Zum Gedächtnis von Leo Frobenius, in: Archiv für Anthropologie, N. F. XXV/1 (1939): 47–51.
Niggemeyer, H.: Das wissenschaftliche Schrifttum von Leo Frobenius, in: Paideuma 4 (1950): 377–418.
Norkaitis, J.: Kulturphilosophie und Kulturpsychologie von Leo Frobenius, Diss. Tübingen 1955.
Petri, H.: Leo Frobenius und die historische Ethnologie, in: Saeculum IV/1 (1953): 45–60.
Vajda, L.: Leo Frobenius heute, in: Zeitschr. f. Ethnologie 98/1, (1973): 19–29.

3. Literatur zur Wissenschaftsgeschichte der Kulturkreislehre und der Kulturlehre

Andree, R.: Ethnographische Parallelen und Vergleiche, Leipzig 1878, N. F. 1889.
Ankermann, B.: Kulturkreise und Kulturschichten in Afrika, in: Zeitschr. f. Ethnologie 37 (1905): 54–84.
Bastian, A.: Der Mensch in der Geschichte. Zur Begründung einer psychologischen Weltanschauung, Leipzig 1860.
Benedict, R.: Patterns of Culture, Routledge & Kegan Paul, London [10]1971.
Fiedermutz-Laun, A.: Der kulturhistorische Gedanke bei Adolf Bastian, Studien zur Kulturkunde 27, Wiesbaden 1970.
Gräbner, F.: Kulturkreise und Kulturschichten in Ozeanien, in: Zeitschr. f. Ethnologie 37 (1905): 28–53.
–: Methode der Ethnologie, Reprint Oosterhout N. B. 1966.
Haekel, J.: Zur gegenwärtigen Forschungssituation der Wiener Schule der Ethnologie, in: Beiträge Österreichs zur Erforschung der Vergangenheit und Kulturgeschichte der Menschheit, Horn (1959): 127–147.
Jensen, Ad. E.: Das religiöse Weltbild einer frühen Kultur, Studien zur Kulturkunde 9, Stuttgart 1948.
Leser, P.: Zur Geschichte des Wortes Kulturkreis, in: Anthropos 58 (1963): 1–36.
Milke, W.: Die Lehre von den Kulturstilen in der Völkerkunde, in: Schmitz, C. A. (Ed.): Kultur, Frankfurt a. M. 1963: 232–253.
Ratzel, Fr.: Anthropo-Geographie, oder Grundzüge der Anwendung der Erdkunde auf die Geschichte, Stuttgart, I. Bd. 1882, II. Bd. 1891.
–: Geschichte, Völkerkunde und historische Perspektive, in: Histor. Zeitschr. 57 (1904).
Schmidt, P. W.: Handbuch der Methode der kulturhistorischen Ethnologie, Münster 1937.
Spengler, O.: Der Untergang des Abendlandes, München, I. Bd. 1918, II. Bd. 1922.

Pierre Centlivres: Marcel Mauss

Literatur

1. Werke

(Gemeinsam mit Hubert, H.): Mélanges d'histoire des religions (1909), Paris, Librairie Félix Alcan 1929. – Der Bd. vereint die wichtigsten Arbeiten über die religiöse Soziologie aus Mauss' erster Periode.

Manuel d'ethnographie (1947), Paris, Payot 1967.

Sociologie et anthropologie (1950), zit. als S. A. nach der Ausg. Paris, Presses universitaires de France 1973. – Auf Initiative von Georges Gurvitch postum erschienene Textsammlung mit einer Einleitung von Claude Lévi-Strauss, die für das Verständnis von Mauss' Werk von zentraler Bedeutung ist.

Œuvres (présentation de Victor Karady), 3 vol., Paris, Les Editions de Minuit 1968–1969. – Die Ausgabe umfaßt die wichtigsten Schriften von Mauss, mit Ausnahme der schon in S. A. aufgenommenen; Bd. III enthält eine vollständige Bibliographie.

Essais de sociologie, Paris, Les Editions de Minuit, 1971. – Auszug aus den *Œuvres.*

L'œuvre de Mauss par lui-même, in: Revue française de sociologie 20 (1979): 209–220.

Deutsche Übersetzung Soziologie und Anthropologie, 2 Bde, Frankfurt 1971.

Zur Bibliographie von Mauss' Schriften und Übersetzungen s. Gugler 1964.

2. Sekundärliteratur

Bataille, G.: La part maudite, Paris, Les Editions de Minuit 1967.

Besnard, P.: La formation de l'équipe de l'Année sociologique, in: Revue française de sociologie 20 (1979): 7–31.

Bourdieu, P.: Le sens pratique, Paris, Les Editions de Minuit 1980.

Casajus, D.: L'énigme de la troisième personne, in: Différences, valeurs, hiérarchie. Textes offerts à Louis Dumont et réunis par Jean-Claude Galey, Paris, Editions de l'Ecole des Hautes Etudes en Sciences Sociales, 1984: 65–78.

Cazeneuve, J.: Mauss, Paris, Presses Universitaires de France 1968a.

–: Sociologie de Marcel Mauss, Paris, Presses Universitaires de France 1968b.

Condominas, G.: Marcel Mauss, père de l'ethnographie française, in: Critique (1972): 119–139 et 487–504.

Desroche, H.: Marcel Mauss, «citoyen» et «camarade». Ses «incursions écrites dans le domaine du normatif», in: Revue française de sociologie 20 (1979): 221–237.

Dillon, W. S.: Gifts and nations. The obligation to give, receive and repay, La Haye/Paris, Mouton 1968.

Dubar, C.: La méthode de Marcel Mauss, in: Revue française de sociologie 10 (1969): 515–521.

Dumont, L.: Une science en devenir, in: Marcel Mauss, in: L'Arc, no 48, Aix-en-Provence 1972: 8–21.

Evans-Pritchard, E.: Mauss (1872–1950), in: A History of anthropological thought, ed. by André Singer, Londres/Boston, Faber and Faber 1981: 189–192.

Gugler, J.: Die neuere französische Soziologie, Neuwied, Hermann 1961.

–: Bibliographie de Marcel Mauss, in: L'Homme 4 (1964): 105–112.

Guidieri, R.: L'abondance des pauvres. Six aperçus critiques sur l'anthropologie, Paris, Seuil 1984.

Josselin de Jong, P. E.: Marcel Mauss et les origines de l'anthropologie structurale hollandaise, in: L'Homme 12 (1972): 62–84
Karady, V.: Présentation, in: Mauss, M.: Œuvres I, Paris, Les Editions de Minuit 1968: i–Li.
Kolm, S.-C.: Introduction à la réciprocité générale, in: Information sur les sciences sociales 22 (1983): 569–621.
Leacock, S.: The Ethnological theory of Marcel Mauss, in: American Anthropologist 56 (1954): 58–73.
Lévi-Strauss, C.: Introduction à l'œuvre de Marcel Mauss, in: M. Mauss: Sociologie et anthropologie, Paris, Presses universitaires de France 1973: ix–Lii.
–: Le sorcier et sa magie, in: C. Lévi-Strauss: Anthropologie structurale, Paris, Plon 1958: 183–203.
Marcel Mauss, numéro spécial de L'Arc, Aix-en-Provence 1972.
Meillassoux, C.: Mauss: du don antagonistique au don paisible, in: Anthropologie et sociétés 2 (1978): 1–4.
Needham, R.: Introduction, in: Durkheim, E. and Mauss, M., Primitive classification, Chicago, The Univ. of Chicago Press 1967: vii–xLviii.
Ortiz, S.: Models, reasoning, and economic behaviour, in: Holy, L. and Stuchlik, M. (eds): The structure of folk models, London/New York, Academic Press 1981: 159–181.
Panoff, M.: Marcel Mauss's The gift revisited, in: Man 5 (1970): 60–70.
Polanyi, K., Arensberg, C. M. et Pearson, H. W., (eds.): Trade and Market in the Early Empires. Economies in history and theory. New York, The Free Press/London, Collier-Macmillan Ltd. 1965.
Riches, D.: The obligation to give – an interactional sketch, in: Holy, L. and Stuchlik, M. (eds.): The structure of folk models, London/New York, Academic Press 1981: 209–231.
Sahlins, M.: On the sociology of primitive exchange, in: Banton, M. (ed.): The relevance of models for social anthropology, London, Tavistock Publ. 1965: 139–236.
–: The spirit of the gift, in: Sahlins, M.: Stone age economics, London, Tavistock Publ., 1974: 149–183.
Schmidt, W.: L'origine de l'Idée de Dieu. Etude historico-critique et positive I, in: Anthropos 4 (1909): 505–524.
Siran, J.-L.: Pour Mauss, in: Les Temps Modernes 39 (1982): 1126–1149.

Klaus-Peter Koepping: Edward Sapir und Benjamin Lee Whorf

Anmerkungen

1 Der Begriff Ethnologie wird in diesen Ausführungen gleichbedeutend mit Kulturanthropologie verwendet, obwohl er sich nicht ganz mit dem amerikanischen Verständnis von «cultural anthropology» oder dem englischen Begriff «social anthropology» deckt. Man kann allgemein sagen, daß die Völkerkunde im amerikanischen Raum sich von Anfang an stärker mit Wortsystemen, Kulturmustern usw. beschäftigt hat, während die britischen Kollegen ursprünglich den Begriff der «Gesellschaft» stärker in den Vordergrund rückten. – Wenn nicht anders vermerkt, Zitate übers. d. K.-P. K.

2 Sapir benutzt den Begriff Psychiatrie in einem recht speziellen Sinne, der nicht mit dem gängigen Verständnis des Berufsstandes verwechselt werden sollte. Er erklärt dazu einmal, daß er das Wort nicht im medizinischen Sinne als Ersatz für Psycho-

logie und psychologisch verwende. Er bevorzuge jedoch den Terminus «Psychiatrie», da er den zentralen Bezugspunkt der Total-Persönlichkeit, des Total-Charakters bei Problemen des Verhaltens und der Kultur hervorheben möchte (s. Sapir 1939, in Mandelbaum: 578–579, Fußn. 1).

3 Für das Wort «personality» gibt es zwei Möglichkeiten der deutschen Übersetzung: «Persönlichkeit» oder «Charakter»; in jedem Falle ist damit die gesamte Konstellation von inneren und äußeren Zügen eines Individuums gemeint, die seine Person ausmachen. Ich habe daher, in Anlehnung an den deutschen Begriff der «Person» und den englischen Ausdruck «Culture-and-Personality», das Wort «Persönlichkeit» bewußt gewählt, obwohl es im Deutschen mehrdeutig sein könnte. Die Culture-and-Personality-Schule ist vor allem im Zweiten Weltkrieg zur Blüte gekommen, mit praktischer Anwendung auf «Verstehen des Feindes»; berühmteste Vertreter der Forschung über die Charakterzüge der Japaner, der Deutschen und der Russen waren Ruth Benedict, M. Mead, G. Gorer, Dorothy Lee, Weston La Barre und viele andere. Diese Schule ist durch gewisse Übertreibungen in Verruf geraten, da einige Vertreter solche Blanko-Begriffe auf eine gesamte Nation anwendeten, die nur dem Ethnozentrismus Vorschub zu leisten schienen.
Eine Ausnahme in der Behandlung der Kontinuität der Ideen von Sapir findet sich in den Arbeiten von Dell Hymes durch das Gebiet der «Ethnographie des Sprechens», auf die hier nicht näher eingegangen werden kann (s. Hymes 1962, dt. in Coulmas 1979: 226–230, 234).

4 Einer der berühmten amerikanischen Linguisten, mit dem Sapir zunächst Übereinstimmung fühlte, war Watsons Schüler Leonard Bloomfield, dessen Buch *Language* (1933) noch immer als klassische Stütze gilt, im Gegensatz zu Sapirs Buch von 1921 jedoch für den Laien oft bereits zu technisch gestaltet ist.

5 Sapir hatte das Problem bereits 1921 erfaßt, aber noch nicht den Begriff des Phonems gebraucht (s. Sapir 1921: 24–41). Ein Beispiel aus der deutschen Sprache für die Erfahrung von Sapir wäre vielleicht das Wort «Handtasche», das ungenau gesprochen als «Han-tasche» (evtl. mit Kehlverschluß zwischen den Wortteilen) gehört wird, wobei jedoch jedem Deutschen die phonemische Schreibweise mit «d» einfallen würde, durch den augenfälligen Bezug zum Begriff «Hand». Ein anderes Beispiel wäre der hypothetische Ortsname «Amtsberg», der in einigen Dialekten leicht als «Amtsperch» ausgesprochen werden könnte, jedoch wegen etymologischer Assoziationen wohl kaum von jemandem falsch geschrieben würde (allerdings treffen wir wahrscheinlich im Deutschen durch Dialekt-Gewohnheiten beide Schreibweisen an).

6 Es sollte allerdings auf Grund der Ausführungen über das Gesamtschaffen Sapirs klar sein, daß er nicht zu den Strukturalisten im engeren Sinne gehört. Der reine Strukturalist ist der Überzeugung, daß das sprechende Subjekt für die Analyse von Tiefenstrukturen keine Bedeutung hat; wer also etwas zu wem sagt, und in welchem Zusammenhang, dürfte den Hermeneutiker interessieren, nicht aber den Strukturalisten. Die Schwächen des Strukturalismus in der Linguistik sind in Deutschland scharfsinnig von Lee Weisgerber aufgedeckt worden (Weisgerber 1971: 62 ff.). Weisgerber hat ja selbst eine Lehre von der «geistigen» Seite der Sprache entwickelt, die nahe an Sapir und Whorf herankommt. Weisgerber erwähnt Sapir und Whorf auch zustimmend (Weisgerber 1962: 45; s. a. Koepping 1980).

7 Zum Begriff «Persönlichkeit» s. Anm. 3.

8 Sapir hat einmal einen typischen Fall der Fehleinschätzung von Verhaltensweisen durch Forscher berichtet: Falls wir das Vermeidungsverhalten zwischen Männern und Frauen nur «objektiv» betrachten, kommen wir zu falschen Schlüssen im spe-

ziellen Fall. Wir könnten annehmen, daß Frauen einen niedrigen Status im Vergleich mit Männern haben oder daß sie wegen ihrer Blutungen für unrein angesehen werden. Im Falle der Wishram ist es jedoch die Furcht vor Bestrafung, da jeder Kontakt, sogar das Sprechen im Vorübergehen, zwischen nichtverwandten Frauen und Männern als Ehebruch betrachtet wird (s. Spier und Sapir 1930: 217, Fußnote 97). Es ist wichtig, darauf hinzuweisen, daß auf Grund der Sapirschen Kritik am Kulturmusterbegriff und am Konzept des «Superorganischen» Kluckhohn seine Unterscheidung zwischen «Ideal-Mustern» und «Real-Mustern» des Verhaltens entwickelt hat (s. Kluckhohn in Spier et al. 1941: 109–130).

9 Deutsche Beispiele für solche Verse findet man bei Christian Morgenstern oder Ringelnatz.

Literatur

1. Werke

1.1 Werke Sapirs (im Text meist zit. nach Mandelbaum 1949/1963)

Herders ‹Ursprung der Sprache›, in: Modern Philology Bd. 5 (1907).

Song Recitative in Paiute Mythology, in: Journal of American Folklore, Bd. 23 (1910).

The Mourning Ceremony of the Southern Paiute, in: Science, Bd. 35 (1912) und American Anthropologist, Bd. 14 (1912).

Southern Paiute and Nahuatl, A Study in Uto-Aztecan, Pt. 1, Journal, Societé des Americanistes de Paris, Bd. 10 (1913).

Southern Paiute and Nahuatl, Pt. 2, American Anthropologist, Bd. 17 (1915).

Time Perspective in Aboriginal American Culture: A Study in Method, in: Canada, Dept. of Mines, Geological Survey, Memoir 10, Anthropological Series No. 13 (1916).

Do we need a ‹Superorganic›?, in: American Anthropologist, Bd. 19 (1917).

Culture, Genuine and Spurious. Pt. 2 in The Dial, Bd. 67 (1919); voller Artikel in American Journal of Sociology, Bd. 29 (1924).

Language, New York 1921.

The Grammarian and his Language, in: American Mercury, Bd. 1 (1924).

The Status of Linguistics as a Science, in: Language, Bd. 5 (1929).

The Function of an International Auxiliary Language, in: Psycho, Bd. 11 (1931).

Communication, in: Encyclopaedia of the Social Sciences, Bd. 4 (1931).

Fashion, in: Encyclopaedia of the Social Sciences, Bd. 6 (1931).

Conceptual Categories in Primitive Languages, in: Science, Bd. 74 (1931).

Cultural Anthropology and Psychiatry, in: Journal of Abnormal and Social Psychology, Bd. 27 (1932).

The Psychological Reality of Phonemes, in: Journal de Psychologie Normale et Pathologique, Bd. 30 (1933).

Language, in: Encyclopaedia of the Social Sciences. Bd. 9 (1933).

The Emergence of the Concept of Personality in a Study of Cultures, in: Journal of Social Psychology, Bd. 5 (1934).

Hebrew «Helmet», a Loanword, and its bearing on Indo-European Ohonology, in: Journal of the American Oriental Society, Bd. 57 (1937).

Why Cultural Anthropology Needs the Psychiatrist, in: Psychiatry, Bd. 1 (1938).

Psychiatric and Cultural Pitfalls in the Business of Getting a Living, in: Mental Health, Publication No. 9 (1939).

1.2 Werke Whorfs (die auf den Titel folgende Klammer gibt das vermutete Jahr der Niederschrift an)

The comparative linguistics of Uto-Aztecan (1935), in: American Anthropologist, Bd. 37 (1935).

An American Indian model of the universe (1936), in: International Journal of American Linguistics, Bd. 16 (1950).

A linguistic consideration of thinking in primitive communities (1936), in: Carroll 1956.

Grammatical categories (1937), in: Language, Bd. 21 (1945).

Some verbal categories of Hopi (1938), in: Language, Bd. 14.

Science and Linguistics (1940), in: Technology Review, M. I. T. 42.

Linguistics as an exact science (1940), in: Technology Review, 43.

Language and logic (1941), in: Technology Review, 43.

The relation of habitual thought and behavior to language (1941), in: Spier et al. (eds.) 1941.

Language, mind and reality (1942), in: The Theosophist, Bd. 63; abgedr. auch in: ETC, a Review of General Semantics, Bd. 9, 1952.

Collected Papers on Metalinguistics (1952) (Artikel von 1940 und 1941 aus der Technology Review darin enthalten), Washington, D. C., Foreign Service Institute, Department of State.

Whorf, B. L., and Trager, G. L., The relationship of Uto-Aztecan and Tanoan (1937), in: American Anthropologist, Bd. 39 (1937).

Die meisten Arbeiten Whorfs sind erschienen in:

Carroll, J. B. (ed.): Language, Thought and Reality, selected writings of B. L. Whorf, Cambridge, Mass. 1956.

Hier zit. nach der dt. Ausgabe:

Sprache – Denken – Wirklichkeit. Beiträge zur Metalinguistik und Sprachphilosophie, übers. d. P. Krausser, Reinbek 1988.

2. Sekundärliteratur

2.1 Zur Sozio- und Ethnolinguistik

Bernstein, B.: Social Class, Language and Socialization, in: Giglioli, P. P. (ed.): Language and social context, Penguin, Harmondsworth 1972.

Bloomfield, L.: Language, London 1933.

Bright, Jane O. and Bright, W.: Semantic Structures in Northwestern California and the Sapir-Whorf Hypothesis, in: Tylor, S. A. (ed.): Cognitive Anthropology, New York 1969.

Brown, R. W. and Lenneberg, E. H.: A Study in Language and Cognition, in: The Journal of Abnormal and Social Psychology, Bd. 49 (1954).

Conklin, H. C.: Hanunoo Color Categories, in: Southwestern Journal of Anthropology, Bd. 11 (1955).

ETC: A Review of General Semantics.

Fishman, J. A.: Sociolinguistics: A Brief Introduction, Rowley, Mass. 1970.

Frake, C. D.: A Structural Description of Subanun ‹Religious Behaviour›, in: Goodenough, W. H. (ed.): Explorations in Cultural Anthropology, New York 1964.

Giglioli, P. P. (ed.): Language and social context, Harmondsworth, Penguin 1972.

Gumperz, J.: Linguistics and social interaction in two communities, in: American Anthropologist, Bd. 66 (1964).

Haas, Mary R: The Classification of the Muskogean Languages, in: Spier et al.

(eds.): Language, Culture and Personality, Essays in Memory of Edwar Sapir, Menasha, Wisconsin 1941.

Henle, Paul (ed.): Language, Thought and Culture, Ann Arbor 1959.

Hoijer, H.: Methods in the Classification of American Indian Languages, in: Spier et al. 1941.

–: Cultural Implications of Some Navaho Linguistic Categories, in: Language, Bd. 27 (1951); abgedr. in Dell Hymes (ed.): Language in Culture and Society, New York 1964.

–: The Sapir-Whorf Hypothesis, in: Hoijer (ed.): Language in Culture, Conference on the Interrelationship of Language and Other Aspects of Culture, Chicago 1954.

Humboldt, Wilhelm von: Einleitung in das gesamte Sprachstudium (1810/11), in: Böhler (Hg.): Wilhelm v. Humboldt Schriften zur Sprache, Stuttgart 1973.

–: Über die Verschiedenheit des menschlichen Sprachbaues und ihren Einfluß auf die geistige Entwicklung des Menschengeschlechts, Berlin. Faksimile Druck nach Dümmlers Original-Ausg. 1967.

Hymes, Dell: The Ethnography of Speaking, in: Gladwin, T. and Sturterant, W. C. (eds.): Anthropology and human behavior, Washington 1962 (dt. in: Coulmas, F.: Dell Hymes, Soziolinguistik, Frankfurt a. M. 1979).

– (ed.): Language in Culture and Society, New York 1964.

Kluckhohn, C.: Patterning as Exemplified in Navaho Culture, in: L. Spier et al. 1941.

Labov, W.: The study of language in its social context, in: Studium Generale, Bd. 23 (1970).

Mandelbaum, David G.: Selected Writings of Edwar Sapir in Language, Culture and Personality, Berkeley and Los Angeles 1949/1963.

Osgood, C. E. and Sebeok, T. A. (eds.): Psycholinguistica, A Survey of Theory and Research Problems, in: Supplement to vol. 49 (1954), The Journal of Abnormal and Social Psychology.

Pike, K. L.: Language in Relation to a Unified Theory of the Structure of Human Behavior, Part 1. Summer Institute of Linguistics, Glendale, Cal. 1954; 2. Aufl. The Hague, Paris 1967.

Saussure, F. de: Cours de linguistique générale (1916), Paris 1973.

Spier, L., Hallowell, A. I. and Newman, S. S. (eds.): Language, Culture und Personality: Essays in Memory of Edward Sapir, Sapir Memorial Publication Fund, Menasha, Wisconsin 1941.

Trager, G. L.: The Theory of Accentual Systems, in: Spier et al. 1941.

Voegelin, C. F.: North American Indian Languages Still Spoken and their Genetic Relationships, in: Spier et al. 1941.

Weisgerber, Lee: Die Sprachliche Gestaltung der Welt, Düsseldorf 1962.

–: Die geistige Seite der Sprache und ihre Erforschung, Düsseldorf 1971.

2.2 Zur Kulturanthropologie

Aberle, D. F.: A Note on Relative Deprivation Theory as Applied to Millennarian and other Cult-Movements, in: Thrupp, S. L. (ed.): Millennarian Dreams in Action, s'Gravenhage 1962.

Barnouw, V.: Culture and Personality, Homewood, Illinois 1963.

Benedict, R.: Patterns of Culture, New York 1934.

–: The Chrysanthemum and the Sword, Boston 1946.

Boas, F.: Anthropology and Modern Life, New York 1928.

Croce, B.: Aesthetik als Wissenschaft vom Ausdruck und Allgemeine Sprachwissenschaft, 6. Aufl. (übertragen von H. Feist und R. Peters), Tübingen 1930.

Edgerton, F.: Obituary for E. Sapir, in: Yearbook of the American Philosophical Society (1939).
Gadamer, H. G.: Wahrheit und Methode, 4. Aufl., Tübingen 1975.
Graebner, F.: Methode der Ethnologie, Heidelberg 1911.
Harris, M.: The Nature of Cultural Things, New York 1964.
Hill, W. W.: The Navaho Indians and the Ghost Dance of 1890, in: American Anthropologist, Bd. 46 (1944).
Hjelmslev, Louis: Obituary E. Sapir, in: Acta Linguistica, Bd. 1 (1939).
Hymes, Dell (ed.): Reinventing Anthropology, New York 1974.
Kardiner, A. and Preble, E.: They Studied Man, New York 1961.
Koepping, K. P.: Ist die Ethnologie auf dem Wege zur Mündigkeit?, in: Paideuma Bd. 26 (1980).
Kroeber, A. L.: The Superorganic, in: American Anthropologist, Bd. 19 (1917).
–: Handbook of the Indians of California, Bureau of American Ethnology, Bulletin 78, Washington 1925.
Lee, Dorothy: Freedom and Culture, Boston 1959.
Lewis, Oscar: Life in a Mexican Village, Urbana 1951.
–: Five Families, New York 1959.
Mead, M.: Writings of Ruth Benedict. An Anthropologist at work, New York 1966.
Mooney, J.: The Ghost-Dance Religion and the Sioux Outbreak of 1890, in: Fourteenth Annual Report of the Bureau of Ethnology to the Secretary of the Smithsonian Institution, 1892–1893, Washington 1896.
Mühlmann, W. E.: Methodik der Völkerkunde, Stuttgart 1938.
Ogden, C. K. and Richards, I. A.: The Meaning of Meaning, New York 1923.
Opler, M. E. Three Types of Variation and their Relation to Culture Change, in: Spier et al. 1941.
Schmied-Kowarzik, W. und Stagl, J. (Hg.): Grundfragen der Ethnologie, Berlin 1981.
Spier, L. and Sapir, E.: Wishram Ethnography, University of Washington Publications in Anthropology, Bd. 3 (1930).
Spier, L.: Obituary E. Sapir, in: Man, Bd. 39 (1939).
Steward, J.: Alfred Louis Kroeber, 1876–1960, in: American Anthropologist, Bd. 63 (1961).
Swadesh, L.: Obituary E. Sapir, in: Language, Bd. 15 (1940).
Thurnwald, R.: Die Psychologie der Akkulturation, zuerst in: American Anthropologist, Bd. 34 (1932).
Trager, G.: Obituary Note for Whorf, in: Language, Bd. 18 (1942).
White, L. A.: The Science of Culture, New York 1949.
Wissler, G.: Man and Culture, New York 1923.
–: The Relation of Nature to Man in Aboriginal America, New York 1926.
Wolff, K. H.: This is the Time for Radical Anthropology, in: Dell Hymes (ed.): Reinventing Anthropology 1974.

Karl-Heinz Kohl: Bronislaw Kaspar Malinowski

Anmerkungen

1 Vgl. J. Stagl: *Kulturanthropologie und Gesellschaft,* München 1974: 84ff.
2 Vgl. J. Stagl, ebd.: 87f.
3 Vgl. K. Symmons-Symonolewicz 1959.
4 Vgl. A. Kuper 1973: 23f.
5 Vgl. R. H. Lowie 1937: 231ff. und A. Kardiner u. E. Preble 1974: 183; eine positive Wendung erhält dieser Vorwurf dagegen bei F. Kramer 1978: 14.
6 E. Leach: *The Epistemological Background to Malinowski's Empiricism,* in: R. Firth [4]1963: 124. – Übersetzungen, soweit nicht anders angegeben, durch K.-H. K.
7 Zit. nach A. Kuper 1973: 18.
8 Vgl. ebd. 19f.
9 Vgl. K.-H. Kohl 1979: 21–28.
10 C. Lévi-Strauss, *Traurige Tropen,* Köln, Berlin [2]1970: 358.
11 Zum Konstruktionsprinzip von Malinowskis Trobriandermonographien vgl. F. Kramer 1977: 84f.
12 Vgl. ebd.
13 Vgl. A. Kuper 1973: 38.
14 Vgl. H. G. Kippenberg, Einleitung: *Zur Kontroverse über das Verstehen fremden Denkens,* in: Magie. Die sozialwissenschaftliche Kontroverse über das Verstehen fremden Denkens, hg. v. H. G. Kippenberg und B. Luchesi, Frankfurt a. M. 1978: 23–30.
15 Vgl. ebd.: 30.
16 M. Panoff 1972 passim.
17 C. Lévi-Strauss, *Strukturale Anthropologie,* Frankfurt a. M. 1967: 25.
18 Vgl. Malinowski: *A Scientific Theory* passim sowie insbesondere *Freedom and Civilization* passim.
19 Beide Aufsätze wurden 1944 postum unter dem Titel *A Scientific Theory of Culture* veröffentlicht.
20 «Mit seiner ahistorischen Kulturtheorie verzichtet Malinowski darauf, Kriterien für geglückte und mißglückte Befriedigung von Bedürfnissen zu entwickeln. Die konkreten Widersprüche zwischen individuellen Bedürfnissen und institutionellen Zwängen werden in dieser Theorie nicht mehr thematisierbar.» C. Sigrist 1978: 35.
21 Zit. nach M. Harris 1969: 558.
22 Vgl. J. Stagl: *Kulturanthropologie:* 99f.
23 Vgl. A. Kuper 1973: 154ff. u. 227.
24 Vgl. A. Kardiner u. E. Preble 1974: 190f.
25 Zum gegenwärtigen Stand dieser Debatte vgl. H. J. Heinrichs: *Über Ethnopsychoanalyse, Ethnopsychiatrie und Ethno-Hermeneutik,* in: Grundfragen der Ethnologie, hg. v. W. Schmied-Kowarzik u. J. Stagl, Berlin 1981: 169–92.
26 Vgl. Malinowski: *Psychoanalysis and Anthropology* und *Sex and Repression.*
27 H. Zinser: *Mythos und Arbeit,* Wiesbaden 1977: 7.
28 Vgl. E. E. Evans-Pritchard: *Theorien über primitive Religionen,* Frankfurt a. M. 1968: 12.
29 Vgl. G. Leclerc: *Anthropologie und Kolonialismus,* München 1973.
30 Vgl. A. Kuper 1973: 139ff.
31 Vgl. ebd.: 130–49.

32 Vgl. ebd.: 106ff.
33 Vgl. M. Panoff 1972: 10.
34 I. M. Lewis: *Review of A Diary in the Strict Sense of the Term,* in: Man (N. S.) 3 (1968): 349.
35 Der vorliegende Aufsatz ist in einer um die Bibliographie gekürzten Fassung vorab veröffentlicht worden in: Kohl, K.-H.: *Abwehr und Verlangen. Zur Geschichte der Ethnologie,* Frankfurt a. M. 1987: 39–62.

1. Werke

The Family among the Australian Aborigines: A Sociological Study, London, University of London Press 1913, Neuaufl.: New York, Schocken Books 1963.
The Natives of Mailu: Preliminary Results of the Robert Mond Research Work in British New Guinea, in: Transactions and Proceedings of the Royal Society of South Australia 39 (1915): 494–706.
Kula: the Circulating Exchanges of Valuables in the Archipelagoes of Eastern New Guinea, in: Man 20 (1920): 97–105.
Argonauts of the Western Pacific. An Account of Native Enterprise and Adventure in the Archipelagoes of Melanesian New Guinea, London, Routledge & Sons 1922, Neuaufl. New York, Dutton & Co. 1963.
The Problem of Meaning in Primitive Languages, in: Odgen, C. K. und Richards, A. I.: The Meaning of Meaning, Supplement 1, London, Kegan Paul 1923: 451–510.
Psychoanalysis and Anthropology, in: Psyche 4 (1924): 293–332.
Anthropology, in: Encyclopaedia Britannica, 13. Aufl. (1926).
Crime and Custom in Savage Society, London, Kegan Paul 1926, Neuaufl. 1970.
Myth in Primitive Psychology, London, Kegan Paul; New York, Norton & Co. 1926, Neuaufl.: Westport (Conn.), Negro Universities Press 1971.
Sex and Repression in Savage Society, London, Kegan Paul; New York: Harcourt Brace & Co. 1927, Neuaufl. London 1953.
The Father in Primitive Psychology, London, Kegan Paul, 1927. Neuaufl.: New York, Norton & Co. 1966.
The Sexual Life of Savages in North-Western Melanesia. An Ethnographic Account of Courtship, Marriage and Family Life among the Natives of the Trobriand Islands, London, Routledge & Sons; New York, H. Liveright 1929; zit. nach ^{3}1932 (with Special Foreword), Neuaufl. 1968.
The Rationalization of Anthropology and Administration, in: Africa III (1930): 405–29.
Culture, in: Encyclopaedia of the Social Sciences Bd. IV (1931): 621–46.
Coral Gardens and Their Magic. A Study of the Methods of Tilling the Soil and of Agricultural Rites in the Trobriand Islands, 2 Bde., London, Allen & Unwin 1935.
The Foundations of Faith and Morals. An Anthropological Analysis of Primitive Beliefs and Conduct with Special Reference to the Fundamental Problems of Religion and Ethics, London, Oxford University Press 1936.
Introduction to: J. E. Lips: The Savage Hits Back, New Haven, Yale University Press 1937: VII–IX.
Anthropology as the Basis of Social Science, in: Human Affairs, hg. v. Cattell, R. B. u. a., London 1938: 199–252.
Introduction to: J. Kenyatta, Facing Mount Kenya, London 1938: VII–XIV.
A Scientific Theory of Culture and Other Essays. Chapel Hill, University of N. Carolina Press 1944. – Eine postum veröffentlichte Sammlung älterer Aufsätze.

Freedom and Civilization, New York, Roy Publishers 1944, Neuaufl.: Greenwood Press 1976.

The Dynamics of Culture Change. An Inquiry into Race Relations in Africa, hg. v. Kaberry, P. M., New Haven, Yale University Press 1945. – Zusammengestellt aus dem Nachlaß.

Magic, Science and Religion and other Essays, New York, Doubleday Anchor Books 1948, [3]1955. – Eine Sammlung älterer Aufsätze.

Sex, Culture and Myth, New York, Harcourt, Brace and World 1962. – Eine Sammlung älterer Aufsätze.

A Diary in the Strict Sense of the Term, aus dem Polnischen v. Guterman, N., London, Routledge & Kegan Paul 1967.

The ethnography of Malinowski. The Trobriand Islands 1915–18, hg. v. Young, M., London, Routledge & Kegan Paul 1979. – Enthält Auszüge aus den Trobriandermonographien sowie aus kleineren Veröffentlichungen.

Deutsche Übersetzungen

Das Geschlechtsleben der Wilden in Nordwest-Melanesien, Leipzig 1930 (= 1929).

Sitte und Verbrechen bei den Naturvölkern, Bern 1949 (= 1926).

Eine wissenschaftliche Theorie der Kultur, hg. v. Reinwald, P., Zürich 1949 (= 1944), Neuaufl. Frankfurt a. M. 1975.

Kultur und Freiheit, Wien/Stuttgart 1951 (= 1944).

Die Dynamik des Kulturwandels, Wien/Stuttgart 1951 (= 1945).

Geschlecht und Verdrängung in primitiven Gesellschaften, Reinbek b. Hamburg 1962, [3]1970 (= 1927).

Magie, Wissenschaft und Religion. Und andere Schriften, Frankfurt a. M. 1973 (= 1948).

Der Ringtausch von Wertgegenständen auf den Inselgruppen Ost-Neuguineas, in: Gesellschaften ohne Staat. Bd. 1. Gleichheit und Gegenseitigkeit, hg. v. Kramer, F. und Sigrist, C., Frankfurt a. M. 1978: 57–69 (= 1920).

Gegenseitigkeit und Recht, in: ebd., S. 135–149 (Auszüge aus 1926).

Der Vater in der Psychologie der Primitiven, in: ebd., Bd. 2: Genealogie und Solidarität: 31–61 (= 1927).

Schriften in vier Bänden, hg. v. Kramer, F., Frankfurt a. M. Bd. 1: Argonauten des westlichen Pazifik, 1979 (= 1922); Bd. 2: Das Geschlechtsleben der Wilden in Nordwest-Melanesien, 1979 (Neuausg. d. dt. Übers. v. 1930); Bd. 3: Korallengärten und Magie, 1981 (= 1935, gekürzt); Bd. 4/1: Ein Tagebuch im strikten Sinn des Wortes, 1986; Bd. 4/2: Schriften zur Anthropologie. Mit einem Essay v. Firth, R., 1986 (Auszüge aus Aufsätzen und Büchern).

2. Bibliographie

Eine nahezu vollständige Bibliographie der bis 1957 veröffentlichten Schriften Malinowskis sowie der entsprechenden Sekundärliteratur findet sich in: Firth, R. (Hg.); Man and Culture: An Evaluation of the Work of Bronislaw Malinowski, London [4]1963.

3. Sekundärliteratur

3.1 Zu Biographie und Werk

Clifford, J.: On Ethnographic Self-Fashioning: Conrad and Malinowski, in: Reconstructing Individualism, hg. v. Heller, T. C. et. al., Standford (Cal.), Stanford University Press 1986: 140–62.

Firth, R.: Bronislaw Malinowski, in: Totems and Teachers: Perspectives on the

History of Anthropology, hg. v. Silvermann, S. et al., New York 1981: 103–37 (dt. Übers. in Malinowski 1986).
– (Hg.): Man and Culture. An Evaluation of the Work of Bronislaw Malinowski, London, Routledge & Kegan Paul [4]1963. – Enthält Aufsätze von J. R. Firth, R. Firth, M. Fortes, M. I. Hogbin, P. Kaberry, E. R. Leach, L. Mair, S. F. Nadel, T. Parsons, R. Piddington, A. I. Richards und I. Schapera.
Flis, M. und Paluch, A. K. (Hg.): Antropologia społeczna Bronisława Malinowskiego, Warschau 1985.
Gellner, E.; Malinowski Go Home: Reflections on the Malinowski Centenary Conferences, in: Anthropology Today 1,5 (1985): 5–7.
Gluckman, M.: Malinowski's Sociological Theories. The Rhodes-Livingstone-Papers 16, London 1949.
Kardiner, A. u. Preble, E.: Bronislaw Malinowski: Der Mann der Lieder, in: dies., Wegbereiter der modernen Anthropologie, Frankfurt a. M. 1974: 163–91.
Kluckhohn, C.: Bronislaw Malinowski, in: Journal of American Folkore 56 (1943): 208–19.
Kramer, F.: Nachwort zu: B. Malinowski: Argonauten des westlichen Pazifik, Schriften in vier Bänden, Bd. 1, Frankfurt a. M. 1979: 558–70.
–: Nachwort zu: B. Malinowski: Korallengärten und ihre Magie, Schriften in vier Bänden, Bd. 2, Frankfurt a. M. 1981: 415–28.
–: Einleitung zu: B. Malinowski: Schriften zur Anthropologie, Schriften in vier Bänden, Bd. 4/2, Frankfurt a. M. 1986: 7–27.
Métraux, R.: Bronislaw Malinowski, in: International Encyclopedia of the Social Sciences Bd. 9 (1968): 541–9.
Murdock, G. P.: Bronislaw Malinowski, in: American Anthropologist 45 (1943): 441–51.
Paluch, A. K.: The Polish Background to Malinowski's Work, in: Man (n. S.) 16 (1983): 276–85.
Panoff, M.: Bronislaw Malinowski, Paris, Payot 1971.
Payne, C.: Malinowski's Style, in: Proceedings of the American Philosphical Society 125 (1981): 416–40.
Reiwald, P.: Malinowski und die Ethnologie, in: B. Malinowski: Eine wissenschaftliche Theorie der Kultur, Frankfurt a. M. [2]1975: 7–18.
Richards, A. I.: Malinowski, in: The Founding Fathers of Social Science, Hg. v. Raison, T., Harmondsworth: Penguin Books 1969.
Srdniawa, B.: The Anthropologist as Young Physicist: Bronislaw Malinowski's Apprenticeship, in: Isis 72 (1981): 613–19.
Stocking, G. W., Jr.: Empathy and Antipathy in the Heart of Darkness, in: Readings in the History of Anthropology, hg. v. Darnell, R., London, Harper & Row 1974.
–: Anthropology and the Science of the Irrational: Malinowski's Encounter with Freudian Psychoanalysis, in: Malinowski, Rivers, Benedict and Others: Essays on Culture and Personality. History of Anthropology 4, hg. v. Stocking, G. W., Jr., Madison, London, The University of Wisconsin Press 1986: 13–49.
Strenski, I.: Malinowski: Second Positivism, second Romanticism, in: Man (n. S.) 17 (1982): 266–71.
Symmons-Symonolewicz, K.: Bronislaw Malinowski: An Intellectual Profile, in: Polish Review 3 (1958): 55–76.
–: Bronislaw Malinowski: Formative Influences and Theoretical Evolution, in: Polish Review 4 (1959): 17–45.
–: Bronislaw Malinowski: Individuality as Theorist, in: Polish Review 5 (1960): 53–65.

–: The Ethnographer and his Savages: An Intellectual History of Malinowski's Diary, in: Polish Review 27 (1982): 92–98.
Thornton, R. J.: ‹Imagine yourself set down ...›: Mach, Frazer, Conrad, Malinowski and the Role of Imagination in Ethnography, in: Anthropology Today 1 (1985): 7–14.
Wax, R.: Tenting with Malinowski, in: American Sociological Review 37 (1972): 1–13.
Wayne (Malinowska), H.: Bronislaw Malinowski: The Influence of Various Women on his Life and Works, in: American Ethnologist 12 (1985): 529–40.

3.2 Zu Malinowskis Bedeutung in der Wissenschaftsgeschichte

Geertz, C.: ‹From the Native's Point of View›: On the Nature of Anthropological Understanding, in: Symbolic Anthropology, hg. v. Dolgin, J. L. et al., New York, Columbia University Press 1977: 48–92.
–: Works and Lives. The Anthropologist as Author, Stanford (Cal.): Stanford University Press 1988.
Girtler, R.: Zur Entwicklung und Theorie des Funktionalismus, in: Grundfragen der Ethnologie, hg. v. Schmied-Kowarzik, W. und Stagl, J., Berlin 1981: 265–279.
Harris, M.: The Rise of Anthropological Theory. A History of Theories of Culture, London, Routledge & Kegan Paul ²1969.
Hsu, F. L. K.: The Cultural Problem of the Cultural Anthropologist, in: American Anthropologist 81 (1979): 517–32.
Jarvie, I. C.: The Revolution in Anthropology, London, Routledge & Kegan Paul 1964.
Kohl, K.-H.: Exotik als Beruf. Zum Begriff der ethnographischen Erfahrung bei B. Malinowski, E. E. Evans-Pritchard and C. Lévi-Strauss, Wiesbaden 1979 (2. Aufl.: Frankfurt a. M. 1986).
Kramer, F.: Verkehrte Welten. Zur imaginären Ethnographie des 19. Jahrhunderts, Frankfurt a. M. 1977.
–: Die social anthropology und das Problem der Darstellung fremder Gesellschaften, in: Gesellschaften ohne Staat, hg. v. Kramer, F. und Sigrist, C., Bd. 1: Gleichheit und Gegenseitigkeit, Frankfurt a. M. 1978: 9–27.
Kuper, A.: Anthropology and Anthropologists. The British School 1922–1972, London, Allen Lane 1973.
Leach, E. R.: On the ‹Founding Fathers›, in: Current Anthropology 7 (1966): 560–76.
Lowie, R. H.: The History of Ethnological Theory, New York, Holt, Rinehart & Wilson 1937.
Sahlins, M.: Kultur und praktische Vernunft, Frankfurt a. M. 1981.
Sigrist, C.: Gesellschaften ohne Staat und die Entdeckungen der social anthropology, in: Gesellschaften ohne Staat, hg. v. Kramer, F. und Sigrist, C., Bd. 1, Frankfurt a. M. 1978: 28–44.
Stocking, G. W., Jr.: The Ethnographer's Magic: Fieldwork in British Anthropology from Tylor to Malinowski, in: Observers Observed: Essays on Ethnographic Fieldwork. History of Anthropology 1, Madison, London, The University of Wisconsin Press 1983: 70–120.
– (Hg.): Functionalism Historicized: Essays on British Social Anthropology. History of Anthropology 2, Madison, London, The University of Wisconsin Press 1984.
Voget, F. W.: A History of Ethnology, New York, Holt, Rinehart & Wilson 1975.

Johannes W. Raum: Julian Haynes Steward

Literatur

1. Werke

The economic and social basis of primitive bands, in: Lowie, Robert H. (ed.): Essays in Anthropology presented to A. L. Kroeber, Berkeley 1936: 331–50.

Ecological aspects of southwestern society, in: Anthropos 32 (1937): 87–104.

Basin-Plateau Aboriginal Sociopolitical Groups (=Smithsonian Institution, Bureau of American Ethnology, Bulletin 120), Washington, D. C. 1938.

American culture history in the light of South America, in: Southwestern Journal of Anthropology 3 (1947): 85–107.

Causality and law: a trial formulation of the development of early civilizations, in: American Anthropologist 51 (1) (1949): 1–27. Vgl. Kap. 11: Development of complex societies: cultural causality and law: a trial formulation of the development of early civilizations, in: Steward 1955: 178–209.

The native population of South America, in: ders. (ed.): Handbook of South American Indians (=Smithsonian Institution, Bureau of American Ethnology, Bulletin 143), Vol. 5: The Comparative Ethnology of South American Indians, Washington, D. C. 1949: 655–668.

Area Research: Theory and practice (=Social Science Research Council, Bulletin 63), New York 1950.

Evolution and process, in: Kroeber, Alfred L. (ed.): Anthropology Today. Chicago 1953: 313–26.

Theory of Culture Change: The methodology of multilinear evolution, Urbana, Ill. 1955.

Cultural evolution, in: Scientific American 194 (5) (1956): 69–80.

Problems of cultural evolution, in: Evolution: International Journal of Organic Evolution 12 (1958): 106–110.

Evolutionary principles and social types, in: Tax, Sol (ed.): Evolution after Darwin, Vol. 2: The Evolution of Man: Man, culture and society. Chicago 1960: 169–186.

Cultural ecology, in: Sills, David L. (ed.): The International Encyclopedia of the Social Sciences, Vol. 4: 337–344, New York 1968.

Causal factors and processes in the evolution of prefarming societies, in: Lee, R. B. and DeVore, I. (eds.): Man the Hunter. Chicago (1968): 321–34.

Comment on Renfrew, Colin: Trade and culture process in European prehistory, in: Current Anthropology 10 (2–3) (1969): 164–165.

Modernization and traditional societies, in: Steward, J. C. und Murphy, R. F. (eds.): Evolution and Ecology: Essays on social transformation by Julian H. Steward, Urbana, Ill. 1977: 297–330.

2. Sekundärliteratur

Adams, Robert McC.: Early civilizations, subsistence and environment, in: Kraeling, C. H. und Adams, R. McC. (eds.): City Invincible: An Oriental Institute Symposium, Chicago 1960.

–: The Evolution of Urban Society: Early Mesopotamia and Prehispanic Mexico, London 1966.

Anderson, James N.: Ecological anthropology and anthropological ecology, in: Honigmann, J. J. (ed.): Handbook of Social and Cultural Anthropology, Chicago 1973: 179–239.

Beals, Ralph L. und Hoijer, Harry: An Introduction to Anthropology, (1953) 3rd edition, New York 1966.
Bensch, Peter: Eine neue universalhistorische Periodisierung. Bemerkungen zu Julian H. Steward: Cultural causality and law, a trial formulation of the development of early civilizations (American Anthropologist Bd. 51, 1949), in: Zeitschrift für Ethnologie 79 (1954): 127–133.
Bentley, Jeffery W.: Economic and ecological approaches to land fragmentation: in defense of a much-maligned phenomenon, in: Annual Review of Anthropology 16 (1987): 31–67.
Bettinger, Robert L.: Archaeological approaches to huntergatherers, in: Annual Review of Anthropology 16 (1987): 121–142.
Braidwood, Linda und Robert: On the treatment of the prehistoric Near Eastern material in Steward's «Cultural Causality and Law», in: American Anthropologist 51 (1949): 665–9.
Braidwood, Robert J.: Levels in prehistory: A model for the consideration of the evidence, in: Tax, Sol (ed.): Evolution after Darwin. Vol. 2: The Evolution of Man: Man, culture and society, Chicago 1960: 143–51.
–: More complex regularities, in: Manners, R. A. (ed.): Process and Pattern in Culture: Essays in Honor of Julian H. Steward, Chicago 1964: 411–417.
Darrah, William C.: Powell of the Colorado, Princeton 1951.
Driver, Harold E.: The contribution of A. L. Kroeber to culture area theory and practice (= Indiana University Publications in Anthropology and Linguistics, Memoir 18 of the International Journal of American Linguistics, Vol. 28, No. 2), Baltimore 1962.
Earle, Timothy K.: Chiefdoms in archaeological and ethnohistorical perspective, in: Annual Review of Anthropology 16 (1987): 279–308.
Harris, Marvin: The cultural ecology of India's sacred cattle, in: Current Anthropology 7 (1966): 51–66.
–: The Rise of Anthropological Theory: A history of theories of culture, London 1968.
–: Cultural Materialism: The struggle for a science of culture, New York 1979.
Helm, June: The ecological approach in anthropology, in: American Journal of Sociology 67 (1962): 630–639.
Herskovits, Melville J.: Man and his Works: The science of cultural anthropology, New York 1948/1964.
Holzberg, Carol S. und Giovannini, Maureen J.: Anthropology and industry: Reappraisal and new directions, in: Annual Review of Anthropology 10 (1981): 317–60.
Kohl, P. L.: Materialist approaches in prehistory, in: Annual Review of Anthropology 10 (1981): 89–118.
Kroeber, Alfred L.: Cultural and natural areas of native North America (= University of California Publications in American Archaeology and Ethnology, Volume 38), Berkeley 1939.
Lee, Richard B.: What hunters do for a living, or how to make out on scarce resources, in: Lee, R. B. und DeVore, Irven (eds.): Man the Hunter, Chicago 1968: 30–48.
Leeds, Anthony und Vayda, Andrew P.: Man, culture, and animals: the role of animals in human ecological adjustments (= Publication No. 78 of the American Association for the Advancement of Science), Washington, D. C. 1965.
Lehman, F. K.: Typology and the classification of sociocultural systems, in: Manners, R. A. (ed.): Process and Pattern in Culture: Essays in Honor of Julian H. Steward, Chicago 1964: 376–396.

Manners, Robert A.: Julian Haynes Steward 1902–1972, in: American Anthropologist 75 (3) (1973): 886–903.
Murdock, George P.: Social Structure, New York 1949/1960.
Murphy, Robert F.: Introduction: The anthropological theories of Julian H. Steward, in: Steward, Jane C. und Murphy, R. F. (eds.): Evolution and Ecology: Essays on social transformation by Julian H. Steward, Urbana 1977: 1–39.
–: Julian Steward, in: Silverman, Sydel (ed.): Totems and Teachers: Perspectives on the history of Anthropology, New York 1981: 171–206.
Murphy, Robert F. and Steward, Julian H.: Tappers and trappers: parallel process in acculturation, in: Economic Development and Cultural Change 4 (4) (1956): 335–355.
Ortner, Sherry B.: Theory in anthropology since the sixties, in: Comparative Studies in Society and History 26 (1984): 126–166.
Ott, Cornelia: Matilde Coxe Stevenson: Eine frühe Anthropologin des Südwestens, Magisterarbeit, München 1984.
Palerm, Angel: The agricultural basis of urban civilization in Mesoamerica, in: Steward, J. H., Adams, R. McC., Collier, D., Palerm, A., Wittfogel, K. A., Beals, R. L.: Irrigation Civilizations: A comparative study. A symposium on method and result in cross-cultural regularities (= Social Science Monographs 1, Social Science Section, Department of Cultural Affairs, Pan American Union), Washington, D. C. 1955: 18–42.
Ribeiro, Darcy: Der Zivilisatorische Prozeß, Frankfurt a. M. 1971.
Sahlins, Marshall D.: The segmentary lineage: an organization of predatory expansion, in: American Anthropologist 63 (1961): 322–345.
–: Culture and environment: the study of cultural ecology, in: Tax, Sol (ed.): Horizons of Anthropology, Chicago 1964: 132–147.
Shanklin, Eugenia: Sustenance and symbol: anthropological studies of domesticated animals, in: Annual Review of Anthropology 14 (1985): 375–403.
Smith, Raymond T.: Anthropology and the concept of social class, in: Annual Review of Anthropology 13 (1984): 467–494.
Sponsel, Leslie E.: Amazon ecology and adaptation, in: Annual Review of Anthropology 15 (1986): 67–97.
Spuhler, James N.: Anthropology, evolution, and ‹scientific creationism›, in: Annual Review of Anthropology 14 (1985): 103–33.
Stegner, Wallace: Beyond the Hundredth Meridian: John Wesley Powell and the second opening of the West, Boston 1953.
Trigger, Bruce G.: Archaeology at the crossroads: what's new? in: Annual Review of Anthropology 13 (1984): 275–300.
Vajda, Laszlo: Aspekte des Paria-Problems, in: Zeitschrift für Ethnologie 89 (1964): 166–179.
Vayda, Andrew P. and Rappaport, Roy A.: Ecology, cultural and noncultural, in: Clifton, James (ed.): Introduction to Cultural Anthropology: Essays in the scope and methods of the Science of Man, Boston 1968: 477–497.
Voget, Fred W.: A History of Ethnology, New York 1975.
Wittfogel, Karl A.: Oriental Despotism: A comparative study of total power, New Haven 1957.
Wolf, Eric R.: Europe and the People without History, Berkeley 1982.
Woodburn, James: Stability and flexibility in Hadza residential groupings, in: Lee, Richard B. and DeVore, Irven (eds.): Man the Hunter, Chicago 1968: 103–110.

Christian E. Guksch: Leslie Alvin White

Anmerkungen

1 Professor Beth Dillingham (University of Cincinnati) verdanke ich den Zugang zum Werk von L. A. White. Sie gab mir, zusammen mit Dr. Robert L. Carneiro (American Museum of Natural History, New York), die Erlaubnis, am Nachlaß von White in den Michigan Historical Collections, Bentley Historical Library, University of Michigan zu arbeiten. In der Bibliothek bekam ich freundliche Hilfe von Ms. Mary Jane Pugh. Mit Beth Dillingham, Robert Carneiro und den Professoren Napoleon Chagnon, E. R. Service und R. L. Wilder (University of California, Santa Barbara) sowie mit Mr. V. Jones, M. A., Curator Emeritus am Museum of Anthropology der University of Michigan und Kollegen und Schülern von White waren immer wieder Gespräche über den Freund, den charismatischen Lehrer und den engagierten Wissenschaftler Leslie White möglich. Dr. Michael Casimir (Universität Köln) danke ich herzlich für eine kritische Durchsicht des Manuskriptes. Die wissenschaftliche Auseinandersetzung mit dem Kulturevolutionismus und die Rezeption des Werkes von L. A. White ist in der deutschsprachigen Anthropologie noch nicht adäquat geschehen. Bis auf die noch immer ungedruckte Habilitationsschrift von J. W. Raum (1973) *Die Lehren der Neo-Evolutionisten Leslie A. White, Julian H. Steward und ihrer Schüler in ethnologischer Sicht* gibt es keine ausführlichere Diskussion in der Literatur; meistens wird der Evolutionismus in Nebensätzen als widerlegt abgetan, ohne dies theoretisch zu begründen. Aber auch eine deutsche Werkausgabe liegt nicht vor: nur der Aufsatz *Der Begriff Kultur* (1963) ist bisher erschienen, obwohl z. B. Whites Aufsatzband *The Science of Culture* (1949, [2]1969) schon in spanischer, italienischer und serbo-kroatischer Übersetzung vorliegt.

2 Die beste Einführung in diese Zeit für den Nicht-Historiker ist die Romantrilogie *U. S. A.* von John Dos Passos (1979).

3 White schrieb in seine Ausgabe *Capital – a critical analysis of capitalist production* (1912) 1967 die beiden Sätze: «Ich habe viel daraus gelernt – nicht nur über die Kapitalistische Welt, sondern – und das ist für mich viel wichtiger gewesen – wie man über unsere Kultur nachzudenken hat. Meiner Meinung nach ist *Das Kapital* eine der ersten kulturologischen Abhandlungen.» (Der Band befindet sich im Nachlaß Whites.)

4 Um der Gefahr der Vereinfachung von Whites Position zu entgehen, müssen hier einige Bemerkungen angeschlossen werden: Der Tenor des Vortrages ist von einem Optimismus getragen, der typisch war für viele Intellektuelle der USA, die sozialistisches Gedankengut verbunden mit einer utilitaristischen Philosophie benutzten, um eine größere Gerechtigkeit und soziale Einheit zu erreichen. Der Vortrag wurde in der «linken» Zeitschrift *New Masses* im Mai 1931 publiziert. Im Nachlaß von White befindet sich ein 68 Seiten umfassendes Manuskript, wohl aus dem Jahr 1932, mit dem Titel *The Russian Revolution,* in dem die Gedankengänge des Vortrages genauer ausgeführt werden. In diesem bisher unveröffentlichten Aufsatz wird aber grundsätzlich dieselbe theoretische Position bezogen: Aus der Sicht des Ethnographen analysiert White gesellschaftliche Veränderungen der Gegenwart – doch die nächste Stufe gesellschaftlicher Evolution, eine Weltzivilisation, die White in dem Vortrag avisierte, wurde bisher nicht erreicht. So notierte White 1957: «Wäre ich weiser und weitsichtiger gewesen, hätte ich wissen können, daß ein mächtiger Staat zum Überleben der Nation in Rußland

notwendig war. Und ein mächtiger Staat ist unvereinbar mit einer klassenlosen Gesellschaft» (Nachlaß White). Ähnlich fiel auch seine Kritik an den Vereinten Nationen aus, die er 1945 in dem Beitrag *Atomic Energy: An Anthropological Appraisal* äußerte. Für White waren die UN eine rhetorische Illusion, denn der Nationalismus bestimme die Entscheidungen. Whites Argument für eine Weltzivilisation ergibt sich aus dem Stand der Technik und der Möglichkeit jedes Landes, mit Hilfe der Wissenschaft Probleme zu lösen – doch werde diese Weltzivilisation durch die nationalen Einheiten, die souveränen Staaten verhindert.

5 Die kritische Position, die White in diesen Teilen des Werkes bezieht, widerlegt das Gerede vom kapitalistischen Amerika als Maß des Entwicklungsstandes der Zivilisationen, das sich bei vielen Kritikern Whites findet (s. auch Kap. II, 2).

6 Zuerst ausgeführt wurden diese Gedanken von White in dem Aufsatz *The Expansion of the Scope of Science* (in: *Science of Culture* [2]1969: 55–117); darin wird auch die Tradition, in der White steht, deutlich: E. B. Tylor, E. Durkheim, A. L. Kroeber und sogar der deutsche Chemiker W. Ostwald, der den Begriff Kulturologie für eine eigenständige Wissenschaft schon zu Beginn des 20. Jahrhunderts geprägt hatte (s. auch Kaplan 1965).

7 Mit der thematischen Analyse des Evolutionismus folge ich den beiden Arbeiten von Gerald Holton *Themata in Scientific Thought* und *Analysis and Synthesis as Methodological Themata* (in: Holton 1978).

8 Einen guten Überblick über die Arbeiten der klassischen Evolutionisten bietet Idus L. Murphree: *The Evolutionary Anthropologists: The Progress of Mankind*, in: Proceedings of the American Philosophical Society, Vol. 105, No. 3, June 1961.

9 White steht mit dieser Theorie in der Tradition von Wilhelm Ostwald, der in *Energetische Grundlagen der Kulturwissenschaft* (1909) einen Versuch unternommen hatte, Kulturevolution allein durch die zur Verfügung stehenden Energiemengen zu erklären. Der Unterschied zwischen beiden Denkern liegt in ihrem Gebrauch unterschiedlicher methodologischer Themata: während Ostwald in seinem Werk Kultur analytisch behandelt, macht White synthetische Aussagen. Wie schwierig jedoch die Problematik ist, mag Max Webers Besprechung des Ostwaldschen Werkes aufzeigen (1909).

10 Man kann sich eine Pyramide der Wissenschaften vorstellen, in dem Sinn, daß die Basis von den Naturwissenschaften gebildet wird, darüber liegen die Bio-Wissenschaften, Psychologie und die Spitze bildet die Kulturologie. Zwischen diesen Wissenschaften herrschen strikte Grenzen, d. h. Konzepte der einen dürfen nicht in den anderen verwendet werden. Ein Reduktionist würde nun aber gerade Erklärungen aus ‹darunter liegenden› Wissenschaften für zulässig halten – dies lehnt White in seiner Kulturologie strikt ab.

11 Eine vorläufige Liste solcher Ordnungsparameter für das System Kultur wäre: geo-ökologische Umgebung, Bevölkerungszahl, biologische Faktoren, freie Energie und damit verbunden der Stand technologischer Entwicklung, Sozialorganisation, Ideologien ...

12 Diese scharfe Trennung zwischen Mensch und Tier muß trotz gegenteiliger Behauptungen von Forschern, die Schimpansen eine Taubstummensprache beigebracht haben, die American Sign Language, beibehalten werden, denn wie neuere Analysen und eigene Versuche von Herbert S. Terrace gezeigt haben, kann nicht behauptet werden, daß die Tiere im Whiteschen Sinn «symbolisiert» haben (s. Terrace 1979). Zu klären bleibt aber immer noch die Frage, wie dieser qualitative Sprung in der Evolution des Menschen zu erklären ist – doch sind das wohl Fragen der Evolution des Gehirns (s. z. B. Parker und Gibson 1979). Whites Symbol-Begriff bezieht sich auf Charles Morris' *Foundations of the Theory of Signs*

(1938). Eine ähnliche Position wie White, doch in der Tradition europäischer Philosophie, bezog Ernst Cassirer in seinem Werk *Philosophie der symbolischen Formen*, dessen englische Kurzfassung *An Essay on Man* (1944) Leslie White im *American Anthropologist* 1946 rezensierte.

13 Da White die Umwelt des Menschen als Konstante für seine Analysen definierte, stand ihm J. H. Steward oft verständnislos gegenüber: s. Stewards *Rezension* in: American Anthropologist 62 (1960).

14 Mit diesem Satz soll natürlich nicht die Forschung von J. H. Steward (s. das Kapitel über Steward) unterschlagen werden, doch ist Steward viel deskriptiver als White; sein besonderes Interesse galt den ökologischen Bedingungen ähnlicher Kulturevolution. Darum kann Steward auch nicht den Schritt in eine synthetische Aussage tun. Unterscheidungen wie unilinearer, multilinearer oder universaler Evolutionismus leisten solange nichts, wie nicht das methodologische Thema, mit dem ein Forscher arbeitet, ausgebreitet und analysiert wird.

15 Ich nenne diese drei Forscher, da sie von White beeinflußt worden sind bzw. sich auf sein Werk ausdrücklich beziehen. S. N. A. Chagnon und W. Irons: *Evolutionary Biology and Human Social Behavior: An Anthropological Perspective* (1979) und R. D. Alexander: *Darwinism and Human Affairs* (1979).

Literatur

1. Werke

(genannt sind nur die wichtigsten, noch immer erhältlichen Werke Whites)

The Acoma Indians, 47th Annual Report of the Bureau of American Ethnology, 1932 (²1973).

The Pueblo of San Felipe, Memoirs of the American Anthropological Association, 38, 1932.

The Pueblo of Santo Domingo, New Mexico, Memoirs of the American Anthropological Association, 43, 1935.

(Hg.) Extracts from the European Travel Journal of Lewis H. Morgan, Rochester Historical Society, Publications 16 (1937): 219–389.

A Problem in Kinship Terminology, in: American Anthropologist 41 (1939): 566–573.

The Symbol, 1940, in: White 1949.

Energy and the Evolution of Culture, 1943, in: White 1949.

Diffusion vs. Evolution: An Anti-Evolutionist Fallacy, in: American Anthropologist 47 (1945): 339–356.

History, Evolutionism, and Functionalism: Three Types of Interpretation of Culture. Southwestern Journal of Anthropology 1 (1945): 221–248.

Evolutionary Stages, Progress, and the Evaluation of Cultures. Southwestern Journal of Anthropology 3 (1947): 165–192.

The Expansion of the Scope of Science, 1947, in: White 1949.

Ikhnaton: The Great Man vs. the Culture Process, 1948, in: White 1949.

The Science of Culture. New York: Farrar, Straus and Giroux, 1949 (²1969).

The Evolution of Culture, New York, McGraw-Hill 1959.

The Concept of Culture, in: American Anthropologist 61 (1959): 227–251.

(Hg.) Lewis Henry Morgan: The Indian Journals, 1859–1862, Ann Arbor, University of Michigan Press 1959.

The Pueblo of Sia, New Mexico, Bureau of American Ethnology, Bulletin 184, 1962.

The Ethnography and Ethnology of Franz Boas, Texas Memorial Museum, Bulletin 6 – Austin, University of Texas, 1963.
Der Begriff Kultur, in: Schmitz, C. A. (Hg.): Kultur, Frankfurt 1963. – Das einzige ins Deutsche übertragene Werk Whites.
Introduction, in: L. H. Morgan. Ancient Society, Cambridge, Mass., Harvard University Press 1964.
The Social Organization of Ethnological Theory, Rice University Studies 52–4, Houston, Rice University 1966.
Culturology, International Encyclopedia of the Social Sciences, 1968.
The Concept of Culture (mit B. Dillingham), Minneapolis, Burgess 1973.
The Concept of Cultural Systems, New York, Columbia University Press 1975.
Anthropological Essays, Albuquerque, University of New Mexico Press 1987.
Der White-Nachlaß befindet sich in den Michigan Historical Collections, Bentley Historical Library, The University of Michigan.
HNAI = Handbook of North American Indians, Vol. 9 – Southwest, Ortiz, A. (Hg.), Washington, Smithsonian Institution 1979. – Erschließt die Pueblo-Forschung Whites.

2. Bibliographie

Die bisher vollständigste Bibliographie der Werke von Leslie A. White, einschließlich der übersetzten Arbeiten und Wiederabdrucke von Aufsätzen, findet sich im Nachruf (in: American Anthropologist 78 (1976): 612–629):

Service, E. R.: Leslie Alvin White 1900–1975;
Beardsley, R. K.: An Appraisal of Leslie A. White's Scholarly Influence;
Dillingham, B.: Bibliography of Leslie Alvin White

3. Sekundärliteratur

3.1 Zu Person und Werk von L. A. White

Barnes, H. E.: Foreword, in Dole/Carneiro (Hg.) 1960. Diese Würdigung durch den Historiker H. E. Barnes (1889–1968) im Rahmen der Festschrift reflektiert – schon damals – den Einfluß der Werke von White.
Carneiro, R. L.: Leslie A. White, in: Silverman, S. (Hg.): Totems and Teachers – Perspectives on the History of Anthropology, New York, Columbia University Press 1981.
Dole, G. E. and Carneiro, R. L. (Hg.): Essays in the Science of Culture in Honor of Leslie A. White, New York, Crowell 1960.
Fried, M. H.: Energy and the Evolution of Leslie A. White, in: Reviews in Anthropology 3 (1976): 592–600.
Goldfrank, E. S.: Notes on an Undirected Life: As One Anthropologist Tells It, Flushing, N. Y.: Queens College Publications in Anthropology 3 (1977).
Harris, M.: The Rise of Anthropological Theory, New York, Crowell 1968.
Hatch, E.: Theories of Man and Culture, New York, Columbia University Press 1973.

3.2 Zur theoretischen Diskussion

Adams, R. N.: Man, Energy, and Anthropology: I Can Feel the Heat, But Where's the Light, in: American Anthropologist 80 (1978): 297–309.
Diener, P. et al.: Ecology and Evolution in Cultural Anthropology, in: Man 15–1 (1980): 1–31.
Haken, H.: Synergetics – Are Cooperative Phenomena Governed by Universal Principles?, in: Naturwissenschaften 67 (1980): 121–128.

Holton, G.: The scientific imagination – case studies, Cambridge, Cambridge University Press 1978.
–: Thematische Analyse der Wissenschaften, Frankfurt 1981.
Kaplan, D.: The Superorganic: Science or Metaphysics?, in: American Anthropologist 67 (1965): 958–976.
Kluckhohn, C.: The Place of Theory in Anthropological Studies, in: The Philosophy of Science 6 (1939): 328–344.
Ostwald, W.: Energetische Grundlagen der Kulturwissenschaft, Leipzig 1909.
Parker, S. T. and Gibson, K. R.: A developmental model for the evolution of language and intelligence in early hominids, in: The Behavioral and Brain Sciences 2 (1979): 367–408.
Popper, K. R.: Das Elend des Historizismus, Tübingen ²1969.
Terrace, H. S. et al.: Can an Ape Create a Sentence?, in: Science 206 (1979): 891–902.
Tylor, E. B.: Primitive Culture, 2 Bde., London, Murray 1871.
Vayda, A. P. and Rappaport, R. A.: Ecology, Cultural and Non-Cultural, in: Clifton, J. A. (Hg.): Introduction to Cultural Anthropology, Boston, Houghton 1968.
Weber, M.: «Energetische» Kulturtheorien (1909), zit. nach: Gesammelte Aufsätze zur Wissenschaftslehre, Tübingen ⁴1973.

3.3 Zur Boas-Kontroverse

Lowie, R.: Primitive Culture, New York, Liveright 1920.
–: Evolution in Cultural Anthropology: A Reply to Leslie White, in: American Anthropologist 48 (1946): 223–233.

3.4 Einflüsse auf die Mathematik

Wilder, R. L.: Evolution of Mathematical Concepts, New York, Wiley 1968.
–: Hereditary Stress as a Cultural Force in Mathematics, in: Historia Mathematica 1 (1974): 29–46.

3.5 Einflüsse auf die Prähistorie

Binford, L. R.: An Archaeological Perspective, New York, Seminar Press 1972.
Willey, G. R. und Sabloff, J. A.: A History of American Archaeology, San Francisco, Freeman 1974.

3.6 Rezeption in der Sowjetunion

Artanovskii, S. N.: The Marxist Doctrine of Social Progress and the «Cultural Evolution» of Leslie White, in: Soviet Anthropology and Archaeology, III-3 (1964–5): 21–30.
Petrova-Averkieva, J. P.: Der Neoevolutionismus in der gegenwärtigen Ethnographie der USA, in: Weissel, B. (Hg.): Kultur und Ethnos, Berlin 1980.
Schott, R.: Das Geschichtsbild der sowjetischen Ethnographie, in: Saeculum 11 (1960): 27–63.

3.7 Rezeption in der BRD

Mühlmann, W. E.: Homo Creator, Wiesbaden 1962.
Raum, J. W.: Die Lehren der Neo-Evolutionisten Leslie A. White, Julian H. Steward und ihrer Schüler in ethnologischer Sicht, München (ungedruckte Habilitationsschrift) 1973.
Schott, R.: Der Entwicklungsgedanke in der modernen Ethnologie, in: Saeculum 12 (1961): 61–122.

Noa Vera Zanolli: Margaret Mead

Anmerkungen

1 Folkways Record Album No. FC 7354, 1960: *Interview with Dr. Margaret Mead.* Transcript: 4. – Nicht ins Deutsche übertragene Werke von Mead sind zitiert in der Übersetzung durch N. V. Z.

2 Viel autobiographisches Material ist auch in dem 1977 erschienenen Buch *Letters From The Field 1925–1975* enthalten sowie in Meads Biographie über Ruth Benedict (1974).

3 Die Gewohnheit, Beobachtungen zu notieren, ist Teil ihres Lebens geworden. Wo immer sie war, machte sie Notizen. Später machte sie Notizen so schnell wie die Leute sprachen, oft ohne auf ihren Block zu schauen, und notierte sich peinlich genau Aussage, Verhalten und Kadenzen in der Stimme.

4 J. Houston: *The Mind of Margaret Mead,* in: Quest, July/August 1977: 24–25.

5 Mead: *An Inquiry Into the Question of Cultural Stability in Polynesia* 1928.

6 Mead: *The Evocation of Psychologically Relevant Responses in Ethnological Field Work:* 102–118, in: G. Spindler (ed.): *The Making of Psychological Anthropology,* Berkeley, University of California Press 1979.

7 B. Friedan widmet M. Mead in ihrem 1963 erschienenen Buch *The Feminine Mystique* (*Der Weiblichkeitswahn,* 1966) ein Kapitel, in welchem sie Meads Rolle in der feministischen Bewegung diskutiert und kritisiert.

8 Vgl. Sanday 1980.

9 Vgl. *Letters From the Field:* 153–155 und dies.: *Brombeerblüten:* 185–186.

10 Mead: *And Keep Your Powder Dry:* xi: «Dieses Buch wurde im Jahre 1942 geschrieben, als Beitrag einer Sozialwissenschaftlerin dazu, den Krieg zu gewinnen und einen gerechten und dauernden Frieden zu schaffen.»

11 Persönliche Tonbandaufzeichnung anläßlich eines Interviews mit Rh. Metraux am 18. September 1979.

12 Eigene Beobachtungen und Tonbandaufzeichnungen anläßlich der Feier im Rahmen des Margaret Mead Film Festivals im American Museum of Natural History, New York, im September 1979. Vgl. auch B. H. Roll: *Pere Mourns Margaret Mead,* in: Natural History, November 1979: 84–91.

13 Metraux (Hg.): *Margaret Mead: Some Personal Views:* 251–252.

14 Übersetzung N. V. Z.

Literatur

1. Werke

Coming of Age in Samoa: A Psychological Study of Primitive Youth for Western Civilization, New York, Morrow 1928; Neuaufl. in 1949 (Mentor), 1953, 1961, 1968, 1971.

An Inquiry Into the Question of Cultural Stability in Polynesia, New York, Columbia University Press 1928.

Growing Up in New Guinea: A Comparative Study of Primitive Education, New York, Morrow 1930; Neuaufl. 1953, 1962, 1968, 1975, mit jeweils neuen Vorworten.

The Changing Culture of an Indian Tribe, New York, Columbia University Press 1932; Taschenbuchausgabe 1969, AMS Press.

Sex and Temperament in Three Primitive Societies, New York, Morrow 1935; Neuaufl. 1950, 1963, 1968, mit jeweils neuen Vorworten.

(Hg.): Cooperation and Competition Among Primitive Peoples, New York, McGraw-Hill 1937; erweiterte Ausg. 1961.

The Mountain Arapesh, 3 Bde.: I. The Record of Unabelin with Rorschach Analyses; II. The Arts and Supernaturalism; III. Stream of Events in Alitoa, New York, Natural History Press 1938–1949.

And Keep Your Powder Dry: An Anthropologist Looks at America, New York, Morrow 1942; Neuaufl. 1965, mit neuem Vorwort und neuem Kapitel 1971.

(Mit Bateson, G.): Balinese Character: A Photographic Analysis, New York, Academy of Sciences 1942.

Manual for the Study of Food Habits, National Research Council, Bulletin No. 111, Washington 1945.

Personality, The Cultural Approach to, in: The Encyclopedia of Psychology, New York 1946: 477–488.

Research on Primitive Children, in: Carmichael, L. (Hg.): Manual of Child Psychology, New York, Wiley 1946: 667–707.

The Application of Anthropological Techniques to Crossnational Communication, New York Academy of Sciences, 1947, Transactions Series 2, 9: 133–240.

Male and Female: A Study of the Sexes in a Changing World, New York, Morrow 1949; Neuaufl. 1955, 1967, 1968, 1975.

The School in American Culture, Cambridge, Harvard Univ. Press 1951.

Soviet Attitudes Toward Authority: An Interdisciplinary Approach to Problems of Soviet Character, New York, McGraw-Hill 1951; Neuaufl. 1966.

(Mit MacGregor, F. C.): Growth and Culture: A Photographic Study of Balinese Childhood, New York, Putnam 1951.

National Character, in: Kroeber, A. L. (Hg.): Anthropology Today: An Encyclopedic Inventory, Univ. of Chicago Press 1953: 642–667.

(Hg.): Cultural Patterns and Technical Change: A Manual prepared by The World Federation for Mental Health, Paris, UNESCO, 1953; Neuaufl. 1955.

(Hg. mit Metraux, Rh.): The Study of Culture at a Distance, Univ. of Chicago Press 1953.

(Hg. mit Wolfenstein, M.): Childhood in Contemporary Cultures, Univ. of Chicago Press 1955.

New Lives for Old: Cultural Transformation-Manus 1928–1953, New York, Morrow 1956; mit jeweils neuen Vorworten 1961, 1966, 1968, 1975.

An Anthropologist at Work: Writings of Ruth Benedict, Boston, Houghton Mifflin 1959; Neuaufl. 1966, 1973.

People and Places, New York, World Publishing 1959; Neuaufl. 1963, Bantam. – Eine Einführung in die Ethnologie für Kinder.

Anthropology: A Human Science; Selected Papers 1939–1960, Princeton, Van Nostrand 1964. Der Bd. versammelt die wichtigsten Artikel von Mead und gibt einen allgemeinen Überblick über die Anthropologie Meads.

Continuities in Cultural Evolution, New Haven, Yale Univ. Press 1964; Neuaufl. 1966.

(Mit Heyman, K.): Family, New York, Macmillan 1965.

(Mit Byers, P.): The Small Conference: An Innovation in Communication, Publications of the International Social Science Council, No. 9, Paris, Mouton 1968.

(Hg. mit Dobzhansky, Th. et al.): Science and the Concept of Race, New York, Columbia Univ. Press 1968, 1969.

Culture and Commitment: The New Relationships Between the Generations in the 1970's. A Study of the Generation Gap, New York, Columbia Univ. Press/Doubleday 1970; erweit. Aufl. mit neuem Vorwort und zusätzlichen bibliographischen Anhängen 1978.

(Mit Metraux, Rh.): A Way of Seeing: Perspectives on a Changing World, New York, McCall 1970; Neuaufl. 1974. – Das Buch enthält eine Auswahl von Essays, die in Redbook, einer US-Zeitschrift, erschienen sind, zwischen 1961–1970.

(Mit Baldwin, J.): A Rap on Race, New York, Lippincott 1971. Neuaufl. 1972, 1974. – Das Buch ist aufgrund einer über 7stündigen auf Band aufgenommenen Unterhaltung mit James Baldwin entstanden. Ausschnitte aus dieser Unterhaltung sind auf einem Doppel-Schallplattenalbum (CMS Records, 641/2, 1972) erhältlich.

Blackberry Winter, My Earlier Years, Autobiographie, New York, Morrow 1972; Neuaufl. 1972, 1975.

Twentieth Century Faith: Hope and Survival, R. N. Anshen (Hg.), New York, Harper 1972.

Autobiography, in: A History of Psychology in Autobiography, hg. v. Lindzey, G., Englewood Cliffs, Prentice-Hall 1974: 293–326.

Education, Vol. 94, No. 4 (1974): 289–406. – Die ganze Ausgabe ist Mead gewidmet. 1. Teil: What I Think I Have Learned About Education, 1923–1973; 2. Teil: Selected Reprints; 3. Teil: «Epilogue».

Ruth Benedict, New York, Columbia Univ. Press 1974.

(Mit Heyman, K.): World Enough: Rethinking the Future. Boston, Little Brown 1975.

Letters from the Field 1925–1975, New York, Harper and Row 1977.

(Metraux, Rh., Hg.): Margaret Mead: Some Personal Views, New York, Walker 1979.

(Mit Metraux, Rh.): Aspects of the Present, New York, Morrow 1980. – Dieser Band ist die Fortsetzung des 1970 publizierten «A Way of Seeing» und enthält eine Auswahl der zwischen 1971–1978 in Redbook erschienenen Essays.

2. Übersetzungen

Jugend und Sexualität in primitiven Gesellschaften, 3 Bde., dtv 1970 (4032–4034): Bd. 1: Kindheit und Jugend in Samoa, [6]1981. Bd. 2: Kindheit und Jugend in Neuguinea, [4]1979. Bd. 3: Geschlecht und Temperament in drei primitiven Gesellschaften, [6]1980. Jugend und Sexualität in primitiven Gesellschaften erschien in 1 Bd. unter dem Titel: Leben in der Südsee, München, Szczesny Verlag 1965.

Mann und Weib: Das Verhältnis der Geschlechter in einer sich wandelnden Welt, Reinbek, Rowohlt 1985.

Hoffnung und Überleben der Menschheit: Glaube im 20. Jahrhundert, Stuttgart, Kreuz-Verlag 1973.

Der Konflikt der Generationen: Jugend ohne Vorbild, Olten, Walter-Verlag [4]1973; auch Stuttgart, Klett 1970 und München, dtv 1974.

Brombeerblüten im Winter. Ein befreites Leben, Reinbek, Rowohlt 1978.

3. Bibliographie

Für eine vollständige Bibliographie (bis 1975) sei auf Gordan, J. (Hg.): Margaret Mead: The Complete Bibliography 1925–1975, Mouton 1976, verwiesen.

4. Sekundärliteratur

American Anthropologist: In Memoriam Margaret Mead (1901–1978), Vol. 82. No. 2, 1980.

Bateson, M. C.: Continuities in Insight and Innovation: Toward a Biography of Margaret Mead, in: American Anthropologist, 82/2 (1980): 270–277.

–: With a Daughter's Eye. A Memoir of Margaret Mead and Gregory Bateson, New York, William Morrow 1984.

Cassidy, R.: Margaret Mead: A Voice for the Century, New York, Universe Books 1982.

Church, C. B.: Margaret Mead: Student of the Global Village, Minneapolis, Greenhaven Press 1976.

Dillon, W. S.: Margaret Mead and Government, in: American Anthropologist 82/2 (1980): 319–339.

Epstein, S.: She never looked back: Margaret Mead in Samoa, New York, Coward, McCann & Geoshesan 1980.

Fox, R. C.: Margaret Mead, in: International Encyclopedia of the Social Sciences, Biographical Supplement, Collier Macmillan 1979.

Freeman, D.: Margaret Mead and Samoa. The Making and Unmaking of an Anthropological Myth, Cambridge, Harvard University Press 1983.

–: Liebe ohne Aggression. Margaret Meads Legende von der Friedfertigkeit der Naturvölker, München 1983.

Gordan, J.: Margaret Mead: The Complete Bibliography 1925–1975. Mouton 1976.

Holmes, L. D.: Quest for the Real Samoa. The Mead/Freeman Controversy & Beyond, Massachusetts, Bergin & Garvey Publishers inc. 1987.

Houston, J.: The Mind of Margaret Mead, in: Quest, July/August 1977: 22–76.

Howard, J.: Margaret Mead. A Life, London, Harvill Press 1984.

Hsu, F. L. K.: Margaret Mead and Psychological Anthropology, in: American Anthropologist 82/2 (1980): 349–353.

Lévi-Strauss, Cl.: Zur Erinnerung an Margaret Mead, in: UNESCO-Kurier 20/6 (1979): 39–42.

McDowell, N.: The Oceanic Ethnography of Margaret Mead, in: American Anthropologist 82/2 (1980): 278–302.

Metraux, Rh.: Margaret Mead: A Biographical Sketch, in: American Anthropologist 82/2 (1980): 262–269.

–: The Study of Culture at a Distance: A Prototype, in: American Anthropologist 82/2 (1980): 362–373.

Honeyman Roll, B.: Pere Mourns Margaret Mead, in: Natural History, November 1979: 84–91.

Rice, E.: Margaret Mead: A Portrait, New York, Harper & Row 1979.

Romanucci-Ross, L.: Anthropological Field Research: Margaret Mead, Muse of the Clinical Experience, in: American Anthropologist 82/2 (1980): 304–317.

Rubin, V.: Margaret Mead: An Appreciation, in: Human Organization 38, 2, 1979: 193–196.

Sanday, P. S.: Margaret Mead's View of Sex Roles in Her Own and Other Societies, in: American Anthropologist 82/2 (1980): 340–348.

Thomas, D. H.: Margaret Mead as Museum Anthropologist, in: American Anthropologist 82/2 (1980): 354–361.

Webb, M. C.: Margaret Mead: Anthropologist and Social Reformer, in: Britannica Yearbook of Science and the Future, Chicago, Benton 1972: 102–113.

PERSONENREGISTER

SACHREGISTER

VERZEICHNIS DER ABBILDUNGEN

DIE AUTOREN

ÅKE EBERHARD BERG, geb. 1948, studierte in Heidelberg und Zürich Ethnologie, Soziologie, Philosophie und Entwicklungsökonomie. Wissenschaftlicher Assistent am Ethnologischen Seminar der Universität Zürich. *Buchveröffentlichung:* Zwischen den Welten – Anthropologie der Aufklärung und das Werk Georg Forsters (1982). *Beiträge* in Fachzeitschriften und Sammelbänden.

PIERRE CENTLIVRES, geb. 1933, ist Professor für Ethnologie und Direktor des Institut d'ethnologie an der Universität Neuchâtel (Schweiz). Feldforschungen in Afghanistan, Pakistan, Indien und in der Schweiz. *Wichtige Buchveröffentlichungen:* Un bazar d'Asie Centrale. Forme et organisation du bazar de Tâshqurghân (Afghanistan) (1972), Les rites de passage aujourd'hui (mit Jacques Hainard, 1986), Regionale Identität und Perspektiven: fünf sozialwissenschaftliche Ansätze (in Zusammenarbeit, 1986), Et si on parlait de l'Afghanistan? (mit Micheline Centlivres-Demont, 1988).

MARIO ERDHEIM, geb 1940 in Quito, Ecuador; Studium der Ethnologie, Psychologie und Soziologie in Wien, Basel und Madrid; psychoanalytische Ausbildung in Zürich; 1985 Habilitation in Frankfurt a. M. *Buchveröffentlichungen:* Prestige und Kulturwandel (1972); Die gesellschaftliche Produktion von Unbewußtheit (1982); Die Psychoanalyse und das Unbewußte in der Kultur (1988).

ANNEMARIE FIEDERMUTZ-LAUN, geb. 1939, studierte an den Universitäten Mainz, Frankfurt am Main und München Ethnologie, Soziologie, Geographie und Afrikanistik. Promotion in München 1970 bei Hermann Baumann; Feldforschung im Voltagebiet (Westafrika); Lehrbeauftragte am Institut für Völkerkunde und Afrikanistik der Universität München. *Buchveröffentlichung:* Der kulturhistorische Gedanke bei Adolf Bastian, Systematisierung und Darstellung seiner Theorie und Methode (1970). *Beiträge* in Fachzeitschriften zur Kulturgeschichte und Lehmarchitektur des Westsudan sowie zur Wissenschaftsgeschichte.

BURKHARD GANZER, geb. 1943, studierte Ethnologie, Islamwissenschaft und Philosophie in Tübingen und Heidelberg. Promotion in Tübingen 1978. *Buchveröffentlichung:* Kategorie und Verwandtschaftsterminologie in der Theorie der präskriptiven Allianz (1979). *Beiträge* in Fachzeitschriften.

CHRISTIAN E. GUKSCH, geb. 1943, Studium der Germanistik, Anglistik/Amerikanistik und Linguistik in Freiburg und London. Studien- und Forschungsaufenthalt an der University of Michigan, Ann Arbor (DAAD-Stipendiat) und Lehrbeauftragter für Ethnologie am Südasien-Institut der Universität Heidelberg. Promotion in Völkerkunde 1982. Tätigkeit als Lektor für deutsche Sprache und Kultur des Deutschen Akademischen Austauschdienstes in Kabul/Afghanistan (1974–1977) und Assiut/Ägypten (1983–1987). Z. Zt. Lehrauftrag (Ethnoarchäologie) an der Universität Heidelberg.

DIETER HEINTZE, geb. 1938, studierte Ethnologie, Philosophie und Alte Geschichte in Mainz und Tübingen. Ethnographische Feldforschung in Neuirland (Papua-Neuguinea). Leiter der Völkerkundlichen Abteilung am Übersee-Museum Bremen. *Veröffentlichungen:* Georg Forster 1754–1794. Südseeforscher, Aufklärer, Revolutionär (mit Heinz Kelm, 1976). *Beiträge* in Sammelbänden.

KLAUS-PETER KOEPPING, geb 1940, ist seit 1985 Baldwin-Spencer-Professor für Anthropologie an der Universität Melbourne, Australien. Nach Studium in Köln, Hamburg und Bonn lehrte er in Japan, den USA und Australien; Gastprofessuren in Bielefeld und Mainz. *Buchveröffentlichungen:* Religiöse Bewegungen im modernen Japan (1974); Adolf Bastian and the Psychic Unity of Mankind (1983).

KARL-HEINZ KOHL, geb. 1948, studierte Religionswissenschaft, Ethnologie, Geschichte und Philosophie in Erlangen und Berlin; Forschungsaufenthalte in Ost-Indonesien; Professor für Ethnologie an der Universität Mainz. *Buchveröffentlichungen:* Exotik als Beruf. Zum Begriff der ethnographischen Erfahrung bei B. Malinowski, E. E. Evans-Pritchard und C. Lévi-Strauss (1979, ²1986); Entzauberter Blick. Das Bild vom Guten Wilden und die Erfahrung der Zivilisation (1981, ²1986); Mythen der Neuen Welt. Zur Entdeckungsgeschichte Lateinamerikas (Hg., 1982); Abwehr und Verlangen. Zur Geschichte der Ethnologie (1987).

WOLFGANG MARSCHALL, geb. 1937, ist seit 1976 Direktor des Instituts für Ethnologie der Universität Bern. Feldforschungen in Mexiko und Indonesien. *Buchveröffentlichungen:* Metallurgie und frühe Besiedlungsgeschichte Indonesiens (1968); Beiträge zur Ethnographie der Sierra-Totonaken (1972); Transpazifische Kulturbeziehungen (1972); Der Berg des Herrn der Erde (1976).

JOHANNES W. RAUM, geb. 1931 in Tansania, studierte an den Universitäten Kapstadt und München. Habilitation 1974 in München. Professor für Völkerkunde an der Universität München. *Veröffentlichungen:* Die Jünglingsweihe der Süd-Sotho-Stämme (1970). Die Stellung des Kindes und Jugendlichen in einer repräsentativen Auswahl von Stammesgesellschaften (1978); Evolutionismus (1983); Der «Prophet» Mlanjeni und der sogenannte «Kaffernkrieg» von 1850–1853 (Sir Harry Smith's War) im Rahmen der Grenzkonflikte an der Ostgrenze der Kapkolonie während der ersten Hälfte des 19. Jahrhunderts (1988).

HELMUT STRAUBE, geb. 1923, war von 1968 bis zu seinem Tod 1984 Leiter des Instituts für Völkerkunde der Universität München. Feldforschungen in Südäthiopien. *Wichtigste Veröffentlichungen:* Die Tierverkleidungen der afrikanischen Naturvölker (1955); Westkuschitische Völker Südäthiopiens (1963); Der agrarische Intensivierungskomplex in Nordostafrika (1967); Nordost-Afrika, in: Die Völker Afrikas und ihre traditionellen Kulturen (1979, zus. mit Eike Haberland).

NOA VERA ZANOLLI, geb. 1941, studierte Ethnologie, Soziologie, Urgeschichte in Basel, Frankfurt, Lawrence (Kansas) und Boston. Feldforschung in Tansania. M. A. und Doktorat. Konservatorin am Völkerkundemuseum der Universität Zürich. Langjährige Tätigkeit in der schweizerischen Entwicklungszusammenarbeit und humanitären Hilfe und consulting für UNICEF, Weltbank/UNHCR in Äthiopien, Sudan, Nepal, Indien, Pakistan und Bangladesch. Derzeit Education Consultant am Iowa Peace Institute, Grinnell. *Wichtigste Veröffentlichung*: Education towards Development in Tanzania. Zahlreiche populärwissenschaftliche Arbeiten vor allem für Lehrer und Jugendliche.

Zur Geschichte der europäischen Expansion

Dokumente zur Geschichte der europäischen Expansion

Herausgegeben von Eberhard Schmitt

Band I
Die mittelalterlichen Ursprünge der europäischen Expansion
Herausgegeben von Charles Verlinden und Eberhard Schmitt.
1986. XVII, 450 Seiten mit 15 Karten und 19 Abbildungen. Leinen

Band II
Die großen Entdeckungen
Herausgegeben von Matthias Meyn, Manfred Mimler, Anneli Partenheimer-Bein und Eberhard Schmitt
1984. XIX, 659 Seiten mit 21 Karten. Leinen

Band III
Der Aufbau der Kolonialreiche
Herausgegeben von Matthias Meyn, Manfred Mimler, Anneli Partenheimer-Bein, Susanne Petersen-Gotthardt, Horst Pietschmann, Thomas Schleich und Eberhard Schmitt.
1987. XIX, 632 Seiten mit 13 Karten und 32 Abbildungen. Leinen

Band IV
Wirtschaft und Handel der Kolonialreiche
Herausgegeben von Piet C. Emmer, Manfred Mimler, Anneli Partenheimer-Bein, Susanne Petersen-Gotthardt, Thomas Schleich, Eberhard Schmitt und Jürgen Schneider.
1988. XX, 761 Seiten mit 10 Karten, 4 Graphiken und 32 Abbildungen. Leinen

Urs Bitterli

Alte Welt – neue Welt

Formen des europäisch-überseeischen Kulturkontakts vom 15. bis zum 18. Jahrhundert
1986. 242 Seiten. Broschiert

Die Entdeckung und Eroberung der Welt

Dokumente und Berichte
Herausgegeben von Urs Bitterli

Band I
Amerika, Afrika
1980. 354 Seiten mit 8 Karten. Leinen

Band II
Asien, Australien, Pazifik
1981. 364 Seiten mit 8 Karten. Leinen
(Beck'sche Sonderausgaben)

Verlag C. H. Beck München